Zwangsverheiratung in Deutschland

Konzeption und Redaktion:
Deutsches Institut für Menschenrechte

Band 1
Forschungsreihe des Bundesministeriums für Familie, Senioren, Frauen und Jugend

Nomos Verlag

Die Deutsche Nationalbibliothek verzeichnet diese Publikation in der Deutschen Nationalbibliografie; detaillierte bibliografische Daten sind im Internet über http://www.d-nd.de abrufbar.

ISBN 978-3-8329-2907-7

In der Forschungsreihe des Bundesministeriums für Familie, Senioren, Frauen und Jugend werden Forschungsergebnisse, Untersuchungen, Umfragen usw. als Diskussionsgrundlage veröffentlicht. Die Verantwortung für den Inhalt obliegt der jeweiligen Autorin bzw. dem jeweiligen Autor.

1. Auflage – Nomos Verlag Baden-Baden

Vorwort

Das Thema Zwangsverheiratung wird in Deutschland diskutiert. Endlich, muss man sagen. Es hat sich ein erheblicher Bewusstseinswandel vollzogen, seit das Problem vor einigen Jahren von Frauenrechtsorganisationen thematisiert wurde. Die Frauenrechtskommission in New York hat im März 2007 eine eigene Resolution dazu beschlossen, und die Vorbereitungen des Nationalen Integrationsplans, der von Bundeskanzlerin Angela Merkel im Juni 2007 vorgestellt wird, haben das Problem Zwangsverheiratung auch in Deutschland zu einem öffentlich breit diskutierten Thema gemacht.

Zwangsverheiratungen sind eine schwere Verletzung der Menschenrechte und mit dem Recht auf ein selbstbestimmtes Leben nicht vereinbar. Wir müssen alles daran setzen, Zwangsverheiratungen zu verhindern und ihre Opfer wirksam zu schützen.

In Deutschland gibt es bislang keine verlässlichen Daten über Zwangsverheiratungen. Nach Erkenntnissen von Fachleuten werden aber vor allem Mädchen und junge Frauen aus Familien mit Migrationshintergrund zwangsverheiratet. Das Problem beschränkt sich dabei offenbar nicht auf den islamischen Kulturkreis, sondern scheint generell ein Ausdruck traditioneller patriarchaler Strukturen zu sein. In der öffentlichen Wahrnehmung sind vor allem türkische und arabische junge Frauen betroffen; es wird aber auch von Frauen aus Süd- und Südosteuropa, aus Asien und Indien berichtet, die gegen ihren Willen unter Zwang verheiratet werden.

Weitgehend unbekannt ist auch die Tatsache, dass Männer ebenfalls von Zwangsverheiratungen betroffen sind. Manche Familien nutzen solche Eheschließungen als Disziplinarmaßnahme für „unbändige“ Söhne, nicht zuletzt, um bei offenkundiger gleichgeschlechtlicher Orientierung eine heterosexuelle Lebensweise zu erzwingen.

Um die Aufarbeitung des Themas zu erleichtern, hat das Bundesministerium für Familie, Senioren, Frauen und Jugend in Zusammenarbeit mit dem Deutschen Institut für Menschenrechte den vorliegenden Reader erstellt. Mitgewirkt haben dabei Autorinnen und Autoren, die sich mit unterschiedlichen Aspekten der Zwangsverheiratung befassen und hier die wichtigsten Ergebnisse ihrer Arbeit präsentieren.

Ergänzend hat das Bundesministerium für Familie, Senioren, Frauen und Jugend eine Studie in Auftrag gegeben, die die Praxisarbeit im Bereich Zwangsverheiratung bundesweit untersucht und bewertet. Die Ergebnisse dieser Studie werden erstmals in diesem Buch vorgestellt und erweitern unser Verständnis von Hintergründen und Faktoren der Zwangsverheiratung in und nach Deutschland sowie der Eheverschleppung ins Ausland.

Deutschland steht bei der effektiven Bekämpfung von Zwangsverheiratung und der Unterstützung der Betroffenen noch am Anfang. Wir brauchen eine abgestimmte Strategie, die neben rechtlichen Instrumenten auch wirksame Präventions- und Interventionsangebote umfasst.

Unter Federführung des Bundesministeriums für Familie, Senioren, Frauen und Jugend wird derzeit der 2. Aktionsplan der Bundesregierung zur Bekämpfung von Gewalt gegen Frauen erarbeitet. Ein Schwerpunkt des Aktionsplans ist die Bekämpfung von Gewalt gegen Frauen und Mädchen mit Migrationshintergrund. Neben Zwangsverheiratungen sollen zum Beispiel Ehrenmorde, Genitalverstümmelung und häusliche Gewalt in Familien mit Migrationshintergrund genauer untersucht und wirksamer bekämpft werden.

Der beste Schutz für Frauen vor Gewalt ist ihr „Empowerment". Mir ist es ein wichtiges Anliegen, Frauen aller Nationalitäten und Konfessionen zu stärken. Unterstützung von Frauen in Notlagen bleibt eine der Säulen moderner Gleichstellungs- und Frauenpolitik. Deshalb fördert mein Ministerium viele Projekte, die der Stärkung von Migrantinnen und der Förderung ihrer gleichberechtigten gesellschaftlichen Teilhabe dienen. Starke Frauen können sich besser gegen Zwangsverheiratungen zur Wehr setzen und ihre Söhne und Töchter so erziehen, dass sie die freie Entscheidung für oder gegen einen Partner oder eine Partnerin als selbstverständliches Recht nicht nur verstehen, sondern auch einfordern.

Auch der Nationale Integrationsplan wird das Thema Zwangsverheiratung berücksichtigen. Wichtig ist jedoch, dass die Debatte um Zwangsverheiratungen nicht dazu führt, dass die in Deutschland lebenden Migrantinnen und Migranten stigmatisiert werden. Denn selbstverständlich ist nicht jede junge Frau mit Migrationshintergrund in Deutschland von Zwangsverheiratung bedroht – die überwiegende Mehrheit der in Deutschland lebenden Migranten und Migrantinnen lehnt Zwangsverheiratung ausdrücklich ab. Dort allerdings, wo Frauen (und Männer) gegen ihren Willen gezwungenermaßen verheiratet werden, sind in vielen Fällen Leib und Leben der Betroffenen existentiell gefährdet, vor allem, wenn sie sich aus der Zwangssituation befreien wollen. Hier muss wirksamer Schutz gewährleistet werden.

Für die Einrichtung von Beratungs-, Unterstützungs- und Zufluchtseinrichtungen für Migrantinnen sind in erster Linie Länder und Kommunen verantwortlich. In einigen Bundesländern wie Berlin, Nordrhein-Westfalen und Baden-Württemberg sind in jüngerer Zeit Arbeitskreise oder Fachkommissionen zur Bekämpfung von Zwangsverheiratungen gebildet worden, die bereits Handlungskonzepte erarbeitet haben. Auf Länderebene gibt es auch schon einige gezielte Beratungsangebote und einige spezialisierte Zufluchtseinrichtungen, die Vorbildcharakter haben.

Bei der Bekämpfung von Zwangsverheiratungen werden wir allerdings auch stärker die Rolle der Männer berücksichtigen müssen, so wie es beispielsweise in Norwegen konsequent geschieht. Jede zwangsverheiratete Frau hat schließlich einen Ehepartner. Seine Rolle kann sehr verschieden sein – und auch Männer sind Opfer von Zwangsverheiratungen, auch sie bedürfen des Schutzes und der Unterstützung.

Ich hoffe, dass die vielfältigen Erkenntnisse und Empfehlungen, die dieses Buch enthält, dazu beitragen, für die Gleichstellungs- wie für die Integrationspolitik lösungsorientierte Diskussionen anzustoßen. Zwangsverheiratungen stellen eine schwere Verletzung des Menschenrechts und der Menschenwürde dar. Wir dürfen daher nicht länger weg sehen.

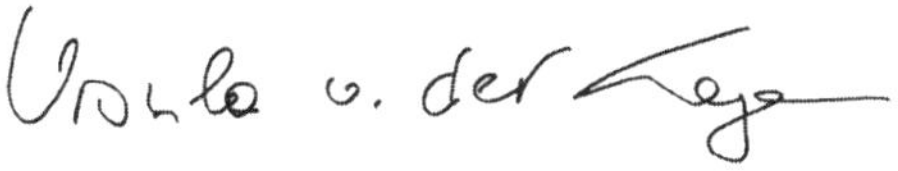

URSULA VON DER LEYEN

BUNDESMINISTERIN FÜR FAMILIE, SENIOREN,

FRAUEN UND JUGEND

Inhaltsverzeichnis

Einführung

Zwangsverheiratung – Ein Menschenrechtsthema in der innenpolitischen Kontroverse 13
Heiner Bielefeldt und Petra Follmar-Otto

I. Phänomene und Ursachen

Zwangsverheiratung: Risikofaktoren und Ansatzpunkte zur Intervention 27
Rainer Strobl und Olaf Lobermeier

Zwangsheirat und arrangierte Ehe – zur Schwierigkeit der Abgrenzung 72
Gaby Straßburger

Heirat ist keine Frage 87
Necla Kelek

Ausmaß und Ursachen von Zwangsverheiratungen in europäischer Perspektive. Ein Blick auf Forschungsergebnisse aus Deutschland, Österreich, England und der Türkei 103
Yasemin Karakaşoğlu und Sakine Subaşı

II. Geschlechterrollen und Paarbeziehungen

Geschlechterstereotype und Migration 131
Manuela Westphal

Zwangsverheiratung, Gewalt und Paarbeziehungen von Frauen mit und ohne Migrationshintergrund in Deutschland – Differenzierung statt Polarisierung 149
Monika Schröttle

Geschlechterrollen und Geschlechtererziehung in traditionellen türkischen Familien. Verheiratung des Mannes als Disziplinarmaßnahme 171
Ahmet Toprak

Zwangsverheiratung im Kontext gleichgeschlechtlicher Lebensweisen. Erfahrungen aus der Beratungsarbeit 187
Anne Thiemann

III. Rechtliche Rahmenbedingungen und Reformbedarf

Zwangsverheiratung als Menschenrechtsverletzung: Die Bedeutung der internationalen Rechtsinstrumente 201
Hanna Beate Schöpp-Schilling

Strafrechtliche Ahndung der Zwangsverheiratung: Rechtslage – Praxiserfahrungen – Reformdiskussion 215
Regina Kalthegener

Trennung, Scheidung und (Rechts-)Folgen. Problemstellung bei der Bekämpfung von Zwangsverheiratung 229
Seyran Ateş

Verfangen im Netz des Aufenthaltsrechts. Aufenthaltsrechtliche Liberalisierungen als zentraler Bestandteil von Präventions- und Interventionsstrategien 246
Dagmar Freudenberg

Sozialrechtliche Hindernisse bei der Interventionsarbeit. Bestandsaufnahme und Reformbedarf 257
Swenja Gerhard

IV. Prävention und Intervention

Erfahrungen mit Interventionsprojekten zum Schutz von Frauen vor Gewalt. Folgerungen für eine wirksame Strategie zur Überwindung von Zwangsverheiratung 273
Barbara Kavemann

Für das Recht auf Selbstbestimmung – gegen Zwangsverheiratung. Ansätze für die Beratungsarbeit 289
Jae-Soon Joo-Schauen und Behshid Najafi

Schwierigkeiten und Möglichkeiten, Tabus anzusprechen. Erfahrungen in der schulischen Bildungsarbeit zum Thema Zwangsverheiratung 299
Interview mit Fatma Sonja Bläser

Deutschförderung als Empowerment 321
Mirja Silkenbeumer und İnci Dirim

Zwangsverheiratung und Gewalt gegen Frauen –
Zur Debatte in muslimischen Organisationen 332
Angelika Hassani

Zwangsverheiratung: Erfahrungen in der praktischen
Unterstützung Betroffener und Empfehlungen für Politik
und Verwaltung 348
Corinna Ter-Nedden

Nachwort 376
Staatsministerin Maria Böhmer

Autorinnen und Autoren 379

Einführung

Zwangsverheiratung – ein Menschenrechtsthema in der innenpolitischen Kontroverse

Heiner Bielefeldt und Petra Follmar-Otto

Der vorliegende Band dient mehreren Zielen. Er soll dazu beitragen, die öffentliche Aufmerksamkeit für das Thema Zwangsverheiratung zu fördern. Außerdem spiegeln die Beiträge die in Deutschland bestehende Kontroverse über Ausmaß und Ursachen von Zwangsverheiratungen sowie über angemessene politische Vorgehensweisen wider. Darüber hinaus stellt der Band Ergebnisse neuester Untersuchungen vor und benennt Aufgaben für künftige Forschung.[1] Die bestehenden rechtlichen Instrumente werden einer kritischen Überprüfung unterzogen, um rechtspolitischen Reformbedarf zu identifizieren. Schließlich gibt der Band aus den Erfahrungen der Praxis Anregungen für die Präventions- und Interventionsarbeit in Schulen, Integrationskursen, Bildungs- und Ausbildungsangeboten sowie in Beratungs- und Kriseneinrichtungen.

Die Autorinnen und Autoren stimmen in der Einschätzung überein, dass Zwangsverheiratung eine Verletzung der Menschenrechte bedeutet. Sie teilen darüber hinaus die Überzeugung, dass Staat und Gesellschaft alle in ihren Möglichkeiten liegenden Mittel einsetzen müssen, um Zwangsverheiratungen zu verhindern bzw. Menschen, die bereits gegen ihren Willen verheiratet worden sind, Auswege aus ihrer Zwangslage zu eröffnen. Bei der Definition, Beschreibung und Ursachenanalyse von Zwangsverheiratungen kommen indessen unterschiedliche Positionen zu Wort. Dies gilt auch hinsichtlich der geforderten rechtspolitischen Maßnahmen. Während ein Konsens darüber besteht, dass Bildungs-, Ausbildungs-, Beratungs- und Schutzangebote erheblich ausgebaut werden müssen, vertreten die Autorinnen und Autoren insbesondere in der Frage, welche aufenthaltsrechtlichen und strafrechtlichen Reformen zur Bekämpfung von Zwangsverheiratungen sinnvoll sind, unterschiedliche Meinungen. Insofern schlägt sich die aktuelle öffentliche und fachöffentliche Kontroverse in diesem Band nieder.

Zwangsverheiratung als Menschenrechtsverletzung

Wie Hanna Beate Schöpp-Schilling (stellvertretende Vorsitzende des UN-Ausschusses für die Beseitigung der Diskriminierung der Frau) in ihrem Beitrag ausführt, stellt Zwangsverheiratung eine Menschenrechtsverletzung dar, die sowohl Frauen als auch Männer treffen kann, wobei allerdings ganz überwiegend Frauen betroffen sind. Hinzu kommt, dass auch die Auswirkungen im Hinblick auf weitere Menschenrechtsverletzungen für Frauen nach allgemeiner Einschätzung

1 Ergebnisse eines vom Bundesministerium für Familie, Senioren, Frauen und Jugend (BMFSFJ) geförderten Forschungsprojekts enthält der Beitrag von Rainer Strobl und Olaf Lobermeier in diesem Band.

zumeist gravierender sind. Eine erzwungene Verheiratung bedeutet die Verweigerung freiheitlicher Selbstbestimmung in einem zentralen Bereich persönlicher Lebensgestaltung – mit weit reichenden Konsequenzen für das Selbstwertgefühl der Betroffenen und ihre Lebens- und Entfaltungschancen. Ganz offenkundig verstößt Zwangsverheiratung gegen das Recht auf Freiheit der Eheschließung, wie es in der Allgemeinen Erklärung der Menschenrechte der Vereinten Nationen von 1948 (Artikel 16 Absatz 2), im Internationalen Pakt über bürgerliche und politische Rechte von 1966 (Art. 23 Abs. 3) sowie im Übereinkommen zur Beseitigung jeder Form von Diskriminierung der Frau von 1979 (Art. 16 Abs. 1 lit. b) verankert ist; dieses Recht findet sich auch in der europäischen Konvention zum Schutze der Menschenrechte und Grundfreiheiten von 1950 (Art. 12) sowie im Grundrechtsabschnitt des Grundgesetzes für die Bundesrepublik Deutschland (Art. 6 Abs. 1).

Eine erzwungene Ehe steht außerdem oft im Kontext weiterer Menschenrechtsverletzungen. Betroffene Frauen berichten, dass sie das erzwungene Eheleben als eine Serie von Vergewaltigungen und damit als Verletzung ihrer Rechte auf sexuelle Selbstbestimmung und körperliche Integrität erlebt haben. In der Folge kann es zu schwerwiegenden Beeinträchtigungen des Rechts auf physische und psychische Gesundheit kommen. Darüber hinaus besteht die Gefahr, dass die Bildungsrechte und die Berufsfreiheit von zwangsverheirateten jungen Frauen beschnitten werden. Bereits im „Zusatzübereinkommen über die Abschaffung der Sklaverei, des Sklavenhandels und sklavereiähnlicher Einrichtungen und Praktiken" der Vereinten Nationen von 1956 wird die Zwangsverheiratung übrigens unter „sklavereiähnlichen Einrichtungen und Praktiken" aufgeführt (Art. 1 lit. c).

Dass Zwangsverheiratung eine Menschenrechtsverletzung darstellt, sollte sich angesichts des (hier nur exemplarisch angeführten) einschlägigen menschenrechtlichen Normenbestands von selbst verstehen, war gleichwohl aber nicht von jeher anerkannt. Denn das bis vor einigen Jahrzehnten maßgebende Menschenrechtsverständnis stellte darauf ab, dass Menschenrechte in erster Linie Grenzen legitimer Staatsgewalt markieren und in der privaten Sphäre keine Geltung beanspruchen können. Vor allem die feministische Kritik hat dazu beigetragen, dieses traditionelle, verengte Menschenrechtsverständnis aufzubrechen. Inzwischen besteht international weithin ein Konsens darüber, dass die Menschenrechte nicht nur Achtungspflichten des Staates, sondern auch staatliche Schutz- und Gewährleistungspflichten begründen. Das heißt: Der Staat ist nicht nur verpflichtet, die Menschenrechte als Grenzen eigenen Handelns zu respektieren, sondern er ist auch gehalten, Menschen aktiv Schutz gegen die Verletzung ihrer Rechte durch Dritte – dies gilt auch im privaten Bereich – zu geben und darüber hinaus für eine Infrastruktur zu sorgen, die es Menschen ermöglicht, die ihnen verbrieften Rechte wirksam in Anspruch zu nehmen. Die staatlichen Schutzpflichten schließen Maßnahmen effektiver Strafverfolgung ein, beschränken sich aber bei Weitem nicht auf diese. Vielmehr ist den Menschenrechten ein Ansatz des Empowerment immanent, das heißt eine Stärkung der rechtlichen und tatsächlichen Handlungsoptionen der Menschen. Bezogen auf Zwangsverheiratung bedeutet dies vor allem die Stärkung potenziell und tatsächlich Betroffener in ihrem Recht auf Selbstbestimmung.

Dass der Staat dazu verpflichtet ist, aktiv Schutz- und Vorbeugungsmaßnahmen gegen Zwangsverheiratungen zu ergreifen, geht unter anderem aus dem Text des internationalen Übereinkommens zur Beseitigung jeder Form der Diskriminierung der Frau von 1979 hervor. In dessen Art. 16 verpflichten sich die Vertragsstaaten dazu, „alle geeigneten Maßnahmen zur Beseitigung der Diskriminierung der Frau in Ehe- und Familienfragen" zu treffen. In diesem Zusammenhang bekräftigen sie das gleiche Recht von Frauen und Männern „auf freie Wahl des Ehegatten sowie auf Eheschließung nur mit freier und voller Zustimmung" (Art. 16 Abs. 1 lit. b). Außerdem bestimmt das Übereinkommen, dass die Verlobung bzw. Eheschließung eines Kindes keine Rechtswirksamkeit hat (Art. 16 Abs. 2). Wiederum sind die Staaten gefordert, dieser Bestimmung durch gesetzgeberische und sonstige Maßnahmen praktische Wirksamkeit zu verschaffen.

Zwangsverheiratung und arrangierte Ehen

Bei der Definition von Zwangsverheiratungen stellt sich die Frage, ob und wie eine Abgrenzung von sogenannten arrangierten Ehen vorgenommen werden kann. Die Bestimmung des Verhältnisses zwischen erzwungenen und arrangierten Heiraten bildet einen Kernpunkt sowohl der allgemein-öffentlichen als auch der fachlichen Debatte. Dabei handelt es sich keineswegs um eine rein akademische Kontroverse; denn von einer angemessenen Klärung dieser Frage hängt Vieles ab.

Wer arrangierte Ehen und Zwangsehen tendenziell miteinander gleichsetzt, wird schon bei der quantitativen Einschätzung des Problemfelds ganz andere Ergebnisse erzielen als dies der Fall ist, wenn man beide stärker gegeneinander abgrenzt. Bei der Frage, ob bzw. unter welchen Bedingungen familiäre Ehearrangements gesellschaftliche Anerkennung finden können oder eher unter Verdacht des Autoritarismus gestellt werden sollten, spielt die Abgrenzung von der Zwangsverheiratung naturgemäß ebenfalls eine entscheidende Rolle. Im Kontext rechtlicher bzw. rechtspolitischer Maßnahmen stellt sich die Abgrenzungsfrage je nach Rechtsbereich unterschiedlich: Bei der strafrechtlichen Bekämpfung von Zwangsverheiratungen ist um des rechtsstaatlichen Prinzips der Tatbestandsbestimmtheit willen eine sehr klare Grenzziehung unerlässlich – mit der Folge, dass die Zwangsheirat relativ eng definiert werden muss. Im Zusammenhang mit Maßnahmen des Empowerments Betroffener, etwa durch aufenthaltsrechtliche Verbesserungen oder bei der Gewährung von Hilfe nach dem Kinder- und Jugendhilfegesetz, ist es hingegen notwendig, auch die weniger eindeutigen Fällen zu berücksichtigen, also die Frage einer klaren Abgrenzung von erzwungen und arrangierten Ehen im Zweifelsfall zurückzustellen und stattdessen die Stärkung des Selbstbestimmungsrechts in den Vordergrund zu rücken.

Im vorliegenden Band finden sich zur Frage des Verhältnisses zwischen Zwangsheirat und arrangierter Ehe unterschiedliche Positionen – was sich teilweise auch aus den unterschiedlichen fachlichen Hintergründen erklären lassen dürfte. Für Necla Kelek sind arrangierte und erzwungene Heiraten gleichermaßen Ausdruck autoritärer Familienstrukturen, die die freie Selbstbestimmung der Individuen beschneiden; sie plädiert deshalb dafür, auf eine begriffliche Differenzierung ganz zu verzichten. Auch Seyran Ateş betont die Gefahr, dass der Begriff der arrangierten Ehe als „Deckmantel" für die Ausübung familiären Drucks und oft auch massiver Gewalt benutzt werden kann. Anne Thiemann hält für Lesben und Schwule die Differenzierung zwischen Zwangsheirat und arrangierter Ehe für wenig relevant, weil sich für diese bereits die familiäre Ausrichtung auf eine heterosexuelle Ehe als Zwang darstelle. Dagegen spricht sich Gaby Straßburger dafür aus, Formen arrangierter Eheschließung nicht von vornherein unter Verdacht zu stellen, sondern sie prinzipiell als eine legitime soziale Praxis anzuerkennen. Sie konzediert zugleich, dass es einen breiten Graubereich zwischen arrangierten und erzwungenen Ehen gebe und dass man konkrete Einzelfälle deshalb immer sorgfältig und vorsichtig bewerten müsse. Yasemin Karakaşoğlu und Sakine Subaşı plädieren ebenfalls für eine Abgrenzung, wonach die arrangierte Ehe das Einverständnis beider Partner voraussetzt, während bei der Zwangsheirat zumindest einer der Partner durch physischen oder psychischen Zwang zur Ehe gedrängt wird. Zugleich räumen sie ein, dass Zwangsverheiratungen eher dort vorkommen, wo arrangierte Ehen als normal angesehen werden. Ahmet Toprak verwendet den Begriff der arrangierten Ehen wiederum anders, indem er ihn als übergeordnete Kategorie versteht, der die Zwangsehe als gleichsam besonderer Härtegrad subsumiert ist. Ähnlich bestimmen auch Rainer Strobl und Olaf Lobermeier das Verhältnis zwischen beiden Begriffen. Sie definieren eine Zwangsheirat dadurch, dass „ein Ehearrangement durch die Ausübung von Macht oder durch die Ausübung von Gewalt gegenüber mindestens einem der beiden Heiratskandidaten durch eine formelle oder informelle eheliche Verbindung zum Abschluss gebracht worden ist".

Es spricht Vieles dafür, Zwangsverheiratung und arrangierte Ehen nicht einfach gleichzusetzen, mit der Abgrenzung zugleich aber sehr vorsichtig – und je nach Anwendungskontext differenziert – umzugehen. Die von Monika Schröttle vorgestellten Ergebnisse einer nicht-repräsentativen Befragung türkischer Frauen zeigen, dass der überwiegende Teil (86 %) derjenigen, deren Eheschließung von der Familie arrangiert worden war, mit der Auswahl des Partners entweder von Anfang an oder zumindest (bei 8 %) später einverstanden waren, ein erheblicher Teil aus der Gruppe der von familiären Ehearrangements Betroffenen (nämlich immerhin 18 %) aber zum Zeitpunkt der Heirat das Gefühl hatte, zur Ehe gezwungen worden zu sein. Es gibt demnach also starke Anhaltspunkte dafür, dass arrangierte Ehen nicht per se mit Zwangsmaßnahmen verbunden sind. Die Tatsache, dass in der Befragung 24 % der Frauen, deren Ehemann von den Familien ausgewählt worden waren, angeben, sie hätten sich lieber selbst einen Partner ausgesucht, deutet zugleich auf eine breite Grauzone hin. Auch unterhalb der Schwelle des direkten physischen oder psychischen Zwangs kann es offensichtlich zu schweren Beeinträchtigungen individueller Freiheit kommen, zu deren Abhilfe Unterstützungs- und Beratungsangebote sowie gezielte Bildungsmaßnahmen erforderlich sind. Von vornherein inakzeptabel sind in jedem Fall arrangierte Ehen mit Minderjährigen, die auch ohne die Androhung oder Ausübung von direktem Zwang als Verletzung des Selbstbestimmungsrechts der Betroffenen gewertet werden müssen.

Die Fixierung der öffentlichen Diskussion auf strafrechtliche Maßnahmen in der Bekämpfung von Zwangsverheiratungen leistet einer engen Definition Vorschub, die für das Strafrecht in der Tat erforderlich ist, im Kontext anderer Maßnahmen aber einen Ausschluss mancher Betroffener zur Folge haben könnte. Umso wichtiger ist es, darauf zu achten, dass für die weniger eindeutigen Fälle Beratungs- und Schutzangebote sowie die Möglichkeiten des Kinder- und Jugendhilfegesetzes zur Verfügung stehen und die aufenthaltsrechtlichen Voraussetzungen dafür geschaffen werden, damit die Betroffenen sich aus Verhältnissen der Fremdbestimmtheit lösen können.

Schließlich gilt es zu bedenken, dass Beschneidungen freier Selbstbestimmung in einem weiteren Sinne auch dann bestehen, wenn jungen Menschen seitens ihrer Familien die heterosexuelle Ehe als unbefragt geltende Norm vorgegeben wird. Die in den Menschenrechten gewährleistete freie Selbstbestimmung beschränkt sich aber nicht auf die Entscheidungsfreiheit innerhalb einer heterosexuellen Ehe, sondern erstreckt sich auch auf andere Lebensweisen – vom freiwillig gewählten Zölibat über schwule und lesbische Partnerschaften bis hin zu „Regenbogenfamilien" in ihren verschiedenen Ausprägungen. Anne Thiemann berichtet in ihrem Beitrag in diesem Band von Schwulen und Lesben mit Migrationshintergrund, die von ihren Familien bedroht und in eine ungewollte Ehe gezwungen wurden. Daneben beschreibt sie den weit im Vorfeld liegenden Druck, der durch homophobe Einstellungen und die Vorgabe der heterosexuellen Ehe als einzig legitimes Lebensmodell auf gleichgeschlechtlich orientierte Menschen ausgeübt wird.

Auch aus diesem Grund wäre es falsch, die Gewährleistung freier Selbstbestimmung auf die Überwindung von Zwangsverheiratungen zu verkürzen. Um es positiv zu formulieren: Eine angemessene Thematisierung des Problems der Zwangsverheiratung muss immer auch den weiteren Zusammenhang autoritärer Familienstrukturen kritisch berücksichtigen, um der Vielfalt der Lebensweisen aus Achtung vor der freien Selbstbestimmung Raum zu schaffen.

Phänomene und Ursachen

Dass Zwangsverheiratungen aufs Engste mit patriarchalischen Familienstrukturen und traditionellen Vorstellungen von Geschlechterehre zusammenhängen, liegt auf der Hand. Hinsichtlich dieser Diagnose besteht denn auch allgemeiner Konsens. Ansonsten aber werden in der Einschätzung der Ursachen – und damit verbunden schon in der Beschreibung der Phänomene – unterschiedliche Akzente gesetzt. Während Zwangsverheiratung in der allgemeinen öffentlichen Diskussion vor allem aus kulturell-religiösen Traditionen und von dorther geprägten Mentalitäten erklärt wird, verweisen manche Beiträge – komplementär dazu – auf die Bedeutung sozialer und ökonomischer Faktoren für eine angemessene Analyse. Zugespitzt formuliert geht es dabei um die Frage, ob man Zwangsverheiratungen eher in den Kontext der Migrations- und Integrationsdebatte stellen sollte oder ob sie eher im allgemeinen gesamtgesellschaftlichen Zusammenhang innerfamiliärer Gewalt und insbesondere der Gewalt gegen Frauen verortet werden soll; es besteht natürlich auch die Möglichkeit, beide Perspektiven miteinander zu verbinden.

Die Kontroverse über Erscheinungsformen, Ausmaß und Ursachen erzwungener Heirat wird oft mit einer gewissen Schärfe ausgetragen. Dies liegt daran, dass es immer zugleich um die politisch brisante Frage geht, wie man der Gefahr, dass ethnische, kulturelle bzw. religiöse Minderheiten – insbesondere Muslime – durch die Art der Debatte stigmatisiert werden, begegnen kann. Die Herausforderung besteht darin, Zwangsverheiratung klar als Menschenrechtsverletzung anzusprechen und zugleich dafür zu sorgen, dass dadurch nicht Vorurteilen gegenüber Minderheiten Vorschub geleistet wird. Dies setzt die Bereitschaft zur präzisen Analyse voraus.

Die Unterschiede in der Einschätzung der Phänomene und Ursachen schlagen sich auch in diesem Band nieder. Necla Kelek interpretiert in ihrem Aufsatz Zwangsverheiratungen im türkischen Migrantenmilieu als Ausdruck eines islamisch geprägten kulturellen Autoritarismus, zu dessen Überwindung sie sowohl auf Bildungs- und Aufklärungsprozesse als auch auf restriktive Regelungen des Ehegattennachzugs setzt. Darüber hinaus mahnt sie an, die Werte der liberalen Gesellschaft gegen kulturrelativistische Tendenzen zu verteidigen. Stereotype Vorstellungen von Männlichkeit und Weiblichkeit in eher bildungsfernen traditionellen türkischen Familien und die Fixierung der Geschlechterrollen in der Erziehung beschreibt Ahmet Toprak, der gleichzeitig vor Pauschalisierungen warnt. Zur Überwindung von Zwangsverheiratungen plädiert er vor allem für frühzeitige Bildungsmaßnahmen. Yasemin Karakaşoğlu und Sakine Subaşı weisen darauf hin, dass in Ländern, die eine stärkere ethnisch-religiöse Diversität ihrer Migrantenpopulation aufweisen, Zwangsverheiratung anders als in Deutschland weniger singulär auf religiöse Ursprünge denn auf die Komplexität sozioökonomischer, demographischer und generationentypischer Hintergründe sowie auf den Bildungsstand zurückgeführt wird.

Monika Schröttle spricht sich dafür aus, das Thema Zwangsverheiratung gegen kulturalistische Engführungen in den Kontext des gesamtgesellschaftlichen Problems von Gewalt gegen Frauen zu stellen. Außerdem bringt sie empirische Argumente für eine differenzierte Betrachtungsweise: Zwar seien innerfamiliäre Gewalterfahrungen von Frauen mit türkischem Familienhintergrund in Deutschland im Durchschnitt häufiger und intensiver als die Gewalterfahrungen autochthon-deutscher Frauen; daraus könne man aber nicht schließen, dass Gewalt in türkischen Familien eine allgemein verbreitete Praxis sei.

Dass sowohl Geschlechterrollen als auch kulturelle Selbstverständnisse und Praktiken von Migrationsfamilien wesentlich durch die gesellschaftlichen Verhältnisse des Aufnahmelandes sowie durch die Migrationssituation selbst mit bedingt seien, betont Manuela Westphal. Vor allem für Migrantinnen stelle sich die Notwendigkeit, ihre Geschlechtsrolle im Aufnahmeland neu zu definieren – wodurch familiäre Konflikte entstehen, sich aber auch emanzipatorische Handlungsoptionen erweitern könnten.

Die Notwendigkeit einer komplexen Problembeschreibung – unter Berücksichtigung sowohl kultureller als auch sozioökonomischer Motive – zeigt sich auch in Akten aus der Kriseneinrichtung „Papatya", die Rainer Strobl und Olaf Lobermeier ausgewertet haben. Ihre Studie stützt die These, dass Zwangsverheiratungen häufig in Familien vorkommen, in denen die Ausübung von Gewalt zum Alltag gehört und in denen die Eltern-Kind-Beziehung emotional massiv gestört ist. Corinna Ter-Nedden, als Psychologin seit 20 Jahren bei Papatya tätig, berichtet, dass von Zwangsverheiratung bedrohte Frauen oftmals aus solchen Familien stammen, die von starken sozialen Problemen – Dauerarbeitslosigkeit, Trennungen, gelegentlich auch Alkoholismus – belastet seien. Für solche Familien stelle die strikte Kontrolle der Töchter eines der wenigen verbliebenen Optionen zur Wahrung von „Ansehen" im Milieu-Umfeld dar.

Es wäre falsch, bei der Ursachenanalyse religiös-kulturelle und soziale Faktoren abstrakt gegeneinander auszuspielen. In einer angemessenen Betrachtungsweise müssen sie einander ergänzen. Erforderlich ist dabei in jedem Fall ein reflektierter Umgang mit dem Kulturbegriff, der um die Kontingenz kultureller Konstrukte weiß. Kulturen sind keine Entitäten sui generis mit scheinbar unveränderlichem Charakter, und sie sind auch keine Schicksalsmächte, denen die einzelnen Menschen als bloße Glieder subsumiert werden könnten. Dies gilt auch für Religionen – hier den Islam, der in der Öffentlichkeit häufig als in seinem „Wesen" autoritär wahrgenommen wird. Eine schlichte Etikettierung patriarchalischer Familienstruktur als „islamisch" würde jedoch den zahlreichen hier lebenden Musliminnen und Muslimen nicht gerecht werden, die atavistischen Vorstellungen von Geschlechterehre oft mit demselben Befremden gegenüber stehen, wie dies für die meisten Angehörigen der nicht-muslimischen Mehrheitsgesellschaft gilt. Außerdem würde sie die Bemühungen all derjenigen Frauen und Männer entwerten, die sich innerhalb des islamisch geprägten Milieukontextes – oft gegen Widerstände – um Veränderungen des Geschlechterverhältnisses in Richtung gleichberechtigter Selbstbestimmung bemühen (vgl. dazu auch den Beitrag von Angelika Hassani).

Vorstellungen über das Verhältnis der Geschlechter zueinander entwickeln sich in Abhängigkeit auch von sozialen und politischen Rahmenbedingungen der Gesamtgesellschaft. So kann das Leben unter Migrationsbedingungen in einer westlich-modernen Metropole und die Verschiebung etwa der Ernährerrolle durch die Migration einerseits zur Liberalisierung von Familienstrukturen beitragen. Vor allem bei männlichen Modernisierungsverlierern kann es andererseits aber auch dazu führen, sich erst recht an überkommene Vorstellungen von „Mannesehre" zu klammern – ein Phänomen, das sich übrigens auch bei manchen deutschen Hooligans beobachten lässt. Generell gesagt: In einer angemessenen Problembeschreibung autoritärer Familienstrukturen können die Aspekte von Kultur und Religion, bei aller Bedeutung, die ihnen zweifellos zukommt, niemals isoliert werden. Vielmehr sind immer auch diejenigen sozialen Faktoren mit zu berücksichtigen, die dafür sorgen, dass tradierte Vorstellungen über das Verhältnis der Geschlechter im Handeln der Menschen eine praktische Relevanz behalten – oder unter Umständen auch neu gewinnen. Dabei dient der Hinweis auf die

Bedeutung sozialer Faktoren nicht dazu, individuelle Verantwortung zu negieren und die betroffenen Menschen lediglich als „Opfer“ ihrer sozialen Verhältnisse darzustellen. Es gehört vielmehr zu den Prämissen aufgeklärten und rechtsstaatlichen Denkens, dass der Mensch grundsätzlich als Verantwortungssubjekt zu betrachten ist. Menschen sind niemals (oder allenfalls in pathologischen Grenzfällen) lediglich das Ensemble der sie beeinflussenden gesellschaftlichen Bedingungen. Genauso wenig aber sind sie bloße Agenten vorgegebener kultureller Werte oder kollektiver religiöser Mentalitäten, die sich gleichsam automatisch durch die Individuen hindurch Geltung verschaffen.

Gesetzliche Reformen

Da erzwungene Heiraten, wie dargestellt, die Menschenrechte der Betroffenen verletzen, sind Staat und Gesellschaft gefordert, alle ihnen zu Gebote stehenden Mittel zur Bekämpfung dieser Praktiken einzusetzen. Ziel muss es sein, Zwangsverheiratungen zu überwinden und den Betroffenen die Möglichkeit eines Auswegs aus Verhältnissen von Fremdbestimmung und Gewalt zu eröffnen. Dabei dürfen auch arrangierte Ehen nicht aus dem Blick bleiben, denn auch bei ihnen besteht die Gefahr, dass die Familien – wenn auch ohne direkte Zwangseinwirkung – sich über den Willen der betroffenen Menschen hinwegsetzen.

Neben dem gebotenen Ausbau von Bildungs-, Beratungs- und Schutzeinrichtungen vor Ort sind für ein wirksames Vorgehen gegen Zwangsverheiratungen auch gesetzliche Maßnahmen erforderlich. Die in diesem Zusammenhang vorgeschlagen Reformen werden teilweise kontrovers diskutiert.

Zum Reformbedarf im *Aufenthaltsrecht* lassen sich zwei gegensätzliche Positionen ausmachen: Die eine Position, zu der sich in diesem Band Necla Kelek bekennt, will Zwangsverheiratung nach Deutschland durch aufenthaltsrechtliche Restriktionen, insbesondere neue Schranken für den Familiennachzug, vermeiden. So sieht die Bundesregierung in ihrem am 28. März 2007 beschlossenen Entwurf eines Gesetzes zur Umsetzung aufenthalts- und asylrechtlicher Richtlinien der Europäischen Union[2] einen Ausschluss des Nachzugs vor, wenn tatsächliche Anhaltspunkte die Annahme begründen, dass eine Zwangsheirat vorliegt (§ 27 Abs. 1a des Entwurfs zum AufenthG[3]). Zudem werden als neue Voraussetzungen für den Ehegattennachzug ein Mindestalter von 18 Jahren und der Nachweis einfacher Kenntnisse der deutschen Sprache eingeführt (§ 30 Abs. 1 S. 1 Nr. 1 und 2 des Entwurfs). Diese Regelungen betreffen lediglich die Fälle, in denen Betroffene aus dem Ausland nach Deutschland verheiratet werden. Ob die Regelungen mit dem Menschenrecht auf Schutz der Familie vereinbar sind, bleibt zweifelhaft.

Die Gegenposition, in diesem Band neben anderen vertreten von Dagmar Freudenberg, setzt auf die Stärkung der aufenthaltsrechtlichen Stellung von Zwangsverheiratung Bedrohter und Betroffener, um diesen ein Ausbrechen aus den

2 Verfügbar unter: http://www.bundesregierung.de (abgerufen am 20. 4. 2007).
3 Gesetz über den Aufenthalt, die Erwerbstätigkeit und die Integration von Ausländern im Bundesgebiet.

Zwangs- und Gewaltverhältnissen zu erleichtern oder überhaupt erst zu ermöglichen. Sie schlägt für die Gruppe der in oder nach Deutschland Zwangsverheirateten vor, Zwangsverheiratung explizit als Härtefall für die Gewährung eines eigenständigen Aufenthaltsrechts des Ehegatten (§ 31 Abs. 2 AufenthG) zu regeln. Die Rückkehrmöglichkeiten ins Ausland verheirateter, zuvor in Deutschland lebender Betroffener sollen durch eine Ausnahmeregelung vom Erlöschen des Aufenthaltstitels nach spätestens sechs Monaten (§ 51 Abs. 1 Nr. 6 und 7 AufenthG) und durch eine Liberalisierung der Voraussetzungen für das Recht auf Wiederkehr (§ 37 AufenthG) verbessert werden. Bislang wurden entsprechende Vorschläge allerdings sowohl im Bundesrat als auch im Bundestag abgelehnt. Auch in den Gesetzentwurf zur Umsetzung aufenthalts- und asylrechtlicher Richtlinien sind entsprechende Vorschläge aus der Evaluierung des Zuwanderungsgesetzes nicht aufgenommen worden.

Dass beim staatlichen Vorgehen gegen Zwangsverheiratungen auch dem *Strafrecht* eine unverzichtbare Funktion zukommt, ist im Prinzip unumstritten. Das Strafrecht, dem sich Regina Kalthegener in ihrem Beitrag widmet, war der erste Bereich, in dem die erhöhte Aufmerksamkeit für die Thematik sich in einer Gesetzesänderung niedergeschlagen hat: Durch das 37. Strafrechtsänderungsgesetz[4] wurde mit Wirkung vom Februar 2005 in den Nötigungsparagraphen der Zwang zur Eingehung der Ehe als Regelbeispiel des besonders schweren Falls explizit aufgenommen (§ 240 Abs. 4 Nr. 1 Strafgesetzbuch – StGB). Die derzeit im Bundestag anhängige Initiative Baden-Württembergs für ein Zwangsheiratsbekämpfungsgesetz sieht dagegen vor, einen eigenen Straftatbestand „Zwangsheirat“ (§ 234b) unter die Straftaten gegen die persönliche Freiheit im Strafgesetzbuch aufzunehmen und den Strafrahmen von derzeit bis zu fünf auf bis zu zehn Jahre anzuheben. Weniger beachtet als die Frage eines eigenen Tatbestandes, aber ebenfalls Gegenstand verschiedener parlamentarischer Initiativen sind Verbesserungen der Stellung des Opfers im Strafprozess durch die Möglichkeit der Nebenklage sowie der Beiordnung eines Zeugenbeistandes. In der Debatte ist außerdem die Erstreckung des Weltrechtsprinzips nach § 5 StGB auf Zwangsverheiratung, um Auslandstaten verfolgbar zu machen.

Eine Evaluation der neuen Regelung in § 240 Abs. 4 StGB steht noch aus und entsprechende Zahlen aus der Strafverfolgungsstatistik liegen nicht vor. Regina Kalthegener, Corinna Ter-Nedden sowie Jae-Soon Joo-Schauen und Behshid Najafi weisen aus ihrer Praxiserfahrung auf die begrenzte Reichweite eines strafrechtlichen Ansatzes hin, da die Betroffenen die weitere Eskalation des Familienkonflikts durch ein Strafverfahren vermeiden wollen. Daher rechnen sie auch für die Zukunft mit eher geringen Fallzahlen in der Strafverfolgung.

Für das *Zivilrecht* werden Erleichterungen für die Aufhebung von Zwangsehen und die Privilegierung der Betroffenen bei den Aufhebungsfolgen im Hinblick auf Unterhaltsansprüche und das Ehegattenerbrecht vorgeschlagen. Einige entspre-

4 Bundesgesetzblatt 2005 I S. 239.

chende Gesetzgebungsvorschläge sind im Entwurf des Bundesrates enthalten, werden aber in der Stellungnahme der Bundesregierung kritisch beurteilt. In der Praxis spielt die bereits nach geltendem Recht mögliche Aufhebung der Ehe, wie Seyran Ateş darstellt, insbesondere wegen der Antragsfrist, aber auch der Rechtsfolgen der Aufhebung im Hinblick auf Unterhalt und vermögensrechtliche Ausgleichansprüche bislang kaum eine Rolle; die Ehen werden überwiegend im Wege der Scheidung aufgelöst.

In der öffentlichen Diskussio wenig präsent, den Erfahrung der Praxis zufolge aber von großer Relevanz ist das *Sozialrecht*, insbesondere das *Kinder- und Jugendhilferecht*, dessen einschlägige Bestimmungen Swenja Gerhard vorstellt. Wie die Praktikerinnen in diesem Band durchweg betonen, ist das vorrangige Bedürfnis von Zwangsverheiratung Bedrohter oder Betroffener, die Spirale familiärer Gewalt und Zwang zu durchbrechen. Dafür sind die Zugänglichkeit von Beratung und Unterstützung und die Möglichkeit, ad hoc Schutz in einer Zufluchtseinrichtung zu suchen, unabdingbare Voraussetzungen. Diese Voraussetzungen werden durch das Sozialrecht wesentlich bestimmt. Problematisiert werden die in einigen Bereichen fehlenden eigenen Antragsrechte für Kinder und Jugendliche, die etwa für die Gewährung von Hilfen zur Erziehung eine Zustimmung der Eltern erforderlich machen. Für die Gruppe der jungen Volljährigen stellt sich das Problem, dass die nach § 41 SGB VIII[5] mögliche Jugendhilfe in der Praxis häufig nicht gewährt wird. Im Bereich des Sozialhilferechts sehen sich die unter 25-Jährigen dagegen mit der Zuordnung zur Bedarfsgemeinschaft der Eltern konfrontiert. Nicht zuletzt führt der oft erforderliche Wechsel in eine andere Stadt oder gar ein anderes Bundesland wegen Zuständigkeitsstreitigkeiten der beteiligten Sozialleistungs- und Jugendhilfeträger zu enormen praktischen Problemen für die Unterstützungseinrichtungen, die sich verloren „im Dschungel der Zuständigkeiten" (so Corinna Ter-Nedden) fühlen. Entgegen der vorherrschenden Tendenz im Sozialrecht, von der institutionellen Förderung auf personenbezogene Leistungen umzustellen, muss daher eine Grundversorgung mit direkt belegbaren Unterbringungsmöglichkeiten auf der Basis institutioneller Förderung bundesweit sichergestellt werden.

Durch verschiedene Rechtsbereiche ziehen sich Hinweise auf das Problem, dass durch die Verfahren *Schutz- und Geheimhaltungsinteressen der Betroffenen* unterlaufen werden – sei es durch das Aufeinandertreffen der Betroffenen mit ihren Ehepartnern und Familien vor Gericht oder durch prozessuale Zuständigkeitsregelungen, die Rückschlüsse auf den Aufenthaltsort zulassen. Hinzu kommen Fehler der befassten Behörden und Stellen, die aus Unkenntnis, mangelnder Sensibilität oder weil sie die Bedrohungslage unterschätzen die Sicherheitsbelange außer Acht lassen. Auch die ausländerrechtlichen Beschränkungen durch die Residenzpflicht für Geduldete stellen ein praktisches Problem für die sichere Unterbringung der Betroffenen dar, die häufig an einem anderen Ort erfolgen muss.

---

5 Sozialgesetzbuch Achtes Buch – Kinder- und Jugendhilfe.

Prävention und Intervention

Die im Hinblick auf die rechtlichen Reaktionsmöglichkeiten auf Zwangsverheiratung durchaus kontroversen Beiträge verbindet die Erkenntnis, dass die Reichweite rechtlicher Maßnahmen angesichts der Komplexität des Phänomens immer begrenzt bleiben wird. Daher muss ein weit größeres Augenmerk als bislang auf die Entwicklung und den Ausbau von Präventions- und Interventionsmöglichkeiten gerichtet sein. Dies ist – auch da sind sich die Autorinnen und Autoren einig – eine gesamtgesellschaftliche Aufgabe. Die Herausforderung besteht darin, die unterschiedlichsten Akteure zu sensibilisieren und zu beteiligen, die Zielgruppen Jungen und Mädchen, Eltern, Religionsgemeinschaften und Organisationen von Migranteninnen/Migranten zu erreichen und sowohl früh ansetzende Präventionsmaßnahmen zu entwickeln als auch bundesweit angemessene Beratungs- und Schutzangebote in akuten Bedrohungssituationen bereitzustellen. Präventions-, Beratungs- und Schutzangebote müssen dabei die unterschiedliche Betroffenheit von Mädchen und Frauen und Jungen und Männern sowie von sexuellen Minderheiten berücksichtigen. Erforderlich sind interkulturelle und kulturell sensible Ansätze, die jedoch nicht soziale Ursachen für innerfamiliäre Gewalt und Zwangsverheiratung durch essenzialistische Freiheitszuschreibungen überdecken dürfen.

Eine vordringliche Aufgabe besteht darin, den meist sehr jungen Menschen, die von Zwangsverheiratung bedroht oder akut betroffen sind, die Möglichkeit zu verschaffen, über ihre Notlage sprechen zu können. Jae-Soon Joo-Schauen und Behshid Najafi weisen darauf hin, dass jede Beratung bei den Betroffenen ansetzen und sie dabei unterstützen muss, ihren eigenen Weg im Umgang mit ihrer familiären Situation zu finden. Da es sich um Fragen von Intimität, familiären Bindungen und Solidaritätserwartungen, persönlichen Lebenswünschen und sexuellen Erfahrungen handelt, ist das Problemfeld vielfach stark schambesetzt. Oftmals fühlen sich die Betroffenen auch selbst schuldig oder leiden unter der Vorstellung, sie hätten die innerfamiliäre Harmonie gestört. Das Gefühl, Opfer zu sein, verbindet sich so mit der Angst, womöglich verantwortlich für die Zerrüttung der Familienfriedens zu sein. Die Betroffenen haben deshalb oft nicht einmal ein klares Bewusstsein des Unrechts, das durch eine erzwungene Heirat geschieht – wie dies umgekehrt im Übrigen auch für die Eltern und Verwandten gilt, die nicht selten der Überzeugung sind, dass der Druck, den sie in Richtung einer Heirat ausüben, doch nur „gut gemeint" sei. Solange die Betroffenen drohender oder bereits geschehener Zwangsverheiratung sich nicht über ihre eigenen Gefühle im Klaren sind, können sie naturgemäß keine Handlungsstrategien zur Veränderung ihrer Lebenssituation entwickeln.

Telefonische Hotlines und andere niedrigschwellige Angebote der Kontaktaufnahme können es den Betroffenen ermöglichen, ihre eigenen Gefühle zu klären und Handlungsoptionen zu sondieren. Solche Angebote müssen möglichst in mehreren Sprachen angeboten werden. Angesichts von Ängsten, dass die Einschaltung Dritter bereits eine Verletzung der Familienehre darstellt, muss bei allen Hilfs- und Beratungsangeboten strikte Vertraulichkeit gewährleistet werden. Wie Barbara

Kavemann ausführt, reichen die bestehenden Beratungsangebote zu innerfamiliärer Gewalt – abgesehen davon, dass sie nicht flächendeckend vorhanden sind – schon deshalb nicht aus, weil sie in der Regel für die betroffenen Gruppen zu hohe Eingangsschwellen setzen.

Für Situationen drohender Gewalt müssen ausreichende Aufnahmekapazitäten in anonymen Schutz- und Kriseneinrichtungen zur Verfügung stehen. Daran fehlt es derzeit. Die Kriseneinrichtung „Papatya" in Berlin gehört zu den ganz wenigen Institutionen dieser Art in Deutschland (vgl. dazu den Beitrag von Corinna Ter-Nedden). Die Erfahrungen der wenigen spezialisierten Schutz- und Beratungseinrichtungen wie Papatya oder Agisra in Köln bilden ein unschätzbares Potenzial sowohl für die weitere Erforschung der Ursachen und Strukturen von Zwangsverheiratung als auch für den Aufbau neuer Einrichtungen. Aufgrund der Verortung von Zwangsverheiratungen im Kontext innerfamiliärer Gewalt, insbesondere Gewalt gegen Frauen, können wichtige Erkenntnisse für ein erfolgreiches Vorgehen auch aus den Erfahrungen mit Interventionsprojekten zum Schutz von Frauen vor Gewalt gezogen werden. Nach Barbara Kavemann gehören zu den Bedingungen wirksamer Intervention die koordinierte Zusammenarbeit staatlicher und nichtstaatlicher Akteurinnen und Akteure, interkulturelle Sensibilität und nicht zuletzt ein Perspektivwechsel zu einem menschenrechtsbasierten Ansatz, der die Betroffenen von Zwangsverheiratung in ihrer Subjektstellung respektiert und stärkt.

Das Recht auf Selbstbestimmung sollte bei Unterstützungsangeboten für bereits von Zwangsverheiratung und innerfamiliärer Gewalt Betroffene oder Bedrohte ebenso wie bei breit angelegten Präventions- und Bildungsangeboten im Zentrum stehen. Chancen eines Ausbruchs aus Einsamkeit und Sprachlosigkeit bieten die in jüngster Zeit ausgebauten Sprach- und Orientierungskurse, meist abkürzt „Integrationskurse" genannt. İnci Dirim und Mirja Silkenbeumer plädieren dafür, Integrationskurse in kontext- und adressatenspezifischen Angebote weiterzuentwickeln, die gezielt zum Empowerment genutzt werden können. Dies setze allerdings voraus, dass man eine zu enge Fixierung auf das Ziel des deutschen Spracherwerbs überwinde und Möglichkeiten von Kontakten und Vernetzungen, die vielfach zunächst eher auf der Basis der Verständigung in der Muttersprache möglich sind, auch im Rahmen der Integrationskurse ermutige.

In der öffentlichen Debatte und medialen Darstellung wenig wahrgenommen werden die inneren Prozesse in muslimischen Organisationen, wo innerfamiliäre Gewalt und Zwangsverheiratung, Gleichberechtigung von Männern und Frauen, Rollenleitbilder in der Erziehung und Lebensweisen außerhalb der klassischen heterosexuellen Ehe von mutigen Einzelpersonen und Gruppen zunehmend auf die Agenda gesetzt werden. Die Auseinandersetzungen stehen dabei in einem schwierigen Spannungsfeld von diskriminierenden gesellschaftlichen Zuschreibungen an Musliminnen und Muslime und patriarchalischen Strukturen sowie Kämpfen um die religiöse Deutungshoheit innerhalb der Organisationen. Angelika Hassani schreibt dazu: „Das Problem liegt im mangelnden Bewusstsein von dem komplexen Zusammenhang zwischen dem Phänomen [Zwangsverheiratung] und seinen Ursachen sowie in der noch fehlenden Bereitschaft, Glaubensüberzeugungen kritisch daraufhin zu überprüfen, inwieweit sie nicht, neben anderen Ursachen, den Boden bereiten für wiederkehrende Zwänge und Gewalt, die tradierte Geschlechterrollen bestätigen."

Eine Schlüsselrolle im Bemühen um die Überwindung autoritärer Familienstrukturen in der gesamten Gesellschaft spielt naturgemäß die schulische Bildung. Um die Schulen zu befähigen, Kontakte zu Elternhäusern mit Migrationshintergrund zu entwickeln, wäre eine Erweiterung fachlicher Beratungs- und Weiterbildungsangebote für Lehrerinnen und Lehrer hilfreich; solche Weiterbildungsmaßnahmen sollten auch den Umgang mit traditionellen Vorstellungen von Geschlechterehre umfassen. Systematische Elternarbeit ist – abgesehen vom persönlichen Engagement vieler einzelner Lehrerinnen und Lehrer – als integraler Bestandteil des Schulauftrags in Deutschland bislang wenig verankert. Dabei kann die Einbeziehung von Eltern oder anderen erwachsenen Personen aus Migrationsfamilien, zum Beispiel bei Klassenfahrten, erfahrungsgemäß dazu beitragen, die in konservativen Familien bestehenden Ängste abzubauen und Chancen für eine umfassende Integration von Schülerinnen in das Klassenleben zu verbessern. Das Interview mit Fatma Sonja Bläser vermittelt Eindrücke aus der Praxis von gezielten Bildungs- und Aufklärungsangeboten, die Fatma Sonja Bläser – allerdings ohne strukturelle Einbindung in den Schulbereich – seit vielen Jahren durchführt.

Wir danken dem Bundesministerium für Familie, Senioren, Frauen und Jugend für die Förderung des Projekts und Aufnahme in die Schriftenreihe des Ministeriums. Für die gute Zusammenarbeit danken wir der Leiterin und den Mitarbeiterinnen der Gleichstellungsabteilung, die das Projekt begleitet haben. Unser besonderer Dank gilt den Autorinnen und Autoren des Bandes für ihre Beiträge und für die vielen konstruktiven Gespräche. Insbesondere freuen wir uns, dass sich alle Autorinnen und Autoren auf den engen Zeitrahmen des Projektes eingelassen haben. Dadurch konnte der Band zeitnah fertig gestellt werden und wird in die aktuellen Diskussionen um Reformen im Aufenthalts- und Strafrecht und um Maßnahmen zur Verbesserung von Prävention und Intervention im Rahmen des Nationalen Integrationsplans der Bundesregierung hineinwirken können. Wir hoffen, dass er ein Anstoß zur Erweiterung der Debatte sein kann und zu einem umfassenden menschenrechtsbasierten Umgang mit dem Thema Zwangsverheiratung in Deutschland beiträgt.

I.
Phänomene und Ursachen

Zwangsverheiratung: Risikofaktoren und Ansatzpunkte zur Intervention[1]

Rainer Strobl und Olaf Lobermeier

1. Einleitung

Von einer Zwangsverheiratung kann dann gesprochen werden, wenn ein Ehearrangement durch die Ausübung von Macht oder durch die Ausübung von Gewalt gegenüber mindestens einem der beiden Heiratskandidaten durch eine formelle oder informelle eheliche Verbindung zum Abschluss gebracht worden ist. Macht und Gewalt stehen dabei in einer engen Beziehung, denn Macht ist als ein Druckmittel anzusehen, das nur so lange ohne Gewalt auskommt, wie die bloße Möglichkeit des Gewalteinsatzes ausreicht, um den eigenen Willen auch gegen Widerstreben durchzusetzen.[2]

Dass eine erzwungene Heirat die Autonomie von mindestens einem der künftigen Ehepartner verletzt, liegt auf der Hand. Ein solcher Verstoß betrifft das fundamentale, in Artikel 16 der Allgemeinen Erklärung der Menschenrechte[3] garantierte Recht, den künftigen Ehegatten frei zu wählen.[4] In den Vorläufern der Allgemeinen Erklärung der Menschenrechte wie der Virginia Bill of Rights vom 12. Juni 1776 oder der Déclaration des Droits de l'Homme et du Citoyen vom 26. August 1789 wird ein solches Recht zwar noch nicht explizit benannt; es lässt sich aber bereits aus diesen Deklarationen ableiten.

Zwangsverheiratungen kommen vor allem in kulturellen Kontexten vor, in denen die arrangierte Ehe verbreitet ist. In diesem Zusammenhang besteht generell ein Interesse der Familien, eine bestimmte eheliche Verbindung herbeizuführen. Dies ist jedoch nicht per se als problematisch einzustufen. Im Idealfall kann zwischen den Eltern, anderen Familienangehörigen und dem Heiratskandidaten oder der Heiratskandidatin eine Verständigung über die familiäre Gesamtsituation und die individuellen Interessen erzielt und eine einvernehmliche Koordination der jeweiligen Handlungspläne erreicht werden. In so einer optimalen Win-Win-Situ-

---

1 Wir danken dem Bundesministerium für Familie, Senioren, Frauen und Jugend für die finanzielle Förderung und die hilfreiche Unterstützung bei der Konzeption dieser Studie. Den Mitarbeiterinnen der Kriseneinrichtung Papatya e. V. danken wir für wertvolle Hintergrundinformationen und die sehr gute Zusammenarbeit bei der Datenerhebung.

2 Vgl. hierzu die klassische Definition der Macht von Weber (1976), S. 28, wie auch die Analyse des Verhältnisses von Macht und Gewalt bei Luhmann (1981).

3 Resolution 217 A (III) der UN-Generalversammlung vom 10. Dezember 1948.

4 Vgl. hierzu auch Bielefeldt (2005).

ation ist die Ehe sowohl für die künftigen Ehepartner als auch für deren Familien eine gute Lösung. Hiervon ist ein Arrangement zu unterscheiden, bei dem die Heiratskandidaten zwar grundsätzlich als autonome Personen anerkannt werden, die Partnerwahl jedoch nur insofern beeinflussen können, als ihnen ein Vetorecht zugestanden wird. Das Ergebnis ist dann meist ein Kompromiss, mit dem die künftigen Ehepartner noch leben können. Bei einer Zwangsverheiratung werden die Heiratskandidaten dagegen nicht als eigenständige Akteure anerkannt. Die Situation der Zwangsverheiratung ist vielmehr dadurch gekennzeichnet, dass die betroffenen Personen wie Objekte behandelt und jeglicher individuellen Autonomie beraubt werden.[5] Dieses Vorgehen widerspricht im Übrigen eklatant der von Kant im praktischen Imperativ erhobenen Forderung, Menschen nicht nur als Mittel, sondern immer auch als Selbstzweck zu behandeln.[6]

Zwangsheiraten kommen in vielfältigen kulturellen Kontexten vor. Neben Fällen aus islamischen Kontexten gibt es z. B. auch Betroffene in hinduistisch und christlich geprägten Kulturen.[7] Erwähnenswert ist in diesem Zusammenhang ferner, dass Formen der arrangierten Ehe auch in Europa noch bis ins frühe 20. Jahrhundert üblich waren. Besonders im europäischen Adel waren arrangierte Ehen, die zum Teil auch gegen den Willen der Betroffenen geschlossen wurden, die Norm. Mit Blick auf den Islam ist an dieser Stelle zu konstatieren, dass das Verhältnis der Gläubigen zur Zwangsverheiratung uneindeutig ist. Viele Muslime würden unter Verweis auf die religiöse Überlieferung aber sicherlich mit Nachdruck betonen, dass eine Heirat ohne die Zustimmung beider Partner nicht statthaft ist. Die theologische Auslegung der islamischen Schriften muss Artikel 16 der Allgemeinen Erklärung der Menschenrechte keineswegs widersprechen, sondern kann im Gegenteil die freie Entscheidung der künftigen Ehepartner stützen.[8] Das Phänomen der Zwangsverheiratung entspringt in den vom Islam geprägten Kulturen auch nicht unbedingt einer religiösen Überlieferung, sondern speist sich häufig aus kulturellen Traditionen, die in ländlich geprägten Regionen in erster Linie der materiellen Existenzsicherung der Familie dienten. Ein differenziertes Bild der dahinter liegenden Logik konnte Schiffauer in den 1970er Jahren in dem türkischen Dorf Subay nachzeichnen. An den dort vorherrschenden Abläufen ist besonders aufschlussreich, dass die betroffenen Heiratskandidatinnen lediglich ein Veto gegen die Entscheidung der Familie einlegen konnten und keine für alle Seiten optimale Lösung angestrebt wurde.[9] Die Kriseneinrichtung Papatya e. V. betont im Hinblick auf den Fortbestand dieser dörflichen Traditionen die Bedeutung des

5 Für die theoretische Unterscheidung zwischen den beiden Formen der arrangierten Ehe und der Zwangsverheiratung kann im Übrigen auch Habermas' Unterscheidung zwischen kommunikativem, strategischem und instrumentellem Handeln herangezogen werden. Während beim kommunikativen Handeln die Verständigung den zentralen Focus bildet, steht beim strategischen und beim instrumentellen Handeln die Erfolgsorientierung im Vordergrund. Das strategische unterscheidet sich dabei vor allem dadurch vom instrumentellen Handeln, dass die andere Person beim strategischen Handeln als autonomer Gegenspieler anerkannt wird.

6 „Handle so, dass du die Menschheit sowohl in deiner Person als in der Person eines jeden anderen, jederzeit zugleich als Zweck, niemals bloß als Mittel brauchst." Kant (1947), S. 54.

7 Zu christlichen Kulturen vgl. Justizministerium Baden-Württemberg (2006).

8 Vgl. z. B. Eisenrieder (2002), S. 42.

9 Vgl. Schiffauer (1991), S. 43.

Ehrbegriffs und sieht Zwangsheirat im Kontext einer „Gewalt im Namen der Ehre" als ein legitimatorisches Konzept zur Beibehaltung bzw. Wiederherstellung traditioneller Werte und Normen im Rahmen patriarchaler Familienstrukturen.[10]

Unter den Migranten, die an entsprechenden traditionellen Überlieferungen festhalten, ist die arrangierte Ehe auch in Deutschland üblich. Über den prozentualen Anteil dieser Migrantengruppe an der gesamten Migrantenpopulation gibt es allerdings zurzeit keine zuverlässigen Daten. Ferner sollte die arrangierte Ehe auch nicht per se als problematisch gelten.[11] Eine verlässliche empirische Abgrenzung des Phänomens der Zwangsheirat gegenüber der arrangierten Ehe ist allerdings schwierig.[12] Als eine Lösung schlägt Gedik vor, die subjektive Beurteilung durch die von einer Zwangsheirat betroffenen Personen in den Vordergrund zu rücken: „Eine Zwangsheirat liegt dann vor, wenn die betroffene Person sich zur Heirat gezwungen fühlt und mit ihrer Weigerung kein Gehör findet oder nicht wagt, sich zu widersetzen, weil Eltern, Familie, Verlobte und Schwiegereltern mit unterschiedlichsten Mitteln versuchen, psychischen oder sozialen Druck sowie emotionale Erpressung auf sie auszuüben."[13] Obwohl die subjektive Sichtweise der betroffenen Personen im Zentrum stehen sollte, reicht es im Sinne der oben vorgeschlagenen Definition jedoch nicht aus, dass eine Person einfach nur einen Zwang zur Eheschließung fühlt. Im Sinne der hier entwickelten Definition ist vielmehr erst dann von einer Zwangsheirat zu sprechen, wenn individuierbare Ereignisse geschildert werden können, die sich als Macht- oder Gewaltausübung interpretieren lassen. Indikatoren für eine Abgrenzung zwischen einer arrangierten Ehe und einer Zwangsehe finden sich in der Definition von Straßburger. Demnach trifft der Begriff der arrangierten Ehe dann zu, wenn der Entschluss zu heiraten in der Familie gemeinsam getroffen wird. Kennzeichnend für arrangierte Ehen ist laut Straßburger, dass neben dem Einverständnis der Heiratskandidaten eine positive Bewertung der Hochzeit im Hinblick auf die sozialen, familiären und beruflichen Lebensumstände erfolgt.[14] Dass eine solche Abgrenzung problematisch bleibt, ist offensichtlich, da in einem gewaltbetonten Alltagskontext eine Heiratsweigerung der Betroffenen ohne drohende Konsequenzen schwer vorstellbar ist. Insgesamt kann man deshalb sagen, dass die Form der arrangierten Ehe unter bestimmten Rahmenbedingungen die Gefahr des Umschlags in eine Zwangsheirat in sich birgt. Die Art dieser Rahmenbedingungen soll im empirischen Teil genauer beleuchtet werden.

Verlässliche Daten zur Häufigkeit von Zwangsheiraten liegen für die Bundesrepublik Deutschland bisher noch nicht vor.[15] Eine Studie des Bundesministeriums für Familie, Senioren, Frauen und Jugend zu Gewalt gegen Frauen in Deutschland kommt auf der Basis einer Teilstichprobe unter türkischen Migrantinnen zu der Einschätzung, dass bei etwa der Hälfte der Eheschließungen der Partner von

10 Vgl. Kvinnoforum (2005), S. 152.
11 Vgl. Straßburger (2007).
12 Zur Schwierigkeit der Abgrenzung siehe den Beitrag von Gaby Straßburger in diesem Band.
13 Gedik (2004), S. 320, siehe ebenso Berliner Arbeitskreis gegen Zwangsverheiratung (2006), S. 7.
14 Vgl. Straßburger (2007), S. 30, sowie Straßburger (2005).
15 Vgl. Rude-Antoine (2005), S. 25.

Eltern und Verwandten ausgesucht wurde. Hiervon waren 23 % mit der Wahl des Partners nicht einverstanden. 17 % der Befragten hatten das Gefühl, zu der Eheschließung gezwungen worden zu sein.[16] Für das Heiratsverhalten der türkischen Migrantenbevölkerung in Deutschland konnte Straßburger nachweisen, dass sich auch arrangierte Ehen in vielen Fällen durchaus mit Normen moderner westlicher Gesellschaften in Einklang bringen lassen. Sie beinhalten dann allerdings nicht nur ein Vetorecht der Betroffenen, sondern streben eine Balance zwischen der Selbstbestimmung des Individuums und einer Familienorientierung im Sinne eines verständigungsorientierten kommunikativen Handelns an.[17]

2. Die Untersuchung

Ziel der von uns durchgeführten Untersuchung war sowohl die Identifikation von Risikofaktoren für eine Zwangsverheiratung als auch die Benennung von Ansatzpunkten für Intervention und Prävention. Die Studie basiert auf einer quantitativen Auswertung der Daten von 331 und einer darauf aufbauenden qualitativen biographischen Analyse von 100 von Zwangsverheiratung betroffenen jungen Frauen, die von der Berliner Kriseneinrichtung Papatya betreut wurden.[18] Alle Daten wurden nach vorgegebenen Erhebungsplänen von Mitarbeiterinnen der Kriseneinrichtung erfasst. Dabei wurden die biographischen Daten für die qualitative Studie zufällig aus der Gesamtzahl der 331 Fälle ausgewählt. Bei diesen Daten handelt es sich um handschriftlich verfasste persönliche Lebensgeschichten der betroffenen Mädchen und jungen Frauen, in denen sie die belastenden Ereignisse reflektieren. In einzelnen Fällen wurden die Kurzbiographien von Mitarbeiterinnen der Kriseneinrichtung ins Deutsche übersetzt. Aufgrund der Sensibilität der Daten wurde auf eine vollständige Anonymisierung besonderer Wert gelegt. Die autobiographischen Daten wurden jeweils durch Gesprächsprotokolle und Hintergrundinformationen der Mitarbeiterinnen ergänzt, so dass der Ablauf der Ereignisse in allen dokumentierten Fällen ohne Schwierigkeiten nachzuvollziehen ist. In den relevanten Dimensionen repräsentieren die 100 ausgewählten Fälle die Gesamtstichprobe sehr gut. Hinsichtlich Staatsangehörigkeit, Alter, familiärer Situation, familiärer Suchtproblematik, Geschwisterzahl, materieller Situation, Gewalt- und Misshandlungserfahrungen und der Verweildauer in der Kriseneinrichtung gibt es keine signifikanten Unterschiede. In der Biographiestudie sind Frauen mit einem kurdischen Migrationshintergrund dagegen etwas überrepräsentiert, auch beim Lebensmittelpunkt in der Kindheit, der besuchten Schule, der Berufstätigkeit der Eltern und der eigenen Migrationserfahrungen gibt es statistisch nachweisbare Unterschiede, die aber so gering sind, dass die Ergebnisse aus der biographischen Stichprobe für alle 331 von der Kriseneinrichtung betreuten Fälle Geltung beanspruchen können.

16 Müller u. a. (2004), S. 29.

17 Vgl. Straßburger (2007), S. 31.

18 Zu den Erfahrungen von Papatya in der praktischen Unterstützung Betroffener vgl. den Beitrag von Corinna Ter-Nedden in diesem Band.

Die Ergebnisse der Analysen wurden durch eine bundesweite telefonische Befragung von zehn im Problembereich tätigen Expertinnen validiert und ergänzt. An dieser Stelle muss darauf hingewiesen werden, dass aufgrund der Besonderheiten der analysierten Stichprobe der betroffenen jungen Frauen bestimmte Einschränkungen bei der Interpretation der Daten in Kauf genommen werden müssen. So haben alle untersuchten Frauen aufgrund der für sie unerträglichen häuslichen Situation ihre Familie verlassen und Schutz bei einer Kriseneinrichtung gefunden. Die Bedingungen, unter denen die untersuchten Frauen lebten, können daher nicht ohne Weiteres auf die Gesamtheit der von Zwangsheirat Bedrohten und Betroffenen übertragen werden. Auch über die quantitative Bedeutung der von uns identifizierten Faktoren in der Gesamtpopulation der betroffenen Frauen kann unsere Untersuchung keine Aussagen treffen. Nicht auszuschließen ist ferner, dass einzelne Risikofaktoren und Ressourcen aufgrund der Selektivität der Stichprobe nicht identifiziert werden konnten. So waren wir zwar in der Lage, unterschiedliche Bewältigungsstrategien in den Biographien der Betroffenen zu bestimmen; es ist aber denkbar, dass Personen, die nicht in eine Kriseneinrichtung geflohen sind, noch andere Bewältigungsstrategien entwickelt haben. Als Ergänzung und mögliche Korrektur der Ergebnisse haben wir eine bundesweite telefonische Befragung von zehn Expertinnen durchgeführt. Trotzdem besteht in diesem bisher wenig erforschten Feld weiterhin die Notwendigkeit, auch solche betroffenen Frauen zu untersuchen, die keine professionelle Hilfe in Anspruch genommen haben. Darüber hinaus fehlt nach wie vor eine empirisch trennscharfe Unterscheidung zwischen arrangierter Ehe und Zwangsheirat. Um diese Aufgabe wissenschaftlich zu lösen, müssten Personen, die mit einer arrangierten Ehe einverstanden waren, mit solchen kontrastierend verglichen werden, bei denen das nicht der Fall war. In diesem Zusammenhang erscheint es notwendig, neben den betroffenen Frauen auch die Situation der von Zwangsheirat betroffenen Männer zu erforschen. Schließlich ist zur Bestimmung des Umfangs der hier diskutierten Problematik und zur Ermittlung des Hilfe- und Unterstützungsbedarfs eine repräsentative Studie zum Thema Zwangsverheiratung unter Migranten notwendig. Unsere Untersuchung kann also lediglich einen begrenzten Ausschnitt der Gesamtproblematik beleuchten. Sie ermöglicht es uns aber gleichwohl, auf wichtige Risikofaktoren und Ansatzpunkte für Prävention und Intervention hinzuweisen.

Die Familien der in der Berliner Kriseneinrichtung Papatya von 1986 bis 2006 wegen des Problems der Zwangsverheiratung betreuten 331 Mädchen und jungen Frauen stammen in der Regel aus der Türkei und dem Nahen Osten, wobei Personen mit türkischer Herkunftskultur wegen des hohen Anteils an der Berliner Migrantenbevölkerung in der Mehrzahl sind.

Abbildung 1: Herkunftskultur der betreuten Mädchen und jungen Frauen in % der gültigen Fälle (n = 331 bzw. 98)

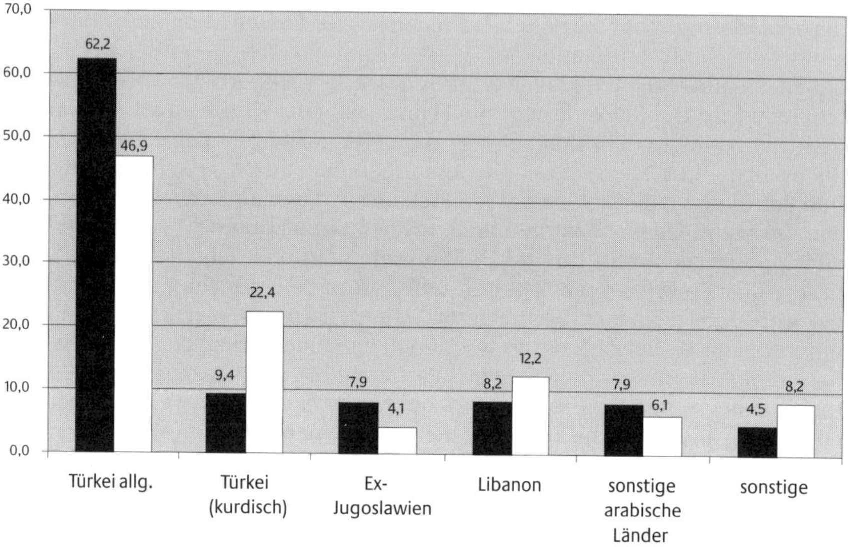

Die von der Kriseneinrichtung betreuten 331 Mädchen und jungen Frauen waren zwischen 12 und 22 Jahren alt (Durchschnitt: 17 Jahre). Die jungen Frauen, die auch im Rahmen der qualitativen Biographiestudie betrachtet wurden, waren zwischen 13 und 22 Jahre alt (Durchschnitt: ebenfalls 17 Jahre). Bei der Teilstichprobe konnten wir außerdem ermitteln, ab welchem Alter die Familien das Thema der Verheiratung auf die Tagesordnung setzten. In zwei Fällen wurden die Töchter bereits bei der Geburt einem Cousin im Heimatland der Eltern versprochen. Eine der beiden jungen Frauen kannte weder das Dorf noch den Cousin, den sie heiraten sollte. Im Durchschnitt waren die Mädchen und jungen Frauen knapp 16 Jahre alt, als ihre Familien über die Verheiratung entschieden.

Abbildung 2: Alter der Betroffenen zum Zeitpunkt der Entscheidung über eine Verheiratung (Angaben in absoluten Zahlen)

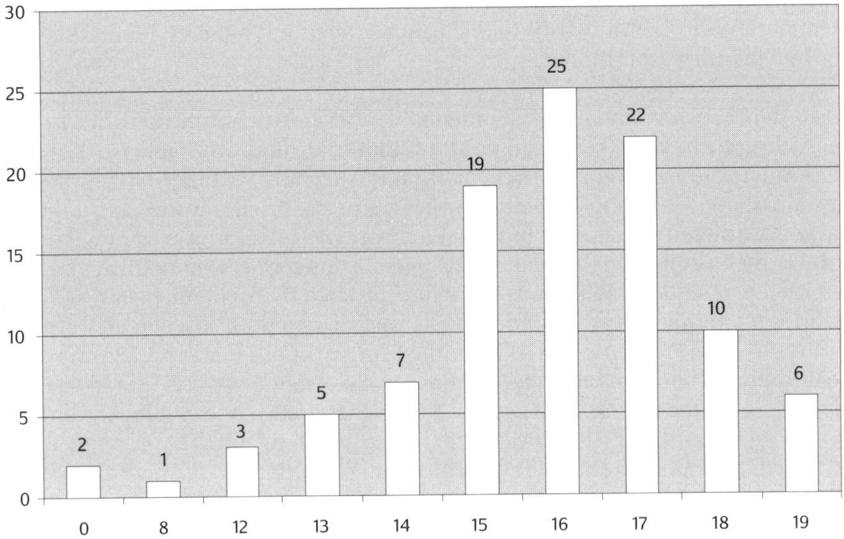

Die meisten Mädchen und jungen Frauen, die in der Kriseneinrichtung Hilfe suchten, gingen noch zur Schule. Einige hatten aber bereits einen Schulabschluss erreicht.

Abbildung 3: Schulische Situation der in der Biographiestudie untersuchten Mädchen und jungen Frauen in % der gültigen Fälle (n = 91)

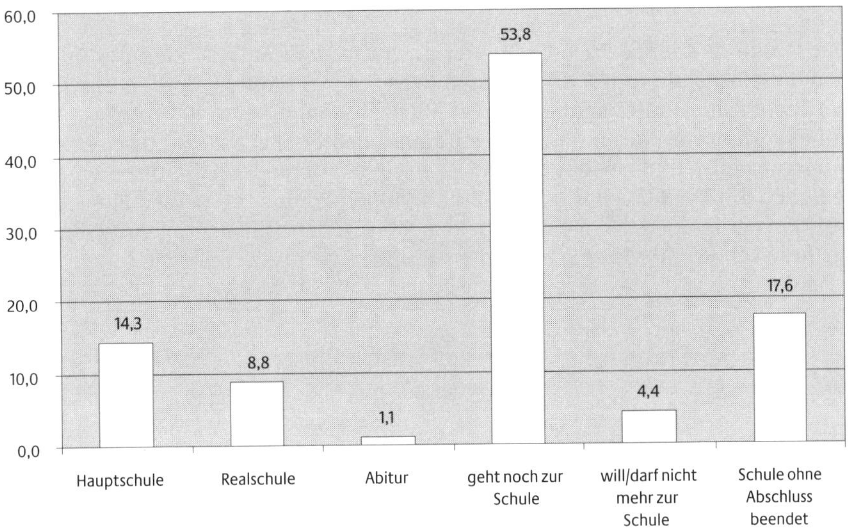

Von den 49 Mädchen und jungen Frauen, die noch zur Schule gingen, besuchten drei eine Sonderschule, 16 eine Hauptschule, acht eine Realschule, zehn eine Gesamtschule, fünf eine Berufsschule und immerhin fünf ein Gymnasium. Das Problem der Zwangsheirat betrifft folglich auch Frauen mit höheren Bildungschancen und Bildungsaspirationen.

62,8 % der Mädchen und jungen Frauen in der Gesamtstichprobe und 75 % in der Teilstichprobe besaßen keine eigene Migrationserfahrung.[19] Auffällig ist, dass von den Frauen, die erst ab einem Alter von 15 Jahren nach Deutschland eingewandert sind, nur 18 wegen Zwangsverheiratung in der Kriseneinrichtung Zuflucht gesucht haben. Von diesen waren allerdings sieben zuvor zwangsweise in ihr Herkunftsland zurückgeschickt worden. Bei den restlichen elf Frauen ist es gut möglich, dass sie nur wegen einer bevorstehenden Verheiratung nach Deutschland geholt worden sind. Ihr relativ geringer Anteil von 3,3 % könnte zu der optimistischen Vermutung verführen, dass Probleme von sogenannten Importbräuten überschätzt werden. Realistischer scheint uns aber die Vermutung, dass Frauen, die ohne Sprachkenntnisse und nur zum Zwecke der Heirat in ein ihnen fremdes Land verbracht werden, kaum Zugang zu einer Hilfeeinrichtung finden, wenn sie mit ihrer Lebenssituation nicht einverstanden sind. Wie groß hier der Problemdruck und der Hilfebedarf ist, müsste jedenfalls dringend geklärt werden.

Von den 331 Mädchen und jungen Frauen, die von der Kriseneinrichtung betreut wurden, besaßen 16,3 % die deutsche Staatsangehörigkeit. Bei den auch biographisch untersuchten 100 Frauen waren es 23,0 %. Insgesamt hatten 63,4 % (58,0 %) einen sicheren Aufenthaltsstatus (deutsche Staatsangehörigkeit oder unbefristete Aufenthaltserlaubnis bzw. Niederlassungserlaubnis). Die meisten Frauen kamen aus Berlin. Es wurden aber auch Fälle aus anderen Bundesländern betreut, wobei die Länder Niedersachsen mit zwölf und Nordrhein-Westfalen mit zehn Fällen zahlenmäßig am stärksten ins Gewicht fielen.

Der familiäre Kontext ist bei den von uns untersuchten Mädchen und jungen Frauen relativ heterogen. Die meisten (63,4 % der Gesamtstichprobe und 62,0 % der Biographiestudie) kamen aus Familien, in denen beide Elternteile miteinander verheiratet waren und auch zusammenlebten. Bei 8,2 % (12,9 %) lebten die Eltern getrennt und bei 28,1 % (20,4 %) waren sie geschieden. Allerdings wuchsen lediglich 51,1 % (58,0 %) der Mädchen und jungen Frauen mit beiden Elternteilen auf. Von denjenigen, die nicht mit beiden Elternteilen aufwuchsen, mussten einige ihren Lebensmittelpunkt außerdem häufiger wechseln.[20]

---

19 Wo es sinnvoll erscheint, werden im Folgenden prozentuale Angaben für die Stichprobe der 100 auch qualitativ untersuchten Frauen (Biographiestudie) in Klammern ergänzt.

20 Die Prozentangaben beziehen sich jeweils auf die Zahl der Fälle, zu denen gültige Angaben vorlagen.

Abbildung 4: Leben in der Kindheit in % der gültigen Fälle (n = 331 bzw. 100)

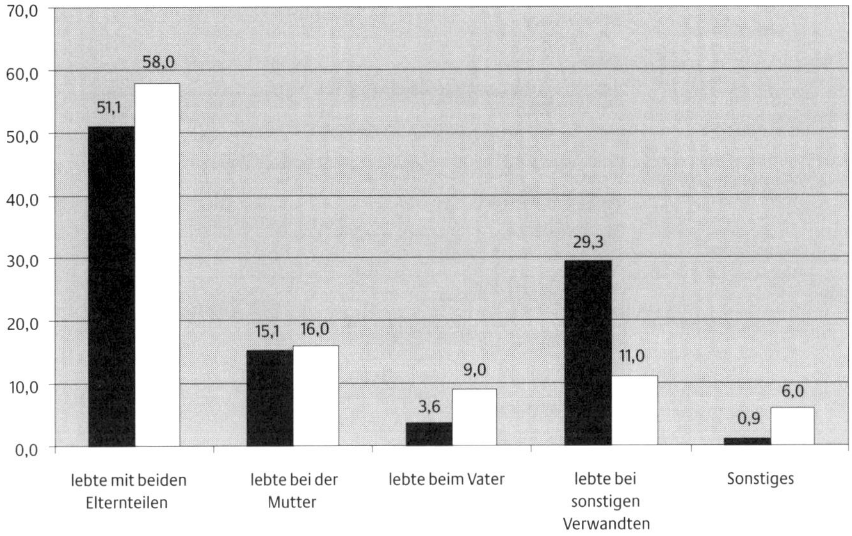

3. Kontextbedingungen und Ursachen für Zwangsverheiratung

3.1 Ökonomische Situation und Probleme der materiellen Existenzsicherung in den Familien

Die materielle Situation in den Familien, in denen Mädchen und junge Frauen mit Zwangsheirat konfrontiert wurden, ist durchaus heterogen, wenn auch in den meisten von uns untersuchten Fällen eher schwierig. Nur bei 0,3 % der Fälle aus der Gesamtstichprobe und bei lediglich 4,0 % der Fälle aus der Biographiestudie kann die ökonomische Situation als gut bezeichnet werden. Bei immerhin 48,6 % (53,0 %) der Fälle war sie mittelmäßig und bei 50,2 % (43,0 %) der Fälle war sie schlecht.

Ein erheblicher Teil der Väter (36,6 % aus der Gesamtstichprobe und 33,7 % aus der Biographiestudie) bezog Arbeitslosengeld oder Sozialhilfe. Bei den Müttern war dieser Anteil geringer, was aber daran liegen dürfte, dass sie oft als Hausfrauen eingestuft wurden.

Abbildung 5: Die berufliche Situation der Eltern (in % der gültigen Fälle)

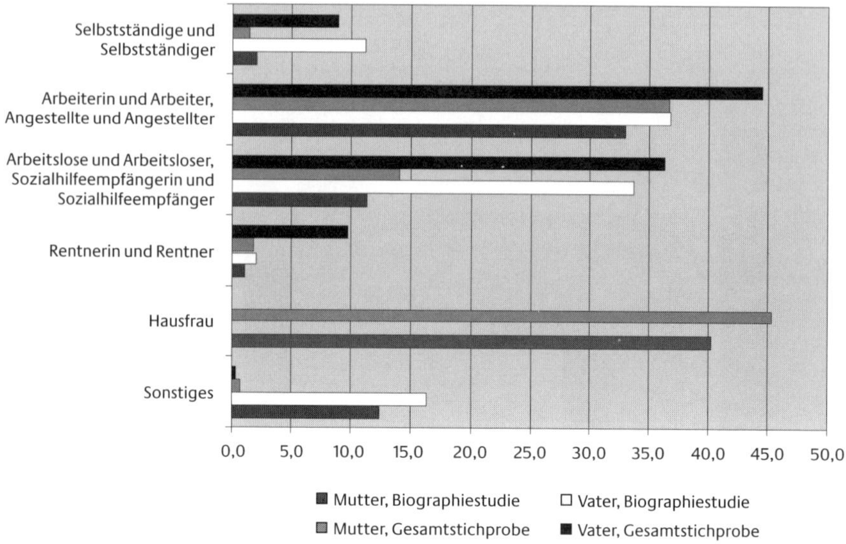

In Einzelfällen war die ökonomische Situation bedrückend. So berichtete eine junge Frau davon, dass ihre Eltern sie aus Geldmangel nicht zur Schule schickten. Ihren Eltern unterstellte sie, die Verheiratung aus finanziellen Gründen arrangiert zu haben. Auch nach der Heirat verbesserte sich ihre wirtschaftliche Lage nicht, weil sie fast ihr ganzes Geld abgeben musste:

„Ich habe in der Türkei mit meinen Eltern und acht Geschwistern zusammengelebt. Meine Eltern haben mich aus finanziellen Gründen nicht in die Schule geschickt, daher kann ich weder lesen noch schreiben. Ich habe zuhause den Haushalt mit geführt. Als ich 16 Jahre alt wurde, haben mich meine Eltern mit einem Mann verheiratet, den ich zuvor nicht kannte. Sie haben mich für fünf Milliarden Lira verkauft, obwohl ich nicht wollte. Meine Schwiegereltern nahmen mir das ganze Gold (von meiner Hochzeit) weg, da sie sagten, dass ich damit nicht nach Deutschland einreisen könne und sie es mir in Deutschland wiedergeben würden. Nach ca. fünf Monaten holten sie mich nach Deutschland nach. Ich lebte dort in einer Einraumwohnung mit meinem Mann. Im gleichen Haus, ein paar Stockwerke höher, lebten meine Schwiegereltern mit ihrem ältesten Sohn und dessen Frau zusammen. Da mein Mann in Deutschland nicht arbeiten ging (er ist behindert und hat einen Behindertenausweis), bekam ich vom Sozialamt eine Arbeitsstelle zugewiesen. Mein Schwager kam mit einem Schreiben, wo ich nicht wusste, was drin steht, das ich unterschreiben sollte. Später erfuhr ich, dass mein Lohn auf das Konto meines Mannes geht. Ich bekam von meinen Schwiegereltern monatlich 10 bis 15 Euro, wobei sie das als zu viel Geld für mich sahen. Sie sagten immer, ich gebe zu viel Geld aus." (Biographie 8103045:4)

Wenn die Familie sehr wenig Geld zur Verfügung hatte, waren auch die Wohnverhältnisse schwierig:

„Die Wohnverhältnisse sind sehr beengt. Ich habe kein eigenes Zimmer. In unserer Dreizimmerwohnung leben sechs Personen.“ [Außer X und ihren Eltern lebt die Verlobte des Bruders mit dem gemeinsamen Kind in der Wohnung. Die Familie hat sich für frühere Hochzeiten verschuldet.] (Biographie 818540:4)

Allerdings waren beengte Wohnverhältnisse in den untersuchten Biographien kein Einzelfall. In der Regel besaßen die Mädchen und jungen Frauen kein eigenes Zimmer und mussten sich ein Zimmer mit Geschwistern teilen. Im Durchschnitt hatten die Frauen vier Geschwister (sowohl in der Gesamtstichprobe als auch in der Biographiestudie).

Ein Auslöser für finanzielle Notlagen waren in vielen Fällen Süchte. Diese stellten in 23,3 % der 331 untersuchten Familien ein gravierendes Problem dar. In der Teilstichprobe, in der dieser Anteil mit 28,0 % etwas höher lag, konnte die Art des Suchtproblems in 23 Fällen genauer bestimmt werden. In 15 der 100 untersuchten Biographien ging es um Alkoholismus, in drei Fällen um Drogensucht und in weiteren fünf Fällen um Spielsucht des Vaters. Verschärft wurde die Situation in einem Fall durch die Spielsucht und in einem anderen durch die Drogensucht eines Bruders. In einem Fall wurde in diesem Zusammenhang explizit auf eine Drogensucht der Betroffenen hingewiesen. Ein Alkohol- oder Drogenmissbrauch der Mütter wird in den Biographien nicht erwähnt.

3.2 Innerfamiliäre Gewalt

Zwangsheirat findet in den von uns untersuchten Fällen fast immer in Familien statt, in denen Gewalt zum Alltag gehört und die grundlegenden Menschenrechte auf Sicherheit, körperliche Unversehrtheit und Schutz vor grausamer, unmenschlicher und erniedrigender Behandlung oder Strafe verletzt werden. Die Mitarbeiterinnen der Kriseneinrichtung gehen aufgrund ihrer Unterlagen davon aus, dass von den 331 wegen Zwangsverheiratung betreuten jungen Frauen rund 86 % körperlich misshandelt wurden. Bei den 100 Fällen der Biographiestudie liegt der Anteil mit 88 % auf einem ähnlich hohen Niveau. Die Gewalt geht dabei sehr häufig vom Vater aus. In 52 der von uns untersuchten 100 Biographien wird der Vater ausdrücklich im Zusammenhang mit körperlicher Misshandlung genannt:

„Ich bin nach Hause gekommen und habe leise vor der Haustür meine Schuhe ausgezogen und dann geklingelt. Meine Mutter hat die Tür aufgemacht und mir gleich eine Ohrfeige verpasst. Dann bin ich auf die Toilette gerannt und habe die Tür abgeschlossen, damit mein Vater mich nicht kriegt. Er ist mir nachgerannt und hat gegen die Tür getrommelt, ich soll die Tür aufmachen. Später, als Ruhe war, kam ich raus, da hatte sich mein Vater versteckt. Er hat mich plötzlich gepackt und mich beschimpft. Er hat mich dann mit einem Stock geschlagen. Er hat mich oft mit Gegenständen geschlagen, auch ins Gesicht geschlagen, manchmal habe ich auch geblutet und hatte blaue Flecke. Dann war es ein Tag gut und am nächsten Tag wieder schlimm.“ (Biographie 15134214:27)

„Er hat einen Stock gefunden und hat uns [sie und ihre ein Jahr ältere Schwester] damit geschlagen. Er hat dann den Herd angemacht und gesagt, wenn der Herd glühend rot ist, werdet ihr sehen. Dann hat er auf uns losgeschlagen, ich hatte danach voll die blauen und grünen Flecken und meiner Schwester Hand war verstaucht, und sie hatte auch blaue Flecken. Er schlägt alle, nicht nur meine Schwester und mich. Wenn meine Mutter sich einmischt, bekommt sie auch was ab.“ (Biographie 17181844:6)

In weiteren zwölf Fällen wurden beide Elternteile pauschal für häusliche Gewalt verantwortlich gemacht. Insgesamt waren die Mütter in 28 Fällen an der Gewaltausübung beteiligt oder allein dafür verantwortlich.

„Das Verhältnis zu meinen Eltern, vor allem zu meiner Mutter, ist sehr schlecht. Ich werde von meinen Eltern sehr oft geschlagen, z. B. wegen meiner Kleidung. Ich muss im Haushalt sehr stark mitarbeiten und auch das Baby meines Bruders versorgen, so dass ich deshalb oft die Schule nicht besuchen kann. ... Meiner Mutter wäre es viel lieber, wenn ich anfangen würde zu arbeiten.“ (Biographie 817540:6)

„Sie schlug mich früher meistens, wenn ich Geschirr nicht sauber gewaschen hatte oder, bevor ich zur Schule ging, den Boden nicht sauber gewischt hatte, also für jeden Kram. Ich hatte immer Angst, von der Schule nach Hause zu kommen, weil die Schläge schon auf mich warteten, sie hatte immer irgendetwas zu finden. Ich musste immer pünktlich aufstehen, die Wohnung sauber machen und nicht zu spät zur Schule gehen. Nach der Schule sofort zuhause sein. Nicht mit Schulfreundinnen treffen, nicht telefonieren, alles tun, was meine Eltern sagen, sie haben mich nie gefragt, was ich mal gerne möchte, immer musste ich ihnen gehorchen, sonst gab es Schläge. Sie hatte mich fast immer mit einem Nudelholz geschlagen. Einmal hatte ich zur zweiten Stunde und war bei meiner besten Klassenfreundin, die auch nicht weit von uns wohnte, mich hatte eine türkische Nachbarin gesehen, und als ich wieder mit Angst nach Hause kam, nahm meine Mutter mich am Arm und schmiss mich auf den Boden und saß dann auf meinem Bauch, so dass meine Hände auch verklemmt waren, danach hatte sie mit einer Hand meinen Mund festgehalten, so dass ich durch meine Nase auch ganz schwer Luft gekriegt hatte, und mit der anderen Hand hatte sie mich gekniffen, so dass ich später in den Oberbeinen und Armen ganz blau-schwarze Flecken hatte. Ich war auch schon im Krankenhaus, weil mein Vater mir das rechte Schienbein gebrochen hatte.“ (Biographie 2619530:8)

„Als ich in der 8. Klasse war, hat mich meine Mutter nur dann zur Schule geschickt, wann es ihr passte. ‚X, an dem Tag gehst du in die Schule und an dem Tag gehst du nicht in die Schule.‘ Ich habe getan, was sie gesagt hat. Wenn ich jetzt schlechte Noten bringe, schlägt sie mich gleich.“ (Biographie 1515580:57)

„Meine Mutter hat ihre Wutausbrüche immer an mir ausgelassen. Einmal hat sie mich geschlagen, weil ich Cowboystiefel anhatte, dann musste ich sie ausziehen und sie hat mich mit den Sohle vom Stiefel geschlagen. Dann musste ich es wegschmeißen.“ (Biographie 817540:61)

Eine beträchtliche Quelle häuslicher Gewalt sind auch die Brüder. Explizite Hinweise auf körperliche Misshandlung durch ältere oder jüngere Brüder finden sich in 26 Biographien. Die Schwestern spielen in diesem Zusammenhang dagegen keine große Rolle. Nur in einem Fall wurde über körperliche Misshandlung durch eine Schwester geklagt.

„Ich habe von meinem Bruder immer Schläge bekommen, mit Fäusten. Oder er hat mich beschimpft.“ (Biographie 17155923:31)

„In der Zeit, in der meine Mutter weg war, war mein großer Bruder der Mann im Haus. Wenn wir, mein kleiner Bruder und ich, etwas falsch gemacht haben, wie z. B. lügen oder zu spät nach Hause kommen, wurden wir entweder geschlagen oder hatten tagelang Hausarrest. Meine Großeltern waren immer dagegen, dass wir geschlagen werden, aber auf sie wurde sowieso nie gehört.“ (Biographie 26172633:6)

„Mein Bruder hat angefangen, mir alles zu verbieten, z. B. wie Rausgehen, aus dem Fenster gucken, zu meiner Schwester zu gehen, zu telefonieren usw. Dann fing er auch an, mich fast jeden Tag massiv zu schlagen ... Nach zwei Jahren kam meine ältere Schwester aus der Türkei. Sie war auch genauso wie mein Bruder. Sie hat mich auch sehr oft geschlagen. Einmal hat sie mich sogar mit einem großen Küchenmesser gestochen, weil sie mich grundlos angefangen hat zu beleidigen und ich ihr geantwortet habe.“ (Biographie 6145626:7)

Häusliche Gewalt kommt in den betroffenen Familien in unterschiedlichen Formen und Ausprägungen vor. In zwölf Fällen berichteten die von Zwangsheirat betroffenen jungen Frauen aus der Biographiestudie über sexuellen Missbrauch und Vergewaltigung durch einen Familienangehörigen (Bruder, Cousin, Vater, Onkel).

Besonders drastisch ist der Fall eines Mädchens, das in Deutschland geboren wurde, aber bis zur Einschulung bei den Großeltern in einem nordafrikanischen Staat lebte.

„Meine Erziehung: Ich wurde immer geschlagen mit Kabel, Omas Stock, Pfanne und Fäusten. Ich wurde beschimpft als Schlampe und alles Mögliche. Meine Mutter stand öfters mit Messer und sagte: ‚Ich bring dich um.‘ Dann wurde ich im Alter von 8–9 vergewaltigt, bis ich 17 Jahre alt war.“ (Biographie 17155923:8–9)

Neben der Gewalt, die die Verfasserinnen der ausgewerteten Biographien selbst erfahren haben, litten sie oft auch unter der Viktimisierung der Mutter oder der Geschwister.

„Ich wurde älter und kriegte mit, wie die Probleme meiner Eltern immer schlimmer wurden. Meine Mutter fing an, von Freundin zu Freundin abzuhauen, aber durch ihre große Angst ging sie immer wieder zurück. Mein Vater hatte meine Mutter geschlagen, vergewaltigt, missbraucht, betrogen, als Dienerin behandelt. Ein Jahr lang hat er meine

Mutter in der Wohnung eingesperrt, sie durfte nicht einmal den Müll 'runterbringen. Ich kann mich an einen Vorfall sehr gut erinnern, da war ich etwa 12–13 Jahre alt. Das war an einem Silvester. Mein Vater war wie immer voll betrunken. Ich und mein Zwillingsbruder und meine Mutter waren wie immer zuhause und haben gehofft, dass er nie nach Hause zurückkommen würde. Ich fing schon am frühen Tage an, mit meinem Bruder mit den Knallern zu spielen. Leider rief der Hauswart meinen Vater an und sagte ihm Bescheid. Mein Vater kam sofort. Als er zuhause war, hat er sofort meinen Bruder angegriffen, und wie immer ist meine Mutter dazwischen gegangen. Er hat angefangen, sie zu schlagen. Da kriegte ich so sehr Angst, weil meine Mutter lag am Boden und blutete, und er hörte nicht auf sie zu schlagen. ... Nach diesem Zwischenfall sind wir zum Frauenhaus geflüchtet, aber meine Mutter ist zurückgegangen, weil die Angst hat sie immer fertig gemacht." (Biographie 11104421:8)

3.3 Ehre als dominanter traditioneller Wert

Um die besondere Brutalität nachvollziehen zu können, mit der in traditionellen Kontexten auf manche Verfehlungen reagiert wird, die aus der Sicht einer individualistischen Gesellschaft als eher geringfügig erscheinen, ist ein gewisses Verständnis des traditionellen Ehrbegriffs notwendig. Zunächst ist hervorzuheben, dass der Ehrverlust eines Familienmitglieds auf die ganze Familie zurückfällt. Ehre im hier besprochenen Sinne ist ferner ein Wert, der keine Abstufungen kennt: Man kann sie nur haben oder nicht haben, sie kann auch nicht erworben, sondern nur verloren werden. Allerdings gibt es für Männer und Frauen unterschiedliche Gefährdungen der Ehre. So gilt beispielsweise die Ehre eines Mannes in traditionellen Gesellschaften als befleckt, wenn er Schwäche zeigt und seine Familie nicht vor Gefahren schützen kann. Diesen Ehrverlust muss er rächen, wenn er nicht als schwacher, wehrloser Mann gelten will, dessen Rechte man ungestraft missachten kann.

Die Ehre einer Frau ist dagegen vor allem an ihre sexuelle Reinheit und ihre eheliche Treue geknüpft. In islamisch geprägten Kontexten ist in diesem Zusammenhang allerdings eine traditionelle männliche Vorstellungswelt anzutreffen, der zufolge die Frau kaum in der Lage ist, diese Tugenden aus eigener Kraft zu bewahren. Vielmehr werden ihr von den Männern nahezu unbegrenzte sexuelle Bedürfnisse zugeschrieben. Deshalb ist die Ehre eines Mannes und seiner Familie im Grunde genommen immer in großer Gefahr. Die Frau hat in diesem Zusammenhang auch keinerlei Möglichkeiten, einen Ehrverlust rückgängig zu machen. Ist ihre Ehre erst einmal verloren, dann gibt es nichts mehr, was sie zu verlieren hätte. Eine „gefallene", „befleckte" Frau wird als Dirne angesehen, die ihre Familie mit ins Unglück reißt.[21]

Besonders problematisch ist in diesem Zusammenhang auch, dass der Verlust der Ehre zugleich den Verlust des sozialen Status in der Gemeinschaft bedeutet.

21 Vgl. Straube (1987), S. 187; Schiffauer (1983), S. 75 ff.; Göle (1995), S. 54 ff.; Strobl (1998), S. 95 ff.

„Das schlimmste für meine Eltern wäre, dass ich weglaufe. Weil ich abgehauen bin, können sie nicht mehr stolz herumlaufen. Es ist für sie eine Schande. Die Ehre der Familie ist erhalten, wenn andere außerhalb der Familie gut über uns reden." (Biographie 5212722:22)

„Ich habe ihre ganze Ehre und Ruf zerstört. Sie haben Angst, sich nicht mehr raustrauen zu können. Sie können den Fragenden nicht die Wahrheit meiner Flucht sagen, weil sie sich für mich schämen und weil die Angst zu groß ist, dass sie total blamiert sind." (Biographie 695848:57)

In dieser Vorstellungswelt wird die Tochter, insbesondere wenn sie in einer freizügigen gesellschaftlichen Umwelt heranwächst, ab einem bestimmten Alter zu einer Bedrohung der Ehre. Die Verheiratung erscheint dann oft als einzige Möglichkeit, diese Bedrohung abzuwenden und die Ehre der Familie zu bewahren.

Allerdings darf bezweifelt werden, dass alle in der Biographiestudie beschriebenen Eltern dem traditionellen Ehrsystem ernsthaft verhaftet sind, denn der relativ hohe Anteil an Geschiedenen und an getrennt lebenden Elternteilen wie auch die Suchtproblematik bei einem Teil der Eltern dürfte sich nur schwer mit einem traditionellen Ehrverständnis in Einklang bringen lassen. In diesen Fällen liegt der Verdacht nahe, dass die Sorge um den Verlust der Familienehre strategisch eingesetzt wird, um Entscheidungen durchzusetzen und Machtverhältnisse innerhalb der Familie aufrechtzuerhalten. Unter solchen Voraussetzungen wurde der Vater dann einfach als Tyrann wahrgenommen, dem es um die Durchsetzung seiner Interessen und Bedürfnisse und weniger um den guten Ruf der Familie ging.

„Mein Vater hatte nur für seine Freundinnen und Freunde Zeit. Für mich hatte er nur um zu schreien, schlagen und drohen Zeit. Ich war für ihn keine Tochter, sondern ich war eine Null. Ich machte immer seine Ehre kaputt. Ich war eine Schande für ihn. Er fragt sich sogar, warum ich immer noch am Leben bin. ... Den ich überhaupt nicht leiden konnte, war mein Vater. ... Zuhause kann sich gar nichts mehr ändern! Weil es keine Liebe gibt." (Biographie 316171:19–22)

In diesem Zusammenhang ist zu ergänzen, dass die Eltern die Gefährdung der Familienehre und eine deswegen in Betracht kommende Verheiratung in etlichen Fällen auch als Drohkulisse aufbauten, um ihre Töchter erfolgreich zu disziplinieren.

3.4 Störungen der Eltern-Kind-Beziehung

Die traditionelle Vorstellung, nach der es das Recht und die Pflicht der Eltern ist, ihre Kinder zu verheiraten, ist zwar eine notwendige, aber keine hinreichende Bedingung für das Phänomen der Zwangsverheiratung. Hinzukommen muss eine emotional gestörte Beziehung der Eltern zu ihrem Kind, so dass diese auch bei einem Veto auf einer Heirat bestehen. Die untersuchten Biographien erwecken hier oft den Eindruck einer erschreckenden emotionalen Kälte. Eine Erklärung für solche emotionalen Probleme innerhalb der betroffenen Familien könnte in vielen Fällen im fehlenden Kontakt in wichtigen Entwicklungsphasen begründet liegen. So wurden zahlreiche Betroffene zum Teil bereits unmittelbar nach ihrer Geburt in das Herkunftsland der Eltern bzw. Großeltern gebracht und lebten dort, bevor sie wieder nach Deutschland kamen. Als Gründe für diese Verschickung nannten die Betroffenen, dass die Eltern aufgrund von Arbeitsbelastungen keine Zeit für die Erziehung hatten, dass sie eine Erziehung im Sinne der Herkunftskultur wollten, oder aber, dass familiäre Probleme wie eine Scheidung der Eltern eine zeitweise Unterbringung bei Verwandten nach sich zogen. Es gibt einige Fälle, in denen Mädchen eine massive Entwurzelung erlebten, weil sie vielfach hin und her geschickt wurden. Ein in Deutschland geborenes Mädchen wurde unmittelbar nach der Geburt in die Türkei gebracht und wuchs dort bei ihrer Großmutter mütterlicherseits auf. Mit 13 Jahren wurde sie für acht Monate nach Deutschland geholt und nach kurzem Aufenthalt wieder in die Türkei zurückgeschickt, um anschließend erneut nach Deutschland geholt zu werden.

Im Zusammenhang mit der Heirat reduzierte sich die Beziehung der Eltern zu ihrer Tochter dann in vielen Fällen auf ein rein instrumentelles Verhältnis. Die Tochter erscheint aus einem solchen Blickwinkel dann nur noch als ein geeignetes Mittel, mit dem bestimmte Ziele erreicht werden können.

„‚*Na und, was ist schon dabei, wenn der dich schlägt, ist er nicht ein gestandener Mann? Meine Ehre steht an erster Stelle, du musst ihn heiraten, dich mit ihm verstehen. Deine Tante und dein Onkel sind reiche Menschen, dein Leben ist dann gerettet, zu dieser Zeit läuft nichts ohne Geld. Außerdem kannst du uns vor der Armut retten.*' ... *Auf diese Aussage fand ich keine passenden Worte. Wollten sie etwa für Geld mein Glück verkaufen?!*“ (Biographie 10553:16)

„*Meine Eltern hatten Streit mit der Familie des Ehemannes, durch die Heirat sollte so etwas wie eine Versöhnung herbeigeführt werden.*“ (Biographie 2201131:73)

„*Nach einem Jahr wollte meine Mutter, dass ich in die Türkei gehe und mit meinem Onkel heirate, weil ich einen deutschen Pass habe. Ich wurde von meinem Stiefvater adoptiert.*“ (Biographie 2917473:28)

In einigen Biographien wurden fehlende emotionale Nähe und fehlendes Vertrauen in der Familie von den Betroffenen offen thematisiert. So berichtete eine junge Frau, die mit ihren Eltern und drei weiteren Brüdern zusammenlebte, dass sie zu niemandem in ihrer Familie Vertrauen habe. Sie erläuterte, dass ein älterer Bruder das Oberhaupt der Familie sei, da der Vater sich zurückgezogen habe und die „Familiengeschäfte“ ihm überlasse. Die Mutter höre sich die Probleme der Kinder an, könne sich jedoch gegenüber dem Bruder nicht durchsetzen und akzeptiere dessen Rolle. Sie führte weiterhin aus, dass es niemanden in der Familie gegeben habe, bei dem sie sich geborgen gefühlt habe. Der Vater habe nur die beiden jüngeren Brüder geliebt und sich weder um den ältesten Sohn noch um sie gekümmert. Auch zu dem ältesten Bruder habe sie keine Beziehung, er sei ihr fremd.

In einer solch emotional kalten Atmosphäre führt Widerstand gegen die Heiratspläne der Eltern und die damit verbundenen Ziele dann nicht zu einer Suche nach alternativen Lösungen, sondern schlägt in Aggression gegen die Tochter um (siehe hierzu Kapitel 5).[22]

4. Auslösende Faktoren für eine Zwangsverheiratung

Unter den beschriebenen Rahmenbedingungen gibt es dann verschiedene Auslöser für die konkreten Heiratsvorbereitungen. Wir konnten in den Biographien folgende Faktoren identifizieren: Traditionelle Vorstellungen, nach denen eine Tochter in einem bestimmten Alter verheiratet werden muss, kommen am häufigsten zum Tragen. Die Arrangements sind zum Teil schon lange vorher getroffen und dienen unter anderem dazu, Beziehungen zwischen verschiedenen Familien zu stärken. Daneben gibt es aber auch Anlässe, die ein schnelles Handeln erfordern. Die Grenze ist allerdings nicht immer scharf zu ziehen, so dass es sich hier eher um eine idealtypische Unterscheidung handelt. Die tatsächlichen Verhältnisse bewegen sich dagegen häufig zwischen den beiden Extremen einer langfristig geplanten und einer kurzfristig anberaumten Verheiratung.

4.1 Traditionelle Heirats- und Familienpolitik

Bei der traditionellen Heiratspolitik spielen eher längerfristige familiäre Interessen eine zentrale Rolle. So berichtete eine junge Frau beispielsweise davon, dass durch ihre Heirat Streitigkeiten mit einer anderen Familie beigelegt werden sollten. Die Verheiratung im Rahmen der traditionellen Familienpolitik ist daher in der Regel von langer Hand vorbereitet. Es gibt sogar Extremfälle, bei denen die Tochter schon bei der Geburt versprochen wird. Oft weiß die Tochter bereits relativ früh über die Heiratspläne Bescheid, und die Eltern versuchen, sie von ihren Plänen zu überzeugen. Dies trifft auch auf die nachfolgend zitierte junge Frau zu, die bereits bei der Geburt ihrem Cousin versprochen wurde:

„Mein Vater und seine Brüder haben mir schon sehr früh gesagt, dass ich meinem Cousin M. aus der Türkei versprochen bin, aber schon da war ich dagegen. Das ging so lange, bis ich älter wurde. Mein Onkel hatte mich mal gezwungen, mit M. zu telefonieren, obwohl ich das nicht wollte, habe ich das dann auch getan. Als ich dann ca. 17 Jahre alt war, wollte mein Vater mich in die Türkei schicken, um dort zu heiraten." (Biographie 30104250:19)

Insgesamt konnten 35 Biographien dem Muster der traditionellen Heiratspolitik zugeordnet werden. Obwohl auch die meisten Mädchen und jungen Frauen dieser Gruppe unter schwierigen Familienverhältnissen litten, gibt es fünf Fälle, in denen das Verhältnis zu den Eltern bis zum Alter von 13 oder 14 Jahren relativ gut war.

---

22 Vgl. z. B. die Frustrations-Aggressions-Hypothese von Dollard u. a. (1939).

„Ich hatte bis zu meinem 13. Lebensjahr keine Probleme mit meinen Eltern gehabt und durfte mich auch mit deutschen Mädchen anfreunden. ... Meine Mutter fing dann an zu arbeiten, so kam das dazu, dass ich den Haushalt übernehmen musste. Ich durfte dann keine deutschen und türkischen Freundinnen mehr haben, da sie freier waren als ich. ... Mein Bruder mischte sich auch überall ein, in jeder Situation, und ich bekam auch Schläge von ihm. Manchmal hat er mich vor seinen Freunden geschlagen, und das hatte mir innerlich so weh getan, so dass ich an Selbstmord dachte. Je älter ich wurde, desto schlimmer und schwieriger wurde meine Lage zuhause. Ich durfte kaum aus dem Haus. ... Ich habe kein Vertrauen zu meinen Eltern, weil sie mich schon so oft ausgenutzt haben. Sie haben nie ihr Wort gehalten, denn ich war immer die Doofe für sie.“ (Biographie 8164328:7)

Auch in diesen Fällen wurde die Situation der Mädchen aber schwierig, sobald sie in das Alter kamen, in dem sie zu einer potenziellen Bedrohung für die Ehre der Familie wurden.

4.2 Akute Anlässe für eine Verheiratung

Wenn die Tochter ab einem gewissen Alter mit einem jungen Mann gesehen wurde oder gar einen Freund hatte, war dies für die Eltern in der Regel Anlass genug, sich über die Bewahrung der Familienehre ernste Sorgen zu machen und über eine möglichst schnelle Verheiratung als Ausweg aus der prekären Situation nachzudenken. Entsprechende Pläne wurden mit Nachdruck verfolgt, wobei Einwände der Tochter in aller Regel keine Rolle spielten.

„Ich hatte ein glückliches und zufriedenes Leben bis vor drei Wochen. Ich habe erfahren, dass ich schwanger bin, und wurde verheiratet, leider nicht mit dem Vater des Kindes. Ich fand diesen Typen eklig, aber meine Eltern fanden die Familie toll, weil die ein Haus hatten und viel Geld.“ (Biographie 5214955:6)

„Sie haben gewartet, bis einer aus meinem Land kommt und mich heiratet, dann sind sie mich los. Dann haben sie keine Sorgen mehr, dass ich was Schlimmes mache. ... Und ich sollte, sobald einer zu uns kommt und um meine Hand bittet, sollte ich ihn sofort heiraten. Ich durfte nicht entscheiden, wer mein Partner sein soll. Und das alles war nur, weil ich mich mit meinem besten Freund getroffen habe und mein Vater mich mit ihm erwischt [gesehen] hat. Es war für meine Eltern Schande, dass ich mich mit einem Jungen getroffen habe. Ich habe versucht, mit meinen Eltern darüber zu reden und ihnen zu erklären, dass es nur ein guter Freund ist. Das haben die nicht verstanden, für meine Eltern war alles gelaufen. Sie haben mir gedroht, meinem Bruder das zu sagen, dass ich mit einem Jungen unterwegs war, und er hätte mich dann zusammengeschlagen. Meine Familie hat mich psychisch fertig gemacht. Und sie entscheiden, wie es mit meinem Leben weitergehen soll, und die beste Möglichkeit für meine Eltern war es, mich zu verheiraten, ob ich will oder nicht, da gab es nichts mehr für mich zu entscheiden, und bis der Mann kommt, war ich eingesperrt. [Ihre Eltern verboten ihr auch den Schulbesuch.] Für mich gab es kein Leben mehr, es war das Ende, ich war so verzweifelt. Ich habe nur geweint, es hat meine Eltern nicht interessiert.“ (Biographie 2217585:16–18)

Unter Umständen genügt auch ein bloßes Gerücht, damit die Familie um ihre Ehre fürchtet und entsprechende Schritte einleitet:

„Meine Tante (die Schwester von meinem Vater) wollte, dass ich ihren Sohn heirate, aber ich wollte es nicht. Dann hat meine Tante angefangen rumzuerzählen, dass ich mit jedem Jungen schlafe, dass ich keine Jungfrau mehr bin und dass ich eine Schlampe bin. Meine Familie war beim Frauenarzt, das Attest war positiv, ich war noch Jungfrau, aber sie wollten es trotzdem nicht glauben. So waren wir bei fünf Frauenärzten. Fünfmal musste ich mich kontrollieren lassen. Alle fünf haben gesagt, dass ich noch Jungfrau bin, aber es gab trotzdem keine Ruhe.“ (Biographie 6145626:19)

In mehreren Fällen wurde berichtet, dass eine Heirat erzwungen werden sollte, um eine Vergewaltigung durch einen Familienangehörigen zu vertuschen. In einem besonders dramatischen Fall wurde die Betroffene von ihrem in der Türkei lebenden Cousin vergewaltigt. Als Folge dieser Tat begann sie Alkohol zu trinken und wurde zufällig von der Polizei aufgegriffen. Nachdem sie den Beamten von der Vergewaltigung berichtet hatte, wurde der Cousin verhaftet. Die Familie dieses Cousins setzte die Betroffene nun stark unter Druck, ihren Cousin zu heiraten, damit dieser aus dem Gefängnis entlassen würde (was nach damaliger türkischer Rechtsprechung möglich war). Ihr Vater gab letztlich dem Druck der Familie nach und sowohl ihr Vater als auch die Schwiegerfamilie argumentierten, dass es besser sei zu heiraten, als eine Hure zu sein. Die junge Frau wurde schließlich gezwungen, ihren Vergewaltiger zu heiraten.

Bedrohungen und Gefährdungen der Ehre konnten wir in 18 Fällen als den Auslöser für eine Zwangsverheiratung identifizieren. Ein anderer Faktor, der Überlegungen zu einer Verheiratung auslösen kann, ist eine finanziell schwierige Situation der Familie. Finanzielle Erwägungen spielen natürlich ebenso bei der traditionellen Heirats- und Familienpolitik eine wichtige Rolle. So können arrangierte Ehen generell auch als Form einer individuellen und familiären Daseinsvorsorge begriffen werden. Die Zuordnung kann hier also nicht eindeutig sein. Es lassen sich aber fünf Fälle identifizieren, in denen die Verheiratung explizit als Rettung aus einer finanziellen Notlage beschrieben wird, was die Betroffenen dann wie einen Verkauf empfunden haben.

„Mit vierzehn Jahren haben sie mich mit Hodscha-Ehe verheiratet, nur einen Monat habe ich zusammengelebt. Danach habe ich mit der Ehe ein Ende gemacht. ... Ich war mit einem Kurden verlobt, mein Vater soll für mich 5000,- DM Kopfgeld gekommen haben, er hat mich praktisch wie ein Vieh verkauft.“ (Biographie 2151030:19)

Ein weiterer Anlass für eine Verheiratung kann der Wunsch sein, einer Person aus dem Herkunftsland die Migration nach Deutschland zu ermöglichen. Auch hier ist eine Grenze zur traditionellen Familienpolitik nur schwer zu ziehen. So spielen bei Personen, die die Familie im traditionellen Sinne noch als Basis für die soziale Absicherung begreifen, Gefühle der Verpflichtung und der Solidarität gegenüber Verwandten eine erhebliche Rolle. Diese wirken sich auch auf die Beziehung der

Eltern zu ihren Kindern aus, weil neben den Kindern auch noch andere Personen legitime Ansprüche stellen können.[23] In fünf Fällen wurde eine Verheiratung allerdings relativ kurzfristig anberaumt, um eine Migration zu ermöglichen.

„Der Bruder meines Vaters hat mit meinem Vater geredet. Ich soll unbedingt seinen Sohn, der im Libanon lebt, heiraten. Einmal habe ich mit meinem Vater und meiner Stiefmutter zusammengesessen und geredet. Er fragte, warum ich nicht meinen Cousin heiraten möchte. Da meinte ich, weil er im Libanon lebt und mich nur wegen Papiere [gemeint ist: Einreisemöglichkeit nach Deutschland] heiraten möchte. Mein Vater wollte mir etwas anderes einreden. Ich sagte immer wieder nein.“ (Biographie 14185118:24)

In den 63 Biographien, in denen sich Hinweise für die oben genannten Anlässe der Zwangsverheiratung finden ließen, spielte die traditionelle Heirats- und Familienpolitik mit rund 56 % die bedeutendste Rolle. Akute Anlässe gab es in 44 % der Fälle, wobei hier die Gefährdung der Familienehre mit rund 29 % den größten Anteil hatte. Zusammenfassend kann man aber festhalten, dass die Biographien der Betroffenen unabhängig vom Anlass der Verheiratung zahlreiche Hinweise auf eine emotional gestörte Beziehung zwischen den Eltern und ihrer Tochter enthalten. Allerdings gibt es auch Gegenevidenzen. In einigen Fällen fand auch dann eine Zwangsverheiratung statt, wenn die Beziehung zunächst prinzipiell in Ordnung war. So beschrieb eine junge Frau das Verhältnis zu ihren Eltern als gut. Die Eltern seien großzügig und modern. Sie dürfe anziehen, was sie möchte, sich schminken und sich mit Freunden treffen. Trotzdem sollte sie zur Heirat mit einem aus der Türkei stammenden Mann gezwungen werden, um diesem die Einreise in die Bundesrepublik zu ermöglichen. Diese widersprüchlichen Befunde fügen sich jedoch in einen einheitlichen Erklärungszusammenhang, wenn man die Heirat als einen innerfamiliären Konflikt begreift.

5. Die Heirat als innerfamiliärer Konflikt

Grundsätzlich kann ein Konflikt als ein Zusammenprall unterschiedlicher Normen begriffen werden. Mit der Fokussierung auf eine normative Handlungsorientierung rückt zugleich die Abhängigkeit des Handelns vom sozialen Kontext ins Zentrum der Analyse. Der Einzelne erscheint jetzt als integraler Teil einer sozialen Gruppe, die ihr Handeln an einem gemeinsamen normativen Horizont ausrichtet. Habermas nennt diesen normativen Horizont die „soziale Welt“.[24] Die Eltern bewegen sich mit der normativen Erwartung, dass die Tochter sich ihren Wünschen unterordnet, in einer traditionellen Sozialwelt. Diese stammt ursprünglich aus dörflichen Überlieferungen der Heimatländer und wird von einem Teil der Immigranten auch dann aufrechterhalten, wenn der soziale Wandel in den Herkunftsländern längst zu gravierenden Veränderungen geführt hat. Die Tochter bezieht sich mit der ebenfalls normativen Erwartung, dass ihre autonome Entscheidung bezüglich Partner-

23 Vgl. Nauck (2004), S. 97 ff.
24 Habermas (1985), S. 126 ff. u. 439.

wahl und Heirat respektiert wird, dagegen auf die Sozialwelt ihrer Klassenkameradinnen, Freundinnen und Bekannten in der deutschen Aufnahmegesellschaft. Ihr Wunsch, eine autonome Entscheidung zu fällen, ist deshalb eine durchaus reale Bedrohung für eine Sozialwelt, die ihr Selbstverständnis und ihr moralisches Überlegenheitsgefühl aus der Orientierung an traditionalen Werten und Normen und der Abgrenzung gegenüber der westlichen Moderne schöpft.[25]

Der Beginn des Konfliktes kann dann theoretisch als die Ablehnung der Ablehnung eines Angebotes bzw. in diesem Fall einer Zumutung gefasst werden.[26] Der eigentliche Konflikt entsteht also nicht einfach dadurch, dass die Tochter einen Heiratskandidaten nicht akzeptiert, sondern beginnt erst dann, wenn die Eltern die Weigerung der Tochter nicht akzeptieren. Die Unterscheidung dieser beiden Stufen ist hier sehr wichtig, denn in der Phase der Ablehnung des Heiratsvorschlags wäre im Prinzip so lange die Möglichkeit für eine Intervention und eine einvernehmliche Lösung gegeben, wie für die Eltern kein Gesichtsverlust zu befürchten ist. Prinzipiell ermöglicht die Institution der arrangierten Ehe daher im Verlauf der Eheanbahnung eine Ablehnung des Heiratskandidaten durch die Tochter. Die Eltern können allerdings den Druck auf die Tochter erhöhen, indem sie bereits in dieser Phase eine Ablehnung mit einem Gesichtsverlust und einer Bedrohung der Familienehre verknüpfen. Eine derartige Handlungsstrategie macht Verhandlungen sinnlos, weil es auf Seiten der Eltern keinen Verhandlungsspielraum mehr gibt. Eine Auseinandersetzung über die Ziele, die mit der Heirat erreicht werden sollen und die vielleicht auch mit anderen Mitteln erreicht werden könnten, kann gar nicht erst stattfinden, wenn es nur noch um die Bewahrung oder den Verlust der Ehre geht. Der Tochter ist damit auch die traditionelle Möglichkeit der Zurückweisung eines Heiratskandidaten verwehrt. Das Beharren der Tochter auf ihrer Weigerung, sich dem Willen der Eltern zu fügen, verweist aber zugleich unübersehbar auf den normativen Rahmen der modernen Gesellschaft und auf die grundlegenden Prinzipien der Menschenrechte und das Recht auf freie Partnerwahl. Damit wird der Konflikt um die Heirat zugleich zu einem Konflikt um Geltungsansprüche. Die Eltern müssten jetzt den Anspruch auf die Gültigkeit grundlegender Normen im Zusammenhang mit ihrem traditionellen Ehrverständnis aufgeben, würden sie die von ihrer Tochter beanspruchte Gültigkeit zentraler Werte und Normen der modernen Gesellschaft akzeptieren. Es handelt sich hier also um einen unteilbaren, dysfunktionalen Konflikt nach dem Muster eines Entweder-Oder, bei dem keine neuen, gemeinsamen Lösungen gefunden werden und bei dem faktisch nur eine Seite gewinnen kann.[27] Ein Kompromiss ist deshalb ohne eine Veränderung der auf Konfrontation und Eskalation hinauslaufenden Ausgangsposition der Eltern schwer vorstellbar.

An dieser Stelle zeigt sich jetzt auch eine Erklärung für die oben berichteten widersprüchlichen Befunde zur Frage der emotionalen Beziehung zwischen Eltern und Kind. In der Regel – so ist zu vermuten – werden Eltern den Druck auf ihre Tochter mit

25 Vgl. Weber (1976), S. 239 ff.
26 Vgl. Messmer (2003), S. 281.
27 Vgl. Hirschman (1994), S. 301 ff.; Coser (1972), S. 84.

Hilfe des Ehrbegriffs nur dann erhöhen, wenn die emotionale Beziehung nicht in Ordnung ist. Es ist aber gut möglich, dass die Eltern in diesen Kurzschluss zwischen Verheiratung und drohendem Ehrverlust gewissermaßen hineingeschlittert sind, etwa weil sie sich öffentlich festgelegt haben. Insofern ist dann vorstellbar, dass sie wegen der entstandenen Gefährdung ihrer Ehre trotz einer ursprünglich intakten emotionalen Beziehung zu ihrer Tochter auf der Verheiratung bestehen. Diese Situation kann auch durch das Verhalten der Tochter entstehen. In dem nachfolgenden Beispiel legte die junge Frau sich und ihre Familie durch ihren Heiratswunsch fest und gefährdete die Familienehre, als ihr klar wurde, dass sie doch nicht heiraten wollte:

„Dann bekam ich einen Heiratsantrag von meines Vaters Cousin. Ich sagte gleich ja. Mein Leben war mir so egal und ich warf mein Leben weg. Mein Vater fragte mich immer, ob ich das wirklich will. Ich drohte, wenn ich ihn nicht heiraten darf, würde ich weiß Gott was tun. Dann kam er nach Berlin und kaufte mir Sachen. Am Abend kamen die Familie von meinem Verlobten und meine Familie zu uns, um eine kleine Feier zu veranstalten. Am [Datum] haben wir uns dann verlobt. Als der Augenblick kam, dass wir die Ringe tauschten, wurde mir klar, dass das ein Fehler meines Lebens ist. Dass mein Leben weitergehen wird, aber nicht mit dem. Dann erzählte ich es meiner Mutter, dass ich nicht heiraten will und es ein Fehler sei. Sie antwortete, wenn ich mich trennen würde, ich nicht mehr ihre Tochter bin und gehen kann.“ (Biographie 2144738:21)

Eine Lösung wird erst dann wahrscheinlicher, wenn die Entkoppelung zwischen der Verheiratung und der Bedrohung der Familienehre im Falle einer Weigerung gelingt. In den Familien, in denen Zwangsverheiratung vorkommt, dürfte ein grundlegendes Problem allerdings darin bestehen, dass die Eltern zentrale Werte und Normen der modernen Gesellschaft nicht akzeptieren und bestimmte Handlungsoptionen daher nicht in Frage kommen. Dies ist allerdings – um das noch einmal ausdrücklich zu betonen – nur bei einer Minderheit der Migranten überhaupt ein Problem. In der Regel erfolgt im Verlauf des Integrationsprozesses eine Übernahme von wesentlichen Werten und Normen oder zumindest ein funktionierendes Arrangement mit zentralen Standards der Aufnahmegesellschaft. Das Problem der Zwangsheirat kann deshalb auch als eine Folge misslungener Integration betrachtet werden. Integration beinhaltet in diesem Zusammenhang natürlich nicht nur eine Anpassungsleistung der Migranten, sondern auch die Schaffung von Teilhabemöglichkeiten und den Abbau von Barrieren und Diskriminierungen in der Aufnahmegesellschaft.

Selbst unter ungünstigen Voraussetzungen ist aber die Entschärfung eines familiären Heiratskonflikts denkbar, wenn es etwa einer traditionellen Autorität gelingt, den Stellenwert der Ehre neu zu justieren oder die Angst vor einem Ehrverlust zu bannen. Daher wäre z. B. zu überlegen, ob Geistliche im Falle einer Zwangsverheiratung als Vermittler gewonnen werden können.

Der Verlauf der hier beschriebenen Konflikte lässt sich anhand unseres empirischen Materials gut nachzeichnen und ist in der nachfolgenden Abbildung schematisch dargestellt.

Abbildung 6: Die Heirat als innerfamiliärer Konflikt

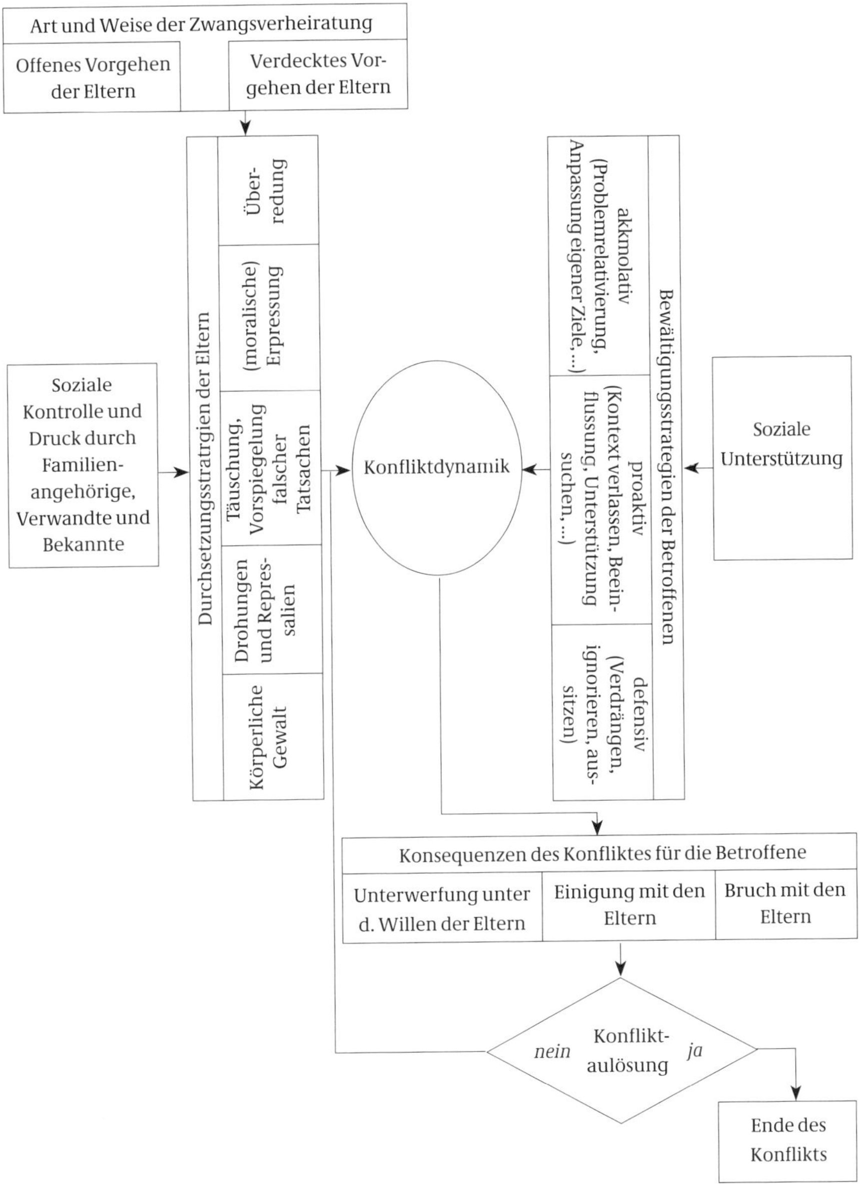

5.1 Der Konfliktverlauf vor dem Hintergrund elterlicher Handlungsstrategien

Mit Blick auf die unterschiedlichen Anlässe für eine Zwangsverheiratung könnte man vermuten, dass Drohungen und körperliche Misshandlungen dann ein besonders gravierendes Ausmaß annehmen, wenn die Verheiratung nicht von langer Hand geplant ist, sondern schnell abgeschlossen werden soll. Dagegen wäre bei einer langfristig anberaumten Verheiratung im Prinzip mehr Zeit für Überredungsversuche, Täuschungsmanöver und andere Formen von strategischem Handeln. Anhand der biographischen Daten konnten wir bezüglich dieser Frage jedoch keine systematischen Unterschiede nachweisen.

Grundsätzlich kann man zwischen einem offenen und einem verdeckten Vorgehen der Eltern bei der Heiratsplanung unterscheiden. Bei einem offenen Vorgehen sind die Kinder über die Pläne ihrer Eltern informiert und können sich damit auseinandersetzen.

„Mit 12 Jahren haben meine Eltern mich in Jordanien meinem stinkreichen Cousin versprochen. Ich wollte ihn nicht, ich weinte und schrie! Jedes Jahr hatte ich nein gesagt, doch meine Eltern erpressten mich, und meine Familie gab mir eine Gehinwäsche, bis ich mit 16 Jahren ja sagte, oder richtiger: sagen musste.“ (Biographie 16162728:22)

„Vor neun Monaten wollte mich ein Junge aus Köln (auch Kurde) heiraten, ich sagte: ‚Lassen Sie mir Zeit, ich muss überlegen‘. Nach einem Monat kamen sie wieder, ich habe nein gesagt. Meine Eltern und meine Schwester S. wollten, dass ich ihn heirate, nur weil er Geld hatte und nett war. Und dann hab ich ja gesagt, aber ich habe ihn nicht geliebt und nicht gemocht. Wir sind ein Tag später verlobt gewesen. Einen Monat später wollte ich nicht mehr heiraten, weil ich ihn nicht liebte. Meine Eltern haben gesagt, wenn du ihn nicht heiratest, ist das deine Entscheidung. Ich habe keine Schläge bekommen, aber ein Monat lang hat niemand mit mir geredet außer meiner Mutter, weil ich ihn nicht heiraten wollte.“ (Biographie 17195016:17)

Bei einem verdeckten Vorgehen werden die Betroffenen von der Heirat dagegen völlig überrascht.

„[Da] sagte mein Vater: ‚Wir fahren in die Türkei.‘ Ich freute mich, weil ich meine Großeltern wiedersehen würde. Der Haken war, dass meine Eltern nur mich mitnahmen. Bis zur vierten Woche lief alles perfekt, bis auf einen Abend die Schwester von meiner Mutter uns besuchen kam. Ich wunderte mich, blieb trotzdem in meinem Zimmer; nach langer Zeit kam meine Tante weinend ins Zimmer und sagte: ‚Sie wollen dich verloben.‘ Ich war geschockt, und mir flossen die Tränen. Mein Vater rief mich auf den Balkon und versuchte mich zu überreden, damit ich mein Einverständnis gebe. Ich sagte immer wieder: ‚Nein, nein, nein‘, doch für ihn klang es wie ein Ja! Mein Satz war nur noch: ‚Egal was ich sage, am Ende wirst du mich sowieso verloben‘, und das tat er wirklich.“ (Biographie 17175138:16)

„19xx ist mein Vater mit uns nach Jugoslawien gefahren. Er sagte mir, wir machen Urlaub. Aber als wir in Jugoslawien waren, habe ich gemerkt, dass es eine Falle war. Denn mein Vater versucht mir einzureden, dass ich mich verloben soll, wenn wir in der Türkei sind. Als ich immer wieder nein sagte, fing er an, mich zu schlagen. Ich kann niemals diese Nacht vergessen.“ (Biographie 817189:21)

In einem Extremfall erfuhr eine junge Frau erst, dass sie mit dem 35-jährigen Bruder der Stiefmutter verheiratet war, als sie sich in Berlin einbürgern lassen wollte und Papiere aus ihrem arabischen Herkunftsland anforderte. Dort kann ein Mädchen bei der Heirat von ihren Eltern oder einem Vormund vertreten werden.

Sowohl bei einem offenen als auch bei einem verdeckten Vorgehen versuchten die Eltern häufig, einen Aufenthalt im Herkunftsland für die Verheiratung zu nutzen. Von den 331 untersuchten Betroffenen wurden 77 (23,3 %) im Zusammenhang mit der Zwangsverheiratung in das Herkunftsland ihrer Eltern verbracht. Der entsprechende Anteil von 28,0 % in der Biographiestudie zeigt, dass die ausgewählten Fälle den Gesamtdatensatz gut repräsentieren. Der typische Ablauf sieht dann so aus, dass im Herkunftsland zunächst die Verlobung stattfindet. Wenn die Betroffene bereits vorher von einem Heiratskandidaten wusste, wurde ihr häufig eine freie Entscheidungsmöglichkeit versprochen, wovon in der konkreten Situation dann aber meist keine Rede mehr war. Mit der Drohung, die Tochter nicht wieder mit nach Deutschland zu nehmen, gelang es den Eltern in vielen Fällen, die Zustimmung zur Verlobung zu erwirken. Wenn die Tochter dann von Deutschland aus versuchte, die Verlobung zu lösen, reagierten die Eltern mit massivem Widerstand, der sehr häufig auch körperliche Misshandlung beinhaltete.

Ein massiver Druck der Eltern ist allerdings in allen untersuchten Fällen zu beobachten, was insofern nicht verwunderlich ist, als es sich bei den von einer Kriseneinrichtung betreuten Fällen um eine besonders stark belastete Gruppe handelt. Eine wichtige Durchsetzungsstrategie der Eltern waren aber auch Überredungsversuche:

„Ich sollte den Stiefsohn meiner Tante heiraten. Es sei viel besser, als wenn ich einen Fremden heiraten würde. Mir wurde so lange das alles mit der Hochzeit eingeredet, bis ich irgendwann aufgab. Es hieß nämlich, wenn ich mal heirate, könnte ich alles machen, was ich nicht zuhause machen darf, dann machen. Dies hatte meine Mutter mal früher gesagt. Ich dachte dann: ‚Naja, dann werde ich ja vielleicht meine Freiheit haben.‘ Obwohl ich diesen Jungen nicht liebte. Meine Mutter meinte, Liebe sei unwichtig. Sie hat ja auch meinen Vater nicht geliebt usw. Alte türkische Traditionen. Ich war 17, als ich mich dann entschloss, zu heiraten. Es war mir so egal, ob ich ihn liebe oder nicht liebe. Ich konnte kaum noch richtig denken. Ich ließ alles über mich ergehen.“ (Biographie 2145457:26)

Obwohl Überredungsversuche gerade auch zu Beginn des Konfliktes eingesetzt wurden, kann man nicht von einer Abfolge der unterschiedlichen Durchsetzungsstrategien ausgehen. Die Eltern griffen in der Regel zu den Mitteln, die ihnen in der jeweiligen Situation den größten Erfolg zu versprechen schienen. Wenn Überredungsversuche erfolglos blieben, wurden eben andere Strategien angewandt. Beispielsweise gelang es einer Mutter mit einer Kombination aus Täuschung und moralischer Erpressung, ihre Tochter zu einer Trennung von ihrem Freund und zu der Ehe mit dem von ihr ausgesuchten Mann zu bewegen:

„Als ich 19 Jahr alt war, bin ich mit jemand anderem zusammengekommen. Der war ein Jahr älter, mit ihm konnte ich über alles reden. Er hat mir immer zugehört. Der war für mich Vater, Mutter, Bruder, alles. Hat der mich auch verstanden, ich hab' ihm von meinem Leben erzählt, der war auch mit allem einverstanden [gemeint ist hier vermutlich, daß er akzeptiert hat, dass sie keine Jungfrau mehr war]. Ich war mit ihm so glücklich, als ob ich neu geboren bin, hab auch nicht Drogen genommen. Der hat mich wie ein Mensch behandelt. Meine Mutter wollte, dass ich mit jemand anderem verheirate, aber ich liebe meinen Freund. Das habe ich mein Mutter erzählt. Sie hat nicht mit mir geredet, sie wollte unbedingt den haben, den ich nicht wollte. Dann musste ich mit ihm Schluss machen, weil meine Mutter hat mich angelogen. Sie hat mir erzählt, dass sie krank ist. Sie hatte angeblich Krebs, meinte, wenn du mich liebst, mach mit ihm Schluss und heirate Y. Ich meinte: ‚O. k.' Dann hatte ich mit Z Schluss gemacht, obwohl mir das schwer war, habe ich Schluss gemacht. Eine Woche später hatte meine Mutter eine OP. Ich, meine Cousine, Vater und Bruder haben gewartet auf die OP. Als sie mit OP fertig waren, habe ich die Krankenschwester gefragt ‚Sie hatte Krebs?'. Sie: ‚Nein'. Ich war schockiert. Ich war so fertig, ja bin kaputt geworden." (Biographie 614188:21)

In den Biographien finden sich häufig aber auch ganz offene, massive Drohungen, um den Widerstand gegen eine Heirat zu brechen oder um die Auflösung einer Verbindung zu verhindern:

„Ich habe dort [in der Türkei] meiner Mutter gesagt, dass ich die Verlobung auflösen will, aber sie sagte, dass sie mich umbringen und in den Kanal werfen würde, wenn ich es tun würde." (Biographie 2153751:18)

In einem Fall versuchten die Eltern, ihre Tochter zur Rückkehr zu ihrem Ehemann zu zwingen, obwohl die Heirat durch eine Vergewaltigung erzwungen worden war:

„[Die Eltern sagten:] ‚Weil du hier sowieso nichts nützt, gehst du zurück in die Türkei und musst mit deinem Ehemann dort leben.' Das war der Punkt wo ich geplatzt bin. Ich hasste diesen Jungen. Eher bringe ich mich um, als zu ihnen zurück zu müssen." (Biographie 2145457:30)

Wenn die junge Frau einen Freund hatte, richteten sich Drohungen in der Regel auch gegen ihn, weil dieser junge Mann eine massive Gefährdung der Ehre darstellte und einer geplanten Verheiratung im Wege stand:

„Sie haben auch gedroht, mich und meinen Freund umzubringen, wenn wir zusammenbleiben. Also musste ich erstmal alles abbrechen, damit es nicht noch mehr eskaliert." (Biographie 2022030:18)

„Meine Eltern sind dann zu meinem Freund gegangen und haben ihn gefragt, ob er mit mir zusammen ist. Er meinte nein, weil sie ihn umbringen wollten, wenn er mein Freund ist. Sie haben ihn eine Woche lang immer genervt. Meine Eltern haben dann eine Vermisstenanzeige gemacht und waren mit der Kripo bei meiner Freundin, weil sie glaubten, ich sei bei ihr. Meine Brüder sind jetzt immer unterwegs und suchen mich. Sie wollen mich umbringen wegen ihrem Ruf. Sie haben über fünf Mal beim Jugendnotdienst angerufen und versuchen mit allen Tricks herauszukriegen, wo ich bin. Sie haben sogar einmal angerufen und so getan, als ob sie vom Jugendamt sind. dann war meine Mutter bei der Wahrsagerin, damit sie ihr sagt, wo ich bin und ob ich noch Jungfrau bin, aber die Wahrsagerin meinte, ich sei zu jung und das geht bei mir nicht.“ (Biographie 5195410:28–29)

In vielen Fällen blieb es nicht bei der Androhung von Gewalt. Insbesondere Väter und ältere Brüder, aber auch andere Familienangehörige schreckten oft nicht vor körperlicher Misshandlung zurück, wenn sich die junge Frau gegen eine Verheiratung sperrte oder eine Verbindung wieder auflösen wollte.

„Als ich die Schule beendete, war ich erst 17. Meine Eltern verboten mir, weiter zur Schule zu gehen. Aber ich ging heimlich zum Arbeitsamt und suchte mir selber was. Ich fing wieder eine Schule an. Meine Eltern waren zwar dagegen, aber mir war das egal. Deshalb schlug mein Vater mich auch an dem Tag, wo ich ihm das mit der Schule erzählte, so schlimm, dass ich erst mal ein paar Tage liegen musste wegen der Schmerzen. Die wollten es deshalb nicht, weil ich heiraten sollte. Auch meinen Ausbildungsplatz musste ich heimlich suchen. Die hatten mir dann klar und deutlich gesagt, dass ich damit umsonst anfange, weil ich bald heiraten würde. Ich sagte jedes Mal nein und bekam Schläge und Beschimpfungen zu hören. Die sagten mir nur, dass es jemand aus der Türkei wäre und dass er reich sei. Mich konnten sie trotzdem nicht überzeugen. Nachdem ich dann die Ausbildung als Hotelfachfrau anfing, drohten sie, dass sie mich kündigen würden. Sie wollten alles dafür tun, dass ich meine Stelle verliere. Ich war sehr stur und ließ es nicht zu. Bis der Tag kam, wo mein Onkel und mein Vater drohten, dass, wenn ich mit der Ausbildung nicht aufhöre und denjenigen heiraten würde, dass sie mich dann umbringen würden, und dabei schlugen beide mich.“ (Biographie 17184753:17)

Insgesamt zeigt die Analyse der Biographien, dass die Eltern dann, wenn sie die Verheiratung konkret planten, sehr massiv vorgingen. Dadurch, dass sie versuchten, ihr Ziel mit allen Mitteln zu erreichen, untergruben sie eine vertrauensvolle Beziehung zu ihrer Tochter. Besonders massiv war dieser Vertrauensverlust, wenn die Eltern ihre Tochter einem Mann überließen, der sie missbrauchte. Die jungen Frauen erwarteten zunächst Schutz von ihren Eltern. Die Erwartung der Eltern war dagegen, dass die Kinder keine Schande über die Familie bringen.

Der Vertrauensverlust der Tochter entspringt in dieser Situation einer Enttäuschung: Sie muss schmerzvoll erfahren und lernen, dass sie keinen Schutz erwarten kann. So beteuerte die Tochter in einem der von uns untersuchten Fälle, dass sie ihren Vater liebe und auch zaghaft versucht habe, ihn von einer Verheiratung abzubringen. Dennoch kam es zur Heirat und einer daraus resultierenden Vergewaltigung der jungen Frau durch den Ehemann.

Unsere Analyse zeigt an dieser Stelle zwei Hürden für eine konstruktive Konfliktlösung. Zunächst erfordert eine konstruktive Konfliktlösung eine gewisse Akzeptanz und einen Freiraum für die Austragung von Konflikten. Dieser Freiraum wird durch die traditionelle Norm, dass Kinder sich dem Willen ihrer Eltern vorbehaltlos unterordnen müssen, oft extrem eingeengt. Ferner erfordert eine konstruktive Konfliktlösung Vertrauen. Dieses Vertrauen geht durch die beschriebenen elterlichen Handlungsstrategien häufig verloren. Der Konflikt mündet unter diesen Voraussetzungen leicht in eine unfruchtbare Konfrontation, bei der alles, was gesagt und getan wird, nur noch im Sinne dieser Auseinandersetzung interpretiert wird. Letztlich kann ein solcher Konflikt nur mit der Niederlage einer Seite enden. Das Ergebnis hat dann aber häufig massive gesundheitliche und soziale Folgekosten (siehe Kapitel 8).

5.2 Bewältigungsstrategien der Betroffenen und ihre Folgen für den Konfliktverlauf

Die von uns näher untersuchten 100 Mädchen und jungen Frauen reagierten mit allen drei theoretisch möglichen Formen der Bewältigung auf die Zwangsverheiratung: mit defensiver Abwehr und Vermeidung, mit akkomodativen Reaktionen, die auf eine Anpassung der eigenen Ziele und Erwartungen an die Situation hinauslaufen und mit proaktiven Reaktionen, die eine aktive Veränderung der belastenden Situation anstreben.[28]

Defensive Reaktionen auf eine angekündigte Verheiratung waren vor allem dann zu beobachten, wenn das Ereignis noch relativ weit entfernt schien. In so einer Situation wurde die geplante Verheiratung zum Teil verdrängt, oder die Betroffenen versuchten, erst einmal Zeit zu gewinnen, indem sie etwa auf ihre noch nicht abgeschlossene Schulausbildung hinwiesen:

„*Bis zu meinem 14. Lebensjahr hatte ich keine schwerwiegenden Probleme in meiner Familie gehabt, bis meine Tante [Schwester der Mutter] in die Türkei kam. Meine Tante, ihr Mann und meine Schwägerin hielten um meine Hand an. Natürlich vergaßen meine Mutter und mein Vater vor lauter Aufregung, dass ich noch zu jung war, und sagten ja. Mit mir sprachen sie erst danach über dieses Thema. Meine Mutter meinte zu mir, sie wollen mich mit Y verheiraten, ob ich es auch will. Ich habe zu meiner Mutter als Erstes gesagt, dass ich noch zu jung wäre, nicht mal wüsste, was Heiraten bedeutet und die Schule weitermachen möchte. Meine Mutter meinte dann zu mir, dass mein Alter nicht so wichtig wäre, jedes Mädchen würde mit 14 Jahren verheiratet werden, und Y wäre auch kein Fremder. Außerdem meinte meine Mutter, sie würden mich erst mit 18 Jahren verheiraten und in dieser Zeit könnte ich meine Schule weiterbesuchen und eine Ausbildung machen. Daraufhin habe ich meinen Eltern geglaubt und habe keinen Widerstand geleistet. Kurz danach fingen die Verlobungsvorbereitungen an. Nach der Verlobung ging mein Verlobter wieder nach Deutschland zurück, bevor ich ihn überhaupt richtig kennen lernen konnte. Drei Monate später kam ein Anruf von meiner Tante. ... Und so bin ich nach Deutschland gekommen.*“ (Biographie 10553:16)

---

28 Vgl. Greve/Strobl (2004).

Bei einer akkomodativen Form der Bewältigung gibt es verschiedene Möglichkeiten, die eigenen Erwartungen an die vorgefundene Situation anzupassen. Man kann versuchen, sich die Situation über Abwärtsvergleiche mit schlimmeren Problemen schönzureden, das Gute im Schlechten zu sehen, die eigenen Zielvorstellungen neu zu gewichten oder Ziele ganz aufzugeben. So versuchte eine Betroffene, sich an die Ehe zu gewöhnen, weil ihre Eltern es als großes Glück empfanden, dass die Schwiegerfamilie auch nach einer Abtreibung an der Eheschließung festhielt. Aber nachts im Bett ekelte sie sich vor ihrem Ehemann und konnte nicht mit ihm schlafen, worüber der sich bei seiner Mutter beschwerte, die die Schwiegertochter zu sich zitierte und ihr stundenlange Vorhaltungen machte. In einem anderen Fall willigte eine junge Frau aus Liebe zu ihrem Vater in die Ehe ein.

„*In den Sommerferien wurde ich verheiratet. Ich war eine Woche früher nach Türkei geflogen, mit unseren Bekannten nach Istanbul, wo der Bruder von meiner Stiefmutter, und er sollte mich immer morgens abholen und abends wieder zurückbringen. ... Ich hatte dann gesagt, dass ich doch nicht verreisen will, meine Mutti sollte für mich verreisen. Ich habe geweint wie sonst etwas, aber mein Vater hat mich überredet. Ich habe alles für meinen Vater getan. Ich liebe mein Vater sehr, na ja, als ich in Istanbul war, ist er am zweiten Tag mich abholen gekommen. ... Mein Vater hat mich wieder überredet, ich habe ihm [Y] alles Mögliche angetan, dass er mit mir nicht mehr heiraten möchte, aber als meine Eltern nach Z. kamen, bin ich auch mit ihm nach Z. gefahren. Am [Datum] musste ich mit ihm heiraten. Bei meiner Hochzeit war mein Vater ganz glücklich, weil er gedacht hat, dass auch ich glücklich war und dass ich endlich einverstanden war.*“ (Biographie 8162124:22–23)

Allerdings entwickelte sich die Ehe mit dem ungeliebten Mann für die junge Frau traumatisch und mündete in eine brutale Vergewaltigung.

„*An meinem ersten Hochzeitstag waren wir mit dem Mann allein. Ich wollte mit ihm nicht schlafen, aber er wollte es mit Gewalt machen. ... 12 Tage lang war es dasselbe. Es hatte wehgetan. Ich habe das meiner Tante erzählt. Sie hat mich zum Arzt gebracht. Der Arzt meinte, dass ich noch eine Jungfrau wäre. ... Dann hat er mir eine geknallt und meinen rechten Arm an die rechte Seite vom Bett gebunden und meinen Mund hat er auch gebunden und richtig vergewaltigt. Ich glaube, dann bin ich ohnmächtig geworden.*“ (Biographie 8162124:22–23)

Allerdings findet sich in den Biographien auch das Beispiel einer jungen Frau, die unter der Drohung, in der Türkei zurückgelassen zu werden, in die Ehe mit einem jungen Mann einwilligte, der sich dann aber als verständnisvoller Partner entpuppte. Auch nach der Flucht aus ihrer Familie hielt sie an der Ehe fest und informierte ihren Ehemann über die Flucht. Sie hoffte, dass ihr Ehemann sie vom Leben mit ihrem Vater befreien könne.

Versuche der Betroffenen, die Situation durch eigenes Handeln aktiv zu verändern (proaktive Bewältigungsstrategien), führten in den untersuchten Fällen so gut wie immer zu einer Eskalation des Konfliktes. Besonders prekär waren proaktive

Strategien, die das Bild einer intakten Familie nach außen hin beschädigten. Die Flucht aus der Familie ist das typische Beispiel für so eine Strategie. Den drohenden Gesichtsverlust versuchten die Eltern und andere Familienangehörige mit allen Mitteln zu verhindern. In der Regel wurde zunächst versucht, das Verschwinden der Töchter vor der Verwandtschaft und anderen Personen aus dem sozialen Umfeld zu verheimlichen, um Zeit zu gewinnen. Dann versuchte man mit unterschiedlichen Maßnahmen, die Tochter mit Versprechungen zur Rückkehr in die Familie zu bewegen, etwa indem man versicherte, dass sich die Situation zuhause ändern würde oder dass es möglich sei, eine Verlobung wieder aufzulösen. Auch Formen der moralischen Erpressung wurden eingesetzt, um die Tochter zur Rückkehr in die Familie zu bewegen. Dass den Familien in dieser Situation so gut wie jedes Mittel recht ist, zeigt das Beispiel einer jungen Frau, die aus ihrem Elternhaus geflohen war, nachdem ihr Vater von ihrem Freund erfahren hatte. Der Vater täuschte zunächst eine Entführung des Freundes vor und verbreitete die Nachricht von der Entführung. Als die junge Frau mit ihrem Freund telefonieren wollte, ging der Vater ans Telefon. Der junge Mann musste unter Todesdrohungen an dieser Inszenierung teilnehmen. Als die Strategie keinen Erfolg brachte, rief der Vater alle Freunde und Bekannten der Tochter an und verkündete, dass er sich umbringen würde, wenn seine Tochter nicht nach Hause käme. Aus späteren Gesprächen geht hervor, dass nach dem Misserfolg dieser zweiten Strategie in der Familie der Betroffenen Vorkehrungen für einen „Ehrenmord" getroffen wurden.

Die Betroffene blieb aber fest entschlossen, ihren eigenen Weg zu gehen und schrieb ihrem Vater:

„Du brauchst dir keine Gedanken darüber zu machen, dass ich dich blamiere. Ich bleibe so wie ich bin und habe nichts mit Jungs zu tun. Ich will meine Schule machen und einen guten Job finden. Das ist alles und hör auf, mich zu suchen, weil du mich in [Großstadt] nicht finden wirst. … Nachdem du mit Y gespielt hast, um mich zu kriegen, aber Y hat mich nicht verdient. Ich bin zu schlau und nett und er ist ein Angsthase, der nur seine Familie retten wollte. Das habe ich wirklich nicht verdient." (Biographie 17175138:18)

Dass eine proaktive Reaktion für traditionell orientierte Eltern per se eine Provokation darstellt, wird nachvollziehbar, wenn man berücksichtigt, dass ein solches Verhalten sowohl einen Angriff auf das traditionelle Bild der passiven, schwachen Frau als auch eine Zurückweisung der elterlichen Ansprüche auf Respekt und Gehorsam bedeutet. Aber selbst Versuche, die Eltern durch Überzeugungsarbeit von der geplanten Verheiratung abzubringen, hatten zum Teil bereits massive Gegenreaktionen zur Folge.

„An einem Tag nahm ich meinen Mut zusammen, setzte mich mit meinem Vater hin und versuchte ihm klar zu machen, dass ich meinen Verlobten nicht liebe und dass ich Y liebe. Er reagierte zuerst ganz ruhig. Danach fing er an, eine Zigarette an meinem Körper auszudrücken und danach ist er mit einem Messer auf mich losgegangen, aber meine Mutter stand vor mir und versuchte, ihn zu beruhigen." (Biographie 17175138:16)

Eine vielversprechende proaktive Strategie ist aus theoretischer Sicht die Suche nach Verbündeten. Diese Strategie führte bei den von uns untersuchten Fällen zwar letztlich nicht zu einer befriedigenden Lösung für die Betroffenen – dieser Befund ist aufgrund der Besonderheit unserer Stichprobe aber nicht als Gegenevidenz anzusehen. In dem nachfolgenden Beispiel versuchte sich die junge Frau mit ihrem künftigen Ehemann gegen eine Heirat zu verbünden, was aber letztlich scheiterte:

„Als ich meinen jetzigen Verlobten sah, hab' ich gesagt, dass er mir nicht gefällt, aber meine Mutter sagte, dass er hübsch ist und was im Kopf hat. Mir war das egal, ich wollte ihn einfach nicht haben. Bevor ich meinen Verlobten kennen gelernt habe, war ich verliebt in den Sohn meiner Tante, und außer ihm wollte ich niemand haben. Das hab' ich ihm auch gesagt. ... Meine Mutter war sauer und hat meinen Bruder geschickt, mich zu schlagen. Sie hat meinen Vater angerufen, der ist gekommen und hat zweimal mit einer Gaswaffe auf mich geschossen. ... Später ruft mich mein Vater und fragt: ‚Willst du A.?' Ich habe deutlich nein gesagt. Ich bin auch zu ihm [A.] gegangen und habe ihm gesagt: ‚Ich will dich nicht, weil ich einen anderen liebe.' Ich sagte zu ihm: ‚Es ist jetzt an dir, nein zu sagen, denn niemand will meine Meinung akzeptieren.' Er sagte: ‚O. k.', er wird das jetzt regeln. Aber dann kam er wieder zu mir und sagte: ‚Es tut mir leid, mein Vater und deiner haben alles besprochen, ich kann nichts mehr sagen.'" (Biographie 17181844:18)

Insgesamt muss auf der Grundlage der von uns untersuchten Fälle festgestellt werden, dass defensive und akkomodative Bewältigungsstrategien bei dem Thema Zwangsheirat zu keinen befriedigenden Lösungen führen. Das Thema ist für die Familien zu zentral, als dass es sich durch Abwarten, Aussitzen oder Verdrängen von selbst erledigen könnte. Eine akkomodative Strategie scheitert dagegen in der Regel an den hohen Kosten für die Betroffene. Das Zusammenleben mit einem Ehemann ist ein so wesentlicher Bereich im Leben, dass faule Kompromisse sich nur schwer auf Dauer durchhalten lassen. Das schließt nicht aus, dass sich im Einzelfall eine Beziehung dennoch positiv entwickelt. In den allermeisten Fällen dürfte aber für die Betroffenen kein Weg an einer proaktiven Strategie und dem Versuch, zentrale Bereiche des eigenen Lebens selbst in die Hand zu nehmen, vorbeiführen. Die Kosten bestehen hier aus einer zum Teil beängstigenden Konflikteskalation, weil die Eltern auf proaktive Bewältigungsstrategien in der Regel sehr massiv reagieren. Aus diesem Grund benötigen betroffene junge Frauen auf jeden Fall dringend professionelle und soziale Unterstützung.

6. Die Bedeutung des sozialen Umfelds

6.1 Soziale Kontrolle und Druck durch Familienangehörige, Verwandte und Bekannte

Aus traditioneller Sicht ist es einer der schlimmsten Schicksalsschläge, in der eigenen ethnischen Gemeinschaft das Gesicht zu verlieren. Deshalb ist es wichtig, dass durch das eigene Verhalten und das Verhalten der Familie keine wichtigen Normen verletzt werden. Um mögliches Fehlverhalten zu unterbinden, ging die soziale Kontrolle durch die Eltern mitunter so weit, dass sogar der Schulbesuch verboten wurde. Die massive Angst vor einem Ehrverlust wird am Beispiel eines Vaters deutlich, der bei einem Gespräch im Jugendamt unter Tränen schilderte, wie die Leute über ihn lachen würden, wenn seine Tochter nicht zurückkäme. Am Ende des Gespräches drohte er dann damit, dass er seine Tochter töten würde oder töten lassen würde. Eine junge Frau beklagte sich mit folgenden Worten über ihre Eltern:

„*Aber nein, meine Mutter meinte: ‚Es ist eine Schande! Was sollen die Nachbarn, Verwandte, Bekannte in Deutschland denken.‘ Es ging um die Ehre und darum, wie die Leute sagen, wie sie mich erzogen hätte. Für sie waren immer die anderen wichtig.*“ (Biographie 2145457:29)

Annahmen über die Erwartungen des sozialen Umfeldes haben in traditionellen Kontexten generell einen großen Einfluss auf das Verhalten. Familienangehörige, Verwandte und Bekannte nahmen aber auch selbst eine aktive Rolle im Zusammenhang mit der Zwangsverheiratung ein. Insbesondere ältere Brüder, die traditionell für die Kontrolle ihrer Schwestern zuständig sind, nahmen ihre Aufgabe vielfach sehr ernst.

„*Mein Halbbruder war bei dem Gespräch [über den Freund] dabei und ist sofort danach zu meiner Mutter in die Wohnung gekommen. Er hat sofort angefangen, mich zusammenzuschlagen und hat versucht, mir mit dem Finger das linke Auge auszustechen. Ich habe geschrien, aber meine Mutter hat mir nicht geholfen. Irgendwann bin ich ohnmächtig geworden.*“ (Biographie 11104421:26)

„*Mein älterer Bruder gab mir Befehle, wann ich nach Hause kommen sollte und nervte mich mit Anrufen, weil er mich kontrollieren wollte. Sich zu wehren war kaum möglich, weil er stärker als ich war und dies ausnutzte. Er schlug mich, weil ich nicht wollte, dass er so tut, als sei er mein Vater.*“ (Biographie 695848:30)

„*Einmal haben mich meine Cousins mit meinem Freund gesehen. Mein Cousin wollte, dass ich sofort nach Hause gehe. Ich hatte richtige Angst, weil ich wusste, dass sie es meinen Brüdern sagen würden. Meine Brüder hätten mich zusammengeschlagen und mich eingesperrt. Deshalb bin ich schnell zur Polizei gelaufen und sie haben mich dann zum Jugendnotdienst gebracht.*“ (Biographie 21102017:23)

Mitunter übten Verwandte massiven Druck auf die Familie einer jungen Frau aus, um die Einwilligung zu einer Heirat zu erhalten. Ein besonders drastisches Beispiel ist der in Kapitel 4.2 geschilderte Fall einer jungen Frau, die aufgrund des Drucks der Familie ihres Cousins gezwungen wurde, ihren Cousin zu heiraten, obwohl er sie zuvor vergewaltigt hatte.

Eine archaische Sitte ist die Entführung einer Frau, um eine Heirat zu erzwingen. Durch die Entführung verliert die Frau ihre Ehre, denn durch das Zusammensein mit ihrem Entführer ist sie unrein geworden ist. Doch auch ihr Vater und ihre Brüder verlieren ihre Ehre, weil sie nicht in der Lage waren, die Frauen ihres Haushaltes zu beschützen. Die einzige Möglichkeit für das Opfer und seine Familie, aus dieser Situation ohne Gesichtsverlust herauszukommen, ist die Heirat zwischen dem Entführer und der Entführten. In den von uns untersuchten 100 Biographien wurden drei Frauen Opfer einer solchen Entführung. In allen drei Fällen wurde der Ausweg in einer Heirat gesucht:

„Mein Verlobter hat mich am [Datum] entführt. Er hat mich gegen meinen Willen vergewaltigt und dann hat er mich durch die Vergewaltigung gezwungen, ihn gleich zu heiraten. Wir haben standesamtlich [ohne das Wissen meiner Eltern] geheiratet. Nicht mal im Hochzeitskleid. Einfach so. Er hatte seinen Cousin und einen Kumpel dabei. Die drei haben mich … entführt.“ (Biographie 2145457:28)

Wenn sich eine Frau der Verheiratung widersetzt oder wenn sie aus einer unter Zwang geschlossenen Verbindung auszubrechen versucht, sieht sie sich mit dem Problem konfrontiert, dass Verwandte und Bekannte in traditionellen Sozialsystemen ein engmaschiges Kontrollnetz bilden, dem nur schwer zu entkommen ist. Wenn bereits eine Ehe besteht, dann ist dieses Kontrollnetz durch den Ehemann und seine Familie noch umfassender und effektiver.

„Jetzt kam nicht nur der Druck von meinen Eltern und S. [Zwangsehemann], sondern auch noch von meinem älteren Bruder und der Verwandtschaft von S., die aus der Türkei ständig anrief und mir am Telefon Druck machte, dass, wenn es [die sexuelle Beziehung] nicht klappen würde, schlimme Sachen passieren würden. Das hörte ich von jedem, ständig. Dass sonst schlimme Sachen passieren würden! Ich habe nie gewagt zu hinterfragen, was diese schlimmen Sachen sein könnten. Aber klar war es, dass es sich hauptsächlich um meinen Freund handelte, den ich ja immer noch liebe, ständig musste ich mit der Angst leben, dass sie ihn irgendwann umbringen würden, da er ja meine einzige Schwäche war.“ (Biographie 6195647:22)

Manche Verwandte schreckten auch vor massiven Straftaten nicht zurück, um die Auflösung einer Ehe zu verhindern.

„Mein Onkel ist ans Telefon gegangen und hat mir gedroht, meine kleine Schwester S. umzubringen, wenn ich nicht komme. In meiner Verzweiflung bin ich sofort ins Taxi gestiegen und zu meinem Onkel gefahren. Als ich in die Runde sah, habe ich meinen Onkel fassungslos angesehen, weil er S. gepackt hatte und ihr ein Messer an ihren Hals gehalten hat. Ich musste versprechen, dass ich nie wieder abhaue. Dann haben sie S. brutal zur Seite geschubst, dass sie auf den Bauch geprallt ist.“ (Biographie 20182518:18)

Glücklicherweise ist das soziale Umfeld aber nicht nur eine Bedrohung, sondern es hält zugleich auch Unterstützungsressourcen für die von Zwangsverheiratung betroffenen Frauen bereit.

6.2 Soziale Unterstützung bei der Bewältigung von Heiratskonflikten

In diesem Zusammenhang ist es wichtig, darauf hinzuweisen, dass trotz der geschilderten innerfamiliären Problematik einige junge Frauen auch in ihrer Familie Unterstützung erhielten. In einem Fall half der von der Mutter geschiedene Vater, indem er eine Rechtsanwältin einschaltete, in fünf Fällen leisteten Brüder und in sechs Fällen Schwestern Unterstützung. Cousins und Cousinen waren in zwei Fällen und Großeltern in einem Fall hilfreich. Dabei soll hier noch einmal betont werden, dass unsere Stichprobe der von Zwangsheirat betroffenen Mädchen und jungen Frauen insofern selektiv ist, als alle Frauen ihre Familien verlassen und in einer Kriseneinrichtung Hilfe und Unterstützung gesucht hatten. Der Weg in die Kriseneinrichtung ist dabei als ein letzter Schritt in einer verzweifelten Situation anzusehen, weil mit dem Gang in eine Kriseneinrichtung in der Regel ein Bruch oder zumindest ein massiver Konflikt mit der Familie ausgelöst wird.

Insgesamt hatten die von Zwangsheirat betroffenen Mädchen und jungen Frauen neben der Kriseneinrichtung folgende Unterstützer gefunden, die entweder direkt oder vermittelnd im Sinne einer Unterstützungsleistung tätig geworden sind:

- Elternteile,
- Geschwister,
- Großeltern, Tanten und Onkel,
- Freunde der Familie,
- Freundinnen und Freunde sowie deren Familien,
- Lehrerinnen und Lehrer in Regel- und Berufsschulen,
- Mitarbeiterinnen und Mitarbeiter des Jugendamtes,
- Krisennotdienste/Frauenhäuser,
- Polizei,
- Sozialarbeiterinnen und Sozialarbeiter aus Beratungsstellen und Jugendzentren, Einzelfall-/Familienhelferinnen und Einzelfall-/Familienhelfer,
- Ausländerbeauftragte,
- Arbeitskolleginnen und Arbeitskollegen,
- Rechtsanwältinnen und Rechtsanwälte,
- Mitarbeiterinnen und Mitarbeiter des öffentlichen Nahverkehrs.

Der Zugang zu möglichen Unterstützern hängt dabei stark von den sozialen Netzwerken der Betroffenen ab. In der Biographiestudie werden verschiedenartige Wege deutlich, die die Mädchen und jungen Frauen gegangen sind. Erste Ansprechpartner sind in den meisten Fällen Freundinnen bzw. ein Partner der Betroffenen. Allerdings konnten nicht alle Mädchen und jungen Frauen, insbesondere wenn sie sehr restriktiven Auflagen seitens des Elternhauses unterlagen, auf Freundschaften zurückgreifen. In diesen Fällen waren Schulsozialarbeiterinnen/Schulsozialarbeiter und (Vertrauens-)Lehrerinnen und Lehrer erste Anlaufadressen. Allerdings suchten die Betroffenen den Unterstützungskontakt nicht ausnahmslos von sich aus. Es kam auch vor, dass ein Unterstützungsbedarf zufällig entdeckt wurde. Ein Mädchen berichtete davon, dass sie sich bereits zwei Jahre vor der Flucht aus dem Elternhaus in der Schule, beim Jugendamt und bei Beratungsstellen Unterstützung gesucht hatte. Freunde und Bekannte und deren Familien boten oft Hilfe an, schalteten jedoch auch vielfach institutionelle Hilfen wie Polizei oder Jugendamt ein, wenn ihnen bewusst wurde, welche Zielstrebigkeit und welches Gewaltpotenzial seitens der Familien der Mädchen und jungen Frauen an den Tag gelegt wurde, um diese wieder zurückzuholen. Es wurde immer wieder davon berichtet, dass Freunde und Freundinnen, die den Betroffenen geholfen hatten, selbst Opfer von massiven Gewaltandrohungen seitens der Väter oder Brüder wurden. In den wenigsten Fällen wurde aktiv Hilfe von außen an die Mädchen herangetragen. Eine Ausnahme bildet der folgende Fall einer jungen Frau, die auf ihrer Arbeitsstelle auf ihre Verletzungen angesprochen wurde:

„Auf der Arbeit sahen sie meine ganzen blauen Flecken und ermutigten mich, meinen Mann zu verlassen. Die Sozialarbeiterin empfahl mir X (Kriseneinrichtung).“ (Biographie 10553:39)

Ein wesentlicher Punkt bei der Unterstützungssuche bzw. -annahme ist die Berücksichtigung der familiären Gesamtsituation. Von Zwangsverheiratung betroffene Mädchen oder junge Frauen, die zudem noch einen sexuellen Missbrauch erleiden müssen, wenden sich aus Scham oft nicht an institutionelle Beraterinnen und Berater. Auch hier gibt es aber Ausnahmen. So berichtete ein Mädchen davon, dass sie von ihrem Bruder sexuell missbraucht wurde und sich niemandem in der Familie anvertrauen konnte. Da ihr Alltag stark reglementiert wurde, reduzierten sich ihre privaten Kontakte auf die Schule. Mit Hilfe ihrer Freundinnen wurde sie ermutigt, Unterstützung bei einer Lehrerin zu suchen, die sofort einen Kontakt zum Jugendamt herstellte, um ein Verlassen des Elternhauses zu ermöglichen.

Mitunter ergeben sich Unterstützungsmöglichkeiten auch eher zufällig. So berichtete eine junge Frau, dass sie erst während eines Krankenhausaufenthaltes, der im Anschluss an gewalttätige Übergriffe des Halbbruders notwendig geworden war, Hilfe und Unterstützung außerhalb ihrer Familie gesucht hat. Von ihrer Mutter hatte sie die erhoffte Hilfe zuvor nicht bekommen:

„Mein Halbbruder hat mich mit meinem Freund gesehen und ist auf ihn losgegangen. ... Schließlich hat auch mein Vater davon erfahren und gedroht mich einzusperren oder mich umzubringen. Mein Freund ist im Januar zu meinem Vater gegangen und hat ihm gesagt, dass wir später heiraten wollen. Mein Vater hat ihn abgelehnt. Mein Halbbruder war bei dem Gespräch dabei und ist sofort danach zu meiner Mutter in die Wohnung gekommen. Er hat sofort angefangen, mich zusammenzuschlagen und hat versucht, mir mit dem Finger das linke Auge auszustechen. Ich habe geschrieen, aber meine Mutter hat mir nicht geholfen. Irgendwann bin ich ohnmächtig geworden. Am nächsten Morgen konnte ich meine Mutter überreden, dass sie mich ins Krankenhaus lässt. Ich war eine Woche im Krankenhaus, danach wollte ich nicht mehr zurück. Seitdem lebe ich in der Kriseneinrichtung.“ (Biographie 11104421:26)

Auch in zwei weiteren Fällen ergaben sich Unterstützungsangebote spontan und zufällig. Eine junge Frau beschrieb, dass sie nach ihrer Flucht zwei Klassenkameraden zufällig auf der Straße traf, die sie spontan bei einem Freund unterbrachten, welcher sie dann an den Jugendnotdienst vermittelte. Eher zufällig war auch die Hilfe eines Lehrers, der ein betroffenes Mädchen nach längerer Schulabwesenheit ansprach, woraufhin das Mädchen in Tränen ausbrach und sich ihm wegen der bevorstehenden Zwangsheirat anvertraute. Daraufhin wurde das Jugendamt informiert, das sofort eine Unterbringung veranlasste.

Problematisch gestaltet sich die Situation der Mädchen und jungen Frauen, wenn die zuständigen Jugendämter das Thema Zwangsheirat bagatellisieren bzw. untätig bleiben. Rechtlich gesehen ist es für die Betroffenen schwierig, Leistungen der Jugendhilfe zu erhalten, wenn sie bereits volljährig sind, da sie im Sinne der Jugendhilfe nur noch bedingt anspruchsberechtigt sind. Der aber durchaus vorhandene Ermessensspielraum der Jugendämter wird in der Praxis in Bezug auf die Gewährung von Leistungen der Jugendhilfe unterschiedlich genutzt. In einem Fall entzog sich ein Mitarbeiter des Jugendamtes nach Einschätzung einer Mitarbeiterin der Kriseneinrichtung aus Angst vor der Familie eines betroffenen Mädchens der Verantwortung. In weiteren Einzelfällen ist es vorgekommen, dass Jugendamtsmitarbeiterinnen und Jugendamtsmitarbeiter die individuelle Notlage der Betroffenen nicht erkannten, der Betroffenen nicht glaubten oder die Verheiratung mit Verweis auf kulturelle Traditionen billigten. So begegnete eine Sachbearbeiterin des Jugendamtes der Flucht einer Betroffenen mit Unverständnis, da sie deren Halbbruder kannte und diesen als einen „netten und gepflegten" Mann schätzte.

Der Sicherheitsaspekt ist für Helfer und Unterstützungspersonen beim Thema Zwangsheirat wesentlich. Potenzielle Helfer schrecken zurück, weil sie sich im Falle einer Unterstützungsleistung vor möglichen Konsequenzen fürchten. Eine junge Frau berichtete davon, dass Verwandte mütterlicherseits sie in ihrer Entscheidung, sich vom Vater zu trennen, ursprünglich unterstützen wollten. Dann hielten sie sich aber doch zurück, weil sie Angst vor den Reaktionen des Vaters hatten. Im folgenden Fall half die Familie einer Freundin, musste jedoch nach massiven Bedrohungen durch Familienmitglieder der Betroffenen die Polizei einschalten.

„Die Lehrerin rief beim Jugendamt an, aber es war keiner da, dann die Polizei. Der Mann von der Polizei sagte, ich soll übers Wochenende zu einer Freundin. Meine Klassenkameradin nahm mich mit zu sich nach Hause. Ca. 23.35 Uhr riefen mein Onkel, Stiefbruder A. und meine Cousine auf dem Handy meiner Freundin an. Es kamen über 40 SMS. Meine ganze Familie drohte ihr: ‚Wir werden dich umbringen.' Die Mutter der Freundin brachte uns daraufhin zur Polizei. Noch in der gleichen Nacht kam ich in die Wohngruppe eines Heims." (Biographie 20182518:52)

Aufgrund von solchen massiven Bedrohungen kam es vor, dass der Aufenthaltsort der Betroffenen nach einer Flucht an Familienangehörige verraten wurde.

Die von Zwangsverheiratung bedrohten und betroffenen Mädchen und jungen Frauen haben in der Regel unterschiedliche Unterstützungsangebote in Anspruch genommen. Dabei verbinden sich unterschiedliche Akteure im Idealfall zu einem Unterstützungsnetzwerk. Entscheidend für eine erfolgreiche Suche nach Unterstützung und die Annahme von Unterstützungsangeboten ist jedoch das subjektive Empfinden, mit der problematischen Situation im Prinzip fertig werden zu können. Die in diesem Zusammenhang mitunter aufkommenden Zweifel, eine eigenständige Lösung entwickeln zu können, werden an dem folgenden Beispiel besonders deutlich:

„Mein Bruder in der Türkei meint, dass ich für immer in die Türkei gehen soll. Er meint, ich werde es nicht alleine schaffen, mit Wohnung, Arbeit. Irgendwie hat er recht, aber auf der anderen Seite denke ich, ich habe so viele Sachen alleine durchgezogen, vielleicht schaffe ich das. Sie [die Arbeitskollegen] und meine Mutter in der Türkei haben mir immer Mut gemacht, abzuhauen.“ (Biographie 918229:41)

7. Lösungsversuche, Konfliktfolgen und Zukunftsszenarien

Vielfach versuchten die jungen Frauen zunächst, ihre Eltern zu überzeugen und für eine einvernehmliche Lösung zu gewinnen. In einigen Fällen gelang es ihnen auch, Familienmitglieder oder Verwandte als Vermittler einzuschalten. Dass in den von uns untersuchten Fällen letztlich keine Einigung erzielt wurde, ist der Besonderheit unserer Stichprobe geschuldet. Auch bei den von uns betrachteten, in einer Kriseneinrichtung betreuten Frauen zeigt sich jedoch, dass diejenigen, die in einem gewaltarmen Familienklima aufwuchsen, trotz aller Probleme und Schwierigkeiten den Kontakt zu ihren Familien aufrecht erhalten wollten und weiter nach einer Verständigung suchten. Oft hatten die Frauen zudem keinerlei Erfahrungen mit einem selbstständigen Leben und fühlten sich ohne ihre Familie überfordert:

„Ich liebe meine Eltern nach wie vor, trotz allem möchte ich für die erste Zeit keinen Kontakt haben. Mein Wunsch ist, dass sie mich verstehen und dass meine kleine Schwester es leichter hat. Erst einmal möchte ich weiter zur Schule gehen und das Abitur schaffen. Ich wünsche mir eine betreute Wohnung. Ich habe noch nie getrennt von meiner Familie gewohnt. Ich kenne hier in X-Stadt kaum jemanden und brauche jemanden, der mich unterstützt und mir zur Selbstständigkeit verhilft. Ich wünsche mir eine Betreuerin, die mir Geborgenheit und Vertrauen schenkt.“ (Biographie 20185256:72)

Zu einem Bruch mit der Familie kam es in der Regel erst, wenn Versprechen immer wieder gebrochen wurden oder die Gewalt in der Familie nicht mehr auszuhalten war. So zeigt Abbildung 7, dass immerhin 28,3 % der von der Kriseneinrichtung im Zusammenhang mit Zwangsverheiratung betreuten Frauen in ihre ursprüngliche familiäre Situation zurückgingen. Ein Teil fand eine Lösung im Freundes- oder Bekanntenkreis, aber die meisten benötigten weitere institutionelle Unterstützung. Dies scheint auch deshalb geboten, weil ein erheblicher Teil der Betroffenen aufgrund der belastenden Lebenssituation und der schlimmen Erfahrungen unter psychischen Problemen litt. So hatten 21 der 100 Frauen aus der Biographiestudie bereits einen oder mehrere Selbstmordversuche hinter sich. Auch Selbstverletzungen und andere Störungen wie Bulimie wurden berichtet. Nicht zu unterschätzen ist deshalb das Problem, dass Betroffene völlig aus der Bahn geworfen werden und dann ohne festen Wohnsitz und ohne Perspektive bleiben.

Abbildung 7: Verbleib der in der Kriseneinrichtung wegen Zwangsheirat betreuten Frauen in % der gültigen Fälle (n = 329 bzw. 100)

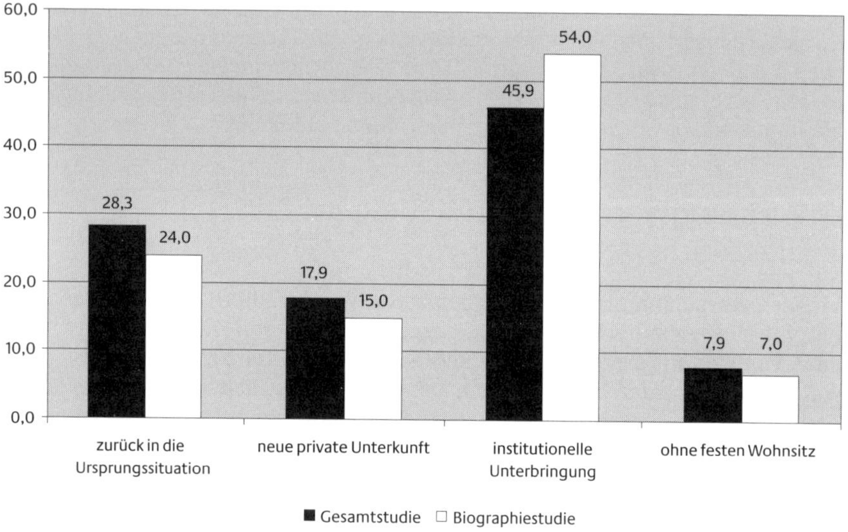

Lösungen, in die die betroffenen jungen Frauen nur wegen des ausgeübten Drucks einwilligten, erwiesen sich in vielen Fällen bereits nach kurzer Zeit als nicht praktikabel oder mit sehr hohen emotionalen Kosten belastet. Zwar entspannte die Einwilligung in eine Heirat zunächst das Verhältnis zu den Eltern, dafür ergaben sich neue Probleme durch die Beziehung zu einem ungeliebten Ehemann. Nicht selten war bereits der Beginn der Ehe von Gewalt und Missachtung geprägt. Bei den von uns untersuchten 100 Frauen schilderten 13 gravierende körperliche Misshandlungen und acht beschrieben darüber hinaus eine Vergewaltigung durch ihren Ehemann:

„Als ich nach der Hochzeit nach Hause kam, zitterte ich am ganzen Körper. Ich versuchte mich selbst zu beruhigen. Ich hatte Angst, wenn sie mich alleine lassen würden, er mich brutal behandeln würde. Leider bestätigte sich meine Angst. Y meinte zu mir, er würde die ganzen Unstimmigkeiten während unserer Verlobungszeit mir heimzahlen, und wenn ich nicht das tun würde, was er von mir erwartet, würde er mich totschlagen. In dieser Nacht nahm er mich mit Gewalt und Schlägen. Wenn mir schon in der Hochzeitsnacht so Ekel erregende Erlebnisse begegneten, wie würde es dann später sein. Natürlich kam die Fortsetzung noch.“ (Biographie 10553:25)

Wenn die betroffenen Frauen versuchten, aus einer solchen Lage zu entkommen, brach in der Regel auch der Konflikt mit den Eltern wieder auf. Häufig war die Situation sogar schlimmer als zuvor, weil die Eltern nun auch gegenüber der Schwiegerfamilie einen Gesichtsverlust fürchten mussten:

„Ich hielt es nicht mehr aus und ging nach drei Monaten zurück zu meinen Eltern. Dort angekommen erntete ich böse Blicke; sie beschimpften mich, schlugen mich und schickten mich zurück zu meinem Ehemann. Diesmal hielt ich die Schläge, Misshandlungen, Vergewaltigungen ca. vier Monate aus. Wieder in der Türkei, drohte mir mein Vater nach all den Misshandlungen, dass er mich umbringen wird, wenn ich wiederkomme. Ich beschloss, es nicht wieder zu tun." (Biographie 10553:41)

Die Flucht in eine Kriseneinrichtung bedeutet zwar in der Regel zunächst einen Bruch mit den Eltern, kann aber zugleich die Grundlage für ein selbstbestimmtes Leben sein. Die meisten jungen Frauen, die diesen Schritt wagten und die sich zu ihren Zukunftsvorstellungen äußerten, wünschten sich den Abschluss einer Schul- oder Berufsausbildung, um dann einen Beruf ergreifen und unabhängig leben zu können. Es gab allerdings auch einzelne Frauen, die sehr auf die Ziele eines Freundes fixiert waren oder die überhaupt keine klaren Zukunftsvorstellungen hatten. Zum Teil notierten die Frauen in ihren Biographien auch, dass sie auf dem Weg in ein selbstbestimmtes Leben auf professionelle Hilfe angewiesen seien.

8. Zentrale Ergebnisse der Untersuchung im Lichte einer bundesweiten Expertinnenbefragung

Die Tatsache, dass die von uns untersuchten Frauen alle eine Kriseneinrichtung aufgesucht hatten, bringt es mit sich, dass es in dem Datensatz kaum positive Beispiele für gute Lösungen innerhalb der Familien gibt. Solche positiven Beispiele wären aber wichtig, um erfolgreiche Bewältigungsstrategien und wirkungsvolle Unterstützungspotenziale wissenschaftlich nachzeichnen zu können. Angesichts dieser Problematik haben wir die Ergebnisse unserer Studie mit zehn Expertinnen, die über langjährige Erfahrungen mit dem Phänomen der Zwangsverheiratung verfügen, diskutiert und sie im Lichte dieser Befragung ergänzt. So wichtig diese Einbeziehung praktischer Erfahrungen aus unserer Sicht ist – eine sorgfältige wissenschaftliche Biographieanalyse einer heterogeneren, nach theoretischen Kriterien zusammengestellten Stichprobe können die Expertinneninterviews nicht ersetzen. Ebenfalls erforderlich wäre eine repräsentative quantitative Befragung der Migrantenbevölkerung, um Integrationsdefizite und Einstellungen, die der Zwangsverheiratung Vorschub leisten, zu erfassen und das Ausmaß des Problems quantitativ bestimmen zu können.

Trotzdem kann auch die vorliegende Studie einen Beitrag zu einer empirischen Aufhellung der Problems der Zwangsverheiratung leisten. Unser Befund, dass Zwangsverheiratung in erster Linie mit einem traditionell-patriarchalischen Ehrverständnis zusammenhängt, wurde im Prinzip von allen Expertinnen geteilt.

Nur zwei Expertinnen machten auch religiöse Vorstellungen für das Problem verantwortlich. Eine traditionelle Heirats- und Familienpolitik und die Angst vor einem Ehrverlust hielten alle befragten Expertinnen für einen sehr erheblichen oder zumindest wichtigen Auslöser für eine Zwangsverheiratung. Demgegenüber wurde die Eröffnung von Migrationsmöglichkeiten von sechs und eine finanzielle Notlage der Familie von neun Expertinnen für weniger ausschlaggebend gehalten. Eine Expertin ergänzte, dass in manchen Fällen erheblicher Druck von Familienmitgliedern im Herkunftsland ausgeübt würde, um eine Heirat zu erzwingen.[29] Eine weitere Expertin bestätigte in diesem Zusammenhang explizit unsere in Kapitel 5 vorgetragene Überlegung, nach der letztlich ein Integrationsdefizit für das Phänomen der Zwangsverheiratung verantwortlich ist. Aufgrund einer fehlgeschlagenen Integration und aufgrund von Vorurteilen sowohl auf Seiten der Deutschen als auch auf Seiten der Migranten fühlten sich die Familien in Deutschland fremd und hätten Angst, ihre Kinder an eine fremde Gesellschaft und eine fremde Kultur zu verlieren. Der Wunsch, die Kinder vor den Schattenseiten der modernen Gesellschaft zu schützen, spiele bei den Heiratsplänen der Eltern auch eine Rolle. Drei weitere Expertinnen äußerten sich ähnlich und meinten, die Eltern hätten Angst, dass sich die Kinder von den Prinzipien der Familie entfernen würden. Sie wollten ihre Kinder „auf den rechten Weg bringen" und wünschten sich auch, dass die Kinder ein Leben ohne Geldsorgen führen könnten. Zwei Befragten zufolge werden sowohl die Drohung mit einer Verheiratung als auch die Verheiratung selbst zur Bewältigung von Erziehungsproblemen eingesetzt.

Sechs Expertinnen waren der Ansicht, dass es in fast allen Familien, in denen Zwangsheirat vorkommt, auch körperliche Misshandlung gibt. Die anderen Befragten schätzten diesen Anteil nicht ganz so hoch ein, glaubten aber, dass körperliche Misshandlung in mehr als der Hälfte solcher Familien stattfinde. Die meisten Expertinnen gingen ferner davon aus, dass in fast allen Familien körperliche Gewalt, Drohungen und Repressalien, Täuschungen und moralische Erpressungen als Strategien zur Durchsetzung einer Zwangsheirat eingesetzt werden. Bei der Frage, wie häufig Überredung als Strategie eingesetzt wird, gab es dagegen keine einheitliche Meinung. Zwei Expertinnen bestätigten dabei ausdrücklich unsere Einschätzung, dass es bei den Strategien keine Abfolge gibt. Vielmehr bildeten die Strategien ein Zusammenspiel, in das neben den Eltern auch andere Personen eingewoben seien.

Die meisten Expertinnen gaben an, dass Brüder, Schwestern, Onkel und Tanten, Großeltern, Cousins und Cousinen und befreundete Familien selten als Unterstützer in Erscheinung treten. Häufig würden betroffene Frauen dagegen von Klassenkameraden, Lehrern und Lehrerinnen, guten Freunden und deren Familien, Mitarbeitern des Jugendamtes, Krisennotdiensten und Frauenhäusern, der Polizei, Sozialarbeitern und Sozialarbeiterinnen, Arbeitskollegen sowie Arbeitgebern unterstützt. Dies bestätigt unsere Einschätzung, dass Personen außerhalb der Familie als Unterstützer sehr wichtig sind.

29 Ähnliche Motive der Eltern werden auch in der von Mirbach u. a. (2006) in Hamburg durchgeführten Studie berichtet.

Bei der Frage, wie die betroffenen Frauen eine gute Lösung für ihre Probleme finden können, sahen die Expertinnen mehrere Möglichkeiten. Professionelle Hilfe und Beratung wurde generell für sehr wichtig erachtet. Es komme dabei aber darauf an, die Betroffenen zu einer eigenständigen Entscheidung zu befähigen. Fünf Expertinnen unterstrichen, dass eine intensive Auseinandersetzung der Betroffenen mit den Konsequenzen der Flucht aus der Familie sehr wichtig sei, um Entscheidungen zu vermeiden, die später eventuell bereut würden. Es wurde ferner darauf hingewiesen, dass die Betroffenen nach einer Flucht Unterstützung bräuchten, um über Verlustgefühle hinwegzukommen und einen eigenständigen Lebensplan zu entwickeln. Weil die Familie die Betroffen oft weiter bedränge und verfolge, müsse die Anonymität der Adresse in dieser Situation unbedingt sichergestellt werden.

Grundsätzlich wurde von einigen Expertinnen aber auch eine Lösung innerhalb der Familie für möglich erachtet. Hilfreich sei auf jeden Fall, dass die Kinder so früh wie möglich ihre Ablehnung gegenüber einer Verheiratung zum Ausdruck brächten. Die Suche nach Kompromissen sei so lange möglich, wie noch kein Versprechen erfolgt sei. Diese Befragten teilten somit unsere in Kapitel 5 geäußerte Einschätzung, dass insbesondere die Verknüpfung der Zustimmung zu einer Heirat mit der Aufrechterhaltung der Familienehre den Konflikt dysfunktional und unlösbar macht. Als wichtige Strategie zur Konfliktlösung innerhalb der Familie wurde die Gewinnung von Respektspersonen als Vermittler und Verbündete genannt. Dies könnten sowohl Familienangehörige als auch Außenstehende sein. Wichtig sei, dass so eine Person auch von den Eltern akzeptiert werde. Zwei Befragte wiesen darauf hin, dass Migrantenorganisationen bisher kaum in die Diskussion des Zwangsverheiratungsproblems einbezogen seien. Eine Befragte ergänzte in diesem Zusammenhang, dass sie selbst mit Imamen über das Thema spreche und bei religiösen Eltern versuche, einen Imam als Vermittler einzubeziehen, was in einzelnen Fällen auch gelungen sei.

Ein wichtiger Punkt ist natürlich die Prävention von Zwangsverheiratung. Von fast allen Befragten wurde in diesem Zusammenhang auf die Notwendigkeit einer Bearbeitung des Themas an Schulen hingewiesen. Mädchen müssten frühzeitig über ihre Rechte Bescheid wissen und lernen, nein zu sagen. Sehr wichtig sei auch, dass sich die Mädchen so früh wie möglich der Gefahr einer Zwangsverheiratung bewusst würden und versuchten, mit ihrer Familie rechtzeitig darüber zu sprechen, um mögliche Alternativen auszuloten. Sehr wichtig sei aber auch die Arbeit mit Jungen. Diese würden die patriarchalische Tradition ihrer Väter oft fortsetzen, weil sie bei schlechten Schulleistungen und ungünstigen Zukunftsperspektiven ihr Selbstbewusstsein häufig aus einer traditionellen Männerrolle schöpfen würden. Wichtig seien Vorbilder für Jungen, die diesen Mitgefühl und eine positiv konnotierte Unterstützungsbereitschaft vermittelten, um das Prinzip der möglichst vollständigen Kontrolle der Schwestern zu überwinden. Von den meisten Befragten wurde darüber hinaus auf die Notwendigkeit von Integrationsangeboten und Elternarbeit hingewiesen. Integrationskurse für Frauen könnten Informationen vermitteln und zur Netzwerkbildung beitragen. Durch Aufklärungsarbeit mit Eltern, bei der die Ängste der Eltern wahr- und ernst genommen würden, könne man diesen helfen, sich von überkommenen Normen und Konventionen zu emanzipieren. Generell müsse man mehr Personen aus dem Kreis der Migranten einbeziehen. Zwangsverheiratung müsse – so eine Expertin – auch in muttersprachlichen Zeitungs- und Fernsehprogrammen und in den Freitagsgebeten ein Thema werden.

Beim Umgang mit dem Thema Zwangsverheiratung wünschten sich die Expertinnen neben einer Erweiterung und einer stärkeren finanziellen Unterstützung des Beratungs- und Betreuungsangebotes folgende Verbesserungen: Eine Expertin sprach sich aus symbolischen Gründen für einen eigenen Straftatbestand „Zwangsehe“ oder „Zwangsheirat“ aus. Zwei Befragte wiesen auf die Notwendigkeit aufenthaltsrechtlicher Verbesserungen hin. Die sogenannten Importbräute seien aufgrund des geltenden Aufenthaltsrechts von ihren Männern abhängig und müssten in der Ehe ausharren, da sie in den meisten Fällen auch nicht in ihre Herkunftsländer zurückkehren könnten. Ein weiteres Problem sei, dass nach einer Verschleppung ins Herkunftsland das Aufenthaltsrecht der Frauen in Deutschland nach sechs Monaten erlösche. Generell sei es wichtig, auch Mitarbeiterinnen und Mitarbeiter in allen mit dem Thema befassten deutschen Stellen fortzubilden, damit diese den betroffenen Frauen hilfreich zur Seite stehen können.

Literatur

Berliner Arbeitskreis gegen Zwangsverheiratung (Hrsg.) (2006), Informationsbroschüre gegen Zwangsverheiratung, 4. Auflage, Berlin.

Bielefeldt, Heiner (2005), Zwangsheirat und multikulturelle Gesellschaft. Anmerkungen zur aktuellen Debatte, Berlin: Deutsches Institut für Menschenrechte.

Coser, Lewis A. (1972), Theorie sozialer Konflikte, Neuwied/Berlin: Luchterhand.

Dollard, John/Miller, Neal E./Doob, Leonard W./Mowrer, O. Hobart/Sears, Robert R. (1939), Frustration and Aggression, New Haven, CT: Yale University Press.

Eisenrieder, Claudia (2002), Zwangsheirat bei MigrantInnen. Verwandtschaftliche und gesellschaftspolitische Hintergründe, in: Terre des Femmes e. V. (Hrsg.), Zwangsheirat. Lebenslänglich für die Ehre, aktualisierte und erweiterte Neuauflage, Tübingen, S. 36–44.

Foreign and Common Wealth Office/Home Office (Hrsg.) (2006), Forced Marriage. A Wrong not a Right, London, verfügbar unter: http://www.fco.gov.uk/Files/kfile/forcedmarriageconsultation%20doc.pdf (abgerufen am: 22.3.2007).

Gedik, Ipek (2004), Zwangsheirat bei Migrantinnenfamilien in der Bundesrepublik, in: Deutsches Institut für Menschenrechte u. a. (Hrsg.), Jahrbuch Menschenrechte 2005. Schwerpunkt: Frauenrechte durchsetzen, Frankfurt a. M.: Suhrkamp, S. 318–325.

Göle, Nilüfer (1995), Republik und Schleier. Die muslimische Frau in der Moderne, Berlin: Babel.

Greve, Werner/Strobl, Rainer (2004), Social and Individual Coping With Threats: Outlines of an Interdisciplinary Approach, in: Review of General Psychology Band 8, Nr. 3, S. 194–207.

Habermas, Jürgen (1985), Theorie des kommunikativen Handelns, Band 1: Handlungsrationalität und gesellschaftliche Rationalisierung, 3. Auflage, Frankfurt am Main: Suhrkamp.

Hirschman, Albert O. (1994), Wieviel Gemeinsinn braucht die Gesellschaft?, in: Leviathan – Berliner Zeitschrift für Sozialwissenschaft, 22. Jg., Heft 2, S. 293–304.

Justizministerium Baden-Württemberg (2006), Medieninformation „Zwangsheirat bekämpfen", verfügbar unter: http://www.jum.baden-wuerttemberg.de/servlet/PB/show/1195304/LPK%20 Zwangsheirat%209.2.06.pdf (abgerufen am 22.3.2007).

Kant, Immanuel (1947), Grundlegung zur Metaphysik der Sitten, Leipzig: Felix Meiner.

Kelek, Necla (2006), Die fremde Braut. Ein Bericht aus dem Inneren des türkischen Lebens in Deutschland, 4. Auflage, München: Goldmann.

Kvinnoforum (Hrsg.) (2005), Honour Related Violence. European Resource Book and Good Practice, Based on the European project "Prevention of violence against women and girls in patriarchal families", Stockholm, verfügbar unter: http://www.kvinnoforum.se/Documents/Literature/Pdf/HRV2005.pdf (abgerufen am 25.4.2007).

Luhmann, Niklas (1981), Symbiotische Mechanismen, in: derselbe, Soziologische Aufklärung. 3: Soziales System, Gesellschaft, Organisation, Opladen: Westdeutscher Verlag, S. 228–244.

Messmer, Heinz (2003), Der soziale Konflikt. Kommunikative Emergenz und systemische Reproduktion, Stuttgart: Lucius und Lucius.

Mirbach, Thomas/Müller, Simone/Triebl, Katrin (Bearbeiter/innen) (2006), Ergebnisse einer Befragung der Lawaetz-Stiftung zu dem Thema Zwangsheirat in Hamburg. Durchgeführt im Auftrag der Behörde für Soziales, Familie, Gesundheit und Verbraucherschutz in Hamburg, Hamburg, verfügbar unter: http://www.lawaetz.de/af/few/dokumente/Bericht%20Zwangsheirat.pdf (abgerufen am 20.04.2007).

Müller, Ursula/Schröttle, Monika/Glammeier, Sandra/Oppenheimer, Christa (2004), Lebenssituation, Sicherheit und Gesundheit von Frauen in Deutschland. Eine repräsentative Untersuchung zu Gewalt gegen Frauen in Deutschland. Zusammenfassung zentraler Studienergebnisse, hrsg. v. Bundesministerium für Familie, Senioren, Frauen und Jugend, Berlin.

Nauck, Bernhard (2004), Familienbeziehungen und Sozialintegration von Migranten, in: IMIS-Beiträge, Heft 23, S. 83–104, verfügbar unter: http://www.imis.uni-osnabrueck.de/pdffiles/imis23.pdf (abgerufen am 20.4.2007).

Rude-Antoine, Edwige (2005), Forced Marriages in Council of Europe Member States: A Comparative Study of Legislation and Political Initiatives, Strasbourg: Directorate General of Human Rights.

Schiffauer, Werner (1983), Die Gewalt der Ehre, Frankfurt am Main: Suhrkamp.

Schiffauer, Werner (1991), Die Migranten aus Subay. Türken in Deutschland. Eine Ethnographie, Stuttgart: Klett-Cotta.

Straßburger, Gaby (2007), „Ethnisierung des Sexismus". Zum Diskurs über arrangierte Ehen und Zwangsheirat, in: Migration und Soziale Arbeit, 29. Jg., Heft 1, S. 25–32.

Straube, Hanne (1987), Türkisches Leben in der Bundesrepublik, Frankfurt a. M./ New York: Campus.

Strobl, Rainer (1998), Soziale Folgen der Opfererfahrungen ethnischer Minderheiten, Baden-Baden: Nomos.

Weber, Max (1976), Wirtschaft und Gesellschaft. Grundriß der verstehenden Soziologie, 5. Auflage, Studienausgabe, Tübingen: Mohr.

Zwangsheirat und arrangierte Ehe – zur Schwierigkeit der Abgrenzung

Gaby Straßburger

1. Einleitung

Auf den ersten Blick scheint relativ klar, was eine Zwangsheirat ist: wenn eine Frau oder ein Mann durch psychischen oder physischen Druck gegen den eigenen Willen zur Ehe gezwungen werden, sei es, weil ihre Weigerung kein Gehör findet, oder sei es, weil sie nicht wagen, sich zu widersetzen. Deutlich schwieriger – und heiß umstritten – ist offensichtlich die Abgrenzung zu arrangierten Ehen. Zwar sind sich die meisten Autorinnen und Autoren einig, dass der Übergang zwischen arrangierten und erzwungenen Ehen fließend ist, doch wie weit die beiden Phänomene auseinander liegen bzw. wie nah sie einander stehen, darüber gehen die Meinungen deutlich auseinander. Entsprechend unterschiedlich fällt die Bewertung arrangierter Ehen aus.

„Arrangierte Ehen sind im Grunde genommen immer auch erzwungen", lautet das eine Argument. Das andere hingegen: „Arrangierte Ehen unterscheiden sich gerade dadurch von Zwangsehen, dass sie nicht erzwungen sind, sondern auf dem freien Willen beider Ehepartner beruhen." Dreh- und Angelpunkt ist in beiden Fällen der freie Wille: Wird er beeinträchtigt oder kommt er zum Tragen? Zugespitzt geht es um die Frage: Können arrangierte Ehen eine Form der freien Partnerwahl darstellen?

In diesem Artikel will ich zunächst kurz auf die Position derjenigen eingehen, die das eindeutig verneinen. Danach lege ich dar, warum ich die Unterscheidung zwischen arrangierten und erzwungenen Ehen für wichtig halte. Im Anschluss zeige ich am Beispiel einer arrangierten Heirat, welche Phasen bei der Anbahnung einer Ehe typischerweise durchlaufen werden und wie es möglich ist, eine Ehe gemeinsam zu arrangieren und dennoch frei zu entscheiden. Im letzten Teil gehe ich auf den Graubereich ein und spreche verschiedene Aspekte an, die dazu führen können, dass ein Ehearrangement mit Zwang verbunden wird.

2. Zwangsheirat und arrangierte Ehe: Ist der Unterschied essenziell oder marginal?

Das jüngste Beispiel für die Auffassung, dass der Unterschied zwischen arrangierten Ehen und Zwangsehen lediglich marginal sei, findet sich im Positionspapier der ersten Bundesfachkonferenz Zwangsheirat. Das Positionspapier fasst die Ergebnisse des Fachaustausches, der im September 2006 in Hannover stattfand, in einem Forderungskatalog zusammen. Dort steht zunächst: „Eine Ehe darf nur im freien und vollen Einverständnis der künftigen Ehegatten geschlossen werden ... D. h. Zwangsheirat ist eine Menschenrechtsverletzung!“[1] Diese Einleitung dürfte unstrittig sein, doch etwas weiter unten heißt es dann: „Über Zwangsheirat hinaus gibt es in Deutschland auch Tatbestände, deren Einordnung als Zwangsverheiratung teilweise streitig ist: Imamehe, Kinderehe, Arrangierte Ehe, Ehen in Abwesenheit der Brautleute. Nichts desto trotz müssen diese Tatbestände ebenfalls als Bestandteil häuslicher Gewalt behandelt werden. Denn bei allen hier genannten Tatbeständen wird den jungen Frauen mit Migrationshintergrund unter dem Deckmantel und im gesellschaftlich geschützten Bereich der Ehe das Recht auf persönliche Freiheit abgesprochen.“[2]

Hier wird die arrangierte Ehe als „Tatbestand“ bezeichnet, der jungen Frauen das Recht auf persönliche Freiheit abspricht, so dass sie analog zur Zwangsehe als „Bestandteil häuslicher Gewalt“ behandelt werden soll. Der Unterschied zwischen arrangierter und erzwungener Ehe scheint lediglich marginal. In die gleiche Richtung argumentiert Necla Kelek: „Zwischen einer arrangierten Ehe und einer Zwangsehe gibt es für mich keinen wesentlichen Unterschied, das Ergebnis ist dasselbe. Wenn das Mädchen oder der Junge die Möglichkeit haben, den von den Eltern ausgesuchten Partner abzulehnen, spricht man von einer arrangierten Ehe, wenn die Partner ungefragt oder gegen ihren Willen verheiratet werden, ist es eine Zwangsehe.“[3]

Kelek zeichnet ein Bild von arrangierten Ehen, bei der die Betroffenen keine Wahl haben. Bestenfalls können sie in letzter Minute ein Veto gegen eine Eheschließung einlegen, die von ihren Eltern vorangetrieben wird. An anderer Stelle vertritt Kelek die Auffassung, dass die Betroffenen meist so erzogen wurden, dass sie an der freien Entfaltung ihrer Persönlichkeit gehindert wurden, so dass sie ohnehin keine freie Entscheidung treffen können.[4] Dieser Argumentation folgend sind dann auch Ehearrangements, denen die Eheschließenden zugestimmt haben, letztlich Zwangsehen, und Kelek fordert: „Zwangsheirat und arrangierte Ehen gehören verboten.“[5]

Dieser Einschätzung von arrangierten Ehen muss ich vor dem Hintergrund meiner Forschung über Eheschließungen junger Migrantinnen und Migranten türkischer Herkunft deutlich widersprechen.[6] Eine arrangierte Ehe einzugehen, ist keineswegs ein Zeichen von Unterdrückung und häuslicher Gewalt, sondern ein Ja zu einer bestimmten Form der Partnerwahl, die ebenso wie eine selbst organisierte Ehe auf einer freien Entscheidung basiert. Ehen, bei denen das nicht der Fall ist, sind keine arrangierten Ehen, sondern Zwangsehen. Der Unterschied ist also essenziell.

---

1 Positionspapier (2006), S. 1.
2 Ebd., S. 1 f.
3 Kelek (2005), S. 221 f.
4 Ebd., S. 223.
5 Ebd., S. 224.
6 Vgl. Straßburger (2003a).

Ähnlich argumentiert Rahel Volz im Namen von Terre des Femmes: „Im Gegensatz zur arrangierten Ehe, die auf der freiwilligen Zustimmung beider Ehegatten beruht, liegt Zwangsheirat dann vor, wenn die Betroffene sich zur Ehe gezwungen fühlt. Zwar spielt die Familie auch bei der arrangierten Ehe eine zentrale Rolle, trotzdem haben die Heiratskandidaten das letzte Wort."[7] Im Anschluss benennt sie den Graubereich, in dem aus einer arrangierten Ehe eine Zwangsehe werden kann: „Wenn allerdings handfeste wirtschaftliche Interessen oder familiärer Druck bei den ‚Eheverhandlungen' eine Rolle spielen, schrumpft der Entscheidungsspielraum der zukünftigen Ehegatten. Die Ehre und das Ansehen der Familie legitimiert – in den Augen der Eltern – sehr oft, dass gegenüber den eigenen Töchtern Gewalt ausgeübt wird. Damit ist nicht unbedingt gemeint, dass es immer zu körperlicher Gewaltanwendung kommt. Viele junge Frauen haben uns davon berichtet, wie sie von Familie und Verwandtenkreis unter großen psychischen Druck gesetzt werden."[8]

Der Graubereich beginnt dort, wo der freie Wille der Betroffenen beeinträchtigt wird. Dies kann von subtilen Beeinflussungen und der Betonung bestimmter familiärer Erwartungen über psychischen Druck und massive Drohungen bis hin zu körperlicher Gewalt reichen. Ab wann im strafrechtlichen Sinn eine Zwangsehe vorliegt, wird im Einzelfall ein Gericht entscheiden müssen. Ob jedoch eine Beeinträchtigung des freien Willens vorliegt, können letztlich nur die Betroffenen selbst beurteilen. Wenn sie sich bedrängt fühlen, ist es Aufgabe unserer Gesellschaft, ihnen zu helfen und sie dabei zu unterstützen, sich zu wehren. Ebenso ist es eine gesellschaftliche Aufgabe, junge Menschen bei der Entwicklung einer freien Persönlichkeit zu unterstützen, damit sie erkennen, was sie selbst wollen und damit sie wagen, sich zur Wehr zu setzen, wenn ihr Wille missachtet wird.

Nicht außer Acht gelassen werden sollte schließlich, dass die in den Menschenrechten anerkannte freie Selbstbestimmung auch die Option für Lebensweisen außerhalb der heterosexuellen Ehe einschließt – vom Single-Dasein über gleichgeschlechtliche Lebensformen bis hin zu sonstigen „alternativen" Modellen des Zusammenlebens. Auch wenn die freie Partnerwahl bei der Eheschließung geachtet ist, kann bereits die – oft schlicht als selbstverständlich unterstellte – familiäre Erwartung, dass überhaupt geheiratet werden soll und dass die Ehe eine Gemeinschaft von Mann und Frau darstellt, eine Beeinträchtigung der Freiheit von Menschen bedeuten.

Zwangsverheiratungen sind grobe Menschenrechtsverletzungen, die in einer freiheitlichen Gesellschaft keineswegs hingenommen werden können. Sie müssen unterbunden und Betroffene dabei unterstützt werden, sich gegen eine drohende Zwangsverheiratung zu wehren oder aus einer erzwungenen Ehe auszubrechen. Das erfordert eine Vielzahl von Maßnahmen, beispielsweise den Ausbau von Beratungsangeboten und Schutzeinrichtungen, Reformen, die die Rechtsstellung der

---

7 Volz (2004), S. 6.
8 Ebd.

Betroffenen stärken, sowie gezielte Bildungsmaßnahmen. Dies alles ist notwendig, um zu verhindern, dass es zu einer Zwangsheirat kommt und um denjenigen zur Seite zu stehen, die von Zwangsheirat betroffen sind.[9]

Gleichzeitig ist es aber auch wichtig, nicht über das Ziel hinauszuschießen und jede Eheschließung, die nicht auf einer selbst organisierten Partnerwahl basiert, zu verdächtigen, erzwungen worden zu sein. Ansonsten läuft man Gefahr, einen relativ großen Teil der Migrantenbevölkerung unter Generalverdacht zu stellen.

Zudem werden auch Maßnahmen gegen Zwangsheirat nur dann ihre präventive Wirkung wirklich entfalten können, wenn sie so gestaltet sind, dass sie in der Migrantenbevölkerung breiten Anklang finden und von ihr aktiv mitgetragen werden. Gemeinsame Maßnahmen brauchen Kooperation auf gleicher Augenhöhe. Und das verlangt Respekt vor arrangierten Ehen, solange sie dem Prinzip einer freien Partnerwahl entsprechen. Ich plädiere daher dafür, arrangierte Ehen, die auf dem freien Willen beider Partner beruhen, ausdrücklich als gleichwertige Form der Partnerwahl anzuerkennen.

Im Folgenden will ich zunächst darlegen, wie Ehen so arrangiert werden können, dass sie auf dem freien Willen beider Partner beruhen.[10] Anschließend gehe ich auf den Graubereich zwischen arrangierten und erzwungenen Ehen ein.

3. Arrangierte Ehen: eine Form der freien Partnerwahl

Bei jungen Frauen und Männern türkischer Herkunft lässt sich bezüglich der Frage, wie man am besten einen Ehepartner findet, eine beachtliche Meinungsvielfalt beobachten. Sogar in ein- und derselben Familie wird man oft gleichermaßen arrangierte wie selbst organisierte Ehen finden. Und welche letztlich mehr Glück und Stabilität versprechen, darüber können selbst die besten Freunde und Freundinnen durchaus unterschiedlicher Ansicht sein.

Der grundlegende Unterschied zwischen arrangierten Ehen und selbst organisierten Ehen besteht darin, dass bei selbst organisierten Ehen in aller Regel ein Paar im Lauf einer vorehelichen Beziehung den Wunsch entwickelt, zu heiraten. Die voreheliche Beziehung fungiert quasi als Testfall für die Ehe. Bei arrangierten Ehen basiert der Entschluss zu heiraten dagegen darauf, dass die Heiratskandidaten gemeinsam mit ihren Familien nach reiflicher Prüfung zu dem Ergebnis kommen, dass nichts gegen eine Heirat spricht, weil die Basis für eine glückliche und stabile Ehe gegeben ist. Diese Prüfung dient dazu, das Gelingen der Ehe abzusichern.

9 Vgl. Bielefeldt (2005), S. 24.

10 Mit dieser Frage habe ich mich im Rahmen einer Studie zum Heiratsverhalten der zweiten Migrantengeneration türkischer Herkunft befasst, die auch in den 6. Familienbericht der Bundesregierung eingeflossen ist, Straßburger (2000); (2003a).

3.1 Wie Partner zueinander finden: Phasenablauf einer arrangierten Ehe

Wie also werden Ehen arrangiert? Hier gibt es viele Varianten, aber auch einige zentrale Grundregeln. Diese Regeln sollen zum einen gewährleisten, dass Selbstbestimmung und Familienorientierung ausbalanciert werden, und zum anderen verhindern, dass Druck auf die potenziellen Ehepartner ausgeübt wird. Am Beispiel von Kibriye, einer Frau, die mit 18 Jahren den zwei Jahre älteren Kenan geheiratet hat, lässt sich verdeutlichen, welchen Phasenablauf eine arrangierte Ehe aufweist.[11]

Kibriyes Familie stammt aus einem südostanatolischen Dorf, von wo ihr Vater 1973 als Gastarbeiter nach Deutschland angeworben wurde. Drei Jahre später kamen dann auch Kibriyes Mutter und ihre älteren Brüder im Rahmen des Familiennachzugs nach Heimburg. 1977 wurde Kibriye in Heimburg geboren. Als sie 14 Jahre alt war, erhielten ihre Eltern bei Aufenthalten in der Türkei die ersten Heiratsanfragen. Auch in den kommenden Jahren wurde die Familie im Urlaub immer wieder mit Besuchen konfrontiert, die als Brautwerbung gedacht waren. Die Eltern wiesen diese Anfragen grundsätzlich mit dem Argument zurück, Kibriye wäre dafür noch zu jung.

1995, als Kibriye gerade volljährig geworden war und als Verkäuferin in einem Supermarkt arbeitete, trafen sie und ihre Eltern zufällig Herrn und Frau Kuzu wieder, die sie jahrelang nicht gesehen hatten. Herr Kuzu und Kibriyes Vater hatten sich kurz nach ihrer Ankunft in Heimburg kennen gelernt. Damals hatten sich die Familien, die aus der gleichen Gegend stammen, oft gegenseitig besucht. Ein Jahr nach Kibriyes Geburt war der Kontakt jedoch abgebrochen, weil Familie Kuzu wegzog. Zum Zeitpunkt des Wiedersehens lebte sie im 50 Kilometer entfernten Mittelstadt. Ihr zweitältester Sohn Kenan war 20 Jahre alt und hatte eine Ausbildung zum Industriemechaniker absolviert.

Einige Monate nach dem zufälligen Wiedersehen kam Familie Kuzu mit Kenan nach Heimburg zu Besuch. Kurz danach stattete Kibriyes Familie einen Gegenbesuch ab. 14 Tage später hielt Familie Kuzu um Kibriyes Hand an und kam von da an jede Woche zu Besuch nach Heimburg. In dieser Zeit begannen Kibriye und Kenan, sich heimlich zu treffen.

Einige Monate später wurde das Heiratsgesuch akzeptiert. In der Zwischenzeit war es zu einigen Verhandlungen zwischen Kenans Familie und Kibriyes Brüdern gekommen und Kibriye hatte ihr Einverständnis gegeben. Eine Woche danach wurde die Verlobung gefeiert. Vier Monate später wurde das Paar in der Türkei standesamtlich getraut. Die Hochzeitsfeier fand zwei Monate danach in Deutschland statt und Kibriye zog am Hochzeitsabend zu ihrem Mann nach Mittelstadt.

---

11 Eine ausführliche hermeneutische Analyse des Interviews mit Kirbriye findet sich in Straßburger (2003a), S. 132–173 u. S. 182–211.

Vergleicht man diesen Ereignisablauf mit anderen, dann zeigt sich, dass verschiedene Elemente immer wieder auftauchen, so dass sich ein idealtypischer Phasenablauf der Anbahnung einer arrangierten Ehe erstellen lässt. Die Länge und Ausgestaltung der einzelnen Phasen ist variabel. Es sind jeweils verschiedene Akteure schwerpunktmäßig beteiligt, wobei die Seite der Frau und die Seite des Mannes meist komplementäre Rollen erfüllen.

Idealtypischer Phasenablauf einer arrangierten Ehe		
Phasen	Verhalten der ...	
	Seite des Mannes	Seite der Frau
1. Suche nach einer Partnerin	aktiv	reaktiv
2. Familiäre Vorstellungsbesuche	zunächst Besucher	zunächst Gastgeber
3. Antrag und Entscheidung	werbend	zögernd
4. Verhandlungen und Zeremonien	aktiv	aktiv
5. Feier und Zusammenziehen	aktiv	aktiv

Aus: Straßburger (2003a), S. 216.

Eine arrangierte Ehe basiert auf vier Vorstufen mit offenem Ausgang. Das heißt, der Prozess kann in jeder dieser Vorstufen abgebrochen werden bzw. wird jeweils nur dann fortgesetzt, wenn die potenziellen Heiratskandidaten Zustimmung signalisieren.

Phase 1: Die Suche nach einer Partnerin

Eine arrangierte Partnerwahl beginnt auf der Seite des Mannes mit der Suche nach einer Partnerin. Hierfür werden in erster Linie die vorhandenen Netzwerkbeziehungen aktiviert. Die Seite einer Frau nimmt in dieser Phase eine reaktive Haltung ein. Sie antwortet lediglich auf die mehr oder weniger direkten Anfragen, die an sie gestellt werden, um herauszufinden, ob ein weiteres Engagement Aussicht auf Erfolg hätte. Wie das Beispiel von Kibriye zeigt, deren Eltern in der Türkei viele Bewerber zurückgewiesen haben, besteht in dieser Phase eine wesentliche Aufgabe der Eltern einer jungen Frau darin, Anfragen, die als irrelevant erachtet werden, von vornherein abzulehnen. Es werden im Allgemeinen nur solche Interessenten zu einem Familienbesuch empfangen, die prinzipiell als Heiratspartner in Frage kommen oder die aus bestimmten Gründen nicht sofort abgewiesen werden können, z. B. weil es sich um Verwandte handelt.

Phase 2: Familiäre Vorstellungsbesuche

Wird auf die Besuchsanfrage nicht ablehnend reagiert oder wird gar ein positives Signal gegeben, stattet die Seite des Mannes typischerweise einen Besuch bei der Familie der Frau ab. Solche Vorstellungsbesuche sind unverbindlich und werden in den meisten Fällen nicht fortgesetzt, ohne dass dies dem Ansehen der beteiligten Familien schaden würde. Folglich kommt es meist zu Begegnungen mit etlichen potenziellen Ehepartnern, bevor sich irgendwann eine Konstellation ergibt, in der ein Heiratsantrag gestellt wird. In vielerlei Hinsicht ähnelt die Situation einem Kennenlernen aufgrund einer Heiratsannonce: Es ist klar, dass es dabei darum geht, zunächst einmal zu entscheiden, ob man sich näher kennen lernen möchte, weil man sich unter Umständen vorstellen kann, zu heiraten. Allerdings mit einem entscheidenden Unterschied: Man redet nicht direkt miteinander, sondern lässt andere reden.

Kibriye hat relativ ausführlich von den ersten Begegnungen mit Kenan und seiner Familie berichtet und die Analyse des Interviews zeigt, dass die mit einer Brautwerbung verbundenen Familienbesuche ziemlich formell-distanziert ablaufen. Es handelt sich gleichsam um diplomatische Verhandlungen. Hauptakteure der verbalen Interaktion waren nicht Kibriye und Kenan, die potenziellen Heiratskandidaten, sondern ihre Eltern. Auffällig ist zudem, dass keiner das Thema Heirat offen ansprach. Stattdessen wurde so getan, als würde es sich um einen gewöhnlichen Höflichkeitsbesuch handeln. Lachend berichtet Kibriye im Nachhinein, dass der eigentliche Besuchszweck natürlich keineswegs verborgen blieb. Ihre Mutter hatte sofort Verdacht geschöpft und ihn auch gleich geäußert: „Sie hat schon gesagt: Warum die jetzt wohl auf einmal kommen?“

Kibriye ist sich sicher, dass ihre Eltern von Anfang an gemerkt haben, dass Kenan ihr sympathisch war und sie nicht abgeneigt war, ihn zu heiraten. Zwar wurde sie erst zu einem späteren Zeitpunkt – nämlich mehrere Wochen nachdem der offizielle Heiratsantrag gestellt worden war – explizit gefragt, ob sie Kenan heiraten möchte, und auch sie hielt sich ihren Eltern gegenüber mit verbalen Äußerungen schamhaft zurück, doch auf der nonverbalen Ebene gab sie durchaus zu erkennen, dass ihr Kenan gefiel und sie an einer Heirat interessiert war. Auf diese mit subtilen Andeutungen agierende Weise war sie immer an der familiären Entscheidung beteiligt, auch wenn sie sich erst relativ spät explizit dazu geäußert hat.

Phase 3: Heiratsantrag und Entscheidungsfindung

Mit dem Heiratsantrag beginnt eine Phase, in der die Seite der Frau sich Zeit nimmt, den Heiratsantrag in der Familie zu diskutieren und Erkundigungen einzuholen. Wenn ein Heiratsantrag gestellt wird, gehört es zu den Regeln der arrangierten Ehe, zunächst nur zu signalisieren, dass der Antrag als solcher gehört wurde. Die Antwort selbst wird auf einen späteren Zeitpunkt vertagt. Nun liegen die entscheidenden Aktivitäten auf der Seite der Frau. Sie hat jetzt grundsätzlich die überlegene Position. Indem sie sich distanziert und kritisch verhält, kräftigt sie das Ansehen ihres Haushaltes und damit auch das Ansehen und die gesellschaftliche Stellung der Braut. Dazu gehört, dass sie die wirtschaftliche Lage und die Reputation des Haushaltes, in den ihre Tochter einheiraten würde, überprüft und dem Bräutigam auf den Zahn fühlt. In Kibriyes Fall unterhielt sich ihr Bruder unter vier Augen mit Kenan. Außerdem bestand er darauf, dessen Freundeskreis kennen zu lernen. Die Haushaltsmitglieder handeln in dieser Prüfzeit stellvertretend im Interesse der Braut und versuchen durch Recherche und Abwägen der Gründe, die für oder gegen die Ehe sprechen, die Chance zu erhöhen, dass die Heirat schließlich zu einer glücklichen und stabilen Ehe führt.

In der Zeit, die durch die Vertagung der Entscheidung gewonnen wird, kann sich die junge Frau mit ihrem potenziellen Ehepartner treffen, um sich mit ihm zu unterhalten und dabei selbst zu überprüfen, ob er ihren Vorstellungen entspricht. Bei solchen Begegnungen wird u. a. geklärt, welche Vorstellung beide Partner hinsichtlich der Beziehungsgestaltung haben, z. B. hinsichtlich der Berufstätigkeit der Frau, der Haushalts- und Familiengründung, dem Leben bei den Schwiegereltern, der Freizeitgestaltung et cetera. Diese Treffen können offiziell im Rahmen von extra zu diesem Zweck geschaffenen Gelegenheiten stattfinden, wobei das Paar meist von Anstandspersonen begleitet oder aus der Entfernung beobachtet wird. Ergänzend dazu treffen sich die potenziellen Partner aber oft auch heimlich, um herauszufinden, ob sie zueinander passen. Sowohl offizielle und durch die Anwesenheit Dritter „kontrollierte" Begegnungen, als auch verheimlichte Treffen lassen die Möglichkeit offen, sich ohne Ehrverlust zurückziehen zu können, falls der Eindruck entsteht, doch nicht zueinander zu passen.

Phase 4: Heiratsverhandlungen und -zeremonien

Hat die Seite der Frau schließlich zugestimmt, beginnen die mit der Hochzeit verknüpften Verhandlungen und Zeremonien. Hieran sind beide Seiten gleichermaßen beteiligt. Auch in der Verhandlungsphase kann ein Ehearrangement scheitern, wenn man sich nicht einig wird, welchen finanziellen Beitrag die Familien jeweils zu Aussteuer, Hochzeitsfeier oder Hausstandsgründung leisten. Wie viel Gewicht dieser Frage zugemessen wird, hängt allerdings nicht zuletzt davon ab, wie stark die beiden Heiratskandidaten selbst an der Heirat interessiert sind. Sollten sie zweifeln, können tatsächliche oder provozierte Unstimmigkeiten bei den Heiratsverhandlungen durchaus ein legitimer Grund sein, auch in dieser Phase den Prozess abzubrechen.

Der hier skizzierte Phasenablauf ist idealtypisch. Es handelt sich um ein flexibles Schema mit vielen Varianten. Eine häufige Variante ist der zeitlich gedrängte Handlungsablauf bei transnational arrangierten Ehen, bei denen meist abgesehen von der Hochzeitsfeier alle Schritte innerhalb eines Jahresurlaubs erfolgen. Der Phasenablauf kann sich aber auch dadurch verkürzen, dass sich das künftige Ehepaar oder ihre Familien bereits gut kennen. Besonders wenn sie miteinander verwandt sind, erübrigen sich die ersten beiden Handlungsschritte und es kann direkt ein Heiratsantrag gestellt werden.

3.2 Merkmale arrangierter Ehen

Bei den Vorstufen einer arrangierten Ehe kommt es darauf an, die Entscheidung so lange offen zu halten bis klar ist, ob eine Heirat erwünscht ist oder nicht – und den Prozess gegebenenfalls abzubrechen. Alle Frauen und Männer, die ich interviewt habe, berichten von zahlreichen Anbahnungsversuchen, aus denen letztendlich nichts geworden ist. Viele Anfragen, ob es sich wohl lohnen würde, eine Familie aufzusuchen, die eine Tochter im heiratsfähigen Alter hat, werden im Vorfeld abgelehnt. Auch die familiären Vorstellungsbesuche, die realisiert werden, sind relativ unverbindlich und werden in den meisten Fällen nicht fortgesetzt, ohne dass dies dem Ansehen der Familien schaden würde. Letztendlich weist die Existenz zahlreicher nicht weiterverfolgter Anbahnungsversuche darauf hin, dass – anders als oft vermutet – arrangierten Ehen nicht unbedingt eine geringe Auswahl an Optionen zugrunde liegt und dass es zudem immer wieder Gelegenheiten gibt, aus dem Prozess auszusteigen.

Im Übrigen bleibt nach der Analyse diverser Eheschließungen festzustellen, dass arrangierte Ehen und selbst organisierte Ehen kontinuierlich ineinander übergehen. An einem Ende des Spektrums stehen Eheschließungen, die sämtliche Phasen aufweisen, die für arrangierte Ehen typisch sind: kollektive Partnersuche, familiäre Vorstellungsbesuche, kollektive Entscheidungsfindung und kollektive Heiratsverhandlungen. Am anderen Ende sind Ehen anzusiedeln, die überhaupt nicht auf solchen im Familienkollektiv betriebenen Aktivitäten basieren. Der fließende Übergang zeigt sich beispielsweise dann, wenn ein Paar schon beschlossen hat, zu heiraten, aber den Eltern gegenüber die Entscheidung als noch offen darstellt und sie um Rat und Zustimmung bittet. Ein Vorgehen, das keineswegs ungewöhnlich ist und angesichts der hohen Wertschätzung des familiären Zusammenhalts auch nicht verwundert: Statt zu betonen, dass man sich bereits entschieden hat, gesteht man den Eltern ein symbolisches Veto zu und bezieht sie damit nachträglich in die Entscheidung ein.

Insgesamt ist festzuhalten, dass die Schließung arrangierter Ehen weitaus flexibler gehandhabt wird, als man gemeinhin erwartet, und dass es keine allgemein gültige Definition von arrangierten Ehen gibt. Um den Begriff der arrangierten Ehe mit Inhalt zu füllen, muss jeweils im Detail gefragt werden, wie und unter welchen Umständen eine Ehe arrangiert wurde und wie stark welche Akteure während der einzelnen Phasen beteiligt waren: an der Partnersuche, der inner- und interfamiliären Kommunikation, der Entscheidungsfindung und schließlich an der Erledigung von bürokratischen Angelegenheiten sowie an der Ausrichtung von Feierlichkeiten. Dabei können Eheschließungen, die alle Phasen des oben geschilderten idealtypischen Ablaufs aufweisen, als eindeutig arrangiert gelten. Eheschließungen, die keine der für die vier Phasen beschriebenen familiären Aktivitäten aufweisen, repräsentieren hingegen die selbst organisierte Partnerwahl. Doch dazwischen gibt es Übergangsformen, die sowohl Merkmale arrangierter als auch selbst organisierter Partnerwahlen aufweisen. Sie sind meiner Einschätzung nach im Bereich der innerethnischen Eheschließung häufiger anzutreffen als die Reinformen.

3.3 Das kommunikative Setting beim Arrangieren einer Ehe

Wie Kibriyes Eheschließung zeigt, ist die Partnerwahlentscheidung bei einer idealtypisch arrangierten Ehe auf vielen Ebenen in den familiären Kontext eingebettet. Sie ist deshalb aber noch lange nicht davon abhängig. Denn ausschlaggebend für die freie, aber durch Dritte unterstützte Entscheidung sind letztlich die individuellen Wünsche der Eheschließenden.

Der äußere Ablauf der Ereignisse, die der Heirat vorausgehen, und die direkte Kommunikation während der Eheanbahnung mögen zwar zunächst den Eindruck erwecken, Kibriye hätte lediglich im letzten Augenblick ein Veto einlegen können. Doch da Kommunikation auch subtil erfolgt und man Zustimmung oder Ablehnung signalisieren kann, ohne sie verbal zu äußern, konnte Kibriye sich aktiv an der Entscheidungsfindung beteiligen und den Entscheidungsprozess durchgängig steuern, ohne dabei offen als Akteurin in Erscheinung zu treten. Solange alle Beteiligten den Code beherrschen und willens sind, subtile Signale wahrzunehmen, ist es nicht nötig, deutlicher zu werden.

Die Kommunikation zwischen beiden Familien wird formell, distanziert und damit auch diplomatisch gestaltet. Das ermöglicht beiden Seiten, sich unverbindlich zu begutachten und sich eventuell zurückziehen zu können, ohne die Gegenseite zu beschämen. Die Akteure drücken durch die formelle Kommunikation ihren gegenseitigen Respekt aus und betonen, dass sie ihre Beziehung nicht gefährden wollen. Außerdem handhaben sie mit Hilfe der distanzierten Interaktion die aktuelle Ungleichheit zwischen den Familien, die darin besteht, dass es sich bei einer Brautwerbung um eine Situation handelt, in der eine Seite etwas von der anderen Seite will.

Dabei wird allgemein erwartet, dass die Brauteltern die Entscheidung hinauszögern, um den Raum zu öffnen, in dem die potenziellen Heiratskandidaten sich kennen lernen und eine Entscheidung treffen können. Zudem signalisieren die Brauteltern mit der Verzögerung, dass ihnen ihre Tochter viel bedeutet und sie sie nur dann verheiraten werden, wenn die Gegenseite entsprechend positive Bedingungen bietet. Weiter gehört es zu den Aufgaben der Familie der Braut, zu prüfen, ob der Heiratskandidat ein akzeptabler Ehepartner ist, der familiäre Verantwortung übernehmen kann und keine schlechten Angewohnheiten hat. Auch dafür ist es wichtig, die Distanz nicht vorschnell aufzugeben. Denn man würde den Interessen der Tochter zuwiderhandeln, wenn man zu früh Einverständnis mit der Heirat signalisiert.

Wie die Analysen arrangierter Ehen zeigen, stehen dabei familiäre *nicht über* individuellen Interessen. Vielmehr geht es darum, Selbstbestimmung und Familienorientierung auszubalancieren und die Entscheidung so lange offen zu halten bis klar ist, ob die Heiratskandidaten eine Heirat wünschen oder nicht – und den Prozess gegebenenfalls abzubrechen. Eine Zwangsheirat zeichnet sich im Gegensatz zur arrangierten Ehe dadurch aus, dass diese Grundregel missachtet wird.

Anzumerken ist, dass sich das in der türkischen Migrationsbevölkerung in Deutschland heutzutage übliche System arrangierter Ehen grundsätzlich von traditionell arrangierten Ehen unterscheidet, wie sie im dörflichen Herkunftskontext der Elterngeneration gebräuchlich waren. Das Spektrum der akzeptierten Partnerwahlmodi schließt heute keine Ehen mehr ein, die ohne aktive Mitwirkung der Eheschließenden in die Wege geleitet werden und ihnen nur ein Vetorecht zugestehen.[12]

4. Der Graubereich zwischen arrangierten und erzwungenen Ehen

Wie aber steht es mit dem Graubereich? Was ist mit Eheanbahnungen, bei denen der freie Wille beeinträchtigt wird? Hier gilt es, jungen Frauen oder Männern, die sich bedrängt fühlen, zu helfen und sie dabei zu unterstützen, sich zu wehren. Schulen und Beratungseinrichtungen müssen adäquat reagieren können, Schutzeinrichtungen weiter ausgebaut werden. Wichtig ist dabei immer, die konkrete Situation zu betrachten, um die Handlungs- und Reaktionsmöglichkeiten richtig einschätzen zu können. Hierzu geben die Beiträge über Prävention und Intervention, die in diesem Band enthalten sind, wertvolle Informationen. Ich will mich im Folgenden darauf beschränken, auf zwei Aspekte hinzuweisen, die dazu beitragen können, dass bei der Eheanbahnung Druck ausgeübt wird. Hierzu gehören zum einen das kommunikative Setting und zum anderen der Zeitdruck, der sich bei einer transnationalen Heirat mit einer Person aus dem Herkunftsland ergeben kann.

Bei der Darstellung der arrangierten Ehe habe ich bislang die Vorteile der damit verbundenen subtilen und diplomatischen Kommunikation beschrieben. Nun möchte ich auf mögliche Nachteile eingehen, die dazu führen können, dass junge Frauen und Männer unter dem Deckmantel der arrangierten Ehe gegen ihren Willen in eine Zwangsehe gedrängt werden.

Das Missbrauchspotenzial subtiler Kommunikation beruht darauf, dass Akteure auf die Bereitschaft der anderen angewiesen sind, Signale zu verstehen und nicht darüber hinwegzugehen, wenn Ablehnung signalisiert wird. Ansonsten ist die Person, deren Signale nicht zur Kenntnis genommen werden, gezwungen, einen Tabubruch zu begehen, indem sie ihre ablehnende Haltung explizit zur Sprache bringt. Aus diesem Grund fällt es manchen Frauen (aber auch manchen Männern) schwer, sich gegen subtil ausgeübten Druck zu wehren. Der Grund dafür ist allerdings nicht ursächlich im System der arrangierten Ehe zu sehen, sondern darin, dass in diesen Fällen die innerfamiliären Machtverhältnisse so gestaltet sind, dass dem Druck nachgegeben wird, statt sich zu widersetzen.

---

12 Genauere Ausführungen dazu, wie sich arrangierte Ehen im dörflichen Kontext der Türkei der 1960er und 1970er Jahre von in der Migrantenbevölkerung arrangierten Ehen unterscheiden, finden sich in Straßburger (2007a).

Sich gegen familiären Druck zu wehren, dürfte einigen gerade deshalb besonders riskant erscheinen, weil Außenstehende in den Prozess involviert sind und damit das Ansehen der Familie auf dem Spiel steht. Wie beschrieben, sind die Angehörigen der Heiratskandidaten gefordert, den weiteren Handlungsspielraum nicht durch vorschnelles Handeln einzuengen. Falls sie aber – absichtlich oder unabsichtlich – Schritte unternehmen, die sie nicht mehr problemlos rückgängig machen können, erzeugen sie einen Konformitätsdruck. Dieser kann dazu führen, dass eine junge Frau bzw. ein junger Mann eher dazu neigt, sich in eine ungewollte Ehe zu fügen, als das Ansehen der Familie aufs Spiel zu setzen.

Ein weiterer Aspekt, der die freie Entscheidung beeinträchtigen kann, ist Zeitdruck. Insbesondere bei transnationalen Ehen, die mit Partnern geschlossen werden, die im Herkunftsland leben, ist oft wenig Zeit vorhanden. Wenn diese Ehen arrangiert werden – was keineswegs immer der Fall ist, denn viele sind selbst organisiert –, erfolgen die verschiedenen Handlungsschritte meist innerhalb eines Jahresurlaubs. Unter diesem Zeitdruck dürfte die Gefahr, dass sich junge Frauen oder Männer „überrumpeln lassen", tatsächlich größer sein, als wenn beide Partner in Deutschland leben. Diesem Risiko sollte bei der Prävention und bei Unterstützungsangeboten unbedingt Rechnung getragen werden.

Gleichwohl sollte man sich davor hüten, alle transnationalen Ehen pauschal als Zwangsehen zu verurteilen und etwa juristische Maßnahmen zu fordern, die das Recht einschränken, mit seinem Ehepartner zusammenzuleben. Ich sehe keinen Grund, das Ehegattennachzugsalter auf 21 Jahre zu erhöhen. Zumal eine solche Maßnahme die Entfaltungsmöglichkeiten junger Menschen deutlich einschränkt. Hierzu sollte man sich eine bundesweite Befragung von 15–21jährigen vor Augen halten, die zeigt, dass sich immerhin 46 % der jungen Frauen türkischer Herkunft positiv dazu äußern, eventuell einen Mann aus der Türkei zu heiraten.[13]

Neben dem kommunikativen Setting und dem möglichen Zeitdruck bei transnationalen Eheschließungen gibt es selbstverständlich noch zahlreiche weitere Faktoren, die dazu führen können, dass sich junge Frauen und Männer in eine nicht gewollte Ehe drängen lassen – selbst wenn kein unmittelbarer Zwang im Spiel ist. Doch sind diese Faktoren nicht ursächlich im System der arrangierten Ehe zu sehen. Ganz im Gegenteil: Wer eine Frau oder einen Mann zur Heirat drängt, handelt *gegen* die Regeln einer arrangierten Ehe und missbraucht deren System. Präventive Maßnahmen zur Verhinderung von Zwangsehen sollten daher junge Frauen und Männer dabei unterstützen, Regelverletzungen wahrzunehmen und sich erfolgreich dagegen zur Wehr zu setzen.

13 Vgl. Boos-Nünning/Karakaşoğlu (2005), S. 252. Zu den Hintergründen transnationaler Eheschließungen siehe auch Straßburger (2001).

5. Schlussfolgerungen

Keine Frage: Bei vielen Eheanbahnungen, die sich im genannten Graubereich zwischen arrangierten und erzwungenen Ehen bewegen, wird es nicht einfach sein, zu entscheiden, ob eine Zwangsehe vorliegt, die strafrechtlich verfolgt werden muss. Die Entscheidung wird im jeweiligen Einzelfall erfolgen müssen, da es keine allgemeingültigen Indikatoren gibt, die man wie eine Checkliste abarbeiten könnte. Diese schwierige Aufgabe kommt den Gerichten zu.

Für Schulen, Beratungsstellen, Zufluchtstätten und andere Institutionen, die das Wohlergehen junger Menschen im Auge haben, beginnt der Bereich, ab dem sie präventiv oder intervenierend tätig werden können oder müssen, aber nicht erst bei der Zwangsehe. Ihre Tätigkeit zielt bereits auf den Graubereich. Dieser beginnt dort, wo der freie Wille der Betroffenen beeinträchtigt wird. Eine solche Beeinträchtigung liegt keineswegs nur bei unmittelbarem physischen oder psychischen Druck vor, sondern kann auch auf subtilen Beeinflussungen basieren oder etwa darauf, dass Eltern bei der Partnerwahl nachdrücklich auf der Erfüllung ihrer Erwartungen bestehen.

Es ist Aufgabe unserer Gesellschaft, junge Menschen bei der freien Entwicklung ihrer Persönlichkeit zu unterstützen, und dazu gehört das Recht auf freie Partnerwahl. Sie müssen in ihrem Selbstbewusstsein gestärkt werden, so dass sie die Möglichkeit haben, sich erfolgreich zu wehren, wenn bei einer Eheanbahnung oder in anderen Lebensbereichen familiärer Druck auf sie ausgeübt werden sollte.

Gleichzeitig ist es wichtig, nicht über das Ziel hinauszuschießen und jede arrangierte Eheschließung unter den Verdacht zu stellen, eine Zwangsehe zu sein. Andernfalls laufen Präventionsbemühungen Gefahr, in weiten Teilen der Migrantenbevölkerung zum einen nicht angenommen und zum anderen als diskriminierend empfunden zu werden.[14] Wenn Präventionsmaßnahmen gegen Zwangsheirat erfolgreich sein sollen, ist es unbedingt nötig, dem derzeit vorherrschenden Mainstreamdiskurs, der arrangierte und erzwungene Ehen gleichsetzt, eine differenzierte Sichtweise entgegenzustellen. Dazu gehört, dass arrangierte Ehen, deren Anbahnung nach den oben beschriebenen Regeln erfolgt, Anerkennung finden. Das entspräche im Übrigen auch der Lebensplanung vieler junger Frauen türkischer Herkunft, von denen sich einer bundesweiten Befragung zufolge immerhin 23 Prozent vorstellen könnten, eine arrangierte Ehe einzugehen.[15]

Es sollte uns darum gehen, zu verhindern, dass Ehen unter Druck geschlossen werden. Dagegen geht es nicht darum zu verhindern, dass Ehen auf eine andere Art geschlossen werden, als viele von uns sich das wünschen würden. Solange sie auf dem freien Willen beider Partner beruhen, sind auch arrangierte Ehen ausdrücklich als gleichwertige Form der Partnerwahl anzuerkennen.

14 Vgl. Straßburger (2005).
15 Vgl. Boos-Nünning/Karakaşoğlu (2005), S. 256. Weitere Informationen in Straßburger (2007b).

Literatur

Bielefeldt, Heiner (2005), Zwangsheirat und multikulturelle Gesellschaft. Anmerkungen zur aktuellen Debatte, Berlin: Deutsches Institut für Menschenrechte.

Boos-Nünning, Ursula/Karakaşoğlu, Yasemin (2005), Viele Welten leben. Zur Lebenssituation von Mädchen und jungen Frauen mit Migrationshintergrund, Münster u. a.: Waxmann.

Kelek, Necla (2005), Die fremde Braut. Ein Bericht aus dem Inneren des türkischen Lebens in Deutschland, Köln: Kiepenheuer und Witsch.

Positionspapier (2006), Positionspapier der 1. Bundesfachkonferenz Zwangsheirat (5./6. 9. 2006), in: Der Integrationsbeauftragte der Landesregierung Nordrhein-Westfalen, Aktuell Nr. 41/21. 11. 2006, verfügbar unter: http://www.integrationsbeuftragter.nrw.de/pdf/newsletter/newsletter0641.pdf (abgerufen am 3. 3. 2007).

Straßburger, Gaby (2000), Das Heiratsverhalten von Personen ausländischer Nationalität oder Herkunft in Deutschland, in: Sachverständigenkommission 6. Familienbericht (Hrsg.), Materialien zum 6. Familienbericht, Band 1: Familien ausländischer Herkunft in Deutschland. Empirische Beiträge zur Familienentwicklung und Akkulturation, Opladen: Leske und Budrich, S. 9–48.

Straßburger, Gaby (2001), Warum aus der Türkei? Zum Hintergrund transnationaler Ehen der zweiten Migrantengeneration, in: Migration und Soziale Arbeit, 23. Jg., Heft 1, S. 34–39.

Straßburger, Gaby (2003a), Heiratsverhalten und Partnerwahl im Einwanderungskontext. Eheschließungen der zweiten Migrantengeneration türkischer Herkunft, Würzburg: Ergon.

Straßburger, Gaby (2003b), Nicht westlich und doch modern. Partnerwahlmodi türkischer MigrantInnen in Diskurs und Praxis, in: Wenn Heimat global wird ..., in: beiträge zur feministischen theorie und praxis, 26. Jg., Heft 63/64, S. 15–27.

Straßburger, Gaby (2005), Stellungnahme als Sachverständige zum Thema Zwangsheirat am 15.02.2005, in: Landtag Nordrhein-Westfalen, Ausschussprotokoll 13/1454, S. 7–10, auch verfügbar unter: http://www.gaby-strassburger.de/Statement_fuer_Landtag_NRW2005.pdf (abgerufen am 4. 3. 2007).

Straßburger, Gaby (2007a), „Ethnisierung des Sexismus“. Zum Diskurs über arrangierte Ehen und Zwangsheirat, in: Migration und Soziale Arbeit, 29. Jg., Heft 1, S. 25–32.

Straßburger, Gaby (2007b), Auf die Liebe kommt es an! Beziehungsideale und -entscheidungen junger Muslime in Deutschland, in: Hans-Jürgen von Wensierski/ Claudia Lübcke (Hrsg.), Junge Muslime in Deutschland. Lebenslagen, Aufwachsprozesse und Jugendkulturen, Opladen: Barbara Budrich (im Erscheinen).

Volz, Rahel (2004), Definition und Ausmaß von Zwangsheirat. Hintergründe und Vorstellung der Kampagne „Stoppt Zwangsheirat", in: Bündnis 90/Die Grünen, Bundestagsfraktion (Hrsg.), Zwangsheirat ist keine Ehrensache. Dokumentation der Anhörung vom 17.7.2003 in Berlin, Deutscher Bundestag, S. 6–8, verfügbar unter: http://www.gruene-bundestag.de/cms/publikationen/dokbin/44/44023.pdf (abgerufen am 23.3.2007).

Heirat ist keine Frage

Necla Kelek

Was der „Zwang zur Heirat" mit dem Islam, „Importbräute" mit der Integration zu tun haben und wie die Grundrechte muslimischer Frauen zu schützen sind. Eine Argumentationshilfe.

1. Vorbemerkung

- In Limburg an der Lahn wird seit Januar 2007 vor dem dortigen Landgericht eine Anklage gegen einen 46-jährigen kurdischen Türken verhandelt. Er wird beschuldigt, dass er seinen 16-jährigen Sohn zwingen wollte, seine Tochter umzubringen, weil sie sich weigerte, in der Türkei einen von ihm bestimmten Cousin zu heiraten. Der Prozess gestaltet sich schwierig, weil die Tochter inzwischen von ihrem Zeugnisverweigerungsrecht Gebrauch macht. (Landgericht Limburg, Az. JS14048/06).

- Vor einigen Monaten an der Eberhard-Klein-Hauptschule in Berlin Kreuzberg. Weinend vertraut ein 17-jähriges Mädchen türkischer Herkunft den Lehrern ihrer Schule an: Meine Eltern wollen mich zwangsverheiraten. Die Pädagogen sprechen mit den Eltern, auch das Jugendamt und die Polizei werden hinzugezogen. Trotzdem kann dem Mädchen nicht geholfen werden – es schweigt bei allen weiteren Befragungen. (Die Tageszeitung vom 07.02.2007).

- Mich erreicht vor einiger Zeit ein Hilferuf einer Sozialarbeiterin aus der Nähe von Hamburg. Eine 19-jährige kurdische Frau wird im Haus ihrer Familie festgehalten, weil sie sich ohne Wissen des Vaters für eine Ausbildung zur Frisörin beworben hat. Der Vater verlangt von ihr, einen Cousin aus der Türkei zu heiraten, damit der nach Deutschland kommen kann. Als ich ihr in einem heimlich organisierten Gespräch anbiete, ihr einen Platz in einem Frauenhaus und Polizeischutz zu besorgen, wehrt sie ab: „Diese Leute werden mich finden und mich umbringen. Lassen Sie es."

Im Gegensatz zur Praxis vor wenigen Jahren stehen inzwischen Zwangsheirat und arrangierte Ehen, die Integration der muslimischen Migrantinnen/Migranten und die Diskussion dieser Themen im Fokus des öffentlichen Interesses. Frauen trauen sich an die Öffentlichkeit, Berichte und Untersuchungen informieren über Heiratsmigration und die Lage der Frauen und fordern die Politik und Wissenschaft heraus. Mein Buch „Die fremde Braut", erschienen im Januar 2005, beflügelte die Debatte, brachte aber wie auch viele andere Initiativen für die Frauen noch keine tatsächliche Verbesserung ihrer Lage.

Ein Jahr nach Erscheinen meines Buches wurde mir vorgeworfen, die von mir untersuchten geschilderten Fälle seien Einzelfälle, ich würde sie pauschalisieren und zu generellen Aussagen aufbauschen.[1] Zum anderen würde ich diese verabscheuungswürdigen Praktiken fälschlicherweise mit dem Islam in Verbindung bringen. Nach Meinung meiner Kritikerinnen und Kritiker sind aber nicht die Religion, sondern soziale Deklassierung und archaische Tradition für diese Dinge ausschlaggebend. Eine Verbindung traditioneller Bräuche mit dem Islam herzustellen, wird von Yasemin Karakaşoğlu in einem Interview mit der „Islamischen Zeitung" vom 24. Januar 2006 so kritisiert: „Ich denke, man kann heute in Deutschland, ohne Belege dafür liefern zu müssen, über Muslime Aussagen machen, die ihnen kollektiv negative Merkmale zuschreiben. Das sind nichts anderes als Formen von Rassismus."[2]

Es scheint deshalb nötig darzustellen, was Religion überhaupt ist und wie sich das Wirkungsverhältnis von Religion und Kultur darstellt, um dann über den Islam und die Kulturdifferenz zu sprechen, die sich zwischen der auf das Sozialwesen ausgerichteten Weltanschauung und dem Anspruch unserer Gesellschaft nach Selbstverantwortung des Individuums auftut. Dadurch wird dann auch der Blick auf die soziale Realität des muslimischen Lebens klarer.

2. Was ist Religion?

Hinter der scheinbar einfachen und unkomplizierten Frage nach der Bedeutung des religiösen Glaubens für die Ausrichtung menschlichen Verhaltens steht eine komplexe Problematik. Der Grund, warum Menschen für religiöse Symbole empfänglich sind, hat psychologische, kulturelle und soziale Ursachen. Sowohl gesellschaftlich wie individuell dient Religion dem menschlichen Bedürfnis, umfassende und befriedigende Antworten auf die Frage nach dem Sinn des Daseins zu erhalten, die Welt, die Menschen und den Kosmos in ein kohärentes Bild zu fassen. Ich möchte hier nicht die lange Debatte über den Religionsbegriff fortsetzen, sondern meinen theoretischen Ansatz als Soziologin darlegen, die Religion vor dem Hintergrund der sozialen Realität betrachtet.

Der Aspekt, wie Religion soziales Verhalten beeinflusst, rückt die soziale Funktion von Religion in den Vordergrund. Die gesellschaftliche Funktion von Religion steht im Mittelpunkt der Untersuchungen des Soziologen Max Weber über die „protestantische Ethik" und des Anthropologen Clifford Geertz, dessen Theorieansatz von wesentlicher Bedeutung ist für den Versuch, auch die kulturelle Dimension des Islams zu erfassen.

Es wird ja immer wieder argumentiert, bestimmte Ansichten zur Bedeutung von Ehre und Schande, zur Jungfräulichkeit oder dem Verheiratet werden, zur Ungleichbehandlung von Mann und Frau seien keine Probleme, die mit Religion zu tun hätten, sondern Ergebnis von Tradition und Sitte ethnischer Gruppen. Man

1 Siehe Yasemin Karakaşoğlu u. a., „Gerechtigkeit für die Muslime!", in: Die Zeit vom 01.2.2006.

2 Das Interview („Reduzierung auf Körper. „Was ist eigentlich Ihre Religion?" – Prof. Dr. Yasemin Karakasoglu über muslimische Ehen und den Umgang mit den Muslimen) ist verfügbar unter: http://www.islamische-zeitung.de/?id=6794 (abgerufen am 23.4.2007).

trennt den Glauben von der gelebten Kultur, erklärt den Glauben für heilig und den Alltag für fehlerhaft. Dies ist – und dafür möchte ich mit Geertz den Beleg vorlegen – ein Trugschluss. Religion und Kultur sind – vor allem im Islam, der die Untrennbarkeit von Glauben und Leben zu einem Wesensmerkmal gemacht hat – eins, auch wenn der Glaube von Einzelnen unterschiedlich gelebt wird.

Für Geertz ist Religion eine soziale Institution, Gottesverehrung eine soziale Tätigkeit und Glaube eine soziale Kraft.[3] Er begreift Religion als Teil der Gesellschaft, die, nicht zuletzt durch ständigen sozialen Wandel, in einer Wechselbeziehung zur Religion steht.[4] Die Frage nach der Rolle der Religion umfasst dabei ihre kulturellen, sozialen und psychologischen Funktionen.

Religion ist ein „Symbolsystem, das darauf zielt, starke, umfassende und dauerhafte Stimmungen und Motivationen in den Menschen zu schaffen, in dem es Vorstellungen einer allgemeinen Seinsordnung formuliert und diese Vorstellungen mit einer solchen Aura von Faktizität umgibt, dass die Stimmungen und Motivationen völlig der Wirklichkeit zu entsprechen scheinen".[5]

Die Sichtweise der sozialen Wirklichkeit wird durch das Kulturmuster modellhaft bestimmt. Religiöse Vorstellungen verschaffen den Gläubigen sowohl ein Modell *von* der Wirklichkeit, als auch ein Modell *für* die Wirklichkeit. Damit richten sich religiöse Kulturmuster sowohl auf die soziale Realität aus, als sie auch diese auf sie ausrichten.[6] Sie drücken das jeweilige Leben aus und formen es zugleich in religiöser, sozialer und psychologischer Hinsicht. Religiöse Praktiken wirken also prägend, rufen als Stimmungen spezifische emotionale Haltungen hervor.

Von Gott gegeben oder als Offenbarung vom Himmel gekommen – so schafft die Religiosität einen Lebensstil und eine Metaphysik, die mit überzeugender Autorität ausgestattet sind. Im religiösen Ritual bildet sich die Überzeugung, dass die Glaubensvorstellungen mit der Wirklichkeit übereinstimmen und die Glaubensregeln begründet sind. Die religiöse Perspektive strebt über die Realitäten des Alltagslebens hinaus zu umfassenderen Realitäten, die jene metaphysisch-sinngebend korrigieren und ergänzen. Es entsteht ein religiös in sich geschlossenes Weltbild, nach dessen Maßgaben die gläubigen Individuen denken, fühlen und handeln.

Das religiöse Weltbild hilft dem Individuum nicht nur, sich einer absurden Welt, in der Krankheit, Tod und Ungerechtigkeit erfahren werden, nicht ausgeliefert zu fühlen. Vielmehr stellt es eine verbindliche Auffassung von Weltsicht zur Verfügung, in der die Wirklichkeit verankert ist. „Wer sich die religiösen Systeme zu eigen machen kann, hat – solange er es kann – eine kosmische Garantie dafür,

3 Geertz (1991), S. 38.
4 Ebd., S. 188.
5 Ebd.
6 Ebd., S. 53.

nicht nur die Welt zu verstehen, sondern auch seine Empfindungen und Gefühle präzise definieren zu können, wodurch es ihm möglich ist, diese Welt verdrießlich oder freudig, verbissen oder gelassen zu ertragen."[7]

3. Was ist Islam?

Von der Religionswissenschaft allgemein anerkannt und unstrittig ist, dass der Islam Hingabe an Gott und Unterwerfung unter seinen Willen verlangt.[8] Er kann nicht nur als spiritueller Glaube und Heilsversprechen angesehen werden, sondern den Gläubigen ist durch den Koran und durch die in der Geschichte entstandene *Sunna* das gottgefällige Leben im Sinne des Propheten vorgegeben. Der Islam ist kulturell prägend, er ist eine Lebenseinstellung und hat durch die von ihm proklamierte Einheit von Glauben und Politik nicht nur den Charakter einer durch Unterwerfung auf Heilserwartung ausgerichteten Offenbarungsreligion, sondern einer der Welt zugewandten Ideologie.

Der Islam geht – in seinen von ihm als heilig verehrten Schriften – von einem Menschenbild aus, das den Menschen als schwach (Koran, Sure 4, Vers 28), unbeständig (30, 36), unzuverlässig (16, 53–54; 29, 65; 39, 8 usw.), ungeduldig (17, 11) und ungerecht (33, 72) beschreibt. Am klarsten wird dieses Menschenbild im 53. Vers der Sure 12: „Die (menschliche) Seele verlangt gebieterisch nach dem Bösen."

Gott oder durch ihn Mohammed hat, so lassen es die überlieferten Offenbarungen vermuten, dafür sorgen wollen, dass die Triebe des Menschen beherrscht oder wenigstens domestiziert werden. So ist zu verstehen, dass der Koran den Gläubigen für alle Lebenssituationen Vorschriften macht, vom Sich-Waschen bis hin zu gesellschaftlichem Verhalten, von den „fünf Säulen" bis zur *Scharia*, der islamischen Rechtleitung. Ganz besonders versucht die muslimische Tradition, das Verhältnis zwischen Mann und Frau zu regeln. Nachzuweisen gilt, wie eng das traditionelle Leben der Musliminnen und Muslime mit dem Koran und der Sunna verknüpft ist, wie es zur Kultur der islamischen Communities wurde und wie nach jahrhunderter Überlieferung der Suren und der Hadithe, längst bewusst oder unbewusst, Sitte, Brauch oder Tradition im Alltag der Musliminnen und Muslime gelebt werden.

Auch die beklagten „negativen Merkmale"[9], wie Zwangsheirat, Zwang zur Ehe, Ehrenmord, betreffen in der Mehrzahl der bekannt gewordenen Fälle die soziale Realität von Musliminnen und Muslimen oder sind zumindest ethnischen Gruppen zuzurechnen, die ursprünglich aus mehrheitlich muslimischen Ländern kommen. Es handelt sich weder um untypische Vorkommnisse noch um Ausnahmen. Migrantinnen und Migranten mit türkischer Herkunft sind ganz überwiegend Musliminnen und Muslime, ob sie die vorgegebenen religiösen Rituale praktizieren oder nicht. Sie gehören per Sozialisation dem islamischen Kulturkreis an. Des-

7 Ebd., S. 67.
8 Khoury/Hagemann/Heine (2006).
9 Yasemin Karakaşoğlu in oben genanntem Interview mit der „Islamischen Zeitung" vom 24.1.2006.

halb ist die Frage unabdingbar, welches Verhältnis der Islam zur Ehe und welche Stellung die Frau im Islam hat.

Heirat – ja oder nein, diese Frage stellt sich in der muslimischen Gesellschaft überhaupt nicht. Die Ehe gilt als die einzig angemessene Lebensform für Mann und Frau. Sie ist die natürliche Bestimmung eines Gott wohlgefälligen Lebens. Der Koran sagt (Sure 24, Vers 32): „Und verheiratet die Ledigen unter euch und die Rechtschaffenen von euren Sklavinnen und Sklaven". Er sagt nicht: „Heiratet, ihr Ledigen" und fordert damit den Einzelnen zu einem bestimmten Verhalten auf; er beschwört ausdrücklich nicht individuelle Verantwortung, sondern richtet die Aufforderung eindeutig an die Gemeinschaft: „Verheiratet die Ledigen". Das bedeutet in der Tradition des islamischen Lebens, dass die Familie oder ein Vormund (ein männlicher Verwandter), *Vali,* für die Heirat der Kinder verantwortlich sind. Praktisch folgt daraus noch heute, dass in der überwiegenden Zahl der islamisch geprägten Länder, in denen das muslimische Ehestandsrecht gilt, eine Frau, gleich welchen Alters, ohne Zustimmung ihres Valis in der Regel nicht heiraten kann.[10]

Die Hochzeit ist im gesellschaftlichen Common Sense, in der gelebten Kultur der Höhepunkt im Leben einer türkisch-muslimischen Familie. Den Sohn oder die Tochter ehrenvoll zu verheiraten und eine große Feier auszurichten, ist die wichtigste Aufgabe der Eltern. Dieser Aufgabe wird der Lebensplan untergeordnet, dafür wird gespart, auch auf Kosten anderer Ziele wie etwa einer ordentlichen Berufsausbildung. Hochzeiten werden monatelang vorbereitet und mit einem ungeheuren Aufwand gefeiert.

„Die Ehe ist im Islam kein Sakrament", schreibt die Islamwissenschaftlerin Ursula Spuler-Stegemann in „Muslime in Deutschland", „sondern ein zivilrechtlicher Vertrag zwischen zwei Familien. Er wird durch die Unterschriften beider Seiten besiegelt, wobei die Frau noch nicht einmal persönlich zugegen sein muss, sondern der Vater, der älteste Bruder oder ein anderer männlicher Befugter als ihr Vertreter fungieren kann. Allerdings soll die Braut ihre Zustimmung zu der Eheschließung geben. Ein kurzes Zeremoniell, bei dem ein Imam die Fâtiha, die erste Sure des Koran, rezitiert, ist bei einer Hochzeit zwar die Regel; das konstitutive Element für das Zustandekommen einer Ehe ist aber allein der Vertrag."[11]

4. Die Tradition des Misstrauens

Warum setzen vor allem traditionell orientierte muslimische Eltern alles daran, ihre Kinder, aber ganz besonders ihre Töchter möglichst früh zu verheiraten? Dies hat ebenfalls seine Wurzeln in der Tradition, im Menschenbild des Islam. Vor allem die Sunna und die Scharia, die aus Koran und Sunna abgeleiteten Gesetze, reduzieren die Frau auf die *Aurah*, ihre Sexualität. Die Frau ist verführerisch und teuflisch.

10 Zur Bedeutung des Vormunds, des Valis, vgl. Schirrmacher/Spuler-Stegemann (2004), S. 77 f.
11 Spuler-Stegemann (2002), S. 189.

Sie stellt eine Gefährdung, eine Versuchung für die Männer dar. Der Mann ist ein triebhaftes Wesen, das angesichts der Frau nicht zu kontrollieren ist. Und die Ehe ist nach muslimischer Auffassung der einzige Ort, an dem Sexualität rechtmäßig gelebt und kontrolliert werden kann. Die Ehe ist die einzige Begründung eines legitimen sexuellen Verhältnisses. Und die Frau darf sich dem Mann nicht verweigern. Der Koran sagt (Sure 2, Vers 223): „Die Weiber sind euer Acker, geht auf euren Acker, wie und wann ihr wollt, weiht aber Allah zuvor eure Seele (durch Gebet, Almosen und gutes Werk ...)". Und auch die Verhältnisse zwischen Mann und Frau sind klar geregelt (4, 34): „Die Männer sind den Weibern überlegen wegen dessen, was Allah dem einen vor dem anderen gegeben hat ... die rechtschaffenen Frauen sind gehorsam und sorgsam in der Abwesenheit (ihrer Gatten), wie Allah für sie sorgte. Diejenigen aber, für deren Widerspenstigkeit ihr fürchtet – warnet sie, verbannt sie in die Schlafzimmer und schlaget sie. Und so sie euch gehorchen, so suchet keine Wege wider sie, siehe Allah ist hoch und groß." Soweit der Koran.

„Freundschaft aber zwischen Mann und Frau ist im Islam verboten", schreibt der muslimische Missionar Mohammed Rassoul in seinen Anweisungen für Muslime in Deutschland „Der deutsche Mufti", „denn die einzige Bindung zwischen ihnen darf nur durch die Ehe hergestellt werden. ... [E]s ist eine Allah missfällige Handlung, die Unzucht gleichkommt."[12]

Voreheliche Kontakte, gar vorehelicher Geschlechtsverkehr wären für eine muslimische Familie der GAU, der größte anzunehmende Unfall, in der Familiengeschichte. Da jungen Mädchen aufgrund der islamischen Auffassung als sündigen Wesen grundsätzlich misstraut wird, schränken die Eltern die vorehelichen Kontakte der jungen Mädchen massiv ein. Schon der Flirt in der Schule oder ein Treffen an der Straßenecke gelten als anstößig und unerwünscht. Die einfachste Lösung, um den Sexualtrieb der Töchter in kontrollierte Bahnen zu lenken, scheint die frühe Heirat zu sein. Denn nun wird der Ehemann für die Tochter zuständig, was die Familie entlastet, denn die Ehre der Familie ist an die Tugendhaftigkeit der Tochter geknüpft, und über deren Lebenswandel wachen der Vater, die Brüder oder der Onkel. Es ist eine Tradition des Misstrauens. Den Mädchen wird sexuelles Interesse unterstellt, auch wenn sie selbst weit davon entfernt sind. Der Konflikt ist programmiert. Mitten im natürlichen Ablösungsprozess von den Eltern erleben die Mädchen, dass ihnen nicht geglaubt wird und dass sie kein Recht auf ein selbstbestimmtes Leben haben.

Manchmal allerdings soll mit der Ehe auch ein ganz anderes Problem gelöst werden. Dies betrifft viele muslimische Familien in Deutschland. Die Kinder sollen „von der Straße" geholt werden. Junge Männer, die nach Meinung ihrer Eltern unter schlechten Einfluss geraten sind, die Kontakt zu Drogen haben oder ihre Aggressivität nicht bändigen können, werden meist mit einem Mädchen, z. B. aus der Türkei, verheiratet. Damit wollen die Eltern auch sicherstellen, dass sich ihre Kinder nicht von ihnen und dem türkisch-muslimischen Kulturkreis entfremden.

12 Rassoul (1997), S. 296.

Und die beste Gewähr dafür ist in ihren Augen, dass man eine unverdorbene junge Frau aus der Türkei holt, die den Jungen ruhiger und vernünftig macht, ihm die Flausen austreibt und die fraglos alles tut, was die Schwiegermutter sagt.

5. Zwangsheirat und arrangierte Ehen

Über die Zahl der Zwangsehen in Deutschland gibt es keine verlässlichen Erhebungen. Dabei ist das Problem in seiner ganzen Dramatik seit Jahren bekannt. Im Jahr 2000 wurden laut der vom Auswärtigen Amt geführten Statistik 21.447 Personen aus der Türkei Visa zum Zwecke des Ehegatten- und Familiennachzugs erteilt.[13] Nicht enthalten sind darin Aufenthaltsgenehmigungen, die erteilt wurden, weil eine Person bei einem Inlandsaufenthalt eine in Deutschland lebende Person geheiratet hat. Auch nicht erfasst wurden die Fälle, in denen junge Frauen oder Männer in den Ferien in die Türkei gebracht und dort verheiratet wurden, um sie dann in der Türkei zu lassen, wie ich es bei vielen meiner türkischen Freundinnen erlebt habe. Für 2002 und die folgenden Jahre wurden die Zahlen für türkische Migrantinnen und Migranten nicht gesondert ausgewiesen.

Es geht in jedem Jahr nicht um Hunderte, sondern um Tausende junger Menschen. Ich gehe davon aus, dass mindestens die Hälfte dieser Ehen arrangiert oder erzwungen wurde. Von 1974 bis heute wuchs die türkischstämmige Bevölkerung in Deutschland von knapp einer Million auf über 2,6 Millionen Bürger. Dieses Bevölkerungswachstum ist neben dem Geburtenüberschuss überwiegend auf Familienzusammenführung und organisierte Heiratsmigration zurückzuführen.

Warum sollte ein junger Mann aus Berlin, Hamburg oder Köln ausgerechnet ein Mädchen aus Anatolien heiraten, das er meist höchstens einmal vor der Eheschließung gesehen hat? Bestimmt nicht aus Liebe, sondern weil die Eltern, die Familie, die Tradition und die Religion ihm nicht gestatten, selbst eine Partnerin zu wählen. So werden in jedem Jahr Tausende von jungen Menschen zwischen fünfzehn und fünfundzwanzig Jahren verheiratet, ohne dabei die freie Entscheidung zu haben – ein klarer Verstoß gegen Artikel 2 des Grundgesetzes für die Bundesrepublik Deutschland und das UN-Zusatzübereinkommen über die Abschaffung der Sklaverei[14], das Zwangsverheiratung als eine sklavereiähnliche Praxis definiert (Art. 1 lit. c).

6. Der „Zwang zur Ehe"

Zwischen einer arrangierten Ehe und einer Zwangsehe gibt es für mich keinen wesentlichen Unterschied; das Ergebnis ist dasselbe, weil beide auf dem „Zwang zur Ehe" in der muslimisch geprägten Gesellschaft beruhen. Wenn das Mädchen oder der Junge die Möglichkeit haben, den von den Eltern ausgesuchten Partner

13 Beauftragte der Bundesregierung für Ausländerfragen (2002), S. 302 u. 303.

14 Zusatzübereinkommen über die Abschaffung der Sklaverei, des Sklavenhandels und sklavereiähnlicher Einrichtungen und Praktiken vom 07.09.1956.

abzulehnen, spricht man von einer arrangierten Ehe, wenn die Partner ungefragt oder gegen ihren Willen verheiratet werden, ist es eine Zwangsehe. Betretenes Schweigen oder leises Weinen des Mädchens wird als Zustimmung gewertet, Mädchen sind nun einmal schüchtern, sagen die Männer. Von einer freien Willensentscheidung ist dieses Verfahren sicherlich weit entfernt. Denn wer beim ersten Bewerber nein sagt, und dies auch bei den folgenden wiederholt, muss mit Pressionen rechnen oder die Flucht antreten. Wer weiß, wie stark der Druck der Familie auf die einzelnen Mitglieder ist, wird auch bei arrangierten Ehen nicht von einer freien Entscheidung sprechen können. Die Situation ist für die jungen Menschen, die in diesen beschriebenen Verhältnissen leben, meist ausweglos. Sie befinden sich bildlich gesprochen in einem geschlossenen Raum, dem Elternhaus. Darin gibt es zwar viele Türen, von denen aber nur eine geöffnet ist. Sie werden gedrängt, das Haus zu verlassen, und die Tür, durch die sie gehen müssen, ist die Ehe mit dem von den Eltern ausgesuchten Partner. Alle anderen Möglichkeiten sind versperrt.

Wenn die jungen Menschen von ihren Eltern mit der Tatsache konfrontiert werden, dass es Zeit ist zu heiraten, fügen sie sich in der Regel, denn so haben sie es gelernt. Ob sie nach Deutschland oder in eine Stadt in der Türkei verheiratet werden, macht für sie keinen allzu großen Unterschied; Deutschland gilt als attraktiver, weil es hier einen Sozialstaat gibt, der zur Not die ganze Familie ernährt und kleidet.

Wenn Yasemin Karakaşoğlu in der „Islamischen Zeitung" davon spricht, dass arrangierte Ehen auf Freiwilligkeit beruhen, dann sagt sie das wider besseres Wissen oder sie blendet aus, was psychologischer und sozialer Druck bewirken. Es wird nämlich davon ausgegangen, dass die Betroffenen eine Alternative haben. Aber sie haben keine Wahl, und „freiwillig" ist daran gar nichts. Deutlich wird dies meines Erachtens auch an den von mir eingangs zitierten Fällen. Muslimische Frauen und Mädchen sind so stark durch Gehorsam und Angst sozialisiert, dass sie selbst vor der Polizei oder Gerichten nicht wagen, gegen den Vater auszusagen, dass sie jedes Leid in Kauf nehmen, um nicht von der Familie verstoßen zu werden, aber auch, weil sie Angst vor Gewalt haben.

Die Folgen dieses Festhaltens an den durch die Religion und Tradition begründeten Verhaltensweisen sind für die türkisch-muslimische Community in Deutschland dramatisch.

Wenn Eltern davon ausgehen, dass sie ihre Tochter mit 16 Jahren verheiraten, warum sollten sie dann in die Bildung dieses Kindes investieren, es Abitur machen oder studieren lassen? Mangelnde Verantwortung für die Zukunft, mangelnde Investitionen in die Bildung ihrer Kinder reproduzieren immer wieder den eigenen sozialen Status. Und so relativiert sich auch die Mär von der türkischen Familie, in der alle so gut aufgehoben sind.

Es ist in vielen Fällen ein Kontrollsystem, in dem die älteren Männer bestimmen und kontrollieren, was die Familienmitglieder zu tun und zu lassen haben. Dort herrscht das Prinzip des Respekts und der Ehre, ein Jüngerer hat dem Älteren nicht zu widersprechen, und die Frauen sind die „Ehre“, sprich Besitz der Männer, und haben in der Öffentlichkeit nichts zu suchen. Es ist kein System der Fürsorge, sondern eine Besitzanzeige. Im Zweifelsfall entscheidet wie im Dorf die Großmutter, ob es angemessen ist, dass die Enkelin zur Schule geht. Keine guten Voraussetzungen für eine Demokratie, denn die braucht mündige Bürger. Und so ist letztlich an der Frage der Gleichberechtigung der Frau die Integration einer großen Zahl von Türken in Deutschland gescheitert. Und diese Erkenntnis ist um so bitterer, als in Deutschland in den letzten Jahrzehnten vielfältige Initiativen staatlicher, politischer und sozialer Politik darauf gerichtet waren, die Stellung der Frau zu verbessern. Diese Chance wird immer noch von zu wenigen genutzt. Die Männer befürchten, dass ihnen die Macht über die Frauen verloren geht.

In modernen Gesellschaften trägt aber jeder eine Verantwortung für sich. Dem Individuum wird zugestanden und von ihm wird verlangt, sich zu kontrollieren und für sein Handeln Verantwortung zu übernehmen. Auch für die Ehe, die er eingeht, trägt jeder selbst die Verantwortung. Es ist eine horizontale Trennung von Einzelnem und der Gesellschaft.

In der türkisch-islamischen Welt dagegen ist der Mensch ein Sozialwesen, das sich nicht selbst, sondern der Gemeinschaft gehört. Er trägt Verantwortung für die Anderen – der Ältere für den Jüngeren, die Männer für die Frauen, das Familienoberhaupt für die ganze Familie. So lernen Kinder sehr früh, dass nicht sie selbst Entscheidungen über ihr eigenes Leben treffen können, sondern sich den Entscheidungen der Familie anpassen müssen.

Wenn ich von „dem“ Islam spreche, begegne ich natürlich sofort einer Reihe von Einwendungen. Es gebe nicht „den“ Islam, sagt man. Es gibt Schiiten, Sunniten, Aleviten, Wahabiten, unterschiedliche Rechtsschulen etc., es gibt den „Euro-Islam“, wie den in Indonesien. Der Islam ist von seiner Anlage her keine Kirche, und es gibt die Herrschaft der islamistischen Fundamentalisten ebenso wie die Auffassungen der Modernisierer, wie beispielsweise Fatima Mernissi oder Youssef Seddik, der den Koran als zutiefst individualistische Metapher deutet.

Ich bin Soziologin und mir geht es nicht um eine theologische Diskussion. Halten wir uns deshalb an das, was im Namen des Islam gelebt wird. Ich deute Religion als eine kulturelle Dimension. Wie es eine christliche Lebenseinstellung, ein Grundverständnis von Ethik, einen Wertekanon im Christentum gibt, gibt es auch diese kulturelle Dimension im Islam. Religion ist ein kulturelles System, das unserem Leben die Dimension des Transzendenten gibt. Religion vermittelt eine allgemeine Seinsordnung über die soziale Wirklichkeit hinaus.

In der türkisch-islamischen Gesellschaft gibt es spezifische Menschen- und Weltbilder, die eng mit der Religion verbunden sind und von ihr legitimiert werden: Aus der Vorstellung der *Umma*, der Glaubensgemeinschaft, leitet sich z. B. ein soziales Leitkonzept von Gemeinschaftlichkeit ab, das der Gemeinschaft den Vorrang vor dem Individuum einräumt und damit im Gegensatz steht zum Bild von der Einzigartigkeit des Individuums in Gesellschaften christlicher Prägung, das deren Übergang zur Demokratie erleichtert hat. Der Christenmensch wurde durch die Entdeckung des Gewissens zum verantwortlichen Einzelnen. Wer Verantwortung trägt, kann auch schuldig werden. Umgekehrt gilt auch: Ohne Gewissen keine Verantwortung. Die Frage der Individuierung ist von Gewissen, Moral und Werten nicht zu trennen – auch wenn wir das zuweilen zu vergessen drohen. Ohne diese Individuierung könnte es keine Gesetze, keine Verfassung, keine Grundrechte geben.

Bei Diskussionen zu diesem Thema habe ich oft das Argument gehört, die Deutschen hätten sich nicht darin einzumischen, wie die Türken oder die Muslime heiraten. Die Deutschen ginge das nichts an. Es sei das Recht eines Migranten, zu heiraten und mit seiner Frau zusammenzuleben, ganz gleich, wie die Ehe zustande gekommen ist. Wenn die Türken ihre Kinder so verheirateten, müsse man das akzeptieren. Ich frage: Gelten für Türken und Muslime oder Menschen aus anderen Gesellschaften andere Gesetze als für die Mehrheitsgesellschaft? Ungefragt wird eine Kultur verteidigt, weil sie fremd ist und es anderen (uns) grundsätzlich nicht zusteht, das Fremde zu kritisieren. Es wird dabei aber nicht gefragt, wie diese Kultur mit ihren Menschen umgeht, ob sie ihre Mädchen verkauft oder wie Sklaven hält. Ist eine Kultur demokratiefähig, die dem Einzelnen das Recht auf Selbstbestimmung verweigert? Ist eine Kultur gesellschaftsfähig, die die Gesetze dieses Landes ignoriert?

Bei Zwangsehen und arrangierten Ehen sind Erpressung und Nötigung im Spiel, die bestraft werden müssen. Aber es muss uns um mehr gehen als die Ahndung von Gesetzesverstößen. Es geht um die Verteidigung der Menschenrechte. Und es geht darum, die jungen Menschen selbst in die Lage zu versetzen, eigene Entscheidungen zu treffen. Sie müssen vor der Bevormundung durch ihre Familie geschützt werden. Es geht um Vorbeugung und Verhinderung von Entmündigung und nicht nur um die Verfolgung von Straftaten. In der deutschen Öffentlichkeit fehlen die Sensibilität und die Erkenntnis bei den Parteien, den Behörden, den Schulen und der öffentlichen Meinung, dass es sich hierbei um ein Problem handelt, das die Zukunft der Gesellschaft betrifft.

7. Was tun? Einige Vorschläge

Schaffung eines eigenen Straftatbestandes „Zwangsheirat“: Der „Brautpreis Deutschland“ erfreut sich trotz der fremdbestimmten Ehe unter Mädchen und jungen Frauen in der Türkei höchster Beliebtheit. Man weiß dort kaum etwas von Deutschland, was für die Haltbarkeit der Träume von einem besseren Leben sorgt. Und diese Hoffnungen werden von Eltern, Verwandten und Bekannten kräftig geschürt. Viele Tausend junge Türkinnen und Türken wollen nach Deutschland und sind bereit, fast jeden Preis dafür zu zahlen – auch einen fremden Partner und seine Familie.

Die Landesregierung von Baden-Württemberg hat im Herbst 2004 eine Bundesratsinitiative zur Bekämpfung der Zwangsheirat beschlossen und der Justizminister des Landes fordert: „Zwangsheirat muss durch einen eigenen Straftatbestand öffentlich geächtet werden." Die Landesregierung möchte einen § 234b (Zwangsheirat) ins Strafgesetzbuch einfügen, der folgendermaßen lauten soll:

„*(1) Wer eine andere Person rechtswidrig mit Gewalt oder durch Drohung mit einem empfindlichen Übel zur Eingehung der Ehe nötigt, wird mit Freiheitsstrafe von drei Monaten bis zu fünf Jahren bestraft. Rechtswidrig ist die Tat, wenn die Anwendung der Gewalt oder die Androhung des Übels zu dem angestrebten Zweck als verwerflich anzusehen ist.*

(2) Ebenso wird bestraft, wer eine andere Person seines Vorteils wegen durch die Ausnutzung einer Zwangslage oder der Hilflosigkeit, die mit ihrem Aufenthalt in einem fremden Land verbunden ist, zur Eingehung der Ehe bringt.

(3) Ebenso wird bestraft, wer eine andere Person durch List, Gewalt oder Drohung mit einem empfindlichen Übel in ein Gebiet außerhalb des räumlichen Geltungsbereichs dieses Gesetzes verbringt, oder veranlasst, sich dorthin zu begeben, oder davon abhält, von dort zurück zu kehren, um sie zur Eingehung der Ehe zu bringen.

(4) Der Versuch ist strafbar."[15]

Diesem stimme ich zu.

Wir müssen uns bewusst machen, dass es bei Zwangsheiraten und arrangierten Ehen um eine politische, kulturelle und religiöse Auseinandersetzung geht, die die entscheidenden Pfeiler unserer Demokratie tangiert. Akzeptieren wir sie als kulturelle Eigenart, als Privileg einer islamischen oder irgendeiner anderen Kultur, werden die demokratische Zivilgesellschaft und die Grund- und Freiheitsrechte beschädigt.

Überprüfung bestehender Gesetze auf Praxistauglichkeit: Sowohl im Zivilrecht als auch im Strafrecht bestehen gesetzliche Regelungen, die zur Verhinderung und Bekämpfung von Zwangsehen dienen. Hierzu zählen die Aufhebung der Ehe auf Antrag nach den §§ 1313 ff. des Bürgerlichen Gesetzbuchs im Zivilrecht sowie die Strafbarkeit der Zwangsverheiratung als besonders schwerer Fall der Nötigung nach § 240 Absatz 4 Nr. 1 des Strafgesetzbuchs. In diesen beiden Bereichen der gesetzlichen „Ächtung" der Zwangsehe ist jedoch die bestehende Gesetzeslage auf ihre Praxistauglichkeit hin zu überprüfen und erforderliche Änderungen müssen vorgenommen werden.[16] Im Vordergrund muss dabei immer der konsequente Schutz der Opfer von Zwangsverheiratung stehen.

15 Bundesrat, Drucksache 767/04, 6.10.2004. In einem späteren Entwurf (Bundesrat, Drucksache 546/05 (Beschluss), 08.07.2005) wurden einige Änderungen vorgenommen, insbesondere wurde das Höchstmaß der Freiheitsstrafe auf zehn Jahre angehoben und ein neuer Absatz betreffend minder schwere Fälle (dann Freiheitsstrafe von drei Monaten bis zu fünf Jahren) angefügt.

16 Siehe hierzu die Beiträge von Seyran Ates und Regina Kalthegener in diesem Band.

Mindestalter bei Familienzusammenführung: Es gibt eine ganz einfache Regelung, die der Mehrzahl von Zwangsehen und arrangierten Ehen auf elegante Weise den Boden entziehen würde, ohne dass wir eine weltanschauliche oder religiöse Debatte führen müssten. Die niederländische Regierung hat am 5. März 2004 beschlossen, dass Familienzusammenführungen aufgrund von Eheschließung nur genehmigt werden, wenn beide Partner mindestens das 21. Lebensjahr vollendet haben. Eine ähnliche Regelung hat die Regierung in Dänemark schon am 15. August 2003 verkündet. Dort gilt die Vollendung des 24. Lebensjahres als Voraussetzung für eine Familienzusammenführung. In den Niederlanden haben diese Regelungen zusammen mit einem Sprachtest dazu geführt, dass die Zahl der Heiratsmigranten innerhalb eines Jahres um ein Drittel abgenommen hat.[17]

Vor dem Hintergrund meiner eigenen Untersuchungen und Erfahrungen behaupte ich, dass derzeit die meisten Frauen, die aufgrund von Familienzusammenführungen nach Deutschland kommen, unter 21 Jahre alt sind, und sie kommen wie oben erwähnt mehrheitlich durch Zwangs- bzw. arrangierte Ehen hierher. Da diese Ehen überwiegend aus materiellen Gründen geschlossen werden oder weil der „Brautpreis Deutschland" lockt, halte ich es für sinnvoller, diesen arrangierten Ehen von vornherein die Grundlage zu entziehen, als sie hinterher strafrechtlich verfolgen zu müssen. Also Vorbeugung statt Strafe – ein Prinzip, das sich auch sonst bewährt hat. Dänische Untersuchungen beweisen, dass der Einfluss der Familie mit zunehmendem Alter der Kinder sinkt.[18] Ältere Kinder können sich eher gegen eine fremdbestimmte Partnerwahl durch die Eltern zur Wehr setzen. Ich bin sicher, dass die Zahl der Ehen, die auf die Schnelle mit einem Partner im Ausland arrangiert werden, rapide abnehmen wird, wenn ein Mindestalter der Ehepartner gefordert wird. Dies würde entsprechende ausländergesetzliche Regelungen voraussetzen.

Warum käme eine 24-jährige Braut für viele Familien gar nicht Frage?

Die Tochter ist die Ehre der Familie, und die Familie ist für die Unberührtheit der Tochter verantwortlich. Die Keuschheit einer über 20-jährigen Tochter zu bewachen, dürfte aber für die Familie viel schwerer sein als bei einer jüngeren. „Ältere" Frauen stehen nicht mehr so stark unter familiärer Aufsicht und sind auch sonst schon selbstständiger. Vielleicht haben sie schon einen Beruf erlernt oder studieren, bevor sie sich entschließen, zu heiraten. Mit der Selbstständigkeit der jungen Frauen wird ihre Entscheidungsfähigkeit gestärkt.

Bei einem 24-jährigen Mann kann man davon ausgehen, dass er in seiner beruflichen Entwicklung so weit ist, eine eigene Familie unterhalten zu können. Er ist nicht mehr von seiner Familie wirtschaftlich abhängig, seine Eltern können ihm dann zumindest nicht mehr aus diesem Grund vorschreiben, wen er zur Frau nimmt. Ein junger Mann unter 21 Jahren wird allein nicht die Mittel aufbringen

17 Jahresbilanz Holländisches Fernsehen vom 21. 11. 2005.
18 Jahresbericht des dänischen Familien/Integrationsministeriums (2004).

können, die er braucht, um in der Türkei eine Hochzeit auszurichten. Er ist dabei auf seine Familie angewiesen. Sie wird schon deshalb bestimmen, wann es „so weit" ist.

Nachweis eines eigenen Haushalts: Eine Einreise des Ehepartners sollte künftig nur genehmigt werden, wenn der Ehepartner über einen Zeitraum von mindestens einem Jahr nachweist, dass er ein für den Familienunterhalt ausreichendes Einkommen durch Arbeit bezieht und einen eigenen Haushalt führt. Der bereits in Deutschland lebende Partner wäre für seinen Partner verantwortlich. Er müsste belegen, dass er mit seinem Ehepartner einen selbstständigen Haushalt führen wird, ohne – jedenfalls für eine bestimmte Frist – Sozialhilfe zu beantragen. Es ist übliche Praxis bei türkischen Migranten, die Importbräute als kostenlose Haushaltshilfen im Familienhaushalt einzusetzen. Da sie oft in den Wohnungen ihrer Schwiegereltern festsitzen, haben sie meist keine Möglichkeit, überhaupt Kontakte zur deutschen Gesellschaft zu knüpfen.

Verbot von Verwandtenehen: Auch bei den in Deutschland lebenden türkischen Familien ist die Tendenz ungebrochen, die Braut häufig aus dem Verwandtenkreis besorgen zu lassen. Oft beharren die Eltern aus Tradition oder aus wirtschaftlichen Gründen auf einer Verwandtenehe. Schließlich heiratete der Prophet, obwohl der Koran in bestimmten Verwandtschaftsverhältnissen ein Ehehindernis sieht, selbst seine Cousine Zainab. Und er verheiratete seine Tochter Fatima mit seinem Neffen Ali. Und so hat sich die Ehe von Cousin und Cousine trotz der Prophezeiung und geschürt durch die Furcht, das Kind einer fremden Familie anzuvertrauen, stark verbreitet.

Genaue Zahlen über Verwandtenehen existieren nicht, weil sie nie systematisch erhoben wurden. Bei einer Befragung, die im Rahmen eines Forschungsprojekts am Universitätsklinikum Rudolf Virchow in Berlin stattfand, gab jede fünfte von über 300 Frauen an, einen Verwandten geheiratet zu haben. In ländlichen Gebieten der Türkei heiraten mitunter sogar über 40 % innerhalb der Familie, wie eine Untersuchung der Universität Diyarbakir von 1996 ergab.[19]

Dass eine Heirat unter Blutsverwandten erhebliche gesundheitliche Risiken für die in dieser Ehe gezeugten Kinder mit sich bringt, wird ignoriert. Entweder fehlt es an Aufklärung über solche medizinischen Gefahren oder sie werden in Kauf genommen, weil ohnehin alles dem Plan Allahs folgt. Je enger das Verwandtschaftsverhältnis, desto größer die Gefahr einer genetisch bedingten Erkrankung. Bei einer Ehe zwischen Cousin und Cousine verdoppelt sich das Risiko, dass der Nachwuchs behindert zur Welt kommt. Nach einem Bericht im Tagesspiegel vom November 2004 wurden in der Praxis für vorgeburtliche Diagnostik eines Berliner Frauenarztes im Jahr 2002 bei 160 Cousin-Cousinen-Ehepaaren 14 Föten mit „schweren Anomalien" diagnostiziert – immerhin eine Rate von 8,5 %. Und die Dunkelziffer solcher mit Anomalien geborener Kinder dürfte sehr hoch sein. Eine Behinderung

19 Kagitcibasi (1996).

wird als Schicksalsschlag, *Kismet,* und als „Strafe Gottes" gesehen. Diese Kinder werden meist versteckt.

Ehen von Blutsverwandten dürfen künftig nicht anerkannt und die Einreise des Ehepartners zwecks Familienzusammenführung bei naher Verwandtschaft nicht erlaubt werden. Da das Risiko von Behinderungen von Kindern naher Verwandter doppelt so hoch ist wie bei Nichtverwandten-Ehen, sollten zum Schutz der zukünftigen Kinder solche Verbindungen nicht mehr toleriert werden.

Sprach- und Integrationskurse: Personen, die einen ständigen Aufenthalt in der Bundesrepublik beabsichtigen, müssen schon bei der Einreise ihr Verständnis der deutschen Sprache und Kultur prüfen lassen. Sie müssten danach an Sprach- und Integrationskursen teilnehmen, die mit einem Abschlusstest enden, der bestanden werden muss, bevor eine dauerhafte Aufenthaltsgenehmigung erteilt wird. Andernfalls erhalten sie nur einen befristeten Aufenthaltstitel, der immer wieder neu beantragt werden muss. Das neue Zuwanderungsgesetz schreibt solche Kurse bereits vor. Vor allem für die jungen Frauen wäre dies die einzige, vom Staat vorgegebene Möglichkeit, die Sprache des Landes zu erlernen, in dem sie zukünftig leben werden, und seine Normen und Werte kennen zu lernen. Die deutsche Gesellschaft könnte sich so zum ersten Mal überhaupt einen Eindruck davon verschaffen, wer Bürger ihres Landes wird. Deshalb ist es wichtig, diese Integrationskurse auch dazu zu nutzen, Kontakte zu diesen Menschen aufzubauen, ihnen Vertrauen in die Rechtstaatlichkeit der deutschen Gesellschaft zu vermitteln und ihnen die Chancen aufzuzeigen, die diese Gesellschaft auch ihnen bietet.

8. Schlussbemerkung

Mir geht es nicht darum, „Gerechtigkeit für die Muslime" einzufordern, sondern Gerechtigkeit und Selbstbestimmung für die muslimischen Mädchen und Frauen zu erstreiten. Das ist ein fundamentaler Unterschied, den der amerikanische Philosoph Francis Fukuyama treffend beschreibt:

„Aus einem missverständlichen Respekt kultureller Unterschiede heraus – und in manchen Fällen aufgrund imperialer Schuld – überließ man es den kulturellen Gemeinschaften, Verhaltensregeln für ihre Mitglieder aufzustellen.

Der Liberalismus kann sich letztlich nicht auf Gruppenrechte gründen, denn nicht alle Gruppen halten die liberalen Werte hoch. Die Zivilisation der europäischen Aufklärung, deren Erbe die zeitgenössische liberale Demokratie ist, kann sich nicht kulturell neutral verhalten, weil liberale Gesellschaften in Bezug auf den gleichen Wert und die gleiche Würde des Individuums ihre eigenen Werte haben. Kulturen, die diese Prämissen nicht akzeptieren, verdienen in einer liberalen Demokratie nicht den gleichen Schutz, Mitglieder von Immigrantengruppen und ihre Nachkommen verdienen es, als Individuen gleich behandelt zu werden, nicht als Mitglieder von kulturellen Gemeinschaften. Es besteht kein Anlass, ein muslimisches Mädchen vor dem Gesetz anders zu behandeln als ein christliches oder jüdisches, ganz gleich, was ihre Verwandten darüber denken."[20]

Ziel all dieser Maßnahmen ist es, jedem, gleich welcher Herkunft und Religion, zu ermöglichen, sich seinen Ehepartner selbst auszusuchen, und die Botschaft zu vermitteln, dass jeder sich dabei der Unterstützung der deutschen Gesellschaft sicher sein kann. Ich möchte, dass die Integration der hier lebenden Türkinnen/Türken und Musliminnen/Muslime gefördert und der weiteren Entwicklung einer Parallelgesellschaft entgegengewirkt wird. Die Regierung, die Parteien, die gesellschaftlichen Institutionen, die Behörden, Lehrerinnen/Lehrer, Sozialarbeiterinnen/Sozialarbeiter, aber auch die Türkinnen/Türken und Musliminnen/Muslime selbst müssen die Praxis der Zwangsverheiratung abschaffen wollen. Wenn sich etwas ändern soll, muss sich die Einstellung der Gesellschaft zu diesem Problem ändern.

20 Francis Fukuyama, Wie Muslime Bürger werden, in: Die Welt vom 3.3.2007, verfügbar unter: http://www.welt.de/politik/article744342/Wie_Muslime_Buerger_werden.html (abgerufen am 16.04.2007).

Literatur

Beauftragte der Bundesregierung für Ausländerfragen (Hrsg.) (2002), [5.] Bericht über die Lage der Ausländer in der Bundesrepublik Deutschland, Bonn und Berlin, verfügbar unter: http://www.bundesregierung.de/Content/DE/Publikation/IB/Anlagen/ausl_C3_A4nderbericht-5,property=publicationFile.pdf (abgerufen am 4.4.2007).

Der Koran, Übersetzung von Rudi Paret, Stuttgart: Kohlhammer, 1979.

Geertz, Clifford (1991), Religiöse Entwicklungen im Islam. Beobachtet in Marokko und Indonesien, Frankfurt a. M.: Suhrkamp.

Jahresbericht des dänischen Familien/Integrationsministeriums (2004).

Kagitcibasi, Cigdem (1996), Insan – Aile – Kültür, 3. Basim [Mensch – Familie – Kultur, 3. Auflage], Istanbul: Kitabevi.

Kelek, Necla (2002), Islam im Alltag. Islamische Religiosität und ihre Bedeutung in der Lebenswelt von Schülerinnen und Schülern türkischer Herkunft, Münster u. a.: Waxmann.

Kelek, Necla (2006a), Die fremde Braut. Ein Bericht aus dem Inneren des türkischen Lebens in Deutschland, 8. Auflage, Köln: Kiepenheuer und Witsch.

Kelek, Necla (2006b), Die verlorenen Söhne. Plädoyer für die Befreiung des türkisch-muslimischen Mannes, 2. Auflage, Köln: Kiepenheuer und Witsch.

Khoury, Adel Theodor/Hagemann, Ludwig/Heine, Peter (2006), Islam-Lexikon A–Z. Geschichte – Ideen – Gestalten, Freiburg u. a.: Herder Spektrum.

Rassoul, Muhammad (1997), Der deutsche Mufti, Köln: Islamische Bibliothek.

Schirrmacher, Christine/Spuler-Stegemann, Ursula (2004), Frauen und die Scharia. Die Menschenrechte im Islam, Kreuzlingen u. a.: Hugendubel.

Spuler-Stegemann, Ursula (2002), Muslime in Deutschland. Informationen und Klärungen, Freiburg i. Br.: Herder.

Weber, Max (1920/21), Gesammelte Aufsätze zur Religionssoziologie, Tübingen: Mohr.

Ausmaß und Ursachen von Zwangsverheiratungen in europäischer Perspektive. Ein Blick auf Forschungsergebnisse aus Deutschland, Österreich, England und der Türkei

Yasemin Karakaşoğlu und Sakine Subaşı

1. Zielsetzung

Ziel dieses Beitrages ist eine Auswertung wissenschaftlicher Literatur zum Thema Zwangsverheiratung in Deutschland mit Blick auf entsprechende Erkenntnisse in angrenzenden europäischen Ländern und auf die Türkei als Herkunftsland der größten Migrantenpopulation in Deutschland, die mit dem Phänomen in Verbindung gebracht wird. Dabei liegt die Betonung bewusst auf dem wissenschaftlichen Diskussionsstand, denn der Aufsatz versteht sich als Beitrag zur Versachlichung der häufig auf emotionalisierender Populärliteratur beruhenden Debatte über dieses Thema in Deutschland.[1]

Da Zwangsverheiratung vom Europäischen Parlament[2] wie auch von der Vierten Weltfrauenkonferenz von 1995[3] ausdrücklich als ein internationales Problem erkannt und benannt wurde, sollen hier verschiedene Formen der Auseinandersetzung mit diesem Problem in europäischen Nachbarländern wie auch der Türkei berücksichtigt werden.[4] Angesichts der inzwischen in großem Umfang zur Verfügung stehenden Länderberichte zu diesem Thema kann die vorliegende Abhandlung keine lückenlose Darstellung des Forschungsstandes bieten. Sie versteht sich als Beitrag dazu, die Diskussion in Deutschland in einen breiteren internationalen Zusammenhang zu stellen, und als Anregung, diese Erkenntnisse verstärkt in die Diskussion in Deutschland mit einzubeziehen.

„112. Gewalt gegen Frauen ist ein Hindernis auf dem Weg zur Verwirklichung der Ziele der Gleichberechtigung, der Entwicklung und des Friedens. Gewalt gegen Frauen verstößt gegen die Menschenrechte und Grundfreiheiten der Frau und beeinträchtigt oder verhindert deren Wahrnehmung. Das Problem, daß seit langem verabsäumt wird, diese Rechte und Freiheiten im Falle von Gewalt gegen Frauen zu schützen und zu fördern, betrifft alle Staaten und sollte angegangen werden. Seit der Konferenz von Nairobi ist

---

1 Der Beitrag ist Ergebnis erster Recherchen hinsichtlich des Forschungsstands zu dem Phänomen Zwangsverheiratung in Europa. Eine umfassendere Dokumentation des Forschungsstands unter Einbezug weiterer europäischer Länder wird Gegenstand eines längerfristigen Forschungsprojektes im Jahr 2007/2008 am Lehrstuhl Interkulturelle Bildung der Universität Bremen sein.

2 Siehe die Entschließung des Europäischen Parlaments zu Folgemaßnahmen zur Vierten Weltfrauenkonferenz – Aktionsplattform (Peking + 10) vom 02.03.2005, Plenarsitzungsdokument B6-0177/2005.

3 Siehe den Bericht der Vierten Weltfrauenkonferenz, United Nations (1996); deutsche Übersetzung verfügbar unter: http://www.un.org/Depts/german/conf/beijing/beij_bericht.html (abgerufen am 24.4.2007).

4 Vgl. Directorate General of Human Rights (2005).

viel mehr über die Ursachen und Folgen der Gewalt gegen Frauen sowie über ihre Häufigkeit und die Maßnahmen zu ihrer Bekämpfung bekannt geworden. In allen Gesellschaften sind Frauen und Mädchen in unterschiedlichem Ausmaß und unabhängig von Einkommen, Gesellschaftsschicht oder Kultur der physischen, sexuellen und psychischen Mißhandlung ausgesetzt. Die niedrige soziale und wirtschaftliche Stellung der Frau kann sowohl Ursache als auch Folge der Gewalt gegen Frauen sein.“[5]

Ausgehend von dieser Prämisse sollen die gesichteten Studien daraufhin untersucht werden, welche Ursachen und Hintergründe sie für die Zwangsehe als spezifische Form der Gewalt an Frauen im familiären Kontext ausmachen und inwieweit abgesicherte Erkenntnisse vorliegen.

2. Begriffsdefinition

Es gibt keine allgemein akzeptierte Definition des Begriffs der Zwangsehe; vielmehr wird er in unterschiedlichen Ländern durchaus unterschiedlich gefasst.[6] Er kann in einer weiten Definition als Oberbegriff für oder zur Kennzeichnung der speziellen Form einer Ehe, die nicht von den Partnern selbst gestiftet wurde, fungieren. Dann gehören zum Begriffsfeld ebenso die transnationale Ehe wie die arrangierte Ehe, die traditionelle Ehe, die Kinderehe, die frühe Ehe oder auch die Sklavenehe etc.[7]

Im Folgenden soll jedoch zwischen Zwangsehe und arrangierter Ehe differenziert und in Anlehnung an die Definition des britischen Innenministeriums unter Zwangsehe (forced marriage) eine “marriage without the full consent of both parties and where duress is a factor” bezeichnet werden. In Abgrenzung dazu definiert der Bericht des Directorate General of Human Rights „arrangierte Ehen“ wie folgt:

“In other words, in the tradition of arranged marriages, the families of the future spouses are understood to play a central role in arranging the marriage, but the choice of whether or not to marry rests with the spouses.”[8]

Zwangsehe umschreibt also eine Verheiratungspraxis, bei der – im Unterschied zu allen anderen Heiratsformen – mindestens einer der Ehepartner durch physischen oder psychischen Zwang zur Ehe genötigt wurde.[9] Diese Form unterscheidet sich von der arrangierten Ehe, die das Einverständnis beider Ehepartner voraussetzt, wobei in einer Studie zu Zwangsehen in England festgestellt wurde, dass Zwangsverheiratungen häufiger dort vorkommen, wo arrangierte Ehen üblich sind.[10]

---

5 Absatz 112 der auf der Vierten Weltfrauenkonferenz 1995 verabschiedeten Aktionsplattform, United Nations (1996), S. 6 ff., 49; deutsche Übersetzung verfügbar unter: http://www.un.org/Depts/german/conf/beijing/anh_2_4.html (abgerufen am 24. 04. 2007).

6 Vgl. Directorate General of Human Rights (2005), S. 21.

7 Siehe ebd., S. 14.

8 Ebd., S. 18.

9 Home Office u. a. (2006), S. 2; The Report of the Working Group on Forced Marriage (2000), S. 10.

10 Samad/Eade (2002), S. 53.

3. Literaturbasis des Beitrags

Die Literatur, auf die sich die Diskussion in Deutschland um rechtliche und politische Maßnahmen zur Verhinderung von Zwangsverheiratungen bislang stützt, besteht überwiegend aus persönlich formulierten und häufig emotionalisierten Erlebnisberichten von einzelnen Betroffenen bzw. Sammlungen von entsprechenden Biographien, denen als Ausgangspunkt die Zuordnung der Problematik Zwangsverheiratung zur islamischen Herkunft der Betroffenen gemeinsam ist.[11]

In diesem Zusammenhang wurde der bundesdeutschen Migrationsforschung wiederholt der Vorwurf gemacht, sich mit diesem wichtigen Thema nicht frühzeitig auseinandergesetzt und keine Daten zur Verfügung gestellt zu haben. Dies entspricht nicht der Realität. Die deutsche migrationsbezogene Sozialforschung beschäftigt sich bereits seit ihren Anfängen in den 1970er Jahren mit der spezifischen Lebenssituation von Frauen mit Migrationshintergrund in Deutschland und in diesem Zusammenhang auch mit arrangierten Ehen und Zwangsverheiratung. Das Thema trat bereits in den 1980er Jahren in Zusammenhang mit der Fokussierung auf die muslimischen Türkinnen/Kurdinnen als Opfer verstärkt in den Blickpunkt.[12] Speziell zu arrangierten Ehen in kurdischen Gemeinschaften liegen zwei ältere ethnologische Studien vor. So untersuchten Yalçın-Heckmann (1991) wie auch Engelbrektsson (1978) das Heiratsverhalten in kurdisch-türkischen Gemeinschaften, wobei Engelbrektsson das „Verheiratetwerden" in einen Kontext des rituellen Übergangs in eine neue Lebensphase, nämlich die des Erwachsenenlebens, mit voller, auch sexueller Mündigkeit in Begleitung der Eltern beschreibt.[13] Es kann also nicht davon gesprochen werden, dass dieses Thema ausgeklammert wurde.

Ergänzt wird das Spektrum zur Verfügung stehender älterer wissenschaftlicher Literatur durch Studien neueren Datums, die in der vorliegenden Literaturanalyse besonders berücksichtigt wurden. Es handelt sich a) um eine Studie zum Heiratsverhalten und der Partnerwahl türkischer Migranten der zweiten Generation auf der Basis statistischer Daten und einer qualitativ-empirischen Erhebung,[14] b) um eine Studie zu Erfahrungen junger Männer türkischer Herkunft aus bildungsfernen Schichten mit dem „Verheiratetwerden" – ebenfalls auf der Basis einer qualitativ-empirischen Erhebung,[15] c) um Daten einer quantitativen Mehrthemen-

11 Zu den Erlebnisberichten zu Zwangsehen bzw. Ehrenmorden rechnen wir (ohne Anspruch auf Vollständigkeit zu erheben) u. a.: Ateş (2003); Ayşe (2004); Bläser (1999); Ceylan (1998); Çileli (1999); Gashi (2005); Kelek (2005). Zur Kritik an der Verwendung dieser Literaturgattung für die Entwicklung migrations- und ausländerpolitischer Maßnahmen, etwa durch den ehemaligen Innenminister Otto Schily, wird verwiesen auf von Braun/Mathes (2007), S. 429.

12 Hier ist auf die systematische Literaturanalyse von Huth-Hildenbrandt (2002) zu verweisen, die nachzeichnet, wie sich die Konstruktion des „Bildes von der Migrantin" als Opfer patriarchaler Gesellschaftsnormen seit den 1970er Jahren im wissenschaftlichen und sozialpädagogischen Diskurs vollzogen hat. Stellvertretend für andere seien hier folgende Publikationen genannt: Baumgartner-Karabak/Landsberger (1978); Ehlers u. a. (1997); Hessische Vereinigung für Volkskunde (1992); Kehl/Pfluger (1997); König (1989); Mansfeld (1979); Scheinhardt (1980); Schiffauer (1983); Straube (1987); Wolbert (1984).

13 Engelbrektsson (1978), S. 143–153.

14 Straßburger (2003).

15 Toprak (2007).

befragung, bei der auch Einstellungen zu arrangierten transnationalen Ehen und Partnerwahlpräferenzen erhoben wurden,[16] sowie d) um Daten einer quantitativen Studie zu Gewalterfahrungen im häuslichen Bereich, bei der – bezogen auf das türkische Subsample – auch Erfahrungen mit Zwangsverheiratung und arrangierten Ehen im Kontext von Gewalterfahrungen in der Familie untersucht wurden.[17]

Ebenfalls eingeflossen sind Ergebnisse von in einzelnen Städten und Bundesländern durchgeführten Befragungen in Beratungseinrichtungen, die einen ersten Überblick über das Vorkommen von Zwangsverheiratungen und die Beratungspraxis im Umgang mit Betroffenen geben (z. B. Bericht der ressortübergreifenden Arbeitsgruppe des Bremer Senats zu „häuslicher Beziehungsgewalt"[18]; Ergebnisse einer Befragung der Lawaetz-Stiftung im Auftrag der Hamburger Behörde für Soziales, Familie, Gesundheit und Verbraucherschutz zu dem Thema Zwangsverheiratung[19]).

Berücksichtigt werden konnte auch eine ähnliche Initiative aus dem Nachbarland Österreich. Einbezogen wird die Kurzfassung der Studie des Zentrums für Soziale Innovation, die im Auftrag der Magistratsabteilung 57 der Stadt Wien zu „Zwangsverheiratung und arrangierte Ehen in Österreich unter besonderer Berücksichtigung Wiens" durchgeführt wurde.[20]

Zwei europäisch vergleichende Berichte sind in die Literaturanalyse eingeflossen, die über Ausmaß, Hintergründe sowie rechtliche und politische Maßnahmen gegen Zwangsverheiratung im europäischen Zusammenhang Auskunft geben. Seit 2005 liegt ein umfassender, die diesbezügliche Situation in 28 Europaratsstaaten vergleichender Bericht des Directorate General of Human Rights vor.[21] Es handelt sich hierbei nicht um eine sozialwissenschaftliche Studie im engeren Sinne, sondern um eine Zusammenstellung der entsprechenden rechtlichen und politischen Maßnahmen auf der Grundlage einer schriftlichen Befragung von Regierungs- und Nichtregierungsorganisationen der Länder mit dem Ziel, eine erste Übersicht zu gewinnen über das Ausmaß und den Umgang mit Zwangsverheiratungen. Ziel ist, Forschungsdesiderate offen zu legen und weitere praktische Maßnahmen anzuregen.[22] Der Bericht, in dem die Gesetzgebung wie politische Initiativen, die Zwangsheiraten verhindern und verbieten, in einer komparativen Weise untersucht und vorgestellt werden, stellt fest:

"It would thus be extremely useful to produce a socio-demographic and cultural profile of individuals who fear, or enter into, forced marriages in each of the Council of Europe member countries. This would help us to assess the incidence of forced marriage and understand its various dimensions, to identify the regions where it is practised and to develop more pertinent responses to the problem."[23]

---

16 Boos-Nünning/Karakaşoğlu (2006).
17 BMFSFJ (2004).
18 Bericht der ressortübergreifenden Arbeitsgruppe des Bremer Senats (2006).
19 Mirbach u. a. (2006).
20 Magistratsabteilung 57 der Stadt Wien (2006).
21 Directorate General of Human Rights (2005).
22 Ebd., S. 15.
23 Ebd., S. 8.

Ebenfalls seit 2005 liegt ein Bericht des europäischen Projektes „Prevention of Violence against Women and Girls in Patriarchal Families“ vor, der sich mit Zwangsehen und Ehrenmorden im Kontext von „Honour Related Violence“[24] befasst und hier ebenfalls die Erkenntnisse zum Ausmaß von Zwangsverheiratung und die soziale, rechtliche und politische Praxis zum Umgang mit Zwangsehen in verschiedenen europäischen Ländern (Schweden, Großbritannien, Niederlande, Deutschland, Finnland, Zypern, Bulgarien) vergleicht.[25]

Darüber hinaus werden zwei Regionalstudien aus Großbritannien und der Türkei in die Analyse einbezogen, die vertiefte Einblicke in den Wandel von Heiratspraxen und damit auch Einstellungen gegenüber arrangierten Ehen und Zwangsverheiratungen unter betroffenen Bevölkerungsgruppen geben. Es handelt sich um eine mit qualitativen Methoden durchgeführte Studie aus Großbritannien, die „Community Perceptions of Forced Marriages“ am Beispiel einer Community aus Bangladesch in Tower Hamlets und einer Community aus Pakistan in Bradford untersucht,[26] sowie eine mit quantitativen Methoden durchgeführte Studie bei 599 Frauen aus Südost- bzw. Ostanatolien, die zu ihrer Zustimmung zur Heirat, Heiratstraditionen, Mehrehe und Konsequenzen aus einer außerehelichen Beziehung befragt wurden.[27]

4. Ergebnisse

4.1 Erkenntnisse über das Ausmaß von Zwangsehen und arrangierten Ehen

In Deutschland ist von „Tausenden junger Menschen“ bezogen auf Personen türkischer Herkunft die Rede, die von der Problematik betroffen seien. Kelek geht davon aus, dass „mindestens die Hälfte“ der 21.447 Personen aus der Türkei, die im Jahr 2001 aufgrund von Familienzusammenführung nach Deutschland gekommen sind, in arrangierte oder erzwungene Ehen involviert sind.[28] Dabei macht sie bewusst keinen Unterschied zwischen arrangierten und erzwungenen Ehen[29] und geht offenbar davon aus, dass transnationale Ehen in der Regel erzwungene Ehen sind. In den Medien kursiert eine Zahl von 30.000 Zwangsverheiratungen pro Jahr bei Personen mit Migrationshintergrund in Deutschland, deren Urheberschaft fälschlicher Weise der Frauenrechtsorganisation Terre des Femmes zugeschrieben wird. Die Organisation selbst verweist hingegen auf fehlende repräsentative Daten, die eine solche Behauptung rechtfertigen würden: „Bisher gibt es keine

24 Die diesbezügliche Definition lautet: “Honour related violence is a form of violence perpetrated predominantly by males against females within the framework of collective based family structures, communities, and societies where the main claim for the perpetuation of violence is the protection of a societal construction of honour as a value system, norm or tradition”, Kvinnoforum (2005), S. 19.

25 Kvinnoforum (2005).

26 Samad/Eade (2002).

27 İlkkaracan (2000).

28 Kelek (2005), S. 219; vgl. auch ihren Beitrag in diesem Band.

29 Ebd., S. 223.

repräsentativen Studien zu der Anzahl von Betroffenen in Deutschland. Verschiedene Umfragen bieten zwar Anhaltspunkte, geben aber keine deutschlandweit repräsentative Auskunft“[30]. Hingewiesen wird etwa auf Umfragen bei Beratungseinrichtungen in Berlin (2004), Baden-Württemberg (2005) und Hamburg (2006), in denen jeweils bezogen auf die Stadt bzw. Region 200 bis 300 Beratungsfälle zu Zwangsverheiratung pro Jahr registriert wurden. Den Erhebungen sind unterschiedliche Daten über die Merkmale der betroffenen Bevölkerungsgruppe zu entnehmen, die wichtige Hinweise für Präventivmaßnahmen bieten. In Baden-Württemberg und Berlin lag der Anteil der Minderjährigen bei 40 bis 50 %, in Berlin waren 10 % der Betroffenen männlich.

Eine Studie, die auf Initiative der Hamburger Behörde für Soziales, Familie, Gesundheit und Verbraucherschutz durch die Lawaetz-Stiftung durchgeführt wurde,[31] hatte eine Bestandsaufnahme der Fälle wie auch der Interventionen in den Hamburger Institutionen und Einrichtungen zum Ziel, die von der Behörde über einen E-Mail-Verteiler festgelegt wurden.[32] Die Durchführung der Umfrage erfolgte von Juli bis September 2006. Sie bestand aus zwei Teilen: erstens eine schriftliche standardisierte Befragung und zweitens ergänzende Leitfadeninterviews mit offenen Fragestellungen (Expertinnengespräche und Expertengespräche).[33] Gefragt wurde nach Fällen von Zwangsheirat im Jahre 2005. Befragt zu ihren Erfahrungen und Einschätzungen wurden professionelle Beraterinnen und Berater der allgemeinen Sozialen Arbeit in den Hamburger Einrichtungen. Diese Untersuchung erhebt keinen Anspruch auf Repräsentativität, sondern ist als explorative Studie angelegt, „die einerseits Informationen zu dem Forschungsfeld gibt, aber andererseits auch weitere Fragen hervorbringt.“[34] Aus diesem Grund müssen die Daten, die zum Teil auf subjektiven Empfindungen und Einschätzungen der Beraterinnen beruhen und die sich weitgehend nicht auf Dokumentationen stützen können, vorsichtig interpretiert werden.

Der Untersuchung liegt eine Definition von Zwangsheirat zugrunde, bei der Zwang, der von den Beteiligten als solcher empfunden wird, als entscheidender Faktor bewertet wird.[35] Um den Definitionsrahmen einzugrenzen, wird darauf hingewiesen, dass es unterschiedliche Zwangsmomente gibt, die strukturelle, soziale, wirtschaftliche und andere Ursachen haben können, sich die Untersuchung jedoch auf solche Zwangsehen beschränkt, die aufgrund familiären oder gesellschaftlichen Drucks geschlossen werden. Von den insgesamt 59 Einrichtungen, die im Rahmen der Umfrage erreicht wurden, haben sich im Jahr 2005 34 Einrichtungen mit dem

30 Terre des Femmes, Hintergrundinformationen zum Thema Zwangsheirat, unter: http://www.frauenrechte.de/tdf/index.php?option=com_content&task=view&id=164&Itemid=126 (abgerufen am 24. 4. 2007).

31 Mirbach u. a. (2006).

32 In diesem Verteiler befanden sich die Jugendämter in den Bezirken, Freie Träger der Jugendhilfe, Frauenberatungsstellen und Hamburger Frauenhäuser, Einrichtungen der Opferhilfe sowie die Adressen von Integrationszentren bzw. Migranten/Migrantinnenberatungsstellen, ebd., S. 1.

33 Ebd., S. 2 ff.

34 Ebd., S. 3.

35 Ebd., S. 5.

Thema Zwangsverheiratungen beschäftigt. Insgesamt 120 Beraterinnen und Berater waren mit dem Thema Zwangsheirat befasst.[36] 27 der 34 Einrichtungen, die sich mit dem Thema befasst haben, registrierten auch konkrete Beratungs- und Hilfefälle im Hinblick auf eine Zwangsheirat. Das bedeutet, dass sich deutlich mehr Einrichtungen und Personen der allgemeinen Sozialen Arbeit in Hamburg mit dem Thema beschäftigt haben, als konkret mit Fällen befasst waren. Es ist zu vermuten, dass dies in Zusammenhang mit der erhöhten Sensibilität für das Thema durch die öffentliche Diskussion steht.[37]

Wichtige Ergebnisse dieser Untersuchung sind vor allem, dass es bislang keine professionell arbeitende Stelle und kein professionelles Wissen in Hamburg zum Thema Zwangsehen gibt.[38] Aus ihren Erfahrungen leiten die Expertinnen und Experten unterschiedliche Motive und Ursachen von Zwangsehen her, die sich durchaus auch widersprechen: So wird auf der einen Seite erwähnt, dass Zwangsverheiratungen in allen sozialen Schichten erfolgen, zum anderen werden aber Armut und ein niedriger Bildungsstand der Beteiligten als Faktoren genannt.[39] Ebenfalls wird darauf hingewiesen, dass es sich nicht um ein auf Angehörige des Islam begrenztes Phänomen handelt, sondern 16 % der Ratsuchenden anderen Religionen bzw. keiner Religion angehörten. Über 80 % der Ratsuchenden in Hamburg waren über 18 Jahre alt. 48 % waren ledig, 32 % verheiratet und der Rest lebte getrennt oder in Scheidung. Nur 11 % der Volljährigen hatten einen Berufsabschluss und 64 % konnten Deutsch lesen und schreiben. Die Frauen erfuhren von Hilfeeinrichtungen in erster Linie über Mund-zu-Mund-Propaganda und an zweiter Stelle durch die Öffentlichkeitsarbeit der betreffenden Institutionen. In der Mehrzahl der Fälle fand eine Beratung in Frauen- bzw. Mädchenberatungsstellen und in Migrantinnenberatungsstellen statt. Nur wenige wendeten sich an Opferberatungsstellen, das Jugendamt oder Träger der Jugendhilfe, was auch mit dem Alter der Ratsuchenden zusammenhängt.[40] In 87 Fällen wurde die Beratung vor der Verheiratung, in 90 danach und in 24 sowohl davor wie auch danach aufgesucht.[41]

Mit der Studie „Lebenssituation, Sicherheit und Gesundheit von Frauen in Deutschland“[42] hat das Bundesministerium für Familie, Senioren, Frauen und Jugend (BMFSFJ) im Zuge der Umsetzung des Aktionsplans gegen Gewalt gegen Frauen in Deutschland[43] aus dem Jahr 1999 die erste repräsentative Untersuchung zu Gewalt gegen Frauen in Deutschland in Auftrag gegeben. Diese Studie des Zentrums für Interdisziplinäre Frauen- und Geschlechterforschung (IFF) der Universität Bielefeld gliedert sich in drei Bestandteile: Zunächst wurden im Rahmen der Hauptun-

36 Ebd., S. 10.
37 Ebd., S. 11.
38 Ebd., S. 32.
39 Ebd., S. 24.
40 Ebd., S. 38.
41 Ebd., S. 39.
42 BMFSFJ (2004).
43 Verfügbar unter: http://www.bmfsfj.de/RedaktionBMFSFJ/Abteilung4/Pdf-Anlagen/gewalt-aktionsplan-gewalt-frauen-ohne-vorwort,property=pdf,bereich=,rwb=true.pdf (abgerufen am 24.4.2007).

tersuchung von Februar bis Oktober 2003 auf der Basis einer Gemeindestichprobe ca. 10.000 Frauen im Alter von 16 bis 85 Jahren in ganz Deutschland zu ihren Gewalterfahrungen, ihrem Sicherheitsgefühl und ihrer psychosozialen wie auch gesundheitlichen Situation befragt.[44] Das Untersuchungsdesign versuchte durch differenzierte Antwortmöglichkeiten sowohl verschiedene Erscheinungsformen wie auch die Häufigkeit und die Intensität der erlebten Gewalt abzubilden. Ebenso wurden die Täter-Opfer-Kontexte berücksichtigt, die jedoch nicht konsequent in die Dateninterpretation einflossen. Bei den Gewaltformen wurden körperliche und sexuelle Gewalt sowie sexuelle Belästigung und psychische Gewalt unterschieden. Neben dieser repräsentativen Hauptuntersuchung wurden weitere Befragungen in die Untersuchung einbezogen, um Gruppenerfahrungen, die in der Hauptuntersuchung aufgrund der geringen Fallzahlen nicht genügend ausgeleuchtet werden konnten, besser zu erfassen. In diesem Zusammenhang wurden zusätzliche Datenerhebungen bei osteuropäischen und türkischen Migrantinnen in den jeweiligen Sprachen mit je 250 Personen durchgeführt. Mit den Frauen, die von konkreten Gewalterfahrungen berichtet hatten, wurden zusätzlich qualitative Gruppendiskussionen geführt mit dem Ziel, ein genaueres Bild vom Unterstützungs- und Hilfsbedarf zu erhalten.

Diese Studie stellt einen wichtigen Beitrag zur Fachdiskussion um Gewalt gegen Frauen in Deutschland dar, da sie erste quantitative Daten über deren Ausmaß erhebt.

Grundsätzlich ist hier festzustellen, dass eine hohe Gewaltbetroffenheit von Frauen in Deutschland existiert.[45] Es wird vor allem der Umfang der häuslichen Gewalt in Deutschland deutlich, in deren Kontext auch Zwangsverheiratungen stehen. Demnach hat jede zweite bis dritte in Deutschland lebende Frau in ihrem Erwachsenenleben körperliche Übergriffe und jede siebte sexuelle Gewalt durch bekannte oder unbekannte Personen erlebt.[46] Etwa ein Viertel aller befragten Frauen hat angegeben, von ihrem aktuellen oder früheren Partner Gewalt erfahren zu haben. Als weitere Täter werden in dieser Reihenfolge Familienmitglieder, Arbeitskolleginnen/kollegen, Mitschülerinnen/Mitschüler und an letzter Stelle Personen aufgeführt, die den Betroffenen kaum oder gar nicht bekannt waren.[47] Nicht alle Frauen machten Angaben zu den Täter/Täterinnen, aber 71,4 % der genannten Täter/Täterinnen waren männlich.[48] Die meisten Gewaltprävalenzen sind zwischen dem 16. und 24. Lebensjahr (24 % bis 30 %) zu verorten, in einer Phase also, in der die Weichen für ein selbstbestimmtes Leben gestellt werden: während der Ausbildung, in den ersten Paarbeziehungen bzw. in den ersten Jahren einer Paarbeziehung und/oder in der ersten eigenen/gemeinsamen Wohnung etc.[49]

44 Dabei handelte es sich um standardisierte, ca. „60–90-minütige face-to-face-Interviews mit zusätzlichem Selbstausfüller zu Gewalt in Familien- und Paarbeziehungen" (ebd., S. 10).
45 Ebd., S. 31.
46 Ebd., S. 30.
47 Ebd., S. 46, 137.
48 Ebd., S. 49.
49 Ebd., S. 110.

Ein Teilergebnis der Studie des Bundesministeriums bezieht sich auf das Ausmaß der Gewalt gegen Migrantinnen. Schon die Vierte Weltfrauenkonferenz hat in ihrem Bericht darauf hingewiesen, dass Migrantinnen wie auch andere in nationalen Kontexten rechtlich und ökonomisch benachteiligte Personengruppen durch die vorhandenen schwerwiegenden Abhängigkeitssituationen in außergewöhnlichem Maße von Gewalt und Unterdrückung betroffen sind.[50] Die besondere Belastung von Migrantinnen durch Gewalt und Unterdrückung wird zwar auch in dieser Untersuchung bestätigt, es lassen sich jedoch keine direkten Rückschlüsse auf die soziökonomischen Bedingungen ziehen, weil diese Daten in der Untersuchung nicht konsequent berücksichtigt bzw. in die Analyse der Daten nicht einbezogen wurden.[51] Nur am Rande werden soziostrukturelle Bedingungen erfragt, die dennoch eine Tendenzaussage zulassen: Je gleichberechtigter Paarbeziehungen in sozioökonomischer Hinsicht sind, umso weniger Gewalt wird in ihnen ausgeübt.[52] Die Zusatzbefragung wurde ausgehend von der Annahme einer hohen Gewaltbetroffenheit bei Migrantinnen unter Frauen mit türkischem und osteuropäischem Hintergrund durchgeführt.[53] Auf diese Weise waren insgesamt 397 Frauen mit türkischem und 862 mit osteuropäischem Migrationshintergrund an der gesamten Untersuchung beteiligt.[54] Im Gegensatz zur Hauptbefragung handelt es sich hierbei aufgrund des Erhebungsdesigns nicht um eine repräsentative Befragung, was die Aussagefähigkeit der Daten im Hinblick auf die Übertragbarkeit der Ergebnisse auf die Grundgesamtheit einschränkt.[55]

In der Zusatzbefragung wurde davon ausgegangen, dass Zwangsehen nur ein türkisches Problem sind, weshalb nur die türkischen Frauen nach der Gewaltprävalenz bezogen auf Zwangsehen um Auskunft gebeten wurden.[56] Darüber hinaus wurden nur verheiratete, geschiedene oder verwitwete Frauen in diese Zusatzbefragung einbezogen und damit die potenzielle Betroffenheit von ledigen Frauen durch Zwangsheirat bzw. gescheiterte Versuche der Anbahnung einer Zwangsheirat nicht mitberücksichtigt. Letztlich waren es 143 verheiratete, verwitwete oder geschiedene türkische Frauen, die nach ihren Heiratsformen befragt wurden. Während drei Viertel der Frauen ihren Partner vor der Ehe kennen gelernt hatten, war einem Viertel der zukünftige Ehemann unbekannt. Bei der Hälfte der Frauen war der Partner von der Verwandtschaft ausgesucht worden, drei Viertel von ihnen war mit dieser Wahl einverstanden, ein Viertel hätte ihn lieber selbst ausgewählt. Von den 143 Frauen gaben zwölf an, das Gefühl gehabt zu haben, in die

50 Absatz 116 der der auf der Vierten Weltfrauenkonferenz 1995 verabschiedeten Aktionsplattform, United Nations (1996), S. 6 ff., 48.

51 BMFSFJ (2004), S. 118.

52 Ebd., S. 267.

53 Ebd., S. 116.

54 Ebd., S. 117.

55 Ebd. Die Bewertung dieser Zusatzbefragung wird auch in der Studie als nicht repräsentativ bewertet, was im Kontext unserer Diskussion um wissenschaftlich verifizierte Daten zu Zwangsehen von besonderer Bedeutung und deswegen erwähnenswert ist (vgl. ebd.).

56 Angesichts der weiteren Definition von „forced marriages" des Directorate General of Human Rights (2005), die auch Formen des Frauenhandels durch transnationale Eheschließungen beinhaltet, die der Untersuchung zugrunde liegt, wäre es sicher aufschlussreich gewesen zu erheben, inwiefern auch Frauen aus Osteuropa Formen von Zwangsverheiratung ausgesetzt sind.

Ehe gezwungen worden zu sein.[57] Es fehlen jedoch soziodemographische Angaben sowie Informationen zur ökonomischen und zur Bildungssituation der betroffenen Frauen, die Aufschluss über Ursachen und Hintergründe für die besondere Betroffenheit von Zwangsverheiratung hätten geben können.

In Österreich bietet eine Studie aus dem Jahr 2006[58] Einblicke in die Situation von Betroffenen einer drohenden oder vollzogenen Zwangsehe auf der Basis von 20 Gesprächen mit Experteninnen/Experten aus Beratungseinrichtungen sowie problemzentrierten Interviews mit acht Betroffenen (sechs Frauen und zwei Männern) im Alter zwischen 31 und 45 Jahren. Die Letztgenannten stammten aus der Türkei, Syrien, dem Irak und Bangladesch und waren ihrem Religionsbekenntnis nach entweder Sunniten oder Aleviten. Zunächst wird festgestellt, dass „keine Zahlen über das gesamte Ausmaß der von Zwangsheirat bedrohten bzw. konkret betroffenen Frauen und Mädchen in Wien" zur Verfügung stehen.[59] Für das Jahr 2005 wurden 150 Beratungsfälle zur Zwangsverheiratung in zehn Beratungsstellen/-institutionen angegeben (wobei die Zahlen teilweise geschätzt waren) sowie zehn bis zwölf Fälle der Unterbringung in Frauenhäusern.

Die in Wien vorgefundenen Kontexte der Zwangsheirat wurden durch eine breite Literaturrecherche in einen internationalen Zusammenhang eingeordnet. Im Zuge dessen wurden erfolgreiche Projekte im Bezug auf Prävention und Intervention als sogenannte „best practice"-Modelle identifiziert und aufgeführt, die im Weiteren mit Forderungen im Kampf gegen Zwangsverheiratungen verknüpft wurden.[60] Zwangsehen sind laut dieser Studie ein weltweites Phänomen und auch keine neue Erscheinung, sondern stellen eine Form der Gewalt unter anderen gegen Frauen in patriarchalischen Gesellschaften dar. Da sich Zwangsehen im sozialen Nahraum ereignen, werden sie der häuslichen Gewalt gegen Frauen zugeordnet. Der Untersuchung zufolge sind „jährlich zwischen 150.000 und 300.000" Frauen in Österreich und in Europa etwa „jede fünfte bis zehnte Frau" betroffen.[61] Gewalt gegen Frauen werde in nahezu allen Gesellschaften durch verschieden- artig tradierte Strukturen konserviert und in der Rückkopplung gegebenenfalls auch als Rechtfertigung angeführt, um diese Strukturen aufrechtzuerhalten.[62] Laut Auskunft der Beratungsstellen in Österreich kommen Zwangsverheiratungen in albanischen, bosnischen, griechischen, indischen, kurdischen, tamilischen, türkischen sowie Roma-Familien vor.[63]

Für den deutschen Zusammenhang ist die Türkei als Referenzland von besonderem Interesse, beziehen sich doch die meisten Fälle von Zwangsverheiratung, die hier bekannt geworden sind, auf Personen mit türkischem Migrationshintergrund unterschiedlicher ethnischer und religiöser Herkunft (türkisch, kurdisch, aramä-

57 BMFSFJ (2004), S. 130 ff.
58 Magistratsabteilung 57 der Stadt Wien (2006).
59 Ebd., S. 11.
60 Ebd., S. 2 ff.
61 Ebd., S. 2.
62 Ebd.
63 Ebd., S. 9.

isch, yezidisch, islamisch, christlich-orthodox, alevitisch etc.). Bezogen auf die Türkei kann auf regionale Studien zurückgegriffen werden, die das Phänomen der Zwangsverheiratung im Kontext anderer Formen der Kontrolle über die Sexualität von Frauen durch die Gesellschaft und damit auch der Gewalt an Frauen untersuchen.

Hier sei auf die Ergebnisse der Studie von İlkkaracan aus dem Jahr 2000 verwiesen, bei der 599 Frauen in Ost- und Südostanatolien zu den Themen Zustimmung zur Heirat, Heiratstraditionen, Mehrehe und potenzielle Konsequenzen aus einer außerehelichen Beziehung befragt wurden. Die Daten stammten aus einer breiter angelegten Untersuchung, die den Einfluss von offiziellem, religiösem und traditionellem Recht auf das Leben von Frauen in der Türkei analysierte. Die Untersuchungsregion ist gekennzeichnet durch feudale Lebens- und Besitzverhältnisse unter der dort größtenteils ansässigen kurdischen Bevölkerung, die in Stammesverbänden organisiert ist. Darüber hinaus ist sie sozioökonomisch und hinsichtlich der Ausstattung mit einer städtischen Infrastruktur, insbesondere Bildungseinrichtungen, gegenüber dem Westen der Türkei stark benachteiligt. Davon sind insbesondere Frauen betroffen. Frauen arbeiten überwiegend als unbezahlte Familienmitglieder in der Landwirtschaft. Modernisierungsentwicklungen in der Region haben die männlich dominierten patriarchalen Strukturen der Gesellschaft nicht nur nicht verändert, sondern sogar gestärkt.[64] Die Befragten waren zwischen 14 und 75 Jahre alt und stammten aus 19 Siedlungsgebieten des Ostens bzw. Südostens. Zwei Drittel der Befragten gehörten kurdischen Stämmen an, ein Drittel war türkischer Herkunft, 3 % waren arabischer Herkunft. Drei Viertel waren verheiratet oder verwitwet, 4 % lebten getrennt und 0,6 % waren geschieden. 58 % wohnten in ländlichen Siedlungsgebieten mit unter 20.000 Einwohnern. 49 % waren Hausfrauen, 33 % unbezahlte Landarbeiterinnen.

Das gesetzliche Mindestheiratsalter für Frauen und Männer in der Türkei liegt seit Inkrafttreten des neuen Zivilgesetzbuches von 2002 bei 17 Jahren (zuvor lag es für Frauen bei 15 und für Männer bei 17 Jahren). Nach dem Zivilgesetzbuch stellt eine Zwangsheirat (Verheiratung ohne Einwilligung eines der beiden Ehepartner bzw. Verheiratung gegen den erklärten Willen eines der beiden Ehepartner) einen legitimen Grund für die Annullierung der Ehe dar. Das Durchschnittsalter der in der Studie von İlkkaracan befragten Frauen betrug 17 Jahre bei religiösen Heiraten bzw. 19 Jahre bei standesamtlichen Eheschließungen. 97 % der Frauen über 24 Jahren waren verheiratet. 90 % von ihnen lebten in einer Einehe, 10 % in einer Mehrehe. Bezogen auf die Einehe war die Ehe in 61 % (Mehrehe 66 %) der Fälle von der Familie, in 26 % (Mehrehe 17 %) der Fälle vom Paar selbst arrangiert worden.[65]

In den Fällen, in denen die Ehe nicht durch das Paar initiiert worden war, gaben 46 % der Frauen an, sie seien nicht nach ihrer Meinung gefragt worden, 51 % sagten, sie seien mit der Ehe nicht einverstanden gewesen und 52 % hatten den Ehemann

64 İlkkaracan (2000), S. 231. Verwendet wurde in der Auswahl des Samples eine gewichtete, mehrstufige, stratifizierte Clusterbildung.
65 İlkkaracan (2000).

vor der Eheschließung noch nie gesehen.[66] Die Daten der Studie zu den Erwartungen der noch nicht verheirateten Befragten an eine Eheschließung sind aufschlussreich im Hinblick auf die Akzeptanz der Traditionen bei den Frauen in der Region und im Hinblick auf deren Wandel. Die Mehrheit (58 %) geht davon aus, dass sie sich selbst einen Partner suchen werden, während 40 % annehmen, dass die Ehe von der Familie arrangiert werden wird. 72 % der Letztgenannten meinen, dass sie den Ehemann vor der Ehe nicht kennen lernen werden, 29 % rechnen damit, dass ihre Meinung nicht gefragt werden wird. Diese Einstellungen stehen in einem engen Zusammenhang mit dem Bildungsstand der Frauen. Während die Mehrheit derjenigen, die keine Schule besucht bzw. die Grundschule nicht abgeschlossen haben, von einer durch die Familie arrangierten Ehe ausgeht (57 %), geben 89 % der Sekundarschulabsolventinnen an, sie würden eine Ehe selbst initiieren. Obwohl weder säkulares noch religiöses islamisches Recht die Zwangsverheiratung legitimieren, ist diese in bestimmten Regionen der Herkunftsländer von Migranten und Migrantinnen durchaus Praxis. İlkkaracan (2000) und Carroll (2000) sehen die Ursachen in mangelnder Kenntnis der Rechtslage auf Seiten der Betroffenen selbst und ihrer Familien sowie in sozioökonomischen, gesellschaftlichen Rahmenbedingungen, die Frauen in einem Objektstatus halten und ihre Handlungsfähigkeit einschränken.

4.2 Erkenntnisse über Ursachen, Hintergründe und Akzeptanz von Zwangsehen

In der deutschen öffentlichen Debatte über Zwangsehen werden diese überwiegend in Verbindung mit der Religionszugehörigkeit der Beteiligten diskutiert. Da es sich bei den hier bekannt gewordenen Fällen meist um Personen islamischen Glaubens handelt, wird dem Islam und einem aus ihm resultierenden Ehrverständnis die Existenz der Zwangsehe in muslimischen Familien in Deutschland zugeschrieben.[67]

In Ländern, die eine größere ethnische und religiöse Diversität ihrer Migrantenpopulation aus orientalischen, afrikanischen und asiatischen Ländern aufweisen, wird das Phänomen der Zwangsheirat nicht ausschließlich auf religiöse Ursprünge reduziert. Hier werden stärker sozioökonomische, demographische, migrantengenerationentypische und Bildungshintergründe der Beteiligten beleuchtet.

Der Bericht des Directorate General of Human Rights (2005) sowie die Untersuchung über „Community Perceptions of Forced Marriages“[68] betonen beide die Notwendigkeit, keine linearen Zusammenhänge zwischen Religionszugehörigkeit und Vorkommen von Zwangsehen herzustellen, sondern ein breites Ursachenbündel in den Blick zu nehmen. Auch Lucy Carroll verweist in ihrer Untersuchung

66 Ebd., S. 234.

67 Hier sei verwiesen auf die diesbezüglich erhellenden und gut nachvollziehbaren Ausführungen des Islamwissenschaftlers und Juristen Mathias Rohe (2006) die belegen, dass diese Schlussfolgerung unsachgemäß ist. Zur Auseinandersetzung mit dem Klischee der Unvereinbarkeit von Frauenemanzipation und Islam vgl. auch Bilgin (1997), S. 199–216; Youssef (2004).

68 Samad/Eade (2002).

aus dem Jahr 2000 auf die verbreitete Praxis arrangierter Ehen bei südasiatischen Zuwanderern aller religiösen Gruppierungen (nicht nur der Muslime) in Großbritannien.[69] Dies lässt sich anhand einer Untersuchung bei unterschiedlichen Migrantenpopulationen in Großbritannien[70] belegen. So gaben über 50 % der über 35-jährigen Befragten aus Indien, Pakistan und Bangladesch an, von den Eltern verheiratet worden zu sein, ohne selbst gefragt worden zu sein. Dies gilt auch für 23 % der afrikanisch-asiatischen Befragten. In der Altersgruppe der 16- bis 35-Jährigen geht diese Form der Ehestiftung ohne Beteiligung der Befragten bei indischen und afrikanisch-asiatischen Befragten deutlich zurück (18 % und 9 %). Für Befragte mit Hintergrund aus Pakistan und Bangladesch gilt zwar auch, dass die jüngere Altersgruppe diese Heiratspraxis deutlich weniger oft erlebte, dennoch liegen hier die Zahlen mit 57 % bzw. 45 % immer noch nahe an denen der älteren Befragtengruppe (68 % bzw. 57 %). Bezogen auf Religions- und Altersgruppen stellt die Untersuchung fest, dass der weitaus überwiegende Teil der über 50-jährigen Hindus, Sikhs und Moslems von den Eltern verheiratet wurde, ohne in die Entscheidung einbezogen worden zu sein. Hier weisen Sikhs und Moslems mit jeweils drei Vierteln höhere Werte auf als Hindus. Während der Anteil der durch die Eltern Verheirateten (die Untersuchung spricht hier von arrangierten bzw. traditionellen Ehen) dann in der Altersgruppe von 16 bis 34 Jahren bei Hindus und Sikhs deutlich sinkt (18 % Männer, 20 % Frauen bzw. 41 % Männer, 27 % Frauen), bleibt er insbesondere bei den Musliminnen und Muslimen in dieser Altersgruppe noch recht hoch (49 % Männer, 67 % Frauen).

Dabei wird beobachtet, dass die Beteiligung der Eltern an der Auswahl des zukünftigen Ehepartners immer noch auf große Akzeptanz bei den jungen Menschen stößt; sie befürworten jedoch stärker kooperative Formen und bedingen sich deshalb ein Mitspracherecht aus.[71] Die Praxis der „traditionellen Ehen“, die in die Kategorie Zwangsehen fallen, ist in der jüngeren Generation nicht nur weniger verbreitet, sondern nimmt auch mit zunehmender sozioökonomischer Absicherung und erhöhter Bildung der Befragten deutlich ab.[72]

Die Untersuchung über „Community Perceptions of Forced Marriages“ von Samad und Eade[73] kommt zu dem Ergebnis, dass hinsichtlich der Zustimmung zu Zwangsehen das Alter der Eltern und ihr Migrationsstatus (erste oder zweite Generation der Zuwanderer) von großer Bedeutung sind. Je älter die Eltern sind und je kürzer ihr Aufenthalt in England war, desto eher sprechen sie sich für eine Verheiratung ohne Einwilligung der Tochter oder des Sohnes aus. Es wird ebenfalls darauf hingewiesen, dass auch Frauen als Täterinnen im Bereich der Zwangsheirat in Erscheinung treten und eine Konzentration auf Männer als Täter und Agitatoren diese Tatsache ausblendet. Frauen unterstützen und prägen aufgrund ihrer eigenen traditionellen Sozialisation traditionelle, patriarchale Handlungsweisen der jun-

69 Carroll (2000), S. 245.
70 Modood u. a. (1997).
71 Ebd., zitiert nach Samad/Eade (2002), S. 46.
72 Samad/Eade (2002), S. 51.
73 Samad/Eade (2002).

gen Generation, um ihre Position in der Gemeinschaft zu stärken (Allianzen zwischen Familien bilden etc.). Häufig sind sie die aktiven Stifterinnen von Ehen ihrer eigenen oder der Kinder anderer Landsleute.[74] Die Männer sind dann nach außen die Akteure einer Eheanbahnung, die bereits von den Frauen der betreffenden Familien vorbereitet wurde. In den Gruppendiskussionen, die Samad und Eade mit den Mitgliedern der zwei untersuchten Communities durchführten, wiesen vor allem junge Muslime zunehmend darauf hin, dass der Islam Zwang verbiete und „Ehestiftung" und „Zwang" deshalb unvereinbar seien. Sie setzen somit den Traditionen der Herkunftsländer ein verändertes islamisches Rechts- und Gesellschaftsverständnis entgegen.[75] Die Autoren stellen darüber hinaus fest, dass in den Communities ein Umdenken stattfindet, das deutlich macht, dass die Praxis sowohl der Zwangsheirat wie auch der arrangierten Ehe in der jüngeren Generation nicht mehr so stark befürwortet wird. Dieser Befund findet sich auch in der Studie von İlkkaracan (2000) über Erfahrungen überwiegend kurdischer Frauen aus der Osttürkei. Auch hier sprechen sich jüngere Frauen deutlich weniger für arrangierte Ehen ihrer Töchter aus als ältere Befragte. Eine übereinstimmende Tendenz konnte die erwähnte österreichische, vom Zentrum für Soziale Innovation durchgeführte Studie[76] bei den Befragten, die selbst Zwangsverheiratung erlebt hatten, feststellen. Sie „schätzten die Tendenz zu Zwangsverheiratungen als rückläufig im Vergleich zu vorigen Generationen ein, jedoch muss davon ausgegangen werden, dass die Migrationssituation diese Praktiken verstärkt".[77] Auch die Autoren des Berichts „Honour Related Violence" betrachten Zwangsehen und ähnliche Formen von Gewalt an Frauen überwiegend als Indikator für soziale Exklusion und Armut. In der Migrationssituation würden soziale Bindungen, die sich an der ethnischen oder auch religiösen Gemeinschaft orientieren, durch die gesellschaftliche und ökonomische Marginalisierung der Zugewanderten aufgewertet[78] und die „Ehre", festgemacht am Verhalten der Frauen, gewinne als soziales Ordnungsprinzip an Bedeutung in einer ansonsten als chaotisch erlebten Umwelt.

Samad und Eade warnen davor, arrangierte Ehen und Zwangsehen lediglich im Kontext bestimmter ethnischer oder religiöser Gruppen zu untersuchen und sich hier einseitig auf ihre kulturellen Orientierungen zu konzentrieren, anstatt die verschiedenen Faktoren mit in den Blick zu nehmen. "The difficulty of following a single approach, whether it is ethnicity, patriarchy or social class, leads to a series of disconnected worlds where oppression in one category does not link up with other categories and forms of oppression ... A multi-dimensional approach is needed which brings these perspectives together so that a more comprehensive analysis can be made which bears a closer resemblance to people's lived experiences."[79] Eine einseitige Konzentration auf die Faktoren Kultur, Ethnizität oder Religion in Untersuchungen zum Thema arrangierte Ehen und Zwangsverheiratung könne

74 Ebd., S. 74.
75 Ebd., S. 67.
76 Magistratsabteilung 57 der Stadt Wien (2006), S. 11.
77 Ebd.
78 Kvinnoforum (2005), S. 17.
79 Samad/Eade (2002), S. 5.

dazu führen, dass keine aufklärende Wirkung erzielt, sondern vielmehr rassistische Stereotypen gegenüber den betroffenen Bevölkerungsgruppen verstärkt würden.[80]

Straßburger weist – ähnlich wie Samad und Eade für Großbritannien – bezogen auf Deutschland darauf hin, dass der „gängige Diskurs über arrangierte Ehen ... charakteristische Züge" aufweise.[81] Das sich darin äußernde bipolare Denkschema verweise arrangierte Ehen in einen vormodernen Kontext und stelle sie in einen Gegensatz zur Emanzipation von Frauen. Es interessiere deshalb auch nicht, wie und unter welchen Umständen eine arrangierte Ehe zustande komme, sondern nur, ob es sich um eine arrangierte Ehe handele, die dann in einen Zusammenhang mit Zwangsverheiratung von Mädchen gestellt würde.[82] Eine daraus resultierende, von Mitleid geprägte Haltung gegenüber Frauen, deren Ehe arrangiert wurde (unter Zwang, wie ausnahmslos angenommen), trage zur Ausgrenzung der türkisch-muslimischen Bevölkerung bei. Straßburger betont, dass den Klischees zum Trotz Zwangsehen, d.h. arrangierte Ehen, die gegen den Willen oder ohne Rücksicht auf die Gefühle der Ehepartner geschlossen werden, in der türkischen Migrantenpopulation „äußerst selten" seien und von ihr auch „allgemein heftig kritisiert" würden.[83] Straßburgers Untersuchung zum Heiratsverhalten und zur Partnerwahl im Einwanderungskontext basiert einerseits auf einer Sekundärauswertung statistischen Materials zu binationalen deutsch-türkischen Ehen, bezogen auf eine süddeutsche Kleinstadt, und erteilten Visa zum Ehegattennachzug in Deutschland und andererseits auf einer Analyse von 14 qualitativen biographischen Interviews mit erstmalig verheirateten jungen Männern und Frauen der zweiten türkischen Migrantengeneration zu ihren Erfahrungen und ihren Einstellungen bezogen auf eine Eheschließung. Ihre Studie belegt die Akzeptanz von arrangierten Ehen (die keine Zwangsverheiratungen sind) bei den von ihr befragten türkischen Migrantinnen/Migranten, wobei sie auf unterschiedliche Hintergründe eingeht, die damit zusammenhängen, welche aber nicht aus arrangierten Ehen automatisch Zwangsehen machen.[84] Sie zeichnet detailliert den individuell durchaus unterschiedlichen Ablauf einer Eheanbahnung durch Arrangement nach und arbeitet die subjektiven Deutungsmuster der Beteiligten heraus. Es wird deutlich, dass für die Beteiligten Glück und Dauerhaftigkeit der Beziehung wichtige Kriterien für die Wahl dieser Form der Eheanbahnung sind. Dabei werden bei arrangierten Ehen keinesfalls grundsätzlich familiäre Interessen über individuelle Wünsche gestellt.[85]

Ein ebenfalls wichtiger Faktor für die Wahrnehmung, dass arrangierte Ehen und Zwangsehen vor allem im Zusammenhang mit transnationalen Eheschließungen zugenommen haben, ist auch der demographischen Entwicklung geschuldet, so

80 Ebd., S. 6.
81 Straßburger (2003), S. 177; vgl. auch ihren Beitrag in diesem Band.
82 Vgl. ebd.
83 Ebd., S. 181.
84 Straßburger (2003).
85 Ebd., S. 317.

Samad und Eade: "... this increase is partially explained by the demographic profile of the Pakistani and Bangladeshi community – they both are very young populations who are reaching marriageable age."[86] Ähnliche Ursachen für transnationale arrangierte Ehen konnte auch Straßburger für Deutschland nachweisen, indem sie die demographischen Statistiken des Ausländerzentralregisters zur türkischen Migrantenbevölkerung in Deutschland auswertete und auf das Ungleichgewicht zwischen Frauen und Männern mit türkischem Migrationshintergrund im heiratsfähigen Alter hinwies.[87]

Samad und Eade stellen fest, dass die jungen Leute der von ihnen untersuchten Migrantenpopulationen arrangierten Ehen prinzipiell aufgeschlossen gegenüberstehen, sich aber ein größeres Mitspracherecht wünschen. Sie betrachten diese Form der Eheanbahnung als gute Voraussetzung für eine stabile Ehe und als Teil des kulturellen Kapitals, das es zu bewahren gilt. Transnationale Ehen hingegen werden von ihnen eher abgelehnt, insbesondere von den gut ausgebildeten jungen Frauen. Sie gelten lediglich als Alternative für den Fall, dass sich kein statusgleicher Heiratskandidat gleicher ethnischer Herkunft in England finden lässt.[88] Die Befragten kritisieren die ältere Generation sowie die Communities für ihre passive Haltung gegenüber dem Problem der „Zwangsverheiratung".

Aufschluss über die quantitative Verbreitung von Einstellungen bei jungen Migrantinnen in Deutschland zu arrangierten und zu transnationalen Ehen in Deutschland gibt eine bundesweite, voll strukturierte Mehrthemenbefragung von 950 Mädchen mit türkischem, italienischem, griechischem, ehemals jugoslawischem und Aussiedlerhintergrund.[89] Die ledigen, kinderlosen Mädchen und jungen Frauen im Alter zwischen 15 und 21 Jahren wurden unter anderem auch zu ihren Partnerschaftsvorstellungen und Heiratspräferenzen befragt. Neben „treu" als Eigenschaft wünschten sich die Befragten übereinstimmend einen „verständnisvollen", „liebevollen" und „zuverlässigen" Partner, was auf die Präferenz einer Liebesheirat hinweist.[90]

Eine Ehe wird von über zwei Dritteln der Befragten türkischer, jugoslawischer und italienischer Herkunft als Lebensform nach dem Auszug aus dem Elternhaus bevorzugt.

Die Ehe mit einem deutschen Partner können sich mit 65 % und 76 % Mädchen mit griechischem und türkischem Hintergrund am wenigsten vorstellen (Antwortoptionen „nein, wahrscheinlich nicht" und „nein, auf keinen Fall" zusammengefasst). Als Bedingung für eine Ehe mit einem Deutschen gilt für fast alle Befragten (94 %) in erster Linie die Liebe. Für zwei Drittel der Mädchen türkischer Herkunft ist daneben auch Voraussetzung, dass die Eltern damit einverstanden sind.[91] Drei Viertel

86 Samad/Eade (2002), S. 78.
87 Straßburger (2003), S. 260.
88 Samad/Eade (2002), S. 97 ff.
89 Boos-Nünning/Karakaşoğlu (2006).
90 Ebd., S. 245.
91 Vgl. hierzu auch Ergebnisse der Studie von Straßburger (2003), S. 315.

der Mädchen mit türkischem Hintergrund und etwas mehr als die Hälfte der Mädchen griechischer Herkunft meinen, dass ihre Eltern mit einer solchen Heirat nicht einverstanden wären.[92] In der letzten Repräsentativerhebung des Bundesministeriums für Arbeit und Sozialordnung (BMA) gaben dagegen 55 % der türkischen Eltern an, mit einem deutschen Ehepartner ihres Kindes einverstanden zu sein.[93]

Eine transnationale Ehe mit einem Mann aus dem Herkunftsland der Eltern stößt am stärksten bei den jungen Aussiedlerinnen (55 %) und bei den Mädchen und jungen Frauen mit türkischem Migrationshintergrund (52 %) auf Ablehnung. Neben der Liebe, die, wie bereits erwähnt, für alle Gruppen in gleicher Weise eine Vorbedingung ist, wäre insbesondere für die jungen Frauen türkischer Herkunft ein Mann aus dem Herkunftsland der Eltern vor allem dann ein Heiratskandidat, wenn er eine gute Ausbildung vorzuweisen hat (51 %), mit der Ehe also ein gesellschaftlicher Statuserhalt oder sogar ein sozialer Aufstieg verbunden wäre, und wenn er bereit wäre, nach Deutschland zu ziehen (67 %).[94]

Die Bewertung von arrangierten Ehen wurde in der Untersuchung mit der Formulierung „Wie findest Du es, wenn Eltern mit ihrer Tochter gemeinsam einen Ehemann aussuchen?" erfragt. 4 % halten demnach eine solche Praxis für „gut" bzw. „sehr gut", 9 % erlauben sich kein Urteil („weiß nicht"), und 87 % lehnen diese als „eher schlecht" oder „schlecht" ab. Befragte mit türkischem Hintergrund, die im Fokus der öffentlichen Debatte um Zwangsehen und arrangierte Ehen stehen, bewerten diese Eheschließungsform besser („gut" bzw. „sehr gut": 10 %). 10 % der Aussiedlerinnen, 3 % der Griechinnen, 4 % der Italienerinnen, 8 % der Jugoslawinnen und immerhin 23 % der Türkinnen stimmen auf einer Skala von „je nachdem" bis „auf jeden Fall" der Option zu, dass ihre eigene Ehe in dieser Weise angebahnt wird.[95] Deutlich wird, dass trotz der oben wiedergegebenen vorsichtigen Frageformulierung die Mehrheit der Befragten der „arrangierten Ehe" eher ablehnend gegenübersteht. Ein Viertel der Befragten mit türkischem Hintergrund jedoch stimmt dieser Form der Ehestiftung – wenn auch teilweise verhalten – zu. Bevorzugtes Modell der Befragten türkischer Herkunft wäre demnach die Ehe mit einem in Deutschland aufgewachsenen Mann gleicher ethnischer Herkunft, den sie ohne Mitwirken der Eltern kennen gelernt haben. Da die Untersuchung aus inhaltlichen Gründen auf ledige Mädchen und junge Frauen beschränkt war, konnten keine Erfahrungen mit Eheschließungsformen bei den Befragten selbst erhoben werden.

Die Mädchen und jungen Frauen zeichnen sich durch eine enge emotionale Bindung an die Familie aus, die in Gestalt der Eltern an erster Stelle in ihrem Leben steht (80 %) und überwiegend als unterstützender aber auch Leistung einfordernder Faktor wahrgenommen wird. Jedoch kann diese enge Bindung auch zu einem Loyalitätsverhalten gegenüber der Familie führen, das dann problematisch wird, wenn es zu Konflikten innerhalb der Familie bzw. zwischen Eltern und Kin-

92 Boos-Nünning/Karakaşoğlu (2006), S. 251.
93 BMA (2002), S. 41.
94 Boos-Nünning/Karakaşoğlu (2006), S. 252 f.
95 Ebd., S. 255 f.

dern kommt. Befragt danach, ob sie sich in spezifischen Problemlagen an Hilfeeinrichtungen wenden würden, zeigten die Interviewten am wenigsten Bereitschaft, bei Problemen mit den Eltern oder dem Partner Hilfeeinrichtungen aufzusuchen bzw. um Rat zu fragen.[96] Nur 12 % aller befragten Mädchen und jungen Frauen mit Migrationshintergrund würden bei Problemen mit den Eltern „auf jeden Fall" oder „wahrscheinlich" eine Beratungsstelle aufsuchen. Im Umgang mit Konflikten mit den Eltern weisen die Mädchen mit türkischem Migrationshintergrund im Herkunftsgruppenvergleich die defensivsten Strategien auf. Sie tun nach eigenen Angaben häufiger, was die Eltern wollen, und stellen ihre eigenen Wünsche eher zurück, wenn sie die Eltern nicht überzeugen können. Im Gegensatz dazu äußerten die jungen Aussiedlerinnen die stärkste Tendenz zu individualistischen Durchsetzungsstrategien gegenüber den Eltern.[97]

Ahmet Toprak hat eine Studie vorgelegt, die sich ausschließlich mit den Erfahrungen von jungen Männern türkischer Herkunft mit einer Eheschließung im Kontext von Zwangs- und Gewalterfahrungen in der Familie befasst.[98] Er führte 15 biographische Tiefeninterviews mit bildungsfernen jungen Männern, die durch Initiative ihrer Eltern mit einer Frau aus der Herkunftsregion der Familie in der Türkei verheiratet wurden. Acht dieser Fälle beschreibt er detailliert. Er betont sowohl die begrenzte Aussagefähigkeit der Studie, die schon wegen ihrer qualitativen Ausrichtung, aber auch wegen der spezifischen Auswahl eines sozialen Subsegments der türkischen Migrantenbevölkerung in Deutschland[99] nicht auf die türkische Gesamtbevölkerung übertragen werden kann, sondern lediglich Aussagen über die untersuchte Gruppe zulässt. Darüber hinaus verweist er auch auf die schwierige Zuordnung der Heiratsform dieser jungen Männer zur Kategorie der Zwangsehe.[100] Wesentliche Ursachen für die Akzeptanz von Gewalt gegen Frauen in der Ehe und damit zusammenhängend auch einer Zwangsehe macht Toprak in den mangelnden Lebens-, Sozial-, Arbeits- und Bildungsressourcen der von ihm untersuchten Gruppe aus.[101] Einen Bezug zwischen der von ihnen in der Ehe angewendeten Gewalt und dem Islam stellen die jungen Männer nicht aufgrund eigenen Wissens über die diesbezügliche Haltung des Islam, sondern aufgrund unreflektierter Übernahme mündlicher Tradierungen durch die Väter oder andere männliche Familienmitglieder her.

In der bereits erwähnten Hamburger Studie[102] wurde festgestellt, dass die Zwangsverheiratung in der Regel von den Eltern der Betroffenen eingeleitet wird, seltener von anderen Verwandten. Einige der Expertinnen beschreiben die Zwangsheirat als eine Form der häuslichen Gewalt unter anderen. Die Angst der Familien, und hier vor allem der Väter, vor dem Verlust ihrer Kinder an die Mehrheitsgesellschaft, gepaart mit der Unfähigkeit, andere Lösungswege für intergenerationale Konflikte

96 Ebd., S. 454 f.
97 Ebd., S. 106 f.
98 Toprak (2007); vgl. auch seinen Beitrag in diesem Band.
99 Toprak (2007), S. 174.
100 Ebd., S.120 ff.
101 Ebd., S. 174.
102 Mirbach u. a. (2006).

zu finden, wird als weiteres Problem geschildert.[103] Auch Integrationsprobleme werden hier als Ursachen erwähnt. Dabei werden sowohl die fehlende Bereitstellung von Integrationshilfen auf der Seite der Aufnahmegesellschaft, die Erfahrung des Misserfolgs der Migration (im Sinne von nicht gelungener Kapitalakkumulation und ausbleibendem gesellschaftlichen Aufstieg sowie fehlender Bildungsaufwärtsmobilität) auf der Seite der Migranten und Migrantinnen wie auch allgemeine (aufenthalts-)rechtliche Schwierigkeiten genannt.[104] In diesem eher allgemeinen Kontext werden einzelne Aspekte und Motivationslagen aufgezählt, die aus der Sicht der Expertinnen/Experten zu Zwangsverheiratungen führen. Die am häufigsten angeführten Motive sind in der Reihenfolge ihrer Nennung: Sicherstellung und Kontrolle eines ehrenhaften Lebenswandels der Kinder sowie Absicherung ihrer Versorgung, familiäre Verpflichtungen/Familienabsprachen, Aufrechterhaltung der Traditionen/der traditionellen Geschlechterrollen, Aufenthalt in/Einwanderung nach Deutschland, finanzieller Zugewinn, Ehre und Ansehen, Religion.[105]

Die Religion scheint, anders als in der öffentlichen Debatte über Zwangsverheiratungen, aus Sicht der professionellen Beraterinnen/Berater nur eine geringe Rolle zu spielen – ein Umstand, den die Forscherinnen/Forscher wie folgt kommentieren: „[D]ies ist gerade vor dem Hintergrund, dass über 80 % der Ratsuchenden zum Thema Zwangsheirat in den Einrichtungen Muslime sind, eine aufschlussreiche Information".[106]

Als Formen der angedrohten oder erfolgten Zwangsverheiratung wurden in erster Linie die in Deutschland erfolgte Zwangsverheiratung, gefolgt von der Zwangsverheiratung durch „Import"[107] der Braut aus der Türkei, an dritter Stelle die Zwangsverheiratung einer Migrantin aus Deutschland während der Ferien im Herkunftsland (der Eltern) sowie an vierter Stelle die Zwangsverheiratung zum Zwecke der Einwanderung des Ehemannes genannt.[108] Die Beraterinnen/Berater machten in 84 Fällen Angaben zu der Frage nach Gewaltanwendung zur Erzwingung der Ehe. Dabei stellte sich heraus, dass es in 45 % der genannten Fälle zur Anwendung psychischer und in 20 % der Fälle zu physischer Gewaltanwendung kam.[109] Seltener wurde über sexuelle oder ökonomische Gewalt berichtet.

Eine arrangierte Ehe gilt nach Einschätzung der Beraterinnen/Berater für viele junge Menschen mit Migrationshintergrund als zu akzeptierender Teil der Familientradition.[110] Die Angst ist groß, im Falle von Widerstand dagegen die Eingebundenheit in den Familienverband zu verlieren. Andererseits wird bei Community-

103 Ebd., S. 23.
104 Ebd.
105 Ebd., S. 21.
106 Ebd.
107 Der Begriff „Import" wurde von den befragten Beraterinnen selbst nicht verwendet, da sie ihn als frauenfeindlich ablehnten. Wir schließen uns dieser Position an und geben hier lediglich den Wortgebrauch der Studie wieder.
108 Mirbach u. a. (2006), S. 25.
109 Ebd., S. 26.
110 Dieses Ergebnis stimmt mit den Erkenntnissen von Samad/Eade (2002) zu den von ihnen untersuchten Communities aus Pakistan und Bangladesh in England überein.

Befragungen auch festgestellt, dass die Eltern Angst haben, den Kontakt zu ihren Kindern und damit auch ihr Gesicht gegenüber der Community zu verlieren, wenn sie die Kinder in eine Ehe zwingen, die diese nicht wollen.[111] Dennoch erweist sich das Unrechtsbewusstsein gegenüber einer Zwangsverheiratung bei Angehörigen der zweiten und dritten Generation am stärksten. Bei ihnen steht das Unrechtsgefühl jedoch im Konflikt mit der emotionalen Bindung an die Familie.

Als Fazit der Hamburger Studie lässt sich festhalten:

„Insgesamt scheinen über die Ursachen und das Zusammenwirken verschiedener Faktoren keine differenzierte[n] Kenntnis[e] vorhanden zu sein. Es wäre aber aus Sicht der Beraterinnen/Berater von zentraler Bedeutung, die Ursachen von Zwangsverheiratungen stärker zu beleuchten. Ansonsten besteht die Gefahr, sie mit arrangierten Ehen gleichzusetzen, womit andere kulturelle Praktiken automatisch kriminalisiert und die Zugewanderten abgewertet werden (in dieser Untersuchung wird davon ausgegangen, dass bei arrangierten Ehen das Einverständnis bzw. die Ablehnung berücksichtigt werden). Erfolgt keine differenzierte und sachliche Untersuchung der Ursachen und der Rahmenbedingungen, besteht die Gefahr der Diskriminierung – und dadurch womöglich eine Verstärkung des Phänomens Zwangsheirat in Deutschland."[112]

Es wird ebenfalls darauf hingewiesen, dass es für die Verhinderung von Zwangsheirat auch sinnvoll wäre, das Augenmerk stärker als bisher auf die betroffenen bzw. involvierten Männer und ihre Beratung zu legen.[113]

In der Türkei wird das Thema der Ehre in der aktuellen Debatte mehrdeutig diskutiert. Während das Problem der Ehrenmorde angesprochen und untersucht wird, erklärt die türkische Regierung die Lösung dieses Problems zur Ehrensache für den türkischen Staat.[114] Dieses wird im Bereich der Lösungsansätze im Folgenden dargestellt. Hier ist dieses Thema eines, welches vor allem den Osten und Südosten der Türkei betrifft, die Regionen, in denen eine Infrastruktur ebenso wie Bildungsmöglichkeiten und gesundheitliche Versorgung nur unzureichend bis gar nicht vorhanden sind.[115] Durch die starke Binnenmigration ist das Problem mittlerweile in den Westen vorgedrungen. In der Türkei gibt es konservative Bestrebungen, diese Praktiken als der kurdischen oder alevitischen Bevölkerung eigen zu ethnisieren, um die Unterschiede zwischen dem Osten und dem Westen der Türkei politisch zu verklären. Weil sie Anschluss an die Europäische Union sucht, ist die Türkei allerdings gezwungen, sich diesen Themen wissenschaftlich und lösungsorientiert zu widmen. Diese politischen Zusammenhänge und strategischen Ziele führen dazu, dass die politischen und parlamentarischen Diskussionen zu Gunsten der Frau und wissenschaftlicher Forschung im Bildungssystem geführt werden.[116]

---

111 Samad/Eade (2002), S. 64 f.

112 Mirbach u. a. (2006), S. 59.

113 Ebd., S. 60.

114 Siehe http://www.tbmm.gov.tr/tutanak/donem22/yil2/ham/b08301h.htm (abgerufen am 23. 5. 2006).

115 Vgl. http://www.milliyet.com.tr/2007/03/20/guncel/agun.html (abgerufen am 20. 3. 2007). Hier ist eine Art Volksbefragung durch die Zeitung Milliyet durchgeführt worden, welche die Armut im Osten und Südosten der Türkei bestätigt.

116 Vgl. http://www.tbmm.gov.tr/tutanak/donem22/yil2/ham/b08301h.htm (abgerufen am 23. 05. 2006).

Parlamentarische Forderungen und Anfragen beziehen sich in erster Linie auf die innerstaatliche Umsetzung des von der Türkei ratifizierten UN-Übereinkommens zur Beseitigung jeder Form von Diskriminierung der Frau (CEDAW) und die Verwirklichung der Geschlechtergleichheit in der Türkei. Im Hinblick auf die Bekämpfung der Ehrenmorde in der Türkei werden neben gesetzlichen Veränderungen auch soziokulturelle Untersuchungen gefordert.[117] Die im Mai gegründete Kommission zur Bekämpfung der Gewalt gegen Frauen und Kinder im Zusammenhang mit Ehrenmorden hat im Oktober 2005 dem türkischen Parlament einstimmig eine umfassende Erklärung dazu vorgelegt, warum in diesem Bereich weitere Bemühungen erforderlich sind.[118] Dabei wurden die Notwendigkeit von flächendeckender schulischer Bildung und eine Ausdehnung der Schulpflicht von neun auf elf Jahre diskutiert.[119] Projekte zur sexuellen Aufklärung sollen ebenfalls durchgeführt werden. Hierbei ist der Islam immanenter Bestandteil der Diskussionen. Der Islam sowie die Imame als staatliche Religionsbeamte werden als Kooperationspartner betrachtet und angesprochen, durch die diese Traditionen (Töre) als Sünde im Sinne des Islam bezeichnet und bekämpft werden können. Deswegen wird vor allem gefordert, dass Imame in ihrer Ausbildung diesem Thema gegenüber noch stärker sensibilisiert werden, um die vorwiegend muslimische Gesellschaft darüber aufzuklären.[120]

Derzeit arbeiten Gewerkschaften, Nichtregierungsorganisationen, Vereine und Verbände an der Umsetzung des Aktionsplans Gewalt gegen Frauen.[121] Die Initiativen, die vom Verein „Başak Sanat Vakfı“ und „Amargi“ in diesem Sinne durchgeführt werden, sind exemplarisch für die Arbeit auf der Grundlage dieser Aktionsplattform, von denen die eine den Schwerpunkt auf Bildung und Hilfe für Binnenmigrantinnen und Binnenmigranten legt und die andere feministische Arbeiten, Aufklärung und den Aufbau von Zufluchtstätten für Frauen in Not fokussiert.[122] Die Türkei ist in diesem Zusammenhang von mehrfacher Bedeutung: zum einen als Entsendenation einer der größten Migranten-Communities in Europa, in deren Kontext Ehrenmorde und Zwangsehen diskutiert werden, zum anderen auch, weil die Türkei selbst in diesem Bereich auf Lösungen hinarbeitet und mit einer angemessenen Reaktion und Intervention den Anschluss an Europa sucht.[123] Ein Blick in Richtung Türkei und die dort durchgeführten Untersuchungen, bei denen Erkenntnisse zur Praxis der Zwangsverheiratung gewonnen werden konnten, macht deutlich, dass sich diese Tradition in einem spezifischen sozioökonomischen Kontext bewegt und im Zusammenhang mit anderen Formen von Gewalt an Frauen betrachtet werden sollte.

---

117 Ebd.

118 Siehe http://www.tbmm.gov.tr/komisyon/tore_cinayeti/onerge.htm (abgerufen am 23.5.2006).

119 Die Schulpflicht war erst kürzlich von ursprünglich sechs auf neun Jahre erhöht worden.

120 Siehe http://www.tbmm.gov.tr/komisyon/tore_cinayeti/genel_kurul_tutanaklari.htm (abgerufen am 24.4.2007)

121 Hierzu http://www.amargi.org.tr; http://www.basaksanatvakfi.org.tr (jeweils besucht am 22.4.2007)

122 Vgl. ebd.

123 In der Presseerklärung von Böhmer (2006) teilt die Bundesintegrationsbeauftragte mit, sich gemeinsam mit Migrantinnenselbstorganisationen sowie Migrantenselbstorganisationen und im Austausch mit der türkischen Regierung gegen Ehrverbrechen zu engagieren. Auf zukünftige Initiativen wird ausdrücklich hingewiesen.

5. Ausblick/Forschungsdesiderate

Aus der gesichteten Datenlage lassen sich verschiedene Probleme extrahieren, die deutlich machen, dass eine wissenschaftliche Analyse von Zwangsverheiratungen vor besonderen Herausforderungen steht: Zum einen besteht die Problematik darin, dass das Thema der Zwangsverheiratungen in Europa im Kontext von Migration und Integration und in diesem Zusammenhang geschlechtsbezogene Gewalt in ethnisierender Weise diskutiert wird, obwohl sie nicht ethnisch gebunden ist.[124] Aufgrund der Komplexität des Themas einerseits und der mangelhaften Datenbasis andererseits kommen Wissenschaftlerinnen/Wissenschaftler je nachdem, auf welche Daten sie sich berufen, zu anderen Ergebnissen und Einschätzungen in Bezug auf den Umfang und die Hintergründe von Zwangsverheiratungen. Die meisten vorliegenden Studien und Berichte bieten kaum Einsicht in die sozioökonomischen und demographischen Merkmale der Betroffenen. In vielen Medienberichten kursieren Daten, die keine wissenschaftlich nachprüfbare Basis aufweisen und dennoch die Diskussionen dominieren. Erschwert wird eine realistische Einschätzung des Ausmaßes und der Hintergründe von Zwangsverheiratung durch die Dominanz der stetig wachsenden einschlägigen Populärliteratur im öffentlichen und politikrelevanten Diskurs. Diese Literatur behandelt das Thema überwiegend undifferenziert, löst das Problem der Zwangsverheiratung aus dem sozialen Kontext der geschlechtsgebundenen Gewalt gegen Frauen heraus und kulturalisiert es.[125]

Durch den internationalen Vergleich wird jedoch sichtbar, dass weder Zuwanderungspopulationen noch Religionsgemeinschaften in sich homogene Gruppen sind und damit die Ursachen nicht einseitig religiös oder kulturell bedingt sein können. Es wird aber auch deutlich, dass es sich um ein beachtenswertes Phänomen handelt, bei dem die Dunkelziffer hoch ist, auch wenn es in keinem der europäischen Länder, die untersucht wurden, verlässliche oder gar repräsentative Daten hierzu gibt; nicht zuletzt, weil die Vorkommnisse nur selten als Fälle von Zwangsverheiratung bzw. Gewalt gegen Frauen im Kontext von Verbrechen im Namen der Ehre registriert werden.[126]

Es hat sich gezeigt, dass es kaum möglich ist, mit den etablierten sozialwissenschaftlichen Methoden verlässliche Daten über den Umfang von Zwangsverheiratungen zu erhalten, denn: a) sie lassen sich aufgrund fehlender Kriterien für die objektive Beurteilung von „Zwang“ im Hinblick auf das Zustandekommen von Ehen schwer abgrenzen von arrangierten Ehen; b) sie stellen häufig, wenn auch nicht grundsätzlich (!) ein transnationales Phänomen dar und sind daher räumlich nur schwer zu fassen; c) die Betroffenen sind oft nicht bereit, über ihre Situation zu sprechen, da sie sich ihrer Familie gegenüber stärker verpflichtet fühlen als ihrer individuellen Befindlichkeit; d) Betroffene werden erst dann zu einem empi-

124 Vgl. hierzu auch die vom Zentrum für Soziale Innovation durchgeführte Studie, Magistratsabteilung 57 der Stadt Wien (2006), S. 4 ff.

125 Vgl. hierzu auch ebd., S. 4 f., sowie von Braun/Mathes (2007), S. 429.

126 Vgl. Kvinnoforum (2005), Schweden: S. 42; Großbritannien: S. 96 f.; Niederlande: S. 126 f; Deutschland: S. 156; Finnland: S.180 f.; S. 208 f.; Bulgarien: S. 237 f.

risch fassbaren Fakt, wenn sie in Beratungsinstitutionen aktenkundig werden, die jedoch bislang kaum systematisch Fälle von Beratungen und Interventionen im Kontext von Zwangsverheiratungen erfasst haben;[127] e) die registrierbare Quantität der Fälle von Zwangsverheiratungen bzw. von Zwangsverheiratung bedrohter Mädchen und Frauen hängt unmittelbar von dem Vorhandensein entsprechender Beratungs- und Anlaufstellen in einer Stadt oder Region ab.

All diese Faktoren erschweren den Zugang zu potenziellen Interviewpersonen für qualitative und quantitative Studien sowie die Einschätzung der Charakteristika der Grundgesamtheit, die für die Durchführung von repräsentativen quantitativen Befragungen notwendig wäre.

Ein Weg, zumindest den Anteil von arrangierten Ehen und Zwangsverheiratungen unter den transnationalen Eheschließungen zu ermitteln, könnte eine repräsentative Befragung von männlichen und weiblichen Personen sein, die aus dem Ausland zum Zwecke der Familienzusammenführung (Zuzug zum Ehepartner) einreisen. Dies würde jedoch die Ermittlung von entsprechenden Heiratspraktiken unter den bereits in Deutschland lebenden Personen mit Migrationshintergrund nicht erfassen.

Dass Zwangsverheiratungen existieren und durch Umstände des Lebens unter Migrationsbedingungen noch gefördert werden können, ist durch die – allerdings nur teilweise vorhandene – Dokumentation von entsprechenden Fällen bei Beratungseinrichtungen und auch durch räumlich begrenzte Erhebungen belegt. Begünstigt werden diese Praktiken durch die sozioökonomische Deprivation und gesellschaftliche Unterschichtung von Migrantenpopulationen, die sich in Reaktion auf die staatliche bzw. gesellschaftliche Exklusion stärker auf ethnische, religiöse oder stammesbezogene Netzwerke verlassen und hier in Loyalitätsbeziehungen durch eine starke soziale Kontrolle eingebunden werden.

Nicht das repräsentativ zu ermittelnde Ausmaß von Zwangsverheiratungen sollte in erster Linie Gegenstand weiterer wissenschaftlicher Forschung zum Phänomen sein. Wir schließen uns stattdessen der Forderung von Samad und Eade an, wonach es nicht primär um die Angabe einer genauen Zahl von „Zwangsverheiratungs-Vorkommnissen" gehen kann, weil jeder Fall ein Fall zu viel ist, um dieses Phänomen zu ignorieren.[128] Auch möchten wir hier auf den europaweit vergleichenden Bericht des Directorate General of Human Rights verweisen, der die Untersuchung genauerer, realistischerer Umstände durch fundierte wissenschaftliche Forschung fordert.[129]

127 Ausnahme ist die Beratungsinstitution bei Papatya e .V. Siehe die Beiträge von Strobl/Lobermeier sowie Ter-Nedden in diesem Band.
128 Samad/Eade (2002), S. 54.
129 Directorate General of Human Rights (2005), S. 25.

Vor dem Hintergrund der gesichteten Literatur zeigen sich folgende Forschungsdesiderate: Es sollte empirisch der Frage nachgegangen werden, welche Faktoren das Vorkommen von Zwangsverheiratung in bestimmten Migrantenmilieus begünstigen. Hier ist zu prüfen, welche Einstellungen sich dazu bei den verschiedenen Generationen und in unterschiedlichen sozialen und Bildungsschichten finden und wie sie sich über die Zeit verändern. Es sollte untersucht werden, unter welchen Umständen ethnische oder religiöse Begründungsmuster zur Rechtfertigung kultureller Traditionen wie der Zwangsverheiratung zur Anwendung kommen, in welchen familiären und gesellschaftlichen Konstellationen derartige Traditionen reaktiviert werden (z. B. zur Konfliktlösung) und warum bestimmte ethnische oder religiöse Gruppen im Generationenverlauf von der Praxis der Zwangsverheiratung Abstand nehmen, andere Communities im gleichen gesellschaftlichen Umfeld jedoch nicht. Methodisch würden sich unserer Einschätzung nach zur vertieften Untersuchung des Phänomens insbesondere Fokusgruppeninterviews mit Mitgliedern verschiedener ethnischer und religiöser Migranten-Communities beiderlei Geschlechts, unterschiedlicher Generationen und unterschiedlicher Bildungshintergründe[130], regionale Fallstudien, Vollerhebungen bei Beratungsinstitutionen im regionalen Rahmen, Experteninnen-/Experteninterviews im Städtevergleich, Interviews mit Eltern-Kind-Dyaden bei Migrantenpopulationen unterschiedlicher kultureller bzw. religiöser Herkunft und qualitative biographische Befragungen von betroffenen Personen eignen. Damit könnten sowohl die vorhandenen Einstellungen als auch ihr Wandel im Generationenverlauf und bezogen auf unterschiedliche Bildungsgruppen analysiert werden. Die Faktoren Religion und/oder Ethnie könnten anderen Faktoren, wie sozialem, ökonomischem und kulturellem Kapital, gegenübergestellt, erfolgreiche Praktiken von Beratungseinrichtungen anhand regionaler Gegebenheiten identifiziert und somit Rahmenbedingungen für eine effektive Prävention und Intervention ausfindig gemacht werden.

130 Vgl. Samad/Eade (2002).

Literatur

Ateş, Seyran (2003), Große Reise ins Feuer. Die Geschichte einer deutschen Türkin, Berlin: Rowohlt.

Ayşe (aufgezeichnet von Isabella Kroth) (2004), Scheherazades Tochter. Von meinen eigenen Eltern zum Tode verurteilt, München: Ullstein.

Baumgartner-Karabak, Andrea/Landsberger, Gisela (1978), Die verkauften Bräute. Türkische Frauen zwischen Kreuzberg und Anatolien, Reinbek bei Hamburg: Rowohlt.

Bericht der ressortübergreifenden Arbeitsgruppe des Bremer Senats (2006), „Häusliche Beziehungsgewalt", Bremische Bürgerschaft, Drucksache 16/1062 vom 27.6.2006, verfügbar unter: http://www.bremische-buergerschaft.de/drucksachen/150/3380_1.pdf (abgerufen am 23.4.2007).

Bilgin, Beyza (1997), Das emanzipatorische Potential des Islams, in: Claudia Schöning-Kalender/Aylâ Neusel/Mechtild M. Jansen (Hrsg.), Feminismus, Islam, Nation. Frauenbewegungen im Maghreb, in Zentralasien und in der Türkei, Frankfurt a. M./New York: Campus, S. 199–216.

Bläser, Fatma (1999), Hennamond. Mein Leben zwischen zwei Welten, Wuppertal: Hammer (7. Auflage 2005, Ullstein).

BMA (Hrsg.) (2002), Situation der ausländischen Arbeitnehmer und ihrer Familienangehörigen in der Bundesrepublik Deutschland. Repräsentativuntersuchung 2001, erstellt von Marplan und polis, Offenbach und München.

BMFSFJ (Hrsg.) (2004), Lebenssituation, Sicherheit und Gesundheit von Frauen in Deutschland. Eine repräsentative Untersuchung zu Gewalt gegen Frauen in Deutschland, erstellt vom Interdisziplinären Zentrum für Frauen- und Geschlechterforschung (IFF) der Universität Bielefeld in Kooperation mit infas, Institut für angewandte Sozialwissenschaften, Bonn.

Böhmer, Maria (2006), Gemeinsam gegen Ehrverbrechen. Informationen der Beauftragten der Bundesregierung für Migration, Flüchtlinge und Integration, Presseerklärung vom 19.5.2006.

Boos-Nünning, Ursula/Karakaşoğlu, Yasemin (2006), Viele Welten leben. Lebenslagen von Mädchen und jungen Frauen mit Migrationshintergrund, 2. Auflage, Münster u. a.: Waxmann.

Carroll, Lucy (2000), Arranged Marriages: Law, Custom and the Muslim Girl in the U. K., in: Pınar İlkkaracan (Hrsg.): Women and Sexuality in Muslim Societies, Istanbul: Women for Women's Human Rights, S. 245–252.

Ceylan, Selma (1998), Irrsinn der Ehre. Die Ausreißerin 1-2-3, Berlin: Hitit.

Çileli, Serap (1999), Wir sind Eure Töchter, nicht Eure Ehre, Michelstadt: Neuthor-Verlag (2. Auflage 2006, München: Blanvalet).

Directorate General of Human Rights (Hrsg.) (erstellt von Edwige Rude-Antoine) (2005), Forced Marriages in Council of Europe Member States. A Comparative Study of Legislation and Political Initiatives, (CDEG (2005) 1), Strasbourg: Council of Europe.

Ehlers, Johanna/Bentner, Ariane/Kowalczyk, Monika (Hrsg.) (1997), Mädchen zwischen den Kulturen. Anforderungen an eine interkulturelle Pädagogik, Frankfurt a. M.: IKO-Verlag für Interkulturelle Kommunikation.

Engelbrektsson, Ulla-Britt (1978), The Force of Tradition. Turkish Migrants at Home and Abroad, Göteborg: Acta Universitatis Gothoburgensis.

Gashi, Hanife (2005), Mein Schmerz trägt deinen Namen. Ein Ehrenmord in Deutschland, Reinbek bei Hamburg: Rowohlt.

Hessische Vereinigung für Volkskunde (Hrsg.) (1992), Fremde Nachbarn. Aspekte türkischer Kultur in der Türkei und der BRD, Marburg: Jonas-Verlag.

Home Office/Foreign and Commonwealth Office/Association of Chief Police Officers (Hrsg.), Dealing with Cases of Forced Marriage. Guidelines for Police, verfügbar unter: http://www.fco.gov.uk/Files/kfile/forcedmarriageguidelines.pdf (abgerufen am 23.4.2007).

Huth-Hildenbrandt, Christine (2002), Das Bild von der Migrantin. Auf den Spuren eines Konstrukts, Frankfurt a. M.: Brandes und Apsel.

İlkkaracan, Pınar (2000), Exploring the Context of Women's Sexuality in Eastern Turkey, in: dieselbe (Hrsg.): Women and Sexuality in Muslim Societies, Istanbul: Women for Women's Human Rights, S. 229–244.

Kehl, Krisztina/Pfluger, Ingrid (1997), Die Ehre in der türkischen Kultur – Ein Wertesystem im Wandel –, hrsg. v. d. Ausländerbeauftragten des Senats von Berlin, 7. Auflage, Berlin.

Kelek, Necla (2005), Die fremde Braut. Ein Bericht aus dem Inneren des türkischen Lebens in Deutschland, Köln: Kiepenheuer und Witsch.

König, Karin (1989), Tschador, Ehre und Kulturkonflikt. Veränderungsprozesse türkischer Frauen und Mädchen durch die Emigration und ihre soziokulturellen Folgen, Frankfurt a. M.: Verlag für interkulturelle Kommunikation.

Kvinnoforum (Hrsg.) (2005), Honour Related Violence. European Resource Book and Good Practice, Based on the European project "Prevention of violence against women and girls in patriarchal families", Stockholm, verfügbar unter: http://www.kvinnoforum.se/Documents/Literature/Pdf/HRV2005.pdf (abgerufen am 25.4.2007).

Magistratsabteilung 57 der Stadt Wien (Hrsg.) (2006), Zwangsverheiratung und arrangierte Ehen in Österreich unter besonderer Berücksichtigung Wiens. Situationsbericht & Empfehlungskatalog. Durchgeführt vom Zentrum für Soziale Innovation – Kurzfassung, Projektleitung: Rossalina Latcheva, Wien.

Mirbach, Thomas/Müller, Simone/Triebl, Katrin (Bearbeiter/innen) (2006), Ergebnisse einer Befragung der Lawaetz-Stiftung zu dem Thema Zwangsheirat in Hamburg. Durchgeführt im Auftrag der Behörde für Soziales, Familie, Gesundheit und Verbraucherschutz in Hamburg, Hamburg, verfügbar unter: http://www.lawaetz.de/af/few/dokumente/Bericht%20Zwangsheirat.pdf (abgerufen am 20.4.2007).

Modood, Tariq/Berthoud, R./Lakey, Jane/Nazroo, James/Smith, Patten/Virdee, Satnam/Beishon, Sharon (1997), Ethnic Minorities in Britain: Diversity and Disadvantage, Fourth National Survey of Ethnic Minorities, London: Policy Studies Institute.

Rohe, Mathias (2006), „Wer schweigt, stimmt nicht zu. Das islamische Familienrecht sieht die freie Partnerwahl vor: Was gegen Zwangsheirat zu tun ist". Zur Auseinandersetzung mit dem Klischee der Unvereinbarkeit von Frauenemanzipation und Islam, in: Frankfurter Allgemeine Zeitung vom 12.4.2006.

Samad, Yunas/Eade, John (2002), Community Perceptions of Forced Marriages, Report prepared for the Community Liason Unit, Foreign and Commonwealth Office, verfügbar unter: http://www.fco.gov.uk/Files/kfile/clureport.pdf (abgerufen am 23.4.2007).

Scheinhardt, Saliha (1980), Türkische Mädchen zwischen der türkisch-islamischen und der westdeutschen Gesellschaft: Träger einer bitteren Identitätskrise, in: Ausländerkinder, Nr. 4, S. 35–43.

Schiffauer, Werner (1983), Die Gewalt der Ehre. Erklärungen zu einem deutsch-türkischen Sexualkonflikt, Frankfurt a. M.: Suhrkamp.

Straßburger, Gaby (2003), Heiratsverhalten und Partnerwahl im Einwanderungskontext. Eheschließungen der zweiten Migrantengeneration türkischer Herkunft, Würzburg: Ergon.

Straube, Hanne (1987), Türkisches Leben in der Bundesrepublik, Frankfurt a. M./New York: Campus.

The Report of the Working Group on Forced Marriage (2000), A Choice by Right, hrsg. v. Home Office Communications Directorate, verfügbar unter: http://www.fco.gov.uk/Files/KFile/AChoiceByRightJune2000.pdf (abgerufen am 23.4.2007).

Toprak, Ahmet (2007), Das schwache Geschlecht – die türkischen Männer. Zwangsheirat, häusliche Gewalt, Doppelmoral der Ehre, 2. Auflage, Freiburg i. Br.: Lambertus.

United Nations (1996), Report of the Fourth World Conference on Women Beijing. 4.–15. September 1995 (A/CONF.177/20/Rev.1), New York: United Nations.

Von Braun, Christina/Mathes, Bettina (2007), Verschleierte Wirklichkeit. Die Frau, der Islam und der Westen, Berlin: Aufbau-Verlag.

Wolbert, Barbara (1984), Migrationsbewältigung. Orientierungen und Strategien. Biographisch-interpretative Fallstudie über die „Heirats-Migration" dreier Türkinnen, Göttingen: Edition Herodot.

Yalçın-Heckmann, Lale (1991), Tribe and Kinship Among the Kurds, Frankfurt a. M. u. a.: Peter Lang.

Youssef, Houda (Hrsg.) (2004), Abschied vom Harem? Selbstbilder – Fremdbilder muslimischer Frauen, Berlin: Orlanda.

II. Geschlechterrollen und Paarbeziehungen

Geschlechterstereotype und Migration

Manuela Westphal

1. Einleitung

Die öffentliche Auseinandersetzung um Zwangsverheiratung, Ehrenmorde und zunehmende Verhüllung von Mädchen und Frauen muslimischer Herkunft aktualisiert die Debatte um Migration und Geschlecht. Sie belebt in erstaunlicher Weise die Annahme, in Migrantenfamilien herrschten traditionelle Verhältnisse, die vor allem durch patriarchal-autoritäre Beziehungen zwischen den Geschlechtern und den Generationen bestimmt seien. Entweder wird den Migrantinnen und Migranten ein Festhalten bzw. eine Konservierung traditioneller Werte und Beziehungsmuster oder eine Art Re- bzw. Neotraditionalisierung unterstellt. Im Ergebnis werden beide als bedrohliche Rückzugs- und Desintegrationstendenzen wahrgenommen. Dieses Wahrnehmungsmuster im Kontext von Migration, Kultur und Geschlecht ist nicht neu. Es ist grundsätzlich stark vereinfachend. Insgesamt sind Pluralität und Differenziertheit in den Lebenszusammenhängen von Migrantenfamilien sowie stattfindende Neuinterpretationen der Geschlechterverhältnisse und Familienstrukturen in Rechnung zu stellen. Die mit dieser Vereinfachung einhergehende Pauschalisierung erschwert und verhindert eine solide fachliche Diskussion und Einordnung des Phänomens der Zwangsverheiratung in Deutschland. Erschwerend kommt hinzu, dass empirische Untersuchungen über Entwicklung, Verläufe und Ausmaß noch weitgehend fehlen. Deutlich ist, dass Zwangsverheiratung keineswegs das Hauptproblem von Migrantinnen und Migranten darstellt. Im folgenden Beitrag wird daher der allgemeine Diskurs und der wissenschaftliche Erkenntnisstand zu Migration und Geschlecht erläutert.

2. Frauen und Männer in der deutschen Migrationsforschung

Der Integrations- und Migrationsdiskurs ist stark beteiligt an der Produktion spezifischer Bilder über Frauen und Männer in der Migration. Bereits in den 1980er Jahren wurde die androzentristische Perspektive der sozialwissenschaftlichen Migrationsforschung kritisiert.[1] Frauen galten vorrangig als Anhängsel wandernder Männer bzw. mit ihren Kindern allein am Herkunftsort zurückgeblieben oder später ihrem Mann nachziehend als von ihm abhängig. Niederlassungs-

1 Vgl. Morokvasic (1984).

bzw. Integrationsprozesse wurden primär als „geschlechtslos" analysiert. Zwei Entwicklungen sorgten dafür, dass überhaupt geschlechtsspezifische Voraussetzungen sowie Formen und Folgen internationaler Migration untersucht wurden und dass das Geschlecht in das Blickfeld der Migrationsforschung geriet. Erstens legte vor allem die englischsprachige feministische Forschung (insbesondere aus den Geschichts- und Sozialwissenschaften) dar, dass Frauen einen zum Teil sogar überwiegenden Anteil an Verlauf und Formen internationaler Migration haben.[2] Zweitens sorgte eine zunehmende Anzahl von Publikationen innerhalb der deutschsprachigen feministisch orientierten Migrantinnenforschung dafür, dass die Belange von Frauen, insbesondere in Theorie und Praxis der sogenannten Ausländerpädagogik, stärker thematisiert wurden.[3]

Die Dreifachunterdrückung der Migrantin als Frau, Arbeiterin und Ausländerin sowie ihre Prägung durch (statische) kulturelle Differenzen wurden allerdings zur vorherrschenden Wahrnehmung. Es etablierte sich im Migrations- bzw. Ausländerdiskurs in Deutschland ein äußerst beharrliches und stereotypes Bild der „fremden Frau" – vor allem bezogen auf die Türkin als „Opfer" oder „Exotin". Dabei dient vor allem der Verweis auf „das" spezifische Geschlechterverhältnis der Herkunftskultur zur Legitimation von Fremdheit bzw. der Beschreibung von Anders- oder Fremdsein der Migrantinnen und Migranten.

Gegenwärtig erlebt z. B. das Ehrkonzept als Beschreibungsfigur der Familien- und Geschlechterverhältnisse eine erstaunliche Wiederbelebung.[4] Andere Bedeutungszusammenhänge und Differenzierungen der jeweiligen Herkunftsgesellschaft sowie der Migrations- und Integrationsverläufe werden ausgeblendet. Das Geschlecht lässt sich als basale Kategorie zur Beschreibung ethnischer Differenz rekonstruieren.[5] Meist leitet sich dieser Zuschreibungsprozess aus Informationen der (sozialpädagogischen) Betreuungs- und Beratungsbereiche ab, die verallgemeinernd auf die Gesamtheit der Migrantenpopulation übertragen werden. Diese spezifische Beschreibungslogik entlang von Ethnizität und Geschlecht ist auch bei anderen Zuwanderungsgruppen wirksam, z. B. im Bild der Aussiedlerin als „fremde Deutsche".[6] Folglich wird die Migrantin primär als eine Art Sondertypus gegen-über der „normalen" weiblichen Identität in Deutschland empfunden. In Teilen der Migrantinnenforschung bzw. der interkulturellen Frauenforschung wird seit Ende der 1980er Jahre dieser Umgang mit Migration und Geschlecht als ein feministischer Ethnozentrismus selbstkritisch reflektiert. Anlass dieser Kritik waren nicht zuletzt die Auseinandersetzungen zwischen Migrantinnen, ihren Selbstorganisationen und westdeutschen Frauen in interkulturellen Frauenprojekten und auf Tagungen. Verstärkt versuchen seither Wissenschaftlerinnen mit Migrationshintergrund, das verzerrte Migrantinnenbild zu korrigieren. Allmählich entwickelt sich ein Gegendiskurs zur bisher vorherrschenden kulturali-

2 Vgl. Hahn (2000).
3 Vgl. Kuhs (1999).
4 Exemplarisch bei Toprak (2004).
5 Vgl. Huth-Hildebrandt (2002).
6 Vgl. Westphal (1997).

sierenden Sichtweise von Migrantinnen, ohne diese allerdings gänzlich revidieren zu können. Lebenssituation und Erfahrungen von Migrantinnen werden in diesem Diskurs – auch unter dem Einfluss internationaler Forschungsergebnisse[7] – aus einem mehrdimensionalen und ineinandergreifenden Bezugsrahmen von Geschlecht, Ethnizität und Klasse zu erklären versucht. Damit wird neben der Vielschichtigkeit von Migrantinnen (und Migranten) und ihren Familien auch die Pluralität ihrer Lebens- und Bewältigungsformen deutlich. Es wird zudem stärker nach den Veränderungen und dem Wandel der Geschlechterverhältnisse durch den Migrationsprozess selbst gefragt. Veränderungen der Geschlechterverhältnisse werden als Prozess analysiert, der nicht erst mit der Einreise, sondern bereits in der Herkunftsregion seinen Anfang nimmt und der sich durch wechselseitige Konfrontation von Herkunfts- und Aufnahmegesellschaft bedingt zeigt. Einstellungen und Orientierungen von Migrantinnen und Migranten erweisen sich dabei außerhalb der dominanten Kategorien und Dichotomien (traditional-modern, weiblich-männlich etc.) als gekennzeichnet durch eine „nicht westliche Modernität".[8]

Mit diesem Perspektivwechsel wird Geschlecht bzw. Gender in der Bedeutung von Relationalität, Kontextualität und Differenzierung nun auch in der Migrationsforschung zunehmend berücksichtigt. Neue Zusammenhänge wie Migrationsbewältigung und Familiendynamik sowie Geschlechter- und Generationenbeziehungen werden erschlossen.[9] Neue, jenseits migrationsstatistischer Erwartungen liegende Erscheinungen sowie deren Bedingungen und Kontexte werden derzeit durch die biographische Migrationsforschung aufgezeigt.[10] Rekonstruktive Studien richten den Blick darauf, dass die Einzelnen „sozusagen am Schnittpunkt (intersection) verschiedener Differenzkategorien positioniert sind und dort ihre Loyalitäten und Präferenzen lebensphasenspezifisch entwickeln."[11]

Gemeinsame migrationsspezifische Muster im Umgang mit strukturellen Problemen und Herausforderungen von Frauen und Männern in der Aufnahmegesellschaft werden in interkulturell vergleichenden Untersuchungen sichtbar.[12] Analysiert werden Fragen nach der Konstruktion von Weiblichkeits- und Männlichkeitskonzepten[13] und nach dem Zusammenhang adoleszenter Entwicklungen.

Obwohl Arbeitsmigration jahrelang als männlich galt, ist die wissenschaftliche Datenlage zu männlichen Migranten im Speziellen sehr gering. Vielmehr werden immer wieder Vorurteile in der Wissenschaft und in den Medien reproduziert. Männer werden in ihrer Position als Arbeitskraft sowie in ihrem Ausländer- und Fremdenstatus teilweise als Bedrohung inszeniert. In ihrer Rolle als Mann

7 Vgl. Ochse (1999).
8 Herwartz-Emden/Westphal (1999).
9 Vgl. Sechster Familienbericht (2000).
10 Vgl. Apitzsch/Jansen (2003).
11 Krüger-Potratz/Lutz (2004), S. 444.
12 Vgl. Herwartz-Emden (2000).
13 Herwartz-Emden/Westphal (1999); Ottens (1998).

und Vater (vor allem aus der Türkei) sind sie vielfach als autoritäre Patriarchen beschrieben worden, die ihre Frauen und Kinder unterdrücken und damit deren Integrations- und Freiheitsansprüche behindern. Neuere Arbeiten nehmen gezielt männliche Migranten in ihren familiären Beziehungen in den Blick und zeichnen ein vielschichtiges Bild ihrer Erziehungseinstellungen, Vaterschaftskonzepte und Geschlechterorientierungen.[14] Spezifische „männliche" Werthaltungen werden im traditionellen Ehrkonzept gefasst. Schiffauer zeigt anhand der Analyse eines Ehrenmordes sehr differenziert Bedeutung und Wandel des Ehrkonzeptes auf, indem er wertetransformierende und -stabilisierende Prozesse im Verlauf aufdeckt.[15] Einerseits verliert es seinen zwingenden Charakter und die Definition dessen, was Ehre ist, wird zunehmend offen für individuelle Interpretationen. Andererseits existiert weiterhin eine Rhetorik der Ehre, die sich insbesondere bei unterprivilegierten männlichen Migranten(jugendlichen) findet. Häufig bleibt ihnen nur das aggressive Einklagen von „Respekt" und „Ehre", um sich als dominantes Geschlecht zu präsentieren,[16] da ihnen andere Zugänge weitgehend fehlen bzw. verschlossen bleiben. Der bloße Verweis auf Ehre erklärt nichts, so Schiffauer.[17]

3. Arbeitsmigration, Heiratsmigration, Frauenhandel

Arbeitsmigration war und ist immer auch Migration von Frauen. Faktisch wurden bereits in den Jahren der Gastarbeiteranwerbung in beträchtlichem Maße auch Frauen angeworben. Der Frauenanteil an den ausländischen Arbeitskräften betrug zu dieser Zeit bis zu 30 %.[18] In Deutschland waren unabhängig und abhängig gewanderte Frauen im Vergleich zu einheimischen Frauen überdurchschnittlich im formellen Arbeitsmarkt integriert. Noch Mitte und Ende der 1970er Jahre war die Migrantinnenerwerbsquote wesentlich höher als die der deutschen Frauen. Sie nahmen aktiv ihre Interessen als Arbeiterinnen in deutschen Betrieben (Proteste, Streiks) wahr.[19] In der Öffentlichkeit wurden sie allerdings nur in ihrer Rolle als Mutter und Hausfrau wahrgenommen, meist in Verbindung mit Sozialisations- und Schulproblemen ihrer Kinder.[20]

Wie Huth-Hildebrandt in ihrer Studie nachgewiesen hat, setzte eine intensive öffentliche und wissenschaftliche Beschäftigung mit den privaten und häuslichen Lebensbedingungen von Migrantinnen zu einer Zeit ein, in der die Arbeitsplätze knapp wurden und Massenentlassungen anstanden.[21] „Durch die Setzung der Not der Migrantinnen als Opfer privater Beziehungsstrukturen konnte von der Not

---

14 Spohn (2002); Westphal (2006); Tunc (2006).
15 Schiffauer (2002).
16 Kersten (2004), S. 132.
17 Schiffauer (2002), S. 46.
18 Mattes (2005), S. 187.
19 Vgl. ebd.
20 Vgl. Westphal (1996).
21 Huth-Hildebrandt (2002).

der Migrantinnen als Opfer ökonomischer Verhältnisse abgelenkt werden".[22] Ihre zunehmende Nichterwerbstätigkeit wurde damit unter der Hand auch zu einem Merkmal kultureller Differenz, nämlich der alleinigen Bestimmung der Frau als Hausfrau und Mutter.[23]

Heute hat sich die Arbeitsmarktlage ins Gegenteil verkehrt, die Erwerbsquote von Migrantinnen ist wesentlich geringer als die der deutschen Frauen. Dagegen verfestigt sich bereits seit einigen Jahren die starke Zunahme prekärer Beschäftigungsverhältnisse von Migrantinnen, z. B. in privaten Haushalten. Schätzungen zufolge beschäftigten im Jahr 2000 7,6 % der bundesdeutschen Haushalte regelmäßig eine Migrantin. Dabei zeigt sich zwischen der Einbindung von gut ausgebildeten (einheimischen) Frauen in die neue globale Dienstleistungsökonomie sowie der Beschäftigung von Migrantinnen im informellen Sektor und in privaten Haushalten ein enger Zusammenhang.[24] Viele der Migrantinnen, die in privaten Haushalten als Reinigungskräfte, Alten- und Pflegehelferin, Babysitter, Kinderfrau etc. arbeiten und einen Teil der reproduktiven Dienstleistungen übernehmen, sind nicht selten Frauen (z. B. aus Osteuropa) mit Hochschulabschluss und qualifiziertem Berufshintergrund. Das Verwehren von Aufenthaltsrechten und geschützten Arbeitsmöglichkeiten hat für viele der Migrantinnen und ihre Familien dauerhaft äußerst prekäre Arbeits- und Lebensverhältnisse zur Folge.[25]

Diese spezifischen Aspekte gegenwärtiger Migration von Frauen werden auch unter dem Stichwort Frauenhandel wahrgenommen. Zum einen zählen alle Formen dazu, bei denen Migrantinnen unter Anwendung von Gewalt in die Prostitution, Sexarbeit und Unterhaltungsindustrie gezwungen werden. Zum anderen werden in diesem Zusammenhang auch Heiratsmigrantinnen und undokumentierte Migrantinnen und Migrantinnen, die im Niedriglohnsektor, im Sexgeschäft sowie in privaten Haushalten („neue Dienstmädchen") tätig sind, thematisiert.[26]

Neuere Forschungen zeigen jedoch eine differenziertere Sichtweise auf, insofern sie etwas vom Elends- und Opferparadigma abrücken und den Frauen Handlungskompetenz zugestehen. So empfinden sich etwa Heiratsmigrantinnen nicht zwangsläufig als gehandelte und ausgebeutete Frauen, zumal sie die Entscheidung zu dieser Form der Migration meist bewusst und selbst getroffen haben. Mit der Migrationsentscheidung begeben sich Frauen einerseits in komplexe Abhängigkeitsverhältnisse, andererseits stellt sie gleichzeitig (fast immer) eine wichtige Überlebensstrategie dar.[27] Heiratsmigrationen finden meist entlang international organisierter Strukturen und Netzwerke statt. Bedeutsame Heiratsmigrationen

---

22 Ebd., S. 116.
23 Zudem schufen die im Zuge des Anwerbestopps erlassenen ausländerrechtlichen Bestimmungen eine neue Gruppe, die der nichterwerbstätigen nachgezogenen Ehefrauen, denen keine Arbeitserlaubnis und kein eigenständiges Aufenthaltsrecht zugebilligt wurde.
24 Vgl. Hess/Lenz (2001).
25 Vgl. Le Breton Baumgartner (2000); Han (2003).
26 Vgl. Mentz (2001).
27 Vgl. Niesner u. a. (1997); Ruenkaew (2003).

sind aktuell zwischen Deutschland und der Türkei festzustellen.[28] Sie werden nicht nur in quantitativer, sondern auch in qualitativer Hinsicht im Rahmen der Debatte um Zwangsverheiratung und sogenannte „Importbräute“[29] kritisch diskutiert.[30]

Für Migrationsforschung ist die Tatsache bedeutsam, dass Heiratsmigration im Rahmen der rechtlichen Regelungen des Familien- und Ehegattennachzugs eine legale (für viele meist die einzige) Zuwanderungsmöglichkeit bietet. Heiratsmigration ist dabei kein frauenspezifisches Phänomen (wie häufig unterstellt), sondern beide Geschlechter wandern über Ehegatten- und Familiennachzüge von der Türkei nach Deutschland ein.[31] Der Sechste Familienbericht resümiert wie folgt: „Heiratsmigration wird in seiner quantitativen Bedeutung in Zukunft zunehmen. Dies ergibt sich nicht nur aus Ungleichgewichtigkeiten auf dem inländischen Heiratsmarkt, sondern auch aus dem Wunsch vieler Migranten sowohl der ersten wie der zweiten Zuwanderergeneration, einen Heiratspartner in der Herkunftsgesellschaft zu suchen“.[32]

Dabei schließt ein Großteil (fast 80 %) der unverheirateten Mädchen und jungen Frauen türkischer Herkunft eine durch die eigenen Verwandten arrangierte Eheschließung aus, wie eine repräsentativ angelegte Studie zeigte.[33] Auch qualitative Studien bestätigen dieses Ergebnis. Migrantinnen der zweiten Generation heiraten bevorzugt innerhalb der Herkunftskultur, modifizieren aber durch ihre kritische Haltung und geschlechteregalitäres Denken traditionelle Ehe- und Partnerschaftskonzepte.[34] Junge Frauen fordern und wünschen sich einen Wandel bzw. die Auflösung traditioneller Rollenverteilungen im Bereich von Partnerwahl und Ehe. Dieser Zusammenhang lässt sich allerdings bei den Mädchen und jungen Frauen nachweisen als bei den gleichaltrigen jungen Männern.

4. Geschlecht als Strukturprinzip von Migration

Migrationsbewegungen sind häufig Folge strategischer Entscheidungen von Familien bzw. Haushaltsverbänden. Gemäß der vorherrschenden Interpretation der Geschlechterverhältnisse wird davon ausgegangen, dass der Mann als Familienoberhaupt bzw. -ernährer darüber befindet und sich die Frauen und Kinder

28 Dabei findet sie nicht nur zwischen den ehemaligen Entsendeländern der Arbeitsmigration und Deutschland statt, sondern auch in umgekehrter Richtung. So stellen deutsche Frauen die größte Gruppe der mit türkischen Männern verheirateten Ausländerinnen in der Türkei dar. Insgesamt stellten deutsch-türkische Verbindungen die Mehrheit der binationalen Verbindungen sowohl in Deutschland als auch in der Türkei (Sitorus/Stöcker-Zafari (2002)).

29 Eine Zwangsverheiratung kann verschiedene Formen annehmen. Als sogenannte „Importbräute“ werden junge Frauen aus den Herkunftsländern nach Deutschland geholt; als „Urlaubsehen“ werden solche Zwangsverheiratungen bezeichnet, bei denen junge Frauen in die Herkunftsländer verheiratet werden und der migrierenden Person der Aufenthalt in Deutschland mittels „Aufenthaltsehen“ gesichert wird. Von diesem Phänomen sind auch junge Männer betroffen.

30 Vgl. Westphal/Katenbrink (2007).

31 Vgl. ebd.

32 Sechster Familienbericht (2000), S. 88.

33 Vgl. Boos-Nünning/Karakaşoğlu (2005).

34 Vgl. Herwartz-Emden/Westphal (2000).

fügen müssen. Tatsächlich aber sind Frauen oft daran beteiligt, die Entscheidung über die Migration herbeizuführen, entweder selbst zu wandern oder den Ehemann und Vater zur Migration zu bewegen. Sie bringen die Entscheidung maßgeblich voran, nehmen an Planung und Durchführung wesentlich teil. Sie setzen ihre eigene Migration manchmal auch gegen Widerstände von Vätern oder Ehemännern durch. Ziel ist dabei häufig ein Zugewinn an Autonomie durch Abwesenheit des Mannes oder durch die eigene Abwesenheit von der gesamten Familie. Dabei kann es darum gehen, das Überleben der zurückbleibenden Familie im Herkunftsland durch (Arbeits-)Migration zu sichern, den Kindern eine Zukunft zu ermöglichen und unterdrückenden Verhältnissen im Herkunftsland zu entkommen. Das heißt, das Migrationsprojekt ist für Frauen wie für Männer abhängig von ihren familiären und sozialen Kontexten und Netzwerken zu betrachten. Dabei hängt es in entscheidendem Maße von den Ressourcen und Handlungskompetenzen der Frauen ab, wie sich die Migration und der Integrationsprozess der gesamten Familie entwickelt. Mit steigendem Bildungsniveau, der Beteiligung am Erwerbsleben, der Aufenthaltsdauer und den Deutschkenntnissen nimmt der Einfluss von Frauen auf die Familie betreffende Entscheidungen und das Ausmaß der Kooperation zwischen den Ehepartnern insgesamt deutlich zu.[35]

Nicht allein die geschlechtsspezifische Arbeitsteilung am Herkunftsort entscheidet darüber, wer migriert. Auch die Nachfrage nach spezifisch weiblichen Arbeitsleistungen am Zielort beeinflusst das Migrationsverhalten von Frauen und deren Perspektiven.[36] Dabei ist die offizielle Ein- und Zuwanderungspolitik nicht nur in ihrer arbeitsmarktpolitischen Komponente noch immer stark auf männliche Berufsfelder hin, also patriarchalisch orientiert.[37] Insgesamt werden der Einreise von Frauen auf der Basis von Heirat und Familienzusammenführung weniger Vorbehalte (gegenüber der Einreise von Männern) entgegengebracht, weil deren materielle und soziale Existenzsicherung über ihre Ehemänner bzw. Familien als gewährleistet gedacht wird und sie keine gesellschaftlichen Kosten produzieren. So stellt Heirat bzw. Familienzusammenführung einen legitimierten Einreise- und Bleibegrund dar. Ansonsten sind Migrantinnen nur im Rahmen des Bedarfs nach weiblichen Arbeitskräften für bestimmte Tätigkeiten erwünscht. Es wird dann eher davon ausgegangen, dass sie nicht ihre Familie nachholen, sondern selbst zurückkehren werden. Auf dem Arbeitsmarkt gelten sie nicht als Konkurrenz, denn meist decken sie den Bedarf an flexibel einsetzbaren und gering bezahlten Arbeitskräften.

Die berufliche Dequalifizierung von Migrantinnen ist enorm. Ein noch kaum untersuchter Gegenstand ist der sogenannte „brain drain“ unter Frauen, d. h. der Anteil und das Ausmaß der gut bis sehr gut ausgebildeten Frauen an der internationalen Migration. Viele in Deutschland akademisch ausgebildete Migrantinnen stehen vor der enormen Hürde, sich auch außerhalb des ihnen zugewiesenen Bereichs, z. B. Sozialarbeit mit Migrantinnen und Migranten, dauerhaft zu etab-

35 Vgl. Sechster Familienbericht (2000).
36 Vgl. Prodolliet (1999).
37 Vgl. Han (2003).

lieren.[38] Andere bedeutsame Formen der Erwerbstätigkeit von Migrantinnen sind ihre Tätigkeiten als mithelfende Familienangehörige in den „ethnic businesses" und eigene Existenzgründungen.

Auch strukturelle Bedingungen des Weltmarktes tragen dazu bei, dass Migration stattfindet und es eine bestimmte Nachfrage nach weiblichen Arbeitsleistungen gibt. Neuere Ansätze versuchen, die Makroperspektive mit den Mechanismen individueller Migrationsentscheidung zu verknüpfen. Hier steht die Netzwerkidee im Vordergrund, d. h., nachdem einmal Migration begonnen hat, sorgen Netzwerke zwischen Migrantinnen und Migranten dafür, dass diese weiter (geschlechtlich strukturiert) stattfindet.[39] Migrationen weisen somit selbst ein Gendering auf.[40]

Migration birgt für Frauen sowohl Emanzipationsverluste als auch -gewinne; diese Aussage umschreibt treffend die komplexe Widersprüchlichkeit des Alltags von Migrantinnen. Ihre Lebenslage kann sich verschlechtern, ihre Diskriminierung zunehmen und ihre Abhängigkeit vom Ehemann und Familie verstärkt werden. Familienstrukturen können aufbrechen und konflikthaft werden – doch kann die Migrantin in diesen Situationen auch gleichzeitig Unabhängigkeit, Respekt und das Bewusstsein gewinnen, dass sie ihre Lage verändern kann. Die mit der Migration verbundene größere räumliche Bewegungsfreiheit von Frauen stabilisiert ihre sozialen Netzwerke und nimmt so positiven Einfluss auf die Gestaltung der individuellen und familiären Lebenssituation. Dabei kommt den (aufenthalts-)rechtlichen Rahmenbedingungen eine entscheidende Rolle zu. Restriktive Bedingungen, wie das Erwerbsverbot für Asylbewerberinnen, reduzieren nicht nur räumliche Bewegungsfreiheit, sondern mindern auch die Chancen, überhaupt eigene Netzwerke aufrechtzuerhalten.

Alles in allem zeigt sich eine spezifische Konstellation von Geschlecht und Ethnizität als verantwortlich für insgesamt schlechtere Arbeits- und Lebensbedingungen von Migrantinnen. Bei ihnen wird deshalb generell von einem erhöhten Gesundheitsrisiko ausgegangen. In einer vom Bundesministerium für Familie, Senioren, Frauen und Jugend beauftragten Studie zur „Lebenssituation, Sicherheit und Gesundheit von Frauen in Deutschland"[41] zeigte sich, dass Migrantinnen aus der Türkei, Aussiedlerinnen und Flüchtlingsfrauen überdurchschnittlich häufig sexuelle und körperliche Gewalt erfahren, wobei hier Ausmaß, Formen und Kontexte einzelner Gewaltanwendungen sich je nach Gruppe unterschiedlich darstellen.[42] Migrationsbedingte Begleitumstände müssen insgesamt stärker als bislang differenziert werden, da die gesundheitliche Situation stark von Migrationsform und -geschichte, Integrationsprozess und der aktuellen Lebenssituation abhängt.[43] Gesichert scheint zu sein, dass Migrantinnen und ihre Familien nicht überpropor-

38 Vgl. Otyakmaz (2004).
39 Vgl. Prodolliet (1999).
40 Vgl. Aufhauser (2000).
41 Bundesministerium für Familie, Senioren, Frauen und Jugend (2004).
42 Vgl. hierzu den Beitrag von Monika Schröttle in diesem Band.
43 Vgl. Weilandt u. a. (2003).

tional von psychologischen Krisen betroffen sind. Bei psychischer Erkrankung und stationärer Behandlung lassen sich dagegen geschlechtsspezifische Unterschiede feststellen: Frauen zeigen eher Anpassungs- und Belastungsstörungen, während Männer überwiegend wegen Drogenabhängigkeit behandelt werden.[44] Migrantinnen und ihre Familien sind allerdings in den Bereichen der psychosozialen Beratung und insgesamt in der Gesundheitsvorsorge deutlich unterrepräsentiert. Die relativ geringe Inanspruchnahme dieser Institutionen lässt sich nur begrenzt mit Wissensdefiziten bezüglich der angebotenen Beratungsmöglichkeiten erklären. Viel bedeutsamer scheint, dass auf Seiten der Migrantinnen und Migranten neben Sprach- und Kommunikationsbarrieren sowie Stigmatisierungsängsten nur geringes Zutrauen in die meist monokulturell ausgerichteten Institutionen besteht. Dass dieses Misstrauen zum Teil berechtigt ist, zeigen Untersuchungsergebnisse, die ethnozentristische Haltungen einheimischer Therapeutinnen/Therapeuten und Beraterinnen/Berater etc. offenlegen.[45] Eine zentrale Annahme dabei ist die Unterstellung von Identitätskonflikten und psychosomatischen Störungen bei Migrantinnen und ihren Töchtern. Migrations-, kultur- und frauenspezifische Gründe (Freizeitbeschränkungen, Belastung durch Haushalt und Kinderversorgung, patriarchales Familien- und Erziehungsklima) werden als Erklärung für die unterstellte besondere Problembelastung angeführt. Dieses von der Wissenschaft und durch Alltagsdeutungen manifeste geschlechtsstereotype und ethnisierende Bild betrifft migrierte Frauen und ihre Töchter stärker als Männer und ihre Söhne.[46]

Migrantinnen sind zudem mit der Notwendigkeit der Neudefinition ihrer Geschlechtsrolle konfrontiert. Die damit verbundenen Verunsicherungen und Erfordernisse ähneln jedoch in vielen Bereichen denen einheimischer Frauen, die in Zeiten sich generell auflösender traditioneller Normierungen auch ihre Geschlechtsrolle neu gestalten müssen. Das wird für Männer in ähnlicher Weise gelten, dennoch ist dieser Zusammenhang kaum untersucht. Gesundheitliche Folgen und psychosoziale Auswirkungen der Migration werden bei Männern fast nur im Kontext ihrer beruflichen Tätigkeiten, etwa als durch die Arbeit bestehende Verletzungs- und Verschleißrisiken sowie als Folge von Arbeitslosigkeit, diskutiert. Die Frage nach gemeinsamen Mustern der Auseinandersetzung und Bewältigung bei einheimischen und gewanderten Frauen und Männern wird bislang in der Forschung nur selten gestellt.

5. Wandel von Geschlecht im Migrationsprozess

Spezifische Weiblichkeits- und Männlichkeitsbilder sind durch verschiedene Makrofaktoren bestimmt: Geschlechterkultur des Herkunftslandes, Ausprägung und Formen der Migrationsformen und -netzwerke, Zu- und Einreisepolitik der Aufnahmeländer sowie Geschlechterkultur des Aufnahmelandes. Individuell

44 Vgl. Herwartz-Emden/Riecken (2001).
45 Vgl. Schepker u. a. (2000).
46 Vgl. Boos-Nünning (1998).

gelebte Weiblichkeits- und Männlichkeitsbilder und geschlechtliche Selbstkonzepte werden im Verlauf des Migrationsprozesses herausgefordert, in Frage gestellt und verändert. Sie können abgeschwächt, neu gestaltet oder auch verstärkt werden. Auf der Ebene der Erfassung von Geschlechterbildern lässt sich bei Migrantinnen und Migranten in Deutschland eine Nachhaltigkeit und Stabilität der ideologischen Konstrukte Weiblichkeit/Männlichkeit nachweisen, die im Alltag flexibel gehandhabt werden. Die Frage nach Veränderung kann keineswegs allgemein beantwortet werden. Veränderung ist in hohem Maße kontextabhängig und durch eine Vielschichtigkeit der aufeinander wirkenden Zusammenhänge bestimmt. Makro- und Mikroebene müssen für diese Frage integriert und gleichzeitig auseinandergehalten werden. So ergibt sich z. B. als Veränderung für Aussiedlerinnen auf der Makroebene eine Zunahme struktureller Benachteiligung (durch den Wegfall der im Herkunftsland staatlich gesicherten Kinderbetreuung), indem ihnen in der Einwanderungssituation die alltägliche Betreuungs- und Organisationsbelastung obliegt. Auf der Mikroebene kann diese Veränderung je nach individueller materieller und familiärer Situation als Gewinn an Freiheit und Entlastung erlebt werden (Zeit für die Kinder etc.).[47] Insgesamt gilt, dass die für westdeutsche Frauen und Männer bestimmbaren Inhalte und Konzeption des sozialen Geschlechts nicht einfach auf Migrantinnen und Migranten übertragen werden können. Sie müssen sich zwar mit den dominanten Konzepten und Vorstellungen im Aufnahmeland auseinandersetzen, doch übernehmen sie diese nicht unmodifiziert in ihre geschlechtlichen Selbstbeschreibungen. Zudem kann nicht von „der“ Geschlechtsidentität bei Migrantinnen und Migranten türkischer oder sonstiger Herkunft in Deutschland gesprochen werden. Stärker als von der nationalen oder ethnischen Herkunft sind diese Orientierungen abhängig von Bildung und Alter.

So zeigt sich in den vorliegenden Untersuchungen zu bildungserfolgreichen Migrantinnen und Migranten eine erstaunliche Selbstreflexivität und Mehrperspektivität in ihren Identitäts- und Lebensbezügen.[48] Einige Studien sehen in diesem Zusammenhang die Herausbildung einer besonderen Befähigung und Kompetenz im Umgang mit den Herausforderungen der Globalisierung. Diese Kompetenzen werden sogar als vorbildhaft für globale und postmoderne Identitäts- und Bildungsprozesse beschrieben.[49] Damit wird eine neue und noch gänzlich unvertraute Perspektive auf Migrantinnen eröffnet: Statt als Mängelwesen und Opfer werden sie in Teilen der interkulturellen Pädagogik und der (feministischen) Migrationsforschung nun als Avantgarde oder Vorreiterinnen[50] stilisiert. Eigenständige, kreative Lebensentwürfe und Mehrperspektivität werden in (sozial-)pädagogischen und integrationspolitischen Wahrnehmungsperspektiven als Identitätsvarianten nach wie vor eher abgewertet und als Dauerkrise stigmatisiert, denn als Ressource und Potenzial idealisiert.

47 Herwartz-Emden/Westphal (1999).
48 Vgl. Gültekin (2003); Badawia (2002).
49 Vgl. zur Übersicht Westphal (2007).
50 Rosen (1997), S. 122.

Deutlich sollte jedoch sein, dass Migrantinnen weder hilflose und ohnmächtige Opfer noch gänzlich souveräne und autonome Subjekte ihrer Lebensverhältnisse sind. Trotz der Betonung und des Nachweises der Kompetenzen und Ressourcen für die Herausforderungen und Anforderungen der globalisierten Arbeitswelt sind auch Bildungserfolgreiche selbst bei gleichen formalen Leistungen und Qualifikationen nach wie vor beim Übergang in die Berufsausbildung, Hochschule und den Beruf stark benachteiligt.

Männliche Migranten haben auf den ersten Blick eine traditionelle Konzeption von Geschlecht, vor allem hinsichtlich der geschlechtsspezifischen Arbeitsteilung und der Identifikation mit dem Modell des Mannes als Familienernährer. Ihr gesellschaftliches Selbstbild zeigt sich als eindeutiges und kaum reflektiertes Männlichkeitskonstrukt, welches durch den Migrationsprozess nicht verändert werden soll. Gleichzeitig kann festgehalten werden, dass sie sich in Bezug auf die Bereiche Vaterschaft und Erziehung deutlich „alltagsbezogen“ zeigen.[51] Oft ermöglichte die Migration den Männern der ersten Generation erstmals, einen individuellen Lebensplan zu verwirklichen und sich von der Eltern- bzw. Vätergeneration zu befreien.[52] Im Zuge dieser Entwicklung realisieren sie nun Formen väterlicher Praxis, die anders gelagert sind als die der westdeutschen Männer, die aber nicht in einem diskursiven, vorwiegend „ideologisch“ geprägten Kontext von partnerschaftlicher Arbeitsteilung stehen. Der Legitimationshorizont der Migranten ist der des familienbezogenen Alltags, des Überlebens der Familie sowie des Fortkommens der nächsten Generation.

Tendenziell lassen sich bei den Migranten (wie auch bei den Migrantinnen) multidimensional gelagerte und flexibel funktionalisierte Geschlechtstypisierungen auffinden. Ihnen wird weniger die Übernahme sogenannter genuin weiblicher Arbeitsbereiche und -verpflichtungen (Kinderbetreuung, Hausarbeit) abverlangt. Vielmehr werden ihre persönlichen Konzepte von Männlichkeit durch die Beschränkungen und Bedrohung ihres Status sowie der damit verbundenen Diskriminierungserfahrungen in der Migrationssituation herausgefordert. So wird Ausländerfeindlichkeit von ihnen z. B. als Angriff auf ihre Würde erlebt. Frauen hingegen empfinden sie eher als soziale Ausgrenzung und Verfolgung. In diesem Kontext weisen Männer, besonders Arbeitsmigranten aus der Türkei der zweiten Generation, die ihnen zugeschriebene, als autoritär-patriarchalisch bewertete Erziehungshaltung von sich. In ihrer Rolle als Vater deuten sie z. B. die Beziehung zu den Töchtern als eine, die immer wieder neu ausgehandelt werden muss, denn sonst würden die Töchter sich ihnen entfremden bzw. die Familienbindung lösen. Sie erwarten von ihren Töchtern neben der äußeren sozialen und räumlichen Kontrolle zunehmend eine innere, d. h. eine erhöhte Selbstkontrolle mit dem Zugewinn an Autonomie, eben Selbstverteidigung statt Schutz und Kontrolle durch Vater und Bruder. Die Tatsache, dass sie eine „traditionelle“ Erziehungshaltung weit von sich weisen, die Eigengruppe und andere „streng gläubige“ Familien

51 Herwartz-Emden/Westphal (1999).
52 Vgl. Spohn (2002).

kritisieren, bedeutet jedoch nicht, dass sie sich von ihnen entfernen oder sich zwischen zwei Kulturen stehend empfinden. Vielmehr befinden sich diese Männer im Prozess der Reflexion und Neu-Definition inmitten beider bzw. mehrerer Kontexte.[53]

Junge Migrantinnen der zweiten (und dritten) Generation scheinen insgesamt flexibler auf die Migrationsbedingungen und Anforderungen der deutschen Gesellschaft zu reagieren. Sie erreichen bessere und höhere Schulabschlüsse als ihre männlichen Altersgenossen. Mädchen wie Jungen streben eine qualifizierte Schul- und Berufsausbildung an. Allerdings haben junge Migrantinnen trotz ihrer schulischen Erfolge insgesamt weniger Chancen, überhaupt eine berufliche Erstausbildung zu bekommen.[54] Auch zeigen Untersuchungen, dass Religiosität und der Wunsch nach Selbstbestimmung und Emanzipation keinen Widerspruch in den Lebensentwürfen junger Musliminnen darstellen.[55] Oft sind es gerade bildungserfolgreiche junge Frauen, die selbstbewusst religiöse Zeichen mit denen der Massenkultur wie auch Gläubigkeit mit Modernität kombinieren. Sie zielen durch ihre kritisch-reflektierte Ausrichtung insbesondere auf die Befreiung von nicht originär islamischen – aber so legitimierten – Regulationen und Kontrollen des weiblichen Verhaltens.[56]

Weibliche und männliche Adoleszenz unter Migrationsbedingungen ist erst ansatzweise untersucht.[57] Junge Migrantinnen sind in ihrer Entwicklung sowohl in der eigenen Familie als auch in der Gesellschaft mit widersprüchlichen Erwartungen und Erfahrungen konfrontiert, die sie selbstbestimmt in eigene Lebenskonzepte einbauen und kreativ erweitern. Dabei steht eine in Migrantenfamilien häufig anzutreffende starke Familienbindung der Autonomie- und Identitätsentwicklung von Töchtern nicht im Wege. Biographisch angelegte Studien zeigen, dass besonders Mädchen die familiäre Bindung nutzen, um emotionale Handlungssicherheit zu erhalten. Offenbar wirkt sich dabei der familiäre Widerspruch zwischen Reproduktion der Tradition (stärkere Kontrolle der Töchter) und Transformation der Lebensform durch das Migrationsprojekt (Bildungserwartung) produktiv auf die Reflexionsfähigkeit und die selbstständigen Handlungsentwürfe der Töchter aus.[58] Für Söhne scheinen neben familiärer Bindung eigene und die von den Vätern erlebten Ausgrenzungs- und Diskriminierungserfahrungen eine bedeutsame Rolle bei ihren Männlichkeitskonstruktionen zu spielen.[59] Das Festhalten an oder die Wiederbelebung bzw. Neukonstruktion von „traditionellen“ und zum Teil konflikthaften und gewaltförmigen Männlichkeitskonstruktionen (z. B. in Anlehnung an „das“ Ehrkonzept) von jungen Männern der zweiten und dritten Generation ist jedenfalls im Zusammenhang mit ihren spezifischen Bedingungen von Bildung und Adoleszenz zu betrachten. Identitätskonstruktionen – und damit

53 Vgl. Westphal (2006).
54 Vgl. Granato (2004).
55 Vgl. Karakaşoğlu (2003).
56 Vgl. Nökel (2002).
57 Vgl. Herwartz-Emden/Westphal (2002); Rohr (2001); King (2005).
58 Vgl. Hummrich (2002).
59 Vgl. King (2005).

Weiblichkeits- und Männlichkeitsentwürfe – finden bei Mädchen und Jungen aus Migrantenfamilien häufig in bewusster Abgrenzung sowohl zur Elterngeneration und ihren Minderheiten-/Außenseitererfahrungen als auch zur Dominanzgesellschaft und ihrem Repertoire an gesellschaftlicher Diskriminierung statt. Für viele stellt die verweigerte Normalität bzw. der nicht zugestandene Subjektstatus seitens dieser Gesellschaft ein zentrales Moment für spezifische Abgrenzungs- und Anerkennungsprozesse von und in dieser dar. Gleichzeitig sind diese als ein Kriterium bzw. ein Auslöser für Mehrperspektivität und der Konstruktion eines eigenen kulturell-reflektierten Wertesystems bzw. einer modernen transkulturellen Identität[60] anzusehen. Von der Dominanzgesellschaft werden diese sozial-kreativen und flexiblen Elemente der Identitätsentwürfe – und damit die Integrations- und Bildungserfolge sowie ihre spezifische Form der interkulturellen Kompetenzen – nicht entsprechend anerkannt.[61]

6. Fazit

Als Fazit ist festzuhalten, dass Migration für beide Geschlechter nicht nur als eine Situation anzusehen ist, die reich an Krisen- und Konfliktpotenzialen ist, sondern sie selbst ist häufig bereits ein Projekt zur Überwindung von Krisen und zur Erlangung von Autonomie. Während für die Einzelnen Freiheitsspielräume tatsächlich wachsen, kommen gleichzeitig neue Beschränkungen und Benachteiligungen hinzu. Diese verlaufen jedoch nicht einheitlich für die verschiedenen Migrationsgruppen und -generationen. Sie sind vielschichtig, häufig auch in sich widersprüchlich und für jeden Bereich (geschlechts-)spezifisch. Es gilt den Zwängen und Unterdrückungen konsequent nachzugehen, Interventions- und Präventionsstrategien zu entwickeln, jedoch darüber nicht die Ressourcen und Potenziale für gelingende Integration und gesellschaftliche Teilhabe zu vernachlässigen. Dazu zählt ganz wesentlich die Verbesserung der Bildungs- und Ausbildungssituation und das wiederum ist eine große Bildungsaufgabe für die Mehrheit in der Einwanderungsgesellschaft. Die von Zwangsverheiratung Betroffenen benötigen sowohl konkrete Hilfe und Schutz als auch eine deutliche Ächtung und aktiv präventive Maßnahmen gegen Zwangsverheiratung. Dazu bedarf es jedoch im Vorfeld einer empirisch gestützten, aufgeklärten und reflektierten Diskussion und keiner Pauschalverurteilung der Familien- und Ehekonzepte von Migrantinnen und Migranten muslimischer Herkunft.

60 Vgl. Datta (2005); Badawia (2002).
61 Vgl. Westphal (2007).

Literatur

Apitzsch, Ursula/Jansen, Mechtild M. (Hrsg.) (2003), Migration, Biographie und Geschlechterverhältnisse, Münster: Westfälisches Dampfboot.

Aufhauser, Elisabeth (2000), Migration und Geschlecht: Zur Konstruktion und Rekonstruktion von Weiblichkeit und Männlichkeit in der internationalen Migration, in: Karl Husa/Christof Parnreiter/Irene Stacher (Hrsg.), Internationale Migration. Die globale Herausforderung des 21. Jahrhunderts?, Frankfurt a. M.: Brandes und Apsel u. a., S. 97–122.

Badawia, Tarek (2002), „Der dritte Stuhl". Eine Grounded Theory-Studie zum kreativen Umgang bildungserfolgreicher Immigrantenjugendlicher mit kultureller Differenz, Frankfurt a. M. u. a.: IKO-Verlag für Interkulturelle Kommunikation.

Boos-Nünning, Ursula (1998), Migrationsforschung unter geschlechtsspezifischer Perspektive, in: Eckhardt Koch/Metin Özek/Wolfgang M. Pfeiffer/Renate Schepker (Hrsg.), Chancen und Risiken von Migration. Deutsch-türkische Perspektiven, Freiburg i. Br.: Lambertus, S. 304–316.

Boos-Nünning, Ursula/Karakaşoğlu, Yasemin (2005), Viele Welten leben. Zur Lebenssituation von Mädchen und jungen Frauen mit Migrationshintergrund, Münster u. a.: Waxmann.

Bundesministerium für Familie, Senioren, Frauen und Jugend (Hrsg.) (2004), Lebenssituation, Sicherheit und Gesundheit von Frauen in Deutschland. Eine repräsentative Untersuchung zu Gewalt gegen Frauen in Deutschland. Zusammenfassung zentraler Studienergebnisse, Berlin.

Datta, Asit (Hrsg.) (2005), Transkulturalität und Identität. Bildungsprozesse zwischen Exklusion und Inklusion, Frankfurt a. M. u. a.: IKO-Verlag für Interkulturelle Kommunikation.

Eisenrieder, Claudia (2006), Zwangsheirat bei MigrantInnen. Verwandtschaftliche und gesellschaftspolitische Hintergründe, in: Terre des Femmes e. V. (Hrsg.), Zwangsheirat. Lebenslänglich für die Ehre, aktualisierte und erweiterte Neuauflage, Tübingen, S. 20–26.

Granato, Mona (2004), Feminisierung der Migration – Chancengleichheit für (junge) Frauen mit Migrationshintergrund in Ausbildung und Beruf. Kurzexpertise für den Sachverständigenrat für Zuwanderung und Integration, Bonn: Bundesinstitut für Berufsbildung, verfügbar unter: http://www.bibb.de/dokumente/pdf/a24_feminisierung-migration_04-2004_granato.pdf (abgerufen am 22. 3. 2007).

Gültekin, Neval (2003), Bildung, Autonomie, Tradition und Migration. Doppelperspektivität biographischer Prozesse junger Frauen aus der Türkei, Opladen: Leske und Budrich.

Hahn, Sylvia (2000), Wie Frauen in der Migrationsgeschichte verloren gingen, in: Karl Husa/Christof Parnreiter/Irene Stacher (Hrsg.), Internationale Migration. Die globale Herausforderung des 21. Jahrhunderts?, Frankfurt a. M.: Brandes und Apsel u. a., S. 77–96.

Han, Petrus (2003), Frauen und Migration. Strukturelle Bedingungen, Fakten und soziale Folgen der Frauenmigration, Stuttgart: Lucius und Lucius.

Herwartz-Emden, Leonie (Hrsg.) (2000), Einwandererfamilien. Geschlechterverhältnisse, Erziehung und Akkulturation, Osnabrück: Rasch.

Herwartz-Emden, Leonie/Riecken, Andrea (2001), Frauen in der Migration, in: Alexa Franke/Anette Kämmerer (Hrsg.), Klinische Psychologie der Frau. Ein Lehrbuch, Göttingen u. a.: Hogrefe, S. 577–607.

Herwartz-Emden, Leonie/Westphal, Manuela (1999), Frauen und Männer, Mütter und Väter: Empirische Ergebnisse zu Veränderungen der Geschlechterverhältnisse in Einwandererfamilien, in: Zeitschrift für Pädagogik, 45. Jg., Heft 6, S. 885–902.

Herwartz-Emden, Leonie/Westphal, Manuela (2000), Akkulturationsstrategien im Generationen- und Geschlechtervergleich bei eingewanderten Familien, in: Sachverständigenkommission 6. Familienbericht (Hrsg.), Materialien zum 6. Familienbericht, Band 1: Familien ausländischer Herkunft in Deutschland. Empirische Beiträge zur Familienentwicklung und Akkulturation, Opladen: Leske und Budrich, S. 230–271.

Herwartz-Emden, Leonie/Westphal, Manuela (2002), Integration junger Aussiedler: Entwicklungsbedingungen und Akkulturationsprozesse, in: Jochen Oltmer (Hrsg.), Migrationsforschung und Interkulturelle Studien: Zehn Jahre IMIS, Osnabrück: Rasch, S. 229–259.

Hess, Sabine/Lenz, Ramona (2001), Das Comeback der Dienstmädchen, in: dieselben (Hrsg.), Geschlecht und Globalisierung. Ein kulturwissenschaftlicher Streifzug durch transnationale Räume. Königstein, Taunus: Ulrike Helmer, S. 128–165.

Hummrich, Merle (2002), Bildungserfolg und Migration. Biographien junger Frauen in der Einwanderungsgesellschaft, Opladen: Leske und Budrich.

Huth-Hildebrandt, Christine (2002), Das Bild von der Migrantin. Auf den Spuren eine Konstrukts, Frankfurt a. M.: Brandes und Apsel.

Karakaşoğlu, Yasemin (2003), Geschlechteridentitäten (Gender) unter türkischen Migrantinnen und Migranten, in: Deutsch-Türkischer Dialog der Körber-Stiftung (Hrsg.), Geschlecht und Recht/Hak ve Cinsiyet, Deutsch-Türkisches Symposium 2002, Band 8, Hamburg, S. 34–53.

Kersten, Joachim (2004), Konfliktlagen männlicher Jugendlicher und junger Männer, in: Bernhard Jehle/Bernd Kammerer/Horst Unbehaun (Hrsg.), Migration – Integration – interkulturelle Arbeit. Chancen und Perspektiven der pädagogischen Arbeit mit Kindern und Jugendlichen, Nürnberg: emwe-Verlag, S. 127–134.

King, Vera (2005), Bildungskarrieren und Männlichkeitsentwürfe bei Adoleszenten aus Migrantenfamilien, in: dieselbe/Karin Flaake (Hrsg.), Männliche Adoleszenz. Sozialisation und Bildungsprozesse zwischen Kindheit und Erwachsensein, Frankfurt a. M. u. a.: Campus, S. 57–76.

Krüger-Potratz, Marianne/Lutz, Helma (2004), Gender in der interkulturellen Pädagogik, in: Edith Glaser/Dorle Klika/Annedore Prengel (Hrsg.), Handbuch Gender und Erziehungswissenschaft, Bad Heilbrunn, Oberbayern: Klinkhardt, S. 436–447.

Kuhs, Katharina (1999), Migrantinnen – Eine thematisch sortierte Auswahlbiographie 1980–1999, in: Heide Gieseke/Katharina Kuhs (Hrsg.), Frauen und Mädchen in der Migration. Lebenshintergründe und Lebensbewältigung, Frankfurt a. M.: IKO-Verlag für Interkulturelle Kommunikation, S. 119–214.

Le Breton Baumgartner, Maritza (2000), Die Feminisierung der Migration. Eine Analyse im Kontext neoliberaler Arbeits- und Aufenthaltsverhältnisse, in: Ruth Klingebiel/Shalini Randeria (Hrsg.), Globalisierung aus Frauensicht. Bilanzen und Visionen, 2. Auflage, Bonn: Dietz, S. 112–134.

Mattes, Monika (2005), „Gastarbeiterinnen" in der Bundesrepublik. Anwerbepolitik, Migration und Geschlecht in den 50er bis 70er Jahren, Frankfurt a. M. u. a.: Campus.

Mentz, Ulrike (2001), Frauenhandel als migrationsrechtliches Problem, Frankfurt a. M. u. a.: Lang.

Morokvasic, Mirjana (1984), Birds of Passage are also Women, in: International Migration Review 18, Heft 4, S. 886–907.

Niesner, Elvira/Anonuevo, Estrella/Aparicio, Marta/Sonsiengchai-Fenzl, Petchara (1997), Ein Traum vom besseren Leben. Migrantinnenerfahrungen, soziale Unterstützung und neue Strategien gegen Frauenhandel, Opladen: Leske und Budrich.

Nökel, Sigrid (2002), Die Töchter der Gastarbeiter und der Islam. Zur Soziologie alltagsweltlicher Anerkennungspolitiken. Eine Fallstudie, Bielefeld: Transcript.

Ochse, Gabriele (1999), Migrantinnenforschung in der Bundesrepublik Deutschland und den USA, Oldenburg: Bibliotheks- und Informationssystem der Universität.

Ottens, Svenja (1998), Geschlechterrollenorientierungen türkischer Migrantinnen/Migranten im Spannungsfeld zwischen Herkunftsbindungen und kulturellen Neudefinitionen, in: Zeitschrift für Frauenforschung, 16. Jg., Heft 1/2, S. 106–123.

Otyakmaz, Berrin Özlem (2004), Dequalifizierung von Professionellen mit Migrationshintergrund im psychosozialen Arbeitskontext, in: Karakaşoğlu, Yasemin/ Lüddecke, Julian (Hrsg.), Migrationsforschung und interkulturelle Pädagogik. Aktuelle Entwicklungen in Theorie, Empirie und Praxis. Ursula Boos-Nünning zum 60. Geburtstag, Münster u. a.: Waxmann, S. 117–130.

Prodolliet, Simone (1999), Spezifisch weiblich: Geschlecht und Migration. Ein Rückblick auf die Migrationsforschung, in: Zeitschrift für Frauenforschung, 17. Jg., Heft 1/2, S. 26–42.

Rohr, Elisabeth (2001), Die Liebe der Töchter: Weibliche Adoleszenz in der Migration, in: Gabriele Sturm/Christina Schachtner/Renate Rausch/Karola Maltry (Hrsg.), Zukunfts(t)räume. Geschlechterverhältnisse im Globalisierungsprozess, Königstein, Taunus: Helmer, S. 138–162.

Rosen, Rita (1997), Leben in zwei Welten. Migrantinnen und Studium, Frankfurt a. M.: IKO-Verlag für Interkulturelle Kommunikation.

Ruenkaew, Pataya (2003), Heirat nach Deutschland. Motive und Hintergründe thailändisch-deutscher Eheschließungen, Frankfurt a. M.: Campus.

Schepker, Renate/Toker, Mehmet/Eberding, Angela (2000), Eine Institution in der psychosozialen Versorgung von türkeistämmigen Migrantenfamilien, in: Ingrid Gogolin/Bernhard Nauck (Hrsg.), Migration, gesellschaftliche Differenzierung und Bildung. Resultate des Forschungsschwerpunktprogramms FABER, Opladen: Leske und Budrich, S. 245–278.

Schiffauer, Werner (2002), Migration und kulturelle Differenz. Studie für das Büro der Ausländerbeauftragten des Senats von Berlin, hrsg. v. der Ausländerbeauftragten des Senats, Berlin.

Sechster Familienbericht (2000), Familien ausländischer Herkunft in Deutschland. Leistungen – Belastungen – Herausforderungen, hrsg. v. Bundesministerium für Familien, Senioren, Frauen und Jugend, Berlin; auch enthalten in: Deutscher Bundestag, Drucksache 14/4357, 20.10.2000.

Sitorus, Birgit/Stöcker-Zafari, Hiltrud (2002), Trennung und Scheidung binationaler Paare. Ein Ratgeber, hrsg. v. Verband binationaler Familien und Partnerschaften, iaf e. V., Frankfurt a. M.: Brandes und Apsel.

Spohn, Margret (2002), Türkische Männer in Deutschland. Familie und Identität. Migranten der ersten Generation erzählen ihre Geschichte, Bielefeld: Transcript.

Toprak, Ahmet (2004), „Wer sein Kind nicht schlägt, hat später das Nachsehen". Elterliche Gewaltanwendung in türkischen Migrantenfamilien und Konsequenzen für die Elternarbeit. Herbolzheim: Centaurus.

Tunc, Michael (2006), Konkurrenzen von Männern in der Einwanderungsgesellschaft? Eine an Pierre Bourdieu orientierte intersektionelle Männerforschung. (Manuskript zur 4. Tagung des Arbeitskreises interdisziplinäre Männerforschung „Geschlechterkonkurrenzen: Männer – Männer, Männer – Frauen, Frauen – Frauen." in Stuttgart-Hohenheim vom 2.–4. Februar 2006), verfügbar unter: http://www.ruendal.de/aim/tagung06/pdfs/tunc.pdf (abgerufen am 23. 3. 2007).

Weilandt, Caren/Rommel, Alexander/Raven, Uwe (2003), Gutachten zur psychischen, psychosozialen und psychosomatischen Gesundheit und Versorgung von Migrantinnen in NRW, Bonn, verfügbar unter: http://www.landtag.nrw.de/portal/WWW/GB_I/I.1/EK/EKALT/13_EK2/Gutachten_Migrantinnen.pdf (abgerufen am 23. 3. 2007).

Westphal, Manuela (1996), Arbeitsmigrantinnen im Spiegel westdeutscher Frauenbilder, in: beiträge zur feministischen theorie und praxis, 19. Jg., Heft 42, S. 17–28.

Westphal, Manuela (1997), Aussiedlerinnen: Geschlecht, Beruf und Bildung unter Einwanderungsbedingungen, Bielefeld: Kleine.

Westphal, Manuela (2006), Modernisierung von Männlichkeit und aktive Vaterschaft – kein Thema für Migranten?, in: Harald Werneck/Martina Beham/Doris Palz (Hrsg.), Aktive Vaterschaft. Männer zwischen Familie und Beruf, Gießen: Psychosozial-Verlag, S. 214–229.

Westphal, Manuela (2007), Interkulturelle Kompetenzen – ein widersprüchliches Konzept als Schlüsselqualifikation, in: Hans-Rüdiger Müller/Wassilios Stravoravdis (Hrsg.), Wissen – Können – Handeln. Bildung in der Wissensgesellschaft, Wiesbaden (im Erscheinen).

Westphal, Manuela/Katenbrink, Judith (2007), Über Wirklichkeit und Stereotype: Heirat und Partnerwahl in Familien mit Migrationshintergrund, in: Marion Gemende/Chantal Munsch/Steffi Weber-Unger-Rotino (Hrsg.), Eva ist emanzipiert, Mehmet ist ein Macho. Zuschreibung, Ausgrenzung, Lebensbewältigung und Handlungsansätze im Kontext von Migration und Geschlecht. Weinheim/München: Juventa (im Erscheinen).

Zwangsverheiratung, Gewalt und Paarbeziehungen von Frauen mit und ohne Migrationshintergrund in Deutschland – Differenzierung statt Polarisierung

Monika Schröttle

1. Einführung

Mit der öffentlichen Diskussion um Zwangsverheiratung und innerfamiliäre Kontrolle und Gewalt gegen Frauen und Mädchen mit türkischem Migrationshintergrund in Deutschland werden seit einiger Zeit stereotype Darstellungen über „die" türkischen Migrantinnen und Migranten transportiert, die in ihrer Polarisierung und mangelnden Differenzierung nicht den empirisch feststellbaren Realitäten der aktuellen sozialwissenschaftlichen Forschung entsprechen. Die oft stark emotional aufgeladene und einseitig moralisierende Herangehensweise an die Problematik scheint mit sehr unterschiedlichen politischen Interessen und Zielrichtungen verbunden zu sein.

Auf der einen Seite steht das Anliegen, Frauen (und Männer), die erhöhten Risiken ausgesetzt sind, in Familien- und Paarbeziehungen Opfer von Gewalt, Zwang und psychischer wie gesundheitlicher Beeinträchtigung zu werden, zu unterstützen und kulturell legitimierte Gewalt gegen Frauen und Mädchen zu beenden; die lauter werdenden kritischen Stimmen gegen Gewalt und entsprechende Menschenrechtsverletzungen und das erhöhte Engagement gerade auch von Frauen und Männern mit Migrationshintergrund, von Migrantinnen-/Migrantenverbänden und türkischen Medien sind eine wichtige Grundlage für Veränderungsprozesse in Richtung eines Abbaus von Gewalt im Geschlechterverhältnis und einer besseren Unterstützung der Betroffenen.

Zugleich und parallel wird die Thematik jedoch von Teilen der Mehrheitsgesellschaft und Politik instrumentalisiert, um Vorurteile gegen Migrantinnen und Migranten zu verbreiten und Gewalt sowie die Gleichstellungsproblematik einseitig einer ethnischen Minderheit zuzuschreiben; fast unmerklich werden dadurch Probleme häuslicher Gewalt und die Gleichstellungsdefizite von Frauen und Männern in der deutschen Mehrheitsgesellschaft unsichtbar und verdeckt. Es scheint kein Zufall zu sein, dass ausgerechnet jene politischen Kräfte, die ansonsten wenig Interesse an gleichstellungspolitischen Bemühungen und am Abbau von Gewalt im Geschlechterverhältnis zeigen, sich aktiv in diese Debatte einschalten und Gewalt nur dort benennen und bekämpfen, wo sie in islamischgläubigen Minderheiten auftritt. Fragen der (vermeintlich mangelnden) Integration türkischer Minderheiten in Deutschland werden dann vermengt mit Debatten über Islam und Islamismus und diese wiederum ungeprüft in Verbindung gebracht mit

Gewalt gegen Frauen, Gewalt in der Familie und geschlechtsspezifischen Diskriminierungen. Die Themenbereiche werden grob vereinfachend zu einem Cluster zusammengefügt, das der Komplexität der Verbindungslinien nicht entspricht und künstlich Trennlinien zwischen in Deutschland lebenden Menschen deutscher und türkischer Herkunft herstellt, ohne nach Unterschieden und Gemeinsamkeiten zwischen und innerhalb der Bevölkerungsgruppen zu fragen.

Ziel des vorliegenden Beitrages ist es, die Diskussion um Zwangsverheiratung und Gewalt gegen Migrantinnen zu versachlichen und anhand von empirischen Ergebnissen aus einer repräsentativen Umfrage aufzuzeigen, wo Differenzierungen in der Diskussion über Migration, Gewalt, Kontrolle und Zwang notwendig sind, um der Lebenssituation von Frauen und Männern unterschiedlicher ethnischer Herkunft besser gerecht zu werden. Dazu werden verschiedene Aspekte der derzeitigen Stereotypisierung der Lebens-, Paar- und Familiensituation von Menschen mit türkischem Migrationshintergrund aufgegriffen und auf ihren Realitätsgehalt hin überprüft und diskutiert; eingegangen wird auf das Ausmaß von Zwangsverheiratung und Gewalt in Paarbeziehungen, auf Isolation und Kontrolle der Frauen innerhalb der Familien-/Paarbeziehungen sowie die Verortung der Paarbeziehungen auf der Achse traditionell/rückständig versus modern/partnerschaftlich. Es wird gezeigt, dass diese Problembereiche erstens nicht einseitig und überwiegend den Menschen mit türkischem Migrationshintergrund zuzuordnen sind, weil sie zweitens einen großen Teil der Migrantinnen und Migranten türkischer Herkunft nicht betreffen und drittens für einen nicht unerheblichen Teil der deutschen Mehrheitsgesellschaft ebenfalls relevant sind.

Die im Folgenden dargestellten Ergebnisse beziehen sich auf eine repräsentative Befragung von über 10.000 in Deutschland lebenden Frauen im Alter von 16 bis 85 Jahren, die 2003 im Auftrag des Bundesministeriums für Familie, Senioren, Frauen und Jugend (BMFSFJ) durch das Interdisziplinäre Zentrum für Frauen- und Geschlechterforschung der Universität Bielefeld in Kooperation mit infas durchgeführt wurde.[1] Die Untersuchung thematisierte entsprechend ihres Studientitels in ausführlichen Befragungen die „Lebenssituation, Sicherheit und Gesundheit" von Frauen in Deutschland und war die erste deutsche Repräsentativuntersuchung, die sich schwerpunktmäßig mit Gewalterfahrungen von Frauen innerhalb und außerhalb von Familien- und Paarbeziehungen befasste. Anders als viele andere europäische Prävalenzstudien zu Gewalt gegen Frauen[2] wurden in der Studie zusätzliche fremdsprachige Interviews in türkischer und russischer Sprache durchgeführt, um die größten in Deutschland lebenden Migrantinnenpopulationen – Frauen mit türkischem Migrationshintergrund und Frauen aus Osteuropa und Ländern der ehemaligen Union der Sozialistischen Sowjetrepubliken (UdSSR) – besser zu erfassen. Die Daten dieser Ende 2004 veröffentlichten Studie[3] wurden in den letzten Jahren weiter vertiefend sekundäranalytisch ausgewertet,

1 Vgl. Schröttle/Müller (2004); Ergebnisse und Methodik im Internet unter: http://www.gesis.org/Datenervice/Themen/53-Gewalt/Studien_zu_Gewalt/index.htm#Gewalt%20gegen%20Frauen (abgerufen am 27.3.2007).

2 Zur Vergleichbarkeit der europäischen Studien siehe Martinez u. a. (2006); Schröttle u. a. (2006).

3 Vgl. Schröttle/Müller (2004).

unter anderem auch mit Blick auf Unterschiede und Gemeinsamkeiten von Frauen mit und ohne Migrationshintergrund. Die ethnische Herkunft der Befragten wurde am Geburtsland ihrer Eltern festgemacht sowie an der Staatsbürgerschaft als zweitrangigem Kriterium. Dadurch konnten Migrantinnen der ersten und zweiten Generation durchgängig einbezogen werden, Migrantinnen der dritten Generation hingegen nur, wenn sie nicht deutsche Staatsbürgerinnen waren. Im Folgenden soll zunächst auf das Ausmaß von arrangierten Ehen und Zwangsverheiratungen türkischer Migrantinnen auf der Basis der Studienergebnisse eingegangen werden, um dann Ergebnisse zu Gewalt, Kontrolle und Isolation der Frauen in Familien- und Paarbeziehungen darzustellen und schließlich die Frage zu erörtern, ob Paare mit türkischem Migrationshintergrund als traditioneller einzustufen sind als Paare ohne (türkischen) Migrationshintergrund.

2. Wie ist das Ausmaß von arrangierten Ehen und Zwangsverheiratungen der Migrantinnen türkischer Herkunft in Deutschland auf der Basis der Studie einzuschätzen?

Die Studie enthält einen kleineren Befragungsteil zur Zwangsverheiratung, der an Frauen mit türkischem Migrationshintergrund gerichtet war und nur jene Frauen einbezog, die in erster Ehe mit einem Partner verheiratet waren, der ebenfalls einen türkischen Migrationshintergrund hatte (N = 143). Ziel dieses Teils der Befragung war, einen vorsichtigen ersten Einblick in das Ausmaß von Zwangsverheiratungen von türkischen Migrantinnen in Deutschland zu erhalten. Die Ergebnisse deuten darauf hin, dass die große Mehrheit der in Deutschland lebenden Frauen türkischer Herkunft nicht gegen ihren Willen mit einem Partner verheiratet wurde. Zugleich kann aber auch keine Entwarnung gegeben werden, denn immerhin 9 % der Befragten gaben an, sie hätten sich zum Zeitpunkt der Eheschließung zu der Ehe gezwungen gefühlt.

Die Schätzung, dass etwa jede zehnte in Deutschland lebende Frau im Alter von 16 bis 85 Jahren mit türkischem Migrationshintergrund nicht aus eigenem freien Willen in die erste Ehe eingewilligt hat, stellt eher einen Mindestwert dar, unter dem sich noch schwer einschätzbare Dunkelfelder verbergen.[4] Die für die rechtliche und inhaltliche Zuordnung wichtige Unterscheidung von und Abstufungen zwischen freiwilliger arrangierter Ehe und Zwangsverheiratung dürfte in der Praxis nicht immer trennscharf zu bestimmen sein, da die unterschiedlichen Grade von Zustimmung und Ablehnung, Zwang und Freiwilligkeit der Eheschließung nur schwer zu erfassen sind.

4 Es kann davon ausgegangen werden, dass es sich hier um den harten Kern derjenigen handelt, die sich auch nach mehreren Jahren Ehe nicht mit der Situation arrangiert haben. Es ist darüber hinaus möglich, dass zwangsverheiratete Frauen, die stärker isoliert sind oder einer höheren Kontrolle durch Familienangehörige unterliegen, in der Befragung weniger stark vertreten sind oder nicht wahrheitsgemäß geantwortet haben; die Interviews durften nur allein und in Abwesenheit Dritter durchgeführt werden. Hinzu kommt, dass die Studie Frauen, die von Deutschland in andere Herkunftsländer zwangsverheiratet wurden, nicht erfassen konnte.

In der vorliegenden Studie gaben etwa die Hälfte der befragten Frauen mit türkischem Migrationshintergrund (49 %) an, sie hätten den Partner allein ausgewählt, bei 48 % wurde der Ehepartner von Verwandten vorgeschlagen und 3 % machten dazu keine Angaben.

Von den Frauen, deren Partner durch Verwandte vorgeschlagen worden waren:

- gaben 54 % an, sie hätten Gelegenheit gehabt, den Ehepartner vor der Ehe kennen zu lernen; für 46 % bestand diese Möglichkeit nicht;
- waren fast drei Viertel (74 %) mit dieser Wahl einverstanden; knapp ein Viertel (24 %) gab an, sie hätten den Partner lieber selbst ausgewählt;
- wurden knapp drei Viertel (74 %) vor der Eheschließung zu ihrer Meinung zum zukünftigen Ehepartner befragt; ein Viertel (25 %) nicht;
- gaben 86 % an, mit der Auswahl des Ehepartners einverstanden gewesen zu sein; 8 % waren hingegen nicht oder zumindest zuerst nicht, später aber schon einverstanden;
- hatten 18 % zum Zeitpunkt der Eheschließung das Gefühl, zu der Ehe gezwungen worden zu sein.

Hieraus wird zum einen ersichtlich, dass arrangierte Ehen nicht überwiegend als Zwangsehen einzustufen sind und häufig mit der Zustimmung oder dem Einverständnis der Betroffenen geschlossen werden. Zum anderen scheint bei einem nicht unerheblichen Teil der arrangierten Ehen die freiwillige Zustimmung doch fraglich, wenn bei fast der Hälfte der Fälle (46 %) die zu verheiratende Frau vor der Ehe nicht die Gelegenheit hatte, den Partner kennen zu lernen. Festzuhalten bleibt zudem, dass 50 % der Frauen, die im Rahmen arrangierter Ehen verheiratet wurden, 18 bis 20 Jahre und weitere 40 % unter 18 Jahre alt waren (davon der überwiegende Teil 16 bis 17 Jahre), in einem Alter also, in dem möglicherweise viele die Tragweite der Entscheidung nicht absehen und sich nicht oder noch nicht selbstbewusst dem elterlichen oder verwandtschaftlichen Druck bzw. der Beeinflussung widersetzen können.

Als Auswahlkriterien für die Wahl des Partners bei arrangierten Ehen durch Familienangehörige und Verwandte wurde am häufigsten genannt: weil die Familie der Meinung sei, er könne gut für die Frau sorgen (32 %), weil er ein Verwandter sei (31 %) und/oder um die Freundschaft der Familien zu erhalten (14 %); aber auch der Versuch, die Befragte von unerwünschten Kontakten zu anderen Männern abzuhalten (8 %) und andere, nicht näher ausgewiesene Gründe (21 %) spielten eine Rolle.[5]

Die Auswertung zeigt für den Themenbereich „Zwangsverheiratung“ insgesamt, dass die Hälfte der in Deutschland lebenden Migrantinnen türkischer Herkunft die Partner in erster Ehe vollständig selbst ausgewählt haben und nicht von einer angebahnten oder arrangierten Ehe betroffen waren. Die große Mehrheit der

5 Mehrfachnennungen waren möglich; deshalb addiert sich die Summe nicht auf 100 %.

durch Verwandte arrangierten Ehen (etwa drei Viertel) wird mit expliziter Zustimmung und unter aktiver Mitsprache oder Beteiligung der Frauen angebahnt. Etwa jede vierte bis fünfte in der Studie erfasste arrangierte Ehe ist allerdings menschenrechtlich als problematisch zu bewerten, weil die Frau nicht nach ihrem Einverständnis gefragt wurde, den Partner lieber selbst ausgewählt hätte und/oder mit der Partnerwahl nicht einverstanden war.[6] Insgesamt etwa jede zehnte in der Studie befragte Migrantin türkischer Herkunft wurde eindeutig mit Zwang oder mangelhafter Zustimmung/Beteiligung gegen ihren Willen mit ihrem ersten Ehepartner verheiratet. Wie hoch die darunter liegenden Dunkelfelder sind, lässt sich anhand der vorliegenden Daten schwer bestimmen. Frauen, die ins Ausland verheiratet werden, sind in dieser Schätzung noch nicht einbezogen.

Die Studienergebnisse spiegeln Tendenzen wider und sind aufgrund der geringen Fallzahlen nicht verallgemeinerbar. Um verallgemeinerbare und für die Praxis und Politik verwertbare Aussagen zum Thema zu erhalten, bedürfte es einer – auch quantitativ – breiter angelegten repräsentativen Studie, die weitere Untersuchungsgruppen unterschiedlicher ethnischer Herkunft einbezieht und Differenzierungen ermöglicht, zum Beispiel zur Frage, welche ethnischen Minderheiten, Altersgruppen, sozialen Statusgruppen und kulturellen Milieus besonders stark gefährdet oder betroffen sind. Zu Recht wird darauf hingewiesen, dass die Problematik nicht „dem Islam" oder ausschließlich „Menschen mit muslimisch-türkischer Herkunft" angelastet werden kann. Beobachtungen aus anderen Ländern verweisen darauf, dass Menschen unterschiedlicher ethnischer Herkunft und religiöser Zugehörigkeit von Zwangsverheiratungen betroffen sein können; so wurden etwa in der Schweiz Zwangsehen unter anderem bei Angehörigen hinduistischer, christlich-orthodoxer, muslimischer, katholischer und orthodox jüdischer Minderheiten festgestellt.[7] Neben patriarchalischen Strukturen und archaischen Traditionen scheinen auch soziale und Bildungsfaktoren eine Rolle zu spielen.[8]

Eine differenzierte Untersuchung zur Zwangsverheiratung in Deutschland hätte zudem auch Betroffene einzubeziehen, die in die Türkei verheiratet wurden, eine zeitliche Zuordnung zu ermöglichen und die genauen Umstände bei der Anbahnung der Ehe zu erfassen, insbesondere die unterschiedlichen Grade von direktem/indirektem Zwang/Druck und Freiwilligkeit, die im Vorfeld der Eheschließung eine Rolle spielen. Nur so können die menschenrechtliche Relevanz und der staatliche und gesellschaftliche Handlungsbedarf bei arrangierten Ehen

6 Eine nichtrepräsentative Befragung bei 114 Migrantinnen im Jahre 1996, die im Rahmen des Women for Human Rights Report in Berliner Migrantinnen- und Unterstützungsprojekten durchgeführt wurde, kam hier zu höheren Werten: Über ein Drittel der arrangierten Ehen wurden gegen den Willen der Frau durchgesetzt (Ilkkaracan (1996), zitiert nach Westphal/Katenbrink (2007)). Möglicherweise deuten sich hier bereits Veränderungen im Zeitvergleich an; wahrscheinlich sind die Unterschiede aber auf die verschieden zusammengesetzten Befragungsgruppen zurückzuführen. Wird in Hilfe- und Unterstützungseinrichtungen befragt, ist von einem höheren Anteil von Menschen in Problemsituationen auszugehen.

7 Siehe Zentrum polis – Politik Lernen in der Schule (2006), S. 3, sowie „10 FAQ. ‚Frequently Asked Questions' oder zu Deutsch einfach ‚häufig gestellte Fragen' rund ums Thema Zwangsheirat" unter: http://www.zwangsheirat.ch/zwangsheirat/10_faq.htm (abgerufen am 23. 4. 2007).

8 Vgl. ebd., sowie Islamische Religionsgemeinschaft Hessen (2006).

adäquat erfasst werden. Hilfe und Unterstützung für Frauen und Familien, die von Zwangsverheiratung betroffen oder bedroht sind, ist allerdings auch dann notwendig, wenn das Problem weniger häufig ist als bisher vermutet wird.

Fest steht jedoch aufgrund der bisherigen empirischen Datenlage, dass Frauen mit türkischem Migrationshintergrund in Deutschland nicht mehrheitlich zwangsverheiratet werden; dass davon mindestens jede zehnte betroffen zu sein scheint, ist allerdings durchaus als hoch problematisch anzusehen. Ergebnisse aus anderen Untersuchungen zeigen, dass die Mehrheit der Menschen türkischer Herkunft sowohl in Deutschland wie auch in der Türkei der Praktik der Zwangsverheiratung nicht zustimmt.[9]

3. Sind Gewalt, soziale Kontrolle und männliche Dominanz ausschließlich oder überwiegend ein Problem türkischer Migrantinnen in Deutschland?

Die im Folgenden vorgestellten Ergebnisse beruhen zum größten Teil auf den Auswertungen eines deutsch-französischen Kooperationsprojektes, bei dem im Jahr 2005/2006 die nationalen Gewaltprävalenzstudien beider Länder vergleichend ausgewertet wurden, um zu prüfen, ob ähnliche Tendenzen hinsichtlich der Betroffenheit von Frauen mit und ohne Migrationshintergrund durch Gewalt in Paarbeziehungen feststellbar sind.[10] Fallbasis der Auswertung für Deutschland bildeten 5.880 Frauen deutscher, 310 Frauen türkischer Herkunft und 380 Frauen aus Ländern der ehemaligen UdSSR, die unter 60 Jahre alt waren und in einer Paarbeziehung leben oder gelebt haben.[11]

Ausmaß, Verbreitung und Schweregrade von Gewalt gegen Frauen in Paarbeziehungen

Die sekundäranalytische Auswertung sowohl der deutschen wie auch der französischen Gewaltstudie bestätigte, dass die Frauen mit Migrationshintergrund häufiger von Gewalt betroffen waren und innerhalb der Paarbeziehungen auch häufiger auftretende und schwerere Formen von Gewalt erlebt hatten. Sie machen zudem deutlich, dass häusliche Gewalt durch Beziehungspartner nicht ausschließlich oder überwiegend ein Problem von Migrantinnen ist, sondern dass auch Frauen deutscher bzw. französischer Herkunft in nicht unerheblichem Maße davon betroffen sind.

9 Zur Nichtakzeptanz von arrangierten Ehen und Zwangsverheiratung bei jüngeren Migrantinnen vgl. auch Boos-Nünning/Karakaşoğlu (2004).

10 Das Kooperationsprojekt wurde aus Hochschul- und Wissenschaftsprogramm-Mitteln des Landes Nordrhein-Westfalen gefördert und von Dr. Monika Schröttle (Interdisziplinäres Zentrum für Frauen- und Geschlechterforschung der Universität Bielefeld) und Stéphanie Condon vom nationalen Statistikzentrum INED France durchgeführt. Die Kooperation entstand im Rahmen des Forschungsnetzwerks CAHRV (Coordination Action on Human Rights Violations, siehe http://www.cahrv.uni-osnabrueck.de; abgerufen am 23.4.2007). Das Projekt wurde von November 2005 bis Mai 2006 durchgeführt.

11 Fallbasis der französischen Studie bildeten 6.017 Frauen überwiegend französischer und 144 Frauen nordafrikanischer Herkunft

Im Folgenden beschränke ich mich auf die Ergebnisse der deutschen Studienauswertung. In der deutschen Befragung gab jede dritte bis vierte Frau unter 60 Jahren, die in einer Paarbeziehung lebt oder lebte, an, körperliche oder sexuelle Übergriffe in unterschiedlicher Ausprägung durch aktuelle oder frühere Beziehungspartner mindestens einmal erlebt zu haben. Die Werte waren bei den Frauen mit türkischem Migrationshintergrund mit 37 % am höchsten und signifikant höher als bei den anderen Befragungsgruppen. Der Befund allerdings, dass auch 29 % der Frauen deutscher Herkunft mindestens einmal körperliche oder sexuelle Übergriffe durch einen aktuellen oder früheren Beziehungspartner erlebt haben, verweist auf die hohe Relevanz der Problematik auch in deutschen Paarbeziehungen.[12]

Die Unterschiede zwischen den Frauen verschiedener ethnischer Herkunft fallen noch stärker aus, wenn ausschließlich auf Gewalt durch den aktuellen Beziehungspartner fokussiert wird. Dann hat von den Frauen unter 60 Jahren etwa jede siebte Frau deutscher Herkunft (14 %), jede sechste Frau aus Ländern der ehemaligen UdSSR (17 %) und jede dritte bis vierte Frau türkischer Herkunft (29 %) mindestens einmal körperliche und/oder sexuelle Übergriffe durch den aktuellen Beziehungspartner erlebt. Damit waren Migrantinnen türkischer Herkunft etwa doppelt so häufig von Gewalt durch den aktuellen Partner betroffen wie Frauen deutscher Herkunft.

Frauen mit türkischem Migrationshintergrund erlebten entsprechend ihren Angaben zu häuslichen Gewalterfahrungen nicht nur anteilsmäßig häufiger Gewalt durch den aktuellen Beziehungspartner als die anderen Befragungsgruppen, sondern auch Gewalthandlungen in höherer Frequenz und Schwere. So gab nur gut ein Drittel der gewaltbetroffenen Frauen türkischer Herkunft (34 %) an, bei der Gewalt durch den aktuellen Partner habe es sich um eine einmalige Handlung gehandelt; bei den anderen Befragungsgruppen war dieser Anteil mit 66 % bei Frauen deutscher Herkunft und 52 % bei Frauen aus Ländern der ehemaligen UdSSR deutlich höher. Der Anteil der gewaltbetroffenen Frauen, die angaben, häufig oder gelegentlich solche Übergriffe durch den aktuellen Partner erfahren zu haben, war bei den Frauen türkischer Herkunft anteilsmäßig zwei- bis dreimal höher (41 %) als bei den anderen Befragungsgruppen (12 % bei Frauen deutscher Herkunft und 18 % bei Frauen aus Ländern der ehemaligen UdSSR).

Hinzu kommt, dass *gewaltbetroffene* Frauen türkischer Herkunft signifikant häufiger als andere Befragungsgruppen *schwerere* Formen von Gewalt durch den Partner angegeben haben, etwa verprügelt, gewürgt oder mit Waffengewalt bedroht worden zu sein. 8 % der Befragten mit türkischem Migrationshintergrund, 4 % der Frauen aus Ländern der ehemaligen UdSSR und 1 % der Frauen deutscher Herkunft

12 In der französischen Studie hatten knapp 9 % der Frauen der französischen Mehrheitsbevölkerung und knapp 15 % der Frauen nordafrikanischer Herkunft angegeben, im letzten Jahr vor der Befragung mindestens einmal körperliche oder sexuelle Übergriffe durch den Partner erlebt zu haben. Sehr schwere Gewalt hatten doppelt so viele Frauen nordafrikanischer (4,7 %) wie Frauen französischer Herkunft (2,3 %) angegeben.

waren von ihrem derzeitigen Partner verprügelt oder mit Fäusten geschlagen, gewürgt oder mit Waffen bedroht worden oder hatten sexuelle Übergriffe erlebt. Allerdings wird aus den Daten auch ersichtlich, dass bei den Befragten mit türkischem Migrationshintergrund insgesamt nur ein Teil und nicht die Mehrheit der Frauen in den derzeitigen Paarbeziehungen von schwerer und häufiger auftretender Gewalt durch den Beziehungspartner betroffen war.

Um einen Gesamtüberblick über die unterschiedlichen Dimensionen von Gewaltbetroffenheit durch den aktuellen Partner zu erhalten, wurden die Frauen unter 60 Jahren, die in einem zusätzlichen schriftlichen Fragebogen Angaben zu ihrer aktuellen Paarbeziehung gemacht hatten, in fünf Gruppen aufgeteilt:

1. Frauen, die weder psychische noch physische noch sexuelle Gewalt durch den aktuellen Partner erlebt hatten.

2. Frauen, die psychische Gewalt, Kontrolle, Dominanz und Drohungen, aber keine körperliche oder sexuelle Gewalt erlebt hatten.[13]

3. Frauen, die allenfalls selten oder einmalig leichtere Formen körperlicher Gewalt, wie wütendes Wegschubsen oder Ohrfeigen, erlebt hatten (häufig mit, aber auch ohne psychische Gewalt).[14]

4. Frauen, die mäßige bis schwere Formen von körperlicher Gewalt oder Gewalt häufig/gelegentlich erlebt hatten, aber keine sexuelle Gewalt (zu etwa drei Vierteln spielte hier auch psychische Gewalt eine Rolle).

5. Frauen, die sexuelle Gewalt erlebt hatten, häufig auch in Kombination mit anderen Formen körperlicher oder psychischer Gewalt.[15]

---

13 Zur Messung von psychischer Gewalt und Kontrolle wurden aus einer Liste von Aussagen zum aktuellen Partner die häufigsten genannten Kategorien von psychischer Gewalt und Kontrolle ausgewählt, sowie als besonders schwerwiegende Formen auch die Gewaltandrohung/Morddrohung sowie das Aufdrängen sexueller Handlungen durch den Partner einbezogen. Eine Frau galt dann als von psychischer Gewalt in der Paarbeziehung betroffen, wenn sie mindestens einer der folgenden elf Aussagen zustimmte: Mein Partner ist: eifersüchtig und unterbindet meine Kontakte zu anderen Personen; trifft Entscheidungen alleine; kontrolliert genau, wie viel Geld ich ausgebe; kontrolliert genau, wohin ich mit wem gehe; schüchtert mich ein, wenn ich anderer Meinung bin; drängt mir sexuelle Bedürfnisse rücksichtslos auf; lässt mich über Geld nicht selbst entscheiden; beschimpft und beleidigt mich; drängt mich psychisch/moralisch zu sexuellen Handlungen; hat mir ernsthaft gedroht, mich körperlich anzugreifen oder zu verletzen; hat mir ernsthaft gedroht, mich umzubringen. Nach dieser Definition waren von psychischer Gewalt und Kontrolle 25 % der Befragten deutscher Herkunft, 49 % der Befragten türkischer Herkunft und 37 % der Frauen aus Ländern der ehemaligen UdSSR von mindestens einer der Formen psychischer Gewalt und Kontrolle durch den Partner betroffen.

14 59 % der Frauen aus dieser Kategorie haben mindestens eines der erwähnten elf Items zu psychischer Gewalt durch den Partner bejaht. In der Kategorie der mäßigen bis schweren körperlichen Gewalt waren es schon 76 %.

15 Die Betroffenen sexueller Gewalt durch den aktuellen Partner haben zu 71 % auch leichte und/oder mäßige bis schwere Formen körperlicher Gewalt genannt und zu 57 % mäßige bis schwere Formen körperlicher Gewalt. 90 % hatten darüber hinaus über psychische Gewalt durch den aktuellen Partner (mindestens eines der oben genannten elf Items) berichtet. Insofern ist ihre Einstufung als schwerste Form von Gewalt durchaus gerechtfertigt.

Nach dieser Einteilung nach unterschiedlichen Schweregraden und Formen von Gewaltbetroffenheit in der aktuellen Paarbeziehung hatten rund zwei Drittel (68 %) der Frauen deutscher, 43 % der Frauen türkischer Herkunft und 58 % der Frauen aus Ländern der ehemaligen UdSSR keine der genannten Formen, also weder psychische noch physische noch sexuelle Gewalt durch den aktuellen Partner erlebt. Von psychischer Gewalt ohne direkte körperliche oder sexuelle Übergriffe waren gut ein Viertel der Migrantinnen beider Populationen und jede fünfte bis sechste Frau deutscher Herkunft betroffen. Hinsichtlich der leichteren Formen von physischer Gewalt unterscheiden sich die Befragungsgruppen nicht mehr so stark; davon waren zwischen knapp 8 % und 11 % der Frauen betroffen, mit etwas höheren Werten bei den Frauen mit türkischem Migrationshintergrund. Mäßige bis schwere körperliche Gewalt hat etwa jede neunte Frau türkischer Herkunft erlebt; wenn sexuelle Gewalt hier eingeschlossen wird, dann hat etwa jede sechste türkische Migrantin (17 %) in Deutschland schwerere Formen von körperlicher oder sexueller Gewalt durch den aktuellen Beziehungspartner erlitten. Immerhin sind aber auch zusammengenommen knapp 6 % der Frauen deutscher Herkunft und knapp 8 % der Frauen aus Ländern der ehemaligen UdSSR von diesen schwereren Formen und Ausprägungen von sexueller und körperlicher Gewalt durch den aktuellen Partner betroffen (vgl. Tabelle 1).

Tabelle 1: Betroffenheit durch physische, psychische sowie sexuelle Gewalt durch den aktuellen Partner im Überblick. Spaltenprozentuiert. Fallbasis: Frauen unter 60 Jahren, die derzeit in einer Paarbeziehung leben und Angaben zum Beziehungsverhalten des aktuellen Partners gemacht haben.[16]

	Herkunft			**Gesamt**
	deutsch	**türkisch**	**ehem. UdSSR**	
keine der genannten Formen	67,8 %	42,7 %	57,5 %	66,1 %
psychische, aber keine körperliche/ sexuelle Gewalt	18,1 %	26,9 %	26,7 %	19,0 %
leichte/seltene körperliche Gewalt	7,6 %	10,6 %	7,9 %	7,7 %
mäßige bis schwere bzw. häufige/ gelegentliche körperliche Gewalt	4,6 %	11,5 %	4,8 %	5,0 %
sexuelle Gewalt (oft in Kombination mit anderen Formen psych./phys. Gewalt)	0,9 %	5,3 %	2,7 %	1,2 %
keine Angaben	0,9 %	3,1 %	0,3 %	1,0 %
Gesamt	**100,0 %**	**100,0 %**	**100,0 %**	**100,0 %**

16 Die Daten hierzu wurden in einem zusätzlichen schriftlichen Fragebogen erhoben, der der Befragten am Ende des mündlichen Interviews übergeben und dann in einem verdeckten Umschlag von der Interviewerin wieder mitgenommen wurde.

Der Auswertung zufolge sind die Unterschiede zwischen den befragten Gruppen bei der psychischen Gewalt (ohne körperliche Gewalt) und bei leichteren Ausprägungen von Gewalt in Paarbeziehungen, von denen etwa jede dritte bis vierte Frau in allen drei Populationen betroffen war, weniger ausgeprägt. Relevante Unterschiede einer höheren Gewaltbetroffenheit der Frauen mit türkischem Migrationshintergrund zeigen sich vielmehr bei schwereren und häufiger auftretenden Formen körperlicher Gewalt sowie bei sexueller Gewalt durch den Partner; solche schwereren Formen wurden von den Frauen türkischer Herkunft anteilsmäßig zwei- bis dreimal häufiger genannt als von anderen Befragungsgruppen und betreffen etwa jede sechste Frau türkischer Herkunft.

Anders als oft vermutet wird, zeigten unsere multivariaten Auswertungen sowie eine Varianzanalyse auf, dass diese Unterschiede nicht überwiegend auf Unterschiede in der Bildung oder in der sozialen Situation der Betroffenen zurückzuführen sind; die Unterschiede zwischen den ethnischen Gruppen bleiben auch dann bestehen, wenn soziostrukturelle Faktoren, wie Alter, Bildungsgrad und soziale Lagen, kontrolliert werden. Sie dürften also auch mit Wertesystemen, Konfliktverarbeitungsmustern und kulturellen Legitimierungsversuchen von Gewalt im Geschlechterverhältnis im Zusammenhang stehen, die sich möglicherweise in Teilen der deutschen Mehrheitsgesellschaft schon stärker in Richtung einer Delegitimierung und Ablehnung von Gewalt im Geschlechterverhältnis verändert haben.

Auch im Kontext von Trennung und Scheidung scheinen Frauen mit türkischem Migrationshintergrund stärker gefährdet zu sein, Opfer von Gewalt, Gewaltandrohung und Nachstellungen zu werden als andere in Deutschland lebende Frauen. Jene, die sich schon einmal aus einer Beziehung gelöst hatten, gaben signifikant häufiger als andere Befragungsgruppen an, bedrohliche oder mit Gewalt verbundene Nachstellungs- oder Stalking-Handlungen erlebt zu haben und im Kontext des gemeinsamen Umgangs- und Sorgerechts mit Gewalt und Gewaltandrohung durch den ehemaligen Beziehungspartner konfrontiert worden zu sein. Aus den Daten lässt sich erkennen, dass Trennung und Loslösung aus Paarbeziehungen für Frauen mit türkischem Migrationshintergrund häufiger bedrohlich und mit Gewalt und deren Androhung verbunden ist als bei anderen Untersuchungsgruppen, was auch die Loslösung aus zuvor bereits gewaltbelasteten Paarbeziehungen zusätzlich erschwert und eine Trennung für die Betroffenen und deren Kinder risikoreicher macht. Hinzu kommen die schwierigeren sozialen Bedingungen vieler Frauen mit Migrationshintergrund, ein neues, eigenes Leben unabhängig vom Partner aufzubauen. Zugleich muss aber festgestellt werden, dass dies wiederum *nicht* für die Mehrheit auch der Migrantinnen türkischer Herkunft zutrifft. Die Untersuchungen legen nahe, dass etwa ein Drittel der Frauen mit türkischem Migrationshintergrund in Trennungs- und Scheidungssituationen in besonderem Maße gefährdet ist, Opfer von Gewalt durch ehemalige Partner zu werden; das trifft allerdings auch für jede siebte Frau aus Ländern der ehemaligen UdSSR und jede zehnte Frau deutscher Herkunft zu.

Je nach Standpunkt der Betrachtung können diese Ergebnisse unterschiedlich interpretiert werden. Sie verdeutlichen zum einen, dass Probleme häuslicher Gewalt in den Paarbeziehungen und die Gefährdung von Frauen, Opfer von Gewalt durch Partner und Ex-Partner zu werden, nicht auf Frauen türkischer Herkunft begrenzt sind und auch in der deutschen Mehrheitsbevölkerung eine nicht unerhebliche Rolle spielen. Zugleich dürfen die deutlich erhöhten Gefährdungspotenziale und gravierenden Gewaltbetroffenheiten bei den Frauen mit türkischem Migrationshintergrund nicht geleugnet oder bagatellisiert werden. Sie legen vielmehr die Notwendigkeit gezielter Unterstützungs- und Präventionsmaßnahmen nahe.

Männliche Kontrolle, Dominanz und psychische Gewalt in Paarbeziehungen

Üben Männer türkischer Herkunft mehr Kontrolle, Dominanz und psychische Gewalt gegenüber ihren Beziehungspartnerinnen aus als Männer deutscher Herkunft? Dies zumindest entspricht den gängigen Vorstellungen, die über die Massenmedien mit Blick auf türkische Migrantinnen und Migranten häufig vermittelt werden.

In der Studie wurden die Frauen gefragt, ob verschiedene Aussagen zu Kontrolle, Dominanz und psychischer Gewalt in den Paarbeziehungen auf den aktuellen Partner ganz/teilweise oder nicht zutreffen.

Dabei lässt sich zunächst in Bezug auf den Faktor „Kontrolle" feststellen, das die befragten Frauen türkischer Herkunft deutlich am häufigsten über Formen von Kontrolle durch den Partner berichteten (44 %), dass diese aber auch bei den Frauen aus Ländern der ehemaligen UdSSR (33 %) und bei Frauen deutscher Herkunft (19 %) in nicht unerheblichem Ausmaß festzustellen ist (siehe Tabelle 2).[17] Die Mehrheit aller Frauen – auch der türkischen Befragten – beschrieb allerdings keine kontrollierenden Verhaltensweisen des aktuellen Beziehungspartners.

17 Sofern nicht anders benannt, handelt es sich im Folgenden um hoch signifikante Unterschiede (p<=0,001).

Tabelle 2: Kontrolle durch den aktuellen Partner. Fallbasis 3: Frauen unter 60 Jahren, die zum Befragungszeitpunkt in aktueller Partnerschaft leben und den schriftlichen Fragebogen ausgefüllt haben.

	Herkunft			
	deutsch	**türkisch**	**ehem. UdSSR**	
				Signifikanz
Mein Partner ...				
ist eifersüchtig und unterbindet Kontakte.	7%	27%	15%	p<=0,001
hindert mich, Freunde zu treffen.	2%	4%	6%	p<=0,001
kontrolliert, wohin ich gehe, was ich mache, wann ich zurückkomme.	7%	21%	17%	p<=0,001
kontrolliert Post, Anrufe etc.	3%	10%	10%	p<=0,001
kontrolliert, wie viel Geld ich ausgebe.	6%	16%	15%	p<=0,001
lässt mich über Geld/Einkäufe nicht selbst entscheiden.	5%	10%	5%	p<=0,01
Mindestens eine dieser Aussagen trifft zu	**19 %**	**44 %**	**33 %**	**p<=0,001**

Wenn kontrollierendes Verhalten benannt wurde, handelte es sich am häufigsten um eine Kontrolle der Außenkontakte, der außerhäuslichen Aktivitäten sowie der finanziellen Ausgaben.

Bei den Aussagen zur Dominanz des aktuellen Beziehungspartners (siehe Tabelle 3) zeigen sich ebenfalls deutlich erhöhte Werte bei den türkischen Migrantinnen (29 %) gegenüber den Frauen deutscher Herkunft (14 %) sowie erhöhte Werte auch bei den Frauen aus Ländern der ehemaligen UdSSR (21 %). Die Ergebnisse veranschaulichen, dass männliches Dominanzverhalten in Paarbeziehungen durchaus Frauen mit türkischem Migrationshintergrund in besonderer Weise betrifft, sich die Problematik aber wiederum nicht ausschließlich oder überwiegend auf diese Bevölkerungsgruppe eingrenzen lässt, da immerhin auch jede siebte Frau deutscher Herkunft davon berichtet und zudem die Mehrheit der Frauen mit türkischem Migrationshintergrund (71 %) ihren Partner nicht in dieser Weise als dominant beschreibt (vgl. Tabelle 3).

Tabelle 3: Dominanz durch den aktuellen Partner. Fallbasis 3: Frauen unter 60 Jahren, die zum Befragungszeitpunkt in aktueller Partnerschaft leben und den schriftlichen Fragebogen ausgefüllt haben.

	Herkunft			
	deutsch	**türkisch**	**ehem. UdSSR**	
				Signifikanz
Mein Partner ...				
trifft Entscheidungen, die mich/uns betreffen, alleine.	8%	18%	13%	p<=0,001
schüchtert mich ein, wenn ich anderer Meinung bin.	5%	11%	6%	p<=0,001
schüchtert mich ein durch wütendes/unberechenbares Verhalten.	2%	5%	4%	p<=0,001
lässt mich spüren, dass ich finanziell von ihm abhängig bin.	4%	10%	7%	p<=0,001
drängt mir seine sexuellen Bedürfnisse rücksichtslos auf.	1%	2%	3%	Nicht sign.
drängt mich psychisch/moralisch zu sexuellen Handlungen, die ich nicht will.	1%	3%	3%	Nicht sign.
bestimmt darüber, was ich zu tun oder zu lassen habe.	2%	11%	6%	p<=0,001
Mindestens eine dieser Aussagen trifft zu	**14 %**	**29 %**	**21 %**	**p<=0,001**

Hinsichtlich der psychisch-verbalen Aggressionen durch den aktuellen Partner ließen sich zwar erhöhte Werte bei beiden Migrantinnenpopulationen feststellen; es konnten allerdings bei den meisten Aussagen keine hoch signifikanten Unterschiede nachgewiesen werden.

Drohungen durch den aktuellen Partner scheinen nach Aussagen der befragten Frauen insgesamt eine geringere Rolle zu spielen; 3 bis 10 % der befragten Frauen gaben an, der aktuelle Partner habe sie bedroht. Auch hier zeigen sich erhöhte Werte sowohl bei den Frauen türkischer Herkunft als auch bei Frauen aus Ländern der ehemaligen UdSSR; insgesamt ließen sich signifikante Unterschiede aber nur hinsichtlich der erhöhten Werte bei der Androhung von körperlicher Gewalt und Mord bei den Migrantinnen türkischer Herkunft nachweisen, was mit der erhöhten Gewaltbetroffenheit in dieser Befragungsgruppe korreliert. Allerdings ist auch hier wieder zu bedenken, dass die Mehrheit auch der Migrantinnen türkischer Herkunft (90 %) keiner der Aussagen über verbale oder körperliche Bedrohung durch den Partner zustimmte.

Wenn wir nun in der Gesamtzusammenschau fünf häufig genannte und für den Zusammenhang von psychischer Gewalt, Drohung, Kontrolle und Dominanz in Paarbeziehungen relevante Aussagen zusammenfassen, lässt sich erkennen, dass mehr als doppelt so viele Frauen türkischer Herkunft (44 %) wie Frauen deutscher Herkunft (20 %) von diesen Verhaltensweisen durch den aktuellen Beziehungspartner berichten, und zudem auch Frauen aus Herkunftsländern der ehemaligen UdSSR erhöhte Werte aufweisen (34 %). Diese Differenzen können durchaus mit Blick auf den möglichen Einfluss sozialer und (sub-)kultureller Faktoren, unterschiedlicher Wertvorstellungen und Geschlechterkonstruktionen, sowie der Probleme im Zusammenhang mit Migration und Ausgrenzung interpretiert werden. Aufgrund der Datenlage kann allerdings nicht davon ausgegangen werden, dass es sich um Phänomene handelt, die nur oder überwiegend einem bestimmten – dem islamischen – Kulturkreis zuzuordnen sind; sie scheinen auch einen Bestandteil der westlich-christlich-abendländischen Kultur zu bilden, da zum einen auch Frauen deutscher Herkunft in relevantem Ausmaß (der Untersuchung nach zu einem Fünftel) davon betroffen sind und zugleich zum anderen die Mehrheit auch der Migrantinnen mit türkischem Migrationshintergrund (56 %) nicht über entsprechende Verhaltensweisen durch den aktuellen Partner berichtet. Insofern verbieten sich vereinfachende bzw. pauschale Zuschreibungen nach ethnischem/religiösem Hintergrund. In künftigen Studien sind differenziertere Problembeschreibungen mit Blick auf höher belastete Bevölkerungsgruppen, auch innerhalb der Populationen, erforderlich, die untersuchen, durch welche Faktoren oder Faktorenbündel erhöhte Belastungen und Gewaltbetroffenheiten (mit-)bedingt sind.

4. Sind Frauen mit türkischem Migrationshintergrund stärker sozial isoliert als andere in Deutschland lebende Frauen?

Auch hinsichtlich der sozialen Einbindung und Isolation von Migrantinnen in Deutschland zeichnet sich ein differenzierteres Bild ab, als es die öffentliche Diskussion bislang häufig nahe legt. Zunächst zeigt sich nicht, dass Migrantinnen türkischer Herkunft durchgängig oder fast durchgängig sozial isoliert leben. In der deutschen Studie schätzte der überwiegende Teil auch der Frauen mit türkischem Migrationshintergrund die eigene Einbindung in soziale Bezüge positiv ein, konnte auf vertraute Ansprechpersonen außerhalb von Familie und Partnerschaft bei Problemen zurückgreifen und erhielt und unternahm häufig Familien- und Bekanntenbesuche. Ein nicht unerheblicher Anteil der Frauen mit türkischem Migrationshintergrund (28 %) hatte darüber hinaus eine aktive bis sehr aktive *außerhäusliche* Freizeitgestaltung über Verwandten-/Bekanntenbesuche hinaus.

Allerdings zeichneten sich bei einem – ebenfalls nicht unerheblichen – Teil der Befragten türkischer Herkunft von etwa einem bis zwei Fünftel (20 bis 40 %) deutliche und auch subjektiv als solche wahrgenommene Probleme hinsichtlich mangelhafter außerhäuslicher sozialer Beziehungen und Bindungen ab: Rund ein Drittel der Frauen gab an, zu wenig auf vertrauensvolle und verlässliche soziale Beziehungen und gute Freundinnen/Freunde zurückgreifen zu können, 38 % unternahmen über Verwandten-/Bekanntenbesuche hinaus nie oder sehr selten soziale und kulturelle Freizeitaktivitäten außer Haus, fast ein Drittel hatte außerhalb von Familie und Paarbeziehungen keine vertrauensvollen Ansprechpersonen bei Familien- und Partnerschaftsproblemen und bis zu 50 % der aktuell in einer Paarbeziehung lebenden Frauen beklagten das Fehlen von Geborgenheit, Wärme und Wohlgefühl in ihren sozialen Beziehungen. Diese Probleme können sowohl durch restriktive und kontrollierende Familien- und Paarbeziehungen gegenüber den Frauen bedingt sein, wie auch durch Abschottung, Diskriminierungen und Isolierung durch und gegen die deutsche Mehrheitsbevölkerung. Da die Probleme in hohem Maße auch Migrantinnen aus Ländern der ehemaligen UdSSR betrafen, ist davon auszugehen, dass es sich auch um migrationsbedingte und nicht ausschließlich um auf den religiösen und kulturellen Hintergrund der Migrantinnen bezogene Probleme handelt. Mehreres dürfte parallel wirksam sein: Fremdausgrenzung und Selbstisolation der ethnischen Minderheiten in Deutschland, geschlechtsspezifische Kontrolle und Begrenzung eines erheblichen Teils der Frauen in den Populationen mit türkischem Migrationshintergrund, sprachliche Probleme, die den Anschluss zu anderen Bevölkerungsgruppen erschweren und Diskriminierungs- und Ausgrenzungserfahrungen durch die deutsche Mehrheitsbevölkerung in Deutschland. Die parallel ausgewertete französische Studie stellte hier keine oder weniger gravierende Unterschiede im Grad der sozialen Einbindung und Isolation von Frauen mit und ohne Migrationshintergrund fest, was ein weiterer Hinweis darauf sein kann, dass diese auch durch politische Diskriminierungs- und Ausgrenzungsstrukturen in Deutschland mitbedingt sind und nicht überwiegend auf religiösen oder ethnischen Unterschieden beruhen.

5. Leben Frauen mit türkischem Migrationshintergrund weitgehend in traditionellen nicht-egalitären Paarbeziehungen und Frauen deutscher Herkunft weitgehend in modernen Paarbeziehungen mit partnerschaftlicher Aufgaben- und Rollenteilung?

Ein Problem in der Diskussion zu Gewalt, Dominanz und Unterdrückung von Frauen in den Paarbeziehungen muslimischer Minderheiten ist, dass diese häufig auf einer Achse von modernen versus traditionalen Geschlechterbeziehungen letzteren ungeprüft zugeordnet und mit einer vermeintlich modernen Mehrheitsgesellschaft kontrastiert werden. Dadurch erscheinen häufig die Geschlechterbeziehungen der Mehrheitsgesellschaften moderner, als sie es tatsächlich sind, und die Frage von ungelösten Gleichstellungsansprüchen wird einseitig einer – vermeintlich rückständigeren – ethnischen Minderheit, bevorzugt den Muslimen, zugeschoben.

Im Rahmen der vorliegenden Studie wurde deshalb anhand der Aufgabenteilung beider Partner in den Haushalten geprüft, wie sich die Paarbeziehungen von Frauen mit und ohne Migrationshintergrund in dieser Hinsicht gestalten. Die Ergebnisse verweisen darauf, dass sich die Frauen mit und ohne Migrationshintergrund mit Blick auf die partnerschaftliche Haushaltsaufgabenverteilung nicht so stark unterscheiden, als dass eine polarisierende Zuordnung als „modern" versus „traditionell" gerechtfertigt erscheint; sie weisen vielmehr innerhalb der Länder in dieser Hinsicht mehr Ähnlichkeiten als Unterschiede auf. Insgesamt scheinen die diesbezüglichen Differenzen zwischen Deutschland und Frankreich größer zu sein als die Unterschiede zwischen Frauen mit und ohne Migrationshintergrund innerhalb der jeweiligen Länder. Hier zeigt sich, dass staatliche Politiken, gesellschaftliche Arbeitsorganisation und allgemeingesellschaftliche Umfelder einen größeren Einfluss auf partnerschaftliche Gleichstellung haben können als allein familiäre, kulturell geprägte Umfelder auf der individuellen Ebene.

Die Auswertungen zur geschlechtsspezifischen Aufgabenverteilung zwischen den Beziehungspartnern, aber auch zur Kontrolle und Dominanz in Paarbeziehungen bestätigen, dass auch die Paarbeziehungen der Frauen deutscher Herkunft vielfach noch durch traditionelle Rollen- und Aufgabenverteilungen sowie entsprechende Verhaltensmuster geprägt sind. Des Weiteren zeigt sich bei Frauen, die mit ihrem Beziehungspartner in einem gemeinsamen Haushalt zusammenleben, dass auch bei Frauen deutscher Herkunft zentrale Haushaltsaufgaben, wie Essen zubereiten, Wäsche waschen und Putzen, weit überwiegend von ihnen und nicht von ihren Beziehungspartnern verantwortlich übernommen werden, und das, obwohl Frauen deutscher Herkunft häufiger erwerbstätig waren als Frauen mit Migrationshintergrund (vgl. Tabelle 4). So gaben Frauen deutscher Herkunft zu 73 % bis 88 % an, Aufgaben wie Essen zubereiten, Wäsche waschen und Putzen würden stets/meistens von ihnen allein übernommen; die Anteile liegen hier bei den türkischen Befragten mit 86 % bis 90 % etwas höher und bei den Befragten aus Ländern der ehemaligen UdSSR mit 70 % bis 90 % etwas niedriger, insgesamt sind aber keine grundlegenden Unterschiede in Richtung einer weitgehend egalitären Aufgabenteilung bei Frauen deutscher Herkunft festzustellen. Lediglich hinsichtlich der Teilung von Kinderbetreuungsaufgaben, dem Einkaufen und dem Spülen und Aufräumen nach dem Essen zeigen sich bei den Partnern der Frauen deutscher Herkunft Tendenzen hin zu einer egalitären Rollenverteilung.

Tabelle 4: Übernahme der Haushaltsaufgaben durch Befragte/Partner im gemeinsamen Haushalt. Frauen, die mit aktuellem Partner in einem gemeinsamen Haushalt zusammenleben.

	Herkunft		
	deutsch	**türkisch**	**ehem. UdSSR**
Aufgabe wird meist/überwiegend von der befragten Frau allein übernommen ...			
Essen zubereiten 16–59 Jahre	73 %	88 %	73 %
(nur unter 35-Jährige)	(65 %)	(89 %)	(73 %)
Wäsche waschen 16–59 Jahre	88 %	90 %	89 %
(nur unter 35-Jährige)	(82 %)	(91 %)	(90 %)
Putzen der Wohnung 16–59 Jahre	73 %	86 %	70 %
(nur unter 35-Jährige)	(67 %)	(86 %)	(75 %)
Spülen/Aufräumen nach dem Essen 16–59 Jahre	53 %	79 %	59 %
(nur unter 35-Jährige)	(47 %)	(79 %)	(60 %)
Kinder versorgen 16–59 Jahre	43 %	63 %	39 %
(nur unter 35-Jährige)	(38 %)	(56 %)	(40 %)
Einkaufen 16–59 Jahre	52 %	46 %	23 %
(nur unter 35-Jährige)	(38 %)	(56 %)	(40 %)

Ein Vergleich der deutschen mit der französischen Studie gibt Hinweise darauf, dass bezüglich der egalitären Aufgabenteilung im Haushalt die Unterschiede zwischen Frauen deutscher und französischer Herkunft größer ausfallen als jene zwischen in Deutschland lebenden Frauen deutscher und türkischer Herkunft. Französische Frauen geben gegenüber deutschen Frauen insgesamt seltener an, allgemeine Haushaltsaufgaben oder die Kinderbetreuung weitgehend allein zu übernehmen und es wurden dort kaum ausgeprägte Differenzen zwischen Frauen mit und ohne Migrationshintergrund sichtbar. Einzig bei der Kinderbetreuung ließen sich signifikante Unterschiede in der Hinsicht feststellen, dass jüngere Frauen nordafrikanischer Herkunft häufiger als Frauen französischer Herkunft diese Aufgaben allein übernahmen – mit 47 % in etwa gleich häufig wie Frauen deutscher Herkunft in der deutschen Studie (vgl. Tabelle 5).

Tabelle 5: Aufgabenteilung im Haushalt – Französische Umfrage

	„Nordafrikanische" Frauen		„Französische" Frauen	
Alter	**20–29**	**30+**	**20–29**	**30+**
Aufgabenteilung im Haushalt (allgemein)				
Alleine	22,2 %	42,7 %	25,7 %	41,6 %
Mit dem Partner	74,1 %	57,3 %	70,5 %	55,8 %
Kinderbetreuung und damit verbundene Aufgaben				
Alleine	47,4 %	36,5 %	29,0 %	36,9 %
Mit dem Partner	52,6 %	62,2 %	67,4 %	59,2 %

6. Notwendige Differenzierungen

Die Ergebnisse der vorliegenden Auswertung zeigen, dass einseitige Polarisierungen und Pauschalisierungen der Realität nicht gerecht werden. Frauen deutscher und türkischer Herkunft lassen sich nicht auf der Achse modern/emanzipiert/gewaltfrei = deutsch/westlich/christlich-abendländisch und traditionell/rückständig/gewaltbelastet = türkisch/muslimisch pauschal zuordnen. Frauen mit türkischem Migrationshintergrund sind nicht überwiegend zwangsverheiratet und/oder zum Zweck der Eheschließung aus der Türkei „importiert" worden (die Mehrheit der Frauen wurde in Deutschland geboren oder lebt seit mehr als 20 Jahren hier und hat nach eigenen Angaben ihren Partner selbst ausgewählt oder der Auswahl des Partners explizit zugestimmt). Sie sind nicht überwiegend sozial isoliert und von außerhäuslichen Freizeitaktivitäten ausgeschlossen, vom Partner dominiert/kontrolliert/gewalttätig behandelt/bedroht oder in extrem traditionellen Paarbeziehungen lebend, schlecht ausgebildet und in sozial schwierigen Verhältnissen.

Die empirische Analyse nicht nur der Daten der deutschen, sondern auch der französischen Studie macht vielmehr deutlich, dass ein klar umgrenzter – allerdings deutlich erhöhter – Teil der Frauen mit Migrationshintergrund und zudem auch Teile der einheimischen deutschen und französischen Bevölkerung in relevantem Ausmaß von diesen Problemen betroffen sind. Weder lebt die Mehrheit der Frauen türkischer Herkunft in einer extrem traditionellen und gewaltbelasteten, noch die Mehrheit der Frauen deutscher Herkunft in einer modernen, gewaltfreien, durch gleichwertige Aufgabenteilung geprägten Paarbeziehung.

Allerdings erscheint es ebenso unangemessen, die offensichtlich vorhandenen Probleme, die damit im Zusammenhang stehen, zu leugnen oder zu ignorieren. Ein nicht unerheblicher Teil der Frauen mit türkischem Migrationshintergrund und deren Familien und Partner leben tatsächlich in schwierigeren sozialen Lagen als die Mehrheitsbevölkerung, was die Einkommens- und Wohnsituation betrifft, aber auch das Fehlen von Schul- und Ausbildungsabschlüssen[18]. Dies ist mit auf innergesellschaftliche Diskriminierungen und die mangelhafte Förderung ethnischer Minderheiten in Deutschland zurückzuführen. Auch soziale Kontrolle und Isolation spielen bei einem erheblichen Teil der Frauen mit türkischem Migrationshintergrund (bei ca. 20 bis 40 %), aber auch bei anderen ethnischen Minderheiten in Deutschland eine Rolle und gehen mit besonderen Gefährdungen einher, Opfer von (schwerer) Gewalt durch den Partner zu werden oder sich schwieriger aus Situationen von Gewalt lösen zu können. Wenn jede sechste in Deutschland lebende Frau mit türkischem Migrationshintergrund nach eigenen Angaben schwerere oder häufiger auftretende körperliche Gewalt oder sexuelle Übergriffe durch den aktuellen Partner erlebt hat, ist das eine ebenso besorgniserregende und zum Handeln auffordernde Information wie die Tatsache, dass jede Zehnte angibt, sich zu der ersten Eheschließung gezwungen gefühlt zu haben.

Zugleich sind Differenzierungen notwendig, denn ein ebenfalls nicht unerheblicher Teil auch der Frauen der Mehrheitsbevölkerung lebt in schwierigen sozialen Verhältnissen und ist der Kontrolle, Isolation, Gewalt und Dominanz durch ihren Partner ausgesetzt; umgekehrt ist auch ein großer Teil der Frauen aus ethnischen Minderheiten von diesen Problematiken nicht betroffen. Erst eine differenziertere Betrachtung und Beschreibung von ethnischen Minderheiten und deren Lebenssituation(en) sowie Vergleiche zwischen der jeweiligen Situation von Menschen mit und ohne Migrationshintergrund in unterschiedlichen Ländern ermöglicht es, die Vielfalt und Unterschiedlichkeit der Gruppen wahrzunehmen und den Einfluss von politischen Rahmenbedingungen, die über den ethnischen und religiösen Hintergrund hinaus relevant für die Lebens- und soziale Situation der Menschen sind, zu erfassen. Es gilt hier, die ganze Spannbereite und Unterschiedlichkeit innerhalb der ethnischen Gruppen und auch innerhalb der keineswegs einheitlich lebenden deutschen Mehrheitsbevölkerung wahrzunehmen und Unterschiede wie auch Gemeinsamkeiten von Frauen mit und ohne Migrationshintergrund herauszuarbeiten.

Gleichstellungsdefizite sind, wie die Untersuchung zeigte, nicht ausschließlich im Kontext von Migration und unterschiedlichen kulturellen Hintergründen zu sehen, sondern gerade auch durch staatlich-politische und gesamtgesellschaftliche Rahmenbedingungen auf nationaler Ebene mit bedingt. So sind etwa die Gleichstellungsdefizite der in Deutschland lebenden Frauen mit und ohne Migrationshintergrund, was die Vereinbarkeit von Familie und Beruf und die Beteiligung an der Vollzeiterwerbstätigkeit ebenso wie die egalitäre partnerschaftliche Aufgabenteilung in den Haushalten betrifft, gegenüber Frankreich gravierend. Eine innerdeutsche Debatte, die hier künstliche Polarisierungen zwischen Frauen deutscher und türkischer Herkunft herstellt, deckt diese Probleme der Mehrheitsbevölkerung zu und kulturalisiert Gleichstellungsdefizite und innerfamiliäre Gewaltprobleme in unzulässiger Weise.

18 So hat etwa die Auswertung der vorliegenden bundesdeutschen Studie ergeben, dass fast 30 % der Frauen türkischer Herkunft und über 20 % ihrer Partner über keinen qualifizierten Schul- und Ausbildungsabschluss verfügten.

Auch bei der Diskussion um Zwangsverheiratung sollte stärker als bisher wahrgenommen werden, dass es sich um bestimmte Betroffenen- und Problemgruppen handelt und nicht um die Mehrheit der in Deutschland lebenden muslimischgläubigen und/oder türkischstämmigen Bevölkerung. Alles andere trägt zur Vorurteilsbildung bei und verhindert einen fairen, sachlichen und differenzierten Dialog von Menschen mit und ohne Migrationshintergrund in Deutschland.

Nichtsdestotrotz müssen und sollen die erhöhten Gewaltbetroffenheiten einzelner Bevölkerungsgruppen und damit zusammenhängende gravierende Verletzungen ihrer Menschen- und Grundrechte, auch im Kontext der Zwangsverheiratung, im Sinne einer bestmöglichen Unterstützung der Betroffenen und einer Veränderung der Situation klar benannt und kritisch beleuchtet werden. Ein Verschweigen der Problematik wäre hier ebenso wenig hilfreich wie eine undifferenzierte, stigmatisierende, sich ausschließlich auf eine ethnische Minderheit konzentrierende Diskussion, die gesamtgesellschaftliche Probleme auch der deutschen Mehrheitsbevölkerung verschleiert.

Literatur

Boos-Nünning, Ursula/Karakaşoğlu, Yasemin (2004), Viele Welten leben. Lebenslagen von Mädchen und jungen Frauen mit griechischem, italienischem, jugoslawischem, türkischem und Aussiedlerhintergrund, hrsg. v. Bundesministerium für Familie, Senioren, Frauen und Jugend, Berlin, verfügbar unter: http://www.bmfsfj.de/Kategorien/Forschungsnetz/forschungsberichte,did=22566.html (abgerufen am 30. 3. 2007).

Ilkkaracan, Pinar (1996), Domestic Violence and Family Life as Experienced by Turkish Immigrant Women in Germany, (Women and Women's Rights Report, No. 3), Istanbul, 1996.

Islamische Religionsgemeinschaft Hessen (2006), Stellungnahme der IRH (Islamische Religionsgemeinschaft Hessen) zur schriftlichen Anhörung im Hessischen Landtag zum Problem der Zwangsehen. 6. November 2006, Gießen: IRH, verfügbar unter: http://www.irh-info.de/nachrichten/nachrichten/2006/dok/IRH-STN20061106_Zwangsverheiratung.pdf (abgerufen am 30. 3. 2007).

Martinez, Manuela/Schröttle, Monika u. a. (2006), State of European Research on the Prevalence of Interpersonal Violence and its Impact on Health and Human Rights (Report Prepared within the Co-ordination Action on Human Rights Violations (CAHRV) and Funded through the European Commission, 6th Framework Programme, Project No. 506348), verfügbar unter: http://www.cahrv.uni-osnabrueck.de/reddot/190.htm (abgerufen am 21. 3. 2007).

Schröttle, Monika (2006), Gewalt gegen Migrantinnen und Nicht-Migrantinnen in Deutschland. Mythos und Realität kultureller Unterschiede, in: IFF-Info, Zeitschrift des Interdisziplinären Zentrums für Frauen- und Geschlechterforschung, 23. Jg., Nr. 23/2006, S. 105–115, verfügbar unter: http://www.uni-bielefeld.de/IFF/aktuelles/IffInfoWS0607.pdf (abgerufen am 30. 3. 2007).

Schröttle, Monika/Martinez, Manuela u. a. (2006), Comparative Reanalysis of Prevalence of Violence Against Women and Health Impact Data in Europe – Obstacles and Possible Solutions. Testing a Comparative Approach on Selected Studies (Report Prepared within the Co-ordination Action on Human Rights Violations (CAHRV) and Funded through the European Commission, 6th Framework Programme, Project No. 506348), verfügbar unter: http://www.cahrv.uni-osnabrueck.de/reddot/190.htm (abgerufen am 30. 3. 2007).

Schröttle, Monika/Müller, Ursula (2004), Lebenssituation, Sicherheit und Gesundheit von Frauen in Deutschland. Eine repräsentative Untersuchung zu Gewalt gegen Frauen in Deutschland, hrsg. v. Bundesministerium für Familie, Senioren, Frauen und Jugend, Berlin, verfügbar unter: http://www.bmfsfj.de/RedaktionBMFSFJ/Abteilung4/Pdf-Anlagen/langfassung-studie-frauen,property=pdf,bereich=rwb=true.pdf (abgerufen am 30. 3. 2007).

Westphal, Manuela/Katenbrink, Judith (2007), Über Wirklichkeit und Stereotype: Heirat und Partnerwahl in Familien mit Migrationshintergrund, in: Marion Gemende u. a. (Hrsg.), Migration und Geschlecht, Weinheim/München: Juventa Verlag (im Erscheinen).

Zentrum polis – Politik Lernen in der Schule (Hrsg.) (2006), Zwangsheirat, polisaktuell Nr. 1, verfügbar unter: http://www.politik-lernen.at/_data/pdf/zwangsheirat_webversion.pdf (abgerufen am 30.4.2007).

Geschlechterrollen und Geschlechtererziehung in traditionellen türkischen Familien. Verheiratung des Mannes als Disziplinarmaßnahme

Ahmet Toprak

1. Einführung

Dieser Beitrag beschäftigt sich mit traditioneller Geschlechtererziehung, insbesondere mit Blick auf junge türkische Männer. Er beschreibt die familiären Erwartungen, denen sich junge Männer ausgesetzt sehen, und verschiedene Formen familiärer Disziplinierungsmaßnahmen, zu denen auch arrangierte Ehen mit Frauen aus dem Herkunftsland zählen. Es geht dabei näherhin um Männer aus bildungsfernen Familien, die aus dem ländlich geprägten Teil der Türkei eingewandert waren. Dieser Aufsatz erlaubt deshalb nur Rückschlüsse auf Familien aus diesem Milieu. Die Ausführungen sind nicht repräsentativ und ich warne vor Pauschalisierungen. Ihr Erkenntnisinteresse ist die Sichtweise von Männern, die eine sehr ländlich-traditionelle Lebensform wählen, obwohl sie in Deutschland sozialisiert wurden.

2. Die traditionelle Form der Eheschließung

Wenn junge Männer Frauen aus der Türkei, aus dem Heimatdorf der Eltern bzw. Großeltern, heiraten wollen, läuft das Verfahren der Eheschließung nach den traditionellen Prinzipien der bäuerlich-ländlich geprägten Vorgaben. Hier geht es nicht um eine Heirat nach dem Grundsatz der romantischen Liebe, sondern um eine Verbindung zweier Menschen und deren Eltern, die Vertraulichkeit, ökonomische Aspekte und das traditionelle Rollenverständnis in den Vordergrund stellt. Bei der Argumentation der Eheschließung werden sehr viele Aspekte als Pro und Kontra genannt, mit der Liebe wird kaum oder überhaupt nicht argumentiert, weil die Heirat nicht als individuelle Entscheidung der Kinder betrachtet wird, sondern als eine kollektivistische Bestimmung. Das Verfahren der Eheschließung läuft nach diesem Prinzip wie folgt.

2.1 Auswahl der Braut

Die Suche nach einer geeigneten Braut muss sehr sorgfältig vorbereitet werden und ist in erster Linie die Aufgabe der Mutter und der anderen weiblichen Familienmitglieder, wie z. B. der Großmutter, Schwester oder Schwägerin. Bevor sie jedoch aktiv werden, müssen sie das Einverständnis des Vaters und gegebenenfalls des Sohnes einholen, was ein eher formaler Akt ist, da der Vater bzw. der Sohn in den meisten Fällen die Mutter mit der Suche beauftragt. Die Eltern legen großen Wert darauf, dass die zukünftige Braut aus gutem Hause kommt. Außerdem muss die Braut als eine gute Hausfrau bekannt sein und einen Haushalt selbstständig führen können. Da auch religiöse Vorstellungen zentral sind, orientieren sich die Brautwerber gerne in Richtung ihres Heimatdorfs bzw. ihrer Heimatstadt, um sicher zu sein, dass die Braut in diesem Sinne erzogen wurde. Eines der Kriterien bei der Auswahl ist der zentrale Begriff „Anstand" oder „anständige Frau". Mit „anständiger Frau" meinen die Männer und deren Angehörige, dass die Braut sich unterordnet und die Wünsche und Vorstellungen des Mannes ohne Widerrede umsetzt. Gehorsamkeit, Zurückhaltung und Unterordnung sind die wichtigsten Prinzipien. Eine Frau, die ihrem Freund oder ihrem Mann widerspricht, wird kategorisch abgelehnt und als eine unehrenhafte Frau wahrgenommen. Der sicherste Weg, um eine diesen Vorstellungen entsprechende Braut zu bekommen, scheint deshalb eine Brautwerbung in der bäuerlich-dörflichen Heimat zu sein.

Bevor aber vom Vater des Bräutigams um die Hand der Braut angehalten werden kann, recherchiert die Mutter im Umfeld, welche Mädchen noch ledig und für die Familie geeignet sind. Es ist auch nicht ausgeschlossen, dass die weiblichen Familienmitglieder der Familie der Brautkandidatin einen Vorbesuch abstatten. Wenn man sich bei einer Familie zum Moccatrinken anmeldet, ist der Grund des Besuches eindeutig: nämlich das Werben um die Tochter. Wenn die weiblichen Brautwerber in die Türkei fahren, um eine Braut für den Sohn auszuwählen, versuchen sie das Mädchen und deren Familie von den Vorteilen Deutschlands zu überzeugen. Es wird hervorgehoben, dass man in Deutschland luxuriös leben kann, z. B. eine eigene Wohnung mit warmem Wasser, ein eigenes Auto oder jährlicher Urlaub seien eine Selbstverständlichkeit.

Im Vorgespräch interessieren sich die Brautwerber in erster Linie für das Verhalten der angehenden Braut. Ist sie in der Lage, den türkischen Mocca gut zu kochen und einwandfrei zu servieren, ist das ein Zeichen für eine gut erzogene Hausfrau, denn der Mocca ist kompliziert in der Zubereitung. Sind die Rahmenbedingungen geklärt und die Eltern der Braut stimmen einem Besuch des Vaters und des angehenden Bräutigams zu, kann der Vater um die Hand der Braut anhalten.

2.2 Um die Hand der Braut anhalten

Das Anhalten um die Hand der Braut ist in traditionell-ländlichen Zusammenhängen viel wichtiger als die eigentliche Hochzeit, weil in diesem Gespräch die entscheidenden Rahmenbedingungen für das weitere Vorgehen abgesteckt werden. Hier wird nicht nur das formale Einverständnis der Eltern und der Braut eingeholt, sondern auch über den Brautpreis und über die Art und Weise, wie die Hochzeit stattfinden soll, entschieden. Beispielsweise wird verhandelt, wer welchen Teil der Hochzeit finanziell und organisatorisch übernimmt. In vielen Fällen kann festgestellt werden, dass der Vater der Braut primär die finanziellen Vorteile der Verheiratung sieht. Einige lassen gar den Brautwerber nicht einmal die so wichtige rituelle Bitte „Auf Gottes Befehl und mit dem Worte des Propheten möchte ich deine

Tochter für meinen Sohn" aussprechen. Viele der Brauväter verhandelt auch nicht darüber, wer was übernimmt, sondern machen ganz klare und präzise Vorgaben, unter welchen Bedingungen sie ihre Töchter verheiraten möchten. Zusammenfassend ist festzustellen, dass die Eltern in der ländlichen Türkei unter schwierigen wirtschaftlichen Bedingungen zu leiden haben und die Verheiratung der Tochter vor allem eine wichtige Finanzquelle ist.

2.3 Der Hennaabend

Wenn ein Termin für die Feier gefunden werden konnte, findet der Hennaabend am Vorabend der Hochzeit in der Wohnung der Braut statt. Der Hennaabend ist eine wichtige islamisch-türkische Tradition, die ein fester Bestandteil der Hochzeitsfeier ist; in einigen Orten der Türkei ist dieser Abend sogar wichtiger als die eigentliche Feier. Das Brennen des Henna soll der Braut Glück in ihrer Ehe bringen. Allgemein soll eine Frau, die Henna an ihren Händen hat, mit diesen Händen fromme Taten verrichten, weil Henna allgemein als Glücksbringer betrachtet wird. Zu diesem Abend werden nicht so viele Gäste wie zur Hochzeitsfeier eingeladen. Hier sind nur Frauen, auch die Schwestern des Bräutigams, anwesend. Die Männer begleiten zwar ihre Frauen, nehmen aber an der eigentlichen Zeremonie nicht teil. Während die Frauen feiern, singen und tanzen, bleiben die Männer in einem Nebenraum unter sich und unterhalten sich. Die Stimmung der Männer ist eher ruhig und gesellig, für sie werden Speisen und (alkoholische) Getränke bereitgestellt. Diese Zeremonie ist auch dafür da, dass die Braut Abschied von ihrem Elternhaus nimmt. Wenn sie nach der Eheschließung in eine andere Stadt geht oder – wie im Kontext der Migration – ins Ausland, nehmen ihre Freundinnen Abschied und singen traurige Lieder. Das „Abschiednehmen" bedeutet in diesem Kontext aber nicht unbedingt, dass die Braut ihr Dorf oder ihr Land verlassen wird. Im eigentlichen Sinne nimmt sie Abschied vom Leben als junge, ledige Frau, was als einmaliges Geschehen betrachtet wird. Die Prozedur des Hennaabends wird nur ein Mal im Leben für eine Frau veranstaltet. Im Falle einer zweiten Heirat werden weder ein Hennaabend noch eine große Hochzeitsfeier organisiert. An diesem Abend brennen auch andere junge Frauen Henna auf ihre Hände, damit es ihnen Glück bringe und sie ebenfalls bald heiraten.

2.4 Die islamische Eheschließung

Bis 1926 galt in der Türkei das islamisch-osmanische Familienrecht, nach dem die Eheschließung an keine strengen formalen Vorschriften gebunden war und die Männer bis zu vier Frauen heiraten durften. Die Ehe nach islamisch-osmanischem Recht entsteht durch einen Vertrag, der „Nikah" genannt wird. In seiner ersten Bedeutung heißt „Nikah" auf Arabisch Geschlechtsverkehr, meint aber in diesem Falle einen Vertrag, der den Geschlechtsverkehr „legal" ermöglicht: „Eine Ehe kann nach islamischem Recht nicht allein durch die Vereinigung und gemeinsame Lebensführung der Partner zustande kommen; es bedarf zur Gründung vielmehr des Abschlusses des Ehevertrages (des Nikah)."[1] Um den Vertrag zu besiegeln, ist

1 Vgl. Zevkliler (1989), S. 61 f.

eine feierliche Abmachungsversammlung erforderlich, an der die beiden Partner oder ihre Vertreter und zwei Trauzeugen teilnehmen müssen. Grundsätzlich müssen beide Partner mündlich mitteilen, dass sie heiraten wollen, allerdings müssen sie nicht persönlich anwesend sein. An ihrer Stelle können ihre Eltern bzw. Freunde an der Versammlung teilnehmen und den Willen der Partner erklären.

Nach frühislamischen Regeln durften die Eltern ihre noch nicht geschlechtsreifen Kinder verheiraten, ohne deren Zustimmung einzuholen, und die Ehe war an keine Altersgrenze gebunden. Der Geschlechtsverkehr war den Verheirateten erst nach Erreichen der Geschlechtsreife erlaubt. Die islamische Eheschließung wird als Brauch angesehen und wird deshalb grundsätzlich vor einem Imam vorgenommen. Die Aufgabe des Imam besteht darin, die Hochzeitsfeierlichkeiten zu leiten und am Ende ein Gebet für das Wohlbefinden der Eheleute und das Gelingen der eingegangenen Ehe zu sprechen; dieses Gebet ist ein unentbehrlicher Teil der Zeremonie.

Nachdem das neue türkische Zivilgesetzbuch (ZGB) 1926 in Kraft getreten war, galten die islamischen Eheschließungen vor dem Gesetz als nicht mehr wirksam. Die religiösen Eheschließungen wurden per Gesetz zwar nicht verboten, aber ohne den Nachweis des amtlichen Ehescheines darf die religiöse Trauung nicht vorgenommen werden (Art. 110 ZGB). Nach diesem Gesetz sind die eingegangenen Imam-Ehen ohne amtliche Trauung nicht rechtskräftig; die aus dieser Ehe hervorgegangenen Kinder gelten als nichtehelich (Art. 93, 112, 241 ff. ZGB).[2] Die türkische Bevölkerung, insbesondere auf dem Lande, blieb den jahrhundertealten Traditionen treu und setzte das Gesetz nicht flächendeckend im Sinne der Regierung um. Dafür gibt es die folgenden Motive:

- Die Imam-Ehen werden insbesondere von der ländlichen Bevölkerung akzeptiert und toleriert, obwohl bekannt ist, dass Imam-Ehen keine rechtliche Grundlage haben.
- Da die Brautleute auf dem Lande häufig nach dem Zivilgesetz noch nicht heiratsmündig sind, kommt nur eine religiöse Trauung in Betracht.
- Der ländlichen Bevölkerung erscheint die amtliche Trauung häufig wegen der damit verbundenen Formalitäten als zu umständlich.
- Um das Monogamieprinzip umgehen zu können, heiraten Männer mehrere Frauen, indem sie sich von einem Imam trauen lassen.[3]

In den ländlich-bäuerlichen Gebieten der Türkei wird der islamischen Eheschließung weiterhin mehr Bedeutung zugesprochen als der standesamtlichen Trauung. In den Augen der meisten Eltern sind die Brautleute erst dann verheiratet, wenn – auch ohne eine standesamtliche Trauung – sich die Partner vor einem Imam das „Ja-Wort" gegeben haben. Die Eheschließung vor einem Imam verläuft in der Regel wie eingangs beschrieben. Es kommt auch heute noch vor, dass in Einzelfäl-

2 Vgl. ebd., S. 77.
3 Vgl. ebd., S. 78.

len zwei Menschen miteinander verheiratet werden, ohne persönlich an der Zeremonie teilzunehmen. Für die Eltern hat die standesamtliche Eheschließung nur einen sekundären Wert, d. h. aber nicht, dass sie darauf verzichten wollen. Vielen türkischen Eltern ist sehr wohl bekannt, dass eine Imam-Ehe sowohl in Deutschland als auch in der Türkei rechtlich nicht anerkannt ist.

Die Eheschließung vor dem Imam mittels eines Zeugen als Stellvertreter eines der Ehepartner ist problematisch. Es muss davon ausgegangen werden, dass die Braut, wenn sie nicht persönlich erscheint, sich gegen eine Eheschließung gewehrt hat. Beispielsweise wird eine Krankheit als eine kleine „Notlüge" für das Fehlen der Braut inszeniert, um in der Öffentlichkeit das Gesicht zu wahren, denn eine Tochter, die nicht auf ihre Eltern hört, ist nicht ehrenhaft.

2.5 Die Hochzeitsfeier

Die eigentliche Hochzeitsfeier findet einen Tag nach dem Hennaabend statt. Zumindest die islamische Eheschließung muss vorher erfolgt sein, weil am Abend der Hochzeitsfeier das Paar den Geschlechtsverkehr vollziehen wird. Der Hauptteil des Hochzeitstages für die Braut besteht darin, dass sie zum Friseur geht und auf die Feier vorbereitet wird. Hier geht es nicht nur darum, dass die Braut und die weiblichen Angehörigen gepflegt und gut aussehen, sondern um die Tradition, dass es sich bei einer ehrenhaften Frau so gehört und dass der Bräutigam bzw. sein Vater keine Kosten scheut und die Bedingungen erfüllt. Da der offizielle Beischlaf nach der Hochzeitsfeier erfolgen wird, bedarf es bei beiden Partnern einer gründlichen Körperreinigung, die auf das islamische Reinigungsprinzip zurückzuführen ist. Bei der Frau dauert der Besuch beim Friseur in einigen Fällen deshalb so lange, weil die Körperbehaarung der Frau vor der Hochzeitsnacht – „gerdek gecesi" – entfernt werden muss.

Die Angehörigen der Braut möchten in jedem Fall eine aufwendige Hochzeit durchsetzen, weil sie damit ihre Macht demonstrieren. Wer ein ehrenhaftes und gut erzogenes Mädchen bekommen möchte, muss sich das auch etwas kosten lassen, so die allgemeine Annahme der Angehörigen der Braut. Wenn auf der Hochzeitsfeier eine Band türkische Musik spielt und die Hochzeitsfeier in einem Saal in der nächsten Kreisstadt stattfindet, wenn die Feier aufwendig und teuer ist, dann ist sie der Familie würdig und angemessen. Während der Höhepunkt der Hochzeitsfeier für die Brautpaare unterschiedlich sein kann, ist der Höhepunkt für die Eltern in der Regel die Zeremonie der Beschenkung der Brautleute, die nach dem Essen stattfindet. Das Ansehen der Familie wird daran gemessen, wie viele Gäste zur Hochzeitsfeier kommen und welche Geschenke sie mitbringen. Mit dem Wert des Geschenks – Geld oder Gold – wird zum Ausdruck gebracht, welches Ansehen die Familie in der Gesellschaft genießt, wie gut man die Familie kennt bzw. wie gut man mit der Familie befreundet ist. Es wird dabei nicht gefragt, welche Wünsche und Vorstellungen das Brautpaar hat. Die Hochzeitsfeier ist nicht die persönliche Angelegenheit des Brautpaares, sondern eine Familiensache bzw. eine Frage der Familienehre, über die die „Kinder" nicht mitdiskutieren dürfen.

2.6 Die standesamtliche Eheschließung

Auch wenn der standesamtlichen Trauung im bäuerlich-ländlichen Kontext nur eine sekundäre Bedeutung zukommt, werden heute öfter standesamtliche Ehen, oder besser gesagt beide Formen der Ehe, geschlossen als noch vor 20 Jahren. Der Wert der standesamtlichen Eheschließung gewinnt bei den in Deutschland lebenden Männern an Bedeutung, wenn die Männer eine Partnerin aus der Türkei heiraten. Da die islamische Trauung vor dem Gesetz nicht als Ehe gilt, müssen die Männer, die eine Partnerin aus der Türkei heiraten, eine standesamtliche Eheschließung vorweisen. Nur im Rahmen einer gesetzlich anerkannten Eheschließung wird von der Ausländerbehörde einer Familienzusammenführung stattgegeben. Die standesamtliche Eheschließung ist aus Sicht der Brautpaare und der Angehörigen ein formaler Akt, der vollzogen werden muss, damit einer Familienzusammenführung in Deutschland nichts mehr im Weg steht. Die meisten Familienangehörigen nehmen nicht einmal an der Trauung teil.

2.7 Die Familienzusammenführung in Deutschland

Um das Verfahren der Eheschließung abzuschließen, ist es wichtig abzuklären, wie eine Familienzusammenführung in Deutschland zustande kommt. Die Praxisbeispiele belegen, dass zwischen der Heirat und der Familienzusammenführung bis zu zwei oder drei Jahre vergehen können. Der Familiennachzug ist in den §§ 27 ff. des Aufenthaltsgesetzes[4] (AufenthG) geregelt. Danach wird die „Aufenthaltserlaubnis zur Herstellung und Wahrung der familiären Lebensgemeinschaft im Bundesgebiet für ausländische Familienangehörige ... zum Schutz von Ehe und Familie gemäß Artikel 6 des Grundgesetzes erteilt und verlängert“ (§ 27 Absatz 1 AufenthG). Bedingung für den Familiennachzug zu einem Ausländer/einer Ausländerin ist jedoch, dass „1. der Ausländer eine Niederlassungserlaubnis oder Aufenthaltserlaubnis besitzen und 2. ausreichender Wohnraum zur Verfügung stehen“ muss (§ 29 Abs. 1 AufenthG) und zudem der Lebensunterhalt gesichert ist (§ 5 Abs. 1 Nr. 1 und § 2 Abs. 3 AufenthG).

Wenn die in Deutschland lebenden Männer einige dieser Bedingungen nicht erfüllen oder erfüllen können, dauert die Familienzusammenführung länger als geplant. In einigen Fällen müssen die Eltern der Männer dafür bürgen, dass sie finanziell für den Familienangehörigen sorgen wollen. Gemäß § 2 Abs. 4 AufenthG muss „ausreichender Wohnraum“ für die Familienangehörigen vorhanden sein. Nach der Verwaltungspraxis ist es erforderlich, dass Kindern unter sechs Jahren[5] zehn Quadratmeter und allen anderen Personen oder Familienmitgliedern min-

4 Gesetz über den Aufenthalt, die Erwerbstätigkeit und die Integration von Ausländern im Bundesgebiet. Die Grundzüge der bis Ende 2004 geltenden §§ 17 ff. des Gesetzes über die Einreise und den Aufenthalt von Ausländern im Bundesgebiet (Ausländergesetz) wurden in der Neuregelung beibehalten, auch wenn die allgemeinen Nachzugsvoraussetzungen (§ 17 Abs. 2 bis 5) nicht mehr erschöpfend eigenständig in den §§ 27 ff. AufenthG geregelt sind. Vgl. hierzu Marx (2005), S. 299.

5 Dabei werden „Kinder bis zur Vollendung des zweiten Lebensjahres ... bei der Berechnung des für die Familienunterbringung ausreichenden Wohnraumes nicht mitgezählt“ (§ 2 Abs. 4 S. 3 AufenthG).

destens zwölf Quadratmeter Wohnraum zur Verfügung stehen.[6] Um diese Mindestanforderungen zu umgehen, werden in einigen Fällen ein oder zwei Familienmitglieder vorübergehend abgemeldet und nach der Familienzusammenführung wieder umgemeldet.

3. Traditionelle Geschlechtererziehung

Im Diskurs der Zwangsverheiratung wird das Augenmerk in der Regel auf die Frau gerichtet, was auch berechtigt ist. Allerdings gibt es Indizien und Erkenntnisse, dass auch die Männer einer Eheschließung nicht immer aus eigener Überzeugung zustimmen. Da die Männer die Eheschließung als eine gesellschaftliche Pflicht sehen, erklären sie sich ohne große Widerrede mit einer Ehe einverstanden. Es muss hier eindeutig festgestellt werden, dass die Männer von einer Ehe profitieren, d. h. die administrativen Aufgaben und die Alltagslasten werden der Ehefrau überantwortet. In diesem Kapitel wird erläutert, wie die Eltern Druck auf ihre Söhne ausüben, damit sie einer Ehe zustimmen. Aus Sicht der Eltern dient die Eheschließung als Disziplinarmaßnahme, wenn andere Maßnahmen nicht (mehr) greifen. Da die geschlechtsspezifische Erziehung der Eltern dazu beiträgt, dass die Jungen ihr Verhalten nicht reflektieren, wird zunächst der Ansatz der geschlechtsspezifischen Erziehung erläutert.

Die konservativen Eltern türkischer Herkunft in Deutschland teilen sich die erzieherische Disziplinierung der Kinder in der Regel nach Geschlecht auf, d.h., die Mutter unterweist die Töchter und der Vater die Söhne. Während der Vater auch die Töchter disziplinieren kann und sie gehorchen müssen, können sich Söhne den Anforderungen der Mutter widersetzen. Im frühkindlichen Alter (bis drei Jahre) wird noch nicht zwischen den Geschlechtern unterschieden. Die Kinder tragen in dieser Zeit für ihr Verhalten bzw. ihre Haltung keine Verantwortung. Dies ist im Vorschulalter, zwischen drei und sechs Jahren, nur noch bedingt der Fall. Das Kind erfährt die bis dahin schützende Familie nun auch als strafende Instanz. Mit der physischen und der intellektuellen Entwicklung des Kindes verändert sich gleichzeitig das Verhalten der Eltern, das nun deutlich geschlechtsspezifisch ausgerichtet ist.

3.1 Jungenerziehung

Da sich der Junge zunächst – bis zur Pubertät – in der häuslichen Umgebung aufhält, sind die wichtigsten Bezugspersonen die Mutter und gegebenenfalls die älteste Schwester („büyük abla"). Bereits im Vorschulalter ist das Verhältnis des Jungen zur Mutter bzw. zur Schwester zwiespältig: Einerseits ist es noch von körperlicher Zärtlichkeit geprägt, andererseits wird von beiden Seiten diese Körperlichkeit abgelehnt. Auch die Haltung gegenüber der Autorität von Mutter und Schwes-

6 Vgl. Marx (2005), S. 320, mit Verweis auf Nr. 17.4.3 der Allgemeinen Verwaltungsvorschrift zur Ausführung des Ausländergesetzes.

ter ist ambivalent. Alle Aufforderungen der weiblichen Erziehungsberechtigten appellieren an den freien Willen des Jungen. Er soll ihnen zwar nachkommen, aber außer einem Tadel geschieht ihm nichts, wenn er sich verweigert. Diese Aufforderungen werden häufig von einer Art von Vorlob begleitet. Damit er den Aufforderungen nachkommt, wird der Junge zwar von der Mutter ermahnt, sie lässt ihn jedoch gewähren und setzt ihre Autorität ihm gegenüber nicht durch. Dieses Gewährenlassen führt beim Jungen teilweise zur Verunsicherung hinsichtlich der Autorität seiner weiblichen Bezugspersonen und auf der Handlungsebene zu Provokationen diesen gegenüber. Im Extremfall kommt es dazu, dass der Junge auf seine Mutter einschlagen, sie treten und boxen kann, ohne dass er mit ernsthafter Bestrafung rechnen muss; er wird lediglich ermahnt.

In dieser Zeit beginnt der Vater den Sohn zu unterweisen: Er führt ihn in den männlichen Aufgabenbereich ein; er achtet auf sein Verhalten, bestraft und lobt ihn. Im Gegensatz zur Mutter, deren Aufgaben sich zunehmend auf Fürsorge sowie Rückhalt beschränken, wird der Sohn vom Vater in allen Bereichen gefordert: „Während der Sohn den Anforderungen des Vaters gerecht werden muß, bleibt die Beziehung zur Mutter davon unbelastet, die zudem das Erziehungsmittel der körperlichen Züchtigung, wenn sie damit droht, auf den Vater überträgt und kaum selbst ausführt."[7] Die Jungen dürfen ab der Pubertät ihre Freizeit eigenständig organisieren, dürfen Tanzlokale und Kneipen aufsuchen, ohne von den Eltern reglementiert zu werden. Außerdem dürfen die Jungen in der Jugend sexuelle Erfahrungen sammeln und sich mit Mädchen befreunden, auch wenn sie nicht unbedingt heiraten wollen. Rauchen bzw. Alkoholkonsum wird als männertypisches Verhalten geduldet, während es bei den Mädchen stark abgelehnt und reglementiert wird.

3.2 Mädchenerziehung

Das Mädchen hält sich in der unmittelbaren Nähe der Mutter und der älteren Schwester auf, die ihre Hauptbezugspersonen sind. Der Aufenthaltsort des Mädchens ändert sich nicht, der räumliche Bezug ist das Haus und die nähere Umgebung. Das Mädchen kommt mit anderen Haushalten und deren Familienmitgliedern erst dann in Kontakt, wenn die Mutter die Tochter zum Besuch bei Verwandten oder Nachbarn mitnimmt. Im Gegensatz zum Jungen werden die Kontakte des Mädchens über die Mutter vermittelt und berühren primär Nachbarschaft und Verwandtschaft. Während die Mutter den Jungen bei der Orientierung am männlichen Geschlecht ohne Strenge positiv unterstützt, wird der gleiche Prozess beim Mädchen durch die Festlegung der weiblichen Geschlechterrolle mit mütterlicher Rigidität begleitet. Hier muss das Mädchen den Aufforderungen der Mutter zu Hilfsdiensten folgen. Die Autorität der Mutter ist unangreifbar, und die Mutter bestraft das Mädchen, wenn es nicht gehorcht. Am Anfang hilft die Tochter gelegentlich bei leichten Arbeiten, wie z. B. Aschenbecher leeren und bereitstellen oder das Zimmer aufräumen. Weiterhin soll das Mädchen lernen, sich in Anwesenheit anderer ruhig zu verhalten und nicht zu sprechen, außer wenn es etwas

7 Pfluger-Schindlbeck (1989), S. 139 f.

gefragt wird. Die Mutter-Tochter-Beziehung ist kaum von körperlicher Zärtlichkeit geprägt, so dass das Mädchen selten von der Mutter auf den Schoß genommen und zärtlich umarmt und geküsst wird. Zudem wird jedem Mädchen prinzipiell die Fürsorge für jüngere Geschwister übertragen; dies ist beim Jungen nicht der Fall. Wenn die Tochter diese Fürsorge nicht nach den Vorstellungen der Mutter erfüllt, bestraft die Mutter sie dafür. Die Autorität des Vaters besteht unangetastet und ist aufgrund der relativ großen sozialen Distanz und den Prinzipien der Achtung über die der Mutter gestellt. Bei Konflikten zwischen Mutter und Tochter schaltet sich der Vater oft ein, indem er sie durch einen lauten Befehl beendet. In vielen Fällen droht die Mutter dem Mädchen mit dem Vater, überträgt aber die Disziplinierungsmaßnahmen nicht auf den Vater, sondern führt diese selbst durch. Da der Vater sich aus der Erziehung der Tochter weitgehend heraushält, ist die Vater-Tochter-Beziehung freundlich. Wenn zwischen Vater und Tochter direkte Interaktionen stattfinden, dann haben sie den Charakter von kleineren Dienstleistungen der Tochter sowie seinerseits von milden Korrekturen ihres Verhaltens.

Zusammenfassend ist Folgendes festzuhalten: Beim Jungen fällt ins Auge, dass er viele Freiheiten genießt, ihm wird Vieles nachgesehen und sein Fehlverhalten wird mit seiner Jugendlichkeit entschuldigt. Das heißt, ihm werden kaum Grenzen gesetzt, und er erfährt weniger scharf die Übergänge von der Kindheit über die Adoleszenz zum Erwachsensein. Weiterhin wird der Junge nicht altersadäquat behandelt, indem immer betont wird, dass er gewisse Sachverhalte nicht wissen muss. Um pointierter zu argumentieren: Von der Adoleszenz bis zum Erwachsenenalter werden die Jungen wie kleine Kinder behandelt, sie tragen für ihr Verhalten selten Verantwortung und erst ab einem bestimmten Alter müssen sie auf „Knopfdruck" erwachsen werden. Ohne diese Entwicklungsübergänge zu „erleben", müssen die Jungen erwachsen werden und eine Familie gründen. Wenn die Jungen sich nicht diszipliniert verhalten (also etwa mehrere Freundinnen haben, abends nicht nach Hause kommen, strafrechtlich auffällig werden, zu viel Alkohol trinken etc.), ergreifen die Eltern gewisse Maßnahmen, um das Erwachsenwerden der Jungen zu forcieren, insbesondere indem sie sie zum Militärdienst in der Türkei, zur Heirat und schließlich zur Vaterschaft drängen.

4. Disziplinierungsmaßnahmen in türkischen Migrationsfamilien gegenüber jungen Männern

4.1 Militärdienst in der Türkei

Viele Eltern erhoffen sich durch den türkischen Militärdienst eine Verhaltensänderung ihrer Söhne. Die Grenzsetzungen und Disziplinierungen, die sie selbst bei ihren Kindern nicht erreichen konnten, übertragen sie dem Militärdienst in der Türkei, der für seine Rigidität bekannt ist. Obwohl die Eltern wissen, dass ein in Deutschland lebender türkischer Staatsbürger den zeitlichen Umfang des türkischen Militärdienstes reduzieren kann (von zurzeit 18 Monaten auf 30 Tage), indem er ca. 7.500 Euro an den türkischen Staat überweist, wird in einigen Fällen darauf verzichtet. Viele Eltern wollen, dass ihre Kinder die volle Zeit des Militärdienstes ableisten. Dadurch erhoffen sich diese Eltern nicht nur eine Disziplinierung, sondern auch die Stärkung des türkisch-patriotischen Denkens und Fühlens.

Die Reduzierung der Militärzeit kommt für viele Männer nicht in Frage, weil sie mit dem Militärdienst einen Beitrag für die Verteidigung und Entwicklung des Landes als Staatsbürger leisten wollen. Außerdem wird von den Männern betont, dass jeder türkische Staatsbürger während der vollen Militärzeit in der Türkei Geld ausgibt und dadurch einen Beitrag zur wirtschaftlichen Entwicklung der Türkei leistet. Inwieweit die jungen Männer nach dem türkischen Militärdienst tatsächlich die erwünschte Verhaltensänderung zeigen, ist fragwürdig. Die Erfahrungen zeigen, dass sich nur vorübergehende Verhaltensänderungen einstellen und die jungen Männer binnen kürzester Zeit zu ihrem vorherigen Lebenswandel zurückkehren.

4.2 Die Heirat

Ist die gewünschte Verhaltensänderung aus Sicht der Eltern nach dem Militärdienst nicht erfolgt, ist die nächste Maßnahme die Verheiratung des Sohnes, damit er Verantwortungsbewusstsein und Eigeninitiative als Versorger, Ernährer und Oberhaupt einer Familie entwickelt. Im Zuge dessen soll der Sohn sich von seinem jugendtypischen Verhalten verabschieden, indem er seine Jugendfreunde seltener trifft, den Alkoholkonsum reduziert bzw. einstellt und insbesondere ein geregeltes Sexualleben führt. Der Sohn wird allerdings weder auf eine Eheschließung vorbereitet, noch wird mit ihm ausgelotet, warum eine Eheschließung ab einem bestimmten Alter wünschenswert ist. Das heißt, dem Sohn ist nicht klar, dass sein abweichendes Verhalten die Eltern beunruhigt und sie deshalb eine Heirat vorbereiten. Die Entscheidung wird vom Vater getroffen, und er erläutert seinem Sohn nicht, warum dieser jetzt heiraten muss. Es wird lediglich ein Machtwort, verbunden mit einer Drohung, ausgesprochen, und der Sohn muss sich der Entscheidung des Vaters fügen. Der Sohn wird auf dem direkten Wege niemals erfahren, dass sein Verhalten nicht normkonform ist, weil die Grenzsetzung indirekt erfolgt und der Konflikt mit einem Machtwort des Vaters beendet wird, ohne die Interessen der Konfliktparteien zu klären.

Dass die Söhne sich durch solche Maßnahmen der Eltern nicht bändigen lassen, verdeutlicht die Phase nach der Eheschließung, denn meistens werden die unausgesprochenen Regeln auch nach der Eheschließung weiterhin verletzt. Nach der Eheschließung der Söhne wohnen die frisch verheirateten Paare meistens in Deutschland bei den Eltern. Ist der Sohn aufgrund der Erwerbstätigkeit oder der persönlichen Freizeitgestaltung außer Haus, so sind die Eltern oder die Geschwister die Ansprechpartner für seine Frau. Durch die Verheiratung übernimmt der Sohn keine Verantwortung, wie die Eltern gehofft haben, sondern es kommt im Gegenteil noch mehr Verantwortung auf die Eltern zu, da sie sich in der Abwesenheit des Sohnes um die Schwiegertochter kümmern müssen. Im Grunde bringt die neue Situation den Sohn nicht dazu, seinen Lebensstil zu modifizieren, weil er die Verantwortung für seine Frau auf seine Eltern bzw. Geschwister überträgt. Das Konzept der Eltern, mit der Verheiratung den Sohn zu disziplinieren, geht nicht auf, da der Sohn wie auch in der Phase der Kindheit und Adoleszenz alle Freiheiten genießt. Er erfährt die Grenzen seines abweichenden Verhaltens nicht, weil die Eltern unbewusst auf das Prinzip „Lernen am Modell" setzen. Das heißt, sie gehen davon aus, dass der Sohn anhand der Beispiele in seinem Umfeld, die ihm zeigen sollen, wie sich ein verheirateter Mann zu verhalten hat, seine Haltung ändern wird. Wenn die gewünschte Verhaltensänderung nicht unmittelbar erfolgt, wird die Braut seitens der weiblichen Familienmitglieder angehalten, ein Kind zu bekommen.

4.3 Erwartungen an Vaterschaft

Das letzte Mittel, das die Eltern für die Disziplinierung des Sohnes einsetzen, ist die Verantwortungsübernahme für den eigenen Nachwuchs. Während das Ableisten des Militärdienstes und die Eheschließung seitens der Eltern beschlossen werden und der Sohn die Maßnahmen als abstrakt empfinden kann (der türkische Mann darf seine Sexualität auch außerhalb der Ehe ausleben), scheint der Weg über eine Vaterschaft die emotionalen Seiten des Mannes anzusprechen. Das folgende Beispiel[8] bekräftigt diese These:

Als Ibrahim nach der Eheschließung in der Türkei ohne seine Frau nach Deutschland kommt, befreundet er sich mit einer Türkin. Er fühlt sich für seine Frau in der Türkei nicht zuständig und verantwortlich, weil er seine Frau kaum kennt. Die Beziehung zu seiner Freundin beendet er erst, nachdem er erfährt, dass seine Frau schwanger ist:

„Ich habe halt gehört, meine Frau ist in Türkei schwanger. Ja, dann habe ich mit meiner Freundin Schluss gemacht ... Ja, für mein Kind. Ich habe das für mein Kind gemacht ... Als meine Frau nach Deutschland kam, ne, da war schon mein Sohn da. Ich wollte für meinen Sohn da sein. Ich war dann nicht mehr weg. Ich wollt nur für mein Kind was machen."

Wenn der Interviewausschnitt separat betrachtet wird, kann angenommen werden, dass die letzte Maßnahme der Eltern Auswirkungen auf das Verhalten des Sohnes hat. Die Erfahrungen zeigen allerdings, dass die Verhaltensänderung des Sohnes meist nur vorübergehend ist. Die Verantwortungsübernahme schlägt sich nicht kontinuierlich und umfassend in allen Bereichen seines Verhaltens nieder. Die Ehefrau wird trotzdem vernachlässigt und die temporäre Veränderung resultiert nicht aus Überzeugung und Einsicht, sondern korreliert mit dem Konzept des Ansehens. Denn ein Mann, der nicht zu seiner schwangeren Frau hält, verliert in der Öffentlichkeit an Ansehen und Glaubwürdigkeit.

---

8 Entnommen aus Toprak (2007).

„Weißt du, wenn meine Frau nicht schwanger wäre, ne, dann hätte ich mit meiner Freundin nicht Schluss gemacht ... Ja, die Leute würden sagen, schau mal, seine Frau ist in Türkei schwanger, und er hat andere Freundin. Das ist ganz schlecht. Das macht man halt nicht. Die Leute reden dann schlecht. Die werden dann immer sagen, Ibrahim macht nur schlechte Sachen, die arme Frau in Türkei und so weiter ... Ja, wenn mein Sohn in Deutschland war, erst war ich zu Hause. Dann hab ich gesehen, meine Frau ist da, meine Schwester ist da, meine Mutter ist da und so weiter ... Ich hab mich dann nicht mehr gekümmert. Alle waren ja da. Ich bin dann wieder mit Freunden weggegangen, Fußball schauen oder so."

Als Ibrahim sieht, dass die Erziehung seines Sohnes von den weiblichen Familienmitgliedern übernommen wird, zieht er sich in seine alte Rolle zurück, er trifft seine Freunde und ist nach außen orientiert. Denn in traditionell-bäuerlichen Familien wird unter der Erziehung des Kindes die Versorgung, hier die körperliche Pflege und die Ernährung, verstanden, darauf wird an anderer Stelle noch zurückzukommen sein. Der Mann wird ein weiteres Mal aus der Verantwortung entlassen und die konventionellen Maßnahmen der Eltern bleiben dadurch ohne große Wirkung.

5. Motive auf Seiten der Männer für eine Eheschließung

Die Motive für eine Eheschließung bei jungen bildungsfernen Männern sind mannigfaltig. Die wichtigsten Motive für eine Heirat bei türkischen Männern – Gründung einer Familie als Mittel zur gesellschaftlichen Anerkennung, der Wunsch nach einem Kind, Sexualität sowie Führung des Haushalts durch eine Frau – werden im Folgenden kurz dargestellt.

5.1 Gründung einer Familie als Mittel zur gesellschaftlichen Anerkennung

Die Gründung einer Familie wird in den türkischen Familien, sei es bei Jungen oder Mädchen, nicht nur gefördert, sondern zwingend vorgeschrieben. Eine junge Frau oder ein junger Mann, der oder die mit spätestens Mitte Zwanzig nicht geheiratet hat, wird unter Druck gesetzt. Die Heirat bzw. die Gründung der Familie ist gesellschaftlich anerkannt und legitimiert die Männer in der öffentlichen Wahrnehmung zu selbstbewussterem Auftreten, da das Heiraten den Schritt in das Erwachsenenleben dokumentiert. Erst mit der Heirat werden die Männer im sozialen Bezugsrahmen als volle und anerkannte Gesprächspartner der Erwachsenen wahrgenommen, bis dahin werden sie altersunabhängig als „Kind" bezeichnet. Erst mit der Übernahme von Verantwortung für Ehefrau und Kind/er werden die jungen Männer als vollwertige Mitglieder der Community aufgenommen, weil sie selbstständig für das Wohl der gegründeten Familie sorgen und die Familie nach außen repräsentieren bzw. schützen müssen. Wer keine gesellschaftlich anerkannte Verantwortung übernimmt, wird auch nicht in die Entscheidungen oder Entscheidungsfindungsprozesse der Familie einbezogen. Bis zur Verheiratung müssen die Söhne, unabhängig von ihrem Alter, bei den Eltern wohnen. Erst die Gründung einer eigenen Familie legitimiert einen Auszug. Dass in vielen Fällen die Männer nach der Eheschließung temporär bei den Eltern wohnen, resultiert aus der Tatsache, dass die hohen Kosten für eine eigene Wohnung vermieden werden sollen und die Form der Großfamilie mit drei Generationen weiter gelebt werden soll. Darüber hinaus erhoffen sich die Männer, dass ihre Frauen von der Familie kontrolliert werden, während sie arbeiten oder ihre Freizeit außerhalb der Familie verbringen.

5.2 Der Wunsch nach einem Kind

Die Heirat bzw. die Gründung einer Familie ist grundsätzlich mit dem Wunsch nach einem Kind verbunden. Kinder haben in der türkischen Familie einen großen Stellenwert. Ein kinderloses Ehepaar wird im engeren Sinne nicht als Familie betrachtet und die Ehe kann sehr bald geschieden werden, wenn die Frau nicht ein Kind oder mehrere Kinder bekommt. Ein frisch verheiratetes Paar steht unter enormem Druck, insbesondere seitens der Familien der Eheleute, ein Kind zu bekommen. Das Geschlecht des ersten Kindes spielt zunächst keine Rolle, aber im Allgemeinen wollen die Männer mit eingeschränkten wirtschaftlichen Ressourcen spätestens beim zweiten Kind einen Sohn haben. Dieser starke Wunsch des Mannes nach einem Sohn kann mit den Motiven „Fortbestehen der Familie", „Stärkung des Haushaltes" sowie „gut in schlechten Zeiten", also mit ökonomischen Motiven, begründet werden.

Zudem setzen konservativ-traditionelle Männer bzw. Familien voraus, dass verheiratete Töchter den Haushalt verlassen und Jungen nicht; die Söhne sollen die Eltern im Alter finanziell unterstützen, die Töchter werden in eine „fremde" Familie verheiratet und deshalb wird eine finanzielle Unterstützung in der Regel nicht erwartet. Des Weiteren muss davon ausgegangen werden, dass der überwiegende Teil der in Deutschland lebenden türkischen Männer einem unehelichen Kind sehr skeptisch gegenübersteht. Nicht nur die Ehre einer türkischen Frau würde gegen ein uneheliches Kind sprechen, sondern die Tatsache, dass die Männer im Allgemeinen in dieser Frage konservativ sind. Auch sind die Männer gegen ein uneheliches Kind mit einer deutschen Frau, deren Ehre aus Sicht der türkischen Männer keine große Bedeutung zugesprochen wird. Die Männer argumentieren u. a. mit der Fortführung des Namens, weil die Kinder bei unehelichen Geburten meist den Familiennamen der Mutter bekommen.

5.3 Sexualität

Die Sexualität spielt bei der Eheschließung zwar eine große Rolle, zumindest für die Eltern; das wird aber meist nicht direkt ausgesprochen, weil Sexualität ein Tabuthema ist. Während es gesellschaftlich anerkannt ist, dass Männer vor der Eheschließung sexuelle Erfahrungen sammeln, wird dies bei Frauen mit Verweis auf deren Ehre kategorisch abgelehnt. Ab einem bestimmten Zeitpunkt sind sich allerdings die meisten Männer, vor allem aber deren Eltern, einig, dass die

Sexualität in der geregelten Form, also in der Ehe, ausgelebt werden soll. Bei der Sexualität geht es aber nicht um die Wünsche der Frau, sondern um die Bedürfnisse des Mannes. Wenn der Mann mit seiner Frau schläft, geht es nicht um den gleichberechtigten und leidenschaftlichen Geschlechtsverkehr zweier Menschen, die sich lieben, sondern um die Befriedigung des Mannes. Einige Männer gehen sogar so weit zu behaupten, dass es der Frau nicht zustehe, dabei Lust zu empfinden. Die Aufgabe der Partnerin bestehe lediglich darin, dafür zu sorgen, dass der Mann zum Samenerguss kommt.[9]

5.4 Führung des Haushalts durch eine Frau

In konservativ-traditionell-türkischen Familien ist es durchaus üblich, dass die Kinder nach den klassischen Geschlechterrollen, nach den ländlich-bäuerlichen Normen erzogen werden. Das heißt, innerhalb der Familie sind die Rollen der Kinder nach Alter und Geschlecht differenziert. In der Erziehung vermitteln die Eltern ihre persönlichen Eigenschaften als Vater bzw. Mutter an die Kinder weiter. Der Sohn wird zum späteren Familienoberhaupt und die Tochter zu einer guten Hausfrau geformt. Deshalb übernehmen in diesen Familien die männlichen Kinder keine Aufgaben im Haushalt. Die Jungen werden in erster Linie mit Aufgaben befasst, die die Außenwelt betreffen: Versorgung der Familie bzw. finanzielle Absicherung. Wie bei der Brautwerbung deutlich wurde, begutachten die Brautwerber, ob die angehende Braut eine gute Hausfrau ist. Die Ehefrau wird hier als Versorgerin für den Mann gesehen, die die Mutter bzw. die anderen weiblichen Familienmitglieder ablösen soll. Hier wird Folgendes deutlich: Traditionell denkende Männer sind gegen eine Vermischung der konventionellen Rollen, indem der Mann im Haushalt mitarbeitet. Dies wird in der Regel mit der Ehre des Mannes begründet, der sich nicht in die „Rolle“ der Frau begeben darf. In der bäuerlich-traditionellen Sicht wird der Haushalt ausschließlich als „Frauensache“ betrachtet, in einigen Gebieten wird ein Mann sogar als unehrenhaft bezeichnet, wenn er sich an der Hausarbeit beteiligt.

5.5 Warum eine Partnerin aus der „Heimat“?

Nachdem die allgemeinen Grundmotive für eine Eheschließung bei den Männern geklärt wurden, sollen die Beweggründe erläutert werden, warum die Männer ihre Frauen ausgerechnet aus den Heimatdörfern ihrer Eltern oder Großeltern wählen. Der Hauptgrund besteht darin, dass viele Männer das Verhalten der türkischen Mädchen in Deutschland unehrenhaft finden. Das heißt, die Männer glauben, in der Türkei, im Heimatdorf, eine Frau finden zu können, die die oben genannten Heiratskriterien am besten erfüllt. Männer, die ihre Frauen nach oben genannten Kriterien in der Türkei suchen, haben in irgendeiner Form Erfahrungen mit türkischen Mädchen in Deutschland, die aus ihrer Sicht immer negativ bzw. enttäuschend verlaufen sind. Erst nach diesen negativen Erfahrungen mit Frauen in Deutschland orientieren sich die jungen Männer Richtung Türkei. Vie-

9 Vgl. Toprak (2007).

len Männern agieren die türkischen Mädchen in Deutschland zu selbstbewusst, zu selbstständig und zu eigenverantwortlich, indem sie sich den Wünschen und Vorstellungen der Männer nicht unterordnen. Dem Wunsch nach einer Frau, die sich anpasst, nicht widerspricht und die konventionelle Geschlechterrolle annimmt, entsprechen nach den Vorstellungen dieser Männer die Mädchen, die in konservativen Umfeldern in der ländlichen Türkei aufgewachsen sind.

6. Konsequenzen

Obwohl ich die Situation der hier in Deutschland sozialisierten jungen Männer beschrieben habe, ist einigen Männern die Denk- und Funktionsweise der Mehrheitsgesellschaft nicht wirklich vertraut. Ihr Bild über die Mehrheitsgesellschaft bleibt verzerrt und scheint ihnen bedrohlich. Auch die Gefühlswelt von Frauen, sowohl der Frauen der eigenen Familie als auch der deutschen Frauen, bleibt ihnen völlig fremd.

Durch die unreflektierte Übertragung des ländlichen Erziehungsstils durch die Eltern und der strengen Geschlechtertrennung sind viele junge Männer nicht ausreichend auf die Erfordernisse der globalisierten westlichen Industriegesellschaft vorbereitet. Ihnen fehlen zum großen Teil wichtige Schlüsselkompetenzen wie Flexibilität im Denken, eine gewisse Frustrationstoleranz, Teamfähigkeit, Selbstdisziplin, Selbstorganisation, Kritikfähigkeit, eigenständige Meinungsbildung, Kreativität und nicht zuletzt häufig auch eine abgeschlossene Schul- und Berufsausbildung. All diese Qualifikationen sind notwendig, um in moderneren Gesellschaften Chancen auf eine qualifizierte Berufstätigkeit zu haben.

Die jahrelange Erfahrung des Autors in der praktischen Arbeit mit jugendlichen und jungen Männern macht deutlich, dass die tradierten Werte aus dem Herkunftsland wie Ehre, Männlichkeit, Freundschaft, Solidarität oder aber bedingungslose Verteidigung der „Ehre" der weiblichen Familienmitglieder überbetont werden, wenn die jungen Männer in der Gesellschaft keine adäquate Anerkennung, Partizipation oder Perspektive finden. Während selbstbewusste und offene Jugendliche in der dritten Generation sich von diesen gesellschaftlich vorgegebenen Normen befreien und sich beispielsweise über ihr Studium oder ihren Beruf definieren, klammern sich Jugendliche mit wenig Selbstwertgefühl und geringer Bildung bzw. Prestige gerade an diese Werte und betonen diese rigider als zum Teil sogar ihre Eltern.

Wir müssen diese jungen Menschen mit Migrationshintergrund frühzeitig erreichen, damit sie die freiheitlichen Werte und Normen der deutschen Gesellschaft adaptieren und für sich nutzen können. Wir müssen ihnen Perspektiven in dieser Gesellschaft eröffnen, damit das Leben in der Demokratie und der Respekt dem anderen Geschlecht gegenüber attraktiver erscheint als der Rückzug in die eigene ethnische Nische. Mit Ausgrenzung und Schuldzuschreibungen werden wir nicht erfolgreich sein.

Literatur

Marx, Reinhard (2005), Ausländer- und Asylrecht, 2. Auflage, Bonn: Deutscher Anwaltverlag.

Pfluger-Schindlbeck, Ingrid (1989), „Achte die Älteren, liebe die Jüngeren“. Sozialisation türkischer-alevitischer Kinder im Heimatland und in der Migration, Frankfurt a. M.: Athenäum.

Toprak, Ahmet (2007), Das schwache Geschlecht – die türkischen Männer. Zwangsheirat, häusliche Gewalt, Doppelmoral der Ehre. 2. Auflage, Freiburg i. Br.: Lambertus.

Zevkliler, Aydin (1989), Nichteheliche Lebensgemeinschaft nach deutschem und türkischem Recht. Unter besonderer Berücksichtigung der geschichtlichen Entwicklung, Würzburg/Altenberge: Echter/Telos-Verlag.

Zwangsverheiratung im Kontext gleichgeschlechtlicher Lebensweisen. Erfahrungen aus der Beratungsarbeit

Anne Thiemann

1. Einleitung

Die gleichgeschlechtliche sexuelle Orientierung des eigenen Kindes stellt weltweit ein Motiv für Familien dar, die eigene Tochter oder den eigenen Sohn gegen deren Willen zu verheiraten. Nicht erst ein innerfamiliäres Outing, sondern bereits die Vermutung, das eigene Kind könnte sich lesbisch oder schwul entwickeln, oder auch offensichtliche Verhaltensabweichungen von der gesellschaftlich vorgegebenen Geschlechterrolle können zu erzwungenen Ehen führen.[1]

Frauen und Männer sind von diesen Maßnahmen auf unterschiedliche Weise betroffen. In vielen Gesellschaften, in denen Zwangsverheiratung praktiziert wird, existiert ein Frauenbild, das Frauen Selbstbestimmung in jeglicher Form abspricht. Sie gelten als Eigentum des Ehemannes und werden auf die Rolle als Mutter und Arbeitskraft im Haus reduziert.[2] Über eine Verheiratung werden Frauen dazu gezwungen, in dieser Rolle zu verbleiben. Diese familiäre Praxis greift zutiefst in die Freiheitsrechte der betroffenen jungen Frauen und Männer ein. Ihnen wird damit nicht nur die freie Wahl des Partners oder der Partnerin verwehrt, sondern sie werden zu einer Lebensform genötigt, die nicht ihrer sexuellen Orientierung entspricht. Diese Praxis stellt damit einen fundamentalen Eingriff in ihre sexuelle Selbstbestimmung dar.[3]

2. Zwangsverheiratung von Lesben und Schwulen. Kein Thema für die Forschung?

Bislang gibt es zur Situation von jungen Lesben und Schwulen im Kontext von Zwangsverheiratung in Deutschland noch kein statistisches Material und auch nur wenig empirische Forschung. Der folgende Beitrag beschreibt exemplarisch Erfahrungen aus der Beratungspraxis lesbisch-schwuler Migrantinnen-/Migrantenprojekte und versucht damit, neue Facetten des Themas Zwangsverheiratung zu beleuchten.

---

1 Vgl. Dinkelberg u. a. (2001).

2 Vgl. Lehnhoff (2006), S. 12.

3 Dieser Beitrag konzentriert sich auf die Situation lesbischer und schwuler Menschen. Die Lage von Transsexuellen und Transgender (Menschen, die ihre Geschlechtsidentität jenseits der Kategorien „männlich/weiblich" definieren) im Kontext von Zwangsverheiratung zu beschreiben, würde eine eigenständige Thematisierung erfordern.

In offenen, leitfadenorientierten Experteninterviews haben Mitarbeiterinnen und Mitarbeiter aus verschiedenen Beratungseinrichtungen in Berlin, die sich mit ihrem Angebot speziell an Lesben und Schwule mit Migrationshintergrund wenden, aus ihrer Praxis berichtet. Den Interviewpartnerinnen und -partnern Saideh Saadat[4] (LesMigraS), Lütfi Aglamaz (Diplom-Sozialpädagoge), Bali Saygili (Projekt Miles) und Koray Yilmaz-Gunay (GLADT e. V.) gilt an dieser Stelle mein herzlicher Dank.

Bei den Projekten handelt es sich im Einzelnen um:

LesMigraS – Lesbische Migrantinnen und Schwarze Lesben, Arbeitsbereich der Berliner Lesbenberatung e. V., der sich gegen die mehrdimensionale Diskriminierung lesbischer Migrantinnen und Schwarzer Lesben einsetzt. Neben Beratung bilden bundesweite Vernetzung, Sensibilisierungsmaßnahmen sowie zielgruppenspezifische Öffentlichkeits- und Lobbyarbeit den Schwerpunkt der Projektarbeit.[5]

GLADT e. V. – Gays & Lesbians aus der Türkei. Seit der Gründung im Jahr 2003 ist GLADT ein zentraler Akteur im Kampf für die Emanzipation von Lesben, Schwulen, Trans- und Bisexuellen aus der Türkei in Berlin-Brandenburg, Deutschland und europaweit. Der gemeinnützige Verein ist für seine sozialen und kulturellen Aktivitäten, sein politisches Engagement, die Aufklärungsarbeit und das geschlechts- und kulturspezifische interkulturelle Beratungsangebot bekannt.[6]

MILES – Einrichtung des Lesben- und Schwulenverbandes Berlin-Brandenburg e. V. (LSVD), in der Lesben und Schwule mit Migrationshintergrund psychosoziale Beratung und Unterstützung, Selbsthilfegruppen und Rechtsberatung finden können. Miles betreibt politische Lobbyarbeit und organisiert Vortragsreihen im Themenfeld Homosexualität und Migration.[7]

Lesbische und schwule Migrantinnen und Migranten erfahren in ihrem Alltag unterschiedliche Formen von Diskriminierung aufgrund ihrer ethnischen Herkunft, Hautfarbe, Religion, sexuellen Orientierung und ihres Geschlechts. Folglich bewegen sie sich innerhalb dieser Mehrfachdiskriminierung an den Schnittstellen von Rassismus, Sexismus und Homophobie. Dies gilt insbesondere für lesbische Frauen.

In der psychosozialen Beratungsarbeit ist der Umgang mit mehrdimensionaler Diskriminierung in der Regel wenig vertraut. So setzen sich Migrantinnen-/Migrantenverbände und interkulturelle Organisationen, die Beratungen anbieten, erst in Ansätzen mit Homophobie als Diskriminierung auch in der eigenen Community auseinander. Sie widmen sich in ihrer Arbeit vorrangig der Bekämp-

4 Leider konnte das Interview mit Saideh Saadat aufgrund einer technischen Panne nur sehr verkürzt in diesen Beitrag einfließen.

5 Weitere Informationen hierzu unter: http://www.lesmigras.de/ (abgerufen am 22. 4. 2007).

6 Siehe http://www.gladt.de/ (abgerufen am 22. 4. 2007).

7 Siehe http://www.berlin.lsvd.de/ (abgerufen am 22. 4. 2007).

fung von Rassismus und beziehen andere Diskriminierungsformen eher nachrangig ein. Menschen mit Migrationshintergrund, die Beratung in Bezug auf ihre sexuelle Orientierung oder Identität suchen, werden diese hier nur per Zufall durch dafür sensibilisierte Kollegen und Kolleginnen erhalten. Die Zuständigkeit wird in der Regel eher bei Lesben- und Schwuleneinrichtungen gesehen als innerhalb der eigenen Einrichtung.[8] Dort gibt es jedoch ähnliche Defizite. Die Auseinandersetzung mit der spezifischen Situation von Lesben und Schwulen mit familiärem Migrationshintergrund ist häufig nur in Ansätzen vorhanden. Folglich sind Beratungseinrichtungen, in denen Lesben und Schwule mit einer eigenen Migrationsbiographie arbeiten, für die Besucherinnen und Besucher besonders wichtig. Viele Ratsuchende berichten immer wieder, dass sie in anderen Beratungsstellen auf großes Unverständnis oder offene Ablehnung gestoßen sind.

Die Interviewaussagen aus der Beratungspraxis können lediglich einige wichtige Aspekte aufzeigen, keinesfalls jedoch als repräsentativ gelten. Die Hemmschwelle, eine explizit lesbische und/oder schwule Beratungseinrichtung aufzusuchen, ist, wie Yilmaz-Gunay anmerkt, für Migrantinnen und Migranten sehr hoch. So setzt der Besuch in der Regel eine bereits zumindest in Teilen bestehende lesbische oder schwule Identität voraus. Es ist daher zu vermuten, dass die Zahl derer, die von der Thematik betroffen sind, jedoch keine Beratung in Anspruch nehmen, erheblich größer ist, als die Zahl derjenigen, die tatsächlich eine Beratung aufsuchen.

3. Wer kommt in die Beratung?

Die unterschiedlichen Beratungssettings (persönliche Beratung, Telefonberatung, E-Mail-Beratung) und sonstige Angebote der befragten Einrichtungen werden überwiegend von Menschen genutzt, die auf der Suche nach einer eigenen sexuellen Orientierung und Identität sind, oder bereits Rat in der Frage benötigen, wie sie ein Coming-out in Familie und weiterem Umfeld bewältigen können. Der familiäre Druck, eine Ehe einzugehen, oder die Angst, durch die Familie verheiratet zu werden, wird dabei in vielen Beratungsgesprächen thematisiert.

Während sich die Angebote von LesMigraS ausschließlich an Frauen wenden, werden die Einrichtungen GLADT und Miles sowohl von jungen Männern als auch von jungen Frauen aufgesucht. Der größte Teil der Besucherinnen und Besucher aller Einrichtungen hat einen türkischen oder kurdischen familiären Hintergrund. Daher beziehen sich die folgenden Ausführungen auch vorrangig auf diese Gruppe.

Der Altersdurchschnitt der Besucherinnen und Besucher von Miles liegt zwischen 20 und 23 Jahren, doch auch 16- oder 17-Jährige finden den Weg in die Beratungsstelle. Während GLADT von Menschen unterschiedlichen Alters aufgesucht wird, sind die Ratsuchenden bei LesMigraS weitgehend jünger als 30 Jahre.

8 Vgl. LesMigraS (2004a).

Auch Angehörige, vor allem Schwestern und Mütter, wollen sich in der Beratungsstelle über eine gleichgeschlechtliche sexuelle Orientierung informieren. Häufig sehen sie Homosexualität als Krankheit an und fragen in der Beratung nach Wegen der Heilung. Ziel der Beratungsstelle ist es dann, den pathologisierenden Blick auf die Identität des betroffenen Familienmitglieds zu hinterfragen und Möglichkeiten eines akzeptierenden Umgangs zu entwickeln.

Auch das Angebot der Familienberatung bietet die Möglichkeit, die Situation der lesbischen Tochter oder des schwulen Sohns in der Familie zu verbessern.

4. Zur Situation in der Familie

Die Situation vieler Lesben und Schwuler ist geprägt durch mehrdimensionale Diskriminierungen sowohl innerhalb der eigenen Familie und Migranten-Community[9] als auch in der deutschen Mehrheitsgesellschaft.

Jene Lesben und Schwule, die eine Beratung aufsuchen, stehen innerhalb ihrer Familien in der Regel unter einem hohen Druck, ihre gleichgeschlechtlichen Gefühle zu unterdrücken, denn hier herrscht meist die selbstverständliche Maßgabe, zu heiraten und eine Familie zu gründen. Ein offensiver Umgang mit den eigenen Gefühlen und Bedürfnissen ist den meisten daher nicht möglich, da sie Angst haben vor negativen Reaktionen einzelner Familienmitglieder, aber auch eine ablehnende Haltung von Seiten ihrer Arbeitskolleginnen und Arbeitskollegen, Nachbarinnen und Nachbarn und anderen Personen aus dem näheren Umfeld befürchten.

Allen interviewten Beraterinnen und Beratern sind Fälle bekannt, wo junge Frauen oder Männer gegen ihren Willen faktisch verheiratet worden sind. Signifikant größer jedoch ist die Zahl der Ratsuchenden, die in einer leidvollen Auseinandersetzung mit dem starken familiären Erwartungsdruck in Richtung auf Heirat und Familiengründung stehen. Dieser Druck kann in seiner Intensität stark variieren.

4.1 Schwule Männer

Yilmaz-Gunay schildert die Situation von Jungen, die nach der Offenlegung ihres Schwulseins in der Familie mehrere Monate Hausarrest bekamen, denen Geld entzogen wurde und die täglich Vorhaltungen erlebten. Andere waren massiv gefährdet, teilweise lebensbedrohlich. So berichteten einige von Ankündigungen einzelner Familienmitglieder, sie zu erschießen oder sie in die Türkei zu schicken und ihnen den Pass abzunehmen. Diese jungen Männer mussten über private Verbindungen für einen längeren Zeitraum bei Bekannten in anderen Bundesländern untergebracht werden, da es für Männer keine analog zu den existierenden Frauenhäusern oder Notunterkünften für Frauen existierende Struktur gibt.

9 Der Begriff „Community“ wird in diesem Beitrag nicht in einem homogenisierenden Sinn verwendet. Die Autorin geht davon aus, dass Menschen in mehreren kommunitären Bezugsgruppen gleichzeitig leben und sich von solchen Bezügen mehr oder weniger entfernen und auch ganz loslösen können.

Der Druck zu heiraten verstärkt sich nicht nur, wenn Söhne sich innerhalb der Familie zu ihrer gleichgeschlechtlichen sexuellen Orientierung bekennen, sondern häufig auch schon dann, wenn in der Familie eine Vermutung in diese Richtung aufkommt, weil der Sohn kein ausgewiesen männliches Rollenverhalten zeigt.

So berichtet Aglamaz aus der Beratung mit einem feminin wirkenden jungen Mann, der bereits während seiner Kindheit und Jugend innerhalb der Familie Gewalt ausgesetzt war, weil er in seinem äußeren Erscheinungsbild und Verhalten die traditionellen Vorstellungen von Männlichkeit nicht erfüllte. Er wurde von seiner Herkunftsfamilie gezwungen, einen Arzt aufzusuchen, der ihm zu einer Therapie riet. Darüber hinaus sollte Heilung durch religiöse Rituale seitens eines Hodschas erfolgen. Auf Nachfragen seiner Brüder hat er sich ihnen gegenüber als schwul geoutet:

„Nach deren Vorstellung war er die Schande für die Familie. Das spielt immer so eine große Rolle, dass man ausgeschlossen wird von der Gesellschaft, weil man ‚so einen' als Sohn hat. Er wurde gezwungen, zu heiraten. Er wurde von seiner Familie massiv unter Druck gesetzt, speziell von seinen Brüdern. Es wurde quasi eine Ehe arrangiert, mit einer Anverwandten aus der Türkei." (Aglamaz)

Viele schwule Männer beugen sich dem familiären und gesellschaftlichen Druck und willigen in eine Heirat ein. Sexuelle Kontakte oder Beziehungen mit Männern leben sie heimlich oder auch mit dem Wissen der Ehefrauen. Dieses Doppelleben führt innerhalb der Ehe häufig zu Konflikten. Mitunter wollen die Männer keinen sexuellen Kontakt mit der Ehefrau. In der Ehe nun heterosexuell leben zu müssen, führt in manchen Familien zu Frustrationen, die die Männer in Form von Gewalt an den Ehefrauen auslassen:

„Es kommt vor, dass eine Frau dann von ihrem Ehemann missachtet oder sogar geschlagen wird, weil er sagt ‚Du bist das Problem. Wegen dir lebe ich meine Homosexualität nicht aus.' Also die Frau leidet häufig sehr in solchen Beziehungen. Darüber hinaus ist der Mann psychisch sehr belastet, weil er seine Sexualität nicht leben kann." (Aglamaz)

Es sind vor allem Männer der zweiten und dritten Einwanderergeneration in Deutschland, die eine Ehe leben und parallel heimlich sexuelle Kontakte mit Männern pflegen. Ein solches Doppelleben können sich die meisten Rat suchenden 17- bis 20-Jährigen nicht mehr vorstellen. Diese werden von den Mitarbeitern der Beratungsstellen als sehr selbstbewusst in Bezug auf die eigene schwule Identität wahrgenommen, die sie in der Migranten-Community nicht mehr verstecken wollen:

„Die sagen: ‚Ich möchte mein Leben leben. Ich möchte als lesbische Frau leben, ich möchte als schwuler Mann leben und trotzdem auch Teil der türkischen Community sein. Natürlich liebe ich meine Familie, natürlich liebe ich mein Umfeld. Aber ich bin immer noch ich und das ist mein einziges Leben.' Das hört man heute bei den Jugendlichen. Dass sie sich hinstellen und sagen: ‚Ich bin schwul oder lesbisch, aber ich bin

nicht anders. Meine Sexualität ist das Einzige, was mich von den Anderen unterscheidet. Sonst nichts. Ich lebe genauso, kaufe genauso in türkischen Geschäften ein, höre mir türkische Sendungen an, lese türkische Zeitungen.'" (Saygili)

Diese vergleichsweise kompromisslose Haltung ist vermutlich auch Resultat einer immer größer werdenden öffentlichen Sichtbarkeit von Lesben und Schwulen mit und ohne Migrationshintergrund. So berichtet Bali Saygili, dass sich der Anteil jüngerer Besucherinnen und Besucher bei Miles vor allem nach der Aufklärungskampagne „Cigdem ist lesbisch. Vera auch." und „Kai ist schwul. Murat auch." erhöhte.[10]

4.2 Lesbische Frauen

Für lesbische Mädchen und junge Frauen ist es aufgrund des großen sozialen Drucks in Richtung einer traditionellen weiblichen Geschlechterrolle, die eine heterosexuelle Identität, Ehe und Kinder voraussetzt, häufig sehr schwierig, sich in der eigenen Familie zu outen. Wie Yilmaz-Gunay und Aglamaz berichten, fühlen sich lesbische Frauen häufiger als Männer dazu gezwungen, einen radikalen Schritt weg von der Familie zu tun, um ihre gleichgeschlechtliche Identität leben zu können. Die Situation stellt sich damit für Frauen als sehr viel komplexer dar. Im Gegensatz zu Männern vollziehen Frauen hier nicht nur einen Emanzipationsprozess in Bezug auf ihre sexuelle Identität, sondern stellen sich mit ihrem Comingout auch einer traditionellen sozialen Geschlechterrolle entgegen, die sie an die Seite eines Mannes in den häuslichen Bereich verweist. Die seit frühester Kindheit verinnerlichte elterliche Erwartungshaltung, Ehefrau und Mutter zu werden, gekoppelt mit den herrschenden soziokulturellen Konstrukten von Weiblichkeit weisen Frauen den Weg zu diesem Ort. Frauen müssen zusätzlich dafür kämpfen, eigenständig leben, einer Berufstätigkeit nachgehen und ökonomische Unabhängigkeit von einem Mann erreichen zu können, was für nicht wenige Frauen eine durchaus prekäre ökonomische Situation bedeuten kann. Dieser Prozess ist für viele nur in großer Distanz zur Familie möglich. Hier zeigt sich die mehrdimensionale Diskriminierung von Frauen.[11]

Wie Jennifer Petzen, ehemalige Vorstandsfrau bei GLADT, erläutert, wird in der türkischen Gesellschaft von Frauen erwartet, die kulturellen Normen hinsichtlich Geschlecht und Sexualität einzuhalten, die auf symbolische Art und Weise die Familienehre repräsentieren. Dazu gehören das Keuschheitsgebot vor der Ehe, ein sexueller Verhaltenskodex in der Ehe sowie Kinder zu bekommen und großzuziehen. Petzen beschreibt, dass nahezu alle türkischen Frauen diesem Druck ausgesetzt sind, egal, ob das Elternhaus ansonsten von einer konservativen oder progressiven Haltung geprägt ist. Die Ehe wird als der Ort angesehen, in dem sich Sexualität und Fortpflanzung abspielt. Während die Eheschließung dem Mann die legitime Kanalisierung seiner Lust ermöglicht, bedeutet sie für die Frau vielmehr

10 Zur Kampagne siehe den Abschnitt „Unterstützungs- und Präventionsstrategien" am Ende dieses Beitrags.

11 Vgl. hierzu auch den Beitrag von Hanna Beate Schöpp-Schilling in diesem Band.

die gesellschaftliche Kontrolle ihrer Sexualität. Mit steigendem Alter wächst der Druck auf Frauen unabhängig von ihrer sexuellen Orientierung. Das darüber produzierte Leiden ist für lesbische Frauen noch um ein Vielfaches höher, ist doch ein glückliches Leben in einer heterosexuellen Ehe jenseits ihrer eigenen Vorstellungen.[12] Viele lesbische Frauen haben folglich große Schwierigkeiten, für sich einen Weg zu finden, sich den sozialen Normen anzupassen. Sie unterliegen damit der ständigen Gefahr, innerhalb der eigenen Community ausgegrenzt zu werden. Da den Frauen die Familie als Heimat und Stütze in der Regel sehr wichtig ist, bedeutet diese Situation einen gravierenden Konflikt für sie. Angebote zur Unterstützung und Beratung sind daher besonders wichtig.[13]

5. Gleichgeschlechtliche Lebensweisen und Geschlechternorm

Wie Christina Thürmer-Rohr beschreibt, erschüttert gleichgeschlechtliche Liebe die Grundpfeiler der Geschlechternorm und „verletzt so ein Normalitätsdiktat, das staatliche Gesetze ebenso ausüben wie kulturelle Traditionen, Religionen und der gesellschaftliche common sense."[14]

Die Norm ist dann erfüllt, wenn drei Kriterien des Geschlechts in Übereinstimmung gebracht werden – sex, gender und desire (biologisches Geschlecht, soziales Geschlecht und sexuelles Begehren). Dies besagt, dass eine „richtige Frau" einen weiblichen Körper hat, sich „weiblich" fühlt und verhält und ihr Begehren auf Männer richtet. Im Umkehrschluss verfügt ein „richtiger Mann" über einen männlichen Körper, verhält sich männlich und liebt Frauen.

Wie in der Praxis der befragten Einrichtungen deutlich wird, suchen dort jene Menschen Rat, die sich nicht in Übereinstimmung mit dieser Norm befinden. Aufgrund unterschiedlich gelagerter Normabweichungen machen sie leidvolle Erfahrungen in Familie und weiterem Umfeld, die in eine Zwangsverheiratung münden können. Die Ausübung von Zwang beginnt im Leben von Lesben und Schwulen jedoch bereits viel früher. Die Tabuisierung gleichgeschlechtlicher Liebe bis hin zum Verbot, die Nötigung zum Schweigen, zum Verstecken oder zum Doppelleben sind schwere Übergriffe auf die eigene Selbstbestimmung, die keiner Familie und keiner Politik zustehen.[15]

In diesem Zusammenhang wird deutlich, dass die in Fachkreisen häufig diskutierte Differenzierung zwischen arrangierter Ehe und Zwangsverheiratung[16] im Kontext gleichgeschlechtlich liebender Menschen in aller Regel keine Bedeutung hat. Die familiäre Ausrichtung auf die heterosexuelle Ehe stellt für lesbische Frauen

12 Vgl. Petzen (2004), S. 18 f.
13 Vgl. ebd., S. 29 f.
14 Thürmer-Rohr (2006), S. 17.
15 Ebd.
16 Vgl. hierzu u. a. die Beiträge von Gaby Straßburger sowie Necla Kelek in diesem Band.

und schwule Männer einen Zwang an sich dar: den Zwang, eine nicht frei gewählte Partnerschaft verbunden mit einer nicht frei gewählten Form der Sexualität einzugehen.

„Für Homosexuelle ist beides Zwangsheirat. Es gibt keine Eltern, die zu ihrem Sohn sagen: ‚Ach, du bist so ein netter junger Mann, vielleicht findest du ja einen anderen netten jungen Mann.' So etwas gibt es nicht. Die Gesellschaft akzeptiert das nicht. Deshalb sind es für mich beides Zwangsmethoden." (Aglamaz)

6. Heterosexualität, Ehe und Familie als familiäre Erwartungshaltung

Entsprechend der gesellschaftlichen Geschlechternorm existiert in Familien jedweder Herkunft mehrheitlich die unausgesprochene und selbstverständliche Erwartung an eine heterosexuelle Identitätsentwicklung der eigenen Kinder. Damit verbunden sind traditionell geprägte Vorstellungen von Ehe, Familie und Geschlechterrollen, die sich in Deutschland wohnort- und milieuspezifisch tendenziell liberalisiert haben. Diese Entwicklungstendenzen haben in vielen Migrationsfamilien bislang zu wenig Niederschlag gefunden. Traditionelle Ehe und Familie gelten hier vielfach als der einzige Ort, an dem ein glückliches Leben geschützt vor Gefahren von außen möglich scheint. Die in der Familie und Gesellschaft bereits in früher Kindheit vermittelte Erwartung, ehetauglich zu werden und Ergänzung durch eine andere, gegengeschlechtliche Hälfte zu finden, ist hier äußerst prägend. Nicht zuletzt darum wird die gleichgeschlechtliche Liebe als große Gefahr für Familie und Gesellschaft angesehen.

Ohne die Rigidität verharmlosen zu wollen, die in einigen Migrantenfamilien zu Gewalt und dem Zwang zur Verheiratung führen kann, muss an dieser Stelle darauf hingewiesen werden, dass ein Coming-out ebenso in Familien ohne Migrationshintergrund häufig innerfamiliäre Probleme nach sich zieht. Viele Eltern reagieren desorientiert, leiden unter dem Gefühl, dass „eine Welt zusammenbricht". Sie zweifeln an der eigenen Erziehung und distanzieren sich gegenüber dem eigenen Kind. In vielen Städten Deutschlands existieren Selbsthilfegruppen für Eltern, oft vernetzt mit dem Bundesverband der Eltern, Freunde und Angehörigen von Homosexuellen e. V. (BEFAH), die sich bislang jedoch nicht explizit an Migrationsfamilien wenden.

Das eigene Ansehen in der Gemeinschaft spielt in diesem Zusammenhang eine große Rolle:

„Nehmen wir das Beispiel Straßengespräch. Wenn Frauen sich untereinander begrüßen, lautet der erste Satz: ‚Ich habe alle meine Kinder verheiratet. Die haben alle ihre eigenen Familien gegründet. Ich habe meine Aufgabe damit erledigt.' Oder dann im Gespräch: ‚Wie geht es den Kindern? Wer hat geheiratet? Ach, noch nicht? Dann haben sie noch eine kleine Aufgabe zu erledigen.' Dadurch sind die Familien gezwungen,

ihrer gesellschaftlichen Aufgabe nachzukommen. Wenn nun jemand ‚anders' ist in der Familie, wird man schlecht angesehen. Das versuchen Eltern partout zu vermeiden. Es gibt daher leider noch viel zu wenig Eltern die sagen: ‚Mein Kind ist homosexuell. Ich liebe es so wie es ist. Ich stehe dazu.'" (Aglamaz)

Patriarchal geprägte Vorstellungen von Familie, Ehe, Geschlechterrollen und Ehrverteidigung bilden in den Familien den Boden für rigorose Maßnahmen gegenüber den eigenen Kindern, die sich in diese Erwartungshaltung nicht einpassen. Das Recht auf eine selbstbestimmte Wahl der eigenen Lebensform steht dem entgegen. Individuelle Rechte werden erst nach der eigenen Heirat erworben. Solange die Kinder ledig im elterlichen Haushalt leben, sind sie eng in die familiären Strukturen eingebunden und müssen sich unterordnen. Hier wird deutlich, in welchem Spannungsfeld sich ein Coming-out innerhalb der eigenen Familie vollzieht. Dieses ist häufig gleichbedeutend mit dem Ausschluss aus oder der Trennung von der Familie oder einer Heirat, die dann in vielen Fällen auf ein Doppelleben hinausläuft.

Ein wichtiges Motiv für eine frühe Verheiratung der eigenen Kinder ist die schwindende Einflussnahme der Eltern auf deren Entwicklung. Ahmet Toprak spricht im Rahmen seiner Forschung von einer Disziplinierungsmaßnahme seitens der Eltern mit dem Ziel, die Söhne wieder in die „richtigen Bahnen" zu lenken,[17] und auch der Berliner Arbeitskreis gegen Zwangsverheiratung formuliert im Hinblick auf Frauen, dass eine frühe Verheiratung dann wahrscheinlich ist, wenn Mädchen dem elterlichen Einfluss entgleiten.[18] Die familiär meist unerwünschte homosexuelle Entwicklung des eigenen Kindes bildet das Motiv für massiven familiären Druck, der im gravierendsten Fall zu einer Zwangsverheiratung führen kann. Familie bietet somit keinen Schutzraum, sondern agiert mit Gewalt als normierende Instanz. Mittels einer erzwungenen Ehe sollen die eigene Tochter oder der eigene Sohn auf den „richtigen Weg" gebracht werden, der sie in eine heterosexuelle Ehe und Familie führt. Aus Sicht der Eltern geschieht dies durchaus zum Wohl des Kindes. Genauer betrachtet wird jedoch offensichtlich, dass das „Wohl des Kindes" immer wieder vorgeschoben wird, um die Betroffenen leichter in die Norm einzupassen. Die tatsächlichen Ursachen sind die Anpassung an patriarchale Traditionen, in denen Männern die Verfügungsgewalt über Frauen und Kinder zugesprochen wird. Die Familie beugt sich dem Druck der Verwandtschaft und des weiteren Umfeldes. Das eigene Ansehen und die Tradition wiegen schwerer als eine frei gewählte Ehe.

Der familiäre Umgang mit der gleichgeschlechtlichen Orientierung des Kindes ist zudem von unterschiedlichen Variablen beeinflusst, deren Bedeutungsgrad von den Interviewpartnerinnen und Interviewpartnern unterschiedlich eingeschätzt wird. So werden Bildungshintergrund, die Migrationssituation und damit verbunden der soziale Status als Einflussfaktoren genannt. Der Religion wird in diesem Zusammenhang keine zentrale Bedeutung zugesprochen.

17 Vgl. den Beitrag von Ahmet Toprak in diesem Band.
18 Vgl. Berliner Arbeitskreis gegen Zwangsverheiratung (2004), S. 5.

Die Relevanz des Bildungshintergrundes wird auch von Topraks Studie zu türkischen Männern in Deutschland aus bildungsfernen Familien gestützt, in der er auf den Begriff „schwul“ als gängige Beschimpfung in den Familien hinweist. So führt er aus, dass sexualisierte Beleidigungen in den Familien sehr verbreitet seien, obgleich die Kommunikation über Sexualität zwischen den Generationen und Geschlechtern einem Tabu unterliege. Töchter würden oft als Nutte (orospu) beschimpft, Söhne hingegen als schwul (ibne oder göt veren) bezeichnet. Damit sollten sie in ihrer Ehre beschädigt und einer möglichen homosexuellen Neigung vorgebeugt werden. Bei den Söhnen erfolgten diese Beschimpfungen häufig bereits, wenn sie sich nicht traditionell männlich stark und dominant verhielten, sondern ihr Auftreten dem einer Frau ähnele und demnach unmännlich sei.[19]

Darüber hinaus hat der Bildungsweg der lesbischen Töchter und schwulen Söhne selbst Einfluss auf die Freiheiten, die ihnen innerhalb der Familie zugestanden werden. So eröffnet ein Studium speziell für (lesbische) Frauen einen Freiraum außerhalb der Familie, ohne eine Heirat eingehen zu müssen.

Der Umgang mit dem Thema Homosexualität ist zudem durch das Leben in der Migration geprägt. Die eigene Community ist für die meisten Familien von großer Bedeutung. Zum einen erleichtert der Zusammenhalt innerhalb dieser Gruppe die Alltagsorganisation, wie z. B. die Arbeits- oder Wohnungssuche, zum anderen die Lebenssituation als gesellschaftliche Minderheit in einer über Jahrzehnte sehr integrationsunwilligen Aufnahmegesellschaft. Die Angst ist deshalb groß, innerhalb der Gemeinschaft schlecht angesehen oder sogar ausgeschlossen zu werden, wenn die gleichgeschlechtliche Orientierung eines Familienmitgliedes bekannt wird. Aglamaz weist darauf hin, dass es folglich in sozial sehr anerkannten Familien leichter fallen kann, ein lesbisches oder schwules Familienmitglied zu akzeptieren, weil die Sorge vor dem Ausschluss aus der Gemeinschaft geringer ist.

Auch rührt das in vielen Familien bestehende Vorurteil, lesbisch-schwule Lebensweisen seien eine westliche Modeerscheinung, aus „der Konfrontation unterschiedlicher kultureller Werte, der Angst vor dem Fremden und der eigenen Unsicherheit als Migrantin/Migrant“,[20] die durch rassistische Gesellschaftsstrukturen des Einwanderungslandes verstärkt werden. Die lesbische oder schwule Lebensweise des eigenen Kindes wird so als Verrat an der Herkunftskultur betrachtet.

7. Unterstützungs- und Präventionsstrategien

In allen Interviews wiesen die Gesprächspartnerinnen und Gesprächspartner auf mögliche und notwendige Strategien hin, die Unterstützungs- und Präventionsleistungen für die von Zwangsverheiratung Betroffenen bieten können. Im Folgenden sollen diese abschließend dargestellt werden. Sie zeigen zum einen Anregungen

19 Toprak (2005), S. 136 ff.
20 LesMigraS (2004a), S. 10.

zur Sensibilisierung in den existierenden Beratungseinrichtungen und zum anderen notwendige (Fort-)Bildungsangebote und Desiderate innerhalb der Forschung.

Finanzielle und personelle Absicherung der Beratungseinrichtungen
Spezialisierte Beratungseinrichtungen sollten finanziell und personell längerfristig abgesichert und Mitarbeiterinnen und Mitarbeiter anderer psychosozialer Beratungsstellen fachlich qualifiziert werden. Dies umfasst auch, dass Beratungsangebote für Lesben und Schwule als Zielgruppe offensiv nach außen kommuniziert werden müssen.

Schaffung von Zufluchtsorten für schwule Männer
Die Schaffung von Zufluchtsorten für schwule Männer, die von der Familie bedroht werden, ist eine zentrale Aufgabe. Während lesbische Migrantinnen bei der Flucht vor der Familie Schutz in Frauenhäusern und anderen Zufluchtseinrichtungen finden können, existiert im gesamten Bundesgebiet bislang kein vergleichbarer Ort für schwule Männer.

Beratungskontext
Beratung findet in den Einrichtungen in unterschiedlichen Settings statt. Einen persönlichen Termin in einer Beratungseinrichtung zu vereinbaren und wahrzunehmen, ist eine Form des Angebots, dessen Rahmen einigen Migrantinnen und Migranten unvertraut oder unangenehm ist und das daher nicht genutzt wird. In Beratungseinrichtungen wie GLADT werden deshalb offene Gruppenangebote wie Sprachkurse, Filmvorführungen etc. von den Besucherinnen und Besuchern informell zur Thematisierung der Situation in der Familie genutzt. Dieser Umstand sollte in der Angebotsstruktur der Beratungsstellen Berücksichtigung finden.

Für einige Ratsuchende war es erleichternd, dass die Thematisierung der drohenden Verheiratung durch die Familie von Seiten des Beraters ausging. Vermutlich konnten so eigene Gefühle der Scham, selbst von dieser traditionellen gewaltsamen Praxis betroffen zu sein, überwunden werden.

Spielräume für die Identitätssuche schaffen
Aufgrund der häufig rigiden Durchsetzung traditioneller Geschlechterrollen ist es sinnvoll, Orte zu schaffen, die einen großen Freiraum für die eigene Identität zulassen. Yilmaz-Gunay weist darauf hin, dass sich viele Frauen und Männer nicht mit den etablierten westlichen Identitätskonzepten „lesbisch“ und „schwul“ identifizieren können oder wollen. Homosexualität als festen und wichtigen Bestandteil der eigenen Identität zu begreifen, hat für manche Migrantinnen und Migranten wenig Bedeutung. Gerade verheiratete türkische Männer sind einfacher anzusprechen über „Männer, die Sex mit Männern haben.“ Die Suche der/des Einzelnen nach eigenen Lebenskonzepten sollte von den Einrichtungen in größtmöglichem Maße unterstützt werden. Diese Suche mit offenem Ausgang und Gestaltungsspielräumen als wichtigen Bestandteil der eigenen Arbeit zu begreifen, wäre eine Form von Empowerment für die Besucherinnen und Besucher.

Bildungsmaßnahmen in Familien und Migranten-Community

Rechtliche Maßnahmen sind notwendig, um Zwangsverheiratungen entgegenzuwirken, im Kontext gleichgeschlechtlicher Lebensweisen jedoch in ihrer Wirkung begrenzt. Wie in der Beratungsarbeit deutlich wird, stellen traditionelle patriarchal geprägte Vorstellungen von Ehe und Familie das zentrale Problem für Lesben und Schwule innerhalb der Familie dar. Neben Beratungsangeboten, welche die Familien miteinbeziehen, sind Bildungsmaßnahmen ein wichtiger Bestandteil, um entsprechende Veränderungen in Gang zu setzen.

Hier sind die Ergebnisse des vom Bundesministerium für Familie, Senioren, Frauen und Jugend geförderten und vom LSVD durchgeführten Modellprojekts „Homosexualität als Thema in Migrationsfamilien", das Methoden der Aufklärung und Sensibilisierung in Familienbildung und -beratung entwickelt, perspektivisch sicher aufschlussreich.

Auch die Sensibilisierungs- und Aufklärungskampagnen „Kai ist schwul. Murat auch!" und „Cigdem ist lesbisch. Vera auch! Sie gehören zu uns. Jederzeit." mit Postern und Großflächenplakaten haben in verschiedenen Berliner Bezirken in 2004 und 2005 großes Echo im Kampf gegen Diskriminierung gefunden und die Sichtbarkeit lesbisch-schwuler Migrantinnen und Migranten erhöht.[21]

Maßnahmen in der schulischen Bildung

Die Themen sexuelle Orientierung und Identität sind für alle Kinder und Jugendlichen relevant. Vorurteilen, Ressentiments und Ignoranz sollte durch eine offene und sachliche Informations-, Aufklärungs- und Bildungsarbeit entgegengetreten werden, die sensibel ist gegenüber der Tabuisierung und/oder feindseligen Betrachtungsweise der Thematik in den Familien vieler Schülerinnen und Schüler. Die Sichtbarkeit unterschiedlicher sexueller Orientierungen und Identitäten als Inhalt schulischer Bildung bestärkt insbesondere Kinder und Jugendliche, die sich lesbisch oder schwul entwickeln, in ihrer Persönlichkeit und ihrem Lebensumfeld. Die Thematik sollte als wichtiger Baustein der politischen Bildung dringend Eingang in die Aus-, Fort- und Weiterbildung von Lehrerinnen und Lehrern finden.

Eine menschenrechtsbasierte Bildungsarbeit ist in diesem Kontext notwendig und hilfreich. Zwangsverheiratung wird in Deutschland ausschließlich in Bezugnahme auf Migrantenmilieus thematisiert. Damit ist die Gefahr verbunden, Migrantenfamilien zu stigmatisieren und das Problem einzig in dieser Bevölkerungsgruppe zu verorten. Daraus folgt häufig unmittelbar eine Perspektive der Differenz, in der sich archaisch anmutende Praktiken und westliche zivilisierte Moderne unverbunden gegenüber stehen und mit klaren Wertungen verknüpft sind. Hier gilt es anhand von Beispielen Verbindungen zu schaffen. Auch in der Mehrheitsgesellschaft ist weder eine überwiegend positive Einstellung gegenüber Lesben und Schwulen auszumachen, noch ist in den Familien die Freude über ein

21 Die Kampagnen wurden durch Miles und andere lesbisch-schwule Einrichtungen in Kooperation mit dem Fachbereich für gleichgeschlechtliche Lebensweisen (Berliner Senatsverwaltung für Bildung, Jugend und Sport) gestartet.

innerfamiliäres Outing verbreitet. Auch die gegenwärtige politische Debatte über Familienpolitik und Frauenbild in Deutschland macht beispielhaft deutlich, dass die Konfliktlinien durchaus auch innerhalb der Mehrheitsgesellschaft verlaufen. Derartige Hinweise sind innerhalb der Bildungs- und Beratungsarbeit zentral, um der angeblichen „Differenz der Kulturen" entgegenzuwirken und diese als sachlich falsch zu entlarven.

Eine solche Vorgehensweise darf allerdings nicht dazu führen, reale Bedrohungs- und Zwangssituationen zu verharmlosen oder zu bagatellisieren. Zwangsverheiratung muss als Menschenrechtsverletzung klar benannt und gleichgeschlechtliche Lebensweisen müssen als selbstbestimmte Möglichkeit der Partnerwahl und des eigenen Lebenskonzeptes inhaltlich vertreten werden.

Forschungsförderung

Die in diesem Beitrag beschriebenen Erfahrungen aus der Beratungsarbeit haben Brisanz und Komplexität der Thematik deutlich gemacht. Bislang gibt es noch keine relevante Forschung in diesem Bereich. Damit existiert eine analytische Lücke für Präventions- und Interventionsstrategien, die unbedingt geschlossen werden sollte.

Literatur

Berliner Arbeitskreis gegen Zwangsverheiratung (2004), Informationsbroschüre Zwangsverheiratung, Berlin.

Dinkelberg, Wolfgang/Gundermann, Eva/Hanenkamp, Kerstin/Koltzenburg, Claudia (2001) (Hrsg.), Das Schweigen brechen. Menschenrechtsverletzungen aufgrund sexueller Orientierung, 3: Auflage, Berlin: Querverlag.

Lehnhoff, Liane (2006), Sklavinnen der Tradition. Zwangsheirat als weltweite Erscheinung, in: Terre des Femmes e. V. (Hrsg.), Zwangsheirat. Lebenslänglich für die Ehre, aktualisierte und erweiterte Neuauflage, Tübingen, S. 10–15.

LesMigraS – Projekt „Lesbische Migrantinnen in Europa – Bekämpfung der Mehrfachdiskriminierung", Lesbenberatung – Ort für Kommunikation, Bildung, Kultur und Information e. V. (2004a) (Hrsg.), Lesbische Migrantinnen in interkulturellen Projekten und Organisationen von MigrantInnen in Deutschland, Berlin.

Petzen, Jennifer (2004), Aktuelle Entwicklungen in der Türkei, in: LesMigraS – Projekt „Lesbische Migrantinnen in Europa – Bekämpfung der Mehrfachdiskriminierung", Lesbenberatung – Ort für Kommunikation, Bildung, Kultur und Information e. V. (Hrsg.), Türkische Lesben in Deutschland und Europa/Almanya ve Avrupa'da Yaşayan Türkiye Kökenli Lezbiyenler, Berlin, S. 14–22.

Thürmer-Rohr, Christina (2006), Zwangsheterosexualität, Heterosexismus und Homosexualität im feministischen Diskurs, in: LesMigraS – „Lesbische Migrantinnen in Europa – Bekämpfung der Mehrfachdiskriminierung", Lesbenberatung – Ort für Kommunikation, Bildung, Kultur und Information e. V. (Hrsg.), Iranische Lesben in Deutschland und Europa, Berlin, S. 15–26.

Toprak, Ahmet (2005), Das schwache Geschlecht – die türkischen Männer. Zwangsheirat, häusliche Gewalt, Doppelmoral der Ehre, Freiburg i. Br.: Lambertus.

III. Rechtliche Rahmenbedingungen und Reformbedarf

Zwangsverheiratung als Menschenrechtsverletzung: Die Bedeutung der internationalen Rechtsinstrumente

Hanna Beate Schöpp-Schilling

1. Einleitung

Zwangsverheiratung verletzt verschiedene Menschenrechte, die Frauen und Männern aufgrund ihrer menschlichen Würde von Geburt an zustehen. Allerdings sind von Zwangsverheiratung weltweit ganz überwiegend Frauen betroffen. Zudem kommt es im Kontext und in der Folge von Zwangsverheiratungen für Frauen stärker und in anderen Formen als für Männer zu gravierenden Einschnitten in andere Menschenrechte.

Zwangsverheiratung ist für beide Geschlechter gleichermaßen in verschiedenen internationalen Rechtsinstrumenten verboten. Aus der Perspektive von Frauen bietet das Übereinkommen zur Beseitigung jeder Form von Diskriminierung der Frau[1] (CEDAW) zusätzlichen und weiter ausdifferenzierten Schutz. Es wurde 1979 von der Generalversammlung der Vereinten Nationen (UN) angenommen und hat sich in der Praxis, trotz einiger von verschiedenen Seiten identifizierter Schwächen, als das wichtigste internationale Rechtsinstrument für Frauen erwiesen. Im Jahre 2007 verzeichnete es 185 Vertragsparteien, es ist also auf den ersten Blick – bei 194 möglichen Vertragsstaaten – fast weltweit gültig. Allerdings wird dieser Status durch die zahlreichen Vorbehalte eingeschränkt, die eine Reihe von Vertragsstaaten eingelegt hat, wobei sich viele der Vorbehalte gerade auf jene Artikel beziehen, die für eine Auseinandersetzung mit dem Thema Zwangsverheiratung relevant sind, etwa auf die in Art. 16 geregelte Gleichberechtigung der Geschlechter im Ehe- und Familienrecht.[2]

Grundsätzlich muss daher bei einer Erörterung der menschenrechtlichen Verstöße bei Zwangsverheiratung der Blick nicht nur auf CEDAW gerichtet werden, sondern auch auf andere UN-Menschenrechtspakte und -Übereinkommen, die eben-

1 BGBl. 1985 II S. 648.

2 Mit diesen Vorbehalten wollen sich Vertragsstaaten von CEDAW den Verpflichtungen, die ihnen aus diesen Artikeln erwachsen, entziehen. Andererseits sind sie oft in ihrem Verhalten inkonsistent, denn für die entsprechenden Artikel anderer Menschenrechtsverträge, in denen das Verbot der Zwangsheirat ausgesprochen wird, legen sie oft keine Vorbehalte ein. Zur Diskussion der Vorbehalte zu CEDAW, der rechtlichen Grundlage für deren Beurteilung und der Äußerungen des Ausschusses zum Thema der Vorbehalte und zu entsprechenden Ländern, vgl. Schöpp-Schilling (2004).

falls explizit Normen der Nichtdiskriminierung sowie der Gleichberechtigung bzw. Gleichstellung der Geschlechter generell und in Fragen der Verheiratung sowie der Ehe und Familie enthalten. Auch andere Normen in diesen Rechtsinstrumenten können dahingehend interpretiert werden, dass sie vor Menschenrechtsverletzungen im Rahmen von Zwangsverheiratung schützen, so das Recht auf Leben, Freiheit, Sicherheit und andere Rechte, wie ich ausführen werde.

Im Folgenden werde ich kurz die wichtigsten UN-Rechtsinstrumente vorstellen, die den Vertragsstaaten den Schutz verschiedener Menschenrechte von Frauen (und Männern) durch ein Verbot der Zwangsverheiratung auferlegen. Die Einhaltung dieses Verbots wird durch entsprechende Vertragsausschüsse, die mit unabhängigen Sachverständigen besetzt sind, überprüft. Ich werde in diesem Zusammenhang auch auf die Interpretationen der relevanten Artikel durch die Ausschüsse eingehen, da diese die Verpflichtungen der Vertragsstaaten ausführlicher erläutern, als es die Artikel selbst tun.[3] Diese Ausführungen sind zwar rechtlich weniger verbindlich als der explizite Vertragwortlaut selbst, jedoch wird in der völkerrechtlichen Praxis erwartet, dass die Vertragsstaaten auch diesen Erläuterungen mit der „erforderlichen und angemessenen Sorgfalt“ entsprechen.[4] Die Abschlussdokumente verschiedener UN-Weltkonferenzen, die keinen rechtlich verbindlichen Charakter haben, werde ich ebenfalls mit einbeziehen, da die UN-Mitgliedstaaten durch ihre Unterschriften ihr Einverständnis mit den darin enthaltenen Aussagen sowie ihren Willen bekundet haben, die genannten Ziele und strategischen Schritte ganz oder in Teilen umzusetzen. Auf die evaluierenden Aussagen und Empfehlungen der Vertragsausschüsse für die Pakte und Übereinkommen zu einzelnen Ländern, einschließlich CEDAW, in denen deren Verpflichtungen angesprochen werden, die in ihrem Territorium existierende Praxis der Zwangsverheiratungen und deren Folgen zu verhindern und rechtliche und andere Maßnahmen zum Schutz der betroffenen Frauen (und Männer) zu unternehmen, werde ich nicht eingehen, da sie die Normen der Verträge und die Staatenverpflichtungen, die ich beschreiben werde, nur noch einmal verdeutlichen.[5] Der Hinweis möge genügen, dass der Vertragsausschuss für CEDAW im Januar 2004 sich über die Situation von Wanderarbeitnehmerinnen und Frauen ethnischer Minderheiten in der Bundesrepublik Deutschland besorgt zeigte, den Mangel an Information hinsichtlich ihres Gesundheitszustands, ihrer Bildungs- und Erwerbschancen beklagte sowie den Mangel an Daten über mögliche Gewalttaten, denen sie ausgesetzt sein könnten, insbesondere über Zwangsverheiratungen.[6] Auf die Einbeziehung der Feststellungen einzelner Ausschüsse im Zusammenhang mit Individualbeschwerdeverfahren wird ebenfalls verzichtet.

3 Die Auslegung der Artikel findet insbesondere auch in „Allgemeinen Empfehlungen“ (General Recommendations) oder „Allgemeinen Bemerkungen“ (General Comments), wie sie von Vertragsausschüssen unterschiedlich genannt werden, statt. Sie sind in deutscher Übersetzung abgedruckt in: Deutsches Institut für Menschenrechte (2005).

4 Ich danke Norman Weiss für die Anregung, „due diligence“ in dieser Weise zu übersetzen.

5 Jane Connors geht in ihrem Aufsatz "United Nations Approaches to 'Crimes of Honour'" auf diese Abschließenden Kommentare einiger Vertragsausschüsse, einschließlich des Ausschusses für CEDAW, im Hinblick auf „Ehrenmorde“ in einigen Ländern ein, Connors (2005).

6 United Nations (2004), S. 66 f., Abs. 394 f.

2. Konzeptuelle Überlegungen zur Zwangsverheiratung

Die wissenschaftliche Diskussion zum Thema Zwangsverheiratung bzw. die in zivilgesellschaftlichen Gruppen, welche die Opfer unterstützen, haben auf verschiedene Aspekte verwiesen, die auch für diese kurze Abhandlung zum menschenrechtlichen Bezugrahmen des Phänomens wichtig sind. Erstens müssen unterschiedliche religiöse und soziale Bedeutungen der Eheschließung im jeweiligen kulturellen Kontext erkannt werden. So kann das Verständnis von Eheschließung und Ehe variieren, indem sie als Sakrament oder als Vertrag bzw. als beides angesehen werden. Im Katholizismus erhält das auf Gott hin verpflichtete Zölibat einen besonders hohen spirituellen und moralischen Rang. In säkularisierten westlichen Gesellschaften werden Nichtverheiratete heute gesellschaftlich akzeptiert, und die Ehe wird auch nicht mehr als Versorgungsanstalt für die Frau verstanden, da sie ihren Lebensunterhalt aufgrund ihrer rechtlichen Gleichstellung, ihrer Ausbildung und Berufstätigkeit grundsätzlich selbst, wenn auch meist schlechter als ein Mann, finanzieren kann. In islamischen Ländern werden Eheschließung und Ehe für jede Frau und jeden Mann jedoch nicht nur als normal, sondern auch als notwendig angesehen. Sexualität und Fortpflanzung sollen sich nur innerhalb ehelicher Gemeinschaften abspielen, wobei die Eheschließung für die Frau dann auch als gesellschaftliche *Kontrolle* ihrer Sexualität wirksam wird, während sie dem Mann eher eine legitime Kanalisierung seiner Lust ermöglicht. Erst mit der Eheschließung erreichen beide Geschlechter in diesen Ländern den Rang eines vollwertigen erwachsenen gesellschaftlichen Wesens, was allerdings für die Frau mit einem nicht gleichberechtigten rechtlichen Status verbunden ist, wie die Staatenberichte zu CEDAW und anderen Vertragsausschüssen zeigen. Nicht zu heiraten, trägt den Stempel des Asozialen.[7]

Zweitens sind, wie bereits angedeutet wurde, die negativen Folgen einer Zwangsverheiratung für Frauen in vielen Ländern ungleich größer als für Männer, da die mit der Zwangsverheiratung verbundenen Menschenrechtsverletzungen – etwa Verletzungen der Rechte auf persönliche Freiheit, sexuelle Selbstbestimmung und körperliche Unversehrtheit – sich mit vielfältigen anderen Diskriminierungen, die Frauen wegen ihres Geschlechts erleiden, wechselseitig verstärken. Die Ungleichheit von Frauen zeigt sich u. a. in einem minderwertigen rechtlichen Status, der Beschneidung des Rechts auf Bildung und der Berufsfreiheit, einer oft prekären wirtschaftlichen Situation, der mangelnden eigenständigen Entscheidungsfähigkeit im öffentlichen und privaten Leben und der als kulturell notwendig angesehenen Unterwerfung unter gesundheitsschädliche Praktiken. Diese Formen der direkten, aber oft auch indirekten und strukturellen Diskriminierung bestehen trotz der Ratifikation von internationalen Rechtsinstrumenten, einschließlich des CEDAW, sowohl rechtlich als auch in der Praxis weltweit weiter. Sie verschärfen sich derzeit aufgrund von Kriegen, Epidemien und Globalisierungsauswirkungen bzw. können auch zusätzlich durch weitere Diskriminierungstatbestände auf der Grundlage anderer Kategorien als des Geschlechts potenziert werden.[8]

---

7 Siddiqi (2005), S. 290 f.

8 Die feministische Forschung spricht von „intersectional discrimination“, wenn sich geschlechtsspezifische mit anderen, z. B. rassenspezifischen, altersspezifischen oder gesundheitsspezifischen Diskriminierungstatbeständen überschneiden und sich in den Auswirkungen multiplizieren.

Drittens muss zwischen Zwangsverheiratung und arrangierter Ehe differenziert werden, wobei die Übergänge fließend sein können und wiederum im jeweiligen wirtschaftlichen oder kulturellen Rahmen nicht immer eindeutig zwischen objektiven und subjektiven Faktoren, die eine Freiheit der Entscheidung ermöglichen oder verhindern, unterschieden werden kann. Armut in Entwicklungsländern kann zu arrangierten Ehen mit Männern in reichen Industrieländern führen, die von Agenturen vermittelt werden. Während einige dieser organisierten Ehen den wechselseitigen Erwartungen der Partner gerecht werden und im gegenseitigen Respekt vor der Selbstbestimmung geführt werden, enden andere in Ausbeutung von und Gewalt gegen die Ehefrauen. Im Rahmen kulturell bedingter Zwangsverheiratungen oder arrangierter Ehen können Mittel eingesetzt werden, um eine Eheschließung zu erreichen und durchzuführen, die physische Gewaltausübung oder Gewaltandrohung umfassen, ausgesprochene oder unausgesprochene Drohungen anderer Art bis hin zu verschiedenen Ausdrucksformen emotionalen Drucks. Es können aber auch ausgesprochene oder unausgesprochene, seit frühester Kindheit verinnerlichte Erwartungen an Frauen zur „Zustimmung" führen. Letztere muss manchmal von der Braut beim Akt der Eheschließung gar nicht ausgesprochen werden. Vielmehr kann eine ausgesprochene förmliche Zustimmung der Frau aufgrund bestimmter soziokultureller Konstrukte von Weiblichkeit, die sich im kodifizierten Recht, im geltenden Gewohnheitsrecht oder auch jenseits des Rechts in der tatsächlichen Durchführungspraxis der Eheschließung niederschlagen, als gar nicht erforderlich angesehen werden, indem ihr Schweigen als „Zustimmung" interpretiert oder diese förmlich vom Vater oder einem sonstigen Vormund gegeben wird. Die mögliche oder tatsächliche Eheschließung der Frau und die damit verbundene Kontrolle ihrer Sexualität berührt in vielen Ländern auch vielfältige Fragen der Ehre – die des Vaters, der Brüder, der gesamten Familie oder sogar der ethnischen oder religiösen Gemeinschaft – wie auch bei den Frauen selbst Fragen der Scham und Beschämung oder sogar Schuld bei Nichtbefolgung der Traditionen.[9] Wie ich später weiter ausführen werde, erlaubt allerdings ein Hinweis auf kulturelle Traditionen, die in sich selbst ja auch nicht statisch, sondern vielmehr Ausdruck von Machtverhältnissen sind, keinerlei Relativierung der Menschenrechte, und entsprechende Vertragsbestimmungen in internationalen Rechtsinstrumenten und Aussagen der Weltgemeinschaft in anderen Dokumenten müssen beachtet und befolgt werden.

Daher muss, viertens, letztlich die gesamte Bandbreite von arrangierter Eheschließung ohne eine wirklich selbstbestimmte freiheitliche Zustimmung bis zur tatsächlichen Zwangsverheiratung unter körperlicher und seelischer Gewaltanwendung als Mittel der häuslichen und öffentlichen Gewalt definiert werden. Gewalt gegen Frauen, insbesondere häusliche *Gewalt*, ist in den letzten knapp drei Jahrzehnten durch die Verabschiedung einer Reihe von UN-Dokumenten, durch zahlreiche Untersuchungen und durch die Einrichtung spezifischer Mandatsträgerinnen und Mandatsträger im UN-Menschenrechtssystem als eine besondere

9 Vgl. die Aufsätze in Welchman/Hossain (2005), insbesondere von Siddiqi, S. 282–307, und Siddiqui, S. 263–281.

Diskriminierungsform von Frauen erkannt und geächtet worden. Letztlich ist aber die Zwangsheirat nicht nur in ihren vielfältigen Erscheinungsformen selbst ein Gewaltmittel, sie kann auch vor der Eheschließung oder innerhalb der Ehe zu weiteren Verstößen gegen Menschenrechte, und hier wiederum insbesondere gegen die der Frauen, führen, von denen der „Ehrenmord“ nur die letzte tragische Ausformung ist.[10]

3. Internationale Rechtsinstrumente

Schon in Art. 16 Absatz 1 der Allgemeinen Erklärung der Menschenrechte von 1948 (AEMR) ist festgelegt, dass volljährige[11] Männer und Frauen „ohne Beschränkung durch Rasse, Staatsbürgerschaft oder Religion“ das Recht haben, eine Ehe zu schließen und eine Familie zu gründen und dass sie gleiche Rechte genießen bei der Eheschließung, während der Ehe und bei deren Auflösung. Dies ist ein großer Fortschritt gegenüber Zeiten und Kulturen, in denen eine Eheschließung von der Zustimmung durch Personen außerhalb der Familie oder von der Erlangung einer bestimmten materiellen Situation abhängig war (und ist), was sich u. a. auch in den Forderungen nach einem „Brautpreis“ oder einer „Morgengabe“ äußern kann.[12] Art. 16 Abs. 1 AEMR stellt fest, dass die Ehe „nur auf Grund der freien und vollen Willenseinigung der zukünftigen Ehegatten“ geschlossen werden darf. Männer und Frauen werden in diesem Artikel als gleichberechtigt nebeneinander gestellt. Diese Norm wird noch einmal unterstützt durch die Verbindung mit Art. 2 Abs. 1 AEMR, der *jede* Art von Diskriminierung der in der AEMR verkündeten Rechte und Freiheiten verbietet und in der Aufzählung der möglichen diskriminierenden Differenzierungsgründe die „Unterscheidung“ nach „Geschlecht“ ausdrücklich aufführt.

Dieses Recht auf Eheschließung auf der Grundlage freiheitlicher Willensbekundung muss eng in Verbindung mit anderen Normen der AEMR gesehen werden, wie: dem Recht auf Leben, Freiheit, Gleichheit und Sicherheit; dem Verbot der Diskriminierung; dem Verbot der Sklaverei und dem Menschenhandel; dem Verbot der Folter oder grausamer, unmenschlicher oder erniedrigender Behandlung oder Strafe; der Anerkennung als Rechtsperson einschließlich der Gleichheit vor dem Gesetz; dem Anspruch auf Rechtsschutz; dem Schutz vor Verhaftung und Ausweisung sowie dem Anspruch auf rechtliches Gehör und der Unschuldsvermutung bis zur rechtmäßigen und rechtsstaatlichen Verurteilung; dem Recht auf Freizügigkeit und der freien Meinungsäußerung sowie auf Gesundheit (Art. 1 bis 11, 13 und 19 AEMR). Alle diese Rechte werden durch eine Zwangsverheiratung und ihre möglichen Auswirkungen gerade für Frauen entweder direkt verletzt oder können in

10 Vgl. Welchman/Hossain (2005).

11 Die englische Fassung lautet „of full age“, in der deutschen Übersetzung von Art. 16 AEMR, etwa abgedruckt bei Tomuschat (2002), S. 41, heißt es „[h]eiratsfähige Männer und Frauen“.

12 Unter „Brautpreis“ verstehe ich die Übergabe von Naturalien oder eines Geldbetrages an die Eltern der Braut, unter „Morgengabe“ die Absicherung der Frau während der Ehe und bei Scheidung.

der Ahndung dieser Verletzung übertreten werden.[13] Zwar setzen der Schutz der Privatsphäre, einschließlich der Familie (Art. 12 AEMR), und die Gewissens- und Religionsfreiheit (Art. 18 AEMR) willkürlichen Eingriffen des Staates in die Privatsphäre Grenzen. Der Staat ist aus den Menschenrechten jedoch zugleich gebunden, Einzelpersonen vor Verletzungen durch Private auch innerhalb der Familie zu schützen, solchen vorzubeugen und sie zu sanktionieren.

Mit der Verabschiedung der Internationalen Pakte über bürgerliche und politische Rechte[14] (IPBPR) sowie über wirtschaftliche, soziale und kulturelle Rechte[15] (IPWSKR) im Jahr 1966 wurden die meisten der in der AEMR ausgesprochenen Normen in verbindliches Vertragsrecht umgesetzt. Ersterer erkennt in Art. 23 Abs. 2 das Recht zur Eheschließung an und in Art. 23 Abs. 3, dass eine Ehe „nur im freien und vollen Einverständnis der künftigen Ehegatten" geschlossen werden darf. Dieses Element wird auch ausdrücklich in Art. 10 Abs. 1 IPWSKR genannt. Beide Pakte enthalten ein Diskriminierungsverbot aufgrund des Geschlechts (Art. 2 Abs. 1 und Art. 26 IPBPR; Art. 2 Abs. 2 IPWSKR) und fordern die Sicherstellung der Gleichberechtigung von Mann und Frau bei allen in diesen Pakten enthaltenen Rechten (jeweils Art. 3). Beiden Verträgen sind Ausschüsse mit unabhängigen Sachverständigen beigegeben, deren Aufgabe es ist, die Einhaltung der Verpflichtungen, welche die Vertragsstaaten eingegangen sind, auf der Grundlage von Berichten dieser Staaten zu überprüfen und damit den Rechten zu einer besseren Durchsetzung zu verhelfen. Der Vertragsausschuss für den IPBPR hat zudem noch das Recht, auf der Grundlage eines ebenfalls 1966 verabschiedeten Fakultativprotokolls[16], unter bestimmten Voraussetzungen Mitteilungen von Einzelpersonen, die behaupten, dass ihnen die Verletzung eines im Pakt niedergelegten Rechts widerfahren sei, entgegenzunehmen, zu prüfen und Empfehlungen hinsichtlich der Beseitigung der Rechtsverletzung gegenüber dem Vertragsstaat abzugeben.

Schon lange vor der Verabschiedung dieser beiden Pakte, deren Formulierung aufgrund des Kalten Krieges länger dauerte als zunächst angenommen worden war, hatte die UN-Generalversammlung bereits andere Rechtsinstrumente verabschiedet, die das Verbot der Zwangsverheiratung ausdrücklich enthalten. So nahm sie 1956 das Zusatzübereinkommen über die Abschaffung der Sklaverei, des Sklavenhandels und sklavereiähnlicher Einrichtungen und Praktiken an, welches das ältere Genfer Übereinkommen betreffend die Sklaverei[17] von 1926 ergänzen sollte. Es nimmt ausdrücklich die Verpflichtung auf, die Einrichtungen und Praktiken der Zwangsverheiratung *von Frauen* als einer Form der Sklaverei – „schrittweise und so bald wie möglich" – zu beseitigen. Gleichzeitig wurde Zwangsverheiratung in ihren verschiedenen Ausprägungen spezifiziert. Genannt werden in Art. 1 (c) und (d) das Versprechen bzw. die tatsächliche Zwangsverheiratung der Frau durch

13 Weitere Rechte, wie das Recht auf Bildung und auf eine Lebenshaltung mit Gesundheit und Wohlbefinden, können ebenfalls verletzt werden (Art. 25, 26).

14 Bundesgesetzblatt (BGBl.) 1973 II S. 1534.

15 BGBl. 1973 II S. 1570.

16 Die Bezeichnung „Fakultativprotokoll" macht deutlich, dass ein Vertragsstaat eines bestimmten menschenrechtlichen Vertrags nicht gezwungen ist, auch das Protokoll zu ratifizieren.

17 Reichsgesetzblatt 1929 II S. 64.

Eltern, Vormund, Familie oder andere Personen und Gruppen auf der Grundlage von Geld- oder Naturalleistungen, ohne dass die Frau ein Weigerungsrecht besitzt; die Abtretung, gegen Entgelt oder in anderer Weise, einer Frau durch ihren Ehemann, seine Familie, seiner Sippe an eine andere Person; die zwangsläufige Vererbung der Frau bei Tod des Ehemanns an eine andere Person.[18] Dies sind alles Formen von Zwangsverheiratung, die durchaus auch im Jahr 2007 noch in einigen Vertragsstaaten von CEDAW existieren, wie die Staatenberichte, aber viel öfter die alternativen Berichte der Zivilgesellschaft aufzeigen. 1957 folgte das Übereinkommen über die Staatsangehörigkeit verheirateter Frauen, das bei Ehen unter Angehörigen unterschiedlicher Nationalität der *Frau* die gleichen Rechte wie dem Mann hinsichtlich der Staatsangehörigkeit und der Weitergabe derselben an die Kinder zugesteht.[19] 1962 verabschiedete die UN-Generalversammlung das Übereinkommen über die Erklärung des Ehewillens, das Heiratsmindestalter und die Registrierung von Eheschließungen.[20] Es ist in mehrfacher Hinsicht von Bedeutung, da es nicht nur, wie das Zusatzübereinkommen, die zu diesem Zeitpunkt noch nicht in verbindliche Normen gegossenen Artikel der AEMR weiter ausführt und zwar auch spezifischer, als es später in den beiden Pakten geschieht, sondern auch, weil es in seiner Präambel ausdrücklich den Bezug zu der am 17. Dezember 1954 von der UN-Generalversammlung verabschiedeten frauenspezifischen Resolution 843 (IX) herstellt, in der *kulturelle Traditionen,* nämlich „bestimmte Bräuche, alte Gesetze und Gepflogenheiten in bezug auf Ehe und Familie", als unvereinbar mit der Menschenwürde von Frauen und damit mit den Grundsätzen der Charta der Vereinten Nationen bzw. der AEMR angesehen werden.[21] Deshalb wird die Abschaffung dieser Traditionen gefordert. Alle Staaten werden unter Verweis auf die Resolution in der Präambel der Konvention erneut auf ihre Pflicht verwiesen, „alle geeigneten Maßnamen zur Beseitigung dieser Bräuche, alten Gesetze und Gepflogenheiten zu treffen, indem sie unter anderem die völlige Freiheit der Wahl des Ehegatten gewährleisten, die Kinderehe und das Verlöbnis junger Mädchen vor dem heiratsfähigen Alter völlig beseitigen, erforderlichenfalls geeignete Strafen festsetzen und ein Personenstands- oder sonstiges Register einrichten, in das alle Eheschließungen eingetragen werden". Ein Mindestalter für die Eheschließung wird nicht genannt, allerdings ist dieses mit mindestens 15 Jahren in der gleichnamigen, aber rechtlich nicht verbindlichen Empfehlung (Principle II) enthalten, die von der UN-Generalversammlung 1965 verabschiedet wurde.

In den drei substanziellen Artikeln des Übereinkommens von 1962 (Art. 1 bis 3) werden die Forderungen der Resolution in rechtsverbindliche Vorschriften gegossen: der *freie und uneingeschränkte Wille* beider Verlobten als Voraussetzung für die

---

18 Abgedruckt in: Jürgens/Löper (1986), S. 55–61, hier S. 56.

19 Ebd., S. 164–167.

20 Ebd., S. 174–176.

21 In der Resolution 843 (IX) der UN-Generalversammlung vom 17. Dezember 1954, "Status of women in private law: customs, ancient laws and practices affecting the human dignity of women", werden als Staatenverantwortung u. a. ausdrücklich genannt: Garantie der vollständigen Freiheit in der Wahl des Ehegatten; Abschaffung der Praxis des Brautpreises; Garantie der Vormundschaft verwitweter Mütter für ihre Kinder sowie das Recht von Witwen auf Wiederverheiratung; Abschaffung der Verheiratung von Kindern und der Verheiratung von jungen Mädchen vor Erreichen der Pubertät; angemessene Bestrafung bei Zuwiderhandlungen; staatliche Registrierung aller Ehen und Scheidungen.

Eheschließung; das ordnungsgemäße *öffentliche Aufgebot* nach den gesetzlichen Vorschriften; die *persönliche* Abgabe der *Willenserklärung* zur Eheschließung vor der zuständigen Behörde in Anwesenheit von *Zeugen*; die gesetzliche Festsetzung eines *Heiratmindestalters* und die *amtliche Registrierung*, wobei in der Praxis Ausnahmen hinsichtlich der Erreichung des Heiratsmindestalters bei „schwerwiegenden" Umständen möglich sind.[22]

4. Das Übereinkommen zur Beseitigung jeder Form von Diskriminierung der Frau

Das Übereinkommen zur Beseitigung jeder Form von Diskriminierung der Frau (CEDAW) nimmt Elemente der früheren Übereinkommen in mehreren Artikeln auf. Bevor ich jedoch auf diese im Einzelnen eingehe, will ich zunächst das Übereinkommen kurz allgemein erläutern sowie einige seiner innovativen Merkmale aufzeigen. Wie ich bereits ausgeführt habe, können beide Geschlechter zu einer Eheschließung gezwungen werden, doch sind Frauen weit mehr als Männer betroffen und die Folgen für Frauen im Allgemeinen gravierender. Es ist daher von Bedeutung, dass CEDAW ein spezielles Übereinkommen zur *Beseitigung der Diskriminierung von Frauen auf der Grundlage ihres Geschlechts* ist und nicht die bürgerlichen, politischen, wirtschaftlichen, sozialen und kulturellen Menschenrechte an sich garantiert, sondern deren „Anerkennung, Inanspruchnahme oder Ausübung durch die Frau" *ohne irgendeine* „mit dem Geschlecht begründete Unterscheidung, Ausschließung oder Beschränkung" (Art. 1). Diskriminierungstatbestände können durch Handlungen bzw. durch deren Unterlassung direkt als Ziel gesetzt werden, sie können aber auch indirekt als Ergebnis derselben erfolgen.

Der Vertragsstaat muss das Recht auf Nichtdiskriminierung aufgrund von Geschlecht und auf Gleichberechtigung bzw. Gleichstellung von Männern und Frauen respektieren, schützen und erfüllen. Er ist dabei nicht nur selbst und in seinen Organen gefordert (Art. 2 (a) bis (d), (f) und (g)), sondern muss auch durch „alle geeigneten Maßnahmen" dafür sorgen, dass derartige Diskriminierungen von Frauen nicht von „Personen, Organisationen oder Unternehmen" erfolgen (Art. 2 (e)) und zwar nicht nur im öffentlichen Bereich, sondern auch in der Privatsphäre von Ehe und Familie. Diese muss er mit der „erforderlichen und angemessenen Sorgfalt" verhindern. Wenn sie begangen worden sind, muss er sie untersuchen und bestrafen und dem Opfer Schadensersatz leisten. CEDAW überwindet damit endgültig die traditionelle Ausrichtung des internationalen Rechts auf die öffentliche Sphäre.

In diesem Sinne ist der Vertragsstaat verpflichtet, den Schutz von Frauen vor Diskriminierung durch entsprechende Gerichte oder sonstige öffentliche Einrichtungen zu gewährleisten. Vor allen Dingen muss er *unverzüglich* handeln und nicht nur für die rechtliche, sondern auch für die *tatsächliche Verwirklichung* des Gleichberech-

22 Von der Anwesenheit eines der zukünftigen Ehegatten kann unter bestimmten Umständen abgesehen werden (Art. 1 Abs. 2).

tigungsgrundsatzes sorgen (Art. 2). Um dies zu erreichen, ist er angehalten, „alle geeigneten Maßnahmen ... zur Sicherung der vollen Entfaltung und Förderung der Frau“ zu ergreifen, damit „sie die Menschenrechte und Grundfreiheiten gleichberechtigt mit dem Mann ausüben und genießen kann“ (Art. 3), also auch die strukturelle Diskriminierung von Frauen zu beseitigen.

CEDAW greift in der Präambel, aber auch in Artikeln selbst (Art. 2 (f) und Art. 5 (a) und (b)) den Gedanken der von der Kultur im weitesten Sinne beeinflussten Gepflogenheiten, Praktiken und Rollenstereotypen auf, der in dem Übereinkommen von 1962 nur in der Präambel enthalten ist. Es ist damit das einzige internationale Rechtsinstrument, in dem Vertragsstaaten verbindlich auferlegt wird, mittels „aller geeigneter Maßnahmen“ „einen Wandel in den sozialen und kulturellen Verhaltensmustern von Mann und Frau zu bewirken“ und auf diese Weise die Beseitigung von Vorurteilen bzw. Vorstellungen von der „Unterlegenheit oder Überlegenheit des einen oder anderen Geschlechts“ und der darauf „beruhenden Praktiken“, welche die gleichberechtigte Inanspruchnahme der Menschenrechte verhindern, zu erreichen (Art. 5). Als einer der sechs Rahmenartikel von CEDAW muss Art. 5 zu jedem der anderen substanziellen Artikel in Bezug gesetzt werden, also auch zu Art. 16 (Fragen der Eheschließung, der Ehe und Familie). Damit darf die Verletzung der Gleichheitsnorm bei Eheschließung nicht mit kulturellen, einschließlich religiösen Traditionen entschuldigt werden, obwohl dies immer wieder versucht wird oder beide Artikel direkt von Vertragstaaten von CEDAW mit Vorbehalten belegt werden, um den Verpflichtungen zu entgehen.

Viele Kommentatoren, die Ländern oder Personen mit kulturrelativistischen Positionen kritisch entgegentreten, verweisen zu Recht darauf, dass Kultur als gesellschaftliches Konstrukt ständigem Wandel unterworfen ist. Im Allgemeinen spiegelt sich in dem, was als geltende Kultur definiert wird, das Weltbild der herrschenden Elite wider, und damit den Machtanspruch von Männern. In relativistischer Absicht wird das Recht auf Religionsfreiheit oft höher gestellt als das Recht auf Gleichberechtigung von Männern und Frauen. Menschenrechte aber sind unteilbar, sich wechselseitig bedingend, miteinander verbunden und unterliegen keiner Hierarchie. In der Wiener Erklärung und dem Aktionsprogramm der Weltkonferenz über Menschenrechte von 1993 haben sich die Mitgliedstaaten in einer sehr komplexen Formulierung darauf geeinigt, dass die internationale Gemeinschaft, auch angesichts nationaler und regionaler Besonderheiten und verschiedener historischer, kultureller und religiöser Traditionen, weltweit alle Menschenrechte, ungeachtet ihrer politischen, wirtschaftlichen und kulturellen Systeme, in einer fairen und gleichen Weise behandeln und ihnen die gleiche Betonung zukommen lassen muss.[23]

23 “All human rights are universal, indivisible and interdependent and interrelated. The international community must treat human rights globally in a fair and equal manner, on the same footing, and with the same emphasis. While the significance of national and regional peculiarities and various historical, cultural and religious backgrounds must be borne in mind, it is the duty of States, regardless of their political, economic and cultural systems, to promote and protect all human rights and fundamental freedoms.” Vienna Declaration and Programme of Action, UN-Dokument A/CONF.157/23 (1993), Teil I, Abs. 5; eine deutsche Übersetzung findet sich in Europäische Grundrechte-Zeitschrift 1993, S. 520–533, 521.

Der Vertragsausschuss für den IPBPR hat in seiner Allgemeinen Bemerkung Nr. 28 zum Gleichberechtigungsartikel des Paktes (Art. 3) ebenfalls zu der Frage der kulturellen Traditionen als Rechtfertigung der Ungleichbehandlung von Frau und Mann Stellung genommen. Er führt darin aus, dass die Vertragsstaaten sicherstellen sollten, „dass traditionelle, historische, religiöse oder kulturelle Einstellungen nicht dazu benutzt werden, um Verletzungen des Rechts der Frau auf Gleichheit vor dem Gesetz und auf die gleichberechtigte Inanspruchnahme aller Paktrechte zu rechtfertigen.“[24] Auch der Vertragsausschuss für den IPWSKR hat in der Interpretation des Gleichberechtigungsartikels (Art. 3) dieses Paktes mehrfach darauf verwiesen, dass Tradition und Gebräuche zu Diskriminierung von Frauen führen, und hat vor allem ausgeführt, dass gesellschaftliche Konstrukte von Weiblichkeit im Allgemeinen zu Nachteilen für Frauen in der Inanspruchnahme ihrer Menschenrechte führen.[25]

CEDAW enthält einen ausführlichen Art. 16 zu Fragen der Gleichstellung und Gleichberechtigung bei Eheschließung und in der Ehe und Familie. Dieser muss im Zusammenhang mit den Rahmenartikeln 1 bis 3, 5 und 24 sowie mindestens zwei weiteren substanziellen Artikeln, nämlich 9 (Gleichstellung bei Staatsangehörigkeit, insbesondere bei Eheschließung und hinsichtlich der Kinder) und 15 (Gleichstellung vor dem Gesetz) gelesen werden. Auch sind die vom Vertragsausschuss für CEDAW bereits 1994 erstellte ausführliche Interpretation der Art. 9, 15 und 16 in der Allgemeinen Empfehlung Nr. 21[26] relevant. Die Nichtbefolgung der Art. 9 und 15 verschärft nämlich die Auswirkungen einer Zwangsverheiratung der Frau, d. h. einer Nichtbefolgung der Art. 16 Abs. 1 (a) und (b). Diese verlangen von Vertragsstaaten, dass sie „alle geeigneten Maßnahmen“ treffen, um das gleiche Recht für Frauen und Männer hinsichtlich einer Eheschließung an sich, der freien Wahl des Ehegatten sowie der Eheschließung „nur mit freier und voller Zustimmung“ (Art. 16 Abs. 1 (a) und (b)) zu gewährleisten. Verlobung und Eheschließung eines Kindes haben „keine Rechtswirksamkeit“ und ein Mindestalter für die Eheschließung und die Eintragung derselben in ein amtliches Register sind gesetzlich zu beschließen bzw. einzurichten (Art. 16 Abs. 2 (b)). Da Frauen und Männern alle Rechte auch in Art. 16 „auf der Grundlage der Gleichberechtigung“ zu gewährleisten sind, muss implizit auch das Mindestalter für eine Eheschließung gleich sein. Das von der UN-Generalversammlung 1989 angenommene Übereinkommen über die Rechte des Kindes[27] (Kinderrechtskonvention, CRC) definiert Kinder als Menschen bis zum 18. Lebensjahr, es sei denn, eine frühere Volljährigkeit ist im jeweiligen Vertragsstaat gesetzlich geregelt. In der Allgemeinen Empfehlung Nr. 21 verweist der Vertragsausschuss für CEDAW auf dieses Übereinkommen sowie auf die Wiener Erklärung und das Aktionsprogramm und ist der Auffassung, dass für Mann und Frau das Heiratsalter nicht unter 18 Jahren liegen sollte.[28] Darüber hin-

24 Deutsches Institut für Menschenrechte (2005), S. 131, Abs. 5.
25 General Comment No. 16 (2005), The equal right of men and women to the enjoyment of all economic, social and cultural rights (Art. 3 of the International Covenant on Economic, Social and Cultural Rights), UN-Dokument E/C.12/2005/4, Abs. 5 und 14.
26 Deutsches Institut für Menschenrechte (2005), S. 459–472.
27 BGBl. 1992 II S. 122.
28 Deutsches Institut für Menschenrechte (2005), S. 469, Abs. 36.

aus garantiert Art. 16 gleiche Rechte in der Ehe und bei ihrer Auflösung. CEDAW verbietet also jede Zwangsverheiratung und in seiner Allgemeinen Empfehlung Nr. 21 stellt der Ausschuss ausdrücklich fest, dass das „Recht einer Frau auf freie Wahl des Ehegatten und auf freie Eheschließung ... für ihr Leben, ihre Würde und ihre Gleichberechtigung als menschliches Wesen von zentraler Bedeutung" ist und verneint an mehreren Stellen, ähnlich wie die anderen Ausschüsse, dass ein bestimmtes Rechtssystem, eine Religion, Gebräuche oder Traditionen die Normen der Gleichstellung und Gleichberechtigung außer Kraft setzen können.[29]

5. Vorbehalte

Wie bereits mehrfach angesprochen, wird gerade Art. 16, oft auch im Zusammenhang mit Art. 2 oder auch Art. 5, mit Vorbehalten belegt. Der Vertragsauschuss zu CEDAW hat bereits anlässlich der Wiener Weltkonferenz über Menschenrechte eine Allgemeine Empfehlung Nr. 20 zu Vorbehalten formuliert[30] und 1998 eine Stellungnahme zu Vorbehalten abgegeben[31]. Ungeachtet der Diskussion um Vorbehalte und um das Recht der UN-Vertragsausschüsse, zu diesen Stellung zu nehmen, hat sich der Vertragsausschuss für CEDAW bei der Erörterung einer Reihe von Staatenberichten trotz etwaiger Vorbehalte dennoch geäußert, wenn der Vertragsstaat seiner Schutz- und Erfüllungspflicht nach diesen Artikeln und insbesondere nach Art. 16 nicht oder nicht ausreichend nachkommt. Daneben hat er auch grundsätzlich zu dieser Problematik Stellungnahmen formuliert. So hat er festgestellt, dass Vorbehalte gegen Art. 2 und 16 gegen „Ziel und Zweck" von CEDAW verstoßen und daher ungültig sind.[32] Während das Recht des Ausschusses zu derartigen expliziten Aussagen völkerrechtlich noch immer umstritten ist, da nach den Auffassungen Vieler diese Beurteilung nur den Vertragsstaaten selbst zukomme, legen einige derselben Widerspruch gegen derartige Vorbehalte mit der gleichen Begründung ein. Der Ausschuss selbst fragt in der Diskussion mit Vertragsstaaten nach den Gründen und Auswirkungen derartiger Vorbehalte und fordert die Staaten immer wieder auf, ihre Gesetze dahingehend zu verändern, dass sie die Vorbehalte zurücknehmen können.

6. Zwangsverheiratung als Gewalt

Gewalt gegen Frauen wird in CEDAW nicht ausdrücklich erwähnt. Bereits 1989 hatte der Vertragsausschuss in der Allgemeinen Empfehlung Nr. 12 die Vertragsstaaten aufgefordert, Frauen vor Gewalt in der Familie und am Arbeitsplatz zu schützen und über gesetzliche und andere Maßnahmen in dieser Hinsicht zu

29 Ebd., S. 464, Abs. 16, S. 463, Abs. 13 und weitere Absätze.
30 Ebd., S. 458.
31 Statements on reservations to the Convention on the Elimination of All Forms of Discrimination against Women adopted by the Committee on the Elimination of Discrimination against Women, United Nations (1998), S. 47–50.
32 Ebd., S. 49, Abs. 15–17.

berichten.[33] 1992 verabschiedete er eine ausführliche Empfehlung Nr. 19,[34] die sich als richtungweisend für die spätere Erklärung zu Gewalt gegen Frauen der UN-Generalversammlung sowie für entsprechende Passagen in den Schlussdokumenten der Wiener Weltkonferenz über Menschenrechte und der vierten Weltfrauenkonferenz in Peking erwiesen hat. Auch in der bereits erwähnten Allgemeinen Empfehlung Nr. 21 hat er dieses Thema wieder aufgegriffen.

Innovativ ist die Allgemeine Empfehlung Nr. 19 vor allem deshalb, weil sie geschlechtsspezifische Gewalt, d. h. Gewalt, die sich „gegen eine Frau aufgrund ihres Geschlechts richtet oder sie als Frau unverhältnismäßig beeinträchtigt", als eine Form der Diskriminierung im Sinne von Art. 1 von CEDAW definiert, da sie die „Inanspruchnahme der Menschenrechte und Grundfreiheiten durch die Frau beeinträchtig und vereitelt".[35] Eine Aufzählung zeigt an, welche Menschenrechte verletzt werden. Das Recht auf Leben, auf Freiheit und Sicherheit der Person, auf Gleichbehandlung in der Familie und auf das erreichbare Höchstmaß an körperlicher und geistiger Gesundheit gehören u. a. dazu. Weiterhin verweist die Empfehlung auf die kulturellen Auffassungen, die irrigerweise Gewalt gegen Frauen als den Männern unterlegenen Wesen rechtfertigen sollen. Dazu gehört auch ausdrücklich die „Zwangsehe", die auf Gewalt oder Nötigung beruht. Der innerfamiliären Gewalt ist ein besonderer Absatz gewidmet, in der zwar die Zwangsverheiratung nicht ausdrücklich genannt wird, in dem aber Gewaltformen aufgezeigt werden, die gerade auch in Zwangsehen vorkommen können, die im Rahmen kultureller Muster geschlossen werden, die dann auch den betroffenen Frauen das Verlassen derartiger Verbindungen erschweren oder unmöglich machen. Den Vertragsstaaten werden eine Vielzahl rechtlicher, institutioneller und programmatischer Verpflichtungen auferlegt (Abs. 24), zu denen auch gehört, die Rechtsvorschriften abzuschaffen, nach denen die Verteidigung der „Ehre" ein Rechtfertigungsgrund für die tätliche Bedrohung oder die tatsächliche Ermordung von Frauen ist. Auch in dem Schlussdokument der 4. Weltfrauenkonferenz von 1995 (Beijing Erklärung und Aktionsplattform) wird in dem Kapitel zur Gewalt gegen Frauen die Zwangsverheiratung als Ursache für Frauenhandel genannt,[36] der ausdrücklich in Art. 6 CEDAW verboten ist.

7. Schlussbemerkung

Leider bezieht sich die Diskussion zur Zwangsverheiratung in Politik und Zivilgesellschaft in der Bundesrepublik Deutschland im Allgemeinen viel zu wenig auf die vom Staat eingegangenen menschenrechtlichen Verpflichtungen, die nach der Ratifikation durch die Bundesrepublik in Deutschland unmittelbar geltendes Recht sind. Die Interpretationen dieser Verträge durch die Vertragsausschüsse sowie die Überprüfung der Staatenberichte durch die Ausschüsse bieten zudem

33 Deutsches Institut für Menschenrechte (2005), S. 438.
34 Ebd., S. 449–457.
35 Ebd., S. 450, Abs. 6 und 7.
36 Abs. 130 (b) der Aktionsplattform, United Nations (1996), S. 55.

zahlreiche Hinweise darauf, was der Staat im Rahmen dieser Verpflichtungen tatsächlich leisten muss, damit Zwangsverheiratung als Form von Gewaltausübung an Frauen (und Männern) und zusätzlich einer Diskriminierung von Frauen nicht nur gesetzlich verboten ist, sondern auch in der Praxis verhindert bzw. geahndet und bestraft wird und die Opfer entsprechende Rehabilitation und Entschädigung erhalten. Die *tatsächliche* Umsetzung dieser Verpflichtungen bedeutet auch die Schulung von Personen, die im Richterdienst, im Strafvollzug sowie im Gesundheits- und Sozialwesen tätig sind. Sie bedeutet ebenfalls die Aufnahme eines Dialogs mit den religiösen und weltlichen Entscheidungsträgern jener ethnischer Minderheiten, die Zwangsverheiratungen, oft im Glauben an ihre herkömmlichen kulturellen Traditionen, vollziehen, aber auch den Dialog mit den betroffenen jungen Frauen (und Männern) selbst. Denn nicht alle Entscheidungsträger sind bereit, sich auf die internationalen Rechtsinstrumente einzulassen. Deshalb ist es wichtig, die Zivilgesellschaft der Mehrheits- und Minderheitskulturen in Deutschland über die Verpflichtungen aufzuklären, damit sie die Einhaltung der Verpflichtungen, die der deutsche Staat mit der Ratifikation von internationalen Rechtsinstrumenten eingegangen ist, einfordern können.

Literatur

Connors, Jane (2005), United Nations Approaches to 'Crimes of Honour', in: Lynn Welchman/Sara Hossain (Hrsg.), 'Honour'. Crimes, Paradigms, and Violence against Women, Victoria u. a.: Spinifex Press u. a., S. 22–41.

Deutsches Institut für Menschenrechte (Hrsg.) (2005), Die „General Comments" zu den VN-Menschenrechtsverträgen. Deutsche Übersetzung und Kurzeinführungen, Baden-Baden: Nomos.

Jürgens, Thomas/Löper, Maria-Luise (Hrsg.) (1986), Rechte der Frau. Ihr internationaler Schutz. Text- und Dokumentensammlung, München: Florentz.

Schöpp-Schilling, Hanna Beate (2004), Reservations to the Convention on the Elimination of All Forms of Discrimination Against Women: An Unresolved Issue or (No) New Developments?, in: Ineta Ziemele (Hrsg.), Reservations to Human Rights Treaties and the Vienna Convention Regime. Conflict, Harmony or Reconciliation, Leiden u. a.: Nijhoff (Brill), S. 3–39.

Siddiqi, Dina M. (2005), Of Consent and Contradiction: Forced Marriages in Bangladesh, in: Lynn Welchman/Sara Hossain (Hrsg.), 'Honour'. Crimes, Paradigms, and Violence against Women, Victoria u. a.: Spinifex Press u. a., S. 282–307.

Siddiqui, Hannana (2005), 'There is no "Honour" in Domestic Violence, only Shame!' Women's Struggles against 'Honour' Crimes in the UK, in: Lynn Welchman/ Sara Hossain (Hrsg.), 'Honour'. Crimes, Paradigms, and Violence against Women, Victoria u. a.: Spinifex Press u. a., S. 263–281.

Tomuschat, Christian (Hrsg.) (2002), Menschenrechte. Eine Sammlung internationaler Dokumente zum Menschenrechtsschutz, 2. Auflage, Bonn: UNO-Verlag.

United Nations (1996), Report of the Fourth World Conference on Women Beijing. 4–15 September 1995 (A/CONF.177/20/Rev.1), New York: United Nations.

United Nations (1998), Report of the Committee on the Elimination of Discrimination against Women, Nineteenth Session, in: General Assembly, Official Records, Fifty-third Session, Supplement No. 38 (A/53/38/Rev.1), Part One.

United Nations (2004), Report of the Committee on the Elimination of Discrimination against Women, Thirtieth Session, in: General Assembly, Official Records, Fifty-ninth Session, Supplement No. 38 (A/59/38), Part One.

Welchman, Lynn/Hossain, Sara (Hrsg.)(2005), 'Honour'. Crimes, Paradigms, and Violence against Women, Victoria u. a.: Spinifex Press u. a.

Strafrechtliche Ahndung der Zwangsverheiratung: Rechtslage – Praxiserfahrungen – Reformdiskussion

Regina Kalthegener

1. Rechtslage

„Eine Braut gekauft. Nach Zwangsehe: Bewährungsstrafe für Eltern" lautete die Titelzeile einer Pressemitteilung des Berliner Tagesspiegels vom 18. Oktober 2005. Für 10.000,- Euro hatten die Eltern eines 13-jährigen Mädchens dieses an einen 18-jährigen verkauft. Die Familie stammte aus Serbien. Die Mutter war bereits zu einer Freiheitsstrafe von einem Jahr und neun Monaten auf Bewährung verurteilt worden. Das Amtsgericht Berlin-Tiergarten verurteilte nun auch die Eltern des jungen Mannes wegen Anstiftung zum schweren sexuellen Missbrauch eines Kindes. Nach Auffassung der Staatsanwältin zu Recht: „Sie leben schon lange in Deutschland, sie wussten, dass eine solche Ehe verboten ist".

Zwangsverheiratung ist in Deutschland verboten und steht unter Strafandrohung. Die Ehe soll auf der Grundlage zweier freier Willensentscheidungen geschlossen werden.[1] Jeder Zwang, sei es körperlich oder psychisch, schließt diese Freiwilligkeit aus. Zum Tatzeitpunkt des eingangs geschilderten Falls fehlte es noch an einem besonderen Strafrechtstatbestand der Zwangsehe. Neben der Verurteilung wegen schwerem sexuellen Missbrauchs einer Minderjährigen wäre es nach Schließen der Gesetzeslücke Anfang 2005 zudem zu einer Verurteilung wegen Zwangsverheiratung gekommen. Um das Unrecht von Zwangsheirat zu betonen und Zwangsverheiratungen entgegenwirken zu können,[2] wurde der Straftatbestand als besonders schwere Form der Nötigung in das Strafgesetzbuch aufgenommen. Seit dem 19. Februar 2005 ist Zwangsheirat als „Nötigung zur Eingehung der Ehe" ausdrücklich als Regelbeispiel für einen besonders schweren Fall der Nötigung gemäß § 240 Abs. 4 Nr. 1, 2. Alternative des Strafgesetzbuchs (StGB) strafbar.[3] Die Tat wird mit Freiheitsstrafe von sechs Monaten bis zu fünf Jahren bestraft. Der Tatbestand der Nötigung (§ 240 StGB) lautet auszugsweise:

„(1) Wer einen Menschen rechtswidrig mit Gewalt oder durch Drohung mit einem empfindlichen Übel zu einer Handlung, Duldung oder Unterlassung nötigt, wird mit Freiheitsstrafe bis zu drei Jahren oder mit Geldstrafe bestraft.

---

1 Die Eheschließungsfreiheit wird durch Artikel 6 Absatz 1 des Grundgesetzes für die Bundesrepublik Deutschlang (GG) gewährleistet; siehe Entscheidungen des Bundesverfassungsgerichts (BVerfGE) Band (Bd.) 31, S. 58, 67, m. Verw. a. BVerfGE Bd. 29, S. 166, 175.

2 Zur Begründung siehe Bundestags-Drucksache (BT-Drs.) 15/5951, 11. 8. 2005, S. 1, und Anlage 1, S. 1, 8.

3 Eingefügt durch Artikel I Nr. 12 des 37. Strafrechtsänderungsgesetzes, Bundesgesetzblatt (BGBl.) 2005 I S. 239, 240.

...

(4) In besonders schweren Fällen ist die Strafe Freiheitsstrafe von sechs Monaten bis zu fünf Jahren. Ein besonders schwerer Fall liegt in der Regel vor, wenn der Täter

1. eine andere Person zu einer sexuellen Handlung oder zur Eingehung der Ehe nötigt.
...“

Auch wenn Zwangsverheiratung oftmals als ein „Verbrechen im Namen der Ehre“ bezeichnet wird, handelt es sich rechtstechnisch gesehen nicht um ein Verbrechen, sondern um ein Vergehen, das im Mindestmaß mit einer geringen Freiheitsstrafe bedroht wird. Verbrechen sind nach der deutschen Strafrechtsordnung rechtswidrige Taten, die gemäß § 12 Abs. 1 StGB mit einer Freiheitsstrafe nicht unter einem Jahr geahndet werden, wie z. B. Vergewaltigung, Totschlag oder Mord. Verbrechen sind stets, Vergehen in der Regel als Offizialdelikt von Amts wegen zu verfolgen. Dies bedeutet, dass bei genügendem Anfangsverdacht und einem bestehenden besonderen öffentlichen Interesse die Staatsanwaltschaft als Strafverfolgungsbehörde von sich aus die Ermittlungen einleitet. Dies geschieht grundsätzlich ohne Rücksicht auf den Willen der verletzten Person. Ein Strafantrag des Opfers wäre also bei Zwangsverheiratung nicht unbedingt Voraussetzung für die Strafverfolgung, es sei denn, es handelt sich um den Versuch oder die Beihilfe zur Tat.

1.1 Tatbestand der Zwangsehe

Nötigung ist ein Erfolgsdelikt. Geschütztes Rechtsgut ist die Freiheit der Willensentschließung und Willensbetätigung. Tathandlung ist die Nötigung mittels Gewalt oder Drohung zur Eingehung der Ehe. Die Gewalt kann körperlich oder psychisch ausgeübt werden oder durch ein Unterlassen[4] verwirklicht werden. Drohung ist das Inaussichtstellen eines zukünftigen Übels, auf dessen Eintritt der Drohende Einfluss hat oder zu haben vorgibt.[5] Sie braucht nicht ausdrücklich, sondern kann auch schlüssig, z. B. durch vorher ausgeübte Gewalt, versteckt und bedingt ausgesprochen werden. Sie muss sich gegen die Person richten, deren Willen gebeugt werden soll. Dabei ist das Maß der Zwangswirkung, wie es von der betroffenen Person empfunden wird, entscheidend. Es muss für die vom Täter gewünschte Willensänderung ausreichen. Dies bedeutet, der oder die Täter zwingen die später gegen ihren ursprünglichen Willen verheiratete Person – das Opfer kann eine Frau oder ein Mann sein – mittels Gewalt oder Drohung zu einem bestimmten Verhalten, nämlich der Erklärung vor dem Standesbeamten oder der Standesbeamtin, die Ehe mit dem für sie ausgesuchten Partner eingehen zu wollen.

Der objektive Tatbestand, die Tathandlung, wird mit der zivilrechtlichen Heirat mit dem Täter oder der Täterin selbst oder mit einer dritten Person verwirklicht. Dabei ist entscheidend, dass sich der von Täterseite ausgeübte Zwang auf das Ver-

4 Vgl. § 13 StGB, z. B. Garantenstellung der Eltern für die noch nicht volljährige Tochter oder den Sohn.
5 Vgl. Entscheidungen des Bundesgerichtshofs in Strafsachen (BGHSt) Band 16, S. 386.

halten des Opfers richten muss.[6] Es reicht nicht aus, von dem Opfer mittels Zwangseinwirkungen die Zustimmung zur Heirat zu erreichen. Darüber hinaus muss es zu der formellen Eheschließung und der dazu notwendigen aktiven Teilnahme des Opfers kommen. Verweigert die betroffene Person ihre Willenserklärung, also das „Ja" zur Eheschließung, gegenüber dem Standesbeamten oder der Standesbeamtin (vgl. § 1310 Abs. 1 des Bürgerlichen Gesetzbuchs, BGB), ist der Tatbestand nicht erfüllt. Es könnte aber der Versuch der Zwangsverheiratung gegeben sein, der ebenfalls strafbar ist (§ 240 Abs. 3 StGB).

Die kontrovers geführte Diskussion, ob eine arrangierte Ehe immer auch als Zwangsheirat zu bezeichnen sei,[7] reduziert sich strafrechtlich auf die Frage, ob die arrangierte Ehe auf der Grundlage einer erzwungenen Willensäußerung des Opfers geschlossen wurde, die „mit Gewalt" oder „mit einer Drohung mit einem empfindlichen Übel" gegenüber dem Opfer zwangsweise herbeigeführt wurde. Letztlich wird es wie überhaupt bei der Frage, ob eine Zwangsheirat vorliegt, auf die ermittelten Umstände des Einzelfalls und die Beweislage ankommen.

Zu klären ist, ob eine Lebensgemeinschaft, die im Heimatland nur nach religiösem, traditionellem oder sonstigem Ritus geschlossenen wurde, eine Ehe im zivilrechtlichen Sinne sein kann, so dass bei Vorliegen der Tatbestandsvoraussetzungen eine Nötigung zur Eingehung der Ehe in Betracht kommt. Ob ein solches Zusammenleben als eine zivilrechtlich gültige Eheschließung in Deutschland beurteilt werden kann, richtet sich nach den rechtlichen Voraussetzungen für die Eheschließung in dem jeweiligen Heimatland der Betroffenen. Ist sie nach den dortigen Gesetzen rechtsgültig geschlossen, könnte sie in Deutschland anerkannt werden. Eine Ausnahme besteht, wenn die Anwendung der Rechtsnorm des Heimatlandes im Ergebnis mit wesentlichen Grundsätzen des deutschen Rechts offensichtlich unvereinbar ist. Sie ist insbesondere dann nicht anzuwenden, wenn sie gegen Grundrechte verstößt (Art. 6 Einführungsgesetz zum Bürgerlichen Gesetzbuch, Öffentliche Ordnung, sog. „ordre public"). So genügen ausschließlich nach einer religiösen Zeremonie geschlossene Ehen nicht den formellen Voraussetzungen des § 1310 BGB.[8] Es handelt sich rechtlich um eine sogenannte Nichtehe. Wird eine Person zu einem religiösen oder traditionellen „Ehe"-Zeremoniell gezwungen, kann es sich strafrechtlich folglich nicht um eine Zwangsehe handeln, da juristisch eine Nichtehe vorliegt. Der Tatbestand des § 240 Abs. 4 Nr. 1, 2. Alternative StGB wäre bereits objektiv nicht erfüllt worden. In Betracht käme aber eine Strafbarkeit wegen anderer Tatbestände, zum Beispiel der Nötigung zu einer sexuellen Handlung (§ 240 Abs. 4 Nr. 1, 1. Alternative StGB), sofern das Opfer wegen der scheinbar durch den Ritus „legitimierten" Ehe zu sexuellen Handlungen, wie dem Beischlaf, gezwungen wurde.

---

6 BVerfGE Bd. 45, S. 253, 258 ff.

7 Vgl. hierzu den Beitrag von Gaby Straßburger in diesem Band.

8 Vgl. auch Oberverwaltungsgericht Lüneburg, Beschluss vom 1. 2. 2005, Aktenzeichen 2 ME 1326/04, wonach eine nach islamischem Ritus im Inland geschlossene Ehe zwischen einer Ausländerin und einem Deutschen nicht vom Schutzbereich des Art. 6 Abs. 1 GG umfasst wird.

1.2 Täterschaft und Teilnahme

Die Tathandlungen können von einem Einzeltäter oder einer Einzeltäterin, aber auch von mehreren Personen, z. B. den Eltern des Opfers oder anderen Verwandten, begangen werden. Die Anstiftung zur Tat, d. h. die vorsätzliche Bestimmung eines anderen zur Begehung einer rechtswidrigen Tat, wird gleich einem Täter/einer Täterin bestraft (§ 26 StGB). Anstifter könnte z. B. der Großvater als Familienoberhaupt sein, der seinen Sohn bestimmt, seine Enkelin mit einem bestimmten Mann aus der Großfamilie zu verheiraten. Wird die Ehe rechtsgültig gegen den Willen des Opfers geschlossen, wären Großvater und Vater gleichermaßen strafbar. Beihilfe zur Haupttat, z. B. in Form von Vorbereitungshandlungen für die standesamtliche Heirat in Kenntnis des von anderen ausgeübten Zwangs, ist möglich und wird ebenfalls bestraft (§ 27 Abs. 1 StGB).

1.3 Rechtswidrigkeit der Tat

Ist der Tatbestand der Nötigung zur Eingehung der Ehe erfüllt, reicht dies noch nicht für eine Verurteilung aus. Die Handlung muss rechtswidrig sein. Eltern, die zum Beispiel ihre Tochter gegen deren Willen mit einem von ihnen oder durch andere Verwandte ausgesuchten Mann verheiraten, können davon überzeugt sein, dass es zum Wohl des Kindes geschieht. Obwohl sie vielleicht schon seit Jahren in Deutschland leben, beugen sie sich der Tradition oder den Vorstellungen eines Familienoberhauptes im Heimatdorf, auch wenn dies bedeutet, den freien Willen des Kindes nicht (mehr) zu respektieren. Wirtschaftliche Not und die Zahlung eines hohen Brautpreises sind für manche Familien Grund genug, junge Mädchen ohne deren Zustimmung in eine Ehe zu geben.[9] Mag es in einem Familienverband oder einer Dorfgemeinschaft auch übliche Praxis sein, nach deutschem Strafrecht wären das keine relevanten Rechtfertigungsgründe. Die Tathandlung der Zwangsheirat indiziert als Regelbeispiel der besonders schweren Nötigung die Rechtswidrigkeit. Durch Zwangsverheiratung wird das Recht der Betroffenen auf selbstbestimmte Heirat, persönliche Freiheit, Menschenwürde und körperliche Unversehrtheit verletzt. Sie verstößt gegen Art. 6 Abs. 1 GG, der die Eheschließungsfreiheit gewährleistet.[10] Zwangsheirat verstößt gegen Menschenrechte[11] und wird von der Rechtsgemeinschaft in Deutschland nicht akzeptiert. Dass eine abgenötigte Willensentschließung keine Basis für eine Eheschließung sein soll, verdeutlicht eine Regelung im Bürgerlichen Gesetzbuch. Zivilrechtlich kann eine Ehe bei abgenötigter Einwilligung in diese auf Antrag der betroffenen Person wegen Verstoß gegen Eheschließungsvoraussetzungen gerichtlich aufgehoben werden (vgl. §§ 1314 Abs. 2 Nr. 4, 1306 Abs. 1 Nr. 1 BGB).[12]

---

9 Vgl. die verschiedenen Beispiele bei Lehnhoff (2006), S. 12 ff.

10 Siehe Anm. 1.

11 Vgl. „Entwurf eines Gesetzes zur Bekämpfung der Zwangsheirat und zum besseren Schutz vor Opfer von Zwangsheirat (Zwangsheirat-Bekämpfungsgesetz)", Bundesrats-Drucksache (BR-Drs.) 767/04, 6.10.2004, S. 7.

12 Zum Familienrecht vgl. den Beitrag von Seyran Ateş in diesem Band.

Die Rechtfertigungsgründe Notwehr (§ 32 StGB) und rechtfertigender Notstand (§ 34 StGB) können nicht zur Abwehr einer vielleicht für Einzelne oder die Familie unbequemen Willensäußerung herangezogen werden. Notwehr scheidet bereits aus, da die freie Willensentschließung und -betätigung gegen eine Eheschließung kein rechtswidriger Angriff im Sinne des Notwehrtatbestandes ist. Der rechtfertigende Notstand setzt eine gegenwärtige, nicht anders abwendbare Gefahr für Leben, Leib, Freiheit, Ehre, Eigentum oder ein anderes Rechtsgut voraus. Die Nötigung in die Ehe wäre nicht rechtswidrig, wenn bei Abwägung der widerstreitenden Interessen, namentlich der betroffenen Rechtsgüter und des Grades der ihnen drohenden Gefahren, das geschützte Interesse das beeinträchtigte wesentlich überwiegt (vgl. § 34 S. 1 StGB). Unabhängig von der Frage, ob überhaupt mit der von der nötigenden Person befürchteten Verweigerung der Eheschließung eine unmittelbare, nicht anders abwendbare Gefahr vorliegt, die durch ein sofortiges Handeln abzuwenden sei, müsste die Interessensabwägung zum Ergebnis führen, dass das geschützte Interesse das beeinträchtigte wesentlich überwiegt. Um welches höherrangige geschützte Rechtsgut könnte es sich dabei handeln? Die Begründungen für Eheschließungen gegen den Willen der jeweils betroffenen Person sind höchst unterschiedlich. Nicht selten stellen sie sich bei genauer Betrachtung weniger als geschützte Rechtsgüter dar, sondern vielmehr als die Durchsetzung eigennütziger Interessen („Einwanderungsticket"), die Ausübung patriarchalischer Herrschaftsrechte oder als vermeintliches Züchtigungsrecht der Eltern gegen aufbegehrende Töchter.[13] Beispielsweise sollte in einem Fall eine kurzfristig vom Vater geplante Vermählung der Tochter mit einem ihr unbekannten, wesentlich älteren Herrn ihre Freundschaft mit einem jungen Mann aus rassistischen, diskriminierenden Gründen verhindern. Der Freund der Betroffenen gehörte einem anderen Kulturkreis an und hatte eine andere Hautfarbe.[14]

Nicht selten wird zur Begründung von strafrechtlich relevantem Verhalten vorgebracht, das Nichtbefolgen einer Entscheidung eines Familienangehörigen, z. B. in Form der Verweigerung einer angeordneten Eheschließung, würde dessen Ehre oder sogar die Ehre der ganzen Familie verletzen. Zwar benennt der Gesetzeswortlaut des rechtfertigenden Notstands ausdrücklich die *„Ehre"* als zu verteidigendes Gut. Im strafrechtlichen Kontext ist die Ehre jedoch ein personales Rechtsgut, das untrennbar mit dem sozialen Achtungsanspruch und der persönlichen Würde des individuellen Menschen verbunden ist. Der Angriff auf die Ehre durch Kundgabe von Missachtung oder Nichtachtung kann einen ethischen Wert eines anderen treffen. Dabei wird weder allein auf die subjektive Empfindlichkeit, das *Ehrgefühl*, noch auf einen empirisch zu bestimmenden „(guten) *Ruf*" abgestellt.[15] Beide Gesichtpunkte werden verbunden in einem normativen Achtungsanspruch, den eine Person nach ihren jeweils individuellen Voraussetzungen und in einem konkreten Handlungs- und Sinnzusammenhang *zu Recht* beanspruchen kann.[16]

13 Informationen von Mitarbeiterinnen von Papatya e. V. und von TERRE DES FEMMES e. V.

14 Sachverhalt wurde der Autorin von einer Mandantin im Rahmen eines Strafverfahrens wegen gefährlicher Körperverletzung geschildert.

15 Herrschender normativ-faktischer Ehrbegriff, vgl. Tröndle/Fischer (2006), vor § 185 Rn. 4 m. w. H.

16 Ebd.

Schützenswert, da beleidigungsfähig, sind jeder einzelne Mensch oder mehrere Einzelpersonen und Angehörige einer Personenmehrheit unter einer Kollektivbezeichnung. Dagegen ist die *„Familienehre"* nach der Rechtsprechung und allgemeinen Rechtsmeinung in Deutschland nicht geschützt, da die Familie kein kooperativer Verband ist, der als Subjekt mit einheitlicher Willensbildung nach außen handelnd hervortritt.[17]

Im Ergebnis können somit weder Traditionen innerhalb einer bestehenden Großfamilie aus einem anderen Kulturkreis die Nötigung in die Ehe rechtfertigen, noch Befehls- und Gehorsamsstrukturen eines patriarchalisch geprägten Systems mit strengen Hierarchien oder andere wirtschaftliche Gründe.

1.4 Schuldhafte Nötigungshandlung

Neben dem objektiven Tatbestand und der Rechtwidrigkeit muss die Handlung der Nötigung schuldhaft begangen worden sein. Schuld bedeutet Vorwerfbarkeit des Verhaltens.[18] Davon kann regelmäßig ausgegangen werden, wenn die Nötigung vorsätzlich begangen wird, also wissentlich und willentlich Gewalthandlungen oder die Drohung mit einem empfindlichen Übel zu dem Zweck eingesetzt werden, der betroffenen Person die Eheschließung abzuringen.

Die höchstrichterliche Rechtsprechung, die sich vor einiger Zeit noch wegen der Beurteilung von „Ehrenmorden" als Totschlag und nicht als Mord den Vorwurf des Kulturrelativismus gefallen lassen musste, hat mittlerweile einen engen Maßstab gesetzt. Der Bundesgerichtshof stellte im Zusammenhang mit der Bewertung von Motiven als niedrige Beweggründe bei sogenannten „Ehrenmorden" und Fällen von Blutrache klar, dass der Maßstab für die Bewertung des Beweggrundes zu einer Tat den Vorstellungen der Rechtsgemeinschaft der Bundesrepublik Deutschland zu entnehmen ist und nicht den Anschauungen einer Volksgruppe, die andere Vorstellungen hat oder sogar die sittlichen und rechtlichen Werte dieser Rechtsgemeinschaft nicht anerkennt.[19] Dieser Maßstab wird bei der Beurteilung von Zwangsheiraten eine Rolle spielen: Nach deutschem Recht ist die Zwangsverheiratung verboten. In Anlehnung an diese Rechtsprechung dürfte demnach die fälschliche Annahme, die Nötigungshandlung könne ausgeführt werden, da es der heimatlichen Tradition entspreche, die eine Verheiratung gegen den Willen des Opfers toleriere, nichts am Tatvorsatz ändern. Wenn die nötigende Person in Deutschland lebt, kann sie sich bei gehöriger Gewissensanstrengung bewusst machen, dass zumindest die Möglichkeit besteht, dass die Handlung rechtswidrig ist. Nur ausnahmsweise könnte ein unvermeidbarer Irrtum die Schuld und damit die Strafbarkeit ausschließen (vgl. § 17 StGB). Im Einzelfall kommt es deshalb darauf an, wie lange und in welchem Umfang der Täter oder die Täterin Gelegenheit hat-

17 Ebd., Rn. 13 m. w. H.

18 BGHSt Band 2, S. 194, 200. Hierzu im Einzelnen Tröndle/Fischer (2006), vor § 13 Rn. 28 ff.

19 Vgl. für eine Auseinandersetzung mit dem Motiv einer vermeintlichen Verletzung der „Familienehre" im Falle einer Tötung u. a. Bundesgerichtshof (Strafsachen), in: Neue Zeitschrift für Strafrecht (NStZ) 2002, S. 369.

te, sich mit den in Deutschland geltenden Maßstäben vertraut zu machen. Dabei wird von jeder nach Deutschland vorübergehend einreisenden Person oder von jeder Migrantin und jedem Migranten erwartet, dass sie sich entsprechend der verfassungsmäßigen Ordnung und dem geltenden Recht verhalten. Nötigung in die Ehe ist im Strafgesetzbuch aufgeführt und Unwissenheit über die strafrechtlich verbotenen Handlungen schützt regelmäßig nicht vor Strafe.

Hinzu kommt, dass seit dem Jahr 2002 bundesweit geführte Kampagnen gegen Zwangsverheiratung[20] und eine wachsende Berichterstattung nicht nur in deutschen Medien zu einer öffentlichen Wahrnehmung des einstigen Tabuthemas führten. Es dürfte somit nicht schwerfallen, sich kurzfristig über die Rechtsauffassung in Deutschland zu Menschenrechten und Grundfreiheiten und der Strafbarkeit von Zwangsverheiratung und dem, was darunter zu verstehen ist, zu informieren.

2. Praxiserfahrungen

2.1 Fehlende Daten und Anzeigeverhalten

Obwohl es seit zwei Jahren den besonderen Straftatbestand der Nötigung zur Eingehung der Ehe gibt, wurden bisher keine einschlägigen Urteile veröffentlicht. Dies steht scheinbar im Widerspruch zu Beobachtungen von Mitarbeiterinnen verschiedener nichtstaatlicher Stellen. So registrierten Referentinnen der Frauen/Menschenrechtsorganisation TERRE DES FEMMES e. V. (TDF)[21] zwischen 2002 bis 2006 eine Verdoppelung der Anzahl der Mädchen und Frauen, die sich in größter Not befanden und sich telefonisch oder mittels E-Mail Hilfe suchend an die Organisation wandten. Von den 412 Einzelfällen im Jahr 2006 betrafen 173 Zwangsverheiratung oder Bedrohung mit „Ehrenmord". Die Tendenz ist steigend. Ähnliches bestätigen Mitarbeiterinnen von Kriseneinrichtungen. Dies bedeutet aber nicht, dass jeder Hilferuf zu einer Strafanzeige wegen (drohender) Zwangsverheiratung führt oder dass die Straftaten seit 2002 zunehmen. Vielmehr fühlen sich Betroffene durch die Kampagnen gegen diese Form von Gewalt und die öffentliche und politische Debatte über Zwangsverheiratung und „Ehrenmord" sowie die zahlreichen biographischen Veröffentlichungen zum Thema ermutigt, sich zur Wehr zu setzen. Oftmals bleibt als einziger Ausweg die Flucht aus der Zwangslage durch das Verlassen der Familie. Nach ihrer Flucht wollten viele aber keine Familienangehörigen belasten und erstatteten deshalb keine Strafanzeige.

Von Amts wegen eingeleitete Strafverfahren erfolgten vor Inkrafttreten des besonderen Nötigungstatbestandes (§ 240 Abs. 4 Nr. 1, 2. Alternative StGB) bei Taten bis zum 18. Februar 2005 wegen anderer Delikte (z. B. Nötigung, Bedrohung, gefährliche Körperverletzung). Deshalb ist weder in polizeilichen[22] noch gerichtlichen

20 Z. B. die Kampagne 2002/2003 „STOPPT Zwangsheirat – NEIN zu Gewalt an Frauen" von TDF.

21 Informationen aus dem Referat Eilaktionen/Einzelfallhilfe von aus dem TDF Evaluation. Februar 2007.

22 Vgl. Veröffentlichungen der jährlichen Berichte über die Kriminalitätslage in einem Bundesland auf der Website des jeweiligen Landeskriminalamts und des zusammenfassenden Berichts des Bundeskriminalamts, letzterer abrufbar unter: http://www.bka.de/lageberichte/ (abgerufen am 2. 4. 2007).

Statistiken ein Tatbestand der Zwangsverheiratung oder Zwangsheirat registriert. Ob seit dem 19. Februar 2005 nach dem neuen Tatbestand der schweren Nötigung Ermittlungsverfahren eingeleitet wurden und ob entsprechende Strafverfahren durch Urteil, Einstellung oder Freispruch endeten, darüber gibt es noch keine aussagekräftigen Veröffentlichungen.

2.2 Besondere Beweisproblematik bei verwandten Tätern/ Täterinnen und Opfern

Täter/Täterin und Opfer von Nötigung zur Eingehung der Ehe sind häufig miteinander verwandt. Dies macht die Beweislage schwierig. Zur Aufklärung des wahren Sachverhaltes stehen selten andere Beweismittel als Zeugen und Zeuginnen zur Verfügung. Als Zeuginnen/Zeugen der Nötigungshandlungen können sich nahe Verwandte, auch das Opfer selbst, auf ein Auskunftsverweigerungsrecht aufgrund eines persönlichen Zeugnisverweigerungsrechts (§§ 55, 52 Abs. 1 StPO) berufen. Dies bedeutet, dass eine Zeugin/ein Zeuge Auskunft auf solche Fragen verweigern darf, deren Beantwortung ihn/sie oder Angehörige der Strafverfolgung aussetzen würde. Das Verweigerungsprivileg betrifft neben Verlobten, Ehegatten und geschiedenen Ehegatten des Beschuldigten auch Verwandte in gerader Linie, wie Eltern, Großeltern oder Kinder und Enkel. Schweigen Opfer- oder andere wichtige Zeuginnen/Zeugen, kann der wahre Sachverhalt selten mithilfe anderer Beweismittel aufgeklärt werden und das Strafverfahren endet mit Einstellung oder Freispruch. Die besondere Gefährdungslage der betroffenen Opferzeugin oder des Opferzeugen bleibt davon unberührt.

2.3 Sicherheitslücken während des Strafverfahrens

Opfer von Zwangsheirat sind Zeugen im Strafverfahren. Deren personenbezogene Daten werden in den Ermittlungsakten in der Regel nicht anonymisiert. Sie können daher ohne Probleme über die anwaltliche Akteneinsicht der Verteidigung dem oder der Beschuldigten zur Kenntnis gelangen.[23] Selbst wenn ausdrücklich vom Opferbeistand oder aus polizeilicher Sicht auf eine besondere Gefährdungslage hingewiesen worden ist, geschieht es immer wieder – teilweise aus Gedankenlosigkeit –, dass sich z. B. in handschriftlichen Vermerken von Richterinnen/Richtern in Ermittlungs- oder Gerichtsakten über Telefonate mit den Opferbetreuungsstellen der Aufenthaltsort oder die betreuende Schutzeinrichtung namentlich wiederfinden.[24] Oder Mitarbeiterinnen oder Mitarbeiter von nichtstaatlichen Schutzeinrichtungen vergessen bei einer schriftlichen Anfrage an das Gericht, dass das Schreiben mit Briefkopf oder Faxnummer in die Akte unter fortlaufender Seitenzahl abgeheftet wird. Allein der Hinweis auf ein bestimmtes Bundesland, in dem

---

23 Vgl. Weisser Ring e. V., Hinweis unter „Schutz von personenbezogenen Opfer- und Zeugendaten" der „Strafrechtspolitischen Forderungen des Weißen Rings zur Verbesserung des Opferschutzes", http://www.weisser-ring.de/bundesgeschaeftsstelle/aktuell/strafrechtspolitische_forderungen.html (besucht am 1. 11. 2006).

24 Die Autorin musste dies als Vertreterin der Nebenklage in einem ähnlichen Verfahren 2005/06 vor einem Amtsgericht feststellen.

sich die Stelle befindet, oder die Vorwahlnummer geben erste Anhaltspunkte über den Aufenthaltsort der zu schützenden Person. Solche Beispiele zeigen, dass es immer noch am notwendigen sensiblen Umgang mit Daten gefährdeter Personen mangelt. Dabei sollte berücksichtigt werden, dass Opferzeugen und -zeuginnen, die Anzeige erstatten und sich vor der Familie in Sicherheit bringen müssen, während der laufenden Verfahren und auch nach deren Abschluss tatsächlich mit dem Tode bedroht sein können.

2.4 Opfersituation und Schutz außerhalb eines Strafverfahrens

Besonders Mädchen und Frauen, die aus Zwangsehen und vor Gewalt im Namen der Ehre fliehen, werden unter Umständen von vielen Personen verfolgt und müssen den Kontakt zu allen Familienangehörigen abbrechen, um eine eigene Gefährdung auszuschließen.[25] Mit wenigen Habseligkeiten und ohne ausreichende finanzielle Mittel suchen sie Schutz in Kriseneinrichtungen oder Frauenhäusern. Um nicht gefunden werden zu können, brechen sie die Ausbildung ab oder geben die Arbeitsstelle auf. Aus Angst vor Repressalien schrecken sie davor zurück, Strafanzeige wegen Zwangsverheiratung oder Bedrohung zu stellen. Dies ist aber meistens notwendig für die Einleitung eines Ermittlungsverfahrens, ohne das mit der Bereitschaft zur Zeugenaussage durch die Betroffenen in der aktuellen Gefährdungslage kein Zeugenschutzverfahren nach dem Zeugenschutz-Harmonisierungsgesetz – ZSHG[26] eingeleitet werden kann. Andere, niedrigschwellige Schutzprogramme außerhalb von Strafverfahren fehlen. Die Betroffenen können regelmäßig nicht in dem Umfang geschützt werden, wie es notwendig wäre.

Hier besteht dringender Handlungsbedarf.

2.5 Polizeiliches Zeugenschutzprogramm

Wird die aktuelle Gefährdungslage von Seiten der Polizei als eine erhebliche Gefahr für Leib, Leben oder Freiheit der bedrohten Person eingeschätzt, können Zeugen im Zusammenhang mit einem Strafverfahren – in der Regel auf Ebene eines Landeskriminalamtes – in ein Zeugenschutzprogramm aufgenommen werden (vgl. § 1 Abs. 1 ZSHG). Hierfür ist des Weiteren notwendig, dass die betroffene Person ihr Einverständnis zu den polizeilichen Maßnahmen erklärt, willens und in der Lage ist, vor Gericht zu erscheinen und eine Aussage zu machen und für das Zeugenschutzprogramm überhaupt geeignet ist. Daran kann es fehlen, wenn sie nicht bereit ist oder nicht die Fähigkeit besitzt, die erforderliche Geheimhaltung entsprechend der polizeilichen Maßnahmen zu gewährleisten.[27]

---

25 Erkenntnisse der Autorin aus verschiedenen Mandaten; ebenso Hinweise von Corinna Ter-Nedden, Papatya e. V., anlässlich des Fachgesprächs „Häusliche Gewalt bei Migrantinnen", Kooperationsveranstaltung der Beauftragten für Migration, Flüchtlinge und Integration und TDF am 8. 3. 2007 in Berlin.

26 Gesetz zur Harmonisierung des Schutzes gefährdeter Zeugen (Zeugenschutz-Harmonisierungsgesetz – ZSHG), BGBl. 2001 I S. 3510, in Kraft getreten am 31.12.2001.

27 Soiné/Engelke (2002), S. 470, 472.

Im Zeugenschutzprogramm werden alle notwendigen Behördenvorgänge (Ausländeramt, Einwohnermeldeamt, Jugendamt, ärztliche Gutachten und Ähnliches) regelmäßig für die gefährdete Person von polizeilicher Seite aus geregelt. Alle getroffenen Maßnahmen, wie z. B. das Ausstellen von Tarnpapieren, finanzielle Leistungen und die Beendigung des Zeuginnen-/Zeugenschutzes, werden als geheimhaltungsbedürftige Informationen bei der Zeugenschutzdienststelle des Landeskriminalamtes geführt und sind nicht Bestandteil der Ermittlungs- oder Gerichtsakte. Anderenfalls bestünde die Gefahr, dass über die anwaltliche Akteneinsicht der Verteidigung Beschuldigte Kenntnis über den Aufenthaltsort der geschützten Person erhalten können.

Der anwaltliche Opferbeistand der Zeugin bzw. des Zeugen erhält regelmäßig – auch zum eigenen Schutz – keine Informationen über den Aufenthalt der Person. Der Kontakt erfolgt über die Zeugenschutzdienststelle. Treffen für Gespräche mit der Mandantin oder dem Mandanten finden auch zum Schutz des Opferbeistandes an wechselnden, polizeilich organisierten und vorher nicht bekannt gegebenen Orten statt.

Hinsichtlich der personenbezogenen Daten können die Mitarbeiterinnen und Mitarbeiter der Zeugenschutzdienststelle gegenüber öffentlichen und nichtöffentlichen Stellen Auskunft zum Schutz der Person verweigern (§ 4 Abs. 1 ZSHG). Auf polizeiliches Ersuchen hin werden personenbezogenen Daten, wie Meldedaten, Personalausweis, Pass, Fahrerlaubnis, Fahrzeugregistrierung, bei öffentlichen Stellen gegenüber Dritten gesperrt (§ 4 Abs. 2 ZSHG). Dies ist aber nur möglich, soweit nicht schutzwürdige Interessen Dritter oder der Allgemeinheit entgegenstehen. Die Ausnahmeregelung ist problematisch, weil nicht ausgeschlossen werden kann, dass Gründe von Familienangehörigen vorgeschoben werden, um so den Aufenthalt der gefährdeten Person ausfindig zu machen (Geltendmachen von angeblichen Unterhaltsforderungen und Ähnliches).

Trotz Sperrvermerken können Pannen passieren, die möglicherweise zur unbeabsichtigten Preisgabe des Aufenthaltsortes führen, z. B. bei der Weitergabe von Daten zwischen verschiedenen Behörden, bei Krankenkassen, Sozialämtern, Ausländerämtern, sei es bedingt durch Personalwechsel oder namentlicher (statt mit Zahlen verschlüsselter) Kostenabrechnung für die Unterbringung einer gefährdeten Person. Leichtsinniges Verhalten der gefährdeten Person selbst ist auch nicht immer auszuschließen (z. B. Kontoabbuchungen oder Telefonat ohne Unterdrückung der Telefonnummer oder heimliche Treffen mit Familienangehörigen oder Bekannten aus der Schule oder von der Arbeitsstelle). Bereits die vorbezeichneten Beispiele zeigen, dass es keinen absoluten Schutz geben kann. Hinzu kommt, dass das Leben im Zeugenschutzprogramm – auch wenn die geschützte Person fürsorglich betreut wird – außerordentlich anstrengend und belastend ist. Von einem Tag auf den anderen muss auf unbestimmte Zeit das gewohnte Lebensumfeld verlassen werden und es darf kein Kontakt mehr zu Familienangehörigen oder Bekannten gepflegt werden. Hinzu kommt die Unsicherheit, wie es weitergehen soll, wie lange Schutzmaßnahmen notwendig sein werden, ob eine Rückkehr zur

Familie möglich sein wird oder ob sogar ein Aufenthalt außerhalb Deutschlands in Betracht gezogen werden muss. In dieser anstrengenden und kräftezehrenden Situation plagen nicht selten Schuldgefühle und Suizidgedanken die Betroffenen. Hoffnungslosigkeit führt zu Resignation.

3. Reformdiskussion

3.1 Das Zwangsheirats-Bekämpfungsgesetz

Schon vor der Ergänzung des Nötigungsparagraphen um die schwere Form der Nötigung zur Eingehung der Ehe wurde die Meinung vertreten, die rechtlichen Instrumente seien nicht ausreichend, um Zwangsheiraten wirksam bekämpfen zu können. Das geltende Strafrecht erfasse nur unzureichend die verschiedenen Formen von Zwangsverheiratung, die unter den Begriffen „Importbräute", „Verheiratung für ein Einwanderungsticket" und „Ferien-Verheiratung" bekannt wurden. Sie erfüllen zwar häufig den Tatbestand der Nötigung. Je nach den Umständen des Einzelfalles könnten Körperverletzung oder – auch nach der Eheschließung – ein Sexualdelikt in Betracht kommen. Dem spezifischen Unrecht würde dadurch aber nicht ausreichend Rechnung getragen.[28] Um strafrechtliche und strafprozessrechtliche Lücken bei der Bekämpfung von Zwangsverheiratung zu schließen, brachte das Land Baden-Württemberg bereits im Oktober 2004 im Bundesrat den „Entwurf eines Gesetzes zur Bekämpfung der Zwangsheirat und zum besseren Schutz vor Opfer von Zwangsheirat (Zwangsheirat-Bekämpfungsgesetz)"[29] ein. Ein eigenständiger Straftatbestand „Zwangsheirat" soll den Unrechtscharakter von Zwangsverheiratungen eindeutiger herausstellen, um solche Taten wirksam ahnden zu können.[30] Der neue Tatbestand „§ 234b Zwangsheirat" soll die Regelung des § 240 Abs. 4 Nr. 1, 2. Alternative StGB der schweren Nötigung in die Ehe ersetzen und zudem weitere Sachverhalte unter Strafe stellen. Zivilrechtliche Nicht-Ehen können weiterhin als besonders schwerer Fall der Nötigung zu einer sexuellen Handlung strafbar sein (§ 240 Abs. 4 Nr. 1, 1. Alternative StGB).[31] Durch die vorgezogene Bundestagswahl 2005 ruhte das Gesetzgebungsverfahren. Am 10. Februar 2006 verabschiedete der Bundesrat erneut den Entwurf eines Zwangsheirat-Bekämpfungsgesetzes[32] Anfang März 2007 kam das Gesetzgebungsverfahren allerdings wieder ins Stocken.[33] Es ist nicht abzusehen, ob und wenn ja, wann und mit welchem Wortlaut das Gesetz in Kraft treten wird.

28 Vgl. z. B. Bericht der Fachkommission Zwangsheirat der Landesregierung (2006), S. 6, 16 ff.; „Entwurf eines Gesetzes zur Bekämpfung der Zwangsheirat und zum besseren Schutz vor Opfer von Zwangsheirat (Zwangsheirat-Bekämpfungsgesetz)", BR-Drs. 767/04, 6.10.2004, S. 1, 5 ff.

29 BR-Drs. 767/04, 6.0.2004.

30 Pressemitteilung des Justizministeriums Baden-Württemberg vom 8.7.2005, http://www.jum.baden-wuerttemberg.de/servlet/PB/menue/1185930/index.html (abgerufen am 6.9.2005).

31 Vgl. Ausführungen oben unter 1.1.

32 BR-Dr. 51/06 (Beschluss), 10.2.2006, Gesetzentwurf in der vom Bundesrat am 8.7.2005 beschlossenen Fassung, BR-Drs. 546/05 (Beschluss) (Grunddrucksache 767/04)

33 Zuletzt mit Ablehnung von Ergänzungsanträgen der Fraktionen BÜNDNIS90/DIE GRÜNEN, BT-Drs. 16/61, 8.11.2005, FDP, BT-Drs. 16/1156, 5.4.2006, und DIE LINKE, BT-Drs. 16/1564, 19.5.2006, anlässlich der Sitzung des Ausschusses für Familie, Senioren, Frauen und Jugend am 7.3.2007.

3.2 Die strafrechtlichen Änderungsvorschläge

Nach dem vorbezeichneten Gesetzesentwurf[34] soll ein neuer eigenständiger Straftatbestand § 234b in das Strafgesetzbuch eingefügt werden, der im Vergleich zu § 240 Abs. 4 Nr. 1, 2. Alternative StGB (und dem ersten Entwurf des § 234b[35]) eine höhere Freiheitsstrafe vorsieht (sechs Monate bis zu zehn Jahren; also ein Vergehen). Durch diesen um fünf Jahre höheren Strafrahmen soll nach der Begründung des Entwurfs das gegenüber dem Grundfall der Nötigung erhöhte Unrecht zum Ausdruck gebracht werden, das sich aus dem Zwang zu einer dauerhaften rechtlichen und persönlichen Verbindung ergibt. Minder schwere Fälle sollen mit Freiheitsstrafen von drei Monaten bis zu fünf Jahren bestraft werden (§ 234b Abs. 5).

Strafbar macht sich, *„wer eine andere Person rechtswidrig mit Gewalt oder durch Drohung mit einem empfindlichen Übel zur Eingehung der Ehe nötigt ... Rechtswidrig ist die Tat, wenn die Anwendung der Gewalt oder die Androhung des Übels zu dem angestrebten Zweck als verwerflich anzusehen ist“* (Entwurf des § 234b Abs. 1 StGB). Ebenso macht sich strafbar, *„wer eine andere Person unter Ausnutzung einer Zwangslage oder der Hilflosigkeit, die mit ihrem Aufenthalt in einem fremden Land verbunden ist, zur Eingehung der Ehe bringt“* (§ 234b Abs. 2). Im Unterschied zu dem bisherigen Nötigungstatbestand soll mit dem neuen Straftatbestand der Auslandsbezug einzelner Formen von Zwangsheirat („Importbräute“, „Ferien-Verheiratung“) berücksichtigt werden können. Zudem soll Zwangsheirat nach dem Weltrechtsprinzip gemäß § 6 Nr. 4 StGB als Auslandstat gegen international geschützte Rechtsgüter strafrechtlich verfolgbar werden. Das bedeutet, die Tat kann in Deutschland geahndet werden, auch wenn zum Beispiel ein Verwandter im Ausland zu ihr angestiftet hat.

3.3 Einräumen der Nebenklagebefugnis

Zur Verbesserung der Rechtsstellung von Opferzeugen sollen sie die Befugnis zur Nebenklage erhalten. Dies soll dadurch erreicht werden, dass der Straftatbestand der Zwangsheirat unter § 234b StGB eingestellt wird und somit ohne weitere gesetzliche Änderungen der Anschluss als Nebenklägerin bzw. Nebenkläger nach § 395 Abs. 1 Nr. 1 d) der Strafprozessordnung (StPO) möglich wäre. Bei Inanspruchnahme durch Betroffene eröffnen sich über die ansonsten passive Zeugenstellung hinaus Möglichkeiten der Einflussnahme auf den Verfahrensablauf des Strafverfahrens (§§ 395 ff. StPO). Die Nebenklage verschafft Opferzeugen besondere Rechte im Prozess, u. a. mittels anwaltlichem Beistand, umfassender Akteneinsicht, Teilnahme an allen Terminen der Hauptverhandlung, auch wenn nichtöffentlich verhandelt wird, erweitertem Beweisantragsrecht, Recht zur Stellungnahme und zum Plädoyer sowie der Möglichkeit, Rechtsmittel einzulegen. Zur Unterstützung der (minderjährigen) Opferzeugen könnte ein anwaltlicher Beistand (§ 406 g StPO) beigeordnet werden. Die Nebenklageberechtigten hätten ein Anwesenheitsrecht während des ganzen Verfahrens, das sie aber nicht ausüben müssten. Sie könnten sich anwaltlich vertreten lassen.

---

34 BR-Drs. 546/05 (Beschluss) (Grunddrucksache 767/04), 8. 7. 2005.
35 BR-Drs. 767/04, 6. 10. 2004.

Die Einräumung der Nebenklagebefugnis bedeutet aber noch keinen verbesserten Schutz von Opfern außerhalb eines Strafverfahrens.

4. Fazit

Die Strafbarkeit von Zwangsverheiratung wurde eingeführt, um das Unrecht zu betonen.[36] Es soll gezeigt werden, dass diese Form von Gewalt in Deutschland nicht toleriert wird und verboten ist. Es geht um die Gleichberechtigung von Mann und Frau, um das Recht, selbstbestimmt leben zu dürfen, um persönliche und körperliche Freiheit und das Recht der freien Wahl des Ehepartners. Mit dem gesetzlich verankerten Verbot der Nötigung zur Eingehung der Ehe sollen besonders junge Menschen die Möglichkeit haben, in den Familien darauf hinweisen zu können und es den Eltern und weiteren Verwandten entgegenhalten zu können. Fraglich bleibt, ob Strafrecht tatsächlich präventiv die beabsichtigte abschreckende Wirkung entfalten und zu einem Umdenken führen kann. Dies muss sich in den nächsten Jahren zeigen. Bisher gab es mangels statistischer Erfassung der Ermittlungsverfahren zu Zwangsverheiratung und der Verfahrensbeendigungen (Einstellung, Verurteilung oder Freispruch) keine Überprüfungsmöglichkeit. Deshalb bleibt es weiterhin schwer nachvollziehbar, welche Auswirkungen die Strafrechtsregelungen tatsächlich haben. Sicherlich haben die politischen Diskussionen und die Berichterstattung in der Öffentlichkeit dazu geführt, ein Tabuthema zu benennen und das Tabu teilweise zu brechen. Es ist aber weiterhin nicht damit zu rechnen, dass viele Betroffene den Mut aufbringen werden, Strafantrag gegen die eigenen Eltern und Verwandten zu stellen. Zu groß ist die Furcht vor Repressionen aus dem familiären Umfeld, zu berechtigt die Sorge vor lebensgefährlichen Konsequenzen. Strafrecht allein kann deshalb nicht potenzielle Opfer vor Zwangsverheiratung schützen. Hier bedarf es staatlicher Unterstützung. Aber was kann einer betroffenen Person von staatlicher Seite zugesichert und tatsächlich eingehalten werden, wenn sie vor Zwangsverheiratung fliehen will? Wie kann Opferschutz außerhalb von Strafverfahren wirksam betrieben und finanziell abgesichert werden und zwar so lange, wie er im Einzelfall notwendig ist? Die Einräumung der Nebenklagebefugnis nützt Betroffenen außerhalb eines Strafverfahrens nichts, ebenso wenig die momentan geltenden Regelungen des Zeugenschutzes. *„Zur Prävention und Bekämpfung von Zwangsverheiratungen sollen die Rechtstellung der Betroffenen verbessert, Betreuungs-, Beratungs- und spezifische Hilfsangebote sowie Präventionsmaßnahmen ausgebaut werden.“*[37] Diese Absichtserklärung im Koalitionsvertrag von 2005 steckt den Mindestrahmen von Hilfsnotwendigkeiten ab. Dieser muss für die Betroffenen wirksam ausgefüllt werden.

36 BT-Drs. 15/3045, 4. 5. 2004, S. 10; ähnlich auch der Gesetzesentwurf Baden-Württembergs, BR-Drs. 767/04, 6. 10. 2004.

37 „Gemeinsam für Deutschland – mit Mut und Menschlichkeit. Koalitionsvertrag zwischen CDU, CSU und SPD“, 11. 11. 2005, S. 120.

Literatur

Bericht der Fachkommission Zwangsheirat der Landesregierung (2006), Zwangsverheiratung ächten, Opferrechte stärken, Opferschutz gewährleisten, Prävention & Dialog ausbauen! Problembeschreibung, Statistik und Handlungsempfehlungen, hrsg. v. Ausländerbeauftragten der Landesregierung Baden-Württemberg Justizminister Prof. Dr. Ulrich Goll, verfügbar unter: http://www.auslaenderbeauftragter.de oder http://www.jum.baden-wuerttemberg.de/servlet/PB/menu/1153467/index.html (abgerufen am 5. 4. 2007).

Lehnhoff, Liane (2006), Sklavinnen der Tradition. Zwangsheirat als weltweite Erscheinung, in: Terre des Femmes e. V. (Hrsg.), Zwangsheirat. Lebenslänglich für die Ehre, aktualisierte und erweiterte Neuauflage, Tübingen, S. 2–17.

Soiné, Michael/Engelke, Hans-Georg (2002), Das Gesetz zur Harmonisierung des Schutzes gefährdeter Zeugen (Zeugenschutz-Harmonisierungsgesetz – ZSHG), in: Neue Juristische Wochenschrift, 55. Jg., Heft 7, S. 470–476.

Tröndle, Herbert/Fischer, Thomas (2006), Strafgesetzbuch und Nebengesetze, (Beck'sche Kurz-Kommentare, Band 10), 53. Auflage, München: Beck.

Trennung, Scheidung und (Rechts-)Folgen. Problemstellung bei der Bekämpfung von Zwangsverheiratung

Seyran Ateş

1. Einführung: Zwangsverheiratung als Menschenrechtsverletzung

Die Zwangsverheiratung ist eine weltweit verbreitete Menschenrechtsverletzung, die nicht unbedingt in vollem Ausmaß sichtbar ist. Unter anderem unter dem Deckmantel einer sogenannten arrangierten Ehe wird sie insbesondere in archaisch-patriarchalen Gesellschaften praktiziert. In kaum einer der Zwangsverheiratungen praktizierenden Gesellschaft wird offen zugegeben, sogar Minderjährige gegen ihren Willen zu verheiraten. Wenn überhaupt, wird auf sogenannte Traditionen und kulturelle, schützenswerte Gepflogenheiten Bezug genommen. Die meisten Menschen, die Zwangsheirat praktizieren, haben kein Unrechtsbewusstsein über ihre Handlung. Dabei handelt es sich bei der Zwangsverheiratung um einen eindeutigen Rechtsverstoß, durch den meist mehrere Straftatbestände gleichzeitig realisiert werden. Diese Straftaten werden mit Hinweis auf eine legitime arrangierte Ehe zum größten Teil vertuscht.

Leidtragende hierbei sind meist Kinder, denen ihr Leben lang kein Recht auf Selbstbestimmung zugesprochen wurde. Kinder, die selbst irgendwann Kinder bekommen und später womöglich ihre eigenen Kinder zwangsweise verheiraten. Einige Mandantinnen sagten zu mir: „Frau Ateş, sie können an dieser Tradition nichts ändern. Das war schon immer so und das wird auch immer so bleiben.“ Diese Frauen haben keine Hoffnung, denn es handelt sich vordergründig um ein Frauenthema. Wer soll sich schon für die Belange von Frauen interessieren? „Wir haben doch keine Rechte“, haben viele meiner Mandantinnen gesagt. Sie waren der Ansicht, dass die Rechte, die auch Frauen zustehen, lediglich auf dem Papier stehen und nur für moderne Frauen gelten, für reiche Frauen, für gebildete Frauen. Mit dieser fatalistischen Haltung kamen die meisten Frauen zu mir. Sie wollten etwas in ihrem Leben verändern, einige hatten auch schon den Schritt ins Frauenhaus oder einer sonstigen Zufluchtseinrichtung geschafft. Dennoch hatten sie mehrheitlich die Einstellung, dass sie nichts Gutes erwartet.

Die meisten Frauen, die zu mir kamen, waren aus Familien mit sogenanntem Migrationshintergrund, also Deutschländerinnen. Sie wollten sich scheiden lassen oder zunächst einmal nur das alleinige Sorgerecht für ihre Kinder erwirken. Wenn ich dann teilweise nach sehr langen Gesprächen über den Hintergrund ihrer Ehe erfuhr, dass es sich ursprünglich um eine Zwangsverheiratung gehandelt hat, gab es zweierlei Reaktionen. Die einen wollten darüber nicht mehr sprechen beziehungsweise schon mit mir darüber reden, diesen Umstand aber vor Gericht nicht erwähnen. Die anderen wollten auf alle Fälle die Zwangsverheiratung thematisieren und wenn auch nur mit dem Erfolg, dass die andere Seite erfuhr, dass sie niemals freiwillig die Ehe mit ihren Männern eingegangen wären. Denn der Umstand der Zwangsverheiratung, die womöglich auch noch vor mehr als zwei bis 20 und mehr Jahren stattgefunden hat, hatte kaum Auswirkungen auf eine Rechtsfrage in einem Scheidungs-, Sorgerechts- oder Unterhaltsverfahren.

Wer sich mit der Thematik beschäftigt, wird sehr schnell feststellen, dass die zivilrechtlichen Möglichkeiten, gegen eine Zwangsehe vorzugehen, gemessen an dem Unrecht, das geschieht, eher bescheiden sind.

Die Rechtslage ist meines Erachtens auch deshalb so zurückhaltend, weil die Zwangsverheiratung in Deutschland – unter der „urdeutschen" Bevölkerung – schon sehr lange keine Rolle mehr spielt. Mit der Zuwanderung von insbesondere muslimischen Menschen wird die Zwangsverheiratung wieder zu einem ernsten gesellschaftlichen Thema.

2. Das geltende Eheschließungsrecht

Nach dem geltenden Recht ist die Eheschließung entsprechend der deutschen Rechtstradition ein familienrechtliches Rechtsgeschäft, das durch die Willenserklärungen der Verlobten zustande kommt. Jedoch werden die allgemeinen Vorschriften der §§ 104 ff., 116 ff. des Bürgerlichen Gesetzbuchs (BGB) über die Folgen fehlerhafter Willenserklärungen gemäß § 1313 Satz 3 BGB durch die Sonderregelungen der §§ 1314 bis 1317 BGB verdrängt. Danach ist die fehlerhafte, weil mit einer Willensstörung behaftete Eheschließungserklärung grundsätzlich nicht nichtig oder vernichtbar, sondern wirksam. Nur die in § 1314 Absatz 2 Nr. 1 bis 4 BGB aufgeführten Störungen bei der Bildung des Ehewillens sind beachtlich und führen zur Aufhebbarkeit der Ehe. Dazu zählt nach § 1314 Abs. 2 Nr. 4 BGB insbesondere der Fall, dass ein Ehegatte zur Eingehung der Ehe widerrechtlich durch Drohung bestimmt worden ist. Erfasst ist dabei auch die Ankündigung, ein bestehendes Übel werde fortdauern, obwohl der Drohende zu dessen Beseitigung verpflichtet und in der Lage ist.[1] Damit setzt das Eherecht die nach ständiger Rechtsprechung des Bundesverfassungsgerichts[2] von Artikel 6 Abs. 1 des Grundgesetzes für die Bundesrepublik Deutschland (GG) geschützte Eheschließungsfreiheit, also das Recht jedes Menschen, die Ehe mit einem selbst gewählten Partner einzugehen, grundsätzlich adäquat um.

Das Gesetz zur Neuordnung des Eheschließungsrechts vom 4. Mai 1998[3] hat die Durchsetzung der Eheschließungsfreiheit dadurch erleichtert, dass nach § 1310 Abs. 1 S. 2 Halbsatz 2 BGB der Standesbeamte eine Mitwirkung an der Eheschlie-

1 Vgl. Hepting/Gaaz (1991), III-198; Müller-Gindullis (2000), § 1314 Rn. 26.
2 Vgl. Entscheidungen des Bundesverfassungsgerichts (BVerfGE) Band (Bd.) 29, S. 166, 175; Bd. 31, S. 58, 67 f.; Bd. 36, S. 146, 161; Bd. 76, S. 1, 42.
3 Bundesgesetzblatt (BGBl.) 1998 I S. 833.

ßung verweigern muss, wenn offenkundig ist, dass die Ehe nach § 1314 Abs. 2 BGB – also auch und gerade wegen einer widerrechtlichen Drohung – aufhebbar wäre; die entsprechenden Nachforschungsbefugnisse des Standesbeamten enthält § 5 Abs. 4 des Personenstandsgesetzes. Diese Regelung wurde insbesondere wegen der Problematik der sogenannten Scheinehen eingeführt. Die Standesbeamten sollten in die Lage versetzt werden, Nachforschungen anzustellen, um zu verhindern, dass die Eheschließung lediglich als „Eintrittsticket" für einen legalen Aufenthalt in der Bundesrepublik Deutschland dient. Die Zwangsverheiratung war als Thema zu diesem Zeitpunkt weder im Fokus der Öffentlichkeit noch im Bewusstsein der Politiker und des Gesetzgebers.

Damit sind die Fälle der Zwangsheirat vom geltenden Eheaufhebungsrecht zwar theoretisch grundsätzlich erfasst; in der Praxis handelt es sich aber eher um einen zahnlosen Tiger. Sowohl in den aktuellen gesetzlichen Regelungen selbst, als auch an der mangelnden praktischen Relevanz der gesetzlichen Regelungen zum Thema Zwangsverheiratung wird deutlich, dass nicht nur gesellschaftspolitische, sondern auch gesetzliche Veränderungen notwendig sind.

Während deutsche Standesbeamte wohl kaum einen Fall von Zwangsheirat wahrgenommen haben dürften, sind zum Beispiel Beamte im türkischen Generalkonsulat durchaus häufig mit der Problematik konfrontiert. Von den dortigen Mitarbeitern habe ich erfahren, dass sie durchaus Fälle von Zwangsheirat erkannt und zunächst die Zeremonie unterbrochen haben, um die Braut im Nebenzimmer zu befragen. Meist trauten sich die Bräute nicht, die Wahrheit zu sagen, weil die Täter natürlich ebenfalls an der Zeremonie teilnahmen und die Konsequenzen nicht absehbar waren. In einigen Fällen sollen Konsularbeamte die Eheschließung verweigert oder eine Ausrede gefunden haben, die Eheschließung auf einen späteren Zeitpunkt zu verschieben, um den Bräuten Gelegenheit zu geben, sich eventuell doch noch zu wehren.

Es gibt also einen großen Handlungsbedarf. Leider befinden wir uns in Deutschland noch in dem Stadium der Diskussion, ob es überhaupt sehr viele Zwangsverheiratungen gibt, ob es sich in der Mehrheit der Fälle nicht um arrangierte Ehen handelt, die schützenswert wären, und ob daher Gesetzesänderungen überhaupt notwendig seien. Natürlich sind sie notwendig, auch wenn sie alleine nicht ausreichen. Das sieht man schon an dem kleinen Beispiel mit den Standesbeamten. Während der türkische Konsularbeamte aufgrund seines kulturellen Hintergrunds wenigstens durchaus in der Lage ist, eine Zwangsverheiratung zu erkennen, steht der deutsche Standesbeamte auf verlorenem Posten. Er kann wohl kaum einschätzen, was Tradition, Kultur oder ein Zeichen für Zwang ist, z. B., dass eine türkische oder kurdische Braut dem deutsche Standesbeamten und allen anderen Anwesenden nicht in die Augen schaut und sich nur ganz widerwillig vom Bräutigam anfassen lässt. Kann man darin einen Zwang erkennen? Ich würde sagen, mit hoher Wahrscheinlichkeit, ja. Denn in der Regel freuen sich auch türkische und kurdische Frauen, wenn sie (freiwillig) heiraten.

Ich meine, dass wir es hier mit einer großen Überforderung für die urdeutschen Standesbeamtinnen und Standesbeamten zu tun haben. Es sollte daher über Maßnahmen nachgedacht werden, mit denen vor dem Termin zur Eheschließung eine eventuelle Zwangsheirat erkannt werden kann. Das kann zum Beispiel bei Verdacht ein verbindliches Interview für Eheschließende in Anwesenheit einer Person sein, die sich mit der einschlägigen Kultur auskennt. Dazu benötigen die Menschen, die beruflich mit Zwangsheirat konfrontiert werden können, neben den gesetzlichen Regelungen, die ihnen als Eingriffsinstrumentarien auf jeden Fall zur Verfügung gestellt werden müssen, auch ein entsprechendes Wissen über die Thematik. Ich würde sogar so weit gehen, dass bei einem ernsthaften Verdacht ein psychologisches Gutachten eingeholt werden sollte. Der Opferschutz muss schon an dieser Stelle ein größeres Gewicht bekommen und nicht erst, wenn die Zwangsverheiratung bereits vollzogen wurde.

3. Notwendigkeit der Intervention außerhalb des Zivilrechts

Betroffene Menschen benötigen nicht erst nach der zwangsweisen Eheschließung rechtlichen Rat und Hilfe, sondern schon bei der Anbahnung einer Zwangsheirat. Wirklich effektiven Rechtsschutz gibt es zwar in diesem Stadium, je nach Alter der Betroffenen, kaum. Dennoch suchen Betroffene Unterstützung im Recht. Sowohl im Strafrecht als auch im Zivilrecht sind jedoch kaum Eingriffsmöglichkeiten gegeben.

Da im absoluten Anfangsstadium einer Zwangsverheiratung kaum eine Straftat begangen wird, stellt sich z. B. gar nicht erst die Frage, ob eine Strafanzeige erstattet und ein Strafantrag gestellt werden sollte. Die Zeichen für eine Zwangsverheiratung sind in dieser Phase oft noch sehr subtil und kaum fassbar. Meist finden vereinzelte Gespräche zwischen den beteiligten Erwachsenen statt, die sich zunächst einig sein müssen. Die Betroffenen ahnen etwas oder haben zufällig etwas gehört. Mit welchen rechtlichen Mitteln soll hier gegen die Täter vorgegangen werden? Ich kenne keine Rechtsnorm, die an dieser Stelle effektive Hilfe leisten könnte. Und um welche Hilfe könnte es sich denn auch handeln? Was benötigen die betroffenen Menschen zu diesem Zeitpunkt, wie kann ihnen überhaupt geholfen werden? Bevor es zur Zwangsverheiratung kommt, also noch in der Anbahnungsphase, bleibt Betroffenen fast ausschließlich die Möglichkeit, sich räumlich von ihren Familien zu trennen. Das bedeutet, sie müssen in Zufluchtseinrichtungen, wie Frauenhäuser oder Wohngemeinschaften, untergebracht werden. Das ist mit Kosten verbunden und wirft deshalb oft die Frage auf, wer für die Unterbringung zahlt. Für erwachsene Frauen gibt es, wenn auch nicht ausreichende, Angebote. Für Minderjährige existieren ebenfalls verschiedene Zufluchtsmöglichkeiten. Bei einer Inobhutnahme einer Minderjährigen durch das Jugendamt stellt sich das zusätzliche Problem, dass die Eltern ihre Zustimmung hierzu erteilen müssen. Die Unterbringungssituation bei jungen Volljährigen sieht dagegen teilweise düster aus. Es gibt in der gesamten

Bundesrepublik nur wenige altersgerechte Einrichtungen, die junge Volljährige aufnehmen und deren Finanzierung sichern können.

Ich bin bei der Beratung von Menschen, die eine Zwangsverheiratung befürchten oder von deren Planung wissen, auf die Problematik gestoßen, dass die betroffenen Menschen große Angst haben, ihre Familie zu verlieren. Zudem war schnell klar, dass sie einen Ort benötigen, an dem sie zunächst einmal viel Ruhe finden, um sich zu sammeln. Das klingt nach „Wellness“, was es aber nicht ist. Denn die Tatsache, dass Minderjährige oder junge Volljährige sich gezwungen sehen, wegen einer Zwangsverheiratung ihre Familien zu verlassen, ist ein traumatisches Erlebnis. Die meisten haben nämlich zuvor keine andere Lebensform kennen gelernt, als in einer Familie zu existieren. Ohne Familie sind sie haltlos. Die Gefühle für die Familie sind meist sehr ambivalent, aber keineswegs endgültig ablehnend. Die meisten wünschen sich eine Lösung ohne Bruch mit der Familie. In diesen Situationen habe ich immer gesagt: „Das klingt wie ‚wasch mich, aber mach mich nicht nass‘“.

Wenn die Jugendlichen auch noch erfuhren, dass nach dem Kinder- und Jugendhilfegesetz (KJHG/SGB VIII)[4] zunächst die Zustimmung der Eltern eingeholt und im schlimmsten Fall ein Antrag bei Gericht gestellt werden muss, gerieten sie nicht selten in Panik. Dieser Umstand löst bei vielen Jugendlichen Ohnmachtsgefühle aus. So ohnmächtig, wie sie sich in ihren Familien gefühlt haben, so ohnmächtig fühlen sie sich gegenüber der Finanzierungsbürokratie. Es besteht meiner Ansicht nach daher dringender Änderungsbedarf im Kinder- und Jugendhilferecht, um sicherzustellen, dass von Zwangsverheiratung bedrohte Minderjährige Leistungen erhalten, ohne dass vorher die Zustimmung der Eltern eingeholt werden muss. Betroffene Jugendliche stehen bei dem Thema Zwangsheirat unter einem extremen Druck. Die Eltern werden in den seltensten Fällen zugeben, dass sie vorhaben, ihr minderjähriges Kind zu verheiraten. Deshalb besteht für die Eltern meist kein Grund, eine Zustimmung zu erteilen. Sie sind sich keines Unrechts bewusst; ihrem Verständnis nach wollten sie dem eigenen Kind etwas Gutes tun, nämlich es gut verheiraten.

Obwohl das Gesetz in § 41 SGB VIII ausdrücklich die Hilfe für junge Volljährige regelmäßig bis zum 21. Lebensjahr vorsieht, kämpfen viele Hilfseinrichtungen vergeblich für die Finanzierung der Plätze gerade bei jungen volljährigen Frauen, die von Zwangsheirat betroffen sind, aber keine sonstigen sichtbaren Gewaltanwendungen nachweisen können.

Da sehr viele Minderjährige und junge Volljährige von der Zwangsverheiratung betroffen sind, halte ich eine Regelung in diesem Bereich für unumgänglich. Die Eltern sollten keinen Einfluss mehr auf das Kind haben. Sie haben mit aller Deutlichkeit gezeigt, dass ihre Erziehungsfähigkeit ernsthaft bezweifelt werden darf.

---

4 Achtes Buch Sozialgesetzbuch – Kinder- und Jugendhilfe.

In diesem Stadium steht also die Finanzierungsproblematik im Vordergrund. Ganz tragisch wird es, wenn die Finanzierung abgelehnt wird und die Betroffene in die Familie zurück muss. Mag sein, dass die eine oder andere Minderjährige nicht so bedroht ist, wie sie es geschildert hat. Diese Ausnahmen können jedoch kein Anlass dafür sein, bei der Mehrzahl der Betroffenen zu schnell ablehnende Entscheidungen zu treffen. Frauen, die das 21. Lebensjahr überschritten haben, haben kaum eine andere Wahl, als in ein Frauenhaus oder eine Zufluchtswohnung zu gehen – es sei denn, sie haben private Kontakte und können dort für eine Weile untertauchen. Die Finanzierung des Lebensunterhalts und der Unterkunft wird aber auch für diese Frauen ein zentrales Problem für den Anfang ihrer neuen Freiheit sein.

Während es für weibliche Betroffene – wenn auch nicht gänzlich befriedigende – Angebote gibt, sieht es für männliche Betroffene unglaublich schlecht aus. Dabei sind auch Jungen und junge männliche Volljährige von Zwangsverheiratung betroffen. Ihnen kann man im Grunde nur raten, zu der Freundin zu flüchten, die sie meist haben, und, falls diese eine Wohnung hat, bei ihr oder anderweitig bei Bekannten unterzukommen. Da die öffentliche Debatte sich nahezu ausschließlich auf die weiblichen Betroffenen konzentriert, hat meines Erachtens auch noch keine ausreichende Sensibilisierung für die Situation der Jungen und jungen Männer stattgefunden. Daher haben wir noch sehr wenige männliche Jugendliche und Erwachsene in der Beratung. Darüber hinaus stellt es für sie ein viel größeres Problem dar, zuzugeben, dass jemand versucht, sie gegen ihren Willen zu verheiraten.

Bevor es zu einer Zwangsverheiratung kommt, gilt es also, sich räumlich zu trennen und für den neuen Lebensabschnitt eine Finanzierung zu erhalten.

4. Reformbedarf in verschiedenen Bereichen des Zivilrechts

4.1 Aufhebung der Ehe

Die Aufhebung der Ehe ist von der Scheidung der Ehe zu unterscheiden. Die Scheidung ist die formelle, juristische Beendigung einer Ehe, wenn zum Beispiel die Eheleute oder einer der Eheleute die Ehe als gescheitert ansehen und ihre Fortführung nicht mehr gewünscht ist. Die Rechtmäßigkeit der Ehe wird im Scheidungsverfahren nicht in Frage gestellt. Die Eheleute gelten in der Folge als geschieden. Die Eheaufhebung ist dagegen eine gerichtlich verfügte Beendigung einer Ehe aufgrund fehlerhafter Eheschließung. Das heißt, dass die Ehe aufgrund der Fehlerhaftigkeit ab dem Zeitpunkt der Eheaufhebung für nichtig erklärt wird.

Den meisten Menschen, die zwangsverheiratet wurden und eine Trennung wagen, ist es ein Anliegen, dass festgestellt wird, dass sie mit dem betreffenden Ehepartner niemals rechtmäßig verheiratet waren.

Wenn eine Person bereits zwangsverheiratet wurde, steht ihr die zivilrechtliche Möglichkeit zu, einen Antrag auf Aufhebung der Ehe zu stellen. Die Aufhebung der Ehe ist in den §§ 1313 bis 1318 BGB geregelt. Nach § 1314 Abs. 1 BGB kann eine Ehe aufgehoben werden, wenn sie entgegen den Vorschriften der §§ 1303, 1304, 1306, 1307, 1311 geschlossen worden ist. Ferner kann sie aus den in § 1314 Abs. 2 BGB genannten Gründen aufgehoben werden, namentlich dann, wenn „ein Ehegatte zur Eingehung der Ehe widerrechtlich durch Drohung bestimmt worden ist" (§ 1314 Abs. 2 Nr. 4 BGB).

4.2 Beweislast

Den Umstand, dass es durch eine Drohung zur Eheschließung gekommen ist, muss diejenige Person beweisen, die geltend macht, zu der Ehe gezwungen worden zu sein. Grundsätzlich ist an dieser Regelung nichts auszusetzen, weil sie dem Prinzip folgt, wonach diejenige Person, die einen Anspruch stellt, auch den Nachweis für diesen Anspruch erbringen sollte. Bei der Zwangsverheiratung kann es für die Betroffene jedoch in den meisten Fällen schwierig werden, allein den Nachweis über die Zwangsverheiratung zu führen. Sie oder er hat meist die gesamte Sippe gegen sich. Es sollte daher bei der Beweislast bezüglich einer Zwangsverheiratung gesetzlich verankerte Erleichterungen geben. Neben einer im Einzelfall zu überlegenden Beweislastumkehr könnten Modalitäten wie eidesstattliche Versicherungen von Zeugen und psychologische Gutachten der Parteien, ähnlich wie bei Sorgerechtsverfahren, durchaus hilfreich sein. Wobei selbstverständlich zu bedenken ist, dass eidesstattliche Versicherungen und psychologische Gutachten lediglich als Entscheidungshilfe für die Richter und Richterinnen dienen können.

4.3 Antragsberechtigung

Die Antragsberechtigung für die Aufhebung einer Ehe ergibt sich aus § 1316 BGB. Für die Fälle des § 1314 Abs. 2 Nr. 2 bis 4 BGB ist der dort genannte Ehegatte antragsberechtigt. Dies ist demnach bei einer Zwangsverheiratung nur der betroffene Ehegatte, also derjenige, der zur Eingehung der Ehe widerrechtlich durch Drohung bestimmt worden ist.

Auch hier sehe ich die Notwendigkeit einer Überarbeitung des Gesetzes. Es gibt durchaus Fälle, in denen die Betroffene eine Aufhebung beantragen würde, aber aus Angst vor Repressalien, die nicht per se von der Hand zu weisen sind, sich scheut, einen Antrag zu stellen. Es könnte durchaus sinnvoll sein, die Antragsberechtigung auf die Staatsanwaltschaft und das Jugendamt zu erweitern.

4.4 Antragsfrist

Ein Antrag auf Aufhebung der Ehe muss gemäß § 1317 Abs. 1 BGB innerhalb eines Jahres beim zuständigen Gericht gestellt werden. Die Frist beginnt mit Beendigung der Zwangslage; für einen minderjährigen Ehegatten nicht vor dem Eintritt der Volljährigkeit.

Diese Jahresfrist ist eine Hürde, die Eheaufhebungen im Falle von Zwangsheirat deutlich erschweren. Wenn die bereits zwangsverheirateten Frauen und Männer den Mut finden, rechtlichen Rat oder Beistand zu suchen, ist die Frist meist bereits abgelaufen, und es muss ein Scheidungsverfahren durchgeführt werden. Die meisten Menschen, die zwangsverheiratet wurden, sind kaum in der Lage, sich innerhalb eines Jahres von den Zwängen in der Familie derart frei zu machen, dass sie bei Ende einer offensichtlichen Zwangslage eine räumliche Trennung wagen. Die meisten Frauen, die ich beraten habe, lebten schon mehr als vier Jahre in einer Zwangsehe. Nicht selten hatten andere bereits ein Martyrium von 15 bis 20 Jahren hinter sich. Die Kinder waren nun groß genug oder aus dem Haus, so dass sie beruhigt die Familie verlassen konnten. Die meisten Frauen und erst recht die meisten Männer hätten in der überwiegenden Zahl der Fälle rein technisch jederzeit eine räumliche Trennung herbeiführen und einen Antrag auf Eheaufhebung stellen können. Sie waren aber psychisch nicht in der Lage dazu. Sie besaßen nicht die Kraft, gegenüber der Familie aufzubegehren. Vielen fiel es sogar schwer, das Thema Zwangsheirat ihren Familien gegenüber auch nur anzusprechen.

Eine Mandantin von mir, die im Alter von 14 Jahren (ihr Alter wurde für die Ehe um vier Jahre höher angegeben) mit einem Cousin verheiratet wurde, kam mit einem ihrer älteren Brüder zu mir in die Beratung. Der Bruder wollte nun, nach fast fünf Jahren Ehe und häuslicher Gewalt, seiner Schwester helfen, sich scheiden zu lassen. Als ich das Wort Zwangsheirat aussprach, wurde er wütend. Er sagte, das würde nicht stimmen. Meine Mandantin habe die Ehe selbst gewollt. Mir war klar, dass es sich um eine Zwangsheirat handelte. Aus rechtlicher Sicht blieb uns aufgrund der Fristenregelung bei der Eheaufhebung sowieso nichts anderes übrig, als eine Scheidung einzureichen. Denn die Mandantin lebte seit ihrer Geburt in Deutschland, sprach sehr gut Deutsch und kannte sich mit den Behörden recht gut aus. Dass sie sich dennoch in einer Zwangslage befand, wäre nur schwer zu beweisen gewesen. Wir mussten den Bruder also nicht davon überzeugen, dass es sich um eine Zwangsehe handelte, um eine Eheaufhebung zu beantragen. Ich konnte den Wunsch meiner Mandantin, die Zwangsverheiratung in dem Scheidungsantrag nicht zu thematisieren, ohne Probleme akzeptieren. Schließlich ist es „ihre Entscheidung“ bzw. die ihres Bruders. Sogar bei der Trennung entscheidet die Familie. Ich wusste aus ausführlichen Gesprächen mit ihr, dass sie es vorgezogen hätte, wenn sie rein rechtlich niemals mit ihrem Mann verheiratet gewesen wäre. Sie hat sich dennoch auch bei der Trennung dem Diktat der Familie unterworfen. Die betroffenen Frauen und Männer wollen die zwangsweise Verheiratung in einigen Fällen nicht ansprechen, um die Familie nicht noch mehr zu verärgern.

Wenn die Familie mit einer Scheidung einverstanden ist, ist das schon sehr viel für einige Frauen und Männer. Dennoch bedarf es einer Neuregelung bezüglich der einjährigen Antragsfrist für die Eheaufhebung. Denn für viele Menschen bedeutet es eine unglaubliche Belastung, mit einem ungeliebten Menschen auch nur als verheiratet gewesen zu gelten. Meines Erachtens ist daher unter Berücksichtigung des sozialen und familiären Kontexts von Zwangsverheirateten die Aufhebungsfrist von bislang einem Jahr ab dem Ende der Zwangslage für eine unter Zwang geschlossene Ehe (§ 1317 Abs. 1, § 1314 Abs. 2 Nr. 4 BGB) auf mindestens zehn Jahre zu verlängern oder gar gänzlich aufzuheben. Meine Erfahrungen zeigen einen durchschnittlichen Zeitrahmen von drei bis zehn Jahren, den Betroffene benötigen, um sich zur Wehr zu setzen. In der Debatte um die Verlängerung der Antragsfrist werden stets drei Jahre genannt. Ich halte jedoch auch drei Jahre für zu kurz.

Selbstverständlich sind wir mit der Frage konfrontiert, ob eine zu lange Frist nicht zu Rechtsunsicherheit führt. Meine generellen Bedenken bezüglich einer Frist beruhen auf der Tatsache, dass wir es bei der Zwangsverheiratung mit einer massiven Menschenrechtsverletzung zu tun haben. Können oder sollten Menschenrechtsverletzungen überhaupt verjähren? Da erübrigt sich die Frage, ob wir mit einer kurzen Frist schnell Rechtsfrieden schaffen sollten.

Es darf schließlich auch nicht übergangen werden, dass in der überwiegenden Anzahl der Fälle das Loslösen aus der Zwangsheirat nicht nur einen Bruch mit dem gesamten familiären und dem sozialen Umfeld bedeutet, sondern auch ein unkalkulierbares Risiko der Bedrohung und Verfolgung darstellt. Im Vordergrund stehen für diese Menschen daher zunächst die Sicherheit der eigenen Person und gegebenenfalls die der Kinder und sonstigen Angehörigen sowie die Schaffung einer neuen Existenz. Die finanzielle Situation ist bei den meisten Frauen nicht durch ein eigenes Einkommen gesichert. Es müssen also Anträge auf staatliche Hilfe gestellt werden. Da sie selten zuvor selbstständig mit Behörden in Kontakt getreten sind, benötigen diese Frauen meistens professionelle Hilfe, zumal sehr viele wirklich kaum Deutsch sprechen. Die Frauen suchen, wie gesagt, zunächst Ruhe und Distanz zur Familie, in der Hoffnung, bei ihrer Familie auf Akzeptanz bezüglich der Trennungsentscheidung zu stoßen. In dieser Phase verstärkt ein Antrag auf Eheaufhebung ganz oft die Emotionen und die Bedrohungssituation durch die Familie. Viele Mandantinnen von mir scheuten sich, einen Scheidungsantrag zu stellen, weil sie große Angst vor den emotionalen Reaktionen der Ehemänner und Familien hatten. Sie sagten ganz oft, dass sie lieber etwas warten wollten, bis das Gerede im sozialen Umfeld nachlasse. Ein Antrag auf Eheaufhebung bereitete ihnen meist noch größere Sorgen. Denn damit wäre verbunden, dass die Mandantin Details über die Zwangsverheiratung „öffentlich" macht und ganz besonders dem Ehemann gegenüber erklärt, dass sie mit ihm niemals eine Ehe gewollt hat.

Ich habe oft Reaktionen von Ehemännern erlebt, die so taten, als ob sie jetzt bei der Trennung zum ersten Mal realisierten, dass ihnen ihre Ehefrau mit Zwang zugeführt worden ist. Darunter befanden sich auch Fälle, in denen regelmäßig Vergewaltigungen stattfanden, weil sich die Frau von Anfang an gegen einen Verkehr mit dem Mann zur Wehr gesetzt hat. Auch in diesen Fällen schienen die Männer überrascht von dem Vorwurf der Zwangsehe. Erst wenn also ein stabiles soziales Umfeld geschaffen wird und eine emotionale Festigung eingetreten ist, kann von den Betroffenen der nächste Schritt, die Aufhebung der Ehe, in Angriff genommen werden. Erfahrungsgemäß dauert dies in den allermeisten Fällen länger als drei Jahre.

Es gibt keine Studien zu dieser Problematik, die meine Ausführungen belegen könnten. Aber es gibt einen Bericht der Fachkommission Zwangsheirat der Baden-Württembergischen Landesregierung vom Januar 2006. Unter dem Titel „Zwangsverheiratung ächten, Opferrechte stärken, Opferschutz gewährleisten, Prävention & Dialog ausbauen!" wird von Umfrageergebnissen berichtet, wonach von 91 Zwangsverheirateten, bei denen der Familienstand bekannt ist, 37 % noch in der Ehe und 27 % getrennt lebten. Lediglich 17 % waren geschieden, weitere 13 % hatten die Scheidung und nur 3 % die Eheaufhebung beantragt.[5] Die Befragung war sicherlich nicht repräsentativ und die Zahlen sind durchaus zu relativieren, aber sie zeigen dennoch, dass die derzeitige Regelung zur Eheaufhebung wohl nicht ausreicht.

Mag sein, dass die Eheaufhebung, wie oben bereits erwähnt, für die urdeutsche Gesellschaft keine große Rolle mehr spielt. Wo keine Zwangsverheiratung praktiziert wird, braucht es auch keine detaillierten gesetzlichen Regelungen. Deutschland muss sich aber seit geraumer Zeit mit der Problematik der Eheaufhebung im Hinblick auf die neuen Bürgerinnen und Bürger dieses Landes auseinandersetzen. Es werden immer mehr deutsche Staatsangehörige zwangsverheiratet. Dies ist eine ganz natürliche Folge dessen, dass unter anderem Türken oder Kurden, die Zwangsheirat praktizieren oder davon betroffen sind, die deutsche Staatsangehörigkeit annehmen. Daran kann man sehen, wie wenig aussagekräftig Statistiken und Studien sein können. Wenn gesagt wird, dass Deutsche nicht betroffen sind, gibt es demnach zwei Dinge zu korrigieren: Zum einen handelt es sich bei Zwangsverheiratung um ein gesamtgesellschaftliches Problem, das unabhängig von der Frage der Staatsbürgerschaft ist, zum anderen haben viele Betroffene die deutsche Staatsangehörigkeit und die Zwangsehe wird nicht selten vor einem deutschen Standesbeamten geschlossen.

Bei der Frage, ob eine Eheaufhebung oder eine Scheidung vorzuziehen ist, spielt das Trennungsjahr ebenfalls eine tragende Rolle. Je nach Fallkonstellation kann es für die Frau unerträglich sein, ein weiteres Jahr verheiratet zu bleiben. Wenn die Antragsfrist für die Eheaufhebung abgelaufen ist, bleibt ihr jedoch nichts anderes übrig. In einem Fall musste eine Mandantin tatsächlich das Trennungsjahr abwarten, weil für eine Eheaufhebung die Frist abgelaufen war. Sie war aber bereits schwanger von ihrem Freund. Das Kind kam im Trennungsjahr zur Welt. Der Ehegatte, mit dem sie zwangsverheiratet worden war, lebte mittlerweile wieder in der Türkei. Sowohl im Hinblick auf den Namen des Kindes als auch in Bezug auf das Sorgerecht gab es Komplikationen, denen wir mithilfe einer zeitnahen Eheaufhebung entgangen wären. Zwar beginnt die Ausschlussfrist nach § 1317 Abs. 1 S. 2 Halbsatz 1 BGB erst mit dem Ende der Zwangslage, und bei einer weiteren Drohung während der Zwangslage erst dann, wenn die durch die weitere Drohung begründete Zwangslage aufhört.[6] Eine Ausschlussfrist ist bei durch Zwangsheirat zustande gekommenen Ehen dennoch nicht gerechtfertigt, weil das Andauern der

5 Bericht der Fachkommission Zwangsheirat der Landesregierung (2006), S. 34.
6 Klippel (2000), § 1317 Rn. 10.

durch die Drohung begründeten Zwangslage gerade in den Fällen, in denen die Zwangsheirat mehr als fünf Jahre oder teilweise sogar schon 15 Jahre zurückliegt, nur schwer für die Betroffene zu belegen ist, auch wenn der Antragsgegner die Beweislast für die Behauptung trägt, die Zwangslage habe schon früher aufgehört, als von Antragstellerin angegeben.[7] Die Aufhebung einer Zwangsheirat darf meiner Ansicht nach nicht mehr an einer starren Frist scheitern. Ausgeschlossen sollte eine Aufhebung nur dann sein, wenn nach § 1315 Abs. 1 Nr. 4 BGB die Ehe durch den genötigten Ehegatten nachträglich bestätigt wird. Dies ist angemessen, weil nur der Bestand einer solchermaßen bestätigten Ehe den Schutz der Rechtsordnung verdient und dadurch den Besonderheiten des Einzelfalls ausreichend Rechnung getragen werden kann.

4.5 Unterhaltsrecht

Neben der Jahresfrist, die aufzuheben wäre, sehe ich eine Notwendigkeit, in Bezug auf Zwangsverheiratungen das Unterhaltsrecht sowie das gesetzliche Erbrecht zu novellieren. Die bisherige diesbezügliche Regelung in § 1318 BGB ist in vielerlei Hinsicht für die Entscheidung für eine Eheaufhebung eher hinderlich als förderlich, was im Einzelfall zur extremen Belastung für das Opfer von Zwangsheirat führen kann. Nach der jetzigen Rechtslage ist gemäß § 1318 BGB die Geltendmachung von Unterhalt bei einer Eheaufhebung nur ausnahmsweise, im Falle einer Scheidung unter bestimmten Voraussetzungen hingegen regelmäßig möglich. Der Ausnahmefall liegt vor, wenn die zur Zwangsheirat führende Drohung auch vom Ehegatten ausgegangen ist oder dieser zumindest davon Kenntnis hatte. Die Betroffenen müssen demzufolge nicht nur die Zwangsheirat an sich, sondern auch noch die Haltung des Ehegatten dazu beweisen. Ein Umstand, der eine Entscheidung für die Eheaufhebung definitiv erschwert. Eine „Importbraut", die auf Unterhaltszahlungen angewiesen ist, um ihr Aufenthaltsrecht nicht zu verlieren, wird sich regelmäßig gezwungenermaßen für eine Scheidung entscheiden. Gerade für Opfer von Zwangsheirat, denen es aus psychologischen Gründen nach der Trennung wichtig ist, den Quasi-Zustand des Nicht-Verheiratetseins wieder herzustellen, ist der finanzielle Druck eine unangemessene Härte. Es ist für diese Menschen immens wichtig, dass ein Gericht feststellt, dass ihnen Unrecht widerfahren ist. Es sollte daher unbedingt auch im Falle einer Eheaufhebung in Anlehnung an die Scheidung ein Unterhaltsanspruch bestehen. In den Fällen, in denen offensichtlich kein Trennungs- oder Ehegattenunterhalt geltend zu machen wäre, besteht diese Problematik selbstverständlich nicht. Da spielen dann meist andere Faktoren eine Rolle, warum von einer Eheaufhebung Abstand genommen wird. Denn im Ergebnis sieht es für die Opfer rechtlich meist besser aus, wenn sie eine Scheidung beantragen.

7 Ebd., Rn. 20; Müller-Gindullis (2000), § 1317 Rn. 9.

4.6 Erbrecht

Ein anderer wichtiger Bereich ist das Erbrecht. Nach den geltenden Vorschriften ist der Ehegatte auch dann erbberechtigt, wenn eine Zwangsheirat vorliegt, es sei denn, der zur Zwangsheirat genötigte Erblasser hat bereits einen Antrag auf Eheaufhebung rechtshängig gemacht. Nach § 1318 Abs. 5 findet § 1931 BGB (gesetzliches Erbrecht) nur in den dort genannten Fällen keine Anwendung. Meiner Ansicht nach besteht bei einer Zwangsheirat kein schutzwürdiges Interesse des erbberechtigten Ehepartners. Das gesetzliche Erbrecht sollte bei Vorliegen einer Zwangsheirat gänzlich ausgeschlossen und der Ausschluss zudem nicht abhängig von der Einleitung eines gerichtlichen Verfahrens sein. Das Charakteristische einer Zwangsheirat liegt darin, dass meist alle Familienmitglieder wissen, dass es sich um eine Zwangsheirat handelt, gleichzeitig aber ein Loyalitätszwang existiert, der es verbietet, diesen Begriff auch nur zu denken, geschweige denn ihn auszusprechen. Die dadurch erschwerte Nachweispflicht darf nicht zu Lasten der zwangsverheirateten Person gehen.

Eine gesetzliche Änderung würde demnach bedeuten, dass § 1318 Abs. 5 BGB um den Fall des Zustandekommens der Ehe durch widerrechtliche Drohung ergänzt werden müsste. Weiterhin sollte für den Fall des Todes des genötigten Ehegatten das gesetzliche Erbrecht des anderen Ehegatten auch dann ausgeschlossen sein, wenn noch kein Antrag auf Aufhebung der Ehe rechtshängig ist.

5. Ein besonderes Problem: das Geheimhaltungs- und Schutzbedürfnis

5.1 Gerichtszuständigkeit

Bei der praktischen Bearbeitung von Zwangsheiratsfällen stößt man auch bei der Zivilprozessordnung (ZPO) auf regelungsbedürftige Lücken bzw. Grenzen. Dies wird insbesondere dann deutlich, wenn eine zwangsverheiratete junge Frau mit einem oder mehreren Kindern betroffen ist, die berechtigterweise Angst vor einem Ehrenmord hat. Meist lebt so eine junge Frau in einem Frauenhaus und ist bemüht, jede Spur zu verwischen, bis Ruhe eingekehrt ist. Eine Auskunftssperre über ihre Meldeanschrift ist in solchen Fällen obligatorisch. Auch Jugendämter, Krankenkassen, Banken und Telefongesellschaften können um Geheimhaltung der Anschrift gebeten werden. Dies hilft aber leider nicht besonders viel, wenn es um die Zuständigkeit des Gerichts für die Eheaufhebung oder Scheidung geht. Nach § 606 ZPO ist das Gericht des Bezirks zuständig, in dem die Ehegatten noch gemeinsam wohnen oder zuletzt gemeinsam gewohnt haben. Wenn gemeinsame Kinder vorhanden sind, ändert sich jedoch die Zuständigkeit; sie folgt gemäß § 606 ZPO dem Wohnort des Kindes, d. h. eine Eheaufhebung/Scheidung kann nur an dem Familiengericht beantragt werden, das für den aktuellen Wohnort örtlich zuständig ist.

Für viele Frauen entsteht aufgrund dieser Zuständigkeitsregelung eine ziemlich unzumutbare Situation. Der Gegner erhält, wenn die Frau einen Antrag stellt, über die Zuständigkeit des Gerichts zumindest Kenntnis über den Bezirk, in dem sich die Frau mit den Kindern aufhält. Ich habe Fälle erlebt, in denen die Männer Urlaub genommen oder sogar ihre Arbeit gekündigt haben, um sich in dem Bezirk auf die Suche nach der Frau zu machen. Einige hatten dabei Erfolg. Dies bedeutet einen erheblichen Sicherheitsverlust. Die Frauen sind der Gefahr ausgesetzt, während der familiengerichtlichen Verfahren vom Ehegatten oder anderen Familienmitgliedern aufgespürt und umgebracht zu werden. Es ist daher allzu verständlich, wenn sich nach dem oben erwähnten Bericht der Fachkommission Zwangsheirat ca. 64 % gegen die Einleitung eines Scheidungs- oder Eheaufhebungsverfahrens entscheiden. Es kann natürlich auch vorkommen, dass der Ehemann einen Antrag auf Scheidung oder auf Umgang mit dem Kind stellt, und auf diese Weise von dem Bezirk erfährt, in dem sich die Frau aufhält.

5.2 Sorge- und Umgangsrecht

Ich habe Fälle bearbeitet, in denen der Mann einen Antrag auf Umgangsrecht stellte, obwohl er eigentlich keinerlei Interesse an den Kindern hatte, nur um die Frau zu finden. Und tatsächlich konnte er so mithilfe des Jugendamtes die Anschrift der Frau in Erfahrung bringen. In einem Umgangsverfahren und anderen Kindschaftssachen ist regelmäßig über das Familiengericht das Jugendamt zu beteiligen. Zuständig ist das Jugendamt am Wohnsitz des Kindes. In der oben genanten Variante werden dann jeweils die Jugendämter an den jeweiligen Wohnorten der Eltern beteiligt, die vor Ort die Verhältnisse klären und mit dem jeweiligen Elternteil bzw. den Kindern Kontakt aufnehmen können. Die Jugendämter haben die Möglichkeit, intern zu kooperieren, wobei das Jugendamt am früheren Wohnsitz meist die gerichtliche Vertretung übernimmt. Meiner Ansicht nach besteht keine Notwendigkeit, dass beide Jugendämter öffentlich in Erscheinung treten. Dies erhöht lediglich die Gefahr, dass die betroffene Frau aufgefunden wird.

5.3 Gemeinsame Anhörung

Eine weiteres Problem stellt die gemeinsame Anhörung vor dem Familiengericht dar. Gemäß § 613 ZPO ist die persönliche Anhörung/Vernehmung der Parteien im Eheaufhebungs-/Scheidungsverfahren vorgesehen und in der Regel wird das persönliche und gemeinsame Erscheinen beider Parteien vom Gericht auch gemäß § 141 ZPO angeordnet.

Selbstverständlich sind in atypischen Fällen Ausnahmen von dieser Regel möglich. Ich habe das oft praktiziert. Entweder bin ich allein bei einem Termin erschienen oder meine Mandantin wurde in meiner und der Anwesenheit des gegnerischen Anwalts gehört. Bei Zwangsheirat sollte es obligatorisch sein, die Parteien getrennt zu vernehmen. Der Gegenpartei steht es ja frei, seine Anwältin/seinen Anwalt zur Vernehmung zu schicken. Die persönliche Anwesenheit des Ehemannes ist in den seltensten Fällen für die Sachverhaltsaufklärung dienlich. Im Gegenteil, die Noch-

Ehemänner versuchen oft im Termin, die Frau mit Gesten, Blicken und Sprüchen zu verunsichern, und beleidigen sie manchmal in der eigenen Sprache, wenn sie sich nicht gehört und beobachtet fühlen. Einige Mandantinnen von mir wurden mitten in der Verhandlung als Hure, Schlampe etc. bezeichnet. Das kam besonders oft bei kurdischen Mandantinnen vor, wenn der Dolmetscher nur Türkisch sprach. Dann wurden meine Mandantinnen auf kurdisch beleidigt. Der Ehemann wähnte sich sicher und konnte loslegen. Es wäre daher zu überlegen, ob auch bei Scheidungsverfahren von Kurden immer ein Dolmetscher für beide Sprachen geladen wird. So kann eventuell der Druck ein wenig reduziert werden, unter den die Ehemänner die Frauen setzen.

Das größte Problem in Bezug auf den gemeinsamen Termin liegt jedoch woanders. Der Weg zum Gericht und wieder nach Hause und das Warten vor dem Saal können für die Mandantin zu einer regelrechten psychischen Tortur werden. Nicht selten habe ich meine Mandantinnen mit meinem eigenen Wagen in die Gerichtsgebäude hinein und wieder hinaus geschleust. Ich habe oft nach einem Scheidungstermin die Hintertür benutzt, damit ich mit meiner Mandantin dem Ehemann nicht in die Arme laufe. Die Richterin/der Richter kann eben nur während der Verhandlung einschreiten. Auf dem Weg von und zum Gericht und bei Wartezeiten im Gerichtsgebäude sind die Mandantinnen hingegen auf sich gestellt bzw. von ihrem Beistand abhängig. Natürlich bringen viele Mandantinnen deshalb Bekannte oder Freundinnen mit. Dies kann aber manchmal genau das Gegenteil bewirken, wenn sich die Gegenseite durch das massive zahlenmäßige Auftreten gereizt fühlt. Die gemeinsame Anhörung kann für die Mandantin solch eine Belastung bedeuten, dass sie nicht in der Lage ist, über die Umstände der Zwangsheirat zu berichten.

Man darf einfach nicht vergessen, dass viele dieser Frauen zum ersten Mal offiziell über ihre Zwangsehe sprechen. Das kostet extrem viel Überwindung und ist mit viel Scham und Angst verbunden. Die Vernehmung einer eingeschüchterten Zeugin ist selten sachdienlich und für die Aufklärung eines Falls geeignet. Im Hinblick auf die Bedrohungssituation gibt es ebenfalls eine Besonderheit bei Opfern von Zwangsverheiratung. Während Opfer anderer Gewaltdelikte in Strafverfahren meist nur von einem Täter bedroht werden, ist die Gefährdung für das Opfer von Zwangsheirat ungleich größer. Denn die „Familienehre" ist betroffen. Deshalb werden Opfer von Zwangsheirat von einem Großteil der Familie und dem sozialen Umfeld bedroht.

6. Ausblick und weitere Empfehlungen

6.1 Nach der Scheidung oder Eheaufhebung

Eine Trennung, Scheidung oder Eheaufhebung bringt nicht immer sofort eine Beruhigung der Situation mit sich. Die betroffene Frau gilt nun als „Freiwild". Wenn die Familie sie nicht verstoßen hat oder verfolgt, wird meist versucht, sie so schnell wie möglich wieder zu verheiraten. Es geht schließlich darum den Statusverlust auszugleichen. Eine zweite oder dritte Zwangsheirat ist durchaus üblich.

Ein sogenannter Ehrenmord, weil die Betroffen Widerstand gegen die Zwangsheirat ausgeübt hat, ist der schlimmste Fall, der aber leider tatsächlich auch vielfach verübt wird. Menschen, die Zwangsheirat praktizieren, hängen meist einem sehr traditionellen Ehrbegriff an. Demnach stellt die sexuelle Reinheit „ihrer" Frauen „ihre Ehre" dar. Eine Frau, die sich scheiden lässt, könnte mit vielen Männern Sex haben. Das gilt als untragbar. Ich habe ganz oft erlebt, dass es den Ex-Ehemännern in erster Linie darauf ankam, ob die geschieden oder getrennt lebenden Frauen mit einem anderen Mann sexuellen Kontakt haben. Wie oben beschrieben, wurden sie sogar im Gerichtssaal darauf angesprochen. Die Männer fragten mal leise mal laut, wie viele Männer die Mandantinnen seit der Trennung gehabt hätten.

6.2 Unrechtsbewusstsein

Jede Person, die an einer Zwangsehe mitgewirkt hat, wird erzählen, dass sie doch nichts Schlimmes getan habe. Die Verheiratung gegen den Willen eines Menschen ist so sehr verbreitet und in der Tradition gefestigt, dass meiner Ansicht nach eine Auflösung der Zwangsehe nur mit einer Bestrafung einhergehen kann. Nur so kann den Personen, die ganz selbstverständlich ihre Töchter verkaufen und nebenan in einem Zimmer sitzen, während ihre Töchter vergewaltigt werden, deutlich gemacht werden, dass sie an dem Mädchen/der Frau eine Straftat begehen. Es ist falsch zu denken, dass Traditionen geschützt werden müssen, wenn Menschenrechte verletzt werden.

6.3 Gesetzesänderungen

Der beste Schutz, den wir betroffenen Frauen und Mädchen bieten können, sind im Grunde genommen die bereits existierenden Menschenrechte. Diese Ansicht vertreten auch diejenigen, die meinen, wir bräuchten keine Gesetzesänderungen. Aber das ist zu kurz gedacht. Denn offensichtlich reichen die aktuellen Gesetze nicht aus. Wobei ich selbstverständlich der Ansicht bin, dass Gesetze und deren Reformen allein, wie in vielen anderen Bereichen auch, nicht ausreichen. Ganz wichtig sind daher die gesellschaftliche Ächtung der Zwangsverheiratung einerseits und die Hilfe, die den betroffenen Mädchen, Frauen, Jungen und Männern angeboten werden muss, andererseits. Schon im Vorfeld – am besten in der Schule – müssen Mädchen und Jungs aufgeklärt werden. Ihnen müssen Informationen über Hilfseinrichtungen gegeben werden. Es müssen Untersuchungen zum Thema vorgenommen werden, damit wir die Öffentlichkeit mit Zahlenmaterial versorgen können.

6.4 Kinder

Sexuelle Ausbeutung, Vergewaltigung und permanente häusliche Gewalt sind bei Zwangsverheiratungen an der Tagesordnung. Die Mädchen und Frauen haben keinen oder nur sehr geringen Einfluss darauf, ob und wie oft sie schwanger werden. Ungewollte Kinder sind fast zwangsläufig die Folge. Nicht selten werden bei einer Zwangsverheiratung Kinder zu Müttern. Nicht selten sind die Kinder Folge einer Vergewaltigung. Bei einigen Frauen werden diese Kinder dennoch zum einzigen Halt. Andere übertragen ihre aus der ungewollten Ehe und Schwangerschaft resultierende Frustration auf die Kinder. Eine Gesellschaft kann nicht ernsthaft ein Interesse daran haben, solche ungesunden, unglücklichen Familien zu schaffen und zu fördern sowie den Kindern nach einer Trennung nicht die Möglichkeit zu geben, endlich zur Ruhe zu kommen.

Ein weiterer sehr spezieller Bereich sind daher die Regelungen zum Sorgerecht. Gerade bei Scheidungen von Zwangsehen habe ich die Erfahrung gemacht, dass die Regelung des gemeinsamen Sorgerechts in § 1626 BGB eine zusätzliche Belastung für die betroffene Frau und die Kinder darstellt.

Im Hinblick darauf, dass Kindern wenigstens nach der Trennung erspart werden sollte, zwischen ihren Eltern, die sich nie geliebt haben, zerrieben zu werden, sollte das Sorgerecht sowohl bei Scheidungen als auch bei Eheaufhebungen in Folge von Zwangsverheiratungen angemessen reformiert werden. Bei einigen der Ehrenmorde, die in Berlin in den letzten Jahren geschehen sind, und bei diversen Körperverletzungsfällen, die ich bearbeitet habe, wurde deutlich, dass eine Umgangsregelung nach einem Ausbruch aus einer Zwangsehe durchaus zu einer Eskalation der Emotionen führen kann. Selbstverständlich ist zu berücksichtigen, dass Kinder einen Anspruch auf Umgang mit dem Vater und umgekehrt haben. Es ist jedoch im Einzelfall zu prüfen, ob in Fällen von Zwangsheirat eine längere zeitliche Beschränkung des Umgangs nicht eher dem Kindeswohl entsprechen würde als eine zu häufige Begegnung der Eltern. Die Gefahr, dass die Frauen getötet werden, und zwar in Gegenwart der Kinder, schwebt über fast jedem Fall von Zwangsheirat.

6.5 Fazit

Es gibt leider viele Menschen, die Zwangsverheiratungen als Ausnahme bezeichnen. Es gibt daher auch die Ansicht, dass in der öffentlichen Debatte die Ausnahme zur Regel und die Regel zur Ausnahme gemacht werden. Meiner Ansicht nach ist die Dunkelziffer so hoch, dass wir es mit einem massiven gesellschaftlichen Problem zu tun haben.

Zwangsverheiratung ist Gewalt. Die Verharmlosung von Gewalt ist auch Gewalt. Eine Gesellschaft macht sich mitschuldig an dieser Gewalt, wenn sie diese Gewalt nicht ausreichend ächtet und rechtlich ahndet.

Literatur

Bericht der Fachkommission Zwangsheirat der Landesregierung (2006), Zwangsverheiratung ächten, Opferrechte stärken, Opferschutz gewährleisten, Prävention & Dialog ausbauen! Problembeschreibung, Statistik und Handlungsempfehlungen, hrsg. v. Ausländerbeauftragten der Landesregierung Baden-Württemberg Justizminister Prof. Dr. Ulrich Goll, verfügbar unter: http://www.auslaenderbeauftragter.de oder http://www.jum.baden-wuerttemberg.de/servlet/PB/menu/1153467/index.html (abgerufen am 5.4.2007).

Hepting, Reinhard/Gaaz, Berthold (begr. von Franz Massfeller und Werner Hoffmann) (1991), Personenstandsgesetz. Kommentar, Ordner III, Frankfurt a. M./Berlin: Verlag für Standesamtswesen.

Klippel, Diethelm (2000), § 1317, in: Julius von Staudinger (Begründer)/Heinz Hübner (Redaktor)/u. a., J. von Staudingers Kommentar zum Bürgerlichen Gesetzbuch mit Einführungsgesetz und Nebengesetzen. Viertes Buch. Familienrecht. Einleitung zu §§ 1297 ff; §§ 1297–1302; Nichteheliche Lebensgemeinschaft (Anhang zu §§ 1297 ff); §§ 1303–1362, 13. Bearbeitung, Berlin: Sellier-de Gruyter, S. 396–402.

Müller-Gindullis, Dierk (2000), § 1314 [Aufhebungsgründe] und § 1317 [Antragsfrist], in: Kurt Rebmann/Franz Jürgen Säcker/Roland Rixecker (Hrsg.), Münchener Kommentar zum Bürgerlichen Gesetzbuch. Band 7. Familienrecht I. §§ 1297–1588. VAHRG. VAÜG. HausratsV, 4. Auflage, München: Beck, S. 173–180 und 188–191.

Verfangen im Netz des Aufenthaltsrechts. Aufenthaltsrechtliche Liberalisierungen als zentraler Bestandteil von Präventions- und Interventionsstrategien

Dagmar Freudenberg

1. Problemstellung

Nicht jede Migrantin und nicht jeder Migrant in Deutschland ist von Zwangsverheiratung betroffen. Das Problem der Zwangverheiratung ist ursprünglich nicht nur ein Problem nichtdeutscher Kulturen. Auch in Deutschland gab es Formen von Zwangsverheiratung aus Gründen des gesellschaftlichen Standes oder der Vermögensmehrung. Diese Sachverhalte dürften indes aktuell zahlenmäßig nicht mehr ins Gewicht fallen und haben mit den hier zu lösenden Problemen von Zwangsverheiratung nichts zu tun.

Die Problematik der Zwangsverheiratung ist auch nicht stets und ausschließlich mit nichtdeutscher Staatsbürgerschaft verknüpft. Sie ist bei deutschen Staatsangehörigen mit familiärem Migrationshintergrund ebenso vertreten wie bei ausländischen Staatsangehörigen. Ihre Ursprünge liegen zumeist auch nicht in – in der theologischen Ableitung durchaus streitigen – religiösen Grundüberzeugungen, sondern basieren eher auf kulturellen und tradierten Verhaltensmustern.

Gemeinsam ist indes allen Fällen von Zwangsverheiratung, dass sie nicht offen zutage treten, sondern zu den sogenannten secret crimes gezählt werden müssen. Zumeist leben die Betroffenen isoliert in Deutschland, da ihr Partner aus Angst vor Entdeckung und Zugriffsmöglichkeiten auf das Opfer versucht, Kontaktaufnahmen von Außenstehenden zu dem Opfer und vom Opfer zu Personen, die nicht der Familie angehören, weitgehend einzuschränken oder gänzlich zu unterbinden. Der Partner und mit ihm die Familie oder sogar die Großfamilie praktizieren Kontrollverhalten bis hin zur totalen Abschottung.

Das bedeutet, dass ein erster Schritt zur Bekämpfung der Zwangsverheiratung darin bestehen muss, derartige Verhältnisse aufzudecken, als Zwangsverheiratung zu identifizieren und sodann die Isolation in einer Weise aufzubrechen, die die betroffenen Opfer nicht physisch und psychisch an Leib und Leben gefährdet. Dies setzt einen Konsens über die Definition von Zwangsverheiratung ebenso voraus wie eine Analyse der juristischen Möglichkeiten und der realen Gefährdungen und bedingt ein umsichtiges interdisziplinäres Vorgehen bei der Umsetzung in die Praxis.

2. Definitionen/Fallkonstellationen

Zwangsverheiratung stellt einen eindeutigen Verstoß gegen die Allgemeine Erklärung der Menschenrechte von 1948 sowie verschiedener Menschenrechtsverträge und damit eine Menschenrechtsverletzung dar. Sie muss deshalb in unserer Gesellschaft geächtet und geahndet, die Opfer müssen stabilisiert, gestärkt, unterstützt und nachhaltig geschützt werden. Hierüber besteht in den verschiedenen gesellschaftlichen Gruppen Einigkeit. Aus diesem Grund ist der Tatbestand der Zwangsverheiratung seit dem 19. Februar 2005 in § 240 Absatz 4 Strafgesetzbuch (StGB) als besonders schwerer Fall der Nötigung unter Strafe gestellt.[1]

Nach Artikel 6 des Grundgesetzes für die Bundesrepublik Deutschland (GG) hat jeder Mensch das Recht auf freie Partnerwahl. Umgekehrt bedeutet dies, dass niemand gegen seinen Willen in eine Beziehung gezwungen oder in ihr (fest-)gehalten werden darf. Dabei reicht das Spektrum des in diesem Zusammenhang eingesetzten Zwanges von Überredung über wirtschaftlichen Druck und den Aufbau einer Drohkulisse bis hin zur Anwendung direkter, massiver Gewalt. Die einzelnen Szenarien sind dabei so vielfältig wie die negative menschliche Fantasie. Insbesondere die Drohkulisse umfasst den gesamten Bereich von der Isolation im sozialen Umfeld, über den vollständigen Ausschluss aus der (sozialen) Gemeinschaft bis zur Androhung von physischer Gewalt gegenüber dem Opfer.

Die Suche nach einer Definition der Zwangsverheiratung führt dabei im Ergebnis zunächst zu einem grundlegenden, aus der Ethnologie bekannten Dilemma. Danach gibt es grundsätzlich zwei Sichtweisen auf die Thematik der Zwangsverheiratung: Die kulturrelativistische Sichtweise zielt darauf ab, die Problematik aus dem Kontext der fremden Kultur heraus zu verstehen und gegebenenfalls zu rechtfertigen. Aus der Sichtweise der universellen Ethik heraus wird die eigene, kulturell und historisch determinierte Sichtweise für allgemeingültig erklärt. Dieser Sichtweise wird der Vorwurf des Ethnozentrismus entgegengehalten. In der Allgemeinen Erklärung der Menschenrechte ist allerdings die Sichtweise der universellen Ethik zugrunde gelegt.

Um diesem Dilemma zu entgehen, erscheint eine Definition der Zwangsverheiratung nach den möglichen Fallkonstellationen sinnvoll. Allerdings birgt dies die Gefahr der Ausgrenzung von (derzeit nicht überschaubaren) Sachverhalten. Gleichwohl kann festgestellt werden, dass es abhängig von den Umständen des jeweiligen Einzelfalles verschiedene Begriffe und Definitionen gibt, die typische Fälle von Zwangsverheiratung charakterisieren. Dabei lassen sich die folgenden vier Fallkonstellationen voneinander abgrenzen. Zwangsverheiratung liegt danach vor bei:

1 § 240 StGB lautet auszugsweise: „(1) Wer einen Menschen rechtswidrig mit Gewalt oder durch Drohung mit einem empfindlichen Übel zu einer Handlung, Duldung oder Unterlassung nötigt, wird mit Freiheitsstrafe bis zu drei Jahren oder mit Geldstrafe bestraft. … (4) In besonders schweren Fällen ist die Strafe Freiheitsstrafe von sechs Monaten bis zu fünf Jahren. Ein besonders schwerer Fall liegt in der Regel vor, wenn der Täter 1. eine andere Person zu einer sexuellen Handlung oder *zur Eingehung der Ehe nötigt*, 2. …“

1. einer von Familienangehörigen oder Dritten entschiedenen, ohne Mitbestimmung seitens der zu verheiratenden Partner zustande gekommenen Eheschließung unter in Deutschland lebenden Personen mit Migrationshintergrund („Zwangsheirat mit Ausweisungsrisiko");

2. einer Eheschließung von in Deutschland lebenden Personen mit Migrationshintergrund mit jungen, teils minderjährigen Personen aus dem Herkunftsstaat, ohne dass diese an der Entscheidung mitbestimmend beteiligt sind, gefolgt von einer Einreise dieser Personen im Rahmen des Ehegattennachzugs nach Deutschland („Importbraut", „Importbräutigam");

3. einer von Familienangehörigen oder Dritten entschiedenen, ohne Mitbestimmung seitens der zu verheiratenden, in der Regel minderjährigen Partner zustande gekommenen Verlobung oder Eheschließung anlässlich eines vorübergehend geplanten Aufenthalts im Ausland, wobei die ausreisenden Partner gegen ihren Willen im Ausland verbleiben („Heiratsverschleppung");

4. einer von Familienangehörigen oder Dritten entschiedenen, ohne Mitbestimmung seitens der zu verheiratenden, in der Regel volljährigen in Deutschland mit gesichertem Aufenthaltsstatus lebenden Partner zustande gekommene Eheschließung anlässlich eines vorübergehenden Aufenthalts im Ausland zum Zweck der legalen Einwanderung für die verheiratete Person aus dem Ausland („Verheiratung für ein Einwanderungsticket").

Darüber hinaus gibt es weitere, im Einzelnen näher zu klärende Begriffe, die Sachverhalte bezeichnen, deren Einordnung als Zwangsverheiratung teilweise streitig ist:

- die Imamehe;
- die Handschuh- oder Stellvertreterehe;
- die arrangierte Ehe;
- die Ehe auf Zeit;
- die Vernunftehe.

Diese Formen sind nicht von vornherein als Zwangsverheiratung einzustufen.[2] Jedoch muss auch bei diesen Erscheinungsformen mit bedacht werden, dass aus einer ursprünglich (einverständlich) abgesprochenen Ehe im Verlauf der Zeit eine Zwangssituation werden kann, nämlich dann, wenn sich die Beziehung durch einen Partner zu Lasten der Autonomie des anderen Partners im Wege der Isolation, Kontrolle und des Drucks bis hin zur Ausübung psychischer und physischer Gewalt verändert. Diese auch aus dem allgemeinen Bereich der häuslichen Gewalt bekannten Phänomene sind dann besonders wahrscheinlich, wenn der unterdrückende Partner seine vermeintlichen Rechte in Gefahr wähnt. Die dann

2 Zu Definitionen und einer Einordnung dieser Phänomene siehe auch den Beitrag von Gaby Straßburger in diesem Band.

auftretenden Handlungsmuster sind folglich zwar nicht ursprünglich solche der Zwangsverheiratung, haben jedoch dieselben Erscheinungsformen und Auswirkungen. Das bedeutet im Ergebnis jedoch, dass sie nicht als Zwangsverheiratung eingeordnet werden können, sondern nur mit den für häusliche Gewalt zur Verfügung stehenden juristischen Mitteln zu bekämpfen sind.

Um letztendlich zu einer tragfähigen Entscheidungsgrundlage für die im Zusammenhang mit dem Thema Zwangsverheiratung zu behandelnden Fälle und damit auch zu verlässlichen Definitionen zu gelangen, ist die wissenschaftliche Erforschung der Phänomene und Erscheinungsformen der Zwangsverheiratung unerlässlich. Aussagekräftiges Zahlenmaterial liegt derzeit noch nicht vor. Erforderlich ist nicht nur eine wissenschaftliche Datensammlung zu tatsächlichen Erscheinungsformen der Zwangsverheiratung. Sinnvoll erscheint in diesem Zusammenhang vielmehr auch eine Datensammlung zu rechtlichen Lösungsansätzen in anderen Staaten Europas.[3]

3. Ausländerrechtliche Probleme

Um den Opfern der Zwangsverheiratung helfen und sie aus ihrer Zwangssituation herauslösen zu können, müssen grundsätzlich zunächst ihre Isolation durchbrochen und sie selbst stabilisiert werden. In der Praxis hat sich in der weit überwiegenden Zahl der Fälle herausgestellt, dass für eine Stabilisierung der von Zwangsverheiratung betroffenen Opfer ein gesicherter aufenthaltsrechtlicher Status unverzichtbar ist. Nur dann, wenn sich die Opfer sicher vor den sie bedrohenden Personen fühlen können, kann eine Herauslösung aus ihrer Situation verantwortet und eingeleitet werden. Dies ist demzufolge dann nicht der Fall, wenn sie aus aufenthaltsrechtlichen Gründen auf einen Verbleib bei ihrem Peiniger angewiesen sind. Entsprechend den zuvor beschriebenen vier Fallkonstellationen sind folgende, zum Teil fallübergreifende Problembereiche der aufenthaltsrechtlichen Regelungen zu lösen:

3.1 Eigenständiges Aufenthaltsrecht bei Auflösung der Ehe

Bei Fällen von Zwangsverheiratungen zwischen in Deutschland lebenden Partnern sind aufenthaltsrechtlich zwei Gruppen zu unterscheiden: zum einen die Gruppe, bei der beide Partner bereits vor der Ehe ein stabiles Aufenthaltsrecht besitzen, und zum anderen die Gruppe, wo der von Zwangsverheiratung betroffene Partner sein Aufenthaltsrecht vom anderen Partner ableitet. Will sich bei der letztgenannten Gruppe das Opfer aus der Zwangsehe befreien, bekommt es eine eigenständige Verlängerung der bisher abgeleiteten Aufenthaltserlaubnis (nur) dann, wenn die eheliche Lebensgemeinschaft bereits zwei Jahre bestanden hat (§ 31 Abs. 1 Nr. 1

3 Zu Einzelheiten des notwendigen wissenschaftlichen Datenmaterials siehe die Beiträge von Monika Schröttle, Yasemin Karakaşoğlu und Sakine Subaşı sowie Rainer Strobl und Olaf Lobermeier in diesem Band.

Aufenthaltsgesetz[4] – AufenthG). Zeiten des Getrenntlebens werden bei der Berechnung dieser zweijährigen Ehezeit nicht berücksichtigt; die Ehezeit im Übrigen wird anhand der Angaben der Ehegatten auch im Scheidungsverfahren und/oder im Wege der Vernehmung von Zeugen festgestellt.[5] Eine Ausnahme von dieser Frist ist dann möglich, wenn es zur Vermeidung einer besonderen Härte erforderlich ist, dem Ehegatten den weiteren Aufenthalt zu ermöglichen, § 31 Abs. 2 AufenthG. Für die Frage, ob eine solche Härte vorliegt, knüpft das Gesetz an die Beeinträchtigung der schutzwürdigen Belange des Ehegatten und die Frage der Zumutbarkeit des Festhaltens an der Ehe an. Schutzwürdige Belange, die ein Festhalten an der Ehe unzumutbar machen, könnten beeinträchtigt sein, wenn bei häuslicher Gewalt vermehrt erhebliche strafrechtlich relevante Übergriffe auftreten. Allerdings wird der Begriff der besonderen Härte in diesem Zusammenhang von der Rechtsprechung eng ausgelegt.[6] Ob der Fall der Zwangsverheiratung als ein Fall der Unzumutbarkeit des Festhaltens an der Ehe erfasst ist, ist deshalb damit noch nicht festgelegt. Die in einer Zwangsehe gegenüber dem Opfer angewandten Mittel zur Unterordnung sind nicht nur von offener Gewalt, sondern zumeist von subtileren Mitteln der Unterdrückung geprägt. Typisch ist in diesem Zusammenhang die Ankündigung, das gegen die Vorherrschaft des Mannes gerichtete Abwehrverhalten des Opfers in der Familie öffentlich zu machen. Diese Ankündigung, die nur schwer als strafrechtlich relevante Drohung zu klassifizieren ist, bewirkt bei dem Opfer in der Regel wegen der ihm bewussten, unterschiedlich ausgeprägten Möglichkeiten der Disziplinierung durch die Familie ein schnelles Einlenken und erneute Unterordnung. Strafrechtlich relevantes Drohverhalten im Sinne häuslicher Gewalt ist dies (noch) nicht, die Einordnung als besondere Härte im Sinne von § 31 Abs. 2 AufenthG ist demzufolge fraglich. Mit der sich hieraus ergebenden Rechtsunsicherheit besteht die realistische Gefahr für das Opfer, bei Scheidung vor Ablauf der Ehezeit von zwei Jahren in das Ursprungsland abgeschoben zu werden, wo es häufig Isolation und Verfolgung durch die dort verbliebenen Mitglieder des Familienverbandes ausgesetzt ist, was bis hin zur Todesgefahr für diese Opfer führen kann. Dadurch werden die Opfer der Zwangsverheiratung, also in der Regel die Frauen, faktisch zum Verbleib in ihrer von Isolation und Unterdrückung geprägten Ehe für mindestens zwei Jahre gezwungen, was im Ergebnis eine bewusste Inkaufnahme einer Fortsetzung der durch Zwangsverheiratung begründeten Menschenrechtsverletzung bedeutet. Es sollte deshalb grundsätzlich nicht nur Gewalt in der Ehe, sondern auch allein die Tatsache der Zwangsverheiratung dafür ausreichend sein, Frauen, denen es gelingt, aus der Zwangsehe zu fliehen, sofort ein eigenständiges Aufenthaltsrecht ohne Befristung zusprechen zu können. Dass die Regelung im Rahmen der Härtefallklausel des § 31 AufenthG dafür nicht ausreicht, zeigt die zitierte Rechtsprechung.

4 Gesetz über den Aufenthalt, die Erwerbstätigkeit und die Integration von Ausländern im Bundesgebiet vom 30. Juli 2004 (BGBl. 2004 I S. 1950), zuletzt geändert durch die Bekanntmachung vom 26. Januar 2007 (BGBl. 2007 II S. 127).

5 Oberverwaltungsgericht (OVG) für das Land Nordrhein-Westfalen, 18. Senat, Beschluss vom 27. 7. 2006 - (Aktenzeichen) 18 A 1151/06; OVG des Landes Sachsen-Anhalt, 2. Senat, Beschluss vom 15. 8. 2006 - 2 M 260/06.

6 Vgl. OVG des Landes Sachsen-Anhalt, 2. Senat, Beschluss vom 15. 8. 2006 - 2 M 260/06; Verwaltungsgericht (VG) Ansbach, 19. Kammer, Urteil vom 7. 12. 2006 - AN 19 K 06.03429; andererseits OVG für das Land Nordrhein-Westfalen, 18. Senat, Beschluss vom 12. 7. 2006 - 18 B 119/06.

Zwar wurde im Evaluierungsbericht des Bundesministeriums des Innern (BMI) zum Zuwanderungsgesetz[7] noch gefordert, die Frist bis zur Erlangung eines eigenständigen Aufenthaltsrechts in § 31 Abs. 1 Nr. 1 AufenthG von zwei Jahren auf drei Jahre heraufzusetzen; jedoch scheint diese Forderung nunmehr nicht mehr Gegenstand des Gesetzgebungsverfahrens zu sein. Eine entsprechende Regelung fehlt jedenfalls in dem vom Bundeskabinett am 28. März 2007 beschlossenen Gesetzentwurf.[8] Soweit dieser Gesichtspunkt in Zusammenhang mit dem Stichwort „Scheinehe" diskutiert und bewertet wird, erscheint zumindest die Ausgangshypothese nicht unproblematisch, dass das eigenständige Aufenthaltsrecht des Ehegatten bei Auflösung der ehelichen Lebensgemeinschaft Missbrauchsmöglichkeiten eröffnet, die durch Heraufsetzung der Frist auf eine dreijährige Ehedauer bekämpft werden könnten.[9] Dies würde angesichts der Rechtsprechung zu Ehezeitdauer und besonderer Härte die Situation der betroffenen Opfer weiter verschlimmern. Dies gilt in verstärktem Maß in den Fällen, in denen keine Aufenthaltserlaubnis vorliegt, sondern die Aufenthaltsberechtigung nur auf einer Aufenthaltsgestattung oder Duldung beruht. In diesen Fällen hängt die Frage einer Rückkehrverpflichtung von einer letztlich gerichtlichen Prüfung und Entscheidung im Einzelfall ab, die je nach Herkunftsland und teilweise sogar innerhalb des Herkunftslands nach Regionen unterschiedlich ausfallen kann und für die Betroffenen schon deshalb unkalkulierbar ist.[10]

Es erscheint deshalb unverzichtbar, in Fällen der Zwangsverheiratung ein eigenständiges Aufenthaltsrecht bei Auflösung der Ehe auch schon vor Ablauf von zwei Jahren in § 31 Abs. 2 AufenthG ausdrücklich vorzusehen.

3.2 Kein Erlöschen des Aufenthaltstitels nach sechs Monaten im Fall der Zwangsverheiratung im Ausland

Das geltende Recht sieht in § 51 Abs. 1 Nr. 7 AufenthG vor, dass ein rechtmäßig bestehender Aufenthaltstitel eines Ausländers erlischt, wenn der Ausländer ausgereist und nicht innerhalb einer Frist von sechs Monaten oder einer von der Ausländerbehörde bestimmten längeren Frist wieder eingereist ist. In Fällen der

7 BMI, Bericht zur Evaluierung des Gesetzes zur Steuerung und Begrenzung der Zuwanderung und zur Regelung des Aufenthalts und der Integration von Unionsbürgern und Ausländern (Zuwanderungsgesetz), Juli 2006 (hiernach „Evaluierungsbericht"), S. 111.

8 Entwurf eines Gesetzes zur Umsetzung aufenthalts- und asylrechtlicher Richtlinien der Europäischen Union, verfügbar unter: http://www.bundesregierung.de (abgerufen am 13. 4. 2007).

9 Evaluierungsbericht, S. 110 f.

10 In der Rechtsprechung finden sich Beispiele zu folgenden Staaten: *Togo*: VG Freiburg (Breisgau), Entscheidung vom (Entsch. v.) 26. 1. 05 - A 1 K 11012/03; *Türkei* („Ehrenmord" wegen Heiratsverweigerung): Niedersächsisches OVG, Entsch. v. 4. 2. 05 - 11 A 17/06; *Ägypten* (Muslimbrüderschaft): VG Ansbach, Entsch. v. 28. 6. 05 - AN 5 S 05.00846; *Türkei* (syrisch-orthodoxe Christen aus dem Tur Abdin): Verwaltungsgerichtshof (VGH) Baden-Württemberg, Entsch. v. 27. 10. 05 - A 12 S 603/05; *Kamerun*: VG Hamburg, Entsch. v. 7. 11. 05 - 4 A 1970/05; *Iran*: VG Stuttgart, Entsch. v. 23. 1. 06 - A 11 K 13008/04; *Irak* (Chaldäische Christen): VG Ansbach, Entsch. v. 3. 2. 06 - AN 9 K 04.30920; *Türkei* (Kurden): VG Augsburg, Entsch. v. 6. 3. 06 - AU 4 K 05.30183; *Afghanistan* (Paschtunen): VG Mainz, Entsch. v. 9. 3. 06 - 1 K 924/05.MZ; *Togo*: Bayerischer VGH, Entsch. v. 14. 3. 06 - 25 ZB 06.30310; *Afghanistan* (Hindus oder Sikhs): VG Ansbach, Entsch. v. 23. 8. 06 - AN 11 K 06.30605; Syrien: VG Oldenburg, Entsch. v. 4. 9. 06 - 11 A 436/06; *Afghanistan*: Schleswig-Holsteinisches VG, Entsch. v. 29. 9. 04 - 12 A 85/06; *Türkei*: VG Aachen, Entsch. v. 11. 10. 06 - K 4487/04; *Tadschikistan*: VG Minden, Entsch. v. 6. 11. 2006 - 9 K 1614/06.A.

Heiratsverschleppung[11] besteht von den die Zwangsverheiratung organisierenden Familienmitgliedern kein Interesse, eine längere Frist zur Wiederkehr von der Ausländerbehörde vor der Verheiratung zu erlangen, so dass die sechsmonatige Frist die Regel sein wird. Faktisch bedeutet dies für die ins Ausland verschleppte zu verheiratende Person, dass sie innerhalb dieser Zeit die Umstände ihrer Zwangsverheiratung realisieren, ihnen entfliehen und die Rückkehr betreiben muss. Dass dies gelingen könnte, dürfte illusorisch sein, weil es sich bei den zum Zwecke der Zwangsverheiratung verschleppten Betroffenen meist um Minderjährige handelt. Daran ändert auch eine Heraufsetzung des Nachzugsalters nichts, da es den die Zwangsverheiratung im Ausland betreibenden Personen auf den Zeitpunkt der Rückkehr und das entsprechende Alter nicht ankommt.

Das BMI hat im Evaluierungsbericht zwar ausgeführt, dass die in § 51 Abs. 1 Nr. 7 AufenthG genannte Frist nach der Rechtsprechung des Bundesverwaltungsgerichts (BVerwG) im Sinne der Opfer von Zwangsverheiratung zu lösen sei. Dies ist jedoch zweifelhaft und im Ergebnis nicht erfolgversprechend:

Wenn denn § 51 Abs. 1 Nr. 7 AufenthG, wie vom BMI im Evaluierungsbericht vertreten, eine materielle Ausschlussfrist ist, erscheint die dort vorgeschlagene entsprechende Anwendung der Grundsätze der Rechtsprechung des Bundesverwaltungsgerichts zu materiellen Ausschlussfristen keineswegs als sicherer Weg zur Anpassung von Härtefällen im Wiederkehrrecht von Opfern der Zwangsverheiratung geeignet. Zum einen sind die entsprechenden Entscheidungen zu anderen Gesetzeslagen und zu anderen Zeiten ergangen. Zudem hat das Bundesverwaltungsgericht ausdrücklich betont, dass dem Gesetzgeber „es durch Art. 3 Abs. 1 GG nicht verwehrt [ist], zur Regelung bestimmter Lebenssachverhalte Stichtage einzuführen, auch wenn dies unvermeidlich gewisse Härten mit sich bringt ... Er muß allerdings im Rahmen seines Gestaltungsspielraums die für die zeitliche Anknüpfung in Betracht kommenden Tatsachen hinreichend würdigen und prüfen, ob sich die gewählte Lösung im Hinblick auf den gegebenen Sachverhalt und das System der Gesamtregelung rechtfertigen läßt und nicht willkürlich erscheint“.[12] Unabhängig von der Frage, ob in Fällen der Zwangsverheiratung im Ausland die Fristenregelung von nur sechs Monaten in § 51 Abs. 1 Nr. 7 AufenthG angesichts der vielfältigen Probleme, die von Zwangsverheiratung betroffene Personen vor ihrer Wiederkehr und Inanspruchnahme ihres noch bestehenden Aufenthaltstitels zu lösen haben, verfassungsrechtlicher Überprüfung standhielte, ist demzufolge grundsätzlich eine „Fristenlösung“ zulässig. Auch hat das Bundesverwaltungsgericht im entschiedenen Fall ausdrücklich darauf hingewiesen, dass aus „der Rechtsnatur als materielle Ausschlußfrist ... weiter [folgt], dass bei unverschuldeter Fristversäumnis eine Wiedereinsetzung in den vorigen Stand (vgl. § 32 Abs. 1 VwVfG [Verwaltungsverfahrensgesetz]) nicht möglich ist“, wofür nicht erforderlich sein soll, dass dies im Gesetzeswortlaut zum Ausdruck kommt. „Diese Rechtsfolge ... tritt auch dann ein, wenn sich ... aus Sinn und Zweck der

11 Vgl. die oben beschriebene dritte Fallkonstellation.

12 Urteil des 7. Senats vom 28. März 1996 - BVerwG 7 C 28.95, in: Entscheidungen des Bundesverwaltungsgerichts (BVerwGE) Band 101, S. 39–47, 44, m. w. N.

Regelung ergibt, dass ein verspäteter Antragsteller materiellrechtlich endgültig seine Anspruchsberechtigung verlieren soll".[13] Da schließlich das Bundesverwaltungsgericht seine Entscheidung ausdrücklich als Einzelfallentscheidung bezeichnet („Aufgrund der außergewöhnlichen Umstände des hier zugrundeliegenden Sachverhalts ..."[14]) und konkret darauf abgestellt hat, dass eine „Ausnahme jedenfalls dann anzunehmen ist, wenn erstens die Versäumung der Anmeldefrist auf staatliches Fehlverhalten bei der Anwendung von Rechtsvorschriften zurückzuführen ist, ohne deren korrekte Beachtung der Anmelder seine Rechte nicht wahren kann, und wenn zweitens durch die Berücksichtigung der verspäteten Anmeldung der Zweck [der Vorschrift] nicht verfehlt würde",[15] erscheint die Anwendung dieser Rechtsprechungsgrundsätze zur Lösung der Problematik des Wiederkehrrechts der Opfer von Zwangsverheiratung ungeeignet.

Bei einer Zwangsverheiratung ins Ausland darf deshalb der bisher bestehende Aufenthaltstitel für die betroffene Frau nicht bereits nach sechs Monaten erlöschen. Wenn es der Frau nach Erkennen ihrer Situation im Ausland erst später gelingt, aus der Zwangsehe zu fliehen und nach Deutschland zurückzukommen, muss sie die Chance erhalten, anknüpfend an ihren früheren Aufenthaltsstatus wieder rechtmäßig in Deutschland zu leben. Auch sollte ein spezielles Wiederkehrrecht für Zwangsverheiratete eingeführt werden, weil die bislang geltenden Voraussetzungen für das Wiederkehrrecht nach § 37 AufenthG sehr eng sind. Insbesondere wird dieses Recht auf Wiederkehr gemäß § 37 Abs. 1 Nr. 2 AufenthG durch das Erfordernis der Sicherung des Lebensunterhalts, zu dem nach der Legaldefinition in § 2 AufenthG auch die Sicherstellung der Krankenversicherung gehören soll, erheblich beeinträchtigt. Die Härtefallregelung wird auch hier keinen verlässlichen Status für Opfer von Zwangsheirat gewährleisten.

3.3 Keine Heraufsetzung des Mindestalters für den Ehegattennachzug

Die Bekämpfung von Zwangsverheiratung durch Heraufsetzung des Nachzugsalters für Ehegatten erscheint unrealistisch. Ein Nachzugsalter von 21 Jahren für Ehegatten, wie es zunächst diskutiert wurde, ist im Hinblick auf Art. 6 GG verfassungsrechtlich bedenklich, da die überwiegende Anzahl von Ehen mit Ehepartnern bis zu einem Alter von 21 Jahren nicht unter Zwang geschlossen wurden. Aber auch die nunmehr im Evaluierungsbericht geforderte und im Gesetzentwurf vom März 2007 vorgegebene Heraufsetzung des Nachzugsalters auf 18 Jahre erscheint unter verfassungsmäßigen Gesichtspunkten nicht unproblematisch. Zwar ist das Ehemündigkeitsalter in Deutschland auf 18 Jahre festgelegt. Gleichwohl ist mit Zustimmung der Erziehungsberechtigten auch eine Verheiratung mit 16 Jahren möglich, so dass sich auch für diese Ehen eine Wartezeit von zwei Jahren ergeben kann. Eine Wartezeit von drei Jahren hat das Bundesverfassungsgericht in seiner

13 Ebd., m. w. N.
14 Ebd., S. 45.
15 Ebd.

Grundsatzentscheidung vom 12. Mai 1987[16] ausdrücklich für unverhältnismäßig und nicht mit Art. 6 GG vereinbar erklärt. Dies gilt insbesondere, wenn aus der Ehe Kinder hervorgegangen sind, die dann nicht von beiden Eltern gemeinsam betreut werden können. Da nach den Vorgaben im Evaluierungsbericht und im Gesetzentwurf weiterhin an der Bedingung der Sicherung des Lebensunterhalts für den nachziehenden Ehegatten festgehalten werden soll, kann sich die Frist schnell auf deutlich mehr als zwei Jahre ausdehnen und entspräche dann nicht mehr den Vorgaben des Bundesverfassungsgerichts. Wenn im Gesetzentwurf in diesem Zusammenhang dargelegt wird, dass der Ehevollzug in Deutschland nicht gewährleistet werden muss, erscheint dies angesichts der Rechtsprechung des Bundesverfassungsgerichts, insbesondere auch zum Umgangsrecht mit den ehelichen Kindern, nicht unbedenklich. Faktisch bedeutet die Bindung des Ehegattennachzugs an die Sicherung des Lebensunterhalts, zu der nach § 2 Abs. 3 AufenthG auch der ausreichende Krankenversicherungsschutz gehört, angesichts der gesamtwirtschaftlichen Lage eine erhebliche Einschränkung des Ehegattennachzugs für untere und mittlere Einkommensschichten und damit eine Gefährdung des Schutzes von Ehe und Familie nach Art. 6 GG.

An dieser Stelle sei auch darauf hingewiesen, dass das Einfordern von Deutschkenntnissen[17] jedenfalls dann den Ehegattennachzug faktisch ausschließt, wenn eine Möglichkeit zur Erlangung derartiger Sprachkenntnisse im Land des nachziehenden Ehegatten nicht besteht, was für viele Länder immer noch gänzlich oder jedenfalls in weiten Landesteilen gilt.

Es ist schließlich nicht wahrscheinlich, dass mit einer Heraufsetzung des Nachzugsalters tatsächlich Zwangsehen verhindert werden. Familien, die eine Zwangsheirat arrangieren wollen, lassen sich kaum durch ein erhöhtes Nachzugsalter abhalten. Entweder erfolgt die Heirat dann später oder die Wartezeit wird in Kauf genommen.

3.4 Duldung und Residenzpflicht

Mit Blick auf die Opfer von Zwangsverheiratung, die lediglich im Besitz einer Aufenthaltsgestattung oder einer Duldung sind, ist noch ein weiterer Punkt von Bedeutung:

Diese Aufenthaltsbefugnisse werden in aller Regel mit einer räumlichen Aufenthaltsbeschränkung verbunden, die in der Praxis eine Residenzpflicht des Inhabers oder der Inhaberin der Aufenthaltsgestattung oder der Duldung beinhaltet. Opfer einer Zwangsverheiratung, die einer solchen Residenzpflicht unterliegen, dürfen nur mit Zustimmung der zuständigen Ausländerbehörde den ihnen zugewiesenen Aufenthaltsbereich verlassen. Dies führt in der Praxis zu bürokratischen Hemmnissen beim Schutz der Opfer und stellt eine zusätzliche Gefahr der Entdeckung

16 Entscheidungen des Bundesverfassungsgerichts (BVerfGE) Band 76, S. 1 ff.
17 § 30 Abs. 1 Nr. 2 des am 28. 3. 2007 beschossenen Gesetzentwurfs.

durch den Täter oder Angehörige der (Groß-)Familie dar. Gerade die Betroffenen, die kurzfristig einen sicheren Aufenthalt in einem ihrem Aufenthaltsbereich fernen Frauenhaus oder einer vergleichbaren Einrichtung benötigen, haben hierbei zusätzlich dadurch Schwierigkeiten, dass die Finanzierung dieser Einrichtungen über Kopfpauschalen erfolgt. Die Beantragung der dafür zuzuweisenden Gelder bei der jeweiligen Kommune wird häufig wegen des Erfordernisses der Weiterleitung der Betroffenen in eine andere Einrichtung aus Gründen der Sicherheit von den tatsächlichen Umständen faktisch überholt, so dass die Einrichtungen wegen des Weggangs der Betroffenen kein Geld mehr erhalten. Die Möglichkeiten derartiger Einrichtungen, Opfer von Zwangsverheiratungen aufzunehmen, werden dadurch weitgehend eingeschränkt, obwohl gerade für diese Zielgruppe eine Stabilisierung durch einen rechtlich und tatsächlich sicheren Aufenthalt unabdingbar ist. Daraus folgt die Notwendigkeit, weitere sichere Aufnahmeeinrichtungen nicht nur einzurichten, sondern auch nachhaltig zu finanzieren.

3.5 Notwendigkeit der wissenschaftlichen Erforschung der Probleme im Zusammenhang mit den ausländerrechtlichen Regelungen

Völlig ungeklärt ist derzeit, wie von Zwangsverheiratung betroffene Opfer das Vorliegen einer im Ausland erfolgten Zwangsheirat in Deutschland beweiskräftig darlegen können sollen. Häufig ist in den Ländern, in denen die Zwangsverheiratung erfolgt, ein geordnetes Melde- und Personenstandswesen nicht gewährleistet. Personen, die Zeugen der Zwangsverheiratung sein könnten, werden unter Druck gesetzt oder mit ihnen aufgenommene Zeugenaussagen nicht anerkannt.

Es erscheint deshalb unabdingbar, über die bereits jetzt zur Beurteilung der Situation in den Herkunftsländern herangezogenen Berichte und Erkenntnisquellen – wie die Berichte des Auswärtigen Amtes etc. – hinaus wissenschaftlich fundiert die Beweismöglichkeiten in den Herkunftsländern und in Deutschland abzugleichen und die Unterstützungsmöglichkeiten für Opfer von Zwangsverheiratungen in den Herkunftsländern und in Deutschland zu erforschen.

4. Interdisziplinäre Umsetzung in der Praxis

Um den Schutz für die Opfer von Zwangsverheiratung wirksam werden zu lassen, bedarf es nicht nur einer Reform der gesetzlichen Regelungen, wie oben dargelegt. Genauso unabdingbar ist die Identifizierung und frühzeitige Information potenzieller Opfer zum Beispiel durch die Schulen, aber auch durch Sozial- und Ausländerbehören. Des Weiteren ist die Stabilisierung und professionelle Begleitung der Betroffenen[18] insbesondere durch die verschiedenen Verfahren erforderlich. Hierzu sind regionale Vernetzung und Zusammenarbeit aller beteiligten Professionen vor Ort im Sinne eines für die Opfer sachgerechten Ergebnisses unver-

18 Vgl. hierzu den Beitrag von Joo-Schauen und Najafi in diesem Band.

zichtbar. Zwangsläufig ergibt sich daraus die Notwendigkeit einer an der Problematik der Zwangsverheiratung orientierten Fortbildung des Personals in Ämtern und Behörden, also bei Sozial-, Ausländer- und Gesundheitsämtern, Schulen, Polizei, Staatsanwaltschaft und Justiz, sowie in Beratungsstellen und auch der niedergelassenen und angestellten Ärzte. Soweit hierfür finanzielle Mittel erforderlich sind, lassen sich diese als gesamtgesellschaftliche Kosten im Sozial- und Gesundheitsbereich einsparen. Indes darf die Frage der Wahrung von Menschenrechten nicht von ihrer Finanzierbarkeit abhängig gemacht werden.

Sozialrechtliche Hindernisse bei der Interventionsarbeit. Bestandsaufnahme und Reformbedarf

Swenja Gerhard

1. Einleitung und Fragestellung

Erzwungene Eheschließungen sind Realität.[1] Zwangsverheiratungen finden nicht nur im Ausland statt, sondern auch in Deutschland.[2] Nach Artikel 16 Absatz 2 der Allgemeinen Erklärung der Menschenrechte von 1948 darf die Ehe „nur aufgrund der freien und vollen Willenseinigung der zukünftigen Ehegatten geschlossen werden." Diesem Grundsatz heißt es Geltung zu verschaffen.

Der vorliegende Beitrag behandelt Möglichkeiten und Grenzen der sozialrechtlichen Eingriffsmöglichkeiten bei befürchteten, bevorstehenden und erfolgten Zwangsverheiratungen. Ziel der Abhandlung ist es, die zur Verfügung stehenden sozialrechtlichen Instrumentarien in Fällen der Zwangsheirat aufzuführen und kritisch zu würdigen. Hierbei sollen die vom Verband binationaler Familien- und Partnerschaften e. V. erworbenen Erkenntnisse dargestellt, ausgewertet und für zukünftig auftretende Fälle von erzwungenen Eheschließungen nutzbar gemacht werden. Methodisch wird zur Veranschaulichung – sofern geboten – mit fiktiven Fällen gearbeitet.

2. Sozialrecht und Zwangsverheiratung

Nach § 1 Sozialgesetzbuch Erstes Buch – Allgemeiner Teil (SGB I) soll das Sozialrecht der sozialen Gerechtigkeit und der sozialen Sicherheit dienen. Hierfür bedient es sich der Gewährung von öffentlichen Sozialleistungen einschließlich sozialer und erzieherischer Hilfen. Es soll damit dazu beitragen, ein menschenwürdiges Dasein zu sichern, gleiche Voraussetzungen für die freie Entfaltung der Persönlichkeit – insbesondere auch für junge Menschen – zu schaffen, die Familie zu schützen und zu fördern, den Erwerb des Lebensunterhalts durch eine frei gewählte Tätigkeit zu ermöglichen und besondere Belastungen des Lebens – auch durch Hilfe zur Selbsthilfe – abzuwenden und auszugleichen. Zur Erfüllung dieser Aufgaben sollen die hierzu erforderlichen sozialen Dienste und Einrichtungen rechtzeitig und ausreichend zur Verfügung stehen.

Das ist ein hoher Anspruch, der auch in Fällen der von Zwangsheirat Bedrohten beziehungsweise bereits Betroffenen Gültigkeit hat.

1 Vgl. Lehnhoff (2002), S. 12; Kalthegener (2005), S. 8; Werwigk-Hertneck (2004), S. 5.
2 Eine gesicherte Datenlage über die Verbreitung von Zwangsehen in Deutschland gibt es nicht.

2.1 Fall Maria[3]

Maria ist 16 Jahre alt. Sie und ihre Eltern stammen aus Süditalien. Maria, die schon seit zehn Jahren in Deutschland lebt, kennt das Heimatdorf ihrer Eltern nur von Ferienaufenthalten. Maria lebt gerne in Deutschland und hat viele Freundinnen, mit denen sie Zukunftspläne spinnt. Sie möchte unbedingt studieren, um Tierärztin zu werden. Deshalb will Maria nach Abschluss der zehnten Klasse auch das Gymnasium besuchen. Ihre Eltern sind hiermit nicht einverstanden, sondern machen Maria klar, was sie von ihr erwarten. Die Eltern sind konservativ und traditionsbewusst und möchten, dass Maria nach Beendigung der zehnten Klasse einen jungen Mann aus ihrem Heimatort in Italien heiratet. Maria kann das nicht akzeptieren und liegt nun im Streit mit ihren Eltern. Sie fragt sich, wo und von wem sie Hilfe bekommen kann.

Nach § 1 Abs. 1 Sozialgesetzbuch Achtes Buch – Kinder- und Jugendhilfe (SGB VIII) hat jeder junge Mensch – nach der Begriffsbestimmung in § 7 Abs. 1 Nr. 4 SGB VIII also jede Person, die noch nicht 27 Jahre alt ist – ein Recht auf Förderung seiner Entwicklung und auf Erziehung zu einer eigenverantwortlichen und gemeinschaftsfähigen Persönlichkeit. Diesen Anspruch zu erfüllen, ist primäre Pflicht der Eltern. Die Kinder- und Jugendhilfe hat subsidiären Charakter und kommt zum Tragen, wenn eine angemessene Erziehung nicht ohne Unterstützung des jungen Menschen und seiner Eltern gewährleistet ist.

Der internationale Geltungsbereich des Jugendhilferechts wird durch § 6 SGB VIII sowie das Haager Minderjährigen-Schutzabkommen[4] (MSA) bestimmt.[5] Die Regeln des MSA gehen den nationalen gesetzlichen Regelungen vor. Deutsches Jugendhilferecht gilt danach für alle Eltern von Kindern und Jugendlichen mit tatsächlichem Aufenthalt in Deutschland unabhängig von deren Staatsangehörigkeit. Einschränkend legt § 6 Abs. 2 SGB VIII fest, dass Ausländerinnen/Ausländer nur leistungsberechtigt sind, wenn sie rechtmäßig oder aufgrund einer ausländerrechtlichen Duldung ihren gewöhnlichen Aufenthalt in Deutschland haben. Damit haben Deutsche bei tatsächlichem, auch vorübergehendem Aufenthalt, Ausländerinnen/Ausländer hingegen nur bei gewöhnlichem, also dauerhaftem und rechtmäßigem Aufenthalt einen Anspruch auf Jugendhilfe.

2.1.1 § 8 Abs. 2 und 3 SGB VIII – Beteiligung von Kindern und Jugendlichen

Zunächst besteht ein Anspruch nach § 8 Abs. 2 SGB VIII. Danach hat Maria das Recht, „sich in allen Angelegenheiten der Erziehung und Entwicklung an das Jugendamt zu wenden". Maria kann also beim Jugendamt vorstellig werden, um dort die Probleme mit ihren Eltern zu besprechen. Gegebenenfalls kann das Jugendamt im Konflikt mit den Eltern vermitteln.

---

3 Der Fall ist fiktiv. Eventuelle Namens- oder Sachverhaltsähnlichkeiten sind nicht beabsichtigt.

4 Haager Abkommen über die Zuständigkeit der Behörden und das anzuwendende Recht auf dem Gebiet des Schutzes von Minderjährigen vom 5.10.1961, abgedruckt in: Jayme/Hausmann (2006), Nr. 54.

5 Vgl. Fasselt, in: Kunkel (2006), § 6 Rn. 29 ff.

Dass sich eine junge Frau an das Jugendamt wendet, um innerfamiliäre Probleme nach außen zu tragen, ist keineswegs selbstverständlich. Fastie[6] geht davon aus, dass Mädchen und junge Frauen seltener die Hilfe des Jugendamtes in Anspruch nehmen als Jungen beziehungsweise junge Männer. Fastie führt dies zum einen auf unterschiedliche Konfliktbewältigungsmuster zurück. Mädchen versuchen, Konflikte „im Stillen" und damit zunächst unauffällig zu lösen, während Jungen eher zu Verhaltensauffälligkeiten neigen. Zum anderen, so Fastie, fehle es häufig an der notwendigen Empathie auf Seiten der Jugendamtsmitarbeiter, die die Wahrnehmung der speziellen Probleme von Mädchen und jungen Frauen verhindere.

Nach § 8 Abs. 3 SGB VIII besteht bei kollidierenden Kindes- und Elterninteressen die Möglichkeit, diese Beratung zunächst ohne Kenntnis des Personensorgeberechtigten zu gewähren. Voraussetzung für die Beratung ohne Kenntnis des Personensorgeberechtigten ist das Vorliegen einer „Not- und Konfliktlage". Hierbei handelt es sich um unbestimmte und daher ausfüllungsbedürftige Rechtsbegriffe. Das Bundesverfassungsgericht[7] nimmt eine solche Not- und Konfliktlage an, sofern konkrete Tatsachen vorliegen, welche bei Information des Erziehungsberechtigten die unmittelbare und gegenwärtige Gefahr einer körperlichen oder seelischen Schädigung des Kindes wahrscheinlich machen. Grundsätzlich ist das sowohl von den durch den Ratsuchenden vorgetragenen Tatsachen abhängig als auch davon, ob das Jugendamt die Möglichkeit sieht, beratend auf die Eltern einwirken zu können und daher eine Maßnahme etwa nach § 27 SGB VIII (Hilfe zur Erziehung) einzuleiten.

Kommt das Jugendamt hingegen zu der Einschätzung, eine Zusammenarbeit mit den Personensorgeberechtigten sei ausgeschlossen, wird es nach § 8 a SGB VIII[8] tätig. Dabei wird das Jugendamt versuchen, das Gefährdungsrisiko in Zusammenarbeit mit mehreren Fachkräften abzuschätzen, wobei neben dem Jugendlichen auch dessen Personensorgeberechtigte mit einzubeziehen sind. Dementsprechend unterschiedliche Handlungsmöglichkeiten sind nun zu untersuchen.[9]

2.1.2 § 27 SGB VIII – Hilfe zur Erziehung

Sofern die Personensorgeberechtigten Hilfe beim Jugendamt einfordern oder aber einer solchen zustimmen,[10] kommt hier die Hilfe zur Erziehung in Betracht. § 27 SGB VIII ist die zentrale Eingangsnorm für die Hilfe zur Erziehung, in der insbesondere die grundlegenden Anspruchsvoraussetzungen, Hilfearten und Leistungsinhalte beschrieben sind und ein Anspruch auf Hilfe zur Erziehung festgelegt wird. Wer diesen Anspruch geltend machen kann, ist klar geregelt. Anspruchsinhaber ist nach § 27 Abs. 1 SGB VIII allein der Personensorgeberechtigte. Wer personensorgeberechtigt ist, richtet sich nach § 7 Abs. 1 Nr. 5 SGB VIII, der hierzu seinerseits

6 Fastie (2002), S. 67 f.
7 Entscheidungen des Bundesverfassungsgerichts (BVerfGE) Band 59, S. 360.
8 Vgl. zu § 8 a SGB VIII etwa Salgo (2006) und Bundeskonferenz für Erziehungsberatung e. V. (2006).
9 Bringewat, in: Kunkel (2006), § 8 a Rn. 5 f.
10 Vgl. hierzu Kunkel, in: ders. (2006), § 27 Rn. 1.

auf die Vorschriften des Bürgerlichen Gesetzbuchs (BGB) verweist. Die hilfebedürftige Minderjährige scheidet als Anspruchsberechtigte grundsätzlich aus.[11] Maria selbst kann demnach keinen Anspruch auf Hilfe zur Erziehung nach § 27 SGB VIII geltend machen.

Das war im bis 1990 geltenden Jugendwohlfahrtsgesetz (JWG) anders; hier stand dem hilfebedürftigen Minderjährigen ein eigener Anspruch auf Hilfe zur Erziehung zu. Durch die neue Regelung im Kinder- und Jugendhilfegesetz wird die Rechtsposition des Minderjährigen also geschwächt. Diese Tatsache wurde bereits während des Gesetzgebungsverfahrens kontrovers diskutiert.[12] Die Diskussion um die fehlende Anspruchsinhaberschaft des hilfebedürftigen Minderjährigen wird heute im Rahmen der Debatte über Zwangsverheiratung weitergeführt, da im Zusammenhang mit Zwangsverheiratung wohl regelmäßig davon auszugehen ist, dass die Eltern als Personensorgeberechtigte weder Hilfen zur Erziehung selbst beantragen noch ihre Zustimmung zur Inanspruchnahme einer Maßnahme nach § 27 SGB VIII erteilen. So bleibt dann in diesen Fällen nur die Übertragung der Personensorge auf einen Vormund durch das Familiengericht; dies ist natürlich eine sehr einschneidende Maßnahme.

Begründet wird die derzeitige Fassung des § 27 SGB VIII damit, dass nach Art. 6 Abs. 2 des Grundgesetzes für die Bundesrepublik Deutschland grundsätzlich allein den Eltern das Erziehungsrecht für ihre Kinder zusteht. Nur sofern das Wächteramt des Staates dies erfordere, dürfe es hier zu einer Einschränkung kommen und das Erziehungsrecht des Staates neben oder anstelle das der Eltern treten. Eine Erforderlichkeit in diesem Sinne soll immer dann gegeben sein, wenn eine Kindeswohlgefährdung im Sinne des § 1666 BGB gegeben ist. Eine erzieherische Mangellage reicht nicht aus.[13]

Fraglich ist daher, ob eine Zwangsverheiratung eine Kindeswohlgefährdung darstellt und deshalb in diesen Fällen dem Minderjährigen Hilfebedürftigen eine eigene Antragsbefugnis einzuräumen ist.

Eine gesetzliche Definition des Begriffs Kindeswohl findet sich weder im internationalen noch im innerstaatlichen Recht, obwohl dieser Rechtsbegriff häufig Anwendung findet. Das Kindeswohl ist auch eines der tragenden Prinzipien des von der Generalversammlung der Vereinten Nationen 1989 verabschiedeten Übereinkommens über die Rechte des Kindes[14] (Kinderrechtskonvention, KRK).

Nach Stein-Hilbers ist „Wohl des Kindes" ein orientierender Begriff für die Ausübung der elterlichen Sorge und ausschließliche Richtschnur für Eingriffe, Entscheidungen und Verfahrensweisen.[15] Konsens besteht darüber, dass das Kin-

11 Vgl. hierzu ebd., Rn. 18.
12 Vgl. Fieseler/Herborth (2001), S. 64.
13 Vgl. Münder (2004), S. 110, m. w. N.
14 UN-Dokument A/RES/44/25 und Corr.1; BGBl. 1992 II S. 122. Zur KRK allgemein siehe Dorsch (1994).
15 Stein-Hilbers (1993), S. 257, 259, unter Hinweis auf Coester (1983).

deswohl als Generalklausel des Rechts der Eltern-Kind-Beziehung grundsätzlich ausfüllungsbedürftig ist.[16] Es gehört zum Wesen der juristischen Methodologie, dass sie, da sie es mit Lebendigem, Wachsendem, sich Veränderndem des Soziallebens und der Wissenschaft zu tun hat, diesem Wandel auch in ihrer Begrifflichkeit Rechnung tragen muss.[17]

Grundsätzlich werden die Ansprüche des Kindes auf der Grundlage eines allgemein gültigen Konsenses darüber definiert, was ein Kind für seine Entwicklung und sein Leben braucht und wie es erzogen werden sollte. Aus diesem Grunde ist die inhaltliche Bestimmung des Kindeswohls auch sehr umstritten.[18] In allen Ländern gleichen sich insoweit wohl nur die für das Kind notwendigen Grundbedingungen, die der Sicherung seiner physiologischen Bedürfnisse, wie beispielsweise Nahrung, Schutz vor Krankheit, Kälte oder Hitze, dienen. Die Frage danach, was ein Kind darüber hinaus braucht, ist in unterschiedlichen erziehungswissenschaftlichen und entwicklungspsychologischen Traditionen – je nach dem zugrunde liegenden Menschenbild, Entwicklungskonzeptionen und politischen Zielvorstellungen – unterschiedlich zu beantworten.[19] Sie ist nur schwer zu trennen von den konkreten gesellschaftlich-historischen Lebensbedingungen der Erwachsenen und auch vom politischen Verständnis und den Interessen derjenigen, die diese Frage zu beantworten versuchen.[20] Dies zeigt sich unter anderem darin, dass für Kinder unterschiedlichen Geschlechts, unterschiedlicher sozialer Schichten, Regionen, politischer Systeme, Religionen und so weiter durchaus unterschiedliche Bedürfnisse und Ansprüche formuliert werden. Die Interessenlage von Kindern und Eltern sind auf das Engste miteinander verbunden, mit der Verfolgung kindlicher Interessen werden in der Regel auch elterliche Interessen blockiert oder verwirklicht. Das beinhaltet auch, dass die den Kindern zugeschriebenen Bedürfnisse durch Wahrnehmungsweisen und Interessenlagen ihrer Eltern mitbestimmt sind.[21]

Eine Grenze für derartige Interpretationen des Kindeswohlbegriffs bildet jedoch die zuvor genannte Kinderrechtskonvention, die mit derzeit 193 Vertragsstaaten nahezu universelle Geltung beanspruchen kann. Die Konvention zielt in ihrer Gesamtheit auf die Stärkung des Kindes als Menschenrechtssubjekt, als Träger eigener wirtschaftlicher, sozialer und kultureller ebenso wie bürgerlicher und politischer Menschenrechte, auch in Abgrenzung von den eigenen Eltern. Sie steht damit einer Interpretation des Kindeswohls entgegen, die die fundamentalen Menschenrechte des Kindes verletzen würde.

Eine erzwungene Eheschließung erfolgt gegen den Willen des oder der Betroffenen. Dabei wird mit den unterschiedlichsten Mitteln auf den Betroffenen oder

16 Stein-Hilbers (1993), S. 259, m. w. N.

17 Zippelius (1974), S. 113 f.; vgl. auch Stein-Hilbers (1993), S. 259.

18 Siehe unter anderen Coester (1983), S. 1, m. w. N; Dieckmann (1978), S. 298, 316 f.; Diederichsen (1978), S. 461, 468; Gernhuber/Coester-Waltjen (1994), § 49 III 3; Giesen (1977), S. 594 f.

19 Vgl. hierzu bspw. OLG Düsseldorf, Zeitschrift für das gesamte Familienrecht (FamRZ) 1994, S. 181.

20 Stein-Hilbers (1993), S. 259 f., m. w. N.

21 Ebd., S. 260.

die Betroffene Druck ausgeübt.[22] Die Folgen sind weitgehend und vielfältig.[23] Eine Zwangsverheiratung stellt eine Verletzung des Rechts auf Eheschließungsfreiheit aus Art. 23 des Internationalen Paktes über bürgerliche und politische Rechte von 1966 dar und kann auch weitere Menschenrechte verletzen, etwa das Recht des Kindes auf Schutz vor Gewalt aus Art. 19 KRK. Daher stellt eine bevorstehende oder erfolgte Zwangsverheiratung immer eine Kindeswohlgefährdung dar.

Durch eine Anspruchsberechtigung Minderjähriger würde deren Rechtsposition entscheidend gestärkt, ohne dass die Eltern das Personensorgerecht verlieren. Die grundsätzliche Position der Eltern als vorrangig zur Erziehung Berechtigte, aber auch Verpflichtete bliebe gewahrt. Eine Änderung des § 27 SGB VIII ist dahingehend vorzunehmen, dem hilfebedürftigen Jugendlichen ein eigenes Antragsrecht zuzugestehen.

2.1.3 § 42 SGB VIII – Inobhutnahme von Kindern und Jugendlichen

Sind Marias Eltern nicht kooperationsbereit, beantragen sie also weder eine Hilfe zur Erziehung, noch stimmen sie einer solchen zu, kommt eine Inobhutnahme Marias in Betracht.

Einschlägig ist hier § 42 SGB VIII. Dieser regelt die Inobhutnahme von Minderjährigen. Im vorliegenden Zusammenhang von Interesse sind die sogenannten „Selbstmelder“ nach Absatz 1 Nr. 1 und die Inobhutnahme bei einer schwerwiegenden Kindeswohlgefährdung nach Absatz 1 Nr. 2. Demnach ist das Jugendamt immer dann zur Inobhutnahme verpflichtet, wenn ein Minderjähriger um Obhut bittet oder eine dringende Gefahr für das Wohl des Minderjährigen es erfordert. Die in § 42 SGB VIII geregelte Inobhutnahme ist eine vorläufige, grundsätzlich also nicht auf Dauer angelegte Maßnahme zum Schutz des Minderjährigen im Krisen- und Gefahrenfall.[24] Sie ermöglicht nach § 42 Abs. 1 S. 2 SGB VIII eine Unterbringung in einer geeigneten Einrichtung oder sonstigen Wohnform. Hierbei sind insbesondere gemäß § 9 Nr. 3 SGB VIII „die unterschiedlichen Lebenslagen von Mädchen und Jungen zu berücksichtigen“.[25]

Auf den eingangs geschilderten Fall übertragen bedeutet dies: Wenn Maria das Jugendamt bittet, nicht mehr bei den Eltern leben zu müssen, weil der Konflikt eskaliert ist, muss das Jugendamt dieser Bitte Marias entsprechen. Der Wunsch der Minderjährigen ist ausreichend. Das Jugendamt hat nicht zu prüfen, ob es aus seiner Sicht diesen Wunsch für begründet, sinnvoll oder notwendig hält.[26]

Komplizierter ist die Situation, wenn das Jugendamt im Gegensatz zu den Personensorgeberechtigten und der Minderjährigen selbst von einer dringenden

22 Vgl. Göbel-Zimmermann/Born (2007), S. 54; Gedik (2005), S. 322 ff.
23 Vgl. z. B. Gedik (2005), S. 318; Bielefeldt (2005), S. 3.
24 Bundesverwaltungsgericht (BVerwG), Das Jugendamt 2004, S. 438; Mann, in: Schellhorn u. a. (2007), § 42 SGB VIII Rn. 2.
25 Fastie (2002), S. 67 f.
26 Trenczek (2000), S. 126; Röchling, in: Kunkel (2006), § 42 Rn. 21.

Gefahr für das Wohl der Minderjährigen ausgeht. In diesen Fällen ist grundsätzlich eine familiengerichtliche Entscheidung notwendig. Nur wenn diese nicht rechtzeitig eingeholt werden kann,[27] hat das Jugendamt die Inobhutnahme bei Vorliegen der Voraussetzungen durchzuführen. Eine dringende Gefahr liegt vor, wenn der Eintritt eines erheblichen Schadens unmittelbar bevorsteht und deshalb Schutzmaßnahmen keinen weiteren Aufschub dulden.[28] Daneben muss die Inobhutnahme erforderlich sein.[29]

Nach erfolgter Inobhutnahme sind die Eltern gemäß § 42 Abs. 3 SGB VIII von der Maßnahme unverzüglich zu informieren. Mit der Befugnis nach § 42 SGB VIII gelingt es, die betroffene Minderjährige in Schutz zu nehmen. Der zugrunde liegende Konflikt mit den Eltern oder der Familie bleibt aber bestehen und muss bearbeitet werden. Wichtig ist es insofern, eine weitere Hilfestellung für die gesamte Familie einschließlich der Minderjährigen zu installieren, die einer Deeskalation des Konflikts förderlich ist. Gerade für junge Menschen mit Migrationshintergrund kann es schwierig sein, den offenen Bruch mit der Familie auszuhalten. Dies ist Aufgabe des Jugendamts. Es versucht, die Situation zu klären, die zu der Inobhutnahme geführt hat, und soll Hilfe und Unterstützung aufzeigen.

Widersprechen die Personensorgeberechtigten der Inobhutnahme und ist die gemeinsame Entwicklung einer Zukunftsperspektive für die Minderjährige nicht möglich, so ist entweder die Minderjährige wieder an die Personensorgeberechtigten zu übergeben oder eine Entscheidung des Familiengerichts über die erforderlichen Maßnahmen zum Wohl der Minderjährigen herbeizuführen.

Eine Übergabe der Minderjährigen erfolgt, sofern nach der Einschätzung des Jugendamts eine Gefährdung des Kindeswohls nicht mehr besteht oder das Jugendamt nach sorgfältiger Prüfung davon ausgehen kann, dass die Personensorgeberechtigten bereit und in der Lage sind, die Gefährdung selbst abzuwenden.

Zusammenfassend gibt § 42 SGB VIII anders als die §§ 27 ff. SGB VIII Minderjährigen ein eigenes Antragsrecht. Alle anderen Hilfemaßnahmen richten sich als Hilfe zur Erziehung nach der derzeitigen Regelung ausschließlich an die Eltern. Damit ist die Inobhutnahme nach § 42 SGB VIII das bislang wirkungsvollste Instrument des Kinder- und Jugendhilferechts, was die akute Krisenintervention anbelangt. Allerdings scheint die Schutzeinrichtung Papatya e. V. in Berlin bundesweit die einzige spezialisierte Organisation zu sein, die bei einer Inobhutnahme ohne Kostenzusage eines Leistungsträgers unmittelbar aufnehmen kann, da sie institutionell gefördert wird.

27 Röchling, in: Kunkel (2006), § 42 Rn. 32: „Nicht die (rechtzeitige) Anrufung des FamG [Familiengerichts] ist dabei maßgebend, sondern die Frage der (rechtzeitigen) Entscheidung durch das FamG."
28 Ebd., § 42 Rn. 25 f.; Mann, in: Schellhorn u. a. (2007), § 42 Rn. 9.
29 Röchling, in: Kunkel (2006), § 42 Rn. 27.

2.2 Fall Erdal[30]

Erdal ist ein 19 Jahre alter Mann, der seit langem mit seiner Familie in Deutschland lebt. Er soll auf Drängen seiner Eltern seine Cousine Canseher heiraten. Er möchte dies aber nicht, sondern nimmt Kontakt mit dem Jugendamt auf. Er wird dort von einem Mitarbeiter darauf verwiesen, dass eine Zuständigkeit des Jugendamtes nicht mehr vorläge, seine Situation sei doch nicht so schlimm, er als Mann könne sich doch wehren.

2.2.1 § 41 SGB VIII – Hilfe für junge Volljährige, Nachbetreuung

Das Verhalten von Jugendamtsmitarbeitern – wie hier fiktiv dargestellt – ist auch in der Realität in ähnlicher Form nicht ganz ungewöhnlich. Fastie[31] zeigt anhand einiger Fälle aus der Praxis, dass Hilfesuchenden nicht immer die Unterstützung gegeben wird, die notwendig und geeignet ist, der Situation zu begegnen. Fastie schildert insoweit unter anderem Fälle aus dem Bereich der Nichtgewährung oder vorzeitigen Beendigung von Jugendhilfemaßnahmen[32] und der nicht erfolgten Bewilligung einer Maßnahme nach § 41 SGB VIII.[33]

Tatsächlich kommt für junge Volljährige eine Hilfe nach § 41 SGB VIII in Betracht. Danach wird dem jungen Volljährigen Hilfe für die Persönlichkeitsentwicklung und zu einer eigenverantwortlichen Lebensführung gewährt, wenn und solange die Hilfe aufgrund der individuellen Situation notwendig ist. Für die Ausgestaltung der Hilfe gelten die in § 42 Abs. 2 SGB VIII aufgeführten Regelungen der einzelnen Hilfearten. Dies sind im Einzelnen die Gewährung pädagogischer und therapeutischer Leistungen, begleitete Ausbildungs- und Beschäftigungsmaßnahmen sowie die Unterstützung bei der Pflege und Erziehung eines Kindes des jungen Volljährigen nach § 27 Abs. 2 und 3 SGB VIII, sodann nach Maßgabe der §§ 28 bis 30 SGB VIII das Angebot der Erziehungsberatung, der sozialen Gruppenarbeit und des Erziehungsbeistands beziehungsweise des Betreuungshelfers sowie die Einrichtung einer Vollzeitpflege, der Heimerziehung oder der sozialpädagogischen Einzelbetreuung nach den §§ 33 bis 35 SGB VIII. Schließlich kommen noch Leistungen zum Unterhalt nach § 39 SGB VIII und Krankenhilfe nach § 40 SGB VIII in Betracht. Bedingung ist, dass es sich bei dem Hilfesuchenden um einen jungen Volljährigen handelt. Als junger Volljähriger gilt gemäß § 7 Abs. 1 Nr. 3 SGB VIII, wer 18 Jahre, aber noch nicht 27 Jahre alt ist. Weiter muss der junge Volljährige einen Bedarf für Hilfe zur Persönlichkeitsentwicklung und zur eigenverantwortlichen Lebensführung haben.

Die Voraussetzungen der Hilfegewährung sind damit weit gefasst. Fischer[34] führt als Kriterien zu dem Vorliegen des Tatbestandes den Grad der Autonomie, die Durchhalte- und Konfliktfähigkeit, die Fähigkeit zum Aufbau von Beziehungen

30 Der Fall ist fiktiv. Eventuelle Namens- oder Sachverhaltsähnlichkeiten sind nicht beabsichtigt.
31 Fastie (2002), S. 67 ff.
32 Ebd., S. 69.
33 Ebd., S. 68.
34 Fischer, in: Schellhorn u. a. (2007), § 41 Rn. 7, m. w. N.

zur sozialen Umwelt und die Fähigkeit zur Bewältigung der Anforderungen des täglichen Lebens an.[35]

Erdal wird hier eine mangelnde Konfliktfähigkeit unterstellt. Er möchte deshalb nicht weiter bei seinen Eltern leben, da es, so befürchtet Erdal, sonst immer wieder zu Streit mit den Eltern komme, dem er sich nicht gewachsen fühlt.

Zu prüfen ist nun, welche geeigneten[36] konkreten Hilfestellungen Erdal gewährt werden können. Eine Unterbringung in Vollzeitpflege gemäß § 33 SGB VIII ist unrealistisch. Nur mit Schwierigkeiten lassen sich für sehr viel jüngere Minderjährige solche Pflegestellen finden. In Betracht kommt hier eine Unterbringung in einem Heim oder einer sonstigen betreuten Wohnform nach § 34 SGB VIII, die Entscheidung liegt allerdings im Ermessen des Jugendamts. Zu beachten ist insofern auch, dass es hier zu Schwierigkeiten mit § 22 Abs. 2a SGB II[37] kommen kann. § 22 Abs. 2a SGB II geht grundsätzlich von einer Bedarfgemeinschaft des noch unter 25 Jahre alten Hilfebeziehers mit den Eltern aus, so dass Leistungen für Unterkunft und Heizung eines nicht im elterlichen Haushalt Lebenden nur unter bestimmten Voraussetzungen gewährt werden. Verlangt wird hier sowohl eine Stellungnahme des Jugendamtes zur Begründung des Wohnungswechsels als auch die Einrichtung einer Beistandschaft. Ohnehin ist die Durchsetzung dieser Leistung vor dem Hintergrund knapper Finanzmittel der Jugendämter schwierig.[38] Straffälligen jungen Männern wird am ehesten eine solche Maßnahme bewilligt.[39] Junge volljährige Frauen werden demgegenüber oft auf die Möglichkeit der Unterbringung in einem Frauenhaus verwiesen, dessen Aufnahmekriterien sie jedoch oftmals nicht entsprechen und das für ihre Problemlagen auch nicht ausreichend gerüstet ist.

Ein restriktiver Umgang mit der Gewährung von Hilfen nach § 41 SGB VIII stellt für junge volljährige Migranten eine besondere Härte dar, da sie aufgrund ihrer spezifischen Situation ohnehin geringere Aussichten haben, bei Familienkonflikten, hier Zwangsverheiratungen, vom Hilfesystem wahrgenommen zu werden. Dies beruht zum einen möglicherweise darauf, dass sich das Geschehen hinter den Mauern der Privatsphäre abspielt,[40] zum anderen aber wohl auf der Tatsache, dass es an einer hinreichenden Sensibilisierung von potenziellen Helfenden, wie beispielsweise Lehrerinnen und Lehrern, Mitarbeiterinnen und Mitarbeitern des Jugendamts sowie Ärztinnen und Ärzten, mangelt.

35 Vgl. auch Kindle, in: Kunkel (2006), § 41 Rn. 2.
36 Entscheidungen des Bundesverwaltungsgerichts (BVerwGE) Band 109, S. 325.
37 Sozialgesetzbuch Zweites Buch – Grundsicherung für Arbeitsuchende.
38 Baldauf (2006), S. 225 f.
39 Thesenpapier von Papatya e. V. zum Integrationsgipfel im Jahr 2006 mit Verweis auf eine Untersuchung des Instituts für soziale Arbeit.
40 Vgl. Gedik (2005), S. 318.

Es muss daher sichergestellt werden, dass von Zwangsheirat betroffene junge Volljährige Hilfen nach § 41 SGB VIII zur Verfügung gestellt bekommen. Diese werden dann im Regelfall bis zur Vollendung des 21. Lebensjahres erbracht, nur in begründeten Einzelfällen sollen sie nach dem Wortlaut des Gesetzes für einen begrenzten Zeitraum fortgesetzt werden.[41]

3. Leistungen nach SGB II – Grundsicherung für Arbeitsuchende

3.1 Der Fall Jasmin[42]

Jasmin ist 23 Jahre alt und gegen ihren Willen in ihrem Heimatland Pakistan mit einem in Deutschland lebenden Mann pakistanischer Herkunft verheiratet worden. Nun lebt sie seit einem halben Jahr in Deutschland. Sie spricht die deutsche Sprache nicht. Die Ehe ist für sie unerträglich geworden, sie möchte sie beenden. Jasmin wendet sich heimlich an ihre Wohnungsnachbarin, um Hilfe zu erlangen.

Hilfen nach dem Kinder- und Jugendhilferecht kann Jasmin nicht mehr in Anspruch nehmen, auch nicht die Hilfe für junge Volljährige, da es sich hierbei immer um Hilfen handelt, die bereits vor dem 21. Lebensjahr begonnen haben müssen. Gefördert wird also gegebenenfalls nur die Fortführung einer bereits zuvor eingeleiteten Hilfe.[43]

Da Jasmin auch noch kein eigenständiges Aufenthaltsrecht nach § 31 des Gesetzes über den Aufenthalt, die Erwerbstätigkeit und die Integration von Ausländern im Bundesgebiet (AufenthG) erworben hat, erkämpft der eingeschaltete Rechtsanwalt eine Duldung[44] für Jasmin, da er glaubhaft machen kann, dass Jasmin nicht in ihr Heimatland zurückreisen kann. Das hat für Jasmin allerdings weit reichende Konsequenzen. Gemäß § 7 Abs. 1 S. 2 SGB II erhält sie keinerlei Leistungen nach dem SGB II, da sie eine Duldung hat. Selbst wenn Jasmin eine Aufenthaltserlaubnis aus humanitären Gründen erhält – etwa nach §§ 23 Abs. 1, 24, 25 Abs. 4 S. 1 AufenthG – hat sie weder einen Anspruch auf Leistungen nach dem SGB II (§ 1 Abs. 1 Nr. 3 Asylbewerberleistungsgesetz) noch einen Anspruch auf Sprachförderung.

Anders ist der Fall dann zu beurteilen, wenn für ein eigenständiges Aufenthaltsrecht von der Voraussetzung des zweijährigen rechtmäßigen Bestandes der Ehe nach § 31 Abs. 2 AufenthG abgesehen werden kann. Hiervon ist abzusehen, sofern eine „besondere Härte" vorliegt. Eine solche ist anzunehmen, wenn die Betroffene im Falle einer Rückkehr in ihr Heimatland erheblicher Diskriminierung ausge-

41 Zu den verschiedenen Fallkonstellationen Mrozynski (1996), S. 162 f.

42 Der Fall ist fiktiv. Eventuelle Namens- oder Sachverhaltsähnlichkeiten sind nicht beabsichtigt.

43 Fischer, in: Schellhorn u. a. (2007), § 41 Rn. 15.

44 Vgl. hierzu Göbel-Zimmermann/Born (2007), S. 57 f.; Frings (2005b), S. XVI.

setzt wäre oder wegen Beeinträchtigung schutzwürdiger Belange ein Festhalten an der ehelichen Gemeinschaft unzumutbar erscheint. Dies ist nach den vorläufigen Anwendungshinweisen zum Aufenthaltsgesetz derzeit nur anerkannt bei physischer oder psychischer Misshandlung.[45]

3.2 Der Fall Helena[46]

Helena stammt aus Griechenland. Sie ist vor fünf Jahren zu ihrem Mann, mit dem sie gegen ihren Willen verheiratet wurde, nach Deutschland gekommen. Sie hat hier eine Arbeit gefunden. Helena will sich von ihrem gewalttätigen Mann trennen und flieht in ein Frauenhaus.

Zwar stünde Helena auch die rechtliche Möglichkeit offen, gemäß § 2 des Gesetzes zur Verbesserung des zivilgerichtlichen Schutzes bei Gewalttaten und Nachstellungen sowie zur Erleichterung der Überlassung der Ehewohnung bei Trennung (GewSchG) die Zuweisung der Ehewohnung bei Gericht zu beantragen. Dieser Weg wird aber nach den Erfahrungen des Verbandes binationaler Familien und Partnerschaften e. V. von den Betroffenen gescheut: zum einen wegen der Angst vor entstehenden Kosten, zum anderen weil die betroffenen Frauen fürchten, trotz der Wohnungszuweisung weiterhin Repressalien durch den Ehepartner ausgesetzt zu sein. Aus diesem Grunde wählen viele Opfer von Gewalterfahrungen den Weg ins Frauenhaus.

Da diese Frauen sich oft vermeintlichen oder tatsächlichen Bedrohungen durch die Familie ausgesetzt sehen, sollte ein wohnortsferneres Frauenhaus als Zuflucht gewählt werden. Das bedeutet allerdings, dass die Betroffene, die bisher ein eigenes Erwerbseinkommen hatte, mit dem Wohnortwechsel mittellos wird, da die Arbeitsstelle entweder aufgrund der zu großen Entfernung vom Frauenhaus oder aber wegen befürchteter Nachstellungen durch den Ehepartner oder andere Familienangehörige aufgegeben werden muss.

Damit besteht grundsätzlich ein Anspruch auf Leistungen nach dem Sozialgesetzbuch Drittes Buch – Arbeitsförderung (SGB III). Es muss aber bewiesen sein, dass ein wichtiger Grund für die Aufgabe des Arbeitsplatzes vorlag. Bis zur Erbringung dieses Nachweises besteht eine Vorleistungspflicht des zuständigen Trägers nach SGB II (Agentur für Arbeit, der Arbeitsgemeinschaft nach § 44 b SGB II oder der Kommune).[47] Der Antrag nach § 37 SGB II auf Leistungen der Grundsicherung für Arbeitsuchende ist nach § 36 SGB II grundsätzlich bei dem Träger zu stellen, in dessen Bezirk der gewöhnliche Aufenthalt der Antragstellerin liegt. Eine gesetzliche Definition des gewöhnlichen Aufenthalts fehlt. Allerdings verweisen die

45 Vorläufige Anwendungshinweise des Bundesministeriums des Innern zum Aufenthaltsgesetz und zum Freizügigkeitsgesetz/EU vom 22. Dezember 2004, Nr. 31.2.5.1.

46 Der Fall ist fiktiv. Eventuelle Namens- oder Sachverhaltsähnlichkeiten sind nicht beabsichtigt.

47 Vgl. Frings (2005a), S. 114.

Durchführungshinweise der Bundesagentur für Arbeit zu SGB II[48] auf § 36 Abs. 1 S. 1 SGB I. Danach ist der gewöhnliche Aufenthalt in der Regel dort, wo die Person auch ihren Wohnsitz nach § 30 Abs. 3 S. 1 SGB I hat. Der Wohnsitz ist mit Personalausweis oder Meldebestätigung nachzuweisen. Wird der Antrag nicht bei dem für die Hilfebedürftige zuständigen Träger gestellt, ist der gewöhnliche Aufenthalt maßgeblich. Der gewöhnliche Aufenthalt muss auf Dauer angelegt sein und mit einer Meldebestätigung nachgewiesen werden.

Im Frauenhaus lebende Frauen bleiben dort nur für eine Übergangszeit. Entweder sie beschaffen sich selbst geeigneten Wohnraum oder kehren wieder zu ihren Partnern zurück. Ein gewöhnlicher Aufenthalt wird also im Frauenhaus nicht begründet. Die Durchführungshinweise der Bundesagentur für Arbeit[49] sehen vor, dass diese Frauen dort ihren ersten Wohnsitz nehmen. Das kann für die Betroffenen Frauen zu aufenthaltsrechtlichen Problemen führen, da sie mit ihrer Ummeldung die Beendigung der ehelichen Lebensgemeinschaft dokumentieren und so ihr eigenständiges Aufenthaltsrecht nach § 31 AufenthG gefährden können.

4. Zusammenfassende Ergebnisse und Reformbedarf

Anhand einer Auswertung der Fallbeispiele können zusammenfassend – unter Einbeziehung der Frage, ob und wenn ja, welche sozialrechtlichen Hindernisse bei der Interventionsarbeit bei Zwangsverheiratungen bestehen – folgende Aspekte festgehalten werden:

- Kinder und Jugendliche haben das Recht, sich gemäß § 8 Abs. 2 SGB VIII in allen Angelegenheiten der Erziehung und Entwicklung an das Jugendamt zu wenden. Dies ist bei Vorliegen einer „Not- und Konfliktlage" auch ohne Wissen der Eltern möglich. Probleme bereitet in der Praxis die Frage, wann eine solche „Not- und Konfliktlage" anzunehmen ist. Erforderlich ist insofern sowohl eine Konkretisierung dieses unbestimmten Rechtsbegriffs als auch eine Schulung der Jugendamtsmitarbeiterinnen/Jugendamtsmitarbeiter, die sowohl der Vermittlung interkultureller Kompetenz als auch deren Sensibilisierung speziell in Bezug auf häusliche Gewalt gilt.

- § 27 SGB VIII regelt die Hilfe zur Erziehung, allerdings haben nur die Personensorgeberechtigten ein Antragsrecht. Insoweit zeigt die Praxis, dass die bislang existierende rechtliche Regelung nicht ausreicht, um Zwangsheiraten wirksam zu bekämpfen und den Opfern angemessenen Schutz zu gewähren. Hier ist die gesetzliche Verankerung einer eigenen Antragsbefugnis des oder der Minderjährigen zwingend notwendig.

48 Verfügbar unter: http://www.my-sozialberatung.de/files/HW%2036%202006-08-01.pdf (abgerufen am 10. 4. 2007).

49 Ebd., unter 36.7.

- Mit § 42 SGB VIII wird das Jugendamt verpflichtet, Kinder und Jugendliche unter bestimmten Voraussetzungen in Obhut zu nehmen. Problematisch ist, dass – mit wenigen Ausnahmen – keine Schutzeinrichtungen existieren, die auf Fälle dieser Art eingerichtet sind.

- Einzige Anspruchsgrundlage für junge Volljährige ist § 41 SGB VIII. Zu bedenken ist aber, dass in der Regel überhaupt nur solche Volljährige gefördert werden können, die das 21. Lebensjahr noch nicht beendet haben. Diese Altersfestsetzung erscheint gerade vor dem Hintergrund von Zwangsverheiratungen zweifelhaft.

Insgesamt zeigt sich, dass offensichtlich eine Diskrepanz zwischen der praktischen Arbeit des Jugendamtes bei der Gewährung bzw. Versagung von Unterstützung für Kinder, Jugendliche und jungen Menschen und den bereits vorhandenen gesetzlichen Regelungen besteht. Das Gesetz sieht Hilfemöglichkeiten vor, die jedoch nicht immer – obwohl geeignet und erforderlich – vom Jugendamt bewilligt werden. Die Gründe hierfür sind vielfältig und reichen von knappen finanziellen Ressourcen bis zu mangelndem Einfühlungsvermögen oder Unkenntnis der Lage des oder der Betroffenen.

Nach § 1 Abs. 2 SGB I soll das Sozialrecht auch die Einrichtungen und Dienste zur Verfügung stellen, die der Verwirklichung der sozialen Gerechtigkeit und Sicherheit dienen. Hier fehlt es noch an der flächendeckenden Bereitstellung sicherer Unterkünfte, in die sich von Zwangsheirat Betroffene flüchten können und die sowohl eine pädagogische/therapeutische Betreuung bieten, als auch den speziellen Bedürfnissen des oder der Einzelnen Rechnung tragen können. Zu denken ist hier zum Beispiel an die Begleitung bei Behördengängen, zur Schule oder zur Ausbildungsstätte. Dies ist nur zu leisten, wenn ein bundesweit gespanntes Netz von interkulturell ausgerichteten Schutz- und Beratungsstellen geschaffen wird.

Literatur

Baldauf, Margit (2006), Hilfen für junge volljährige Migrantinnen nach § 41 SGB VIII, in: Unsere Jugend, Heft 5, S. 225–230.

Bielefeldt, Heiner (2005), Zwangsheirat und multikulturelle Gesellschaft. Anmerkungen zur aktuellen Debatte, Berlin: Deutsches Institut für Menschenrechte.

Bundeskonferenz für Erziehungsberatung e. V. (2006), Kindesschutz und Beratung, Empfehlungen zur Umsetzung des Schutzauftrages nach § 8 a SGB VIII, in: Zeitschrift für Kindschaftsrecht und Jugendhilfe, 93. Jg., Heft 7/8, S. 346–350.

Coester, Michael (1983), Das Kindeswohl als Rechtsbegriff. Die richterliche Entscheidung über die elterliche Sorge beim Zerfall der Familiengemeinschaft, Frankfurt a. M.: Metzner.

Dieckmann, Albrecht (1978), Betrachtungen zum Recht der elterlichen Sorge – vornehmlich für Kinder aus gescheiterter Ehe –, in: Archiv für die civilistische Praxis, Band 178, S. 298–329.

Diederichsen, Uwe (1978), Zur Reform des Eltern-Kind-Verhältnisses, in: Zeitschrift für das gesamte Familienrecht, 25. Jg., Heft 7, S. 461–474.

Dorsch, Gabriele (1994), Die Konvention der Vereinten Nationen über die Rechte des Kindes, Berlin: Duncker und Humblot.

Fastie, Friesa (2002), Institutioneller Umgang mit Mädchen und jungen Frauen mit Gewalterfahrung in der Jugendhilfe, in: Zeitschrift für Frauenforschung und Geschlechterstudien, 20. Jg., Heft 1/2, S. 67–77.

Fieseler, Gerhard/Herborth, Reinhard (2001), Recht der Familie und Jugendhilfe. Arbeitsplatz Jugendamt/Sozialer Dienst, 5. Auflage, Neuwied u. a.: Luchterhand.

Frings, Dorothee (2005a), Arbeitsmarktreformen und Zuwanderungsrecht – Auswirkungen für Migrantinnen und Migranten. Juristische Expertise, Frankfurt a. M.: M.A.R.E.

Frings, Dorothee (2005b), Das neue Aufenthaltsrecht aus der Perspektive von Migrantinnen, in: STREIT – Feministische Rechtszeitschrift, 23. Jg., Heft 4 (Beilage), S. I–XVI.

Gedik, Ipek (2005), Zwangsheirat bei Migrantinnenfamilien in der Bundesrepublik, in: Jahrbuch für Menschenrechte 2005, S. 318–325.

Göbel-Zimmermann, Ralph/Born, Manuela (2007), Zwangsverheiratung – Integratives Gesamtkonzept zum Schutz Betroffener, in: Zeitschrift für Ausländerrecht und Ausländerpolitik, 27. Jg., Heft 2, S. 54–60.

Gernhuber, Joachim/Coester-Waltjen, Dagmar (1994), Lehrbuch des Familienrechts, 4. Auflage, München: Beck.

Giesen, Dieter (1977), Familienrechtsreform zum Wohl des Kindes?, in: Zeitschrift für das gesamte Familienrecht, 24. Jg., Heft 9, S. 594–600.

Jayme, Erik/Hausmann, Rainer (Hrsg.) (2006), Internationales Privat- und Verfahrensrecht. Textausgabe, 13. Auflage, München: Beck.

Kalthegener, Regina (2005), Und bist Du nicht willig ..., in: Menschenrechte für die Frau, Heft 4, S. 8–10.

Kunkel, Peter-Christian (Hrsg.)/Fasselt, Ursula/Schifferdecker, Christiane/Bringewat, Peter/Kindle, Josef/Röchling, Walter (2006), Sozialgesetzbuch VIII. Kinder- und Jugendhilfe. Lehr- und Praxiskommentar, 3. Auflage, Baden-Baden: Nomos (zitiert: Bearbeiter/in, in: Kunkel (2006), § ...).

Lehnhoff, Liane (2002), Sklavinnen der Tradition. Zwangsheirat als weltweite Erscheinung, in: Terre des Femmes e. V. (Hrsg.), Zwangsheirat. Lebenslänglich für die Ehre, aktualisierte und erweiterte Neuauflage, Tübingen, S. 12–17.

Münder, Johannes (2004), Kinder und Jugendhilferecht. Eine sozialwissenschaftlich orientierte Darstellung, 5. Auflage, München: Luchterhand.

Mrozynski, Peter (1996), Hilfen für junge Volljährige, in: Zentralblatt für Jugendrecht, 83. Jg., Heft 4, S. 159–166.

Salgo, Ludwig (2006), § 8 a SGB VIII. Anmerkungen und Überlegungen zur Vorgeschichte und zu den Konsequenzen der Gesetzesänderung, Teil 1, in: Kindschaftsrecht und Jugendhilfe, 93. Jg., Heft 12, S. 531–535.

Schellhorn, Walter/Schellhorn, Helmut/Fischer, Lothar/Mann, Horst (2007), SGB VIII/KJHG. Kommentar zum Sozialgesetzbuch VIII, Kinder und Jugendhilfe, 3. Auflage, München: Luchterhand (zitiert: Bearbeiter/in, in: Schellhorn u. a. (2007), § ...).

Stein-Hilbers, Marlene (1993), Biologie und Gefühl – Geschlechterbeziehungen im neuen Kindschaftsrecht, in: Zeitschrift für Rechtspolitik, 26. Jg., Heft 2, S. 256–261.

Trenczek, Thomas (2000), Inobhutnahme und geschlossene Unterbringung. Anmerkung zu den freiheitsentziehenden Maßnahmen in Einrichtungen der Jugendhilfe, in: Zentralblatt für Jugendrecht, 87. Jg., Heft 4, S. 124–134.

Werwigk-Hertneck, Corinna (2004), Resümee und Ausblick der Justizministerin und Ausländerbeauftragten der Landesregierung Baden-Württemberg, in: Die Ausländerbeauftragte der Landesregierung Baden-Württemberg (Hrsg.) in Kooperation mit Terre des Femmes, Dokumentation der Fachtagung. Zwangsheirat – Maßnahmen gegen eine unehrenhafte Tradition, Dokumentationen – Band 2, Stuttgart, S. 5–11, verfügbar unter: http://www.justiz.baden-wuerttemberg.de/servlet/PB/show/1142544/zwangsheirat_dokumentation.pdf (abgerufen am 10.4.2007).

Zippelius, Reinhold (1974), Einführung in die juristische Methodenlehre, 2. Auflage, München: C. H. Beck.

IV.
Prävention und Intervention

Erfahrungen mit Interventionsprojekten zum Schutz von Frauen vor Gewalt. Folgerungen für eine wirksame Strategie zur Überwindung von Zwangsverheiratung

Barbara Kavemann

1. Zur Geschichte der Interventionsarbeit – Ein Überblick

Bezogen auf Gewalt gegen Frauen hat die neue Frauenbewegung seit Mitte der 1970er Jahre eine Veränderung der Struktur der Geschlechterverhältnisse eingefordert. Es ging zunächst darum, aufzuzeigen, dass Männer, die Gewalt gegenüber Frauen ausüben, zwar möglicherweise außerhalb der Rechtsordnung handeln, sich aber innerhalb der Geschlechterordnung bewegen.[1] Die feministische Analyse von Gewalt gegen Frauen hat frühzeitig das Ausmaß der Gewalt in der weiblichen Normalität verortet und als Normverlängerung, nicht Normverletzung gekennzeichnet.[2] Lag der Schwerpunkt vorerst auf den sich verändernden Normen der deutschen Mehrheitsgesellschaft, führte die Inanspruchnahme von Schutz- und Beratungseinrichtungen für Frauen und Mädchen durch Migrantinnen schnell zu einer Debatte über die Frage kultureller Zugehörigkeit und der Bedeutung kulturspezifischer Normen für eine feministisch-parteiliche Auseinandersetzung mit Gewalt gegen Frauen und Mädchen, die konzeptionelle Konsequenzen für die Ausgestaltung des Unterstützungsangebots hatte.

Die in diesem Beitrag vorgestellten Maßnahmen zur Intervention bei Gewalt im Geschlechterverhältnis, die durch Projekte in Form interinstitutioneller Kooperationsbündnisse initiiert und durchgesetzt wurden, setzen zunächst nicht bei einer Veränderung der Geschlechterverhältnisse an. Sie zielen darauf ab, Gewalt gegen Frauen bzw. Gewalt in intimen bzw. engen sozialen Beziehungen als außerhalb der Rechtsordnung stehend kenntlich zu machen und somit ihre Normalität in Frage zu stellen. Basis dafür war ein abgestimmtes Vorgehen aller beteiligten Einrichtungen und Institutionen in den Gremien der Interventionsprojekte. Ausgehend von Erfahrungen mit diesem Ansatz und von Forschungsergebnissen im Kontext dieser Initiativen soll die Frage gestellt werden, ob eine Übertragbarkeit dieser Strategie und ihrer Ergebnisse auf Intervention und Prävention bei drohender Zwangsverheiratung möglich ist.

---

1 Vgl. Meuser (2002).
2 Vgl. Hagemann-White (1992).

1.1 Die Frauenhausbewegung

Spezialisierte Intervention bei häuslicher Gewalt in Deutschland ist nicht neu. Seit 1976 gibt es mit den Frauenhäusern eine ausgewiesene Unterstützungspraxis bei Gewalt gegen Frauen, seit Mitte der 1980er Jahre gibt es Mädchenhäuser bzw. spezifische Zufluchtseinrichtungen und Beratungsstellen für Mädchen. Die Existenz dieser Einrichtungen machte sowohl die gesellschaftliche Verbreitung von Gewalt gegen Frauen und Mädchen als auch ihr Vorkommen in allen Gesellschaftsschichten und Bevölkerungsgruppen sichtbar. Die Aktivität der Einrichtungen veränderte die öffentliche Wahrnehmung, zeigte, dass Unterstützung möglich ist und Verbesserungen erreicht werden können, und wirkte nachhaltig innovativ auf das gesamte Feld der sozialen Arbeit.

Die Schutz- und Unterstützungsangebote verbesserten zwar konkret die Lebenssituation vieler misshandelter Frauen und Mädchen, hatten darüber hinaus auf struktureller Ebene aber nur begrenzte Wirkung: Weitere Gewalt konnte in der Regel nicht verhindert werden, das zunehmende Wissen über Gewaltdynamiken verblieb bei den spezialisierten Einrichtungen und täterorientierte Ansätze[3] waren kaum existent. Weil die anhaltende politische Untätigkeit mit der Existenz der Frauenhäuser und Zufluchtseinrichtungen für Mädchen gerechtfertigt wurde („Frauen können in ein Frauenhaus gehen. Wenn sie das nicht tun, wollen sie offensichtlich keine Hilfe“), musste sich grundlegend etwas ändern. Der Zusammenhang zwischen „privater“ Gewalt gegen Frauen und Mädchen und staatlicher (Nicht-) Reaktion bzw. Verantwortung wurde zentrales Thema. Um nachhaltig Gewalt im privaten Raum reduzieren zu können, wurden neue Wege der koordinierten Intervention entwickelt.

1.2 Involvierung staatlicher Akteure

Mit den Interventionsprojekten gegen häusliche Gewalt[4], die sich seit Ende der 1990er Jahre vielerorts in Deutschland gründeten, wurde ein Perspektivenwechsel eingeleitet: Den spezialisierten Frauenunterstützungseinrichtungen wurde nicht länger die Alleinzuständigkeit für die Thematik zugewiesen. Der Staat und seine Institutionen beteiligten sich zunehmend daran, Gewalt gegen Frauen zu „entprivatisieren“. Als Interventionsprojekte werden institutionalisierte – also als eigenständige Organisationen auf Zeit oder auf Dauer arbeitende – Kooperationsbündnisse bezeichnet, die interinstitutionell und interdisziplinär arbeiten. Das bedeutet, dass in ihnen im besten Fall Vertreterinnen und Vertreter aller Einrichtungen, Institutionen, Projekte und Professionen einer Region aktiv sind, die explizit gegen häusliche Gewalt arbeiten oder dafür gesellschaftliche Verantwortung tragen. In der Regel finden wir hier Frauenhäuser und Frauenberatungsstellen,

3 Vgl. Wissenschaftlichen Begleitung der Interventionsprojekte gegen häusliche Gewalt (WiBIG) (2004c).

4 Der Begriff „häusliche Gewalt“ wurde mit Gründung der Interventionsprojekte eingeführt und ersetzte in den Kooperationsbündnissen die bewusst polarisierenden herkömmlichen Begriffe „Gewalt gegen Frauen“ bzw. „Männergewalt“. Vgl. Kavemann u. a. (2001), S. 24.

andere Beratungseinrichtungen, beispielsweise für Migrantinnen, Polizei, Justiz, Jugendamt, Kinderschutz, Täterarbeit und Politik, teilweise auch Vertreterinnen/Vertreter des Gesundheitssystems. Gearbeitet wird in Fachgruppen und/oder an Runden Tischen. Bewährt hat sich eine unabhängige Koordination. Es geht langfristig darum, dass nicht nur einzelne Professionelle ihre Praxis verbessern, sondern dass ganze Institutionen ein gleiches Verständnis von häuslicher Gewalt entwickeln und auf dieser Grundlage ihre Verfahrensweisen aufeinander abstimmen. Intervention wird auf gemeinsame Ziele ausgerichtet. Alle beteiligten Vertreterinnen und Vertreter der unterschiedlichen Institutionen und Einrichtungen erarbeiten gemeinsam Maßnahmen, um Opfer besser zu schützen und Täter konsequent zur Verantwortung zu ziehen.[5]

Der Gründung der Interventionsprojekte lag die Analyse zugrunde, dass es weniger die betroffenen Frauen waren, die ein Muster gelernter Hilflosigkeit zeigten – also nicht in der Lage waren, die Situation zu verändern und Hilfe zu suchen –, als vielmehr die Institutionen, die Hilfe leisten sollen. Sie blieben in diesem Muster gefangen, weil sie keine Konzepte hatten, geeignete, bedarfsgerechte Hilfe anzubieten und über zu wenig Kenntnis der Dynamik von Gewalt in Paarbeziehungen verfügten. Dementsprechend ratlos und oft auch falsch reagierten z. B. Sozialarbeiterinnen/Sozialarbeiter, Polizeibeamtinnen und Polizeibeamte. Fehlt ein Gesamtkonzept der Hilfe, arbeiten einzelne Einrichtungen bewusst oder unwissentlich aneinander vorbei, was die Gefährdung eher erhöht als schützend wirkt. In den Interventionsprojekten konnte dieser strukturellen Hilflosigkeit im Umgang mit häuslicher Gewalt durch eine Koordinierung von Maßnahmen zu Schutz und Unterstützung wirksam begegnet werden.

1.3 Perspektivwechsel zum Rechtsansatz

Erst die gemeinsame Arbeit von Vertreterinnen und Vertretern staatlicher Institutionen, wie Polizei, Justiz und Jugendamt, sowie nichtstaatlicher Unterstützungseinrichtungen, wie Frauenhäusern, Beratungsstellen, Kinderschutzeinrichtungen usw., ermöglichte die Entwicklung eines Gesamtkonzeptes.[6] Der Staat und seine Institutionen übernahmen zunehmend Verantwortung für Intervention, Schutz und Strafverfolgung. Die Perspektive wechselte vom *Bedürfnis* der Opfer nach Schutz und Unterstützung zum *Recht* der Opfer auf Schutz und Unterstützung. Die Interventionsprojekte haben maßgeblich dazu beigetragen, dass häusliche Gewalt mittlerweile als gesellschaftliches Problem gesehen und bearbeitet wird. Zunehmend wird Wissen in die Institutionen transferiert, werden Opfer- und Täterklischees hinterfragt und durch forschungsgestützte Kenntnisse ersetzt. Und es werden hochschwellige Unterstützungsangebote durch niedrigschwellige ergänzt, um den Zugang zu Schutz und Hilfe zu erleichtern.

5 Zu Entwicklung und Arbeit von Interventionsprojekten gegen häusliche Gewalt vgl. Kavemann u. a. (2001) sowie WiBIG (2004d).

6 Ausdruck der Diskussion über ein Gesamtkonzept ist auch der Aktionsplan der Bundesregierung zur Bekämpfung von Gewalt gegen Frauen vom Dezember 1999, verfügbar unter: http://www.bmfsfj.de/Politikbereiche/Gleichstellung/gewalt.html (abgerufen am 25. 4. 2007).

2. Folgerungen für die Interventionsarbeit bei Zwangsverheiratungen

Gewalt zwischen erwachsenen Partnerinnen und Partnern ist nicht ohne Weiteres vergleichbar mit Gewalt von Eltern gegen ihre heranwachsenden Kinder, etwa in Form der Zwangsverheiratung. Die Hilflosigkeit von Mitarbeiterinnen und Mitarbeitern in Institutionen und die Häufigkeit von entweder unangemessener Dramatisierung oder aber Unterschätzung der Gefahr für eine Jugendliche kann hier aber in vergleichbarer Weise beobachtet werden, ebenso weiterhin bestehende Unkenntnis geeigneter Interventionen und ein fehlendes Gesamtkonzept für koordinierte Intervention. Ebenfalls kann davon ausgegangen werden, dass es sich bei Gewalt in Eltern-Kind-Beziehungen ähnlich wie bei Gewalt in Paarbeziehungen um Situationen handelt, die oft durch eskalierende Konflikte, misslingende Kommunikation sowie Ambivalenzen und Enttäuschungen geprägt sind. Ich beleuchte im Weiteren vier Postulate aus der Arbeit von Interventionsprojekten gegen häusliche Gewalt auf ihre Relevanz für das Problem der Zwangsverheiratung.

2.1 Notwendigkeit interinstitutioneller Kooperation

Für komplexe Situationen von Gewalt und Bedrohung kann in der Regel nicht von einer einzigen Einrichtung oder Institution eine Lösung gefunden werden. Dreh- und Angelpunkt der Arbeit von Interventionsprojekten war die einfache, aber bedeutsame Erkenntnis, dass jede Institution ihren berufsspezifischen bzw. einrichtungsspezifischen Ausschnitt des Gesamtphänomens Gewalt sieht. Kommen Vertreterinnen und Vertreter mehrerer Institutionen zusammen und tauschen sich aus, kann aus den unterschiedlichen Facetten ein Bild zusammengesetzt werden, das sich der Realität annähert. Darüber hinaus werden in diesem Austausch die jeweiligen Arbeitsaufträge, die Rechtsgrundlagen und die Grenzen der Handlungsmöglichkeiten einer Institution gegenseitig bekannt gemacht. Es wird ein Einblick in die innere Logik institutionellen Handelns eröffnet. Davon profitieren alle Beteiligten: Gegenseitige Erwartungen werden realistischer, Vorbehalte und Vorurteile können reduziert oder ganz abgebaut werden und es wird ermöglicht, voneinander zu lernen. Dadurch ist ein Zuwachs an Kompetenz zu verzeichnen, der vor allem den Betroffenen zugute kommt, aber auch bei den beteiligten Professionellen zu mehr Zufriedenheit bei der Arbeit führt.[7]

Die Bündelung von Kompetenz, Erfahrung, Befugnissen und Zuständigkeiten in Kooperationsbündnissen ist geeignet, der Komplexität von Gewaltverhältnissen zu begegnen: Die Befürchtung eines Mädchens oder einer jungen Frau, in eine ungewollte Ehe gezwungen und im Falle ihrer Weigerung bedroht zu werden, kann im Zusammenhang mit anderen Formen der Gewalt stehen. Sie kann Gewalt durch den Vater und/oder die Mutter erlebt haben,[8] sie wird möglicherweise durch Eltern, Brüder oder den Familienverband stark kontrolliert und diszipli-

7 Vgl. Kavemann u. a. (2001).

8 Mädchen und junge Frauen, die bei Papatya e. V. in Berlin Schutz suchten, waren in 2005 zu 90 % misshandelt worden. 20 % erlebten sexuelle Gewalt; Ter-Nedden (2007), S. 1.

niert. Auch die Mutter kann Opfer von Gewalt sein. Neuere deutsche Forschung belegt, dass Migrantinnen überproportional häufig von Gewalt durch den Partner betroffen sind.[9] Haben die für den Schutz von Frauen, Kindern bzw. Jugendlichen verantwortlichen Institutionen eine gute Kultur der Kooperation entwickelt, wird sich die Gefährdung schneller und sicherer abklären und für die jeweils Betroffenen eine Ansprache bzw. in akuten Fällen ein Schutz organisieren lassen.

Handelt es sich um akute Gefährdung – beispielsweise weil das Mädchen oder die junge Frau in der Gefahr schwebt, in ihr Herkunftsland gebracht und dort verheiratet zu werden, oder weil sie beschuldigt wird, gegen die Familienehre verstoßen zu haben, und befürchtet, ermordet zu werden –, dann kann Sicherheit oft nur gewährleistet werden, indem sie an einen anonymen Schutzort in einer anderen Stadt oder einem anderen Bundesland gebracht wird. Damit dies im Notfall schnell geschehen kann, ist eine überregionale Vernetzung erforderlich. Ist die Betroffene minderjährig, bedarf es einer Einschränkung der Elternrechte.

Interventionsprojekte haben sich im vergangenen Jahrzehnt als ausreichend flexibel erwiesen, um Problemlagen spezifischer Zielgruppen wie der Migrantinnen aufzugreifen. Jedes Interventionsprojekt hat dieses Thema bearbeitet und für die eigene Region Informationsmaterial in mehreren Sprachen veröffentlicht. Auch haben sie vielerorts die Auswirkungen häuslicher Gewalt auf die in den Familien lebenden Töchter und Söhne zum Thema gemacht und Einrichtungen der Jugendhilfe und des Kinderschutzes in die Kooperation eingebunden. Es entstanden gute Kontakte zwischen diesen Institutionen, der Polizei und den Frauenunterstützungseinrichtungen, die in Fällen von Zwangsverheiratung genutzt werden können.[10] Auch wenn die Zusammenarbeit zwischen diesen Bereichen, die sich traditionell mit großen Vorbehalten begegnet sind, nicht immer reibungslos verläuft und noch verbesserungsbedürftig ist, sind Grundlagen gelegt, auf die aufgebaut werden kann.[11]

2.2 Bedarf an niedrigschwelligen Angeboten

Erreichbarkeit der Zielgruppe und Zugang zu Unterstützungsangeboten sind Voraussetzungen für Hilfe. Sie können am Besten über Kooperation und Vernetzung gelingen. Wenn Unterstützung in Gefährdungssituationen und Gewaltverhältnissen gelingen soll, stellen sich zentral Fragen des Zugangs und der Erreichbarkeit der Zielgruppe. Migrantinnen stellen eine schwer erreichbare Zielgruppe dar, um die sich engagiert bemüht werden muss.

Ein Problem bei Gewalt gegen Migrantinnen stellt häufig die sprachliche Verständigung dar. Sie verstärkt das Problem der Beratungsferne, das auch für deutsche Frauen und Mädchen den Zugang zu Unterstützung und Beratung erschwert.

9 Schröttle (2006); Schröttle/Müller (2004). Bei Papatya e. V. wurden 40 % der Mütter der hierher geflüchteten Mädchen vom Partner misshandelt.

10 Vgl. WiBIG (2004d).

11 Vgl. Kavemann/Kreyssig (2006).

Neue Untersuchungen[12] zeigen sehr deutlich, dass Beratungsstellen hochschwellige Angebote sind. Um sich dorthin zu wenden, muss die Klientin einen Beratungsanlass erkennen und einen Beratungsbedarf formulieren können. Sehr oft besteht jedoch gar nicht ausreichend Klarheit über die eigene Situation. Die Betroffene zweifelt daran, ob die aktuelle Notlage wirklich schwerwiegend genug ist, um ein Recht auf Hilfe zu haben, bzw. ob das, was passiert ist, tatsächlich Gewalt zu nennen ist. Frauen sind teilweise zu verängstigt oder zu erschöpft und entmutigt, um weiterhin Hilfe zu suchen oder auf Hilfe zu hoffen. Bei vielen deutschen Frauen und Migrantinnen herrschte völlige Unklarheit, was Beratung bedeutet, was Beratungsstellen tun, was sie von einer Beraterin erwarten könnten. Sie hegten starke Befürchtungen, dass die Beraterin ihnen etwas einreden und eigene Entscheidungen nicht respektieren würde. Diese Befürchtungen haben für Migrantinnen besondere Bedeutung.

Hürden können durch niedrigschwellige Angebote teilweise abgebaut werden. Generell gilt ein telefonisches Beratungsangebot als deutlich niedrigschwelliger als eine Beratungsstelle, die aufgesucht werden muss. Für Migrantinnen mit Sprachschwierigkeiten gilt das jedoch nicht in vergleichbarer Weise. Die Schwellenproblematik ist für Frauen und Mädchen mit Sprachproblemen eine andere. Eine telefonische Beratung ohne persönlichen Kontakt stellt eine zusätzliche Erschwernis in der Verständigung dar. Bei der Berliner Hotline zu häuslicher Gewalt sind 10 % der Anruferinnen Migrantinnen. Ihr Anteil hat sich zwar inzwischen verdoppelt, ist jedoch niedriger als z. B. in den Frauenhäusern. Im unmittelbaren persönlichen Kontakt kann viel an fehlender Sprachkenntnis ausgeglichen werden. Die Verständigung gelingt eher, auch bei Sprachproblemen. So sind z. B. 30 % der Klientinnen, zu denen die Mobile Intervention der Hotline in Berlin gefahren ist – wo also aufsuchende Beratung durchgeführt wurde –, Migrantinnen.[13]

Es zeigte sich, dass pro-aktive Beratung nach polizeilicher Intervention wegen häuslicher Gewalt Zielgruppen erreichte, die bislang keinen Kontakt zum Unterstützungssystem hatten. Speziell für die Gruppe der Migrantinnen erwies sich zugehende Beratung – also pro-aktive Beratung und aufsuchende Beratung – als geeignet. Diese Beratungsformen lösen das Problem der sprachlichen Verständigung nicht, bieten aber bessere Bedingungen, Sprachmittlung zu organisieren. So wird der pro-aktive Anruf geplant, die Beraterin ist nicht vom Anruf einer Frau oder eines Mädchens überrascht. Bevor sie den Anruf tätigt, kann sie eine Dolmetscherin einschalten und dann das Gespräch gleich in der richtigen Sprache eröffnen. Dasselbe gilt, wenn die Klientin von der Beraterin – sei es zu Hause, auf dem Amt oder auf der Polizeidienststelle – aufgesucht wird. Auch hier kann sie sich von einer Dolmetscherin begleiten lassen. Dies setzt gute Kooperationsbeziehungen mit der Polizei voraus.

---

12 WiBIG (2004a); Helfferich u. a. (2005).
13 BIG-Hotline (2004).

Fachberatungsstellen, die mit Dolmetscherinnen arbeiten, betonen, dass Sprachkenntnisse allein oft nicht ausreichend sind, sondern dass Beratungskompetenz gekoppelt mit der Beherrschung der Sprache und der gleichen kulturellen Herkunft optimale Bedingungen für die Beratung bieten.

Für Mädchen, die in Deutschland aufgewachsen sind, stellt weniger die Sprache als vielmehr die kulturelle Schranke eine Hürde dar. Wenn ein Beratungsangebot und diejenigen, die es vertreten, nicht erkennbaren Respekt für die Herkunftskultur der Mädchen zeigen, kann der Zugang nicht gelingen. Mädchen brauchen Angebote, die nicht von ihnen verlangen, ihre kulturelle Zugehörigkeit und/oder die Bindung an Eltern und Familie – bei allen Ambivalenzen beiden gegenüber – zu verleugnen.

Der drohende Ehrverlust der Familie ist eine gravierende Hürde bei der Inanspruchnahme von Beratung. Dies gilt übrigens nicht nur für Jugendliche aus zugewanderten Familien. Eine Studie in der Schweiz fragte Schülerinnen und Schüler danach, ob Kinder und Jugendliche Hilfe suchen sollen bei häuslicher Gewalt und wenn ja, bei wem. 41 % der Mädchen und 49 % der Jungen vertraten die Ansicht, dass es ein Hindernisgrund sei, wenn Außenstehende dann schlecht über die Familie denken würden.[14]

Einrichtungen, die mit Mädchen arbeiten, allen voran die Schule, sind aufgefordert, ihren Blick interkulturell zu öffnen und von Klischees Abschied zu nehmen. Es scheint sinnvoll, pro-aktive und aufsuchende Angebote auch für das Problem der Zwangsverheiratung von jungen Frauen und Mädchen zu konzipieren. Beispielsweise könnte geprüft werden, ob Lehrkräfte, die mit einer bedrohten Schülerin ins Gespräch gekommen sind, sich von ihr das Einverständnis dafür geben lassen, dass eine Beratungsstelle sie in der Schule anruft bzw. aufsucht. Dies wäre eine Intervention noch im Vorfeld der Flucht eines Mädchens aus der Familie und einer Unterbringung. Bereits jetzt nehmen die meisten Mädchen während der Unterrichtszeit Kontakt zum Berliner Mädchennotdienst auf. Teilweise baten sie ihre Vertrauenslehrerinnen/Vertrauenslehrer, für sie dort anzurufen.[15] Dieser Weg könnte ausgebaut werden.

Eine der großen Leistungen von Interventionsprojekten gegen häusliche Gewalt war es, sichtbar zu machen, wie hochschwellig manche Unterstützungsangebote sind – vor allem diejenigen, die eine Trennung vom Partner bzw. von der Familie voraussetzen – und wie unterschiedlich der Unterstützungsbedarf von Frauen ist, selbst wenn sie sich in einer vergleichbaren Lage befinden.[16] Ihr Blick auf sich selbst und ihre Beziehungen, ihre Einschätzung von Risiken, ihre Zukunftsplanung und ihre Lebensentwürfe sind nicht identisch; davon hängt aber ab, ob sie die angebo-

14 Seith (2006), S. 115.
15 Persönliches Gespräch mit Dorothea Zimmermann, März 2006.
16 Helfferich u. a. (2005). Die Interkulturelle Initiative Berlin hat mit den Bewohnerinnen und Klientinnen ihrer Einrichtungen eine Akzeptanzanalyse durchgeführt und am Bedarf der Nutzerinnen orientierte Qualitätskriterien entwickelt; Interkulturelle Initiative (2006), S. 77 ff.

tene Unterstützung als ihrem Bedarf entsprechend empfinden. In Interventionsprojekten wurden entsprechende Forschungsergebnisse[17] rezipiert und innovative, zugehende Unterstützungsangebote entwickelt und erprobt.[18]

Migrantinnen – Frauen und Mädchen – nutzen recht oft Angebote, die ihnen Schutz vor Gewalt bieten. Frauenhäuser wurden laut Bewohnerinnenstatistik 2005 zu 48 % von Migrantinnen aufgesucht. Ihr Anteil ist in den sechs Jahren, in denen eine systematische Statistik geführt wird, stetig gewachsen.[19] Die große Zahl von Migrantinnen, die Frauenhäuser nutzen, zeigt, dass diese Frauen einerseits oft einen erhöhten Schutzbedarf haben – vor allem, wenn sie sich vom Partner trennen oder die Familie verlassen wollen – und andererseits offenbar eher eine Vorstellung von Schutz als eine Vorstellung von Beratung haben.[20]

Im Berliner Mädchennotdienst leben in der Regel etwas über die Hälfte Migrantinnen. Von den 60 Mädchen, die 2005 in der Anlaufstelle des Berliner Mädchennotdienstes Beratung in Anspruch nahmen, waren acht von Zwangsverheiratung betroffen oder bedroht.[21] In dieser Einrichtung, deren Adresse bekannt ist, überwiegen andere Problemlagen.[22] Bei Papatya hingegen, einer Einrichtung mit hohem Sicherheitsstandard, deren Adresse geheim gehalten wird, ist der Anteil dieser Zielgruppe deutlich höher. Hier leben ausschließlich Migrantinnen, vor allem Mädchen türkischer oder kurdischer Herkunft, aber auch mit libanesisch/palästinensischem Hintergrund oder aus Ex-Jugoslawien und vielen anderen Ländern. In den Zufluchtseinrichtungen für Mädchen suchen auch Töchter aus binationalen Familien Schutz.[23]

Interventionsprojekte haben regionalspezifische Informationsmaterialien in vielen Sprachen veröffentlicht und verteilt. Allerdings kann für die Wirkung von schriftlicher Information – nicht nur für Migrantinnen – gesagt werden, dass sie generell sinnvoll ist, um Beratungsangebote bekannt zu machen, vor allem auch um auf die Mehrsprachigkeit von Beratungsangeboten hinzuweisen und wichtige Informationen zu vermitteln. Dieser Zugang zu Beratung und Unterstützung ist geeignet vor allem für Frauen und Mädchen, die ausreichend Deutsch sprechen und Kenntnis des deutschen Hilfesystems sowie Vertrauen in diese Angebote haben. Andernfalls ist schriftliches Informationsmaterial nur sehr begrenzt hilfreich. Wie oben bereits beschrieben, bewähren sich pro-aktive und aufsuchende Beratungsangebote bei häuslicher Gewalt gegen Migrantinnen und sollten deshalb daraufhin geprüft werden, ob sie auch in Fällen drohender Zwangsverheiratung geeignet sind.

---

17 Vgl. Helfferich u. a. (2005).
18 WiBIG (2004a).
19 Frauenhauskoordinierung e. V. (2006).
20 Vgl. Helfferich u. a. (2005).
21 Mädchennotdienst Berlin (2006).
22 Das dominierende Problem im Mädchennotdienst Berlin ist massive körperliche (53 %) und psychische (51 %) Misshandlung durch Eltern und Familienangehörige. Im Rahmen der telefonischen Beratung stellt das Thema sexuelle Gewalt den größten Anteil (77 %); Mädchennotdienst Berlin (2006).
23 Ter-Nedden (2007).

Eine Gefährdung kann von unterschiedlichen Familienmitgliedern ausgehen, je nachdem, wie die Familiensituation sich entwickelt hat. Dementsprechend müssen für mehrere Familienmitglieder jeweils eigene Ansprechpartnerinnen bzw. Ansprechpartner zur Verfügung stehen. Dies kann gut im Rahmen von Kooperationsabsprachen geregelt werden. Während spezifische Einrichtungen für Frauen und Mädchen sich an das Mädchen, die Mutter und die weiblichen Angehörigen wenden, können männliche Kollegen aus anderen Institutionen den Kontakt zum Vater, den Brüdern und männlichen Angehörigen herstellen.

Mitarbeiterinnen von Mädchenzufluchtseinrichtungen weisen darauf hin, dass es für viele Mädchen aus eingewanderten Familien unerträglich ist, wenn sie ihre Familie verlieren und keinen Kontakt mehr haben dürfen. Die Gefährdung ist jedoch nicht in allen Fällen gleich. Deshalb müssen große Anstrengungen unternommen werden, das Verständnis von Eltern und Familie für die Situation und die Wünsche der Mädchen zu gewinnen. Häufig resultiert die Furcht vor Zwangsverheiratung aus misslungener Kommunikation zwischen Eltern und Töchtern. Die Krise, in die Eltern und Familie geraten, wenn ein Mädchen die Familie verlässt, bietet einen Ansatzpunkt für Gespräch, Beratung und Veränderung. Oft wissen Eltern gar nicht, dass ihre Vorschläge für eine Heirat von der Tochter als Bedrohung erlebt werden.[24] Im Kooperationsverbund kann in diesen Fällen für vermittelnde Gespräche gesorgt werden, die Gefährdung abklären, Fragen von Sicherheit priorisieren, aber auch die Rückkehr in die Familie für ein Mädchen eröffnen können. Interinstitutionelle Kooperation kann dafür Sorge tragen, dass keine Familienorientierung erfolgt, die das Mädchen in Gefahr bringt.

2.3 Grenzen der Anwendbarkeit polizeilichen und zivilrechtlichen Gewaltschutzes

Verbesserter rechtlicher Schutz vor Gewalt im privaten Raum kann von Migrantinnen nur eingeschränkt genutzt werden. Das Gewaltschutzgesetz – ein Meilenstein des rechtlichen Schutzes vor Gewalt im privaten Raum – wurde in einer Fachgruppe des Berliner Interventionsprojekts gegen häusliche Gewalt entworfen und auf den Weg gebracht. Dies ist ein Beispiel, wie durch interinstitutionelle Kooperation auch auf der Ebene gesellschaftlicher Normen Veränderungen erreicht werden können. Für Migrantinnen ist dieser verbesserte rechtliche Schutz vor Gewalt im privaten Raum nur begrenzt nutzbar. Ihre Möglichkeiten hängen von ihrem Aufenthaltsstatus ab, aber auch von der Intensität der Bedrohung. Nicht zufällig entscheiden sich viele von Gewalt betroffene Migrantinnen bei Gewalt durch den Partner dafür, in ein Frauenhaus zu flüchten, und stellen keinen Antrag auf Zuweisung der Ehewohnung.

Im Kontext von Interventionsprojekten hat sich die polizeiliche Praxis bei Gewalt in Partnerschaften in den letzten Jahren sehr dynamisch weiterentwickelt.[25] Leit-

24 Persönliches Gespräch mit Dorothea Zimmermann, März 2006; Ter-Nedden (2007).

25 Vgl. WiBIG (2004b).

linien für die Einsatzkräfte wurden erarbeitet und die Polizeigesetze der meisten Bundesländer geändert. Nun ist es möglich, Gewalttäter der Wohnung zu verweisen. Für Migrantinnen ist dies oft keine Option, wenn die Bedrohung nicht nur von einem einzelnen Täter ausgeht, sondern vom Familienverbund. In diesen Fällen könnte geprüft werden, ob die polizeiliche Gefährderansprache bei vorangegangenen Bedrohungen, die zurzeit in einigen Kommunen praktiziert wird,[26] eine geeignete Form der Gefahrenabwehr und der Vermittlung ins Hilfesystem sein kann.

Zur Durchsetzung rechtlicher Verbesserungen sind politische Mehrheiten erforderlich. Interventionsprojekte – zumindest solche auf Landesebene – beziehen Vertreterinnen und Vertreter der Ministerien ein. In kleineren Interventionsprojekten arbeiten teilweise Kommunalpolitikerinnen und Kommunalpolitiker mit. Diese sind wichtige Kooperationspartnerinnen und Kooperationspartner, wenn es darum geht, die Migrantenorganisationen einzubinden oder Aktionspläne gegen Zwangsverheiratung zu verabschieden, die rechtliche Verbesserungen voranbringen und auf die Praxis rückwirken. Auch kommunale Aktionspläne oder Interventionskonzepte sind ohne politische Unterstützung nicht möglich.[27] Fortbildungen von Polizei und Justiz können von Ministerien veranlasst werden.

2.4 Notwendigkeit eines interkulturellen Ansatzes

Um in Fällen von familiärem Konflikt und familiärer Gewalt, bei denen ethnische bzw. kulturelle Zugehörigkeit eine Rolle spielen, Lösungen zu finden, bedarf es eines interkulturellen Ansatzes, an dem Angehörige der Mehrheitsgesellschaft und der jeweiligen Gruppen mitwirken müssen.

Eine systematische Vermittlung von interkulturellen Kompetenzen ist in vielen Bereichen der Sozialen Arbeit noch nicht selbstverständlich[28] und hat bei Polizei und Justiz erst begonnen.[29] Diese Kompetenzen zu entwickeln und zu pflegen ist Teil der ethischen Prinzipien in der Sozialen Arbeit, wie sie 2004 von der International Federation of Social Workers (IFSW) und der International Association of Schools of Social Work (IASSW) verabschiedet wurden.[30] Kooperationsbündnisse können diese Entwicklung beschleunigen. Einerseits können spezialisierte Einrichtungen interkulturelle Kompetenzen und ihre Bedeutung innerhalb von Kooperationsbündnissen auf kollegialer Ebene vermitteln und so das regionale

26 Menke/Schilling (2006), S. 171.

27 In Zusammenarbeit der Einwanderungsbehörde mit dem Innenministerium, dem Bildungsministerium und dem Gesundheitsministerium wurde in Großbritannien ein Leitfaden für die Soziale Arbeit zum Thema Zwangsverheiratung veröffentlicht; The Foreign and Commonwealth Office (2004). Zuvor wurden in Kooperation mit der Polizei Richtlinien für die Polizei veröffentlicht; The Foreign and Commonwealth Office (2003).

28 Es gibt jedoch deutliche Fortschritte in den letzten Jahren. So bspw. die Stellungnahme der Liga der Freien Wohlfahrtsverbände Hessen zu Zwangsverheiratung (2006).

29 Zudem sind in Behörden nur sehr wenige Migrantinnen und Migranten beschäftigt.

30 Interkulturelle Initiative (2006), S. 75. Die Prinzipien (Ethics in Social Work, Statement of Principles) sind mit deutscher Übersetzung im Internet zu finden unter: http://www.sozialarbeit.at/eticint.htm (abgerufen am 22. 3. 2007).

Netzwerk qualifizieren, andererseits können Institutionen durch ihre Einbindung in Kooperationsbündnisse und ihr Engagement für gemeinsame Ziele leichter für einen sensiblen Umgang mit diesem Thema gewonnen werden. Wenn es nicht um einseitige „Belehrung", sondern um gegenseitiges Lernen geht – und in einem Kooperationsbündnis sind alle Lernende –, werden weniger Widerstände einem Thema gegenüber aufgebaut, das als schwierig empfunden wird. Beispielsweise konnte im Rahmen des Berliner Interventionsprojekts gegen häusliche Gewalt BIG in der „Fachgruppe Migrantinnen" eine konstruktive Auseinandersetzung mit der zuständigen Senatsverwaltung herbeigeführt werden, die positive Veränderungen erbrachte.[31] Im Rahmen der Münchener Kampagne „Aktiv gegen Männergewalt" gelang es, den Bund der Türkischen Frauen in Bayern und den Ausländischen Elternverein einzubinden und so Brücken zur türkeistämmigen Community zu schlagen.[32] Sehr oft jedoch ist die Diskussion über Gewalt, die von Migrantinnen und Migranten ausgeht, nach wie vor von kulturellen Klischees und von Simplifizierung und Dramatisierung geprägt. Es bedarf der Qualifizierung und der Differenzierung.

Die Diskussion über Zwangsverheiratung ist ein Beispiel für eine klischeebeladene, verkürzte Debatte. Es fehlen Kenntnisse des kulturellen Hintergrunds der Abläufe und Traditionen bei Heirat und es wird meist nicht differenziert zwischen arrangierten und erzwungenen Ehen.[33]

Mitarbeiterinnen der Interkulturellen Initiative e. V. Berlin, die ein Frauenhaus, eine Beratungsstelle und ein Wohnprojekt unterhalten, haben Qualitätskriterien für die Arbeit mit von Gewalt betroffenen Migrantinnen veröffentlicht.[34] Dazu gehören u. a. Niedrigschwelligkeit und Zugänglichkeit der Angebote, eine kritische Überprüfung der eigenen Praxis und der eigenen Parteilichkeit sowie eine interkulturelle Perspektive und politische Positionierung. Runde Tische und Fachgruppen eines Interventionsprojekts sind geeignete Gremien zur Diskussion solcher Qualitätskriterien und zur Selbstverpflichtung der beteiligten Institutionen und Einrichtungen, die Arbeit im Sinne eines bestmöglichen Schutzes bedrohter Mädchen bzw. junger Frauen aufeinander abzustimmen. Hier liegt auch ein Potenzial, gemeinsam erforderliche rechtliche Veränderungen zu erwirken.

Von besonderer Bedeutung ist die Zusammenarbeit mit den Organisationen der Migrantinnen und Migranten. Sie müssen bei der Bekämpfung von Zwangsheirat als gleichberechtigte Kooperationspartner einbezogen werden. Bislang ist hier in der Arbeit von Interventionsprojekten gegen häusliche Gewalt eine deutliche Leerstelle zu erkennen. Beteiligt sind zwar häufig Beratungseinrichtungen für Migrantinnen, nicht aber die Migrantenverbände, die die politische Vertretung dieser Bevölkerungsgruppe darstellen. Zugang zu den Communities kann über diese Verbände gelingen, ebenso über Kultur- und Moscheevereine. Hier besteht

31 Kavemann u. a. (2001), S. 295 ff.
32 Heiliger (2000), S. 222 ff.
33 Vgl. die Ausführungen von Straßburger (2005).
34 Interkulturelle Initiative (2006).

Handlungsbedarf. Erforderlich für gelingende Kooperation zum Schutz von Mädchen und jungen Frauen ist ein Vertrauensverhältnis in der Zusammenarbeit, vor allem dann, wenn in Gremien auch Einzelfälle zur Sprache kommen. Dann müssen Fragen der Loyalität und des Vertrauensschutzes abgeklärt sein.

Eine gute Zusammenarbeit zwischen den Einrichtungen, die Schutz und Beratung für von Gewalt/Zwangsverheiratung betroffene bzw. bedrohte Mädchen anbieten, mit den Jugendämtern, den Migrantenorganisationen und Fachberatungsstellen für Migrantinnen und Migranten, Fachberatungsstellen für spezifische Gewaltdelikte sowie mit der Polizei ist unverzichtbare Voraussetzung gelingenden Schutzes. Von gleicher Bedeutung sind gute Kontakte zu Schulen und Freizeiteinrichtungen. Die Mitarbeiterinnen des Berliner Mädchennotdienstes betonen die Bedeutung von Bildungseinrichtungen – Schulen und Bibliotheken –, weil sie oft die einzigen öffentlichen Orte sind, die auch stark kontrollierte Mädchen besuchen dürfen. Die Fortbildung des Personals in diesen Einrichtungen und die Einbindung in ein Kooperationsnetz können dazu beitragen, dass von hier aus vertrauensvoll eine Brücke ins Unterstützungssystem gebaut werden kann.[35]

3. Fazit und Forschungsfragen

In Interventionsprojekten wurden Organisationsformen, Strategien und Elemente guter Praxis erarbeitet[36] und – je nach Standort (auf Ebene von Ländern, Landkreisen oder Kommunen) – dauerhaft etabliert. Zwangsverheiratung kann hier entweder als Thema integriert werden oder es können dafür eigenständige Interventionsprojekte eingerichtet werden. Es sollte – wahrscheinlich abhängig von regionalen Gegebenheiten und Ressourcen – die Frage geklärt werden, ob es sinnvoll ist, Parallelstrukturen zu entwickeln bzw. ob die Thematik ausreichend sorgfältig in bestehenden Strukturen bearbeitet werden kann.

Niedrigschwellige innovative Unterstützungsangebote sowie täterorientierte Intervention und verbesserter rechtlicher Schutz wurden erreicht und erprobt. All diese Errungenschaften müssen sorgfältig daraufhin überprüft werden, inwieweit sie den Bedürfnissen von Migrantinnen im Allgemeinen und denen von Mädchen und jungen Frauen, die von Zwangsverheiratung betroffen oder bedroht sind, im Besonderen gerecht werden.

Um zuverlässigere Aussagen zum Problem der Zwangsverheiratung machen und die Praxis weiterentwickeln zu können, fehlt es an Erkenntnissen. Einerseits besteht Forschungsbedarf, andererseits kann einiges bereits jetzt im fachlichen Austausch klarer werden. Unter anderem folgende Dimensionen des Problems der Zwangsverheiratung sollten aus interdisziplinärer Perspektive genauer beleuchtet werden:

35 Persönliches Gespräch mit Dorothea Zimmermann, März 2006.
36 WiBIG (2004c).

- Wie ist das Ausmaß der aktuellen Bedrohung junger Frauen und Mädchen?

- Unterscheidet sich die Gefährdung junger Frauen und Mädchen, die hier geboren und aufgewachsen sind, und die von jungen Frauen und Mädchen, die aus dem Ausland zur Heirat zuziehen? Um welche Muster von Zwang handelt es sich? Wie unterscheidet sich der Unterstützungsbedarf?

- Welche Strategien der Krisenbewältigung und interkulturellen Mediation bewähren sich in der Elternarbeit? Ist spezifische Mütterberatung hilfreich? Wirkt die Ansprache von Vätern und Brüdern deeskalierend und gewaltpräventiv?

- Welcher Zusammenhang besteht zwischen Zwangsverheiratung und Gewalt durch den Partner? Zwang zur Heirat bildet einen lebensgeschichtlichen Hintergrund auch bei älteren Frauen, wie Mitarbeiterinnen aus Frauenhäusern berichten. Wie verhalten sich Mütter, die als junge Frau selbst zu einer ungewollten Ehe gezwungen wurden? Können sie ihren Töchtern eine Hilfe sein? Sind Männer, die zu einer ungewollten Ehe gezwungen wurden, eher gewalttätig? Sind zwangsverheiratete Frauen eher von Misshandlung betroffen?

Literatur

BIG-Hotline (2004), 5 Jahre Hilfe für Frauen und deren Kinder, die von häuslicher Gewalt betroffen sind, Berlin: BIG e. V. Hotline, verfügbar unter: http://www.big-hotline.de/BIG-Hotline_Jahresbericht.pdf (abgerufen am 25.4.2007).

Frauenhauskoordinierung e. V. (2006), Bewohnerinnenstatistik 2005, Arbeitsmaterialien: Statistik Frauenhäuser und ihre Bewohnerinnen, Frankfurt/Main.

Hagemann-White, Carol (1992), Strategien gegen Gewalt im Geschlechterverhältnis. Bestandsanalyse und Perspektiven, Pfaffenweiler: Centaurus.

Heiliger, Anita (2000), Männergewalt gegen Frauen beenden. Strategien und Handlungsansätze am Beispiel der Münchner Kampagne gegen Männergewalt an Frauen und Mädchen/Jungen, Opladen: Leske und Budrich.

Helfferich, Cornelia/Kavemann, Barbara/Lehmann, Katrin (2005), „Platzverweis": Beratung und Hilfen bei häuslicher Gewalt. Abschlussbericht eines Forschungsprojektes im Auftrag des Sozialministeriums Baden-Württemberg, Stuttgart: Sozialministerium Baden-Württemberg.

Interkulturelle Initiative e. V. Berlin (2006), Qualität in der Arbeit mit von Gewalt betroffenen Migrantinnen, Berlin.

Kavemann, Barbara/Kreyssig, Ulrike (Hrsg.) (2006), Handbuch Kinder und häusliche Gewalt, Wiesbaden: VS Verlag für Sozialwissenschaften.

Kavemann, Barbara/Leopold, Beate/Schirrmacher, Gesa/Hagemann-White, Carol (2001), Modelle der Kooperation gegen häusliche Gewalt. Ergebnisse der wissenschaftlichen Begleitung des Berliner Interventionsprojektes gegen häusliche Gewalt (BIG). Schriftenreihe des Bundesministeriums für Familie, Senioren, Frauen und Jugend, Band 193, Stuttgart: Kohlhammer.

Liga der freien Wohlfahrtsverbände in Hessen e. V. (2006), Stellungnahme zum Thema Zwangsverheiratung, verfügbar unter: http://www.infothek.paritaet.org (abgerufen am 2.3.2007).

Mädchennotdienst Berlin (2006), Jahresbericht 2005, Berlin.

Menke, Christian/Schilling, Karsten (2006), Verhinderung von Gewaltdelikten nach vorausgegangenen Bedrohungen, in: Jens Hoffmann/Isabel Wondrak (Hrsg.), Häusliche Gewalt und Tötung des Intimpartners. Prävention und Fallmanagement, Frankfurt a. M.: Verlag für Polizeiwissenschaft, S. 171–180.

Meuser, Michael (2002), „Doing Masculinity" – Zur Geschlechtslogik männlichen Gewalthandelns, in: Regina-Maria Dackweiler/Reinhild Schäfer (Hrsg.), Gewaltverhältnisse. Feministische Perspektiven auf Geschlecht und Gewalt, Frankfurt a. M.: Campus, S. 53–78.

Schröttle, Monika (2006), Gewalt gegen Migrantinnen und Nicht-Migrantinnen in Deutschland, in: IFF-Info, Zeitschrift des Interdisziplinären Zentrums für Frauen- und Geschlechterforschung 23. Jg., Nr. 32, verfügbar unter: http://www.uni-bielefeld.de/IFF/aktuelles/IffInfoWS0607.pdf (abgerufen am 21.3.2007).

Schröttle, Monika/Müller, Ursula (2004), Lebenssituation, Sicherheit und Gesundheit von Frauen in Deutschland. Eine repräsentative Untersuchung zu Gewalt gegen Frauen in Deutschland, hrsg. v. Bundesministerium für Familie, Senioren, Frauen und Jugend, Berlin, verfügbar unter: http://www.bmfsfj.de/Redaktion BMFSFJ/Abteilung4/Pdf-Anlagen/langfassung-studie-frauen,property=pdf,bereich =,rwb=true.pdf (abgerufen am 30.3.2007).

Seith, Corinna (2006), „Weil sie dann vielleicht etwas Falsches tun" – Zur Rolle von Schule und Verwandten für von häuslicher Gewalt betroffene Kinder aus Sicht von 9 bis 17-Jährigen, in: Barbara Kavemann/Ulrike Kreyssig (Hrsg.), Handbuch Kinder und häusliche Gewalt, Wiesbaden: VS Verlag für Sozialwissenschaften, S. 103–123.

Straßburger, Gaby (2005), Ausführungen anlässlich der Anhörung im Landtag von Nordrhein-Westfalen (NRW) am 15.2.2005, Abschlussprotokoll 13/1454.

Ter-Nedden, Corinna (2007), Beitrag zum Fachgespräch „Häusliche Gewalt bei Migrantinnen", 8.3.2007, Beauftragte für Migration, Flüchtlinge und Integration und Terre des Femmes e. V., Berlin.

The Foreign and Commonwealth Office (2003), Dealing with Cases of Forced Marriage – Guidelines for Police, verfügbar unter: http://www.lbp.police.uk/publications/dealing_with.htm (abgerufen am 21.3.2007).

The Foreign and Commonwealth Office (2004), Young People and Vulnerable Adults Facing Forced Marriage. Practice Guidance for Social Workers, London.

WiBIG (2004a), Gemeinsam gegen häusliche Gewalt. Kooperation, Intervention, Begleitforschung. Forschungsergebnisse der Wissenschaftlichen Begleitung der Interventionsprojekte gegen häusliche Gewalt (WiBIG), hrsg. v. Bundesministerium für Familie, Senioren, Frauen und Jugend, Berlin, verfügbar unter: http://www.wibig.uni-osnabrueck.de/veroeff.htm (abgerufen am 21.3.2007); auch erhältlich über http://www.bmfsfj.de, Band I: Neue Unterstützungspraxis bei häuslicher Gewalt.

WiBIG (2004b), ebenda, Band II: Staatliche Intervention bei häuslicher Gewalt. Entwicklung der Praxis von Polizei und Staatsanwaltschaft im Kontext von Interventionsprojekten gegen häusliche Gewalt.

WiBIG (2004c), ebenda, Band III: Täterarbeit im Kontext von Interventionsprojekten gegen häusliche Gewalt.

WiBIG (2004d), ebenda, Band IV: Von regionalen Innovationen zu Maßstäben guter Praxis. Die Arbeit von Interventionsprojekten gegen häusliche Gewalt.

Für das Recht auf Selbstbestimmung – gegen Zwangsverheiratung. Ansätze für die Beratungsarbeit

Jae-Soon Joo-Schauen und Behshid Najafi

1. Einleitung

In diesem Beitrag wird das von der Organisation agisra Köln e. V. praktizierte Beratungskonzept zum Thema „Recht auf Selbstbestimmung – gegen Zwangsheirat“ vorgestellt. Die Arbeitsgemeinschaft gegen internationale sexuelle und rassistische Ausbeutung (agisra) ist eine Frauenberatungsstelle, die sich für die Rechte und Interessen von Migrantinnen und Flüchtlingsfrauen einsetzt. Seit 1993 bietet ein interkulturelles Team in Köln Beratung, Therapie und Begleitung zu Behörden an.[1] Ferner wird Informations- und Bildungsarbeit zu Rassismus, Sexismus und anderen Ausbeutungsverhältnissen, denen Frauen immer wieder ausgesetzt sind, geleistet.[2] Ein wichtiger Bestandteil der Aktivitäten von agisra ist die Vernetzung und Zusammenarbeit mit anderen Frauen-, Migrantinnen- und Migrantenorganisationen. Da sich das Angebot von agisra ausschließlich an Frauen richtet, bezieht sich auch das nachfolgend vorgestellte Beratungskonzept nur auf Frauen.

Es gibt verschiedene Formen von Gewalt „im Namen der Ehre“. Unterschieden werden kann dabei zwischen psychischer und körperlicher Gewalt, die den Betroffenen meist durch Familienangehörige zugefügt wird, z. B. durch das Verbot, einen Freund zu haben oder die eigene Freizeit selbst zu gestalten. Durch ständige Kontrolle wird psychischer Druck ausgeübt und gegebenenfalls wird die Betroffene auch geschlagen, um sie gefügig zu machen. Die Kontrolle und Bevormundung kann so weit gehen, dass die junge Frau ihren Ehepartner nicht selbst aussuchen darf, sondern einen vorbestimmten Mann heiraten muss.

Das Beratungskonzept zum Thema „Recht auf Selbstbestimmung – gegen Zwangsverheiratung“ unterscheidet zwischen verschiedenen Zielgruppen. Diese Differenzierung ist notwendig, um eine bedarfsgerechte Beratung, Begleitung und Unterstützung anzubieten. Bei den Klientinnen handelt es sich um bedrohte und betroffene junge Frauen, die minderjährig oder volljährig sein können und entweder in Deutschland oder in ihrem Heimatland leben. Damit ergeben sich folgende vier Zielgruppen: minderjährige Bedrohte, minderjährige Betroffene,

1 Die Beratungen werden in Amharisch, Deutsch, Englisch, Französisch, Koreanisch, Persisch, Portugiesisch, Serbo-Kroatisch, Spanisch, Tigrigna und Türkisch angeboten. Die Psychosoziale Unterstützung wird nach feministischen, interkulturellen und antirassistischen Ansätzen unter Berücksichtigung von Migrationsaspekten ressourcenorientiert durchgeführt.

2 Die Informations- und Bildungsarbeit hat zum Ziel, sexistische und rassistische Strukturen in der Gesellschaft transparent zu machen, um dadurch nachhaltig auf das öffentliche Bewusstsein und die Gesellschaft einzuwirken.

volljährige Bedrohte bzw. Flüchtlinge nach § 60 Aufenthaltsgesetz[3] (AufenthG) sowie volljährige Betroffene.

2. Minderjährige Bedrohte

2.1 Kontaktaufnahme

Ist es eine Minderjährige, der Zwangsverheiratung droht, so hat sie durch verschiedene Einrichtungen und Institutionen (Schule, Ausbildungsstätte etc.) die Möglichkeit zu erfahren, an wen sie sich wenden kann. Solche Einrichtungen sollten die nötigen Informationen und Adressen der Beratungsstellen zur Verfügung haben. Eine der möglichen Begleitungs- und Beratungseinrichtungen ist hierbei agisra e. V. in Köln. Die bedrohte Minderjährige kann per E-Mail oder Telefon, aber auch persönlich Kontakt zu einer Fachberatungsstelle aufnehmen. In einigen Fällen ist es zudem möglich, dass die Mitarbeiterinnen die Bedrohte vor Ort, z. B. in der Schule, aufsuchen. Dies ist etwa relevant, wenn das Mädchen unter der stetigen Kontrolle eines Familienangehörigen steht und nicht die Möglichkeit hat, sich auf anderem Wege an eine Fachberatungsstelle zu wenden. Diese flexible Ausrichtung der Kontaktaufnahme ermöglicht eine individuelle, auf die Bedürfnisse des Mädchens abgestimmte erste Hilfestellung.

2.2 Entscheidungsfindung

Ein erster Schritt ist es, die Interessen, Bedürfnisse und Wünsche der Minderjährigen zu klären. Oft können die Minderjährigen ihre eigenen Vorstellungen nicht genau definieren, da sie in vielen Fällen selbst unsicher sind, welchen Weg sie gehen wollen. Diese Unsicherheit hat verschiedene Gründe:

- Die Minderjährige weiß nicht, wie es weitergeht, wenn sie die Eheschließung verweigert.
- Sie liebt ihre Familie und will sie nicht verlieren. Gleichzeitig will sie zu einer Ehe nicht gezwungen werden.
- Sie hat Angst vor einer offenen Konfrontation bei der Verweigerung der Eheschließung.

Bei schwierigen Fällen kann der Entscheidungsfindungsprozess lange dauern. Beratungsgespräche haben sich an den Interessen der Minderjährigen zu orientieren, um ihre Wünsche und Ziele herauszufinden.

3 Gesetz über den Aufenthalt, die Erwerbstätigkeit und die Integration von Ausländern im Bundesgebiet.

2.3 Aufzeigen der verschiedene Optionen

In den Beratungsgesprächen werden gemeinsam mit der Minderjährigen verschiedene Lösungsmöglichkeiten angesprochen und deren Auswirkungen, die Vor- und Nachteile gut miteinander abgewogen, um so eine Entscheidungshilfe zu bieten.

In vielen Fällen werden die Schulmädchen in den Ferien in ihr Herkunftsland „in Urlaub" mitgenommen, um dort dann mit einem von der Familie ausgewählten Mann verheiratet zu werden. Es ist auch Aufgabe der Beraterin, die Minderjährige auf eine solche Möglichkeit hinzuweisen und ihr zu vermitteln, dass sie Vorbereitungsmaßnahmen treffen sollte, wenn sie den vorbestimmten Mann nicht heiraten will. Zum Beispiel sollte sie bei Verdacht auf eine drohende Zwangsheirat versuchen, nicht mitzufahren. Eine weitere Maßnahme wäre, zu erkunden, welchen Personen sie sich vor Ort anvertrauen und bei wem sie sich Hilfe holen kann. Des Weiteren sollte die Minderjährige Informationen über aufenthaltsrechtliche Bestimmungen erhalten, z. B. dass ihre Aufenthaltserlaubnis ihre Gültigkeit verliert, wenn sie sich länger als sechs Monate außerhalb Deutschlands aufhält. Sie sollte eine Kopie von ihrem Reisepass machen und diese bei sich behalten, um im Bedarfsfall die erneute Einreise nach Deutschland zu erleichtern.

2.4 Gefahrenanalyse

Mit der Minderjährigen wird gemeinsam eine Gefahrenanalyse erstellt:

- Wie gefährlich kann die Familie der Frau werden?
- Wie schätzt sie die Reaktion der Familie ein?
- Hat die Familie bereits Erfahrungen mit der Ablehnung von Zwangsheirat durch andere Familienmitglieder?
- Setzt die Familie in der Regel Gewalt und Aggression als Druckmittel ein?
- Hat die Minderjährige ihre Ablehnung der geplanten Heirat der Familie gegenüber bereits zum Ausdruck gebracht und hat sie deswegen bereits Drohungen zu hören bekommen?
- Falls sie der Familie bisher nicht mitgeteilt hat, dass sie die Eheschließung ablehnt: Welche Befürchtungen haben sie davon abgehalten?

Ist die Minderjährige der Überzeugung, dass das Gespräch mit der Familie sinnlos ist oder weitere Gefahren und Risiken mit sich bringt, so kann ihr als zweite Möglichkeit die Trennung von ihrer Familie dargelegt werden.

2.5 Vertrauensperson, Vermittlerin und Vermittler

Wenn die Minderjährige damit einverstanden ist, besteht die Möglichkeit, eine Konfliktvermittlung zu initiieren. Zuerst muss sorgfältig ermittelt werden, welche Person aus dem familiären und sozialen Umfeld der jungen Frau als Unterstützungsperson aktiviert werden kann. Die Minderjährige muss volles Vertrauen und ein gutes Verhältnis zu dieser Person haben, damit sie sich darauf verlassen kann, dass diese sich tatsächlich für ihre Interessen einsetzt.

In Betracht kommen Personen, die Einfluss auf die Eltern haben. Das können zum Beispiel religiöse Respektspersonen, wie Pfarrer oder Imame, sein oder auch Freundinnen und Freunde sowie Verwandte der Familie. Die Vermittlung kann sich nicht in einem einmaligen Versuch erschöpfen. Sie muss sich vielmehr über einen längeren Zeitraum erstrecken und die Familie unterstützend begleiten.

Wenn die Vermittlung erfolgreich verläuft, nimmt die Familie den Druck zurück und es kommt zu einem Kompromiss. Wir haben bereits positive Erfahrungen mit solchen Vermittlungen gemacht.

2.6 Inobhutnahme

Wenn die Minderjährige nicht innerhalb der Familie selbstbestimmt leben kann, wird außerhalb der Familie nach einer Bleibe für sie gesucht. Bei Minderjährigen ist das Jugendamt zuständig. Wenn die Minderjährige um Schutz bittet, besteht eine Verpflichtung des Jugendamtes, sie in Obhut zu nehmen und alle erforderlichen Unterstützungsmaßnahmen einzuleiten.

In diesem Punkt ist eine Sensibilisierung der Jugendämter von zentraler Bedeutung. Ein Problem liegt darin, dass die Jugendämter nach § 42 SGB VIII[4] verpflichtet sind, die Erziehungsberechtigten der Bedrohten unverzüglich (d. h. ohne schuldhaftes Zögern) zu informieren, wenn die notwendigen Schritte getan sind. Jedoch eröffnet diese Vorschrift einen breiten Auslegungsspielraum, was sich in ihrer sehr unterschiedlichen Handhabung seitens der Mitarbeiterinnen und Mitarbeiter der Jugendämter zeigt. Sie müssen die Erziehungsberechtigten zwar über das Wohlbefinden ihrer Tochter in Kenntnis setzen, haben jedoch die Möglichkeit, deren genauen Aufenthaltsort zu verschweigen. Wenn die Bedrohte besonders gefährdet ist, muss sie in einer anderen Stadt oder sogar einem anderen Bundesland untergebracht werden.

Sind diese ersten Schritte geklärt, ist es möglich, Kontakt zu den Eltern aufzunehmen. Auf ein dabei geführtes klärendes Gespräch reagieren die Erziehungsberechtigten sehr unterschiedlich. Möglich ist es, dass sich die Eltern mit den Wünschen der Tochter einverstanden erklären und die Tochter sich auf das Versprechen ihrer Eltern verlassen und zurückkehren will. Hierbei muss darauf geachtet werden,

4 Sozialgesetzbuch Achtes Buch – Kinder- und Jugendhilfe.

dass sich die Minderjährige nicht unter Druck für die Rückkehr in die Familie entscheidet. Wenn die junge Frau nicht eindeutig und mit voller Überzeugung zu ihrer Entscheidung steht, ist dies als Zeichen von Unsicherheit und subtilem Druck zu verstehen, was es erforderlich macht, die Rückkehr zu verschieben. Das Jugendamt sollte in einem solchen Fall sorgfältig überprüfen, ob die Familie glaubhaft versichert, dass keine Gefahr und kein Zwang von ihr ausgehen. In unsicheren Fällen sollte das Jugendamt die Minderjährige an eine Fachberatungsstelle vermitteln, damit sie angemessene psychosoziale Unterstützung erhält und darin bestärkt wird, eine eigene Entscheidung zu treffen.

2.7 Aufenthaltsbestimmungsrecht

Ist die Rückkehr in die Familie nicht möglich und stimmen die Eltern einer Fremdunterbringung der Minderjährigen nicht zu, muss das Jugendamt ein Verfahren beim Familiengericht einleiten, um den Eltern das Aufenthaltsbestimmungsrecht oder sogar das Sorgerecht zu entziehen. Für dieses Verfahren kann das Gericht der Minderjährigen eine Verfahrenspflegerin oder einen Verfahrenspfleger beiordnen, die oder der ihre Interessen unabhängig vertritt. Wenn möglich übernimmt eine Vertrauensperson die Vormundschaft, notfalls auch das Jugendamt. Den Eltern gegenüber darf dann auch der Aufenthaltsort der Minderjährigen nicht offenbart werden. Sie haben aber das Recht, Information über die Entwicklung der Minderjährigen zu erhalten.

2.8 Fehlendes soziales Umfeld

Nach dem Antrag auf Sorgerechtsentzug und der Inobhutnahme befindet sich die Minderjährige erneut in einer schwierigen Situation. Sie lebt isoliert, ohne die gewohnte soziale Umgebung von Freundinnen und Freunden, Familie, Verwandten und Bekannten, und muss sich in einem ihr unbekannten Umfeld zurechtfinden, denn alle ihre gesellschaftlichen und freundschaftlichen Kontakte müssen aus Sicherheitsgründen abgebrochen werden. In dieser Situation ist die Versuchung groß, schnell mal eine Freundin anzurufen. Auch fragt sich die Betroffene oft selbst, ob ihre Entscheidung richtig war. Daher ist in dieser Situation die psychosoziale Unterstützung zur Stabilisierung besonders wichtig. Dazu gehörten Angebote zur Krisenintervention ebenso wie regelmäßige Gespräche. Darüber hinaus ist Begleitung zu Behördengängen und eventuell Hilfe bei der Suche nach einer neuen Schule, Ausbildung oder Arbeit notwendig.

2.9 Zukunftsperspektive

Der Hauptfokus der psychosozialen Unterstützungsarbeit in dieser Phase liegt auf der Suche nach einer Zukunftsperspektive für die Minderjährige. Das unterstreicht die Bedeutung und Wichtigkeit, in den verschiedenen Ländern und Städten spezielle Beratungsstellen für diese Art der Unterstützung einzurichten bzw. mit bestehenden Einrichtungen zusammenzuarbeiten. Dies ist wichtig für die Bedrohten, da in vielen Fällen ihr ganzes Leben in Gefahr ist und sie mit dieser Bedrohung leben müssen. Ein weiteres Problem stellt die Isolation dar, in die Bedrohte abgedrängt werden.

Öffentliche Einrichtungen, wie z. B. Schulen, ebenso wie die sonstige Umgebung der Minderjährigen und die potenziellen Arbeitgeberinnen/Arbeitgeber sollten sensibilisiert werden, damit der Schutz der Bedrohten gewährleistet und die Integration der Minderjährigen in das gesellschaftliche und soziale Leben gefördert werden. Der Umgang der Beteiligten mit der Betroffenen und ihrer bedrohlichen Lage sollte nicht von Angst geleitet und beeinträchtigt werden, damit sie die Minderjährige nicht etwa ausgrenzen und abweisen.

Die Integration und der Schutz der Minderjährigen stehen bei der Unterstützungsarbeit eindeutig im Vordergrund, da die Minderjährige in dieser schwierigen Lebenssituation Sicherheitsgefühl und Stabilität braucht.

3. Minderjährige Betroffene

Bei den betroffenen Minderjährigen ist zu unterscheiden, ob sie in ihrem Herkunftsland oder in Deutschland leben, denn damit ist u. a. eine unterschiedliche Rechtsstellung verbunden.

3.1 Minderjährige Betroffene im Herkunftsland

Ist das Mädchen in ihrem Herkunftsland unter Zwang verheiratet worden, erfolgt die erste Kontaktaufnahme und Beratung meist über Bekannte, telefonisch oder per E-Mail. Wichtig ist zunächst festzustellen, ob die Minderjährige noch eine gültige Aufenthaltserlaubnis besitzt. Ist das der Fall, kann sie unproblematisch nach Deutschland zurückkehren. Befand sie sich aber länger als sechs Monate außerhalb Deutschlands, ist die Aufenthaltserlaubnis in der Regel erloschen. Dann muss geprüft werden, ob die Betroffene die Voraussetzungen nach § 37 AufenthG erfüllt, der ein Recht auf Wiederkehr einräumt. Diese gesetzliche Regelung ist in Deutschland sehr restriktiv formuliert. Neben rigiden Bestimmungen bezüglich der Aufenthaltsdauer und der Dauer des Schulbesuchs stellt die darin enthaltene Anforderung, dass der Lebensunterhalt der Betroffenen in Deutschland gesichert sein muss, die größte Hürde dar. Da die Wiederkehr in der Regel gegen den Willen der Eltern geschieht, stellt sich die Frage, wer für den Lebensunterhalt der Minderjährigen aufkommen soll. Für die meisten Betroffenen ist es sehr schwer, den Nachweis über einen gesicherten Lebensunterhalt zu erbringen. Daher wird durch diese Voraussetzung eine Rückkehr faktisch ausgeschlossen. Es ist dringend erforderlich, diese Gesetzeslage zu ändern, damit die Betroffenen Schutz in Deutschland erhalten können.

Sind die Betroffenen minderjährig, ist das Jugendamt in Deutschland einzuschalten. Besitzt die minderjährige Betroffene die deutsche Staatsbürgerschaft, ist das Jugendamt verpflichtet, sich für ihre Rechte einzusetzen. Hat die Minderjährige lediglich ein Aufenthaltsrecht in Deutschland, ist dennoch eine Unterstützung durch das Jugendamt, eventuell mit Hilfe internationaler Organisationen, möglich. Ist es der Betroffenen auf diese Weise gelungen, nach Deutschland zurückzukehren, ist das Jugendamt für die Inobhutnahme zuständig und der Beratungs- und Unterstützungsweg ist derselbe wie für minderjährige Bedrohte.

3.2 Minderjährige Betroffene in Deutschland

Ist die Betroffene minderjährig und lebt sie in Deutschland, muss zunächst ihre Inobhutnahme bzw. Unterbringung geklärt werden.

Das Mädchen muss beim Jugendamt um Schutz nachsuchen und das Jugendamt muss dieses Mädchen dann in Obhut nehmen. Wir haben jedoch auch schon die Erfahrung gemacht, dass die Betroffene aufgrund der Heirat als „volljährig" betrachtet und ihr somit keine Jugendhilfe gewährt wurde. Eine solche Ablehnung ist jedoch widerrechtlich. Wir haben in einem entsprechenden Einzelfall vor dem Verwaltungsgericht Klage gegen das Jugendamt eingereicht. Daraufhin lenkte das Jugendamt ein: Es stellte den Bedarf zur Hilfe fest und bewilligte die Hilfsmaßnahmen.

Lebt die Minderjährige ohne ihre Eltern in Deutschland, muss für sie ein Vormund bestellt werden. Darüber entscheidet das Vormundschaftsgericht. Wenn sich ihre Dokumente, persönlichen Dinge und Wertsachen bei ihrem Ehemann befinden, kann sie diese auf Wunsch in Begleitung einer Beraterin und/oder der Polizei dort abholen.

Da das Frauenhaus ausschließlich Frauen aufnimmt, die älter als 18 Jahre, also volljährig sind, müssen Mädcheneinrichtungen gefunden werden, die Schutz für minderjährige Frauen anbieten. Nach der Unterbringung erhält die Betroffene im weiteren Verlauf psychosoziale Beratung und Unterstützung sowie medizinische Versorgung.

Ist die Minderjährige nicht im Besitz der deutschen Staatsbürgerschaft und besteht die Ehe erst weniger als zwei Jahre, droht ihr nach der Trennung aufgrund des § 31 AufenthG die Abschiebung in ihr Herkunftsland. Dort besteht jedoch für viele der betroffenen minderjährigen Mädchen die Gefahr, erneut Gewalt ausgesetzt zu werden. Die Gewalt kann viele verschiedene Formen annehmen und bis zum Mord an der Betroffenen gehen. Im Fall einer Zwangsheirat kann ein Härtefall nach § 31 AufenthG geltend gemacht werden, um ein unabhängiges Aufenthaltsrecht zu erwirken. Es ist von besonderer Bedeutung, dass das Gesetz Zwangsheirat explizit in die Definition der besonderen Härte aufnimmt.

In einem weiteren Schritt muss der Antrag auf Scheidung oder Eheaufhebung eingereicht werden. Für alle eingeleiteten rechtlichen Schritte muss für die Betroffene möglichst schnell eine Rechtsanwältin oder ein Rechtsanwalt gefunden werden, um ihre Interessenwahrnehmung sicherzustellen. Je nach der individuellen

Situation und auf die Bedürfnisse der Minderjährigen abgestimmt besteht auch zu diesem Zeitpunkt die Möglichkeit der Kontaktaufnahme mit ihren Eltern.

4. Volljährige Bedrohte

Zu unterscheiden ist auch hier, ob die Bedrohten in Deutschland oder außerhalb Deutschlands leben.

4.1 In Deutschland Bedrohte

Ein enormes Hindernis für die in Deutschland lebende Gruppe stellt § 22 Abs. 2a SGB II[5] dar, wonach Personen, die auf staatliche Unterstützung angewiesen sind, das 25. Lebensjahr noch nicht vollendet haben und bei ihren Eltern leben, ihre Familien nicht verlassen dürfen, um eigenständig eine Bedarfsgemeinschaft zu bilden. Eine Änderung der gesetzlichen Regelung an dieser Stelle ist erforderlich und von immenser Bedeutung, damit Frauen, die von Gewalt „im Namen der Ehre" betroffenen sind, die Möglichkeit bekommen, selbstbestimmt bei Bekannten unterzukommen oder in eine eigene Wohnung zu ziehen.

Wie bei bedrohten Minderjährigen müssen auch der bedrohten Volljährigen ihre Zukunftsperspektiven aufgezeigt, eine Schule, ein Ausbildungsplatz oder Ähnliches für sie gesucht sowie weiterhin psychosoziale Beratung angeboten werden. Es ist möglich, eine Finanzierung der Hilfestellung beim Jugendamt zu beantragen. Für eine Inobhutnahme ist es zwar nicht mehr zuständig, jedoch kann es eine von Zwangsheirat bedrohte junge Frau bis zum 27. Lebensjahr in einen Jugendhilfeplan aufnehmen. Allerdings liegt die Hilfegewährung im Ermessen des Jugendamtes und ist in der Praxis so gut wie nie zu erreichen, wenn die Frau schon zum Zeitpunkt der Unterstützungsbedürftigkeit volljährig ist. Das Vorgehen bzw. die Betreuungssituation hängt in hohem Maße von der psychischen Situation und Entwicklung sowie der Selbstständigkeit der bedrohten jungen Frau ab. Sind ihre individuellen Bedürfnisse und die Gefahrenlage analysiert und ist eine geschützte Unterbringung erforderlich, kann die Beraterin der Frau einen Platz im Frauenhaus vermitteln. Der Erfahrung nach ist für die bedrohten jungen Frauen im Alter von sechzehn bis fünfundzwanzig die Unterbringung in einer speziellen Einrichtung für Mädchen bzw. junge Frauen geeigneter als in einem normalen Frauenhaus, weil sie aufgrund ihrer Situation intensivere Unterstützung brauchen.

Hat die Bedrohte nicht die deutsche, sondern eine andere Staatsangehörigkeit, muss ihr Aufenthaltsstatus geklärt werden. Liegt eine Duldung vor, so besteht für die Bedrohte oftmals eine Residenzpflicht, die es ihr verbietet, den jeweils zugewiesenen Bezirk der Ausländerbehörde zu verlassen. Aufgrund der gefährlichen Situation der Bedrohten (Verfolgung und Bedrohung durch ihre eigene Familie etc.) ist es wichtig, ihr vorerst Schutz in einem Frauenhaus zu gewähren und im

5 Sozialgesetzbuch Zweites Buch – Grundsicherung für Arbeitsuchende.

Anschluss daran, einen Antrag beim Ausländeramt zur Aufhebung der ihr obliegenden Residenzpflicht zu stellen, um einen Umzug und einen Aufenthalt in Sicherheit zu ermöglichen.

4.2 Volljährige, im Herkunftsland Bedrohte/Flüchtlinge

Frauen, die in ihrem Herkunftsland leben und dort von einer Zwangsheirat bedroht sind, können in Deutschland beim Bundesamt für Migration und Flüchtlinge einen Asylantrag stellen. Bei der Antragstellung bzw. im laufenden Verfahren braucht die Betreffende fachliche Beratung und Unterstützung. Des Weiteren besteht die Möglichkeit, eine Anwältin oder einen Anwalt einzuschalten bzw. eine Stellungnahme über ihre Situation zu verfassen, die auf das gesamte Verfahren positive Auswirkungen haben kann.

In dem Fall einer Traumatisierung der Frau muss außerdem eine Therapiemöglichkeit gewährleistet werden. Dies hängt von den individuellen Bedürfnissen der bedrohten jungen Frau und ihrer Situation ab.

Wenn die junge Frau nicht über deutsche Sprachkenntnisse verfügt, ist ein Angebot für Sprachunterricht wünschenswert. Das Erlernen der deutschen Sprache ist der erste Schritt in die Integration und gleichzeitig wird sie aus der Isolation herausgeholt, indem sie neue Kontakte in ihrem sozialen Umfeld knüpft.

5. Volljährige Betroffene

Bei den volljährigen Betroffenen stellt sich die Unterstützungssituation ähnlich wie bei den volljährigen Bedrohten dar. Auch für sie ist es im Anschluss an die oben beschriebene Beratung und Unterstützung wichtig, eine Unterkunft in einem geeigneten Frauenhaus zu finden. Leider zeigt sich hier immer wieder der Mangel an geeigneten Einrichtungen.

Im weiteren Verlauf muss die Betroffene bei der Scheidung, wenn sie diese anstrebt, begleitet und unterstützt werden. Sind aus der Ehe Kinder hervorgegangen, ist zudem die Sorgerechtssituation zu klären. Für Frauen mit kleinen Kindern kommt eventuell auch die Unterbringung in einer Mutter-Kind-Einrichtung nach § 19 SGB VIII in Frage.

Für die volljährige Betroffene ist es außerdem von Bedeutung, ihren Aufenthaltsstatus zu überprüfen und gegebenenfalls ein von ihrem Ehemann unabhängiges Bleiberecht zu erwirken. Bei all diesen Schritten wird die Betroffene von einer Mitarbeiterin der Fachberatungsstelle unterstützt und begleitet.

6. Schlussbemerkung

Abschließend weisen wir darauf hin, dass diese Unterstützung nur möglich ist, wenn flächendeckend Beratungsstellen und Schutzeinrichtungen vorhanden sind. Leider ist dies noch nicht der Fall. Die Politik muss die Unterstützung dieses Personenkreises ernst nehmen und die Einrichtung von Beratungs- und Schutzeinrichtungen fördern.

Um ein selbstbestimmtes Leben für Mädchen und junge Frauen zu ermöglichen, ist Präventionsarbeit gegen Gewalt an Kindern und Frauen notwendig. Sie muss verstärkt angeboten werden. Das fängt im Kindergarten an und geht über Schulen für Jugendliche bis hin zu Berufsschulen für Erwachsene. Das Recht auf Selbstbestimmung und der Mut zum Widerstand gegen Zwang muss bei Mädchen und jungen Frauen gefördert werden.

Schwierigkeiten und Möglichkeiten, Tabus anzusprechen. Erfahrungen in der schulischen Bildungsarbeit zum Thema Zwangsverheiratung

Interview mit Fatma Sonja Bläser

Seit fast 20 Jahren tritt Fatma Bläser gegen häusliche Gewalt und für die Rechte von Frauen und Kindern ein. Über die Medien, durch Lesungen und Seminare in Schulen, Jugendklubs und Moscheen leistet sie Aufklärungs- und Sensibilisierungsarbeit, für die sie im letzten Jahr – gemeinsam mit Serap Çileli – den Ludwig-Beck-Preis für Zivilcourage der Stadt Wiesbaden erhielt. In ihrem Buch „Hennamond. Mein Leben zwischen zwei Welten" erzählt Fatma Bläser ihre Geschichte und wie sie vor Zwangsverheiratung und Morddrohungen ihrer Familie flüchtete: „Ich habe mich nach einem aufrichtigen Leben gesehnt, einem Leben ohne Heimlichkeiten und Verbiegungen, nach Klarheit und einer Luft, in der ich atmen konnte." Ihre Biographie und die Lesungen aus ihrem Buch sind eine zentrale Grundlage für die pädagogische Arbeit mit Kindern und Jugendlichen, die im folgenden Interview im Mittelpunkt steht. Das Interview führte Claudia Lohrenscheit, wissenschaftliche Mitarbeiterin am Deutschen Institut für Menschenrechte. Die Leitfragen konzentrierten sich auf drei Bereiche: Schwerpunkt ist die Arbeit mit Kindern und Jugendlichen in Schulen, aber auch die Erfahrungen aus Seminaren mit Lehrerinnen, Lehrern, Pädagoginnen und Pädagogen kommen zur Sprache sowie die Beratungs- und Unterstützungsarbeit für Eltern und Familien.[1]

Wir lesen hier nicht nur eine Geschichte ...

Ich möchte unser Gespräch mit einer Frage zu deiner Biographie einleiten: Du beschreibst in deinem Buch „Hennamond" deinen eigenen Weg der Emanzipation und wie du dich aus familiären Gewaltverhältnissen befreit hast. Welche Rolle spielt deine eigene Biographie für deine Arbeit?

Meine eigene Erfahrung ist einer der wichtigsten Faktoren in meiner Arbeit, d.h. meine Herkunft, die kurdisch-türkische Mischung, die durch meinen Vater und meine Mutter zusammengekommen ist, meine Kultur, meine Sprache. Sie ist deshalb so wichtig, weil die Menschen, mit denen ich arbeite, wissen: Ich bin damit aufgewachsen. Deswegen habe ich das Buch „Hennamond" geschrieben; damit sie wissen: Aha, das ist die Frau, die das Buch geschrieben hat. Sie hat das alles erlebt, es ist authentisch. Sie kennt die Traditionen, die Normen und weiß, was die Familie vorgibt. Sie kennt die Rolle der Frauen. Sie kennt den Druck. Sie kennt das alles.

1 Das Gespräch dauerte eineinhalb Stunden und fand im März 2007 an Fatma Bläsers Wohnort statt. Der vorliegende Text hält sich eng an das Transkript des Interviews und wurde nur leicht überarbeitet und gekürzt.

Denn es geht hier nicht nur um Zwangsverheiratung und Ehrenmorde. Es geht um Gewalt: häusliche Gewalt und psychische Gewalt, Gewalt gegen Frauen, Gewalt gegen Mädchen, Gewalt gegen Jungen.

Jugendliche müssen wahrscheinlich nicht so eine große Barriere überwinden, gerade weil sie wissen, dass du die Verhältnisse kennst, oder?

Ja, das ist sehr wichtig. Wenn sie mit mir in Kontakt kommen, beobachten mich die Schülerinnen und Schüler sehr genau. Sie gucken nach meiner Mimik und Gestik, nach meinem Verhalten. Wenn ich erzähle, achten sie sehr genau darauf: Wie weit bin ich von ihnen entfernt? Gehöre ich noch zu ihnen? Verstehe ich sie noch? Habe ich noch bestimmte Eigenarten, die eine Kurdin oder Türkin ausmachen? Es gibt ein türkisches Wort, mit dem ich das gut umschreiben kann: nasik, d. h. in etwa vornehm. Die Schülerinnen gucken bei mir ganz genau, ob ich diese Art auch drauf habe; ob ich bodenständig geblieben bin, immer wieder zu meinen Wurzeln finde in meiner Arbeit, in meinen Gesprächen, oder ob ich das ignoriere. Dazu gehört, dass ich nicht in Istanbul, sondern in einem Dorf aufgewachsen bin. Ich bin nicht im Luxus groß geworden und dafür schäme ich mich nicht. Es gibt viele Menschen und Gegebenheiten, die mir wirklich wichtig waren und die ich nicht missen möchte, weil sie mich zu dem gemacht haben, was ich heute bin. Das ist für die Schülerinnen/Schüler sehr wichtig, gerade auch für die Jungs. Ab und zu höre ich sie, wenn ich etwas auf Türkisch oder Kurdisch gesagt habe. Dann kichern sie und sagen: „Hey guck mal, was die gesagt hat! Die ist ja eine von uns – cool!“ Das passiert allein schon über die Sprache.

Wann hast du entschieden, dass du diese Arbeit mit Kindern und Jugendlichen machen möchtest?

Entschieden habe ich mich 1988, nachdem immer mehr deutsche Freunde auf mich zugekommen sind – häufig Lehrerinnen und Lehrer, aber beispielsweise auch Frauen, die beim Frauenarzt gearbeitet haben. Sie kamen zu mir und baten mich um Rat, weil sie gedacht haben, ich kenne die Verhältnisse. Ausschlaggebend war auch, dass 1987 meine Tochter geboren wurde und ich in Kontakt mit anderen Eltern kam. Wir haben alles Mögliche zusammen gemacht: Turnen, Schwimmen usw. Aber ich habe gemerkt, dass türkische, kurdische und auch andere Familien leider nicht dort hinkamen. Da habe ich es mir zur Aufgabe gemacht, die Frauen anzusprechen. Es ist wichtig, dass sie mit ihren Kindern zum Sport gehen. Mir ging es in dem Moment auch darum, dass sie an der deutschen Kultur, den deutschen Gewohnheiten teilhaben, um die Deutschen kennen zu lernen und um sich nicht abzuschotten. Ich hatte selbst erfahren, dass der Kontakt zu Deutschen den eigenen Lebensweg erleichtern kann, z. B. beim Umgang mit Behörden und um zu lernen, wie gewisse Abläufe funktionieren. Ich bin ein Mensch, der immer beobachtet und versucht, daraus zu lernen. Ich wusste intuitiv, es würde den Frauen auch guttun. Es hat mich verletzt zu sehen, dass sie sich abschotten gegenüber den Deutschen. Dieses Gerede von den Deutschen nach dem Motto: „Wir kommen nicht miteinander klar; die haben eine andere Kultur, eine andere Religion, andere Traditionen,

Sitten". Ich war damit nicht einverstanden. Denn wir leben hier miteinander. Warum sollte ich mich abschotten? Wenn mir irgendetwas nicht gefällt, dann kann ich es doch sagen. So hat es damals angefangen. Dann kam meine Tochter bald in den Kindergarten. Dort bin ich als Elternvertreterin aktiv geworden. Später auch in der Schule, wo ich erst Schulsprechervorsitzende und dann Stadtschulvorsitzende wurde. Von da an ging es immer weiter und ich hatte die Möglichkeit, auch mit anderen Schulen in Verbindung zu kommen.

Du arbeitest mit Kindern und Jugendlichen direkt in den Schulen. Auf welche Situation triffst du in den Klassenzimmern? Und wie gehst du mit der Situation um, dass unter den Schülerinnen solche sind, die von Zwangsverheiratung direkt betroffen sind (oder sein können), und solche, die mit dem Thema persönlich nichts zu tun haben?

Ich versuche immer, dass die Schulen die Kinder nicht voneinander trennen. Am Anfang hat es mich sehr gestört, dass so getan wurde, als gäbe es nur Probleme z. B. mit türkischen oder mit marokkanischen Kindern. Gewalt in der Familie passiert nicht nur in türkischen Familien. Häusliche und psychische Gewalt findet sich überall auf der Welt – in jeder Nationalität und Religion. Niemand kann sich davon freisprechen. Deswegen möchte ich, dass alle Kinder zusammen sind. Natürlich kommt es auch darauf an, was die Schule genau von mir will. Geht es darum, dass ich die Mädchen stärke, dass ich über ihre Rechte rede und nicht nur über ihre Pflichten? Oder möchte die Schule eine allgemeine Aufklärung, weil die Lehrer z. B. nicht wissen, wie sie mit den Machojungs umgehen sollen? Ich möchte Mädchen und Jungen zusammen haben – auch mit den Deutschen ohne familiären Migrationshintergrund, mit allen Nationalitäten. Die Hoffnung der Lehrer, der Direktoren ist, dass ich ihnen konkrete Hilfsangebote machen kann.

Wenn ein fremder Mann Dich plötzlich küsst

Wie gehst du vor, wenn du in die Klasse kommst?

Zunächst zeige ich einen Film oder lese aus meinem Buch. Dabei stelle ich mich jedes Mal auf die Schülerinnen und Schüler ein, die vor mir sitzen. Wenn es z. B. eine Sonderschulklasse ist mit Kindern, die Lernschwierigkeiten haben, oder eine Klasse, in der viele Kinder die deutsche Sprache nicht ausreichend beherrschen (obwohl es die dritte oder vierte Generation ist), dann stelle ich mich darauf ein. Ich versuche z. B., mein Buch in einfachen Wörtern auszudrücken, damit sie wissen, worum es geht. Ich erzähle von mir, von meiner Geschichte und warum ich mich für diese Arbeit entschieden habe. Ich sage ihnen auch, dass ich manchmal mein Leben dafür aufs Spiel setze, dass ich gefährlich lebe. Damit spreche ich alle an, das merke ich. Egal ob deutsch, türkisch oder russisch, die Schülerinnen und Schüler hören mir zu. Erst dann komme ich zum Thema Zwangsheirat. Mit den älteren Jugendlichen spreche ich auch darüber, was es bedeutet, jemanden zu lieben. „Ich habe den Mehmet geliebt, aber wir durften nicht heiraten. Er ist zwangsverheiratet worden. Ich bin zwangsverheiratet worden." Ich schildere den Schülern ganz genau, was es bedeutet, wenn ein fremder Mann, den du überhaupt nicht kennst, dich plötzlich küsst; wie du dich fühlst; wie ekelhaft das ist; welche Gefühle dabei hochkommen. Mit Schülern ab 16/17 Jahren kann ich gut über solche Themen reden, gerade weil sie zuhause nicht darüber reden können.

Klar! In dem Alter sind das die Themen, die Jugendliche brennend interessieren.

Ja, sie sind froh, darüber sprechen zu können, weil sie wissen: Ich habe es selbst erlebt. Ich rede mit ihnen über Liebe, über Sexualität und über die Ängste und Probleme. Ich habe entweder mit einer einzelnen Schulklasse zu tun oder es kommen zwei bis drei Klassen zusammen. Los geht's ab Klassenstufe 5 bis zum Abitur oder bis in die Berufsschulen. In den unteren Klassenstufen rede ich sehr viel mehr über Gewalt und Familie, z. B. darüber, was es bedeutet, für die Schwester oder für die Mutter da zu sein. Bei den etwas Älteren spreche ich das zwar auch an, aber ich steige wesentlich tiefer mit ihnen ein: Warum ist Zwangsheirat nicht erlaubt? Warum sind Ehrenmorde nicht erlaubt? Tatsächlich hat das alles nicht viel mit Religion zu tun. Das sind viel mehr alte patriarchalische Strukturen, die die Eltern immer noch nicht loslassen wollen. Dabei ist es wichtig, dass ich nicht verallgemeinere. Nicht alle Eltern denken so, sondern es sind gewisse Eltern, die den Kindern das Leben schwer machen. Trotzdem sind sie keine „Bestien". Sie sind durchaus der Meinung, dass sie ihren Kindern etwas Gutes tun. Aber sie verhindern; sie verhindern z. B., dass die Kinder an der Kultur teilnehmen können, an der deutschen Kultur und gewissen Traditionen. Das zerreißt die Schülerinnen manchmal. In solchen Momenten merke ich, es ist eine ganz andere Atmosphäre in der Klasse. Die Kinder sind gespannt.

Gilt das für alle Schülerinnen und Schüler gleichermaßen oder reagieren Jungen und Mädchen unterschiedlich?

Am Anfang sind die Jungs sehr reserviert. Sie haben Angst, dass ich sie nur kritisieren will. Aber dann merken sie, dass wir alle in einem Boot sitzen. Der Bruder übt Druck aus auf die Schwester, aber genauso steht er unter Druck von den Eltern, den Vätern, den Freunden, von Familienmitgliedern. Wir müssen diesen Druck loswerden und uns nicht mehr gegenseitig beobachten. Denn das ist wie ein Kreislauf, man kommt da nicht mehr raus. Dazu bin ich da, um einen Weg zu finden, wie wir diesen Kreislauf durchbrechen können. Dazu brauche ich die Jungs.

Gibt es von den Jungs keine Gegenwehr? Keine Opposition?

Am Anfang war es schlimm. Wenn ich zum ersten Mal in einer Schule war und weder Lehrer noch Schüler vorher informiert waren, wurde ich manchmal schon vor der Tür bedroht. Zuerst kommt die Frage: „Zu wem gehören Sie? Auf welcher Seite stehen Sie?" Ich habe die Jungs angesehen und gesagt: „Ich bin auf eurer Seite". Manche stehen mitten im Seminar auf und sagen: „Wenn du nur schlecht über uns redest, bist du tot". Darauf antworte ich: „Siehst du, das ist es: Du hast die

Chance, diese Meinung zu ändern, so wie z. B. auch mein eigener Bruder seine Meinung geändert hat. Er hat genauso gedacht wie du – nicht weil er dazu gezwungen wurde. Aber er hat gemerkt, dass es nicht richtig ist. Diese Meinung, die du jetzt hast, sag' das mal in Istanbul! Sag das mal in einer großen Universitätsstadt! Das wird dort nicht toleriert werden!" Wieder andere setzen sich einfach hin und beobachten mich die ganze Zeit. Da muss ich genau gucken: Werden sie aggressiv? Beschimpfen sie mich? Mit der Zeit merke ich aber, dass sie aus ihrer verbissenen Haltung, aus der Wut-Haltung aussteigen und lockerer werden. Plötzlich setzten sie sich anders hin. Und ich denke mir: Gewonnen! Das Eis ist gebrochen. Diese extreme Blockade – Wut, Hass, alles, was da war – ist gebrochen. Das ist wirklich toll, wenn ich spüre, es kommt zum Schmelzen. Ich weiß genau, auf wen ich achten muss; wen ich auf eine bestimmte Art ansprechen muss. Und manchmal am Schluss eines Seminars gehe ich noch einmal auf Einzelne zu und frage: „Na, wo kommst du her? Erzähl mal. Was meinst du? Kennst du so etwas?" Häufig komme ich dann mit einzelnen Schülern ins Gespräch. Manchmal frage ich auch, ob sie Lust haben, etwas Türkisches oder Kurdisches zu singen. Dann merke ich, sie sind da. Dann kommen sie auch und bedanken sich und fragen, was sie tun können. Denn es ist klar, sie haben den ersten Schritt bereits gemacht. Sie haben sich gewagt, zu kommen und laut auszusprechen: „Ich will etwas ändern." Ich gebe ihnen dann Aufgaben und sage z. B.: „Du hast die Aufgabe, hier in der Schule etwas weiterzugeben. Das ist eine sehr schwere Arbeit, denn du hast hier deine Jungs, gegen die du vielleicht kämpfen musst. Ich habe draußen die ganze Welt. Aber wir schaffen das!"

Du arbeitest auch mit geschlechtshomogenen Gruppen und begleitest z. B. Mädchengruppen über einen längeren Zeitraum. Es ist sicherlich oft sehr schwer für Mädchen, über Zwangsverheiratung zu sprechen, weil dieses Thema für sie schambesetzt ist. Wie lassen sich Schamgrenzen überwinden? Geht das überhaupt?

In der Mädchengruppe geht es darum, die Mädchen zu stärken. Viele haben Gewalt in der Familie erfahren und kennen Zwangsverheiratungen aus der eigenen Familie oder der Verwandtschaft. Vor den Sommerferien, bevor sie in den Urlaub fahren, wissen sie nicht, was alles auf sie zukommt. Aber sie müssen sich darüber im Klaren sein, dass eine Zwangsheirat oder Verschleppung auf sie zukommen könnte. Empowerment für Mädchen heißt in diesem Fall für mich, dass sie zunächst einen „Notfallplan" von mir bekommen. Dieser Notplan enthält folgende Punkte:

1. **Vor den Ferien:** Kopiere deinen Pass und hinterlasse die Kopie irgendwo in Deutschland bei Freunden oder Menschen, denen du trauen kannst.

2. Besorge dir alle Adressen und Telefonnummern der Verwandtschaft; von allen Verwandten, die ihr eventuell besucht. Kopiere sie und lasse sie hier in Deutschland.

3. Überprüfe, ob du die deutsche Staatsbürgerschaft hast, denn es gelten andere Bestimmungen, wenn du sie nicht hast.

4. Wenn du schon vorher weißt, wo es hingeht, erkundige dich: Gibt es in der Nähe Frauenrechtsorganisationen? Gibt es in der Nähe eine Botschaft? Gibt es Anlaufstellen wie z. B. amnesty international, an die du dich wenden kannst?

5. **In den Ferien:** Habe immer Kleingeld dabei. Selbst wenn du rauchst und kein Geld mehr für Zigaretten hast, du brauchst immer Geld zum Telefonieren. Du tust es in ein Extra-Portemonaie, das du nur in Notfallsituationen benutzt.

6. Wenn du in einem Dorf bist, erkundige Dich: Wo ist die nächste größere Stadt? Wie kommst du dahin? Du fährst z. B. mit einem Bus. Du erzählst nicht, wohin du fährst oder warum, sondern du sagst nur, dass man dich in den Zug oder Bus gesetzt hat, weil du zu deiner kranken Tante musst. Deine Eltern sind schon da, und du sollst jetzt nachkommen. Erfinde eine Geschichte, die harmlos und glaubwürdig klingt.

Schwierigkeiten, über Gewalt zu sprechen

Wenn ein Mädchen in der Familie Gewalt ausgesetzt ist, wie kann sie darüber sprechen? Das ist ganz schwierig. Wie redet sie mit ihrem Bruder, mit ihrer Mutter? Und wie kann sie mit ihrem Vater reden? Wichtige Fragen dabei sind: Findet sie einen Vermittler? Findet sie jemanden, der sie stützt, der ihrer Meinung ist – eine Tante, einen Onkel, der eine bestimmte Position in der Familie hat, eine Stellung, ein Ansehen? Ich mache mit den Mädchen Rollenspiele, wie sie sich gegenüber der Mutter verhalten müssen oder gegenüber dem Bruder und dem Vater. Ob es um Gewalt geht oder Heirat oder um etwas anderes, wichtig ist, sie zu trainieren. Es ist einfach so: Wir haben von Anfang an gelernt, vor dem Vater hast du dich zu schämen. Es ist uns in die Wiege gelegt worden. Er ist der „Herr". Da kannst du nicht einfach hingegen und sagen: „Du Papa, ich lass mich nicht von dir verheiraten." Das geht nicht.

Es ist wichtig, dass die deutschen Kinder bei diesen Rollenspielen dabei sind, damit sie verstehen können, was passiert; dass sie es einfacher haben, zu sagen: „Ich bin hier Gewalt ausgesetzt und ich muss mich dagegen wehren." Ihre Klassenkameraden können nicht so einfach mit ihren Eltern reden. Dabei geht es auch um die Haltung. Wir haben gelernt, wenn wir mit unserem Vater reden, dann immer gebückt und verschämt. Es hieß immer: Ich schäme mich dafür, und ich entschuldige mich schon durch meine Haltung: „Papa, tut mir leid, dass ich mit dir reden muss". Die Haltung sagt es schon. Es geht darum, die Mädchen zu stärken und die Haltungen einzuüben: aufrecht stehen; den Vater ansehen, ohne einen vorwurfsvollen Gesichtsausdruck zu haben, sondern zu sagen: „Ich gehöre zu dir. Ich bin dein Kind. Papa, bitte, sei mir nicht böse. Ich liebe dich. Ich respektiere dich. Ich werde dich immer lieben. Du bist mein Vater und bleibst mein Vater. Aber bitte, ich will ihn nicht heiraten.“ Oder: „Hör auf. Warum tust du mir immer weh? Warum schlägst du mich? Liebst du mich nicht?“ Oder: „Welche Ängste hast du?“ Es geht darum, die Mädchen langsam, ganz langsam daran zu gewöhnen, immer wieder einen Schritt zu machen. Und das ist schwer. Aber das Schöne ist, wenn ich mit den Mädchen gearbeitet habe und sie mich dann anrufen, dass sie dann wirklich Erfolg hatten. Das ist so schön. Dann sage ich: „Toll! Es war schwierig. Aber es klappt.“

Begleitest du auch Jungengruppen? Arbeitest du mit den Jungen genauso wie mit den Mädchen?

Ich leite auch Jungengruppen. Ich fange zum Beispiel mit der Frage an: „Was bedeutet für euch Ehre?“ Ich schildere ihnen meine Situation und vor allem die Situation mit meinen Brüdern. Ich frage sie: „Welche Tradition ist für euch wichtig? Was ist überhaupt Tradition? Was ist Kultur?“ Das wissen sie nicht. Wenn sie hier geboren sind, haben sie nur gehört, was „unsere“ Tradition ist, aber sie machen sich keine Gedanken darüber. Genauso wenig wie die Deutschen, die machen sich auch keine Gedanken darüber. Das ist das Erste. Wir gehen das gemeinsam durch: Welche Traditionen sind toll, welche wollen wir niemals missen? Wir sprechen z. B. über das Opferfest, das Zuckerfest. Ich lasse sie beschreiben, was sie daran gut finden, worauf sie stolz sind. Beispielsweise gibt es da die Möglichkeit, sich mit anderen zu versöhnen – es ist fast wie Weihnachten. Die Christen haben Weihnachten, um sich zu versöhnen, wir haben unser Zuckerfest. Warum sollte es sonst heißen: „Iss Zucker und sprich süß“. Damit fangen wir an. Erst dann reden wir über Traditionen, die Menschen unterdrücken, die auch Jungen unterdrücken und sie dazu zwingen, auf ihre Schwestern aufzupassen.

Empfinden die Jungen das als Unterdrückung?

Meistens ist es so, dass sie sagen: „Ich bin stolz darauf, dass wir es so machen. Ich finde es super. Ich bin was. Ich kann über meine Familie bestimmen, wenn mein Vater nicht da ist, sogar über meine Mutter! Warum sollte ich diese Position aufgeben?“ Solche Fragen kommen tatsächlich. Darauf antworte ich: „Weil du ein Pascha bist, weil du andere unterdrückst. Dir wurde die Aufgabe zwar zugewiesen, aber deine Schwestern hören nicht freiwillig auf dich. Deine Schwestern kommen nicht zu dir, um dich um Rat zu bitten. Willst du das Vertrauen deiner Schwester? Sie heiratet irgendwann und geht. Hast du dir Gedanken darüber gemacht? Kennst du deine Schwester mit ihren Sorgen und Gedanken? Musst du die Zwangsheirat zulassen, nur weil du der Junge bist, der die Aufgabe gekriegt hat, dafür zu sorgen? Musst du mitmachen? Du siehst, deine Schwester ist unglücklich. Sie ekelt sich vor dem Typen, wenn er ankommt und etwas von ihr will. Machst du das mit? Würdest du später mit einer Frau schlafen oder würdest du eine küssen, die du nicht magst?“ Dann wehren sie ab. „Nein!“, sagen sie und „Ekelhaft!“ Ich kann fortfahren: „Findest du es gut, wenn deine Mutter oder deine Eltern sagen, dass deine Schwester bestraft wird, wenn sie sich nicht an die Regeln hält? Dass, wenn sie von zuhause weggeht, sie für immer gestorben ist; dass sie aus dem Familienregister herausgenommen wird? Stell dir mal vor, man sagt zu dir, dass du einfach aus dem Familienregister gelöscht wirst. Willst du, dass deine Schwester nicht mehr zu dir gehört?"

Wenn ich mit solchen Argumenten komme, merke ich, dass sie versuchen, sich zu winden, dagegen zu kämpfen. Aber sie können keine Argumente dagegen bringen. Manchmal, wenn ich von Situationen erfahre, wo jemand geschlagen wurde, sage ich: „Guck mal, wie sie sich gefühlt hat. Auch wenn es in deiner Familie nicht so ist, es passiert in vielen anderen Familien. Guckst du zu? Lässt du es zu, wenn deine Schwester geschlagen, geprügelt wird? Wenn du sagst, dass du auf deine Schwester aufpasst, hast du dann ihr Vertrauen? Du gibst mit dieser Reaktion deinen Freunden und anderen das Gefühl, dass sie sich nicht nach den Regeln verhält und alle auf sie aufpassen müssen. Weißt du, was das für ein Gefühl ist? Damit erniedrigst du deine Familie. Und was willst du tun, wenn jemand schlecht über deine Schwester spricht? Wirst du sie schlagen?"

Du nutzt in deiner Arbeit Rollenspiele, was den Vorteil hat, dass die Schülerinnen und Schüler sich in der Rolle „verstecken" können und sich nicht „outen" müssen, wenn sie direkt betroffen sind. Wie werden diese Rollenspiele angenommen?

Nach ersten Gesprächen fangen wir an, mit Rollenspielen zu arbeiten. Ein Junge sagt z. B.: „Hey Hussein, ich habe deine Schwester gesehen. Wie verhält die sich denn? Wie eine Schlampe! Ich habe gesehen, wie sie mit einem Jungen geredet hat." Dann frage ich den anderen Jungen, wie er damit umgeht. Als erste Reaktion kommt häufig: „Die schlage ich zusammen." Und dann spielen wir diese Rolle. Es wird jemand geschlagen, und die Person schreit: „Bitte nicht! Das stimmt alles gar nicht!" So, dann frage ich den Jungen: „Du hast sie geschlagen. Bist du jetzt ein Held? Du hast dem Gerede des anderen Jungen Recht gegeben. Er kann jetzt sein Spiel weiter treiben." Doch dann probieren wir etwas anderes:

„Hussein kommt wieder und sagt, dass deine Schwester eine Schlampe ist. Doch jetzt stellst du dich hin und sagst: ‚Was? Du wagst es, so zu mir zu kommen? Du wagst es, meine Schwester niederzumachen und es mir ins Gesicht zu sagen? Was denkst du von mir? Sie ist meine Schwester und wenn sie mit jemandem geredet hat, dann ist das schon okay! Deshalb ist sie keine Schlampe! Wage es nicht noch einmal, meine Schwester mit diesem Blick zu sehen. Oder soll ich mit deiner Schwester genauso umgehen? Wenn ich sie gesehen habe, soll ich dann auch sagen, deine Schwester ist eine Schlampe?'"

Die Jungs können bei diesem Rollenspiel sehr genau sehen, was passiert und wie es passiert. Und dann fällt der Groschen. Sie merken, dass sie sich nichts diktieren lassen müssen. Aber es gibt auch andere, die sagen: „Ich bin doch in meiner Clique. Ich muss es doch tun." Der Gruppendruck ist es, der hier dazu kommt. Ich spreche mit ihnen und frage sie, welche Möglichkeiten sie sehen, sich von der Gruppe zu lösen. Vielleicht kann man auch die Gruppe dazu kriegen, Dinge anders zu sehen. Was passiert, wenn ein Junge sagt: „Ich bin jemand Besonderes in dieser Gruppe, denn ich sage ‚Nein' zu Gewalt." Vielleicht kann ein Junge damit gewinnen!? Vielleicht haben die anderen irgendwann Respekt vor ihm!? Und wenn dann Familienmitglieder sich streiten, dann holen sie ihn als Schlichter. Ich gebe ihnen diese Aufgabe.

Am nächsten Tag stand auf seiner Bank: Du Verräter!

Es gibt viele Möglichkeiten. Wenn es in Schulen beispielsweise keine Schülerzeitung gibt und die Schüler sagen, sie wollen etwas machen, dann spreche ich mit der Lehrerin oder der Direktorin. Ich frage sie, ob es möglich ist. Und dann gibt es eine Schülerzeitung, die diese Themen anspricht. Es wird darüber geredet. Jeder Einzelne hat es in der Hand. Alle miteinander. Mädchen sprechen darüber, dass sie belästigt werden. Die Jungen sagen ihnen, dass sie sich anders kleiden sollen. Den Bauch darf man nicht sehen, auch nicht das Dekolleté. Eine Situation, die ich z. B. erlebt habe, war, als ein Schüler nach einer Lesung zu mir gekommen ist. Er wusste anscheinend nicht so recht, was er machen sollte. Ich habe ihn dann angesprochen: „Na, fährt dein Bus noch nicht? Sollen wir mal unter vier Augen reden? Hast du Lust und Zeit?" Er hat mit mir geredet und sagte zu mir: „Frau Bläser, die Frauen, die sich bauchfrei kleiden oder Hosen tragen, die sind doch selbst Schuld, dass ich sie als Sexobjekte sehe. Sie verführen mich und bringen mich dazu, dass ich sie so sehe." In dem Gespräch habe ich gemerkt, dass der Junge aus einer patriarchalen Familienstruktur kommt. Selbst wenn eine Frau sich „falsch" bückt, d. h. wenn sie nicht im Stehen runtergeht, sondern sich vornüberbeugt, bedeutet das, sie lädt den Mann ein. Das war in meiner Familie genauso. Ich erzähle es ihm: „Ich bin ein Kind, sieben Jahre alt. Ich bin am Fegen. Bin in meinen Gedanken. Mach du es mal. Fege doch bitte mal." Der Junge fegt und ich frage ihn: „Wie hast du dich gebückt? Du bist nicht von oben runter gegangen. Du hast dich ganz normal gebückt. Du hast mir deinen Hintern gezeigt. Du hast mich gereizt!" Das Problem ist, dass er es zuhause so mitgekriegt hat, dass er das als Zeichen nimmt. Aber das ist es nicht. Es ist menschlich. Das ist das Normale. Allah hat uns so auf die Welt gebracht. Ob du einen Rock trägst oder eine Hose. Wo ist der Unterschied?

Der Junge hat sich bedankt. Es war toll. Der Nachteil war allerdings, dass am nächsten Tag auf seiner Bank stand: Du Verräter! Ich habe dann mit dem Direktor der Schule geredet. Ich bin noch einmal in die Schule gegangen. Das ist es, was ich tue. Ich stelle mich jedes Mal wieder neu auf die Schülerinnen und Schüler ein in einer solchen Situation.

Du hast vorhin gesagt, es geht in deiner Arbeit nicht nur um Zwangsverheiratung, sondern du arbeitest generell zum Thema „Gewalt in der Familie". Wenn du mit allen zusammenarbeitest, wie verhinderst du, dass es zu Stereotypisierungen kommt? Dass es nicht zu einem „Wir" und „Die" kommt?

Das passiert immer wieder. Deswegen ist es schon im Vorfeld wichtig zu betonen, dass es nicht darum geht, mit dem Finger auf Türken, Kurden oder sonstige Leute zu zeigen. Gewalt gibt es überall. Keiner kann sich davon freisprechen. Ich zähle den Jugendlichen auf, in wie vielen Ländern es Zwangsverheiratungen gibt, und erkläre, dass Zwangsheirat nicht auf den muslimischen Kulturkreis beschränkt ist. Wir sind allein schon bei dem Gedanken auf dem falschen Weg, wenn wir das Problem auf die anderen abschieben: „Nicht ich bin es – du bist es. Die sind es." Das ist es, was jahrelang auch andere getan haben, ob Politiker oder Wissenschaftler, die in diesem Bereich arbeiten. Sie haben nichts getan. Das wollen wir nicht mehr. Wir wollen das jetzt in die Hand nehmen. Es ist wichtig, dass die jungen Leute es nicht verdrängen nach dem Motto: „Was haben wir damit zu tun?"

Bei Deutschrussen z. B. kommen arrangierte Ehen aus finanziellen Gründen vor oder auch wegen anderer Gegebenheiten. Meiner Meinung nach sind arrangierte Ehen und Zwangsehen nicht weit voneinander weg. In einer arrangierten Ehe kann es genauso wie in einer Zwangsehe sein. Du musst dich überwinden, mit jemanden zu schlafen. Zwangsehe – das bedeutet für mich auch Vergewaltigung. Das versuche ich ihnen zu sagen.

Hast du den Eindruck, dass die Klassen durch deine Arbeit besser zusammenwachsen? Gibt es einen größeren Zusammenhalt? Oder ist es manchmal vielleicht auch umgekehrt, und es entsteht eine Art Gegnerschaft?

Meistens ist es tatsächlich eher so, dass die Klassen besser zusammenfinden. Manche haben zu mir gesagt: „Frau Bläser, Sie können doch nicht alles von uns verraten." Darauf antworte ich: „Ich verrate nichts Schlimmes. Ich spreche nur die Möglichkeiten an, was passieren kann, und gebe dadurch die Möglichkeit, zu reagieren, zu helfen. Wir sind hier keine Ausländer. Wir sind keine Gastarbeiter. Ihr seid hier groß geworden. Ihr seid hier geboren. Ihr gehört zu Deutschland und Deutschland gehört zu euch. Deshalb gehören wir hier zueinander." Es ist schon klar, dass die einzelnen Gruppen gewisse Regeln haben (Russen, Türken, Deutsche usw.), aber wir gehören alle zusammen. Deshalb müssen wir uns gegenseitig helfen. Wenn du irgendwo vorbeigehst, auf der Straße zum Beispiel, da wird eine marokkanische Frau zusammengeschlagen. Willst du dann wie die anderen sagen: „Damit habe ich nichts zu tun!"? Jahrelang wurde es so gemacht. Oder sagst du: „Es ist mir egal, ob ich Türke oder Russe etc. bin. Ich lasse es nicht zu, dass diese Frau vor meinen Augen geschlagen wird." Derjenige, der es zulässt, hat keinen Mut. Es fängt damit an, dass man sagt: „Ich habe damit nichts zu tun. Ist mir doch egal." Das ist Diskriminierung.

Ja, dabei geht es auch um Zivilcourage.

Nationalität und Religion – das ist egal, denn es geht um Menschen. Menschen werden erniedrigt, werden misshandelt. Da können wir nicht zugucken, nicht weggucken. Das Gute ist, ich kann immer wieder zu meiner eigenen Geschichte zurückgehen. Mir ist auch ein Stein in die Hand gegeben worden von einem alten Mann. Ich sollte eine Frau mit zu Tode steinigen. Ich bin froh, dass ich das nicht getan habe.[2] Ich hätte auch sagen können: „Naja, wenn man meint, sie hätte sich wie eine Nutte verhalten, dann soll sie umgebracht werden." Wenn ich eine solche Geschichte erzähle, gucke ich die Jungen dabei an und frage sie: „Könntet ihr das? Kannst du zugucken, wie jemand zusammengeschlagen wird?" Ich kann es verstehen, wenn jemand Angst hat. Aber man muss nicht selber eingreifen. Man kann auch jemanden rufen oder schreien. Niemand soll den Helden spielen. Man weiß ja nicht, was passiert. Aber wenn man einfach vorbeigeht und es geschehen lässt, wird es dich immer wieder einholen. Nachts. Es wird dich nicht mehr loslassen.

Wie reagieren die Schülerinnen und Schüler, wenn du über Gewalt und die Möglichkeiten, einzugreifen, sprichst?

Es berührt. Es berührt auch die Jungs, auch wenn sie knallhart sind. Wenn ich in der Schule bei ein paar Jungs erreicht habe, dass sie sich öffnen, das reicht mir. Ich will nicht die ganze Welt ändern. Das ist nicht meine Aufgabe, und das werde ich niemals schaffen. Aber wenn es zwei, drei Jungs gibt, die plötzlich ihr Gesicht verändern, die offener werden, die nicht mehr weggucken, das reicht!

Hier ist es bei der Arbeit mit Kindern und Jugendlichen besonders wichtig, dass sie ernst genommen werden wie Erwachsene. Jede Auseinandersetzung bedeutet für sie eine Art Training, um sich selbst zu finden. Sie testen aus: Wie weit gehe ich? Was mache ich? Wenn ich mit den Jungs rede, sage ich ihnen, dass sie oft viel mehr Möglichkeiten haben, um sich gegen Zwangsverheiratung zur Wehr zu setzen. Es genügt beispielsweise, wenn sie das Mädchen schlecht machen. Aber ich sage ihnen auch, dass sie zuerst mit dem Mädchen sprechen müssen, wenn sie wissen, dass sie verheiratet werden sollen: Will sie mich überhaupt? Liebt sie mich? Wenn sie nein sagt, dann müssen Jungen und Mädchen zusammen reden und gemeinsam überlegen: „Wie können wir das auflösen, ohne dass unsere Eltern negativ dastehen."

Geben Jungen genauso zu, dass sie von Zwangsverheiratung bedroht sind wie Mädchen? Oder sind bei Jungen die Schamgrenzen noch größer?

Es ist verrückt: Bis vor ca. ein bis zwei Jahren kamen viel mehr Jungs zu mir. Es fällt ihnen überhaupt nicht leicht, darüber zu sprechen. Obwohl sie Männer sind, obwohl sie eigentlich diejenigen sind, die alles in der Hand haben, müssen sie zugeben: „Ich werde auch zwangsverheiratet." Viele Jungs halten still und machen mit, weil sie ihre Familien lieben; weil sie nicht möchten, dass die Familien zerbrechen; weil ihre Eltern schon so alt sind oder die Leute zu viel reden. Sie haben „draußen" ihr eigenes Leben. Sie haben dann zwei Gesichter, leben zwei Leben. Es gibt auch sehr viele Jungs, die mich gefragt haben, wie sie als Junge aus der Zwangsheirat rauskommen.

2 Fatma Bläser berichtet hier von Hangül, einer Frau aus ihrem Heimatdorf, deren Geschichte sie in „Hennamond" erzählt. Hangül war schwanger, doch ihr Ehemann sowie auch die Dorfbewohner vermuteten, dass Kind sei nicht von ihm und steinigten die schwangere Frau zu Tode. Fatma Bläser erlebte diese Situation als Kind mit. Sie hatte sich schützend vor Hangül stellen wollen, wurde aber zurückgehalten (vgl. „Das geschieht einer Hure recht!", http://www.fatma-b.de/leseprobe.htm; abgerufen am 16.4.2007).

Wie erklärst du dir, dass eher Jungen sich vor dir geöffnet haben als Mädchen und es anscheinend hier einen Wechsel gab?

Viele Jungs haben eine deutsche Freundin und haben ihr versprochen, mit ihr zusammen zu sein. Sie kommen so manchmal besser klar als mit einer türkischen Freundin. Es ist einfacher, weniger kompliziert; nicht alles ist sofort verboten. Sie wollen dabei bleiben und versuchen, hierfür eine Möglichkeit zu finden. In den letzten ein bis zwei Jahren hat sich das gewendet. Je bekannter das Thema wurde und je mehr in den Medien darüber berichtet wurde, desto mehr haben die Jungs das Gefühl, ihre Kultur, ihre Tradition würde niedergemacht. Sie denken, sie müssten sich zurückhalten; sie dürften nicht über Zwangsheirat reden, damit nicht noch mehr Schlechtes gesprochen wird. Doch es darf nicht verheimlicht werden. Man muss dazu stehen.

Gründe für Zwangsverheiratungen gibt es viele. Vielleicht ist es die Cousine, die von Anfang an versprochen war. Oder vielleicht hat die Mutter in die Familie eingeheiratet und jetzt muss einer aus der Familie in unsere reinheiraten. Es sind nicht nur finanzielle Probleme, um die es dabei geht. Häufig wurde ein Versprechen gegeben oder geschworen, dass man in die Familie einheiratet. Bruder und Schwester werden dann zu Schwager und Schwägerin. Oder es gibt andere Probleme; vielleicht ist ein Familienmitglied ums Leben gekommen. Ich kann nur noch einmal sagen: Gründe gibt es viele.

Kommen denn jetzt eher Mädchen zu dir?

Ja, viel mehr Mädchen. Die Mädchen haben sich schon immer geöffnet, aber sie reden heute viel mehr darüber, weil sie jetzt nicht mehr so stark das Gefühl haben, sie würden ihre Nationalität beschmutzen. Sie fühlen sich nicht als Verräterin. Dieses Gefühl haben eher die Jungs. In der Schule versuchen die Jungs deswegen, es anders hinzudrehen. Sie projizieren das Problem z. B. auf einen Freund, so wie es die Mädchen auch oft machen. Sie haben daraus gelernt, dass die jungen Mädchen sowieso nicht direkt sagen: „Ich bin betroffen". Sie sagen: „Ich habe eine Freundin, die betroffen ist." Ist ja klar! Diesen Trick nutzen die Jungs jetzt auch. Dann gebe ich ihnen meine Telefonnummer in die Hand und sage: „Wenn du mal mit deinem Freund geredet hast, kann er mich gerne anrufen."

Es ist also ähnlich wie bei den Rollenspielen: Es ist leichter, wenn Mädchen und Jungen nicht über sich selbst sprechen müssen.

Trotzdem sagen viele immer noch, es sei „Nestbeschmutzung", wenn sie über solche Themen reden. Sie stellen auch mich als Nestbeschmutzerin dar. Sie sagen: „Das können wir nicht tun. Das dürfen wir nicht. Jeder macht unsere Tradition, unsere Religion nieder." Je mehr die Religion dafür verantwortlich gemacht wird, desto mehr versuchen sie, dagegenzuhalten. Das ist leider eine normale Reaktion. Ich spreche das in den Gesprächen mit Kindern und Jugendlichen immer wieder an. Die Religionsführer oder die Leute, die die Religion missbrauchen, sind schuld daran, dass wir Muslime so negativ dastehen mit unserer Religion. Doch die Kinder haben es selbst in der Hand. Wenn eine Lehrerin sie fragt, argumentieren sie immer mit der Religion. Dabei geht es oft gar nicht um Religion.

Eine letzte Frage zu den Schülerinnen und Schülern: Du hast erzählt, dass viele es dankbar aufnehmen, dass du in deinen Seminaren auch das Thema Sexualität ansprichst. Kommt es dabei auch vor, dass Jugendliche über Homosexualität reden wollen oder ist das kein besonderes Thema?

Doch, die letzten Jahre immer mehr. Die ersten Jahre in der Schule war das Thema noch ziemlich unsichtbar in meinen Gruppen. Doch ich habe es angesprochen, d. h. beispielsweise, wie ich damit groß geworden bin und was man mir zum Thema Homosexualität beigebracht hat. Ich habe in meinem Dorf schon damals als kleines Mädchen Leute beobachtet, die eine andere Neigung hatten. Ich beschreibe immer eine Situation in der Türkei aus dem Jahr 1985. Damals hatte ein Taxifahrer fast einen Mann umgefahren, wenn mein Bruder ihm nicht ins Lenkrad gegriffen hätte. Er wollte ihn zu Tode fahren und hat gesagt: „Das ist ein Schwuler." Das hat mich so traurig gemacht. Mein Bruder und ich sind sofort aus dem Wagen gestiegen. Wir haben den Taxifahrer beschimpft und die Polizei gerufen. Ab diesem Zeitpunkt habe ich mich mit dem Thema Homosexualität in der Türkei auseinandergesetzt. Ich finde es schlimm, wenn manche neben mir stehen und sagen: „Ey, du Schwuler". Ich sage ihnen dann, dass sie damit jemanden verletzen können. Ich erkläre, wie es ist, wenn ein Junge wirklich einen Jungen liebt, wenn ein Mädchen ein anderes Mädchen liebt. Es ist eben so! Woher es kommt – ob es von Geburt an so war, ob es plötzlich gekommen ist, ob Allah es so eingerichtet hat, das wissen wir nicht. Aber niemand kann dafür bestraft werden!

Manche Eltern, Deutsche oder Türken sagen, dafür müsse man sich schämen. Das sei eine Krankheit. Ich spreche mit ihnen und erzähle ihnen, dass ich türkische schwule Freunde aus der Türkei habe und auch lesbische Freundinnen. Ich möchte diese Freunde niemals missen, denn es ist wunderschön mit ihnen. Schwule und Lesben gibt es in allen Ländern. Darüber spreche ich allerdings nur in den Berufsschulen oder in den höheren Klassen (10./11. Klasse). Bei den Jüngeren sage ich, dass sie jeden so akzeptieren müssen, wie er oder sie ist.

Wenn ihr Probleme habt, könnt ihr zu mir kommen

Ich würde jetzt gerne die Lehrerinnen und Lehrer in den Blick nehmen. Wie arbeitest du mit ihnen? Was empfiehlst du ihnen, wenn sie z. B. kurz vor den Sommerferien merken, es ist etwas nicht in Ordnung. Ein Mädchen wird unruhig. Wie sollen sie reagieren?

Meiner Erfahrung nach haben Lehrerinnen und Lehrer die Gefühlsschwankungen junger Mädchen vor den Sommerferien oder auch danach immer als pubertäre Entwicklungen wahrgenommen. Sie haben es als Launen abgetan nach dem

Motto: „Heute hat sie gute Laune, morgen ist sie wieder traurig." Sie haben nicht erkannt, worum es geht. Das war vor allem in den ersten Jahren meiner Arbeit so. Jetzt in letzter Zeit, seitdem immer mehr über Zwangsverheiratung berichtet wird und es auch Seminare zum Thema gibt, hat sich etwas geändert. Lehrerinnen und Lehrer können nun lernen, welche Veränderungen bei den Mädchen eintreten; wie sie sich verhalten; welche Ängste sie haben. Erst jetzt kommt ihnen der Gedanke, dass ihre Reaktionen nicht immer etwas mit der Pubertät zu tun haben.

Hast du den Eindruck, die Sensibilisierung hat zugenommen?

Ja. Die Sensibilisierung hat zugenommen – durch die Aufklärungsarbeit in den Schulen, dadurch, dass Zeitungen darüber schreiben und sich viele damit beschäftigen. Jetzt ist das Interesse geweckt: Was ist Zwangsheirat? Was passiert mit den Mädchen? Wo können sie hingehen? Warum können sie nicht am Sportunterricht oder am Schwimmunterricht teilnehmen? Was steckt dahinter? Zu diesen Fragen bilde ich Multiplikatoren und Multiplikatorinnen aus.

Sind das Lehrerinnen und Lehrer oder auch andere?

Es sind Lehrerinnen und Lehrer. Es ist auch Aufklärungsarbeit und Sensibilisierung für Sozialarbeiterinnen und Sozialarbeiter oder z. B. auch für die Polizei. Bei den Lehrerinnen und Lehrern geht es darum, zu klären, welche Fälle es an ihren Schulen schon gegeben hat. Wie gehen sie damit um? Was wissen sie überhaupt über Zwangsverheiratung? Die meisten wissen nicht viel. Sie haben sich angemeldet, weil sie durch die Medien etwas von meiner Arbeit gehört haben. Manche haben vielleicht bei einer Schülerin etwas gemerkt oder sie haben etwas gehört. Ein Dialog wie dieser ist z. B. typisch:

„Die Ayshe ist jetzt verheiratet."

– *„Wie? Die ist verheiratet? Sie wollte doch gar nicht heiraten!"*

„Ja, aber sie musste heiraten."

– *„Aber das darf sie doch gar nicht. Sie ist doch noch minderjährig!"*

Die Lehrerinnen und Lehrer möchten gerne wissen, worum es hier geht. Sie müssen erkennen, dass das Verhalten des Mädchens kein pubertäres Verhalten war, sondern sie sich einfach Gedanken gemacht hat. Sie werden von mir dahingehend ausgebildet, dass sie wissen, welche Kultur dahintersteckt, welche Traditionen, wie die familiären Normen genau aussehen. Mittlerweile kriegen sie natürlich auch viel mehr mit. Sie erleben z. B. die Deutschrussen, und dass bei ihnen auch nicht alles so freizügig, sondern streng bewacht ist. Sie erfahren heute, dass es viele unterschiedliche Faktoren, Probleme und auch Erziehungen gibt. Durch die Schülerinnen und Schüler können sie diese nicht mehr lernen, weil die Jugendlichen sagen: „Ach, mit der können wir sowieso nicht reden. Sie kann mich nicht verstehen.“ Also findet kein Austausch statt. Es gibt zwar Lehrerinnen und Lehrer, die mit ihren Schülerinnen reden können, die Vertrauen schaffen. Aber sie wissen nicht, wie sie helfen sollen oder welche Möglichkeiten es gibt. In meinen Seminaren spreche ich mit ihnen z. B. über die Vorkehrungen vor den Sommerferien. Sie müssen sie immer wieder in ihrem Unterricht ansprechen.

Sollen die Lehrerinnen und Lehrer das selbstständig machen – auch ohne dass du dabei bist?

Sie sollten das Thema auf jeden Fall ansprechen, um das Vertrauen der Mädchen und Jungen zu gewinnen. Sie müssen merken, dass sie nicht ignoriert werden. Es kann die Klassenlehrerin sein oder eine Sozialarbeiterin, aber in jedem Fall sollen sie es offen ansprechen, d. h.: „Wir haben davon gehört. Wir haben es im Fernsehen gesehen.“ Oder: „Ich habe darüber gelesen. Ich habe ein Seminar belegt und habe in diesem Seminar gehört, was passiert, was dahintersteckt. Die Seminarleitung arbeitet mit allen zusammen, auch mit Moscheevereinen.“ Oder: „Ich wusste bisher nicht, wie es im Extremfall aussehen kann. Für mich ist es ganz wichtig, dass, wenn jemand von euch betroffen ist, wenn jemand von euch Angst um die Freundin oder den Freund hat, bitte wendet euch an mich.“ Oder: „Folgende Wege könnt ihr schon jetzt gehen. Ihr könnt mit ihr oder ihm reden: Wird es wirklich eine Zwangsheirat geben? Wird sie entführt werden?“ Man muss ganz offensiv damit umgehen!

Gibt es denn Stellen, an die sich Lehrerinnen/Lehrer wenden können oder die sie den Mädchen und Jungen konkret empfehlen können?

Was die Frauen- und Mädchenhäuser angeht, ist es besser, dass die Lehrerinnen/Lehrer sie nicht erwähnen, wenn die Jungs dabei sind (oder auch gewisse Mädchen). Jungen und Mädchen wachsen heute zwar in der dritten oder vierten Generation hier auf, aber Frauenhäuser sind für sie immer noch eine eher negative Stelle. Dahin geht man nicht. Die Leute denken leider noch immer: „Frauenhaus – da wirst du zur Nutte gemacht. Du sollst wie eine freche Deutsche werden.“ Es ist gut, über Frauenhäuser zu sprechen und klarzumachen, dass es Stellen für Frauen gibt, die aus häuslicher Gewalt ausbrechen wollen oder die verheiratet wurden und es nicht ertragen können. Aber es muss als reine Möglichkeit dargestellt werden. Die Lehrerinnen und Lehrer dürfen nicht sagen: „Ich empfehle euch das“. Sondern es geht allein um die Möglichkeit, d. h., dass z. B. andere Schülerinnen oder Schüler dahingegangen sind oder dass jemand von Gewalt so bedroht war, dass man sie aus der Familie rausholen musste, bevor womöglich etwas Schlimmeres passiert. Halten sich die Lehrerinnen nicht daran, heißt es: „Guck mal, die deutsche Lehrerin hat doch gar keine Ahnung, was bei uns passiert! Wir sollen hier einfach unsere Familien verlassen?!“ Diesen Weg müssen die Mädchen selber gehen. Aber sie sind darauf angewiesen, dass jemand sagt: „Ich bin da. Wenn ihr Probleme habt, könnt ihr zu mir kommen.“ Sie müssen merken, dass sich die Lehrerin erkundigt hat. Sie können ruhig wissen, dass sie sogar ein Seminar belegt hat, weil es für sie wichtig ist.

Fällt es den Lehrerinnen und Lehrern leicht, diese Thematik anzusprechen oder haben sie auch manchmal Hemmungen?

Sie haben Hemmungen. Aber mir geht es hierbei um einen anderen Punkt. Manchmal kommen Themen in der Schule leider relativ blutleer rüber – ohne Gefühle. Meiner Erfahrung nach muss da viel mehr Gefühl rein. Das Persönliche muss durchscheinen, so dass die Schülerinnen und Schüler erkennen: Es ist nicht nur meine Lehrerin, die da vorne steht. Sie kann auch ganz anders sein. Sie zeigt sich persönlich, sie zeigt sich mit Gefühlen. Das ist es, was ich in meinen Seminaren versuche. Mit den Lehrerinnen und Lehrern übe ich Haltungen anhand von Rollenspielen ein. Wenn eine Schülerin z. B. mit einem Problem kommt, sieht man es oft schon an der Sitzhaltung, so dass sich die Betroffene fragen muss, ob sie überhaupt verstanden wird. Dann sage ich zu der Lehrerin: „So. Sie setzen sich jetzt mal hier herüber zu der Schülerin. Probieren Sie einmal, ihre Sitzhaltung zu verändern. Wenden Sie sich der Schülerin zu. Sagen sie ihr, dass sie von dem Problem schon gehört haben. Vielleicht erzählen Sie von ihren Erfahrungen. Vielleicht haben Sie schon einmal eine andere Schülerin mit dem Problem gehabt oder eine Freundin." Es geht um diese Annäherung und nicht um ein steriles: „So, dann erzähl mal." Man muss sie an sich rankommen lassen und viel mehr Nähe zeigen. Deshalb fragen mich auch die meisten Lehrerinnen und Lehrer: „Wieso reden sie bei Ihnen wie ein Wasserfall und bei uns kriegen sie keinen Ton raus?" Ich kann dann nur sagen: „Lassen Sie die Nähe zu!"

Vielleicht ist es deswegen gerade gut, wenn jemand von außen an die Schule kommt. Ist das vielleicht sogar die bessere Wahl?

Die Aufklärungs- und Sensibilisierungsarbeit muss stattfinden. Doch es gibt nicht viele Menschen, die eine solche Arbeit machen. Die wenigen Leute, die hier aktiv sind, können nicht überall sein. Aber mittlerweile haben die Schulen mitgekriegt, es gibt eine Frau Bläser oder auch Seyran Ateş oder Serap Çileli. Viele wissen Bescheid. Und dann können sie diese Arbeit auch selbstständig fortführen, auch wenn sie die Seminare nicht besuchen können. Es ist immer wichtig, dass sie klar machen: „Ich habe mich erkundigt." Die Lehrer sind heute manchmal wirklich überfordert. Sie wissen nicht mehr, was sie noch alles tun sollen. Aber ich denke, das Wichtigste ist, den Jugendlichen das Gefühl zu vermitteln, dass sie ein Ohr für die privaten Probleme haben, auch wenn dafür manchmal kein Raum zu sein scheint. Die Botschaft muss sein: „Wir werden eine Möglichkeit finden!"

Machen die Lehrerinnen und Lehrer damit gute Erfahrungen? Welche Rückmeldungen erhältst du von ihnen, wenn sie das Thema Zwangsverheiratung angesprochen haben?

Ja, sie machen durchaus gute Erfahrungen. Sie sprechen auch über mich und erzählen, dass sie bei einer Lesung oder einem Seminar mit mir waren. Wovon sich manche Lehrerinnen/Lehrer allerdings trennen müssen – und da sollten sie auch mal an ihre eigene Geschichte zurückdenken: Sie dürfen die Eltern nicht negativ darstellen, auch wenn es um körperliche oder psychische Gewalt geht.

Ein Beispiel hierzu: Ein junges Mädchen sollte mit ihrem Cousin verheiratet werden. Sie ist zu ihrer Lehrerin gegangen und hat ihr erzählt, dass sie nicht heiraten will. Sie hat nur ein bisschen erzählt. Irgendwann hat die Lehrerin dann gesagt: „Ja, wenn du nicht heiraten willst, dann heiratest du eben nicht." Darauf antwortete das Mädchen: „Ja, aber meine Mutter drohte mir mit Selbstmord und verletzte sich selbst in meiner Gegenwart, ich will sie nicht enttäuschen, ich möchte nicht das meiner Mutter was passiert." Daraufhin sagte die Lehrerin: „Deine Mutter ist doch krank. Sie braucht eine Therapeutin." Und was ist mit dem Mädchen? Sie hat zugemacht. Sie hat verstanden, dass sie mit ihrer Lehrerin nicht reden kann. Ich thematisiere solche Situationen in meinen Seminaren. Die Lehrerin hätte so etwas nicht sagen dürfen, weder bei einer christlichen noch bei einer muslimischen Schülerin. Selbst wenn die Mutter gewalttätig ist, möchte ein Kind nicht als erstes hören, dass die Mutter krank ist. Vielmehr geht es darum, eine Lösung zu finden, d. h. beispielsweise zu sagen: „Mensch, das ist ja schlimm! Wenn deine Mutter so reagiert, was für einen Druck muss sie haben?! Wie können wir euch gemeinsam helfen?"

Empfiehlst du den Lehrerinnen/Lehrer denn, dass sie Kontakt mit den Eltern aufnehmen sollen?

Ja, wenn es um Zwangsheirat geht, sollen sie den Kontakt aufnehmen – aber immer mit dem Einverständnis der Kinder. Tochter oder Sohn müssen vorher gefragt werden, ob es noch eine andere Person aus dem familiären Umkreis gibt – ein Onkel oder eine Tante –, die auf ihrer Seite stehen, die bei dem Gespräch mit dabei sind. Was die Lehrerin sagen kann, ist z. B. Folgendes: „Wissen Sie, es ist wichtig, dass ihre Tochter die Schule zu Ende macht, dass sie selbstständig wird. Falls der Mann irgendwann nicht mehr auf Ihre Tochter aufpassen will, können Sie doch gar nicht garantieren, dass er sie irgendwann vielleicht verlässt. Wer soll sie dann versorgen? Sie sollte eine Ausbildung machen. Sie soll die Schule abschließen. Danach kann sie heiraten. Und dann kann sie sagen: ‚Ein Mann, der mich rausschmeißt? Ich brauche ihn nicht. Ich verdiene mein eigenes Geld.'"

Es ist wichtig, dass die Lehrerinnen und Lehrer den Eltern klipp und klar sagen: „Ich bin die Lehrerin. Ich habe Verantwortung. Wenn ich von Gewalt höre, muss ich das melden. Ich muss etwas tun. Wenn ich es nicht tue und es kommt raus, werde ich zur Verantwortung gezogen." Die Eltern müssen wissen, dass es eine Pflicht der Lehrerinnen und Lehrer ist. Sie mischen sich nicht in ihre Kultur ein. Wenn ich weiß, dass eine meiner Schülerinnen bzw. einer meiner Schüler zwangsverheiratet werden soll und sie ist todunglücklich darüber, dann rede ich mit ihren Eltern: „Ich möchte nicht, dass Sie ihre Tochter unglücklich machen, dass Sie sich selbst unglücklich machen wegen Traditionen. Überlegen Sie sich, was Sie tun. In der Türkei ist es genauso wie hier in Deutschland: Wir tragen als Lehrer Verantwortung."

Wir brauchen mehr Respekt!

Lehrerinnen und Lehrer brauchen Mut, um so etwas anzugehen. Und sie brauchen Unterstützung, Begleitung, manchmal auch Übersetzung. Die Sprache kann zum Problem werden. Wenn es keine gemeinsame Sprache gibt, braucht es einen Dolmetscher, z. B. eine Türkisch muttersprachliche Lehrerin oder eine türkische Sozialarbeiterin. Es gibt immer Möglichkeiten. In der Türkei ist es so, dass Lehrerinnen und Lehrer zum Teil sogar mitbestimmen, in welche Richtung die Tochter oder der Sohn gehen soll. Warum nicht in Deutschland? Wir müssen den Eltern begreiflich machen, dass sie nicht nur Lehrerinnen bzw. Lehrer sind, sondern dass sie auch über die direkten schulischen Angelegenheiten hinaus Ansprechpartner sind. Der Respekt gegenüber den Lehrerinnen und Lehrern muss aufgebaut werden.

Ist es deine Erfahrung, dass die Eltern gegenüber den Lehrerinnen und Lehrern wenig Respekt zeigen?

Viele Eltern haben vor den deutschen Lehrern – und erst recht vor den Lehrerinnen – keinen Respekt. Das läuft ab nach dem Motto: „Sie will mir sagen, wie ich meine Tochter erziehen soll?!" In den ersten Jahren meiner Arbeit bin ich sehr häufig mit den Lehrerinnen/Lehrer in die Familien gegangen. Manche Väter haben sich einfach weggedreht. Wir wollten mit den Eltern reden, doch der Vater hat in die andere Richtung geschaut. Dann bin ich aufgestanden und habe gesagt: „Wir gehen!" Diese Respektlosigkeit – das hätte ich nicht gedacht. Das hat mich beschämt. Wir haben gelernt, dass eine solche Respektlosigkeit nicht sein darf. Die Mütter sind anders. Sie gucken mich an, gucken auch die Lehrerin direkt an und versuchen, eine Rückmeldung zu geben. Aber die Männer, die Väter sind reserviert. Sie fragen sich: „Was hat sich die Lehrerin für unsere Familie zu interessieren?" Das ist das Problem. Zwar wird uns nachgesagt, wir seien freundlich, gastfreundlich, respektvoll, aber wenn man sich die Interaktion zwischen Schulen und Familien anschaut, muss ich sagen, dass es ganz schön an Respekt fehlt.

Was hilft den Eltern nach deiner Erfahrung, dass sie ihren Kindern die Freiheit lassen können, zu heiraten, wen sie wollen?

Die Moscheevereine, die Imame und Religionsführer spielen hierbei eine wichtige Rolle. Sie müssen den Eltern behilflich sein, eine andere Einstellung gegenüber den deutschen Lehrerinnen und Lehrern zu entwickeln, damit die Arbeit einfacher wird. Damit der junge Mann mit einer patriarchalischen oder machohaften Haltung nicht mehr die Möglichkeit hat, zu sagen: „Sie sind ja nur eine Frau. Sie können mir nichts sagen."

Zwangsverheiratung ist religiös weder vorgegeben noch erlaubt. Es ist eine Straftat. Die Imame müssen sagen, dass nichts davon im Koran steht. Doch sie tun es nicht, weil sie selber immer noch so denken.

Aufklärung in den Schulen ist wichtig. Die Kinder müssen es bereits in den Schulen lernen, so dass sie später eine andere Haltung gegenüber Frauen einnehmen können und auch eine ganz andere Haltung gegenüber der Erziehung von Mädchen und Jungen. Wir müssen sie in diesem Bereich stärken. Was hier und heute praktiziert wird, ist in der Türkei in vielen Städten längst verpönt. Von solchen restriktiven Regeln hat man sich dort längst getrennt. Letztendlich geht es doch um Ängste. Wir müssen uns Gedanken darüber machen, warum die Eltern Angst davor haben, dass ihre Töchter frei sind. Sie haben das Gefühl, ihre Töchter werden wie deutsche Mädchen. Aber was heißt „deutsche Mädchen"? Keine Mutter sagt: „Meine Tochter soll ruhig mit Jungs rumhängen." Aber sie haben diese Meinung! Das sind Vorurteile. Diese Vorurteile müssen in der türkischen oder muslimischen Community abgeschafft werden. Hier spielen z. B. die muttersprachlichen Lehrerinnen und Lehrer eine wichtige Rolle, genauso die Moscheen und alle Menschen, die in Bereichen der Elternarbeit oder in der Selbstorganisation, den Migrantenorganisationen arbeiten. Sie alle haben eine Verantwortung dafür, dass diese Vorurteile endlich abgeschafft werden. Dabei ist es auch sehr wichtig, dass die Mütter wissen, dass sie ihre Söhne anders erziehen müssen. Sie tragen die Verantwortung mit, wenn sie sich dem Willen der Männer beugen. In diesem Sinne müssen wir viel mehr Aufklärung und Sensibilisierungsarbeit in den Schulen machen.

Parallel dazu muss das Erlernen der deutschen Sprache zur Pflicht werden. Es geht nicht darum, sich supergut ausdrücken zu können, aber man muss sich einigermaßen verständigen können. Wir haben es heute leider mit Kindern zu tun, die in die Grundschule kommen und die Sprache noch nicht können. Auch nach Ende der vierten Klasse beherrschen sie die deutsche Sprache nicht richtig. Doch dann wird entschieden, welche weiterführende Schule sie besuchen sollen. Wenn sie Glück haben, kommen sie auf die Realschule. Wenn sie Pech haben, landen sie auf einer Haupt- oder Sonderschule. Erst später wird ihnen klar, wie wichtig die Sprache ist.

Warum ist die Sprache so zentral?

Wenn z. B. eine Frau die deutsche Sprache nicht kann, ist sie gezwungen, einen Dolmetscher mit zum Arzt zu nehmen – auch zum Frauenarzt. Das finde ich unmöglich! Das ist ihre Privatsphäre, und da gehören auch ihre Kinder nicht hin. Denn für die Kinder bedeutet das, sie kriegen die Atmosphäre in der Arztpraxis mit. Sie kriegen von der Mutter alles mit. Das gilt insbesondere für die Mädchen, die ja eigentlich über Sexualität nicht viel wissen dürfen. Es ist absurd: Einerseits gehen sie als Dolmetscherinnen mit, andererseits sollen sie ihren Mund halten, was Sexualität betrifft. Das ist für die Kinder eine psychische Belastung. Ein Junge hat erst recht nichts bei einer Frauenärztin zu suchen. Kinder sollen diese Aufgaben nicht übernehmen. Sie sollen sich lieber um die Schule kümmern und nicht die faulen Eltern dabei unterstützen, dass sie die deutsche Sprache nicht lernen.

Ein weiteres Beispiel: Der Mann, der es seiner Frau verbietet, die deutsche Sprache zu lernen, geht auch mit ihr zum Frauenarzt. Sie kann niemals sagen, welche Probleme sie hat – egal um welchen Bereich es sich handelt. Sie kann z. B. nicht über Gewalt reden. Deswegen ist die Sprache u. a. für die Mütter so wichtig. Sie haben dadurch viel mehr Raum, können selbstständiger sein. Ein weiterer Aspekt ist die Kontrolle: Machen die Kinder die Hausaufgaben? Man kann ihnen nicht überall helfen. Auch Eltern mit Deutsch als Muttersprache können ihren Kindern nicht immer helfen. Das ist klar. Aber Eltern können es einigermaßen kontrollieren, wenn sie die Sprache sprechen. Ihre Kinder können sie nicht „für doof verkaufen" und sagen: „Ja, ich habe schon etwas geschrieben", auch wenn es nicht stimmt. Es geht hier auch um die Glaubwürdigkeit den Kindern gegenüber. Wenn eine Mutter ihre Kinder auffordert, die deutsche Sprache zu lernen, aber gleichzeitig demonstriert, dass sie auch ohne die Sprache klarkommt, dann ist sie kein Rollenmodell, kein Vorbild. Das hat mich persönlich stark mit geprägt. Meine Mutter wollte die deutsche Sprache lernen. Sie wollte sich mit den Deutschen unterhalten. Ich habe gemerkt, wie gut das funktioniert. Ich habe schnell gelernt, dass die Sprache der Schlüssel für alle Türen ist – ob es ums Berufsleben geht oder um das Privatleben. Wenn ich diesen Schlüssel in der Hand halte, habe ich es viel einfacher.

Du hast jetzt schon einige zentrale Forderungen angesprochen. Ich möchte Dich nun gegen Ende unseres Gesprächs fragen, welche weiteren Forderungen sich aus deiner Erfahrung heraus an die Schulen, an die Politik usw. ergeben. Was brauchen die Schulen – die Lehrerinnen und Lehrer, die Schülerinnen und Schüler?

Meine Forderung an die Politik – an das Familienministerium, an die Kultusministerien – ist, dass sie die Ausbildung von Multiplikatoren unterstützen. Sie müssen uns in die Schulen schicken, und zwar nicht nur einmal, sondern immer wieder. Sie müssen dafür sorgen, dass wir Multiplikatoren ausbilden können, die unser Wissen und unsere Erfahrungen weitergeben.

Ein anderer zentraler Punkt ist, dass die Moscheen zusammenarbeiten. Diese Zusammenarbeit funktioniert leider immer noch nicht. Es gibt vielleicht einen Tag der offenen Tür: Man sieht sich, man redet miteinander. Aber es gibt überhaupt keine Kontrolle, was und wie in den Moscheen unterrichtet wird. Darauf muss viel mehr geachtet werden.

Eine weitere Forderung richtet sich auf den muttersprachlichen Unterricht. Er soll weiter stattfinden. Es ist für die Kinder sehr wichtig, dass sie mit zwei oder mehreren Sprachen aufwachsen können. Aber die muttersprachlichen Lehrerinnen und Lehrer, die hier in Deutschland sind, müssen dafür richtig ausgebildet werden. Die meisten türkisch- oder anderssprachigen Lehrerinnen und Lehrer unterrichten nur schriftlich. Mehr tun sie nicht. Sie müssten viel mehr Aufgaben übernehmen. Und sie müssen hier ausgebildet werden. Wenn man sie aus der Türkei holt, muss darauf geachtet werden, dass sie auch andere Sprachen wie Englisch und Deutsch können. Wir haben muttersprachliche Lehrer, die sich zwar in ihrer

Sprache perfekt auskennen, aber nicht in der deutschen Sprache. Außerdem sollten sie auch integrative Aufgaben übernehmen. Sie dürfen das nicht allein auf die Deutschen abwälzen. Wenn ich als türkische Lehrerin z. B. sehe, dass meine Schüler sich machohaft, in dieser patriarchalischen Denkweise verhalten, dann ist es meine Aufgabe, dafür zu sorgen, dass ein Junge nicht so denkt. Darüber in der Muttersprache mit den Kindern zu reden, muss Teil des Unterrichts sein.

Weiterhin müssen wir sicherstellen, dass alle, die hier in Deutschland im Bereich Migration arbeiten, viel mehr über die Hintergründe von häuslicher Gewalt und Zwangsverheiratung wissen. Ein Beispiel dafür ist auch die Justiz. Anwälte und Anwältinnen lernen z. B. während ihres Studiums nicht unbedingt, wie sie sich solchen Themen gegenüber verhalten sollen. Das gilt auch für die sozialen und erzieherischen Berufe, d. h. Pädagogen und Pädagoginnen, Erzieherinnen und Erzieher, Sozialarbeiterinnen und Sozialarbeiter. Es muss zur Pflicht werden, dass diese Themen – Integration, Aufklärung, Sensibilisierung – mit in die Ausbildung kommen. Ich werde z. B. von Berufsschulen eingeladen, nach deren Abschluss die jungen Männer und Frauen im sozialen Bereich arbeiten. Wenn ich mit ihnen über Zwangsheirat und Gewalt spreche, dann tun sie so, als ob sie noch nie etwas davon gehört hätten. Es wird deutlich, wo die Defizite liegen.

Deine Einschätzung, dass es in der Aus- und Fortbildung der verschiedenen Berufsgruppen noch so viele Defizite gibt, gilt die auch für die Schulen, d. h. die Lehrerinnen und Lehrer, die Direktorate, die Schulsozialarbeiterinnen und Schulsozialarbeiter?

Das Bewusstsein wächst. Doch es sind längst nicht alle Schulen, die es sich leisten können, mich oder eine andere Trainerin einzuladen. Es gibt einen riesigen Bedarf. Viele wissen wirklich noch nichts. Gerade letzte Woche habe ich eine Lehrerin im Seminar gehabt, die erzählte, dass zwei ihrer Schülerinnen nach den Ferien nicht mehr wiedergekommen sind. Aber die Familie hätte gesagt, sie seien glücklich in ihrem Land. Daraufhin habe ich sie gefragt, ob sie sich vielleicht genauer erkundigt hätte. Die Schülerinnen sind ja in Deutschland groß geworden. Vielleicht wollten sie gar nicht weg. Ihre Reaktion war total verblüfft. Sie wusste es einfach nicht besser und kann es vielleicht auch nicht besser wissen. Es reicht deshalb nicht, dass man mal darüber geredet hat und damit ist es getan. Die Schülerinnen und Schüler, mit denen ich zusammenarbeite, müssen überzeugt werden. Überzeugen bedeutet eine wahnsinnige Arbeit. Da ist es mit einem Mal nicht getan.

Zum Schluss würde ich gerne die Postkarten-Aktion des Berliner Vereins „Madonna Mädchen Kultur" ansprechen. Ich weiß, dass du die Karten in deiner Arbeit nutzt. Eine Karte spricht mich besonders an, auf der es heißt: „Ehre ist, für die Freiheit meiner Schwester zu kämpfen!"[3] Wie reagieren Schülerinnen und Schüler darauf? Ist dies ein Begriff von Ehre, dem sie sich anschließen können?

---

3 Siehe „MaDonna Mädchenkult.Ur e. V.", www.madonnamaedchenpower.de (abgerufen am 3.4.2007).

Die Schüler reagieren meistens sehr positiv darauf. Manchmal fragen die Jungs: „Was sind das denn für Typen?“ Dann erkläre ich das Projekt des Madonna-Vereins, und dass ich mir wünsche, dass es irgendwann Plakate und Postkarten gibt, wo Hunderte von Männern drauf sind. Das ist mein Ziel. Die Mädchen freuen sich darüber und nehmen ihren Brüdern die Karten gleich mit. Die Plakate lasse ich immer in der Schule – auch als ein Symbol für das, was wir besprochen haben. Damit die Schülerinnen/Schüler es nicht vergessen.

Bei den Jugendlichen kommen die Karten supergut an. Bei den Eltern ist es so, dass sie die Karten zwar gut finden, aber immer noch Ängste haben. Sie befürchten, dass ihre Söhne die Kontrolle über die Schwestern verlieren. „Sollen denn unsere Söhne zu ‚Weibern‘ werden?“, fragen sie. Dann erkläre ich ihnen, warum es so wichtig ist, dass sie ihre Söhne nicht dazu bringen dürfen, zu Prüglern und brutalen Menschen zu werden. Denn ihre Söhne müssen die Liebe und Geborgenheit, die sie von ihnen erfahren, an ihre Kinder weitergeben. Was passiert, wenn sie ohne Liebe und Geborgenheit aufwachsen? Die Eltern wissen sehr genau, was das bedeutet: Du willst deinen Sohn oder deine Tochter umarmen, und darfst es nicht, weil dein Schwiegervater da ist? Du darfst keine Liebe geben? Deine Kinder sehen niemals, dass die Eltern sich umarmen, weil es sich angeblich nicht gehört? Und dann sollen später diese Kinder deinen Enkelkindern Liebe geben? Wie denn? Wie schön könnte es sein, wenn die Kinder beobachten, dass die Eltern sich liebkosen. Dafür ist meine Arbeit da, dass ich ihnen sagen kann: „Lasst es nicht zu, dass eure Kinder so aufwachsen!“

Hieran knüpft sich auch eine weitere Forderung: Sexualkundeunterricht, aber auch Sportunterricht, Schwimmunterricht ist Teil der Schule. Ich darf nicht darüber entscheiden, ob mein Kind in den Matheunterricht geht – warum dann also beim Sport- oder Sexualkundeunterricht? Den Eltern wird es damit nach wie vor zu einfach gemacht. Ein Beispiel: Eine Tochter soll den Schwimmunterricht nicht mitmachen. Sie wird von der Realschule abgemeldet und geht stattdessen auf eine Hauptschule, weil Mädchen dort, wenn sie ihre Menstruation bekommen haben und zu Frauen werden, nicht zum Schwimmunterricht müssen. Wie kann so etwas respektiert werden? Das ist falsche Toleranz und davon müssen wir uns trennen. Es kann nicht sein, dass manche Schwimmbäder eine Gardine aufhängen, damit Jungen und Mädchen getrennt schwimmen können, wie z. B. in einer Schule in der Nähe von Hannover. Es ist völlig in Ordnung, wenn Frauen im Schwimmbad oder in der Sauna ihre eigenen Bereiche oder Zeiten haben. Aber Schule ist etwas anderes. Indem wir es zulassen, dass Jungen und Mädchen getrennt werden, bestätigen wir das Gefühl der Eltern, da könnte etwas passieren. Die Väter freuen sich, denn sie haben die Lehrer dazu gekriegt, ihre patriarchalischen Vorstellungen zu unterstützen und durchzusetzen. Das darf nicht sein. Wofür haben wir Frauen denn sonst gekämpft?!

Das ist ein guter Schlusssatz! Vielen Dank für dieses Gespräch, liebe Fatma.

Deutschförderung als Empowerment

Mirja Silkenbeumer und İnci Dirim

1. Einleitung

Das Thema Zwangsverheiratung wird in der Öffentlichkeit kontrovers diskutiert. Gerade Veröffentlichungen von Betroffenen erregten in der letzten Zeit besonders großes Aufsehen. Diese leidvollen Narrationen, in denen Frauen ihre Lebenssituation letztlich positiv wenden konnten, können auch als Ermutigungsgeschichten gelesen werden. Anstelle einer differenzierten und differenzierenden Diskussion sind gerade Medienbeiträge von einer hysterischen Grundstimmung und einem Aktionismus mit dem Ziel der „Rettung" der Frauen geprägt. So positiv es ist, dass das Thema der Zwangsverheiratung enttabuisiert wird, so wichtig ist es auch, die Komplexität des Phänomens nicht nur durch einen stereotypisierenden Blick auf bestimmte Kulturen oder Religionen zu verkürzen und bestimmte Migrantengruppen pauschal einer frauenfeindlichen Kultur zu verdächtigen. Auch wenn es einen Zusammenhang zwischen kulturellen Traditionen und Zwangsverheiratung[1] gibt, so ist an dieser Stelle zu betonen, dass dieses Phänomen nicht auf bestimmte religiöse und ethnische Gruppierungen reduziert werden kann. Der am 28. März 2007 vom Bundeskabinett beschlossene Entwurf eines Gesetzes zur Umsetzung aufenthalts- und asylrechtlicher Richtlinien der Europäischen Union[2] sieht zur Bekämpfung des Problems vor, dass zukünftige Ehepartnerinnen gerade auch in ihren Herkunftsländern Deutschkurse besuchen sollten. Hinter diesem Vorschlag verbirgt sich möglicherweise die Hoffnung, die Beherrschung der deutschen Sprache würde es den betroffenen Frauen ermöglichen, ihr Schicksal in Deutschland selbst in die Hand zu nehmen. An diese Vorstellung knüpft unser Beitrag an. Wir möchten zur Versachlichung der Diskussion beitragen, indem wir die Möglichkeiten und Grenzen von Deutschkursen als ein Element von Empowerment erörtern. Damit bearbeiten wir einen bestimmten Ausschnitt der Problematik „Zwangsverheiratung" und möchten an dieser Stelle anmerken, dass auch weitere Bestandteile der Thematik reflektiert, differenziert und möglichst weitgehend frei von Vorurteilen und kulturalisierenden Zuschreibungen diskutiert werden müssen. Dazu gehört auch eine offensive Diskussion über innerfamiliäre Strukturen und Geschlechternormierungen im Kontext bestehender Geschlechterverhältnisse. Nur dann lassen sich diese Form häuslicher und zum Teil auch sexueller Gewalt, die Lebenssituation und der Hilfebedarf betroffener Frauen eingehend erfassen.

---

1 Unter Zwangsverheiratung sollen hier Ehen verstanden werden, die durch einen erzwungenen Prozess eingegangen wurden und bei denen junge Frauen (selten auch Männer) durch unterschiedlichste Formen angedrohter bzw. ausgeübter Sanktionen, Gewalt und Nötigungen keine Möglichkeit sehen, sich gegen die Eheschließung zur Wehr zu setzen oder aus einer geschlossenen Ehe zu lösen. Es handelt sich um einen Verstoß u. a. gegen Artikel 16 Absatz 2 der Allgemeinen Erklärung der Menschenrecht (1948) sowie Artikel 23 Absatz 2 des Internationalen Pakts über bürgerliche und politische Rechte (1966) und damit nicht um eine Privatangelegenheit.

2 Entwurf der Bundesregierung, http://www.bundesregierung.de (aufgerufen am 13. 4. 2007); hierzu Dienstag (2007); Jäger (2007).

Im vorliegenden Beitrag wird zunächst der Empowerment-Ansatz vorgestellt, um darauf aufbauend einige Implikationen dieses Konzepts auf den Bereich der Sprachförderung in der Arbeit mit der Zielgruppe bereits längerfristig ansässiger Frauen sowie Neuzuwanderinnen, die zwangsverheiratet wurden, zu beziehen. Damit beschränken wir uns auf das Geschehen in Deutschland, denn wir gehen – wie im Folgenden gezeigt wird – davon aus, dass mit Deutschkursen im Ausland das Ziel „Empowerment“, wie wir es in diesem Zusammenhang verstehen, oder gar der Schutz vor Zwangsverheiratung nicht erreicht werden kann. Eine weitere Einschränkung besteht darin, dass Deutschkurse sich nur an Frauen richten, die Deutsch lernen müssen oder wollen. Damit werden auch die Frauen ausgeschlossen, die (mindestens teilweise) in Deutschland aufgewachsen sind und hier die Schule besucht haben.

2. Der Empowerment-Ansatz

Der aus US-amerikanischen sozialen Bewegungen und der Gesundheitspsychologie stammende Ansatz des Empowerment ermöglicht eine Blickerweiterung auf Maßnahmen, die der Aktivierung und Erweiterung von Ressourcen und Potenzialen von Adressaten psychosozialer und pädagogischer Arbeit dienen und damit defizitorientierten und paternalistischen Perspektiven entgegenstehen. Im Folgenden soll nun der Frage nachgegangen werden, ob dieses Konzept ein geeignetes Analyse- und Handlungsinstrument in der pädagogischen Arbeit mit dieser Zielgruppe zur Verfügung stellen kann und welche Bedeutung Sprachförderung dabei beizumessen ist. Der vor allem in der soziokulturellen pädagogischen Arbeit hochgehaltene und inflationär verwendete Begriff des Empowerment bedeutet sinngemäß „Selbstbefähigung“ oder auch „Selbstermächtigung“ und entspricht damit dem gängigen Grundsatz der Sozialen Arbeit „Hilfe zur Selbsthilfe“. Darüber hinaus verweist der schwer operationalisierbare Sammelbegriff für bestimmte Handlungs- und Hilfeformen auf verschiedene Theorielinien, philosophische Leitlinien und Konzepte.[3] Es handelt sich jedoch trotz theoretischer Weiterentwicklungen des Ansatzes um keine wissenschaftstheoretisch abgesicherte Theorie sozialen Handelns, wie Pankofer aufzeigt.[4] Eine Lesart des Empowerment-Ansatzes bezieht sich auf das Handlungsziel professioneller pädagogischer Arbeit, Adressaten zur Selbstgestaltung zu befähigen, d. h. „einen eigenen Beitrag zur Problemlösung erbringen und dafür auch verfügbare soziale Unterstützung – vor allem in der sozialräumlichen Nahwelt, im sozialökologischen Bezug … – aktivieren zu können“[5]. Diese Definition betont nicht in erster Linie Aspekte aktiver Selbsthilfe in einem eigenbestimmten Prozess (wie z. B. Projekte in der Tradition der Selbsthilfebewegung), sondern den Aspekt der Förderung und Unterstützung in der (Wieder-)Aneignung und Erschließung von Möglichkeitsräumen durch professionelle Helfer.[6]

3 Eingehend dazu Herriger (2002), S. 12 ff.; Lenz (2002).
4 Pankofer (2000), S. 19.
5 Böhnisch (2001), S. 289.
6 Herriger (2002), S. 11 ff.

Im Anschluss an Weik und Mitarbeiter formuliert Herriger die „Philosophie der Menschenstärken" als ein Leitmotiv des Empowerment-Ansatzes.[7] Damit verknüpft sind u. a. ein bestimmtes Menschenbild als Ausgangsbasis für das professionelle Handeln, welches den Eigensinn der Adressaten akzeptiert, den Verzicht auf normative Expertenurteile fordert, die immer vorher schon wissen, welche Problemlösungen erforderlich und gut für die konkrete Person sind, die Abwendung von der gängigen Zuschreibungspraxis, den Verzicht auf standardisierte Hilfepläne, die „Orientierung an der Lebenszukunft" der Klientin und ein „parteiliches Eintreten für Selbstbestimmung und soziale Gerechtigkeit." Erforderlich sind dafür professionelle Reflexions- und Handlungskompetenzen, eine partizipative Grundhaltung sowie ein dialogisch-reflexiver Verständigungsprozess, durch den Kompetenzen und Ressourcen erfasst werden können. Dabei ist die immanente Asymmetrie in der professionellen pädagogischen Beziehung zu berücksichtigen. Diese beruht u. a. auf dem Problem- und Leidensdruck einer Person, weshalb Kommunikationsprozesse nicht immer als die Art Diskurs bezeichnet werden können, an dem die Gesprächpartner gleichberechtigt beteiligt sind.[8] Bei dem Empowerment-Ansatz handelt es sich um eine professionelle Arbeitshaltung, ein bestimmtes Interventionsverständnis in der psychosozialen Praxis, aber auch um eine sozialpolitische Perspektive und damit um mehr als eine Methode.[9] Systemisch-lösungsorientierte Strategien sowie narrative Ansätze stellen neben Methoden der Netzwerkförderung, Moderations- und Mediationsverfahren konkrete Instrumente zur Anwendung der oben formulierten Grundhaltung des „Menschenstärkens" dar.[10]

Ressourcenaktivierung und Selbstbefähigung brauchen immer auch einen „psychosozialen Rückhalt", weshalb ein an diesem Konzept orientiertes pädagogisches Handeln stets auch am Ziel der Verbesserung jener Bedingungen auszurichten ist, die Empowerment-Prozesse stützen.[11] Anders gewendet: Wenn Empowerment mehr als ein neues Etikett für eine bestehende Praxis sein und strukturell greifen soll, ist das gesamte Feld der Interventionen zu restrukturieren.[12] Im Modell der Ebenen von Empowerment[13] wird zwischen individueller, gruppenbezogener und organisationsbezogener/politischer sowie struktureller Ebene differenziert und verdeutlicht, dass in einer empowermentorientierten psychosozialen Praxis alle Ebenen aufgrund ihrer Wechselwirkungen involviert und miteinander verknüpft werden sollten. Dabei kann die Gewichtung durchhaus unterschiedlich sein und die personale Ebene kann den Ausgangspunkt der Aktivitäten bilden.[14] Empowerment-Prozesse von Individuen entstehen als Synergien von intrapersonalen und interaktionalen Abläufen, die in einem dialektischen Verhältnis zu Umweltfaktoren stehen, d. h. auf diese einwirken und von ihnen selbst beeinflusst werden.[15]

7 Ebd., S. 70 ff.
8 Lenz (2002), S. 19.
9 Böhnisch (2001), S. 292.
10 Keupp u. a. (2002), S. 97.
11 Böhnisch (2001), S. 289.
12 Ebd., S. 295.
13 Unter anderem Stark (1996).
14 Keupp u. a. (2002), S. 79 f.
15 Ebd.

In einer lebensweltorientierten Praxis bedeutet dies die Einnahme eines doppelten Fokus auf das Subjekt und soziale Kontexte und damit auf Umweltfaktoren. Eine Individualisierung sozialer Problemlagen und damit verbunden rein auf das Individuum bezogene Ansätze werden daher zurückgewiesen.

3. Zur Rolle von Deutschkursen

Wie Empowerment-Prozesse im Bereich Sprachförderung auf allen genannten Ebenen gefördert werden können, welcher Art die Wechselwirkungen sind und wie sie sich jeweils verstärken bzw. hemmen, ist bislang kaum erforscht. Wünschenswert wäre zusätzlich zu der Bearbeitung dieser Fragen eine Analyse der sozialen Milieus, in denen die potenziellen Zielgruppen leben. Diese Analyse könnte auf der Grundlage von Gesprächen mit betroffenen Frauen vorgenommen werden, die sich aus ihrer misslichen Lage befreien konnten und bereit sind, über sich Auskunft zu geben. Ziel der Analyse wäre eine Ausdifferenzierung der Voraussetzungen und Interessen der potenziellen Teilnehmerinnen, wie sie zum Beispiel durch eine empirische Studie der sozialen Milieus als Marketinginstrument in der Weiterbildung erzielt worden ist.[16] Dabei ging es nicht nur um Variablen wie Alter, Berufsstatus und Bildungsstatus, sondern auch um psychographische Motive, Einstellungen und Interessen.[17] Außerdem könnten hier Netzwerk bildende Strategien der Frauen ermittelt werden, um einen Überblick über die im sozialen Milieu vorhandenen Unterstützungsmöglichkeiten zu bekommen. Erwartbar wäre schließlich, dass durch eine passende „Marketingstrategie" der Organisation von Deutschkursen die betroffenen Frauen besser erreicht und unterstützt werden könnten als bisher; nicht nur im Sinne der Gewinnung der Teilnehmerinnen, sondern auch im Sinne der passenden didaktisch-methodischen Vorgehensweise in den Kursen und der Gestaltung der Kontakte zu anderen Einrichtungen in den jeweiligen Stadtteilen.

Auch wenn die Forschungslage keine Schlussfolgerungen zur Frage der Gestaltung von Deutschkursen zulässt, lassen sich auf der Grundlage des Empowerment-Ansatzes einige prinzipielle Merkmale formulieren, d. h. Gestaltungsmerkmale von Maßnahmen, die dazu beitragen, betroffenen Frauen Möglichkeitsräume zu eröffnen. Vor allem ist zu berücksichtigen, dass ein isoliertes Deutschlernen nicht besonders erfolgversprechend ist, wie Reich, Roth u. a.[18] auf der Grundlage der Evaluation von schulischen Maßnahmen in den Niederlanden feststellen. Die Deutschkurse müssten demnach lebensweltnah gestaltet werden und Fragen der Frauen aufgreifen, angefangen von organisatorischen Dingen des Alltags, wie die Verwaltung der eigenen Finanzen, bis hin zu schwierigeren Fragen der Persönlichkeitsentwicklung, wie die Möglichkeiten der beruflichen (Anschluss-)Qualifikation. Die seit 2005 gesetzlich geregelten Integrationskurse stellen hierfür einen geeigne-

16 Vgl. Reich (2005).
17 Ebd., S. 4.
18 Vgl. Reich/Roth (2002), S. 22.

ten Rahmen dar,[19] denn sie sind für Neuzugewanderte verpflichtend. Außerdem können Migrantinnen und Migranten von der Agentur für Arbeit zum Besuch eines Integrationskurses verpflichtet werden, und seit Langem in Deutschland lebende Migrantinnen und Migranten mit unzureichenden Deutschkenntnissen sind berechtigt, an den Kursen teilzunehmen. Die Integrationskurse bestehen aus einem Basiskurs und einem Aufbaukurs, in dem die deutschen Sprachkenntnisse vertieft werden sollen. In den anschließenden Orientierungskursen werden Kenntnisse über die bundesdeutsche Rechtsordnung sowie über geschichtliche und weitere kulturelle Aspekte vermittelt. Ziel ist es, neuzugewanderten Migrantinnen und Migranten Integrationshilfen zu bieten. Die Maßnahmen können durch die einzelnen Träger schwerpunktmäßig zielgruppenorientiert gestaltet werden; für die einzelnen Zielgruppen werden spezifische Rahmenrichtlinien entwickelt. In den allgemeinen Rahmenrichtlinien sind Frauenkurse als spezielle Variante explizit erwähnt.[20] Die dort aufgeführten Themen wie „Person/soziale Kontakte" und „Dienstleistungen/Ämter/Behörden"[21] würden sich sehr gut für Frauenkurse adaptieren lassen. Allerdings lässt die Konzentration auf die deutsche Sprache und die für einige Teilnehmerinnen und Teilnehmer nicht ausreichende Stundenzahl (im Basiskurs und Aufbaukurs insgesamt 600 Stunden) befürchten, dass viele Themen nur oberflächlich angesprochen werden können. Das Bundesamt für Migration und Flüchtlinge empfiehlt deshalb flankierende und weiterführende Maßnahmen, wie Hilfen zum Einstieg ins Berufsleben.[22] Auch hier sind Angebote denkbar, die für Frauen, die von einer Zwangsverheiratung betroffen sind, im Sinne des Empowerment-Ansatzes behilflich sein können. Allerdings müssten auch diese Maßnahmen verpflichtend sein, weil nur so sicherzustellen ist, dass Frauen die Wohnung verlassen und den Kurs besuchen können.

Wir gehen allerdings davon aus, dass die Deutschkurse auch bei einer erhöhten Stundenzahl nur eine kurzfristige Maßnahme darstellen, durch die keine tiefgreifende Integration zu erreichen ist. Für junge Frauen, die in problematische oder gar (lebens-)bedrohliche Lebenssituationen – wie sie durch eine Zwangsverheiratung gegeben sein können – geraten und die weitgehend isoliert leben (müssen), wäre es wichtig, ein soziales Netzwerk zu finden, an welches sie sich vertrauensvoll wenden können. Integration heißt in unserem Diskussionszusammenhang, dass zugewanderte Frauen ein solches soziales Netz aufbauen können, auf das sie bei Problemen zurückgreifen können. Ob der in der Politik diskutierte Besuch von Deutschkursen im Herkunftsland die erwünschte Wirkung erzielen kann, dass betroffene Frauen dadurch ihr Schicksal eher in die eigene Hand nehmen und sich aus einer machtlosen Situation befreien können, mag stark bezweifelt werden. Diese Deutschkurse müssten zudem einhergehen mit der Information über die Rechte der Mädchen und Frauen im Einreiseland. Notwendig ist vor allem auch, dass ihnen ein eigenständiges Aufenthaltsrecht gewährt wird, wenn sie sich aus einer erzwungenen Ehe lösen wollen, dass sie ein schützendes und stützendes

19 Vgl. Bundesamt für Migration und Flüchtlinge (2005b).
20 Vgl. ebd., S. 5.
21 Ebd., S. 14.
22 Bundesamt für Migration und Flüchtlinge (2005a).

soziales Umfeld vorfinden und ihnen Wege in die Anonymität bereitgehalten werden. Notwendig sind u. a. beratende Dienstleistungen für Hilfe suchende Frauen, die Bereitstellung von materiellen Ressourcen, wie Räumen etc., die Förderung gegenseitiger Unterstützung und gemeinschaftsbildende Prozesse der Selbstorganisation, gerade auch um Vereinzelung aufzubrechen.[23] Ob sich in der neuen Umgebung Entwicklungspotenziale entfalten können, ist nicht nur eine Frage individueller Fähigkeiten und Fertigkeiten, wie Selbstverantwortung, sondern auch von materiellen, soziokulturellen, rechtlichen und weiteren sozialen und politischen Kontextfaktoren und damit strukturellen Bedingungen abhängig.[24] Unter dieser Perspektive müsste forschungspraktisch u. a. danach gefragt werden, welchen Einfluss die sprachliche Entwicklung einer Person auf ihr soziales Umfeld hat und ob dadurch kollektive Prozesse und aktive Partizipation angeregt werden. Der Besuch eines Deutschkurses im Herkunftsland – ungeachtet der Frage, ob es überhaupt möglich ist, in der jeweiligen Umgebung einen solchen Kurs zu finden, an ihm teilnehmen oder ihn bezahlen zu können – kann diesem Gedanken von Integration kaum Rechnung tragen.

Notwendig ist also die Entwicklung eines zielgruppenbezogenen Entwurfs, denn Empowerment ist kontext- und adressatenabhängig. Mit Blick auf die Zielgruppe zwangsverheirateter Frauen ist jedoch anknüpfend an Lenz[25] und Herriger[26] hervorzuheben, dass gerade in den Fällen, in denen die psychische, physischer oder auch soziale Integrität von Menschen gefährdet und verletzt wird, der Empowerment-Praxis deutliche Grenzen gesetzt sind und sie zuvörderst Schutzräume eröffnen muss. Notwendig ist eine Versorgung der passiven Bedürfnisse und Wünsche nach Sicherheit und Versorgung sowie Unterstützung in Hinblick auf den Zugang zu Ressourcen und Potenzialen und deren Nutzung.

Bei der Durchführung der Deutschkurse in Deutschland muss durch Binnendifferenzierung und durch die Förderung der Kooperation unter den Teilnehmerinnen methodisch der erwartungsgemäß großen Bandbreite von Bildungsvoraussetzungen und emotionalen Verfasstheiten Rechnung getragen werden. Die Deutschförderung muss vor allem begleitet sein von einer Netzwerkbildung, auf die sich eine zwangsverheiratete Frau stützen kann, wenn sie das Ziel verfolgt, sich aus ihrer Ehe zu befreien. Die Netzwerkbildung kann auch durch weniger formale Maßnahmen unterstützt werden. Für Frauen, die Kinder haben, wäre die Maßnahme HIPPY (Home Instruction Program for Preschool Youngsters) beispielhaft zu nennen, die in einigen Großstädten (z. B. in Hannover) durchgeführt wird. Es handelt sich um ein Spiel- und Lernprogramm für sozial benachteiligte Vor-

23 Beispielhaft nennen wollen wir in diesem Zusammenhang die in Hannover ansässige Beratungsstelle Suana e. V. die ein spezifisches Angebot für von männlicher Gewalt betroffene Migrantinnen über 16 Jahren entwickelt hat. Die Frauen werden dort mit einem multilingualen Ansatz beraten. Zudem wird der jeweilige kulturelle Kontext der betroffenen Frauen berücksichtigt. Die Zufluchtsstätte und Kriseneinrichtung Papatya e. V. in Berlin ist auf die Arbeit mit minderjährigen Frauen spezialisiert und versucht auch präventiv, d. h. bevor es zur Zwangsverheiratung kommt, zu arbeiten.

24 Vgl. Lenz (2002), S. 29; Keupp u. a. (2002), S. 78.

25 Lenz (2002), S. 16.

26 Herriger (2002), S. 200 f.

schulkinder und ihre Mütter. Das HIPPY zugrunde liegende Konzept stammt aus dem Einwanderungsland Israel und ist explizit empowermentorientiert,[27] d. h., es wird eine „kompetenzstärkende, ressourcenorientierte und interaktive Arbeit mit Eltern"[28] angestrebt. Das Programm wird so durchgeführt, dass Mitarbeiterinnen des HIPPY-Teams Eltern – in der Regel Mütter – über einen Zeitraum von zwei Jahren zu Hause besuchen und dort mit ihnen und ihren Kindern arbeiten. Hier und in ähnlichen Maßnahmen eröffnet sich die Möglichkeit des direkten Kontakts zu den teilnehmenden Frauen. Wünschenswert wäre, dass Mitarbeiterinnen und Mitarbeiter solcher Maßnahmen[29] über die Problematik der Zwangsverheiratung ins Bild gesetzt werden und wissen, wie den Frauen behutsam geholfen werden kann, auch wenn das erklärte Ziel der Maßnahme ein anderes ist.

Hierbei ist es wichtig, gerade auch die mitgebrachten Sprachkompetenzen der betroffenen Frauen zu berücksichtigen. Sozialpädagogisches Personal aus den Stadtteilen, Lehrerinnen und Lehrer, Ärztinnen und Ärzte und auch andere Bürgerinnen und Bürger müssten verstärkt gewonnen werden, Orientierungskurse und Unterstützungsangebote mit zu gestalten, wobei Personen, die einen Migrationshintergrund besitzen, als Ansprechpartnerin/Ansprechpartner besonders unterstützend wirken können. Hierbei macht es wenig Sinn, in entsprechenden Maßnahmen darauf zu bestehen, dass Kennenlern- und Informationsgespräche ausschließlich in deutscher Sprache stattfinden. Gerade bei Neuzugewaderten wäre es wichtig, die Ressource Mehrsprachigkeit im Sinne von Empowerment und Integration zu nutzen. Integration findet nicht nur durch die Beherrschung der deutschen Sprache statt, sondern durch den Aufbau eines Netzwerks, bei dem es nicht auf das Kommunizieren in einer bestimmten Sprache ankommt, sondern auf das Kommunizieren-Können überhaupt. Wie Lenz hervorhebt, kann gerade auch die Hilfe und Begleitung in Krisensituationen Räume für das „Anstoßen und Freisetzen von Prozessen" eröffnen, durch die Klientinnen und Klienten „Ressourcen entdecken bzw. wiederentdecken, die sie befähigen, größere Kontrolle über ihr eigenes Leben zu erreichen."[30] Angesprochen wird damit der normative Leitfaden, der die Haltung des „Menschenstärkens" anleitet und der „ein Denken in Kategorien von Lebensmöglichkeiten" fordert.[31]

4. Zusammenfassende Thesen

Auf dem Hintergrund des oben dargelegten Empowerment-Verständnisses als Hilfe zur Selbsthilfe zeigt sich, dass Deutschkurse im Ausland u. a. aus den folgenden Gründen ungeeignet sind, zwangsverheirateten Frauen dazu zu verhelfen, sich aus der problematischen Lebenssituation zu befreien, in der sie sich befinden:

27 Vgl. Sindbert (2001), S. 91.
28 Ebd.
29 Vgl. das Programm „Opstapje", Sann/Thrum (2003).
30 Lenz (2002), S. 17.
31 Herriger (2002), S. 80 f.

- Ein Deutsch-als-Fremdsprache-Unterricht im Ausland kann nicht darauf abzielen, Menschen dazu zu befähigen, die lebensweltlichen Bezüge ihrer in Deutschland befindlichen Umgebung zu nutzen. Aufgrund der räumlichen Distanz kann das Deutsche dort sehr eingeschränkt als Alltagssprache vermittelt und gefestigt werden.

- Im Ausland ist es nicht möglich, pädagogisches Personal und Beratungspersonal in Deutschland in die Deutschförderung einzubeziehen. Damit bleibt die Deutschlehrkraft die einzige offiziell „ermächtigte" Bezugsperson, die allerdings selbst aufgrund der räumlichen Distanz zu Deutschland und der daraus resultierenden eigenen Isolation von einer deutschsprachigen Umgebung den Teilnehmerinnen (und Teilnehmern) kaum konkrete Wege aufzeigen kann, die eigene Lebensgestaltung in die eigene Hand zu nehmen.

- Möglicherweise wird es sich bei den Deutschlehrkräften um Personen handeln, die selbst nicht in Deutschland gelebt haben, nur lose oder vorübergehende Kontakte zu Deutschland (Berufspraktika, Besuch von Konferenzen, Bildungs- und touristische Reisen und Ähnliches) besitzen und deshalb keine konkreten Erfahrungen mit der Organisation des dortigen Lebens haben, die sie an die Kursteilnehmerinnen weitergeben könnten.

- Die Teilnehmerinnen eines Deutschkurses im Ausland können sich nicht als Gemeinschaft etablieren, in der man sich gegenseitig unterstützt, da die Gruppe nur für die Dauer des Deutschkurses existieren und es vom Zufall abhängig sein wird, ob einzelne Beziehungen auch in Deutschland gepflegt werden können.

- Die eigenen Sprachen der Teilnehmerinnen, in Deutschland „Herkunftssprachen", können im Deutschkurs nicht als Ressource etabliert werden, weil es unklar sein wird, wo es an dem zukünftigen deutschen Lebensort Möglichkeiten geben könnte, sie zu nutzen.

Deutschkurse in Deutschland hingegen können bei einsprechender Gestaltung für die betroffenen Frauen unterstützend wirken. Abschließend formulieren wir vor dem Hintergrund der oben besprochenen Aspekte zentrale Prinzipien für die Gestaltung von Deutschkursen als Empowerment für Frauen, die von Zwangsverheiratung betroffen sind:

- Die Deutschförderung darf nicht als isolierter Sprachunterricht durchgeführt werden. Die Themen müssen an die lebensweltlichen Bedürfnisse der Frauen anknüpfen. Das heißt, dass in der Deutschförderung Kenntnisse vermittelt werden, die die Frauen benötigen, wenn sie ihr Leben selbstbestimmt gestalten.

- In der Deutschförderung sollte auch auf die mitgebrachten Sprachen der Frauen als Ressource zurückgegriffen werden, insbesondere dann, wenn Raum für die Besprechung persönlicher Bedürfnisse gegeben wird und wenn Erstkontakte zu flankierenden Einrichtungen hergestellt werden. Dies werden vielleicht

Momente sein, in denen die Entwicklung der deutschen Sprache in den Hintergrund tritt – es wird längerfristig gesehen aber auch dem Deutschen förderlich sein, wenn die Frauen den ersten Schritt der Benennung ihrer Probleme machen, auch durch ihre mitgebrachten Sprachen. Um die Verwendung der Erstsprachen zu ermöglichen, ist es notwendig pädagogisches Personal einzustellen, das in der Lage ist, zumindest einige der wichtigsten oder vor Ort gesprochenen Migrantensprachen abzudecken.

- Pädagogisches Personal mit Migrationshintergrund wird über die Verwendung der Herkunftssprache hinaus eine engere Beziehung zu den betroffenen Frauen herstellen können. Deshalb wäre es sinnvoll, als vertrauensbildende Maßnahme Betreuungsteams von Pädagoginnen und Pädagogen deutscher und nichtdeutscher Herkunft bereitzustellen.

Literatur

Böhnisch, Lothar (2001), Sozialpädagogik der Lebensalter. Eine Einführung, 3. Auflage, Weinheim/München: Juventa.

Bundesamt für Migration und Flüchtlinge (2005a) (Hrsg.), Integrationsergänzende Maßnahmen [Verbundprojekte]. Voneinander lernen – gemeinsam leben. Rahmenkonzept, Stand: Dezember 2005, verfügbar unter: http://www.bamf.de/cln_042/nn_566316/SharedDocs/Anlagen/DE/Integration/Downloads/Integkurs Massnahmen/ike-rahmenkonzept,templateId=raw,property=publicationFile.pdf/ike-rahmenkonzept.pdf (abgerufen am 13. 4. 2007).

Bundesamt für Migration und Flüchtlinge (2005b) (Hrsg.), Konzept für einen bundesweiten Integrationskurs, Nürnberg, verfügbar unter: http://www.bamf.de/cln_042/nn_566316/SharedDocs/Anlagen/DE/Integration/Publikationen/Integra tionskurse/03-integrationskurskonzept-dt-broschuere-publikation,templateId=raw,property=publicationFile.pdf/03-integrationskurskonzept-dt-broschuere-publikation.pdf (abgerufen am 10. 3. 2007).

Dienstag, Dienelt (2007), Entwurf des 2. Änderungsgesetzes zum Zuwanderungsgesetz, verfügbar unter: http://www.migrationsrecht.net/nachrichten-gesetz gebung-auslaenderrecht/798-2.-aenderungsgesetz-aufenthaltsgesetz-richtlinien umsetzungsgesetz-kostenfreier-download-auslaender.html (abgerufen am 19. 3. 2007).

Herriger, Norbert (1995), Empowerment und das Modell der Menschenstärken. Bausteine für ein verändertes Menschenbild der Sozialen Arbeit, in: Soziale Arbeit, Heft 5, S. 155–162.

Herriger, Norbert (2002), Empowerment in der Sozialen Arbeit. Eine Einführung, 2. Auflage, Stuttgart: Kohlhammer.

Jäger, Torsten (2007), Deutschland macht dicht! Das 2. Änderungsgesetz zum Zuwanderungsgesetz, verfügbar unter: http://www.migration-boell.de/web/migration/46_1052.asp (abgerufen am 19. 3. 2007).

Keupp, Heiner/Lenz, Albert/Stark, Wolfgang (2002), Entwicklungslinien der Empowerment-Perspektive in der Zivilgesellschaft, in: Albert Lenz/Wolfgang Stark (Hrsg.), Empowerment. Neue Perspektiven für psychosoziale Praxis und Organisation, Tübingen: Deutsche Gesellschaft für Verhaltenstherapie, S. 77–102.

Lenz, Albert (2002), Empowerment und Ressourcenaktivierung – Perspektiven für die psychosoziale Praxis, in: Albert Lenz/Wolfgang Stark (Hrsg.), Empowerment. Neue Perspektiven für psychosoziale Praxis und Organisation, Tübingen: Deutsche Gesellschaft für Verhaltenstherapie, S. 13–54.

Pankofer, Sabine (2000), Empowerment – eine Einführung, in: Tiller Miller/Sabine Pankofer (Hrsg.), Empowerment konkret. Handlungsentwürfe und Reflexionen aus der psychosozialen Praxis, Stuttgart: Lucius, S. 7–22.

Reich, Hans H./Roth, Hans-Joachim (in Zusammenarbeit mit anderen) (2002), Spracherwerb zweisprachig aufwachsender Kinder und Jugendlicher. Ein Überblick über den Stand der nationalen und internationalen Forschung, hrsg. v. Freie und Hansestadt Hamburg, Behörde für Bildung und Sport, Amt für Schule, Hamburg, verfügbar unter: http://fhh.hamburg.de/stadt/Aktuell/behoerden/bildung-sport/service/veroeffentlichungen/handreichung/gutachten-zur-zweisprachigkeit-pdf,property=source.pdf (abgerufen am 13. 4. 2007).

Reich, Jutta (2005), Soziale Milieus als Instrument des Zielgruppenmarketings in der Weiterbildung, verfügbar unter: http://www.bildungsforschung.org./Archiv/2005-01/milieus?format=print (abgerufen am 10. 3. 2007).

Sann, Alexandra/Thrum, Katrin (2003), Perspektiven präventiver Frühförderung im Kontext sozialer Benachteiligung. Das präventive Frühförderprogramm „Opstapje – Schritt für Schritt" für Familien mit zwei- bis vierjährigen Kindern im wissenschaftlich begleiteten Ersteinsatz in der BRD, in: ISA Institut für soziale Arbeit (Hrsg.), Beiträge zum ISA Kongress, Dortmund, S. 77–83.

Sindbert, Renate (2001), HIPPY – Home Instruction Program for Preschool Youngsters, in: Deutsches Jugendinstitut (DJI) (Hrsg.), Projekt Kulturenvielfalt aus der Perspektive von Kindern. Treffpunkt deutsche Sprache. Sprachförderung von mehrsprachigen Kindern in Tageseinrichtungen. Forschungsansätze – Konzepte – Erfahrungen. Eine Tagungsdokumentation, Projektheft 5, S. 91–94.

Stark, Wolfgang (1996), Empowerment: neue Handlungskompetenzen in der psychosozialen Praxis, Freiburg i. Br.: Lambertus.

Zwangsverheiratung und Gewalt gegen Frauen – Zur Debatte in muslimischen Organisationen

Angelika Hassani

1. Einleitung

Mit meinem Beitrag möchte ich versuchen, muslimischen, aber auch nichtmuslimischen Leserinnen und Lesern einen Einblick in die innermuslimische Debatte über Zwangsverheiratungen sowie, allgemeiner, über Gewalt gegen Frauen zu geben. Musliminnen und Muslime möchte ich darüber hinaus dazu anregen, vermehrt einen kritischen Blick auf die eigene Glaubenspraxis zu werfen und sich zukunftsgerichtet mit den Problemen auseinanderzusetzen, die ihnen das Leben in einer ihnen häufig noch nicht allzu vertrauten säkularen Umwelt aufgibt.

In der deutschen öffentlichen Wahrnehmung wird Zwangsverheiratung mit „dem Islam" assoziiert. Lebensweltlich ist dies zum Teil berechtigt. Es gibt islamisch geprägte Milieus, in denen vielfach noch autoritäre Strukturen in unterschiedlicher Ausprägung existieren. So können sich durchaus im Denken religiös gebildeter Muslime sexistische Strukturen und Aspekte von sexualisierter Gewalt finden. Diese Feststellung beschreibt jedoch nicht das ganze Bild. Denn ebenso gibt es Ansätze zu einer kritischen Auseinandersetzung mit diesem Thema. Sie wurden vornehmlich von muslimischen Frauenorganisationen entwickelt, die die Debatte in die eigene Community hineintragen.

Meine Beschreibung der innermuslimischen Debatte knüpft an persönliche Erfahrungen an, die ich in der Arbeit mit und für den Frauenausschuss der Schura Hamburg gewonnen habe (vgl. dazu Abschnitt 2). Sie umfassen die Zusammenarbeit und den Austausch mit dem Schura-Vorstand und Vertreterinnen und Vertretern einzelner Moscheen, die Mitglied der Schura sind. Der Beitrag betrachtet ausgehend von meiner Arbeit im Frauenausschuss allgemeine Fragen zum Umgang der Muslime mit sexueller Gewalt und ihrer besonderen Ausprägung in dieser Gemeinschaft. Er versucht zugleich, Wege und Möglichkeiten zu einem neuen Miteinander und zu einem anderen Verhältnis zur und mit der Mehrheitsgesellschaft aufzuzeigen.

Der subjektive Zugang zum Thema betont meine Sicht der Dinge und ist nicht frei von Wertungen. Ich habe mich, bei allem Engagement, um eine analytisch-neutrale Beobachtung und abwägende Darstellung bemüht. Der Gesamtkomplex ist jedoch noch zu wenig bearbeitet, als dass heute schon Aussagen mit einem gewissen Anspruch auf Allgemeingültigkeit gemacht werden könnten.

2. Die Schura Hamburg und die Arbeit ihres Frauenausschusses

Am 4. Juli 1999 haben sich in Hamburg zahlreiche muslimische Gemeinschaften und Vereine zur Schura Hamburg – Rat der islamischen Gemeinschaften e. V. zusammengeschlossen, um ihre Interessen als Hamburger Muslime und Musliminnen zu vertreten. Die Gründung selbst ist wesentlich dem Engagement muslimischer Frauen zu verdanken, die sich hierfür stark gemacht haben. Die Durchführung der Aufgaben obliegt der Mitgliederversammlung, dem Vorstand und verschiedenen Ausschüssen, die den Vorstand beraten. Der Frauenausschuss entstand neben anderen Ausschüssen im Jahr 2004.

Zu den Aufgaben des Frauenausschusses gehört es, die Präsenz muslimischer Frauen sowohl intern in den Vereinen, Moscheen und in der eigenen Community als auch gegenüber der Mehrheitsgesellschaft sichtbar zu machen und der Vielfalt ihrer Anliegen, Nöte und Wünsche eine starke Stimme zu verleihen und dieser Gehör zu verschaffen.[1]

Die allgemeinen Ziele und Grundlagen für die Arbeit des Frauenausschusses ergeben sich aus dem 2004 veröffentlichten Grundsatzpapier der Schura Hamburg. Von besonderer Bedeutung für den Frauenausschuss ist dabei die Position der Schura Hamburg zum Geschlechterverhältnis und zum Selbstbestimmungsrecht der Frau. Es heißt dort: „Die Frau und der Mann sind vor Gott und dem Gesetz gleichgestellt. Wir stellen uns gegen jede Instrumentalisierung der Frauenfrage egal durch wen. Die Zukunft der muslimischen Frau ist selbstbestimmt, frei und solidarisch mit allen Frauen."[2]

Über die Bedeutung dieser Aussagen wurde im Verlauf der Arbeit immer wieder diskutiert. Sie wurden zu einem wichtigen Hilfsmittel in der Argumentation, wenn es darum ging, den Vorstand und die Mitglieder der Schura Hamburg von der Bedeutung unserer Themen und Aktionen zu überzeugen. Die Schura Hamburg – wie auch andere muslimische Dachverbände – muss sich daran messen lassen, inwieweit ihr Grundsatzpapier die Lage adäquat beschreibt und ob sie es in ihrer praktischen Arbeit tatsächlich umsetzt oder sich dazu in Widerspruch setzt.

---

1 Wie wichtig dafür die Stärkung der Repräsentanz muslimischer Frauen ist, lässt sich z. B. belegen mit der Presseerklärung anlässlich der Klausurtagung Muslimischer Frauen, zu der im Februar 2007 25 Frauenvertreterinnen der islamischen Dachverbände, islamische Fraueninitiativen und Musliminnen aus Wissenschaft und Politik geladen waren. In der Presseerklärung heißt es: „Ziel ist eine bundesweite Vernetzung, um gemeinsame Ziele sowohl gegenüber den muslimischen Gemeinden wie auch gegenüber der nicht-muslimischen Öffentlichkeit besser vertreten zu können." Als weiteres gemeinsames Ziel wurde die Stärkung der Repräsentanz muslimischer Frauen in muslimischen und nicht-muslimischen (Selbst-)Organisationen benannt. Siehe http://www.muslimische-akademie.de/Frauenklausur.pdf; http://www.schura-hamburg.de (jeweils aufgerufen am 27. 2. 2007).

2 Zu finden unter http://www.schura-hamburg.de (aufgerufen am 27. 2. 2007).

Weitere Ziele des Frauenausschusses wurden in einer Erklärung[3] wie folgt definiert:

„Die Vielfalt muslimischen Frauenlebens soll in der Stadt sichtbar gemacht werden, um damit Klischees und Feindbildern entgegenzuwirken und zu einem friedlichen Zusammenleben in der Stadt beizutragen."

Weiter heißt es:

„Wir erhoffen uns, dass wir durch unsere Aktivitäten dazu beitragen können, dass muslimische Frauen nicht mehr ausschließlich als unterdrückte Opfer und Objekte wahrgenommen werden, sondern auch als selbstständige, mutige, begabte und wertvolle Menschen."

Beide Ziele sind nach wie vor wichtig, wenn es darum geht, Gewalt den Boden zu entziehen, die betroffenen Frauen und Männer nachhaltig zu stärken und die Aufklärung unter Muslimen und Musliminnen fortzuführen.

Zu Beginn seiner Arbeit befasste sich der Frauenausschuss mit einer für viele Frauen drängenden existenziellen Problematik: mit Kopftuchverboten und deren Folgen.[4] Hier zeigte sich, dass die Arbeit des Frauenausschusses in der Schura Hamburg eine gewisse Anerkennung fand, solange sie sich darauf beschränkte, die Rechte muslimischer Frauen gegenüber der Gesamtgesellschaft einzufordern. So fanden Aktionen gegen die Kopftuchverbote ausnahmslos Zustimmung. Aus der Vielfalt der Lebenswege muslimischer Frauen und ihrer Erfahrungen war aber von Anfang an klar, dass es nicht nur darum ging, gegen die Kopftuchverbote anzugehen, sondern in gleicher Weise den Zwang zum Kopftuchtragen zurückzuweisen.

Es sollte sich später zeigen, wie groß die Unterschiede unter Muslimen und Musliminnen zur Kopftuchthematik sind, auch gerade innerhalb der Schura Hamburg und in den anderen muslimischen Dachverbänden. Der Frauenausschuss selbst hat in verschiedenen Erklärungen immer wieder unmissverständlich aufgezeigt, dass es nicht darum geht, für oder gegen das Kopftuch zu kämpfen, sondern für das Selbstbestimmungsrecht der Frauen. Das bedeutet: Es muss eine gesellschaftliche und familiäre Atmosphäre geschaffen werden, in der es muslimischen Frauen möglich ist, sich frei von Zwängen und Diskriminierung für ihre eigene Lebensweise zu entscheiden; für eine Lebensweise mit dem muslimischen Glauben und den aus den Heimatländern übernommenen gesellschaftlichen Werten, in mehr oder weniger großer Distanz dazu, oder auch gegen den muslimischen Glauben und seine tradierten Formen. Es geht also um Wahlmöglichkeiten: um das Recht, „auszuprobieren", eigene Erfahrungen zu machen und sich für ein selbstbestimm-

3 Diese Erklärung befand sich auf einer heute inaktiven Internetseite des Frauenausschusses und kann bei Bedarf bei der Autorin nachgefragt werden.

4 Ein Teil der im Frauenausschuss organisierten Frauen sind kopftuchtragende Jungakademikerinnen im Übergang zum Berufsleben, in das sie aufgrund vielfältiger Exklusionsmechanismen nur unter sehr erschwerten Bedingungen oder gar nicht aufgenommen werden.

tes Lebenskonzept zu entscheiden. Allein an der An- oder Abwesenheit eines Kopftuches lassen sich das Bewusstsein und die Überzeugungen einer Frau nicht erkennen.

Schon lange hatte sich gezeigt, in welchem Spannungsfeld sich muslimische Frauen mit ihren Anliegen befinden. Als besonders sensibles Thema erwies sich die „falsche Solidarität", wie sie muslimische Frauen häufig voneinander forderten und fordern: „Frauen, die kein Kopftuch tragen und sich öffentlich gegen den Kopftuchzwang einsetzen, fallen uns in den Rücken. Die wirklichen Probleme haben wir, die ‚richtigen' muslimischen Frauen, die ‚mit Kopftuch'." Hier war und ist es besonders vonnöten, auf die Grenzen der Solidarität unter Musliminnen/Muslimen hinzuweisen. Denn es geht um ein grundlegendes Verständnis der Menschenrechte. Musliminnen und Muslime haben Erfahrungen mit so etwas wie einer „Zwangseinheit", welche gern dazu benutzt wird, die „muslimische Gemeinschaft" (vermeintlich) zu stärken und sie gegen den „Westen" abzugrenzen. Diese Haltung hat eine Vielzahl an Problemen mit sich gebracht, die bis heute unter Muslimen/Musliminnen in Deutschland nachwirken. In der Debatte um Gewalt gegen Frauen, autoritäre Familienstrukturen, Zwangsverheiratungen und sogenannte Ehrenmorde werden sie besonders sichtbar. Die Vielfalt der muslimischen Stimmen wurde zunehmend unterdrückt und ausgeschaltet. So schlich sich eine geistige Haltung ein, die, überspitzt gesagt, die Botschaft vermittelt: „Wer uns kritisiert, ist gegen uns; wer sich mit uns solidarisiert, darf nicht kritisieren".

Insbesondere muslimische Frauen in Deutschland bekommen diese Haltung zu spüren. Sie werden denunziert als verwestlicht, als „Pseudotheologinnen", unislamisch, „Feinde der Muslime" usw. Oder man wirft ihnen vor, sich dem Druck der Gesellschaft zu beugen und sich aus Gründen persönlichen Profits oder der Profilierung bei der Mehrheitsgesellschaft und der Politik anzubiedern. Da die Motive für menschliches Verhalten naturgemäß vielfältig und nicht immer eindeutig erkennbar sind, muss auch der innermuslimische Diskurs daran gehen, eine Diskursethik zu erarbeiten, welche auf die Unterstellung bestimmter Motive verzichtet.

Bei den genannten Denunzierungen handelt es sich im Wesentlichen um den Versuch, Tabus und die Deutungshoheit über Denk- und Lebenskonzepte mit Macht aufrechtzuerhalten und die Freiheit im Denken zu blockieren. So wurde in der Kopftuchdebatte der Ausspruch Rosa Luxemburgs „Freiheit ist immer Freiheit des anders Denkenden"[5] gern zitiert. Und es entwickelte sich zu einem guten Beispiel dafür, wie Texte durch eine Lesart verfremdet werden können, bei der der Leser unhinterfragt für sich in Anspruch nimmt, auf der „Seite der Guten" zu stehen, und Fronten hineinliest, um seine Machtposition zu stärken. Menschenrechtlich gesehen ist jedoch jede und jeder der oder die Andere – mit den gleichen Freiheitsrechten. „Die Anderen" sind eben nicht nur die, die sich zu einem anderen oder keinem Glauben bekennen, sondern auch die, die sich zum gleichen Glauben bekennen oder dazu, den gleichen Glauben anders auszulegen, zu begreifen, zu bekennen, zu leben.

5 Luxemburg (1922), S. 109.

Wie sich in den Diskussionen zu Zwangsverheiratung und Ehrenmorden zeigt, steckt der Teufel im Detail. Im Allgemeinen stimmen die zahlreichen Erklärungen europäischer Muslime heute mit Menschenrechten und Demokratie überein. Aber der Ehrenmord an Hatun Sürücü[6] machte deutlich, dass es die Muslime waren, die durch Abwesenheit und Schweigen auffielen. In den internen Debatten ist es oft schwer auszumachen, warum Abwehr und Verweigerung so stark sind. Gerade deshalb müssen die Argumente genau geprüft und die wirklichen Hindernisse und Ängste aufgespürt und zum Diskussionsgegenstand gemacht werden. Der Frauenausschuss der Schura Hamburg hat es sich daher zur Aufgabe gemacht, die eigenen Denk- und Handlungsmuster einer gründlichen, kritischen Hinterfragung zu unterziehen. Eine gute Gelegenheit dazu bot die Initiative zum 25. November, dem Internationalen Tag gegen jede Form von Gewalt gegen Frauen.

3. Debatte in der Schura Hamburg und im Frauenausschuss zum 25. November

Die beschriebenen Erfahrungen wurden über viele Monate immer wieder diskutiert, in erster Linie unter Einzelnen und im Frauenausschuss, auch im Austausch mit Frauen aus muslimischen Verbänden in anderen Städten. Die Ergebnisse flossen in die interne Debatte um Zwangsverheiratungen, Ehrenmorde und andere Formen von Gewalt ein. Wichtigstes Resultat der Diskussionen war die gemeinsame Erkenntnis, dass auch Männer für einen nachhaltigen Wandel gewonnen werden müssen. Die Ausgrenzungserfahrung von Frauen, und damit ihrer Themen und Belange, ist stark. Sie mit einer Initiative zu einer offenen Debatte innerhalb der Schura zu durchbrechen, sollte der erste Schritt zur Lösung des Konflikts sein.

Gewalterfahrungen von Frauen sollten deshalb über einen längeren Zeitraum diskutiert werden, um über die Fakten aufzuklären und sie ins Bewusstsein der Imame und Gemeindemitglieder zu tragen. Der 25. November 2005[7] war eine geeignete Gelegenheit, mit der Initiative zu beginnen. Als erster Schritt sollte eine gemeinsame Erklärung der Schura Hamburg und des Frauenausschusses verfasst werden, welche dann in den Moscheen und Vereinen verteilt werden sollte. Gleichzeitig sollten die Imame dazu aufgefordert werden, das Thema Gewalt gegen Frauen zum Inhalt ihrer Freitagsansprachen am 25. November zu machen.

---

6 Hatun Sürücü wuchs in Berlin als Kind türkisch-kurdischer Eltern auf. Mit 15 Jahren wurde sie von ihren Eltern in der Türkei mit einem Cousin verheiratet. Nach der Trennung von ihrem Mann ging sie schwanger nach Berlin zurück und legte das Kopftuch ab. Am 7. Februar 2005 wurde die 23-jährige Frau durch drei Kopfschüsse von ihrem jüngsten Bruder auf offener Straße in Berlin-Tempelhof ermordet. Vgl. etwa Sabine am Orde/Plutonia Plarre, Todesstrafe für ein Leben. „Ehrenmord"-Prozess in Berlin: Hatun Sürücü musste sterben, weil sie nicht nach den Maßstäben ihrer Familie lebte, in: die tageszeitung vom 7. 2. 2006.

7 Alljährlich am 25. November findet der von den Vereinten Nationen deklarierte Internationale Tag zur Beseitigung jeder Form von Gewalt gegen Frauen statt. Hintergrund für die Entstehung des Aktionstags war die Verschleppung, Vergewaltigung und Ermordung von drei Frauen im Jahr 1960 in der Dominikanischen Republik durch Soldaten des ehemaligen Diktators Trujillo. Seit dem 25. November 1981 wird weltweit durch Aktionen, Veranstaltungen und Tagungen von Frauenprojekten und Initiativen, aber auch von staatlicher Seite zur Beendigung von Gewalt gegen Frauen und Kinder aufgerufen.

Die Erklärung enthielt u. a. folgende Punkte:

- Gewalt gegen muslimische und nichtmuslimische Frauen, von muslimischen und nichtmuslimischen Männern, in Familien oder an anderen Orten, darf weder als Realität geleugnet, noch als nebensächlich oder geringfügig betrachtet oder dargestellt werden! Für Gewalt gegen Frauen darf weder Verständnis suggeriert noch dürfen Legitimierungsversuche unternommen werden.

- Gewalt gegen Frauen ist das, was Frauen selbst als Gewalt empfinden! Die Definition von Gewalt gegen Frauen liegt bei den Frauen; nur sie können ihr Leiden ermessen.

- Alle Formen selbstbestimmten und frei gewählten muslimischen Frauenlebens gilt es zu achten, zu schützen und zu unterstützen.

- Das Schweigen brechen! Gewalt gegen Frauen geht alle an, nicht nur Frauen. Die Thematisierung von Gewalt und damit das Aufbrechen eines Tabu-Themas ist eine Querschnittsaufgabe, an der sich alle Männer und Frauen in den Verbänden, Vereinen, Moscheen und in der Gesellschaft zu beteiligen haben.

- Alle Denkweisen, kulturelle, religiös verbrämte traditionelle Muster und Glaubensformen, auch unter Missbrauch religiöser Quellen, die als Begründungen für Gewalt gegen Frauen herangezogen werden, gilt es zu identifizieren, zu ächten und mit den Mitteln religiöser Bildung und Erziehung zu überwinden. Es müssen Konzepte entwickelt werden, um in den Gemeinden und Verbänden einen Bewusstseinswandel zu bewirken.

Der Vorschlag wurde in einer Sitzung des Schura-Vorstandes, zu dem Mitglieder aller Ausschüsse gehören, eingebracht. Er stieß zunächst überwiegend auf Ablehnung und Unverständnis. So wurde z. B. angemerkt, es bestünde kein Bedarf, das Thema zu diskutieren, da der Islam Gewalt klar verbiete. Weiter wurde darauf hingewiesen, dass Frauen, die fromm sind und islamisch „richtig“ lebten, kein Problem mit ihnen angetaner Gewalt hätten. Ferner wurde behauptet, dass die Medien die Gewaltproblematik falsch darstellten, um die Musliminnen/Muslime zu diskreditieren und zu diskriminieren.

Solche Äußerungen sind typisch für viele Diskussionen. Sie tauchen immer wieder auf. Auffällig ist, dass eine geistige Haltung alle Äußerungen verbindet, nämlich:

„Wir sind Opfer, wir werden diskriminiert, wir sind hier nicht anerkannt, uns werden Rechte verweigert; jede Kritik dient dazu, uns zu diskriminieren; wir wehren uns dagegen, dass uns von ‚außen‘ Scheinprobleme und Debatten aufgezwungen werden, die uns davon ablenken, uns unseren wirklichen Aufgaben, dem Islam und dem Kampf um die uns vorenthaltenen Rechte zu widmen.“

Unterstützung kam aus dem Vorstand. Es wurde darauf hingewiesen, dass Gewalt in muslimischen Familien durchaus ein Problem ist, wenn auch eines mit vielfältigen Ursachen. Und es wurde mit dem Grundsatzpapier und der dort festgeschriebenen Verpflichtung zum gesamtgesellschaftlichen Engagement der Musliminnen/Muslime für die Menschenrechte argumentiert. Die Wende schaffte schließlich eine junge bosnische Frau aus dem Frauenausschuss, die in der Sitzung aufstand und unter Tränen von der Gewalt gegen Frauen in ihrer eigenen Familie seit drei Generationen berichtete. Sie argumentierte:

„Ihr wisst nur nichts davon, weil Ihr es nicht wissen wollt und weil die Frauen und alle, die Unrecht erfahren, nicht zu Euch kommen, um mit Euch zu sprechen aus Angst, und weil es die Erfahrung gibt, dass Ihr, statt zu helfen, das Unrecht noch unterstützt. Außerdem müsstet Ihr dann etwas ändern. Ihr müsstet Euch ändern und das wollt Ihr nicht. Alles soll beim Alten bleiben. Wir jungen Menschen haben aber langsam die Nase voll davon. Wir vertrauen Euch nicht mehr.“

Betroffenes Schweigen war die Reaktion. In der folgenden Abstimmung über die geplante Initiative gab es keine Gegenstimme. In der Vorbereitung gelang es, 17 Moscheen für die Beteiligung an der Initiative zu gewinnen. Mit mehr Vorlaufzeit wäre sicher eine noch größere Beteiligung zu erreichen gewesen. Zu den ersten Moscheen, die sofort ihre Unterstützung zusagten, gehörte die Zentrumsmoschee, die zum Bündnis Islamischer Gemeinschaften in Hamburg (BIG e. V.) und zu Milli Görüş gehört.

Reaktionen aus den Mitgliedsvereinen gab es im Nachgang zur Initiative nicht. Die Initiative wurde schweigend zur Kenntnis genommen und/oder ignoriert – mit einer Ausnahme: der Ansar-ud-Deen Moschee. Diese Moschee von mehrheitlich aus Westafrika stammenden Muslimen hatte im Vorfeld eher mit Abwehr und Unverständnis reagiert. Nun gab es mehrere Gespräche mit Vertretern dieser Moschee, die sich an den Frauenausschuss wandten und um Hilfe für eine Frau baten. Im Verlauf dieser „Hilfsaktion“ kam es zu einem guten und konstruktiven Kontakt mit der Moschee sowie weiteren Gesprächen, in denen sich eine ernsthafte Auseinandersetzung mit der Initiative widerspiegelte. Dieser kleine, aber dennoch wichtige Erfolg der Initiative zeigte, dass es möglich ist, einen Wandel zu bewirken. Wie weitreichend und nachhaltig er sein wird, bleibt abzuwarten.

Ferner gab es Reaktionen von Einzelpersonen aus ganz Deutschland, überwiegend von Frauen. Ein beachtlicher Teil davon (allein in den ersten zwei Monaten 17 Frauen) bat um Rat und Hilfe im Zusammenhang mit Gewalt in ihren Familien, darunter drei Fälle von drohender Zwangsverheiratung. Interessant hierbei ist, dass im Gegensatz zu den Behauptungen mancher Muslime, Zwangsverheiratungen seien eine Praxis religionsferner Muslime, Frauen uns das Gegenteil berichteten. In zwei der oben erwähnten drei Fälle teilten uns die betroffenen Frauen mit, dass sich männliche Familienmitglieder „Unterstützung“ aus Moscheen holten, aus denen Imame und andere Moscheemitglieder in zum Teil größerer Anzahl Wohnungen aufsuchten und den dort anwesenden Frauen, deren Müttern oder Großmüttern drohten:

„Wenn du es nicht schaffst, deine Tochter [oder deinen Sohn] anständig zu erziehen, dann müssen wir uns darum kümmern. Wir werden sie holen und verheiraten. Wir können sie in den Libanon [oder ein anderes Land] bringen und dort wird sie [oder auch er] verheiratet.“

Auch wenn es gerne bestritten wird: Nach vielen Erzählungen und Erfahrungen bleibt die Moschee auch für religionsferne, sogenannte „Kulturmuslime“ ein bedeutungsvoller Ort mit Autorität. Er wird besonders häufig dann aufgesucht, wenn es in den Familien um Konflikte mit Kindern geht, die versuchen, gegen den Willen der Eltern ein selbstbestimmtes Leben zu führen.

Außerdem gab es eine Anzahl von Anfragen muslimischer Frauen, die sich sehr positiv über die Initiative und die Erklärung des Frauenausschusses äußerten und von ihrer Absicht oder ihren Erfahrungen berichteten, unter Berufung auf die Erklärung eigene Diskussionen in ihren Verbänden, aber auch in ihrem persönlichen Umfeld zu initiieren.

Es bleibt allerdings der Eindruck, dass Erklärungen häufig auf der Ebene verbaler Bekundungen stecken bleiben, ohne weiterführende Debatten oder Verhaltensänderungen nach sich zu ziehen. Es wird deshalb auf das Engagement von Frauen ankommen, Anliegen wie die Zwangsverheiratung immer wieder zu thematisieren und eine nachhaltige Änderung der Praxis in muslimischen Verbänden einzufordern oder eigenständig in die Gemeinden hineinzutragen und die Verbände damit zu konfrontieren.

4. Fragestellungen für den innerislamischen Dialog

Von Anfang an war die Arbeit des Frauenausschuss von dem Problem begleitet, ausreichend Interesse und Unterstützung bei den Mitgliedsvereinen und im Vorstand zu finden. Im Nachhinein muss kritisch festgestellt werden, dass es wenig Interesse an der Arbeit des Frauenausschusses gab und gibt. Dahinter verbirgt sich die Haltung:

„Frauenrechte, Frauenprobleme sind Frauensache. Wir lassen die Frauen machen ... Wir Männer kümmern uns um die großen wichtigen Themen (was immer sie sein mögen).“

Die Anliegen der Frauen wurden, wenn überhaupt, als ein kleines Randthema unter vielen anderen behandelt. Dabei wird die strategische Bedeutung der Frauenfrage bis heute weitgehend unterschätzt und schlägt sich nicht in der Arbeit der Verbände nieder, schon gar nicht als Querschnittsaufgabe. Verkannt wird ebenso, dass die „Frauenfrage“ untrennbar verbunden ist mit der „Männerfrage“, dass es also um die Frage des Geschlechterverhältnisses als solches geht. So ist das Bewusstsein von der Bedeutung und Tragweite von Frauenrechten als Menschenrechten nach wie vor sehr oberflächlich.

Die Gefahr, dass der Frauenausschuss und seine Arbeit als schmückendes Vorzeigeobjekt und williges Anhängsel an die Schura Hamburg instrumentalisiert würde, sozusagen als Beweis für die Frauenfreundlichkeit der Schura und damit der Muslime und Musliminnen gegenüber der Gesamtgesellschaft, war bekannt. Im Hinblick darauf wurde bereits vor Schaffung des Frauenausschusses der bereits oben zitierte Satz in das Grundsatzpapier der Schura aufgenommen: „Wir stellen uns gegen jede Instrumentalisierung der Frauenfrage egal durch wen.“[8]

Es zeigte sich jedoch, dass nicht alle das Gleiche damit meinten. Für die Mehrheit stand und steht dieser Satz dafür, dass Nichtmuslime die Frauenfrage gern benutzen, wenn es darum geht, Muslime und Musliminnen zu diskriminieren. Diese Interpretation verkennt jedoch die Lage der muslimischen Frauen. Die sitzen nämlich mindestens „zwischen drei Stühlen“: Denn nicht nur Nichtmuslime instrumentalisieren die Frauenfrage (Kopftuch). Das tun auch die Muslime selbst, wenn es darum geht, „muslimische Interessen“ gegen Frauen zu formulieren und durchzusetzen. Gegen Frauen, die sich häufig der Gefahr nicht bewusst sind, dass muslimische Männer sie benutzen, wenn es vordergründig nicht um das Selbstbestimmungsrecht von Frauen geht, sondern um die Durchsetzung der Deutungshoheit in Glaubensfragen, wie etwa bei der Entscheidung für oder gegen das Kopftuch. Und schließlich tun es muslimische Frauen, wenn sie sich in „Frauenfragen“ gegenseitig das Recht streitig machen, im innermuslimischen wie im gesamtgesellschaftlichen Diskurs als Musliminnen zu sprechen. Es geht also zentral um die Machtfrage. Und die rechtfertigt, bei aller berechtigten Abwehr von Instrumentalisierung und Diskriminierung, keineswegs die eigenen Versäumnisse in der Genderfrage, die unter Muslimen in Deutschland noch sehr groß sind. Erfreulicherweise zeichnet sich aber ein Wandel im Denken und Leben der Muslime und Musliminnen ab.

Das gilt auch hinsichtlich der Zwangsverheiratung. Fakt ist: Es gibt keine muslimische Vertretung in Deutschland, die Zwangsverheiratung als legitim verteidigt. Sie wird durchgängig als unislamisch und als Verstoß gegen die Menschenrechte benannt. Das Problem liegt im mangelnden Bewusstsein von dem komplexen Zusammenhang zwischen dem Phänomen und seinen Ursachen sowie in der noch fehlenden Bereitschaft, Glaubensüberzeugungen kritisch daraufhin zu überprüfen, inwieweit sie nicht, neben anderen Ursachen, den Boden bereiten für wiederkehrende Zwänge und Gewalt, die tradierte Geschlechterrollen bestätigen. Dass bloße Willensbekundungen nichts verändern, ist einigen Musliminnen/Muslimen schmerzlich bewusst. Es fehlt zu häufig aber noch an etablierten Mitteln und Wegen, in den Dialog miteinander zu treten.

Ein wichtiger Aspekt des Themas Gewalt, Geschlechterbeziehungen und traditionelle Familienstrukturen bleibt die wirtschaftliche Integration muslimischer Migrantinnen und Migranten und ihre Integration in das Bildungssystem. Wie sich immer wieder erwiesen hat, stärken angemessene Arbeitsplätze und dis-

8 http://www.schura-hamburg.de (aufgerufen am 27. 2. 2007).

kriminierungsfreie Bildungschancen Menschen in ihrem Selbstbewusstsein. Sie erlangen dadurch größere Achtung in der Familie und mehr Freiheitschancen in ihr und dem weiteren sozialen Umfeld gegenüber.

Kennzeichnend für die gegenwärtigen innermuslimischen Debatten ist, dass sie weitgehend vom Fehlen einer fairen Wahrnehmung und Auseinandersetzung in den Medien geprägt sind. Das verstärkt das Fehlen eines unabhängigen eigenen Problembewusstseins und die große Ratlosigkeit im Umgang mit den Themen.

Die vielfältigen Hindernisse, die die lange Tabuisierung mit sich gebracht hat, erfordern viel Geduld und Beharrlichkeit. Sachliche Aufklärung und die Thematisierung konkreter Fragen müssen im Vordergrund stehen. Denn viele Anliegen rufen nach wie vor große Ängste und entsprechend große Abwehr hervor. Diese Ängste, vor allem der Väter und Mütter, gilt es ernst zu nehmen und nicht zu belächeln. So die Angst, dass muslimische Familien zerstört werden, wenn einzelne Mitglieder sich einen zu „westlich geprägten" Lebensstil aneignen. An diesem Punkt wäre im Dialog aufzuzeigen, dass es häufig die muslimischen Familien selbst sind, die ihre Gemeinschaft durch autoritäre Strukturen und Gewalt zerstören.

Was weitgehend in der innermuslimischen Debatte fehlt, ist eine ernsthafte Auseinandersetzung mit den Lebensrealitäten vieler Jugendlicher. Diese bilden das Konfliktpotenzial, das in der Eskalation zu Zwangsverheiratungen oder anderen Formen von Gewalt führen kann. Dazu gehört vorehelicher/außerehelicher Sex genauso wie gleichgeschlechtliche Liebe.

Gerade im Zusammenhang mit Zwangsverheiratungen bedarf es dringend einer Diskussion über voreheliche/außereheliche Sexualität. Für viele Musliminnen und Muslime steht dabei nach ihrem Empfinden sehr viel auf dem Spiel. Dass es dabei im Hintergrund nicht selten ganz wesentlich um Kontroll- und Machtbedürfnisse geht, wird ihnen häufig nicht bewusst. Diesen Zusammenhang gilt es ins Bewusstsein zu heben, um die Ängste zu nehmen.

Zu häufig sind die Debatten nicht von Abgrenzungsverhalten geprägt, um das vermeintlich originär Muslimische zu schützen, sondern von einem Sicherheitsdenken, das den Einzelnen und die Familie zu schützen versucht. Die traditionelle Familie und Ehe gilt als der einzige Ort, an dem ein erfülltes, glückliches Leben, geschützt vor allen vermeintlichen und tatsächlichen Gefahren möglich scheint. Hier entstehen dann auch gern die „unheiligen Allianzen" mit nichtmuslimischen Vertreterinnen und Vertretern konservativer Familienmodelle.

Nicht von ungefähr erscheint den meisten Musliminnen und Muslimen, darunter religionsfernen bis religionslosen, auch die gleichgeschlechtliche Liebe bis heute als die größte Gefahr für Familie und Gesellschaft. Eine Hinterfragung der traditionellen Geschlechterrollen hat gerade erst begonnen. Nach wie vor ist das dualistische Geschlechterverständnis Mann/Frau, aktiv/passiv und öffentlich/privat grundlegender Bestandteil des gesamten Menschenbildes. Wo das Geschlechterverhältnis aufzubrechen beginnt und Frauen aktiv mit ihren Anliegen und Interessen an die Öffentlichkeit gehen, bleiben ihre Positionen entweder schwach, unsicher und kurzlebig oder die Frauen zahlen einen hohen persönlichen Preis.

Sicherheit und Schutz der Familie und des bestehenden Geschlechterverhältnisses haben – auch wenn sie sich im Erleben vieler junger Musliminnen/Muslime längst nicht mehr bewähren und bereits in Unterdrückung und Gewalt verkehrt haben –, immer noch oberste Priorität. Hier gibt es folglich wenig Platz für das Experimentieren mit neuen Lebenskonzepten. Das Recht auf die eigene Erfahrung und den eigenen Irrtum wird so weit wie möglich ausgeschlossen. Nicht gesehen wird, dass damit auch unverzichtbare Lernerfahrungen negiert werden, die zum Selbstbestimmungsrecht einer oder eines jeden gehören. Auf diese Weise führt die auf Kosten der Freiheit erstrebte Sicherheit zu deren Verlust und zu noch größeren Problemen. Denn Sicherheit ist ohne Vertrauen nicht möglich. Gerade der Glaube ist aber doch – oder sollte es jedenfalls sein – dadurch gekennzeichnet, vermeintliche Sicherheiten zu hinterfragen. Denn glauben heißt nicht, einer äußerlichen, menschengemachten Sicherheit vollständig zu vertrauen, sondern im Vertrauen auf Gott den Blick auf die Würde eines jeden Menschen zu richten, die sich letztendlich daraus rechtfertigt, dass seine Schöpfung gut ist. Das heißt nicht, dass Gefahren deshalb nicht identifiziert und über einen Schutz davor nicht nachgedacht werden dürfte. Schutz im Sinne erzwungener „Gebote und Verbote" widerspricht jedoch jeder lebendigen Dynamik und wird schnell selbst zu einer Gefahr für das Leben.

Vielen Musliminnen und Muslimen mangelt es in vielfacher Hinsicht an Vertrauen. Jeder Mensch, insbesondere Kinder und Jugendliche bedürfen aber eines Vertrauens, das sie sich nicht erst verdienen müssen, sondern das ihnen gewährt wird, weil sie selbst gut sind und von uns geliebt werden. Für die innermuslimische Debatte heißt das, ohne das sich ständig erneuernde Vertrauen Gottes in den Menschen gäbe es unser menschliches Leben in all seiner zu schützenden Freiheit und Schönheit nicht. Auch im pädagogischen Bereich muss sich daher in autoritär geprägten Familien durchsetzen, dass Kinder mit konkreter Hilfestellung zu begleiten, zu stärken und zu unterstützen sind und dass umgekehrt auf Zwang, Einschüchterung, Bevormundung, Demütigung und Gewalt verzichtet werden muss.

Wie wenig Raum für eine Auseinandersetzung ist, in der die Freiheitsrechte als kritische Frage an traditionelle Werte und religiöse Überzeugungen verstanden werden, zeigt die jüngste Erklärung der Islamischen Religionsgemeinschaft Hessen zur Zwangsverheiratung vom 6. November 2006. Dort heißt es:

„Was die Sexualität angeht, ist es unter den muslimischen Theologen unumstritten, dass diese, wie auch in der katholischen Kirche, nicht außerhalb der Ehe gelebt werden darf. Der außereheliche Geschlechtsverkehr sowie der Ehebruch gelten im Islam als eine große Sünde. Hier wird kein Unterschied zwischen Mann und Frau gemacht. Vielmehr sind beide aufgefordert, ihre Keuschheit zu wahren."[9]

9 http://www.irh-info.de/nachrichten/nachrichten/2006/dok/IRH-STN20061106_Zwangsverheiratung.pdf (abgerufen am 27.2.2007).

Dabei dürfen wir nicht stehen bleiben, sondern müssen im Interesse der Durchsetzung der Menschenrechte verstärkt die innermuslimische wie auch die gesamtgesellschaftliche Debatte suchen, um Zwangsverheiratungen und andere Gewaltformen zu verhindern. Wenn wir die Ängste der Eltern ernst nehmen und sie nicht die Ehre der Familie schützen wollen, sondern das Leben ihrer Kinder, dann muss gefragt werden, ob selbstbestimmte Liebe und selbstbestimmte Sexualität nicht auch außerhalb einer Ehe verantwortlich gelebt werden können, ob es nicht auch andere Lebenskonzepte geben darf, die nicht auf Dauer angelegt sind (was heute schon auf viele Ehen, nichtmuslimische wie muslimische, zutrifft).

Über das Recht auf selbstbestimmte Sexualität kann man dann zu einer Diskussion über Liebe, Erotik und Sexualität kommen, die vielleicht zu einem neuen, menschengerechteren Verständnis und Umgang miteinander führen kann. Das erfordert auch eine theologische Reflexion, die endlich die Notlage vieler, insbesondere junger, Menschen ernst nimmt. Wir brauchen eine „neue" Theologie der Liebe, die der Würde der Menschen und ihrem gewachsenen legitimen Freiheitsbedürfnis gerecht wird.

Wichtig wäre für die Zukunft, die Zusammenarbeit mit Moscheen und muslimischen Vereinen und Verbänden zu gemeinsamen konkreten Projekten und ihrer Umsetzung zu suchen. Zu denken wäre dabei etwa an Angebote für eine Menschenrechtsbildung, die sich mit Themen wie Zwangsverheiratung, autoritären Strukturen usw. befasst, des weiteren an Angebote für eine pädagogisch durchdachte Sexualaufklärung, die in Zusammenarbeit mit Imamen und anderen Verantwortlichen der Verbände zu erarbeiten wäre. Ebenso bedarf es einer Zusammenführung der innermuslimischen Debatten mit den Debatten aus den Gender- und Queerstudies, die in Zukunft größere Bedeutung gewinnen dürften.

Häufig machen Muslime selbst das Patriarchat als Ort und Wurzel der Probleme aus. Die Debatte muss aber wohl doch erweitert und es müssen mit Dorothee Sölle „beide Feinde der heutigen Liebe" benannt werden: der alte Patriarch *und* der junge Narziss. Auf der einen Seite also der alte Patriarch, der alles kontrollieren will und sich gegen außereheliche Sexualität, gegen das Selbstbestimmungsrecht der Frau und selbstverständlich gegen Homosexualität ausspricht, auf der anderen der Narziss, der beziehungsunfähig und gefangen in seiner Selbstverliebtheit dem grenzenlosen Genuss frönt, der keine Verantwortung mehr kennt (womöglich nicht einmal die des Safer Sex) und für den Sexualität und Liebe zur Ware geworden sind. Beide verbindet, dass ihnen wirkliche Erotik und Liebe fremd, hinderlich oder verdächtig sind.

Gerne kritisieren Muslime auch Phänomene von Sexismus, sexueller Ausbeutung der Frau und sexualisierter Gewalt einseitig als westlich und als nichtmuslimisches Phänomen. Dagegen wisse der Islam die Würde der Frau und damit die gesamte Familie zu schützen. Hier gilt es ebenso (selbst)kritisch aufzuzeigen bzw. zu untersuchen, dass religiöse Gebote und unter ihrem Einfluss tradierte Verhaltensregeln vielfach Ausdruck von sexistischem Denken und von Strukturen sexualisierter

Gewalt sind, die sich im Alltag jedes Einzelnen und der Familien in unterschiedlichen Ausprägungen widerspiegeln.

Die Zwanghaftigkeit, mit der versucht wird, Sexualität zu kontrollieren, zu tabuisieren und vollständig aus der Öffentlichkeit zu verdrängen, bewirkt eben nicht das Verschwinden der „unerwünschten“ Sexualität, sondern ganz im Gegenteil, dass Sexualität das Denken immer stärker beherrscht, also zum Sexismus führt. Jede Lebensäußerung, jede Geste erhält eine sexualisierte Bedeutung und wird umgedeutet zum Vorspiel. Sex wird damit zu einer Gefahr, die es weit im Vorfeld zu bekämpfen gilt. So kommt es, dass zum Beispiel das Händeschütteln, hier ein übliches Begrüßungsritual und keineswegs die gegenseitige Einverständniserklärung zum anschließenden Geschlechtsverkehr, zwischen Männern und Frauen in religiös konservativ geprägten Familien bis heute als verboten gilt. Es gibt keine harmlosen Gesten und Lebensäußerungen, alles ist verdächtig. Der Mensch selbst ist verdächtig, immer nur „das Eine“ und dieses im Schlechten zu wollen. Hier tut sich ein Widerspruch auf zu dem theologisch gelehrten islamischen Menschenbild, das alle Menschen gleichermaßen für hoch vertrauenswürdig, der Vernunft und dem Guten zugewandt und im Rang als Stellvertreterin oder Stellvertreter Gottes auf Erden in hohem Maße zur Eigenverantwortung und Selbstbestimmung befreit ansieht. Das tiefe Misstrauen, das demgegenüber von sexistischem Denken mit zwanghaften Tendenzen zu Kontrolle und Machtmissbrauch ausgeht, kann bewirken, dass Menschen sich diesen Zwängen unterwerfen und die tabubewehrten Wertungen in starkem Maße verinnerlichen, mit verheerenden Folgen für ihre Liebes- und Beziehungsfähigkeit.

Ein anschauliches Beispiel, welche „Blüten“ der religiös bestimmte Sexismus treiben kann: Eine Mutter zweier jugendlicher Töchter berichtete Vertreterinnen des Frauenausschusses verärgert, dass einer Mädchenjugendgruppe in einer Moschee empfohlen worden sei, sich in der Öffentlichkeit, insbesondere vor Moscheen, nicht „überschwänglich“ zu begrüßen, indem sie sich gegenseitig umarmten, berührten und küssten. Dies könne bei männlichen Betrachtern „negative“ Gefühle wecken, welche zum Schutze der jungen Mädchen und zur Aufrechterhaltung der Frömmigkeit der jungen Männer unbedingt zu verhindern seien. Empfohlen worden sei eine Begrüßung, bei der sich die Mädchen nicht berühren und ausschließlich die Worte des muslimischen Friedensgrußes verwendet werden.

Die Vertreter der „frommen Moral“ sind sich offenbar nicht bewusst, dass sie damit nicht nur die Lebensqualität von Menschen beschädigen, sondern sie tief in ihrer Würde verletzen – mit schwerwiegenden Folgen für ihre psychische Entwicklung. Mit Zwang und Unterdrückung wird nicht nur Sexualität tabuisiert, sondern auch ein „Coming-out“ verhindert, welches der Mensch als Sexualwesen, unabhängig von seiner sexuellen Orientierung, gerade in der Pubertät braucht. An Anlässen wie dem geschilderten muss daher muslimische Prävention von Gewalt gegen Frauen einsetzen. Bis heute ist es noch die Regel, dass es der oder dem Einzelnen überlassen bleibt, ob sie oder er sich wehrt, entzieht oder mehr oder weniger anpasst. Erfreulich, wenn auch nicht hinreichend, ist, dass es muslimische Eltern gibt, die diese frömmlerischen Zumutungen für sich und ihre Kinder zurückweisen. Doch das gelingt nicht allen, zumal wenn sie noch in autoritären religiösen Strukturen gefangen sind und die Zwänge verinnerlicht haben. Muslimische Organisationen und Moscheen tragen also eine große Verantwortung, der sie sich noch stärker stellen müssen.

Mögen uns auch noch für längere Zeit sowohl im innermuslimischen als auch im gesamtgesellschaftlichen Diskurs die geschilderten Abwehrmechanismen und traditionellen Denkweisen begleiten, wir müssen alles tun, um auf allen Seiten zu einer größeren Ehrlichkeit über die uns bewegenden und verbindenden Ängste und Sorgen zu kommen. So schreibt Klaus Lefringhausen in einem Artikel zur Ehrlichkeit in der Integrationsdebatte Sokrates die Aussage zu: „Dialoge werden umso ehrlicher, je aufgabenorientierter sie sind.“[10] Das gilt in gleicher Weise für die Mehrheitsgesellschaft. Sie muss im Interesse der von ihr immer wieder beschworenen Menschenrechte die Muslime und Musliminnen ernst nehmen in ihren berechtigten Sorgen und ihrem Schutzbedürfnis. Das würde es diesen wiederum mit Sicherheit erleichtern, ihre Abwehrhaltung hinter sich zu lassen und neue Wege im Denken und Handeln zu beschreiten.

Nachhaltige Impulse für ein Umdenken erwarte ich:

- von muslimischen Frauen und Männern, die sich neue und eigene Zugänge zur Religion in kritischer Auseinandersetzung mit allen Facetten muslimischen Denkens und Glaubenslebens erkämpfen,
- aus dem interreligiösen und interkulturellen Dialog,
- von säkularen muslimischen Stimmen jenseits des sogenannten religiösen Mainstream,
- aus der Sichtbarkeit anderer und neuer muslimischer Lebensweisen (außereheliche Partnerschaften, multikulturelle Beziehungen, gleichgeschlechtliche Beziehungen),
- von Vorbildern, die neue Lebenswirklichkeiten schaffen und anachronistisches Denken und Zwänge entlarven und verurteilen,
- von Opfern und von Gewalt und Diskriminierung Betroffenen,
- aus dem Wunsch der Mehrheit muslimischer Menschen, Religion vernunft- und zeitgemäß und damit menschengerecht zu leben und
- aus dem wachsendem Wunsch, vor allem in der jungen Generation, sich in einer pluralen Gesellschaft neue und tiefere Liebes- und Beziehungsfähigkeit anzueignen und dafür mit neuen Lebensmodellen zu experimentieren.

10 Lefringhausen (2007).

5. Wir müssen neu lesen lernen

Zum Schluss möchte ich mit Worten von Joachim Helfer eine Empfehlung an uns Muslime und Musliminnen richten. Wenn wir uns dieser Aufgabe zuwenden, dann erst und erst dann sehe ich eine Chance für einen wirklichen Neubeginn für muslimisches Denken, Handeln und Leben – nicht nur hier in Deutschland – und damit die Chance für eine Überwindung von Gewalt, Zwängen, Unfreiheiten; also die Chance für muslimisches Leben, das den Menschenrechten oberste Priorität einräumt, sie nachhaltig respektiert und als Querschnittsaufgabe schützt und fördert:

„... es kommt darauf an, das Leben richtig zu entziffern. Das Alphabet dafür finden wir in den überlieferten Abschriften, ob nun jenen der Religionen, der Poesie, oder im ungeschriebenen Buch der Tradition. Der Sinn, die Würde des Lebens aber liegt nicht in den Buchstaben, sondern im Leben selber, das immer recht hat, weil es der Text ist: heilig, gerade weil es nicht in Stein gemeißelt oder Blei gegossen, sondern lebendig ist. Wenn wir das Leben mit den gewohnten Lettern nicht mehr entziffern können, so dürfen wir nicht seinen Text zensieren, sondern müssen neu lesen lernen. Leben heißt, lesen zu lernen.“[11]

11 Al-Daif/Helfer (2006), S. 187.

Literatur

Al-Daif, Rashid/Helfer, Joachim (2006), Die Verschwulung der Welt. Rede gegen Rede. Beirut – Berlin, Frankfurt a. M.: Suhrkamp.

Lefringhausen, Klaus (2007), Sokrates und die Ehrlichkeit im Dialog, 16. 3. 2007, verfügbar unter: http://www.muslimische-stimmen.de (abgerufen am 24. 3. 2007).

Luxemburg, Rosa (1922), Die Russische Revolution. Eine kritische Würdigung, (Aus dem Nachlass von Rosa Luxemburg. Herausgegeben und eingeleitet von Paul Levi), Berlin: Verlag Gesellschaft und Erziehung.

Manji, Irshad (2004), Der Aufbruch. Plädoyer für einen aufgeklärten Islam, München: Deutscher Taschenbuch-Verlag.

Zwangsverheiratung: Erfahrungen in der praktischen Unterstützung Betroffener und Empfehlungen für Politik und Verwaltung

Corinna Ter-Nedden

1. Vorbemerkung

Zwangsverheiratung ist ein Thema, das derzeit politische Konjunktur hat und mit dem viele weitere Fragen in Bezug auf Einwanderung und Integration verknüpft werden. Zwangsverheiratung gilt dabei als „fremde" Art der Gewalt gegen Frauen und Kinder, und in der Empörung darüber wird schnell vergessen, dass Gewalt gegen Frauen und Kinder weltweit verbreitet ist und immer auch einen kulturellen Kontext hat – sowohl in der Form (von Witwenverbrennung bis Eifersuchtsmord) als auch in der Begründung.

Auch für deutsche Frauen und Kinder ist die Familie ein gefährlicher Ort: Frauen haben z. B. laut Kriminalstatistik ein im Vergleich zu Männern doppelt so hohes Risiko, von einem Verwandten ermordet zu werden. Man sollte sich also davor hüten, die barbarischen Praktiken der „anderen" anzuprangern, um sich in ihrem Spiegel selbst gewaltfrei zu wähnen.

Bei Gewalt im familiären Nahbereich, sei es gegen Frauen oder gegen Kinder, besteht immer die Gefahr, dass sie auf seltsame Weise unsichtbar bleibt, selbst wenn sie schon Dritten bekannt geworden ist. Dass Kinder von Gewalt gegen ihre Mütter in einschneidender Weise betroffen sind, auch dann, wenn sie nicht selbst geschlagen werden, versteht sich bei einfühlendem Nachdenken eigentlich von selbst. Dennoch wird diese Tatsache erst allmählich Gegenstand der öffentlichen Aufmerksamkeit. Niemand stellt sich gern vor, was es wirklich bedeutet, wenn der Alltag davon geprägt ist, dass kleinste Anlässe zu Gewaltausbrüchen führen können. Eindringliche Beschreibungen dazu finden sich eher in Romanen als in der Fachliteratur.

Die Rede von Generationskonflikten, Familiendramen und Beziehungstragödien trägt dazu bei, Gewalt in ihrer rohen Absolutheit verschwinden zu lassen. Gewalt lässt die von ihr Betroffenen häufig sprachlos zurück. Sie müssen eine Sprache entwickeln, sind vielleicht auch darauf angewiesen, eine Sprache vorzufinden, um sich artikulieren zu können.

Auch die Betroffenen selbst bagatellisieren und verharmlosen oft. Sie ringen mit ihrer möglichen Beteiligung an der Gewalt (bin ich nicht vielleicht selbst schuld?), und sie ringen um ihre Handlungsfähigkeit (bin ich so hilflos, dass über mich verfügt werden kann?). „Du Opfer" ist mittlerweile zum Schimpfwort auf den Schulhöfen mutiert, Opfer zu sein alles andere als statusträchtig. Passives Erleiden setzt sich in einer Welt, deren Imperativ das Machen ist, der Gefahr der Verachtung aus – die einzigen, die noch Opfer, nämlich Opfer ihrer sozialen Umstände, sein wollen, sind Täter.

Die Verharmlosung von Gewalt lauert auch, wenn man in Bezug auf Zwangsverheiratung versucht, kulturübergreifende Brücken zu bauen, um nicht auszugrenzen und um die arrogante Dominanz der Mehrheitskultur zu relativieren. Zwar ist die im 19. Jahrhundert erfundene Liebesheirat nicht die einzige Form von Paarbildung, die mit den Menschenrechten vereinbar ist, trotzdem ist Zwangsverheiratung eine schwere Menschenrechtsverletzung. Zwangsverheiratung bedeutet lebenslange Vergewaltigung. Zwangsverheiratung bedeutet oft gerade für Mädchen, früh zu heiraten und keine Ausbildung machen zu können. Zwangsverheiratung bedeutet, Kinder von einem Partner zu bekommen, den man sich nicht aussuchen konnte und belastet so auch die Beziehungen zur nächsten Generation.

Der deutsche Staat steht in der Verantwortung, alle Bürgerinnen/Bürger unabhängig von ihrer Herkunft und ihrem Aufenthaltsstatus vor der Verletzung ihrer Menschenrechte zu schützen. In Bezug auf Zwangsverheiratung betrifft dies sowohl straf- und zivilrechtliche Regelungen als auch die direkte Unterstützung Betroffener, die ihnen ermöglicht, sich gegen Zwangsverheiratung zu wehren, aber auch Maßnahmen, die geeignet sind, Zwangsverheiratung präventiv zu verhindern. Ich möchte vor dem Hintergrund der Erfahrungen bei der Berliner Kriseneinrichtung Papatya e. V. aufzeigen, welche Probleme sich in der Praxis auftun und daran einige Empfehlungen knüpfen.[1]

Papatya nimmt seit 20 Jahren junge Migrantinnen zwischen 13 und 21 Jahren auf, die vor familiärer Gewalt fliehen müssen und dann den Schutz einer geheimen Adresse benötigen. In den 1980er Jahren waren dies fast ausschließlich Mädchen türkisch/kurdischer Herkunft. Sie stellen auch heute noch mit etwa 60 % die größte Gruppe; mit ca. 10 % sind Mädchen mit palästinensisch/libanesischem, zu weiteren 10 % Mädchen mit ex-jugoslawischem Hintergrund vertreten. Die restlichen 20 % kommen aus unterschiedlichen Ländern sowie aus binationalen Familien. Ein Teil der Mädchen gehört der dritten Einwanderergeneration an, andere sind mit ihren Eltern als Kinder nach Deutschland geflohen. Bisher wurden an die 1.500 Mädchen und junge Frauen betreut. Die vordringlichste Aufgabe Papatyas ist es, den Mädchen einen Ort zu bieten, an dem sie vor dem Zugriff ihrer Familie geschützt sind, an dem sie rund um die Uhr betreut werden und an dem sie in Ruhe darüber nachdenken können, wie ihr Leben weitergehen soll. Das türkisch/kurdisch/deutsche Mitarbeiterinnenteam unterstützt und begleitet sie dazu auch in ihrer Auseinandersetzung mit der Familie – sei es in Telefonaten oder in direkten Begegnungen. Im Durchschnitt bleiben die Mädchen etwa sechs Wochen bei Papatya.

---

1 Zu einer quantitativen Auswertung der Daten von 331 und einer darauf aufbauenden qualitativen biographischen Analyse von 100 von Zwangsverheiratung betroffenen jungen Frauen, die von der Berliner Kriseneinrichtung Papatya betreut wurden, siehe den Beitrag von Rainer Strobl und Olaf Lobermeier in diesem Band.

Jedes Jahr sind 20 bis 30 der aufgenommenen Mädchen (zwischen 30 und 40 %) von einer drohenden oder schon erfolgten Zwangsverheiratung betroffen. Etwa die Hälfte von ihnen ist noch minderjährig – Zwangsverheiratung ist also auch ein Thema für den Kinderschutz.

Weitere Betroffene suchen über das Telefon oder über das Internet Rat. Dabei zeigt sich, dass Papatya vor allem Mädchen und Frauen erreicht, die seit längerer Zeit in Deutschland leben. Die jungen Ehefrauen, die über Heiratsmigration nach Deutschland gekommen sind und die häufig die politische Diskussion über Maßnahmen gegen Zwangsverheiratung bestimmen (Heraufsetzung des Einreisealters, Verpflichtung zu Sprachkursen im Herkunftsland etc.), erreichen Papatya eher selten und auf zufälligen Wegen. Es ist zu vermuten, dass sie häufig sehr isoliert in ihrer Schwiegerfamilie leben und nur wenig Möglichkeiten haben, von Unterstützungsangeboten zu erfahren.

Papatya hat den Berliner Arbeitskreis gegen Zwangsverheiratung initiiert und ist seit zehn Jahren in verschiedenen europäischen Kooperationsprojekten zum Schutzbedarf junger Migrantinnen aktiv.

2. Problembeschreibungen aus der Praxis

2.1 Zwangsverheiratung steht überwiegend im Kontext der Familienehre

Die Probleme der Mädchen, die zu Papatya kommen, ähneln zum Teil denen anderer Jugendlicher, die von zuhause weglaufen. Fast 90 % von ihnen sind misshandelt worden, 25 % sind von sexueller Gewalt betroffen. Sie kommen meist aus Multiproblemfamilien, in denen Arbeitslosigkeit, Armut, Scheidungen und Trennungen, geringe Bildung, Alkoholismus der Väter, Krankheit der Mütter und Kriminalität der Söhne ein Problem sind und Sprachlosigkeit herrscht. So haben in den letzten Jahren z. B. nur noch 30 % der Mädchen einen Vater, der Arbeit hat.

Ihre Situation unterscheidet sich aber auch von der anderer von zuhause weggelaufener Jugendlicher – und zwar dadurch, dass ihre Flucht aus der Familie als Ehrverlust gesehen wird und dass sie massive Gewalt bis hin zum Mord als Reaktion auf ihre Flucht für möglich halten. Die Mädchen, die zu Papatya kommen, haben anfangs alle Angst, einige fürchten sogar um ihr Leben. In der Einschätzung ihrer Gefährdung durch die Familie sind sie unbedingt ernst zu nehmen. Zwar drohen die Familien nach dem Motto „Viel hilft viel“, und bei weitem nicht jede Drohung wird in die Tat umgesetzt, auf der anderen Seite sind Familien aber auch bereit, erheblichen Zwang auszuüben, um ein Mädchen wieder in ihren Einflussbereich zu bringen.

Konzepte von familiärer Ehre und Schande spielen in den Familien eine große Rolle. Kontrolle weiblicher Sexualität ist immens wichtig und wirkt sich auf den Status aller Familienmitglieder gravierend aus.

Allgemein ist Jungfräulichkeit bis zur Ehe meist fraglose Forderung an die Mädchen. Damit ist nicht nur die sexuelle Jungfräulichkeit gemeint, sondern eine soziale Jungfräulichkeit: Die Nachbarn und Bekannten dürfen keinen Anlass haben, zu denken, dass die Tochter einen Freund haben könnte. Um das zu gewährleisten, verlassen sich die Eltern nicht darauf, dass sie den Mädchen Unberührtheit/„Sauberkeit" als Wert vermittelt haben, sondern versuchen, ihr Verhalten darüber zu kontrollieren, dass sie Situationen kontrollieren: Wenn eine junge Frau nur mit ihren Eltern oder ihrem Bruder die Wohnung verlassen darf, ist so gut wie ausgeschlossen, dass über sie Gerüchte entstehen können.

Zwangsverheiratung steht häufig im Kontext dieser rigiden Sexualnormen. Sie ist eine Form von Gewalt im Namen der Ehre. Sie ist Ausdruck von patriarchalen Traditionen, die die Partnerwahl in die Verfügungsgewalt der Familie bzw. Gemeinschaft stellen und den Männern die Verfügungsgewalt über die Reproduktionsfähigkeit der Frauen zubilligen.

Wenn wir bei Papatya versuchen, Familienkonflikte zu bearbeiten, stellen wir fest, dass wir immer wieder an für die Eltern nicht verhandelbare Grenzen stoßen. Zwangsverlobungen lassen sich eventuell auflösen, Misshandlungen beenden. Als nicht tolerierbar gilt aber nach wie vor, wenn Mädchen unverheiratet getrennt von der Familie leben wollen oder einen Freund haben. Beides versuchen die Eltern durch Kontrolle der Mädchen schon weit im Vorfeld zu verhindern.

Häufig eskalieren Konflikte erheblich, wenn die Eltern entdecken oder vermuten, dass ein Mädchen einen Freund hat. Mädchen werden dann eingesperrt, dürfen nicht mehr zur Schule, Jungfräulichkeitstests werden anberaumt, sie werden so schnell wie möglich zwangsverheiratet und/oder ins Herkunftsland der Eltern gebracht. Eine bevorstehende Zwangsverheiratung ist umgekehrt häufig der Anlass zur Flucht für Mädchen, weil sie ihnen jede Hoffnung auf eine selbstbestimmte Zukunft raubt.

2.2 Für die Mädchen ist die Zwangsverheiratung das Problem – für die Familie ist vor allem ihre Flucht das Problem

Weglaufen beschert einer Betroffenen meist vehemente Reaktionen aller Familienmitglieder und wird zum eigentlichen Konflikt. Das ist eine logische Konsequenz des Ehrkodexes. Nachbarschaften/Communities können sich dabei in Bezug auf das, was sie als Ehrverletzung ansehen, durchaus unterscheiden: Manche Familien sehen die Ehre verletzt, wenn die Nachbarn das Mädchen auf der Straße mit einem Jungen haben sprechen sehen. Für andere bedeutet erst eine nichteheliche Schwangerschaft die Katastrophe.

Wird allerdings bekannt, dass die Tochter weggelaufen ist, so ist das soziale Ansehen der gesamten Familie in akuter Gefahr. Die Tochter ist in einer Situation, die der familiären Kontrolle entzogen ist. Damit ist ihre soziale Jungfräulichkeit in Frage gestellt und die Wahrscheinlichkeit, dass sich über die „Hure“ das Maul zerrissen wird, ist hoch.

Die gesamte Familie ist von dieser Ehrverletzung betroffen. Sie ist eine kollektive Wunde, nicht die individuelle Kränkung eines Einzelnen. Besonders die Männlichkeit und der Status der Väter, Brüder und Onkel werden dadurch beschädigt, aber auch Mütter, Schwestern und Tanten fürchten die Schande. Entsprechend entwickeln die Familien eine wütende und verzweifelte Kreativität, um Mädchen zur Rückkehr zu bewegen: durch intensive Suche, massive Drohungen, emotionale Erpressung, große Versprechungen, aber auch Anzeigen bei der Polizei (etwa mit der Begründung, ein Mädchen habe Geld oder Schmuck gestohlen) oder den Versuch, weibliche Familienangehörige auf der Spur der Geflohenen in Schutzeinrichtungen einzuschleusen. Auch die Solidarität zwischen den weiblichen Familienmitgliedern ist durch die Regeln der Ehre enorm erschwert, da in erster Linie die Mutter für „Fehlverhalten“ ihrer Tochter verantwortlich gemacht wird und auch die Schwestern unter einem schlechten Ruf der Familie leiden, da z. B. ihre eigenen Heiratschancen sinken, wenn die Ehre nicht wiederherstellt wird.

Der Brief eines Vaters ist ein Beispiel dafür, wie psychischer Druck ausgeübt wird:

„Ich, dein Vater, spreche zu dir. Ich war wegen dir im Krankenhaus, ich verstehe das nicht. Willst du mich vor allen blamieren? Blamiere mich nicht bei allen Leuten. Du weißt, deine Mutter und dein Vater sind sehr krank, du weißt, dass wir beide Diabetes haben. Tu uns das nicht an! ... Ich, dein Papa, kann nicht mehr arbeiten gehen, ich und Mama überlegen die ganze Zeit, warum? Du hast alles bekommen, was du willst, wir haben dir immer Geld gegeben ... Wir können nicht schlafen, seit du weg bist. Ich gehe nicht mehr aus der Wohnung raus ... Komm nach Hause, lass die Leute nicht über uns lachen, wir werden lächerlich bei den Leuten. ... Du musst mich sehen, ich leide nur noch, bitte ruf wenigstens an, damit wir reden können.“

Es ist leicht vorstellbar, welchen Druck dieser noch vergleichsweise moderate Appell, aber auch die manchmal sehr viel dramatischeren Krankheits-, Unfall- oder Selbstmordbekundungen der Familien auf die Mädchen ausüben.

2.3 Warum kommt es zu einer Zwangsverheiratung? Praxisbeispiele

„Die Schwester von meinem Vater wollte, dass ich ihren Sohn in der Türkei heirate, aber ich wollte es nicht. Dann hat meine Tante angefangen rumzuerzählen, dass ich mit jedem Jungen schlafe, dass ich keine Jungfrau mehr bin und dass ich eine Schlampe bin. Meine Familie war beim Frauenarzt, das Attest war positiv, ich war noch Jungfrau, aber sie wollten es trotzdem nicht glauben. So waren wir bei fünf Frauenärzten. Fünfmal musste ich mich kontrollieren lassen, alle fünf haben gesagt, dass ich noch Jungfrau bin. So haben sie es geglaubt. Aber es gab trotzdem keine Ruhe, es haben sich alle in

meiner Familie gestritten mit meiner Tante, weil sie solche Geschichten erzählt hatte. ... Später habe ich eine SMS bekommen von einem Jungen, den ich gar nicht kenne: ‚Ich liebe dich, wann sehen wir uns wieder' ... Über meine Freundin habe ich rausbekommen, dass das meine Cousins waren, aber mein Bruder wollte mir nicht glauben. Er dachte, dass ich einen Freund oder mehrere hätte und fing an, mich zu schlagen und mich mit dem Tod zu bedrohen ... Ich habe sogar Selbstmord versucht und Tabletten geschluckt, aber ich wurde nur krank. Diesmal wollten sie, dass ich meinen anderen Cousin aus der Türkei heirate und weil ich Nein gesagt habe, sagten sie, dass ich eine Schlampe bin und dass ich keine Familie gründen will. Sie sagten, dass ich eine Hure bin und dass ich gerettet bin, wenn ich heirate."

Sevil,[2] 20 Jahre alt, hat während ihres Aufenthalts bei Papatya aufgeschrieben, warum sie weglaufen musste. Sie ist in der Türkei geboren und mit zwölf Jahren nach Deutschland gekommen. Ihre Eltern haben sich getrennt und sie ist bei Großmutter und Tante in der Türkei aufgewachsen. Ihr Vater hat sie später zu sich geholt. Er ist in dritter Ehe verheiratet, und eigentlich stört sie in dieser Ehe.

In dem kurzen Ausschnitt klingen Motive für Zwangsverheiratung an. Von Religion ist nicht die Rede, sondern von Jungfräulichkeit und von der Bezeichnung als Hure, und das mit einer sehr großen Selbstverständlichkeit. Gerüchte, die Sevils Tante in der durchsichtigen Absicht, ihren Sohn nach Deutschland zu holen, streut, treiben ihre Eltern zu einer wiederholten massiven Grenzverletzung gegenüber Sevil. Die geschickten Manipulationen ihrer Cousins können sich auf ein verbreitetes traditionelles Bild unersättlicher, kaum zu begrenzender weiblicher Sexualität stützen, dem Sevil nichts entgegensetzen kann und das ihren Bruder zu Gewalt greifen lässt. Sevils Geschichte ist in mehrfacher Hinsicht typisch.

Jemandem aus der Großfamilie, meist einem Cousin, die Einwanderung nach Deutschland zu ermöglichen, ist ein häufiger Grund für eine Verheiratung. Und je prekärer die Lage im Herkunftsland durch Krieg oder wirtschaftliche Not ist, umso eher sieht die Familie es als gerechtfertigt an, Einwände der Tochter zu übergehen. Dabei können Eltern ihrerseits unter massivem Druck der Großfamilie stehen.

Soziale Nähe ist für die meisten Eltern ein entscheidendes Kriterium bei der Partnerwahl. Manchmal kommen überhaupt nur Familienangehörige in Betracht, in anderen Fällen spielen ethnische oder religiöse Grenzen eine Rolle: Der potenzielle Ehepartner muss auf jeden Fall Muslim/Schiite/Sunnite/Alevite sein, er darf auf keinen Fall Kurde/Türke/Araber/Deutscher sein – das wird in unterschiedlicher Vehemenz und Feinabstimmung vertreten. Dass Zwangsverheiratung auch eine Form der Disziplinierung der Tochter und damit eine Form von Konfliktlösung aus Sicht der Eltern ist, habe ich bereits erwähnt. Sevils Tante versucht, genau so einen Konflikt zu inszenieren, um dann die entsprechende Lösung nahe legen zu können. Sevils Eltern haben sich getrennt, haben also selbst in ihrem Verhalten teilweise mit traditionellen Vorstellungen gebrochen; dabei mag die Migration eine

2 Alle Namen in den Beispielen dieses Beitrags sind anonymisiert.

Rolle gespielt haben. Von Sevil wird nun umso dringender gefordert, dass sie die Tradition bruchlos verkörpert und die Forderungen der Moral bedient.

Beispiele wie dieses zeigen, dass Zwangsverheiratung keineswegs nur ein Ausdruck des Festhaltens an Traditionen ist und sich nicht vordringlich nur in sehr konservativen, vielleicht auch stark religiösen Familien findet. Gerade dort, wo Eltern selbst die traditionellen Regeln verletzen bzw. nicht mehr nach ihnen leben können, wollen sie manchmal umso hartnäckiger für ihre Kinder daran festhalten. Wo die soziale Lage prekär ist (und in vielen der Familien, deren Töchter zu Papatya kommen, ist das der Fall) soll Verfügungsgewalt über die Kinder die Identität der Eltern, soll die Verfügungsgewalt über Frauen die Identität der Männer stützen.

Angesichts von Arbeits- und Perspektivlosigkeit ist die Verheiratung der Kinder eine der wenigen Möglichkeiten, soziales Prestige zu erringen, auf die man umso weniger verzichten möchte, je weniger andere Quellen für Statusdemonstrationen zur Verfügung stehen. Sevil steht stellvertretend für die Mädchen, die hier in Deutschland leben und die jemanden aus der Heimat der Eltern heiraten sollen.

Zwangsheirat gibt es aber auch in der Gegenrichtung. Mädchen aus den Heimatländern werden als Ehefrauen für junge Männer nach Deutschland geholt. Sie sollen die Bindung ans Herkunftsland erhalten und festigen, sie gelten als moralisch „sauberer" und fügsamer als die durch ein Leben im Westen „verdorbenen" Mädchen. Meist arrangieren ihre Schwiegermütter die Ehen. Manchmal erhoffen sie sich davon, dass ihr drogensüchtiger oder straffälliger Sohn durch eine Frau aus der – idealisierten – Heimat geheilt wird. Auch für einen behinderten Sohn lässt sich oft nur im Herkunftsland eine versorgende Ehefrau finden – die häufig keine Ahnung hat, was für eine Situation sie erwartet.

Viele dieser jungen Ehefrauen kommen voller Illusionen über ein Leben im Wohlstand. Ohne Sprachkenntnisse und Außenkontakte enden sie immer wieder aber auch als rechtlose Haushaltssklavinnen der Schwiegerfamilie. Sie sind in einer besonders schwachen Position, wenn sie aus ihrer Ehe ausbrechen wollen. Ihre eigene Familie ist weit weg und häufig kaum erreichbar. Da ihr Aufenthaltsstatus davon abhängt, dass die Ehe mindestens zwei Jahre Bestand hat, müssen sie ausreisen, wenn sie sich vor Ablauf dieser Frist trennen wollen. Mit dem Beistand ihrer Eltern können sie selten rechnen. Meist wird von ihnen verlangt, die Ehe, von der sich ihre Herkunftsfamilie oft auch materielle Vorteile und finanzielle Unterstützung verspricht, unter allen Umständen aufrechtzuerhalten. Die Eltern lehnen es ab, sie wieder aufzunehmen. Wird ihre Trennung als Ehrverletzung bewertet, können sie darüber hinaus bei einer Rückkehr in eine lebensbedrohliche Situation geraten.

3. Herausforderungen für Schutz und Beratung

3.1 Innerfamiliäre Lösungen?

Unsere vordringliche Aufgabe nach einer Aufnahme bei Papatya besteht darin, den Mädchen Schutz zu bieten und dann mit ihnen zu überlegen, wie es für sie weitergehen kann: ob sie sich auf Dauer von der Familie trennen wollen oder ob eine Rückkehr möglich ist. Um das zu klären, versuchen wir nach Möglichkeit, eine Auseinandersetzung zwischen einem der Betroffenen und ihrer Familie in Gang zu bringen und zu begleiten. Wir verstehen uns in diesen Gesprächen als Anwältinnen der Mädchen.

Je nach Gefährdung kann der Kontakt zu den Eltern in Briefen, Telefonaten oder auch in direkten, von uns begleiteten Gesprächen – meist beim Jugendamt – aufgenommen werden. Zentral dabei ist für uns, die Mädchen in ihrer Angst ernst zu nehmen und an ihrer Seite zu stehen, sie aber auch zu ermutigen, sich zu artikulieren und ihre Interessen zu vertreten.

Wie oben schon erwähnt, wird in den Familien meist kaum miteinander gesprochen. Wer wen in der Familie wann auf was ansprechen kann und darf, hat viel mit den tradierten Hierarchien, Respektspyramiden und mit Statusmanagement zu tun. Über 90 % der Mädchen sind in den Familien geschlagen worden – auch „Respektlosigkeit" wird sanktioniert. Wer aber Angst hat, für seine Äußerungen geschlagen zu werden, kann sich nicht mehr offen auseinandersetzen. „Erwachsene" sprechen nicht mit „Kindern" über ihre Pläne – entsprechend erfahren die Mädchen häufig nur durch Zufall oder von anderen Verwandten, dass sie verheiratet werden sollen. Selbst wenn sie sich trauen, Einwände zu äußern, werden diese oft überhört und übergangen.

Sind die Töchter weggelaufen, geraten die Eltern angesichts des dann durch die Flucht drohenden Gesichtsverlusts in Zugzwang und sind nun möglicherweise zu Zugeständnissen bereit. Bei Zwangsverheiratungen bieten sie fast immer an, ihre Pläne aufzugeben. Häufig bestreiten sie aber auch, überhaupt solche Pläne gehabt zu haben (dazu später mehr).

Bei etwa der Hälfte der Mädchen kommt es zu einer innerfamiliären Lösung: Die Mädchen halten für ausreichend glaubwürdig, dass ihre Familie von den Heiratsplänen Abstand genommen hat und kehren zurück oder finden Unterschlupf im Verwandtenkreis. Manchmal besteht für die Mädchen ihre Wunschlösung darin, eine (religiöse oder soziale) Heirat mit ihrem Freund durchzusetzen. Letzteres sehen wir – vor allem bei Minderjährigen – mit Skepsis, akzeptieren aber, wenn die Mädchen dies als einzig möglichen Weg für sich sehen.

Wie tragfähig bei Papatya erarbeitete Lösungen langfristig sind, können wir nur begrenzt verfolgen. Wir wissen, dass Eltern sich in der Krisensituation auch taktisch verhalten, sich später häufig nicht mehr an Absprachen gebunden fühlen und den Mädchen oft neue Heiratskandidaten präsentieren.

Beispiel: Im ersten Jahr nach Papatyas Eröffnung sucht die 15-jährige Nurcan Schutz, weil ihr Bruder sie schlägt und weil sie in der Türkei verheiratet werden soll. Im Elterngespräch beim Jugendamt erklärt der Vater, es sei trotz eintretenden Gesichtsverlusts möglich, die Verlobung wieder rückgängig zu machen, obwohl er schon Schulden für die Hochzeit gemacht und Geschenke gekauft habe. Nurcan solle nach Hause kommen und mit der Familie in Ferien fahren, danach sei man zu gemeinsamen weiteren Beratungsgesprächen beim Jugendamt bereit. Nurcan ist einverstanden. Nach den Ferien taucht sie nicht wieder auf. Die Familie behauptet, sie habe freiwillig in der Türkei bleiben wollen.

Nurcan hat das Lehrgeld für die Unerfahrenheit des Teams bezahlt, das den Eltern einen unkritischen Vertrauensvorschuss gegeben hatte.

Heute warnen wir Mädchen vor kurzfristig anberaumten „Urlauben“ im Herkunftsland der Eltern im Anschluss an einen Aufenthalt bei Papatya und raten ihnen, ihre Ausweispapiere bei sich zu behalten. Etwa 10 % der aufgenommenen Mädchen jedes Jahr sind Wiederaufnahmen, für die sich die Probleme nach einer Rückkehr in die Familie erneut zugespitzt haben.

Etwa die Hälfte der Mädchen verlässt die Familie auf Dauer. Eine solche familienunabhängige Lösung bedeutet meist zunächst einmal den totalen Bruch mit allen Verwandten und stürzt die Mädchen oft in große Isolation und Einsamkeit, die Sozialarbeit nur begrenzt auffangen kann. Mädchen, die gegen die traditionellen Regeln verstoßen, gelten als Huren – so sehen es nicht nur die Eltern, sondern auch Brüder oder Schwestern und auch Schulkameraden. Wir versuchen dementsprechend, so viele familiäre Bindungen, auch an einzelne Bezugspersonen, wie nur irgend möglich zu erhalten.

3.2 Interkulturelle Sensibilität

Zwangsverheiratung betrifft in allen Fällen, die bisher bei Papatya bekannt geworden sind, Mädchen bzw. Familien mit Migrationshintergrund. Damit ist das gesamte Feld der interkulturellen Beratung angesprochen.

Von der seit Jahrzehnten propagierten interkulturellen Öffnung der sozialen Dienste ist Deutschland noch weit entfernt, auch wenn viele Klientinnen mittlerweile einen Migrationshintergrund haben. Im Umgang mit dem Fremden, dem Anderen, ringen professionelle Helfer um eine angemessene Haltung.

Allzu schnell werden Fremdheiten dabei als kulturelle Eigenheiten definiert – dabei können sie durchaus auch auf anderen Ebenen liegen. Die Fixierung auf den kulturellen Unterschied bleibt dann an den Oberflächenphänomenen hängen und übersieht die möglicherweise komplexeren Strukturen.

Beispiel: Die allein erziehende Mutter verwöhnt ihren halbwüchsigen Sohn, der zwischen Abhängigkeit und aggressiv ausgelebten Größenphantasien hin und her schwankt. Wie verändert sich der Blick, wenn man weiß, dass die deutsche Mutter sich vom türkischen Vater getrennt hat?

Beispiel: Bei einer Veranstaltung zu Zwangsverheiratung weist eine Teilnehmerin auf die starke Familienbindung der Mädchen hin, die sie als fremd erlebt. Fragen: Wie schwer fällt deutschen Jugendlichen der Ablösungsprozess aus ihrer Familie? Wie schwer fällt er ihnen, wenn er im Konflikt erfolgen muss? Und wie schwer würde er ihnen fallen, wenn die Familie sie nicht nur als schwarzes Schaf brandmarken würde, sondern sie erbost mit Gewaltdrohungen verfolgen würde und wenn sie zusätzlich auch von Gleichaltrigen schräg angesehen würden? Sind es also psychische Eigenheiten der Mädchen oder vielmehr Eigenheiten der Strukturen, in denen sie sich gefangen sehen?

Ich möchte die kulturelle Dimension beider Beispiele nicht negieren. Sie spielt eine Rolle, vielleicht manchmal auch eine Hauptrolle. Aber das Differenzierungsvermögen der Beraterinnen/Berater ist immer wieder herausgefordert, auch andere mögliche Dimensionen eines Konflikts zu erfassen und zu gewichten.

Die Orientierung am Augenschein kann leicht in die Irre führen. Auch Akademiker können ihre Frauen und/oder Kinder schlagen. Auch gut Deutsch sprechende Eltern können ihre Tochter zwangsverheiraten. Auch Kopftuch tragende Mütter können ihre Tochter unterstützen. Kein Kopftuch zu tragen, ist andererseits keine Garantie für Liberalität in Bezug auf die Sexualmoral oder den Ehrkodex.

Wichtige Voraussetzungen interkultureller Beratung sind nach dem Verständnis von Papatya:

- Wissen um die eigenen Wertmaßstäbe, ihre Gewordenheit und Relativität (und dies gilt eben nicht nur als Angehörige einer Mehrheits-/Minderheitskultur, sondern auch als Mittelschichtsangehörige, Frau, allein erziehende Mutter, 50-Jährige etc.);
- Bezug auf die allgemeinen Menschenrechte als Werteorientierung, die auf die Ebene von Kinder- und Opferschutz heruntergebrochen werden müssen;
- Wissen um das Machtgefälle im Verhältnis Institution/Familie, aber auch im Verhältnis Mehrheit/Minderheit, Familie/Tochter, Erwachsene/Jugendliche sowie Mann/Frau;
- Kenntnis der patriarchalen Traditionen und ihrer Brechung/Spiegelung/Verhärtung in der Migration;
- Bereitschaft, das bisherige Wissen im Einzelfall immer wieder zu revidieren und den Einzelfall als solchen anzuerkennen.

Grundsätzlich sind Empathie sowie genaues Hinhören und Nachfragen wichtig.

Eine entsprechende Haltung lässt sich am ehesten in einem interkulturellen Team entwickeln. Vor Blindheit durch Routine ist man nie und in keinem Bereich gefeit, genauso wenig wie vor Fehlern aus Unerfahrenheit. Ein interkulturelles Team ermöglicht aber Spiegelungen der eigenen Haltung und gibt Sicherheit, wenn es gelingt, zu gemeinsamen Urteilen und Werthaltungen zu kommen. Es unterstützt dabei, Fremdheit nicht nur auf der Folie „deutsch versus fremd“ zu verorten, sondern auch auf die Auswirkungen sozialer Lagen, auf Bildungsferne oder auch auf individuelle psychische Störungen zurückführen zu können. Man wird dann weniger gewillt sein, sich mit einem „Das ist bei uns eben so!“ zufriedenzugeben.

Gewalt plus andere Kultur: Eine doppelte Herausforderung an Beratung

Von Zwangsverheiratung Betroffenen wird man weder mit übertriebener Rücksichtnahme auf die vermeintlichen Eigenheiten der fremden Kultur gerecht („Das ist bei euch doch so üblich“) – die u. a. allerdings dadurch gestützt wird, dass dem Erziehungsrecht der Eltern vom Gesetzgeber ein sehr hoher Stellenwert eingeräumt wird –, noch mit einer empörten Skandalisierung, die Betroffene zusätzlich unter sie überfordernden Handlungsdruck stellt („So wie deine Familie dich unterdrückt, kannst du unmöglich noch länger zuhause bleiben! Du musst etwas unternehmen!“).

Wie in jeder professionellen Beratung gilt es, Betroffenen aufmerksam zuzuhören, ihre Wünsche zu erkennen und zu respektieren, ihnen Vertraulichkeit und bei Bedarf auch Anonymität zuzusichern. In der ambulanten Beratung sollten Vermittlungsversuche mit der Familie nur auf Wunsch der Betroffenen erfolgen und Absprachen darüber getroffen werden, wie man gegebenenfalls in Zukunft wieder miteinander Kontakt aufnehmen kann, ohne dass die Familie davon erfährt. Handlungsmuster, nach denen man in Konflikten zwischen Jugendlichen und Eltern beide Parteien zunächst an einen Tisch und dann miteinander ins Gespräch bringt, sind unangebracht und haben zu unterbleiben, wenn die betroffene Jugendliche eine massive Eskalation ihrer Situation durch eine solche Vermittlung befürchtet. Dann muss zunächst ihr Schutz gewährleistet werden. Angesichts eines familiären Kontextes von Zwang und Gewalt ist Schutz die Voraussetzung dafür, dass überhaupt ein sinnvolles Gespräch stattfinden kann, das zumindest eine Chance auf Veränderung bietet.

Unabhängig vom kulturellen Kontext ist die Sicherheit vor Gewalt eine Vorbedingung für wirksame Beratung. Beraterinnen, die selbst bedroht werden und Angst haben (müssen), können nicht gut beraten. Auch den Beratenen ist mit Einfühlsamkeit allein nicht geholfen, wenn sie ihr Leben bedroht sehen.

Meine Kollegin Birim Bayam hat die Auswirkungen eines unreflektierten Verständnisses von Allparteilichkeit und Ressourcenorientierung angesichts von Gewaltverhältnissen kritisch hinterfragt:

„Eine im Allgemeinen wertschätzende und respektierende Haltung gegenüber Personen und Familien bedeutet ... keineswegs, daß die Familien ‚geschont' werden müssen und nicht mit ihren Fehlverhalten konfrontiert werden. Gerade diesbezüglich erleben wir oft seitens der Mitarbeiterinnen/Mitarbeiter der Jugendämter eine falsch verstandene ‚Familienorientierung' und ‚wertschätzende Haltung gegenüber anderen Kulturen'. Die Absicht ist ... klar: es geht um die Aktivierung der Ressourcen der Familie; was dabei herauskommt, ist in manchen Fällen leider eine Bagatellisierung von häuslicher Gewalt. Zuviel Verständnis für die Eltern, (‚deine Eltern wollen nur das Beste ... deine Eltern sind überfordert') ist in diesem Zusammenhang absolut destruktiv und hilft der Familie in keiner Weise, ihre Verhaltensformen zu überdenken und gegebenenfalls zu korrigieren. Es kann nicht nur darum gehen, sich von bewußt demonstrierter familiärer Nähe und Besorgnis blenden zu lassen, (‚deine Eltern lieben dich sehr') und dem Wunsch der Familie nachzugeben, schnellstens wieder zusammenzukommen. Die Krise ist nur dann als Chance genutzt, wenn sich etwas bei den Eltern bewegt. Mißstände nicht unter den Teppich kehren, sondern sie zu benennen und gemeinsam mit den Eltern nach Veränderungsmöglichkeiten suchen – das ist hier die eigentliche Herausforderung, der HelferInnen sich stellen müssen."[3]

Verständigungsprobleme

Für konflikthafte Familiengespräche mit Eltern oder Ehemännern, die wenig Deutsch sprechen, ist die Einschaltung von professionellen Sprachmittlerinnen/Sprachmittlern wichtig. Es ist eine Zumutung für Mädchen, die um die Formulierung ihrer eigenen Position in einem Konflikt ringen, wenn sie gleichzeitig die Vorhaltungen und eventuell Drohungen ihrer Eltern in den Mund nehmen und für die Beraterinnen/Berater auf Deutsch wiederholen sollen („Kannst Du mal übersetzen, was deine Mutter gerade gesagt hat?"). Verwandte, die, wenn es um die Familienehre geht, fast immer auch mittelbar Betroffene sind, können ebenfalls keine neutralen Dolmetscher sein.

Fremdheitsphänomene: Kultur zum zweiten ...

Kultur ist nur eine Dimension unter mehreren. Das heißt nun wiederum auch nicht, dass sie keine Rolle spielt. So würde es zu kurz greifen, wenn die Konflikte der Mädchen, die zu Papatya kommen, auf der häufig von den Eltern nahe gelegten Matrix als Pubertätskonflikt abgehandelt würden, also als ein Konflikt, der in einer bestimmten, durch Stimmungsschwankungen und Impulsivität gekennzeichneten Altersstufe auftritt, in der zugleich die Regeln der Erwachsenen in Frage gestellt werden und ein Erwachsenenstatus des Selbstentscheidens beansprucht wird.

Beispiel: Die 14-jährige Mirjana stammt aus einer Familie serbischer Roma. Ihre Eltern haben sich getrennt, als sie drei Jahre alt war. Sie ist bei ihrer Tante aufgewachsen, die sie adoptiert hat. Sie darf oft nicht zur Schule, weil sie die kleinen Kinder der Tante hüten muss. Großmutter und Tante haben ihr angekündigt, sie solle im Sommer in Serbien verheiratet werden, das sei so Tradition. Falls sie sich

3 Bayam (2003), S. 10.

wehre, werde ihr der Kopf abgeschnitten. Beide Frauen sind selbst geschieden. Im Gespräch beim Jugendamt erklärt die Tante, sie liebe Mirjana über alles und mache sich große Sorgen. Es gäbe typische Pubertätsprobleme mit ihr, sie halte sich nicht an Regeln, habe wahrscheinlich einen Freund. Dass sie verheiratet werden solle, sei völliger Quatsch, anscheinend schrecke Mirjana nicht vor drastischen Lügengeschichten zurück, um ihre Freiheit durchzusetzen.

Die Konflikte der Mädchen sind sicher auch manchmal Pubertätskonflikte, aber eben nicht nur. Sie haben weitere Dimensionen – ganz besonders, weil sie oft in eine lange Geschichte von Misshandlung und Sprachlosigkeit eingebettet sind. Aber auch, weil in den Familien, in denen der Ehrbegriff eine Rolle spielt, andere Formen von Ablösung und Erwachsenwerden vorgesehen sind. Die Ablösung von der Herkunftsfamilie wird nicht als individuelle Verselbstständigung (die ist im Gegenteil unerwünscht), sondern als Wechsel in die Schwiegerfamilie durch Heirat vollzogen.

Nicht zuletzt können auch die Eltern in ihren Entscheidungen unter starkem Einfluss der erweiterten Familie stehen und in ihrem Verhalten nicht autonom sein.

Die Familienehre hängt eng mit Statusfragen zusammen: Im Vordergrund steht der Eindruck nach außen. Das soziale Prestige kann so hohe Priorität haben, dass Fakten ihm untergeordnet werden. Die innerfamiliären Beziehungen können dann sehr widersprüchlich und kompliziert sein, und es kommt vor, dass sich alle Familienmitglieder je nach Situation unterschiedlich verhalten.

Dies kann möglicherweise wiederum tief in den Traditionen verwurzelt sein. So gilt es beispielsweise als respektlos, wenn der Sohn in Anwesenheit des Vaters raucht. Das heißt nicht, dass der Sohn überhaupt nicht raucht. Oder dass der Vater nicht weiß, dass der Sohn raucht. Entscheidend ist, dass beide nach außen demonstrieren, dass der Sohn Respekt hat, also nicht im Beisein des Vaters raucht.[4]

Vergleichbare Situationen können zu großer Verwirrung bei Professionellen führen.

Beispiel: Shirin ist von zuhause weggelaufen. Ihre Eltern haben sich aus der Erziehung weitgehend zurückgezogen und das Feld ihrem älteren Bruder überlassen, der Shirin und ihre kleine Schwester schwer misshandelt. Um die ihr auferlegten Einschränkungen zu veranschaulichen, sagt Shirin beim Erstgespräch im Jugendamt u. a., sie dürfe kein Handy haben, das sei ihr verboten worden. Das Jugendamt signalisiert in diesem Gespräch, ihre Not gut verstehen zu können.

Nach einer Woche findet ein zweites Gespräch mit dem Jugendamt statt. Inzwischen ist die Mutter dort gewesen. Der Ton Shirin gegenüber ist deutlich skeptischer, denn die Mutter hat sich beim Jugendamt empört, Shirin lüge. Natürlich

4 Beispiel sinngemäß übernommen aus Kvinnoforum (2005), S. 56.

sei ihr bekannt, dass Shirin ein Handy habe. Was die Mutter nicht erzählt und was Shirin dem Jugendamt gegenüber kaum formulieren kann: Die Mutter weiß, dass sie ein Handy hat, und schreitet nicht ein. Falls aber der Vater davon erführe, würde die Mutter bestreiten, je davon gewusst zu haben und möglicherweise den Vater darin bestärken, Shirin dafür zu bestrafen. Shirins Glaubwürdigkeit beim Jugendamt ist erschüttert, und die begleitende Papatya-Mitarbeiterin muss „kulturell übersetzen", damit Shirins Lage wieder deutlich wird.

Nicht nur Teenager, sondern auch Eltern können ein instrumentelles Verhältnis zur Wahrheit haben. In den Papatya bekannt gewordenen Fällen von Zwangsverheiratung folgt die von den Eltern vertretene Wahrheit fallübergreifend immer wieder typischen Mustern:[5] Sie haben angeblich nicht bemerkt, dass die Tochter nicht heiraten will, bzw. behaupten, die Tochter selbst wolle heiraten. Die Eltern erschüttern mit dieser Darstellung die Glaubwürdigkeit der Tochter.

Die weitere Argumentation der Eltern folgt häufig dem Pfad: Da die Tochter nicht zur Heirat gezwungen wurde, könne dies nicht der Fluchtgrund sein. Sie präsentieren also andere Gründe: Falsche Freunde hätten die Tochter überredet, wegzulaufen; wahrscheinlich habe die Tochter eine Beziehung mit einem Jungen; die Tochter wolle mehr Freiheiten und rebelliere gegen die vernünftigen Grenzen, die sie ihr setzen; die Tochter behaupte, zwangsverheiratet zu werden, um von ihrem eigenen Fehlverhalten (Schwänzen, Lügen, Stehlen) abzulenken.

Im weiteren Verlauf bieten die Eltern an, die (wie sie behaupten, von ihnen sowieso nie aktiv betriebenen) Heiratsabsichten aufzugeben. Verlobungen können selbstverständlich gelöst, Geschenke zurückgegeben werden: Wo ist jetzt noch das Problem? Spätestens nun kann die Tochter doch zurückkommen?! Sie reagieren meist äußerst verständnislos, wenn sich die Tochter auch jetzt noch weigert, zu ihnen zurückzukehren.

Die Beraterinnen und Berater kommen in den Zwiespalt, sich gegenüber sich widersprechenden „Wahrheiten" verhalten zu sollen. Welche Darstellung der Wahrheit entspricht, lässt sich kaum beweisen – allerdings befindet man auch nicht als Richterin über eine Straftat, sondern ist dem Kindeswohl verpflichtet.

Grundsätzlich kann man davon ausgehen, dass Mädchen, die für sich einen erhöhten Schutzbedarf formulieren, die Angst vor Verfolgung durch ihre Familie haben, die erwarten, dass auf ihre Flucht (auch) mit Gewalt reagiert wird und die bereit sind, sich auf die Sicherheitsanforderungen einer Einrichtung wie Papatya einzustellen (Handyverbot, Ausgangseinschränkungen, Kontakteinschränkungen etc.), mehr im Gepäck haben als einen Pubertätskonflikt.

---

5 Mir ist bewusst, dass eine solche Verallgemeinerung problematisch ist. Wie schon erwähnt, muss den Besonderheiten des Einzelfalls stets Rechnung getragen werden.

Orientiert man sich am Kindeswohl, so kann man ein gestörtes Vertrauensverhältnis zwischen Eltern und Tochter feststellen, das jedenfalls mit einer erzwungenen Rückkehr in die alten Verhältnisse kaum gebessert werden dürfte.

3.3 Zwischen arrangierten und erzwungenen Ehen – Umgang mit Uneindeutigkeiten

Gaby Straßburger hat aus ethnologischer Sicht den differenzierten Prozess beschrieben, mit dem eine Ehe arrangiert wird. Ihr ist vor allem daran gelegen, aufzuzeigen, dass zwischen arrangierten Ehen und Zwangsverheiratung ein Unterschied besteht und dass bei ersteren sowohl für die Braut als auch den Bräutigam regelhafte Möglichkeiten der Einflussnahme auf die Eheanbahnung bestehen.[6]

Sie beschreibt, dass ein betroffenes Mädchen ihre Zustimmung oder Ablehnung vor allem durch nonverbale Signale ausdrückt. Diese Signale müssen auf eine Bereitschaft der Verwandten (in der Regel der Mutter) treffen, sie wahrzunehmen und entsprechend zu interpretieren, um sie dann in die Verhandlungen zu transportieren und dort schließlich zu berücksichtigen.

Genau hier liegt aus meiner Sicht das Problem. Der patriarchale Kontext, in dem das Arrangement einer Ehe stattfindet, schreibt der zukünftigen Braut entsprechend ihrer Geschlechtsrolle Passivität vor. Ihre Keuschheit ist eine zentrale Kategorie ihrer Bewertung und im Aushandlungsprozess um die Heirat hat sie diese Keuschheit und Passivität besonders zu demonstrieren, will sie einen Verstoß gegen die Regeln der Ehre vermeiden. Ihre Chancen, Unwillen zu äußern und damit gehört zu werden, sind stark eingeschränkt, nonverbale Signale können sehr leicht übergangen werden. Bei Papatya berichten Mädchen häufig,[7] sie hätten sich nicht mehr anders zu helfen gewusst, als einen Suizidversuch zu unternehmen – sicher ein sehr deutliches nonverbales Signal. Wie Sevils Bericht weiter oben gezeigt hat, werden aber auch solche Signale oft ignoriert und, wie ebenfalls bereits beschrieben, zeigen sich die Eltern nach einer Flucht dann völlig überrascht, dass ihre Tochter mit der bevorstehenden Heirat nicht einverstanden ist.

Im Hintergrund des traditionellen Stufenmodells der Eheanbahnung stehen die Annäherung und das gegenseitige vorsichtige Sondieren zweier Familien, die beide einen Statusverlust in den Verhandlungen vermeiden möchten. Es geht nicht in erster Linie um die Annäherung der zukünftigen Partner und um ein Austarieren von deren Wünschen. Die Möglichkeiten, einen halbwegs realistischen Eindruck vom Partner zu bekommen, ihn näher kennen zu lernen, sind eingeschränkt. Beurteilt werden können eigentlich nur erster Eindruck und Aussehen. Individuelle Wünsche, Hoffnungen, Pläne, Ziele des künftigen Partners spielen keine Rolle – im traditionellen Modell wird ohnehin unterstellt, sie seien weitgehend deckungsgleich mit den Zielen und Plänen der jeweiligen Familie.

6 Siehe hierzu auch den Beitrag von Gaby Straßburger in diesem Band.

7 Durchschnittlich 20 % aller bei Papatya aufgenommenen Mädchen berichten von einem oder mehreren Suizidversuchen.

Ein Überblick über die bei Papatya bekannt gewordenen Fälle von Zwangsverheiratung zeigt, dass aber auch ein solcher idealtypischer Verlauf eines traditionellen Ehearrangements selten zu finden ist. Nur in wenigen Fällen können die Mädchen etwas zu den Motiven ihrer Eltern sagen. Es scheint, dass die Eltern es nicht für nötig halten, ihre Entscheidungen gegenüber ihren Kindern zu begründen. Fast immer stehen die Zwangsverheiratungen außerdem in einem familiären Kontext, in dem Gewalt in der Erziehung und zum Teil auch Gewalt der Väter gegen die Mütter das Klima bestimmen. Die Auswirkungen von Gewalt auf die Möglichkeit gleichberechtigter Kommunikation sind nun allerdings verheerend: Gewalt verschließt den Mund. Wo Mädchen sich mit dem Mut und der Wut der Verzweiflung trotzdem offensiv Gehör verschaffen, werden ihre Einwände überhört oder man versucht, sie durch Drohungen mundtot zu machen.

Viele Mädchen berichten außerdem, von ihrer Verheiratung völlig überrascht worden zu sein, so dass allein schon der Überrumpelungseffekt sie an einer wirksamen Gegenwehr gehindert hat. Oft finden die Verlobungen und Verheiratungen im Herkunftsland statt; wenn die Mädchen nach Deutschland zurückkehren wollen, bleibt ihnen oft nichts anderes übrig, als stillzuhalten und sich zu fügen.

Die Unterscheidung zwischen arrangierten und erzwungenen Ehen, die wir aus dem britischen Sprachraum übernommen haben, ist trotzdem grundsätzlich sinnvoll. Nicht jede Heirat, bei der die Eltern potenzielle Heiratskandidaten vorschlagen, ist eine Zwangsverheiratung und damit eine Menschenrechtsverletzung. Man kann versuchen, die Unterscheidung zwischen einer arrangierten und einer erzwungen Ehe in die Hände der Betroffenen zu legen. Nur sie selbst können letztlich beurteilen, ob sie sich zur Heirat gezwungen fühlten oder frei waren, eine Eheschließung abzulehnen.

Das Problem dabei ist allerdings, dass auch arrangierte Ehen in dem schon beschriebenen patriarchalen Kontext stehen. In den Geschlechtsrollenzuweisungen verbirgt sich strukturelle Gewalt.[8] Für die Familien der Mädchen, die zu Papatya kommen, ist völlig selbstverständlich, dass ein Mädchen heiratet. Homosexualität ist für beide Geschlechter absolut tabu. Jenseits der heterosexuellen Ehe sind keine Lebensentwürfe denkbar.

Auch ist es für die Familien inakzeptabel, dass Mädchen Beziehungen zu Jungen eingehen, ohne verheiratet zu sein. Der GAU, der größte anzunehmende Unfall, ist

8 „Ende der 60er Jahre hat Johan Galtung die Unterscheidung von personaler und struktureller Gewalt in die Diskussion eingeführt und Anfang der 90er Jahre durch den Bereich der kulturellen Gewalt ergänzt. Bei personaler Gewalt sind Opfer und Täter eindeutig identifizierbar und zuzuordnen. Strukturelle Gewalt produziert ebenfalls Opfer, aber nicht Personen, sondern spezifische organisatorische oder gesellschaftliche Strukturen, Lebensbedingungen sind hierfür verantwortlich. Mit kultureller Gewalt werden Ideologien, Überzeugungen, Überlieferungen, Legitimationssysteme beschrieben, mit deren Hilfe direkte oder strukturelle Gewalt ermöglicht und gerechtfertigt, legitimiert werden. Gewalt liegt nach Galtung dann vor, wenn Menschen so beeinflusst werden, dass ihre tatsächliche körperliche und geistige Verwirklichung geringer ist als ihre mögliche Verwirklichung." (aus: Gugel (2003); Zitat zu finden unter: http://www.dadalos-d.org/frieden/grundkurs_2/gewalt.htm; abgerufen am 20.4.2007).

zwar eine Entjungferung, die öffentlich bekannt wird, schon der Verlust der sozialen Jungfräulichkeit soll aber vermieden werden. Entsprechend gering sind häufig die Möglichkeiten, selbstständig einen Partner kennen zu lernen. Den Eltern jemanden vorzustellen, dessen Bekanntschaft man irgendwo allein gemacht hat, dokumentiert dementsprechend schon einen impliziten Regelverstoß.

Beispiel: Selma wurde mit 17 Jahren in der Türkei im Urlaub verlobt. Das lief nach ihrer Schilderung folgendermaßen ab: „Meine jüngste Tante fragte mich, ob ich mir vorstellen kann, meinen Cousin zu heiraten. Ich hab gesagt: Weiß ich nicht, er ist doch wie ein Bruder für mich. Meine Tante meinte: Glaubst du etwa, du könntest einen Besseren bekommen? Ich hab nein gesagt. Dann hat sie gefragt, ob ich etwa in Deutschland einen anderen habe, da habe ich Angst bekommen und natürlich nein gesagt. Am nächsten Tag haben sie ein Fest vorbereitet, dann haben sie gesagt, dass es meine Verlobung ist. Sie haben mich keine Minute allein gelassen, alle waren dauernd um mich, ich habe auch nichts gesagt."

Wir stoßen hier auf ein Problem, dem man bei häuslicher Gewalt generell immer wieder begegnet: Gesellschaftliche und individuelle Wahrnehmung von Gewalt stehen in einer Wechselwirkung. Die Ächtung von Gewalt gegen Frauen und Kinder ist ein allmählicher Prozess. Häusliche Gewalt wurde von vielen lange als Privatsache, Vergewaltigung in der Ehe als Recht des Ehemannes angesehen. Ich vermute, dass es ähnliche Prozesse auch in Bezug auf die Wahrnehmung geben wird, ob eine Ehe arrangiert oder erzwungen wurde: Wie frei ist die Wahl unter drei Cousins?

Im Berliner Arbeitskreis gegen Zwangsverheiratung haben wir uns daher entschieden, bei arrangierten Eheschließungen von Minderjährigen bis zum Beweis des Gegenteils eine Zwangsverheiratung anzunehmen.

Arrangierte Ehen sind aus meiner Sicht nur unter bestimmten Bedingungen hinzunehmen und zu akzeptieren:

- beide Partner müssen volljährig sein;
- es darf keinerlei Druck (auch kein psychischer Druck) auf sie ausgeübt werden;
- die Partner müssen ausreichend Gelegenheit bekommen, sich kennen zu lernen, und
- eine spätere Scheidung muss denkbar sein.

3.4 Im Dschungel der Zuständigkeiten

Der Unterstützungsbedarf einer Person, die vor Zwangsverheiratung fliehen muss, kollidiert häufig mit den Handlungs- und Zuständigkeitsroutinen von Behörden und Ämtern. Meist ist Schutz nur in erheblicher Distanz zum Wohnort der Familie gewährleistet. Die Flure örtlich zuständiger Ämter, die den Hilfebedarf beurteilen und gegebenenfalls Unterstützung leisten sollen, werden zu schwierig erreichbaren, potenziell sogar gefährlichen Orten. Schon die Bitte um einen Termin außerhalb der normalen Sprechzeiten mit öffentlichem Publikumsverkehr stößt mancherorts allerdings auf Unverständnis. Noch viel schwieriger wird es, wenn der Hilfebedarf auch inhaltlich strittig ist, wie es besonders häufig bei jungen Volljährigen vorkommt.

Die bisherigen (wenn auch noch dürftigen) empirischen Erkenntnisse lassen andererseits vermuten, dass junge Volljährige besonders häufig von Zwangsverheiratung betroffen sind.[9]

Viele junge Frauen, die zu Papatya kommen, haben gezielt ihre Volljährigkeit abgewartet, um eine vormundschaftsgerichtliche Auseinandersetzung mit ihren Eltern über ihre Trennung von der Familie zu vermeiden. Als junge Volljährige werden sie nun aber vom Jugendamt häufig abgewiesen und an die Frauenhäuser bzw. auf die Sozialhilfe verwiesen. Die Frauenhäuser sehen sich schon in der akuten Krisensituation von den Bedürfnissen und dem Betreuungsbedarf dieser jungen Frauen überfordert. Aber auch und gerade wenn sie nach einer ersten Klärung in eine eigene Wohnung ziehen können, brauchen sie mindestens für die Anfangszeit noch sozialpädagogische Betreuung. Die Begründung liegt auf der Hand:

Die jungen Frauen haben zwar in ihrer Familie oft erhebliche Verantwortung als Sprachmittlerin der Eltern gegenüber Behörden oder als Ersatzmutter kleinerer Geschwister getragen, selbstständig Entscheidungen zu treffen, wurde aber nicht nur nicht gefördert, sondern war häufig verpönt. Ihre Volljährigkeit war für sie mit keinem Zuwachs an Freiheit oder Rechten im familiären Umfeld verbunden. Einen eigenen Freundeskreis durften sie nicht haben. Durch ihre Flucht haben sie nicht nur die Kontakte und die Unterstützung ihrer Familie verloren, sondern sie müssen sich darüber hinaus häufig vor ihren Angehörigen verstecken. Werden sie an ihrem neuen Wohnort, in der Schule oder am Arbeitsplatz als allein lebende junge Frau von Männern mit ähnlichem kulturellen Hintergrund identifiziert, so gelten sie häufig als Freiwild und müssen sich vor Übergriffen schützen. Sie müssen ihre Verselbstständigung also gegen einen Berg von Widerständen durchsetzen. Der schwierige Arbeitsmarkt macht es ihnen zusätzlich nicht leicht, sich ein unabhängiges, selbstbestimmtes Leben aufzubauen.

Nach § 41 SGB VIII[10] kann jungen Volljährigen grundsätzlich Hilfe gewährt werden. Hauptvoraussetzung hierfür ist eine „nicht abgeschlossene Persönlichkeitsentwicklung". Der Gesetzgeber hat ausdrücklich auf Kriterienkataloge verzichtet und vielmehr festgelegt, dass Rechtssicherheit und Rechtsgleichheit über das Hilfeplanverfahren hergestellt werden sollen, das gerechte und sachlich begründete Entscheidungen gewährleisten soll. Es besteht ein Rechtsanspruch auf individuelle Prüfung und Beratung. In der Praxis von Papatya müssen wir allerdings häufig feststellen, dass dieser Anspruch nur schwer durchzusetzen ist.

9 Z. B.: Ergebnisse einer Befragung der Lawaetz-Stiftung zu dem Thema Zwangsverheiratung in Hamburg, Mirbach u. a. (2006), S. 17.

10 Sozialgesetzbuch Achtes Buch – Kinder- und Jugendhilfe.

Seit den sogenannten Hartz-IV-Gesetzen und deren Verschärfung in Bezug auf unter 25-Jährige, die im Regelfall bei ihren Eltern leben sollen, wird es in jedem Einzelfall immer schwieriger, überhaupt einen zuständigen Ansprechpartner zu identifizieren.

Während wir von Vertreterinnen des Jugendamtes hören, für sofortige Hilfe zum Lebensunterhalt und Hilfen im Bereich des Wohnens seien immer die Jobcenter zuständig, wohingegen der Jugendhilfebedarf einer sorgfältigen Einzelfallprüfung bedürfe, sind die Jobcenter der Ansicht, ihre Hilfe sei nachrangig und verlangen Ablehnungsbescheide in Bezug auf Jugendhilfe und Bundesausbildungsförderung. Für Papatya stellt sich das als Pattsituation dar.

Jungen Volljährigen, die das Bundesland wechseln müssen, wird zusätzlich zum Verhängnis, dass parallele Unklarheiten bestehen: sowohl in Bezug auf die Zuständigkeit von Jugendhilfe versus Sozialhilfe/Arbeitslosengeld II, als auch in Bezug auf die örtliche Zuständigkeit.

Bevor es überhaupt so weit kommt, dass ihr Anspruch auf Jugendhilfe geprüft wird, scheitern sie schon daran, überhaupt eine örtliche zuständige Behörde zu finden. Diese örtliche Zuständigkeit richtet sich, vereinfacht ausgedrückt, im Bereich der Jugendhilfe nach dem Lebensort vor Beginn der Hilfe und im Bereich des SGB II[11] (Sozialhilfe/Arbeitslosengeld II) nach dem Lebensort bei Beantragung der Leistung.

Beispiel: Badra, 18 Jahre, marokkanischer Herkunft, war aus ihrer Heimatstadt geflohen, wurde anschließend jedoch von ihren Brüdern verfolgt, zur Rückkehr gezwungen und eingesperrt. Sie beschreibt ihre Brüder als kleine Könige in ihrem Viertel und in ihrer Gang, die selbst vom Gefängnis aus noch Kontrolle ausüben können. Badras Eltern lassen die Brüder gewähren. Die Brüder haben beschlossen, dass Badra nun heiraten müsse. Die Hochzeit steht unmittelbar bevor, als es Badra gelingt, mithilfe der Polizei erneut zu fliehen. Da sie im Frauenhaus vor Ort nicht sicher ist, erklärt sich Papatya bereit, sie aufzunehmen. Die Polizei bestätigt gegenüber Papatya Badras Gefährdung durch die kriminellen Brüder. Auch dem Jugendamt ist die Familie aufgrund der Gewalttätigkeit und Straffälligkeit der Brüder bekannt. Papatya bemüht sich sechs Wochen lang um eine Klärung von Badras Perspektive mit dem Jugendamt. Letztlich erklärt sich das Jugendamt für nicht zuständig, da Badra zum Zeitpunkt ihres Hilfeersuchens ihren gewöhnlichen Aufenthalt nicht mehr in ihrer Heimatstadt gehabt habe. Papatya fordert einen schriftlichen Bescheid an, der jedoch nie eingeht. Badra bricht angesichts der Ablehnung durch das Jugendamt zusammen; sie weiß nicht, wie es für sie weitergehen soll. Sie entscheidet sich schließlich, in ein Frauenhaus an einem anderen Ort zu wechseln. Dort hofft sie, in Sicherheit zu sein.

Badras Fall ist leider tatsächlich beispielhaft. Die Anerkennung des Hilfebedarfs junger Volljähriger im Dschungel der Zuständigkeiten zu erreichen, beansprucht

11 Sozialgesetzbuch Zweites Buch – Grundsicherung für Arbeitsuchende.

einen erheblichen Teil der Arbeitszeit der Mitarbeiterinnen von Papatya und bedeutet für die Betroffenen in der Regel lange Wartezeiten, die sie untätig in der Einrichtung verbringen müssen, bevor sie sich auf die Suche nach Schul- und Ausbildungsplätzen oder dauerhaften Wohnmöglichkeiten machen können. Unser mühsames Ringen um Handlungsstrategien samt den damit verbundenen Frustrations- und Ohnmachtsgefühlen lässt uns befürchten, dass Mädchen und junge Frauen, die versuchen, auf sich selbst gestellt Unterstützung zu erhalten, wenig Chancen haben, ihre Rechtsansprüche zu klären und gegebenenfalls auch durchzusetzen.

4. Forderungen und Empfehlungen

Zwangsverheiratung muss in den Kontext häuslicher bzw. familiärer Gewalt eingeordnet werden. Gleichzeitig müssen aber auch die Aspekte von Gewalt im Namen der Ehre, die ein zusätzliches Eskalationspotenzial beinhalten, erkannt und beachtet werden. Fragen von Ehre und Schande sowie die Existenz von patriarchalen und rigiden Geschlechtsrollennormen können sich zu einem tödlichen Risiko verbinden.

Maßnahmen gegen Zwangsverheiratung müssen den Blick über das Bild der standesamtlich verheirateten Heiratsmigrantin als Adressatin hinaus erweitern. Betroffen sind auch Mädchen, die in Deutschland aufgewachsen sind und möglicherweise die deutsche Staatsbürgerschaft haben, betroffen sind Minderjährige und Volljährige, betroffen sind auch Jungen, betroffen sind Paare. Partner, die von der Familie abgelehnt werden, können ebenso gefährdet sein wie Professionelle, die begleitend und unterstützend tätig sind.

Schutz vor Zwangsverheiratung kann sich nicht auf den Schutz vor standesamtlicher Verheiratung beschränken, sondern muss berücksichtigen, dass soziale bzw. religiöse Heiraten für die Familien oft sogar die bedeutsamere Statuspassage sind.

Der Blick muss zugleich breiter und genauer werden, damit gezielte Maßnahmen ergriffen werden können. Dementsprechend sollten empirische Untersuchungen insbesondere zur Aufhellung des Dunkelfelds beitragen.

4.1 Strafrechtliche Aspekte der Zwangsverheiratung

Mehrere Bundesländer haben mittlerweile Maßnahmenkataloge gegen Zwangsverheiratung vorgeschlagen. Rechtliche Regelungen nehmen darin meist breiten Raum ein. Grundsätzlich ergeben strafrechtliche Regelungen aus der Sicht Papatyas nur dann Sinn, wenn sie eingebettet sind in andere Maßnahmen des Opferschutzes. Dass sich Betroffene erfolgreich dem Druck der Familie an einen sicheren Ort entziehen können, ist die Voraussetzung dafür, dass sie ihre Rechte wahrnehmen können.

Aus den Erfahrungen bei Papatya ist nicht zu erwarten, dass die Anzeigebereitschaft der Betroffenen gegen ihre Familien stark ausgeprägt sein wird. Dafür gibt es mehrere Gründe:

- Sie können sich oft nur mühsam selbst den Widerstand gegen familiäre Zumutungen zubilligen und sind in Bezug auf die erlebte Gewalt meist tief in Schuldgefühle verstrickt und verunsichert. Sie sehen eine Anzeige als zusätzliche aktive Schädigung der Familie, zu der sie sich nicht berechtigt fühlen und die sie sich deshalb nicht zugestehen.

- Häufig ist ihnen mit Gewalt bis hin zum Mord gedroht worden, sollten sie es wagen, die Familie zu verlassen. Nach ihrer Flucht haben sie dementsprechend mit der Angst vor Verschleppung, Entführung, Misshandlung und Ermordung zu kämpfen und möchten alles vermeiden, was die Familie zusätzlich aufbringen könnte. Die Familie anzuzeigen oder vor Gericht zu bringen, würde aber zur Eskalation beitragen.

- Gerichtsverfahren sind häufig langwierig. Sie bringen zwangsläufig eine – wenn auch negative – Verbindung zur Familie mit sich. In Bezug auf die Anonymität der Mädchen stellen sie dabei – z. B. durch Akteneinsicht der Gegenseite – ein zusätzliches Risiko dar.[12]

- Niemand kann Mädchen/Frauen garantieren, dass Täter in Gewahrsam genommen werden und dauerhaft keinen Zugriff mehr auf sie haben. Wenn die Heirat noch nicht standesamtlich vollzogen wurde (aber oft auch dann), steht die Aussage der Betroffenen gegen die Aussage der Familie.

Rechtliche Regelungen sind allerdings trotzdem ein wichtiger Baustein. Als Standortbestimmung des Staates haben sie eine Signalwirkung – für Betroffene, aber auch für ihr gesamtes Umfeld. Institutionen, wie z. B. Jugendämter und Vormundschaftsgerichte, sind häufig verunsichert, wenn sie in einen „fremden" kulturellen Hintergrund eingreifen sollen. Bei erwachsenen Frauen wird es allmählich selbstverständlich, sich an den Menschenrechten zu orientieren und einen Begriff von mehrfacher Diskriminierung zu entwickeln; in die Erziehungsrechte von Eltern gegenüber ihren Kindern einzugreifen, ist wesentlich strittiger und uneindeutiger.

4.2 Direkter Schutz Betroffener durch entsprechende Zufluchtseinrichtungen und den Abbau von Zugangshürden

Von Zwangsverheiratung betroffene Frauen werden sich überwiegend an die Frauenhäuser wenden. Sie sind in Bezug auf unmittelbaren Schutz die erste und oft einzige Anlaufstelle, haben aber in fast allen Bundesländern massiv mit Kürzungen ihrer sowieso schon nicht üppigen Personaldecke zu kämpfen.

12 Vgl. hierzu auch die entsprechenden Ausführungen von Regina Kalthegener sowie Seyran Ateş, die das Problem im Kontext von Sorge- und Umgangsrechtsverfahren anspricht, in diesem Band.

Mädchenzufluchtseinrichtungen wie der Berliner Mädchennotdienst dürfen nur Minderjährige bis zum vollendeten 18. Lebensjahr aufnehmen. Bundesweit wurden viele von ihnen außerdem in den letzten Jahren geschlossen, so dass in einigen Regionen kein mädchenspezifisches Angebot mehr besteht. Gerade für Mädchen aus Familien, in denen eine rigide Sexualmoral und eine strenger Kodex der Familienehre herrschen, führt die gemeinsame Unterbringung mit Jungen an einer öffentlich zugänglichen Adresse aber dazu, dass die Familienkonflikte verschärft werden und sie dem willkürlichen Zugriff ihrer Familien preisgegeben sind.

Schutzeinrichtungen wie Papatya oder das Interkulturelle Frauenhaus in Berlin, die auf den Unterstützungsbedarf von Migrantinnen spezialisiert sind, lassen sich bisher an einer Hand abzählen.

Papatya wird vom Berliner Senat für Jugend über eine pauschale jährliche Zuwendung finanziert. Dies hat Nachteile in Bezug auf die langfristige Absicherung. Außerdem ist die Zuwendung seit etwa zehn Jahren nicht mehr erhöht worden, so dass der Bestand der Einrichtung jedes Jahr durch zusätzliche Spenden und Stiftungsmittel gesichert werden muss. Diesen Nachteilen stehen allerdings auch erhebliche Vorteile für Betroffene gegenüber: Die pauschale Finanzierung ermöglicht es, junge Volljährige, Mädchen mit unsicherem Aufenthaltsstatus und Mädchen aus anderen Bundesländern unbürokratisch aufzunehmen, wenn sie stark gefährdet sind.

Eine vergleichbare Niedrigschwelligkeit scheint den Frauenhäusern zunehmend genommen zu sein, indem ihre Finanzierung immer stärker daran geknüpft wird, dass die Bewohnerinnen sich individuell über einen Kostenträger (sei es ein Jobcenter oder das Sozialamt) oder aus eigener Kraft refinanzieren können.

Wie bereits verdeutlicht, erspart die pauschale Finanzierung Papatya allerdings nicht in jedem Fall die Suche nach Kostenträgern. Die schwierige Position junger Volljähriger wird vermutlich bei kaum einer Einrichtung so deutlich wie bei Papatya.

Fazit: Schutzeinrichtungen, die Mädchen und Frauen kurzfristig im Krisenfall aufnehmen, sollten ausreichend vorhanden sein. Sie sollten darüber hinaus pauschal finanziert werden und bundeslandübergreifend arbeiten können.

4.3 Empfehlungen zur Regelung der behördlichen Zuständigkeiten

Besserer unmittelbarer Schutz für Betroffene, die vor Zwangsverheiratung fliehen müssen, kann erreicht werden, indem:

- für Betroffene mit Duldung und ähnlichem Aufenthaltsstatus großzügige Regelungen zur Residenzpflicht getroffen werden;

- insbesondere für junge Volljährige sowohl die sachliche Zuständigkeit (Abgrenzung von Jugendhilfe und Sozialhilfe/Arbeitslosengeld II) wie auch die örtliche Zuständigkeit eindeutig geregelt werden. Es wäre bereits sehr hilfreich, wenn Absprachen zwischen Behörden zunächst Vorleistungen an Betroffene ermöglichen würden. Die meist langwierige Klärung, wer letztlich die Kosten dafür übernehmen muss, könnte im Anschluss daran erfolgen;

- alles getan wird, um die Anonymität von Betroffenen zu gewährleisten. Es ist schon nicht einfach, sich als Person zu verstecken. Fast unmöglich ist es aber, keine auffindbaren Daten bei den vielen bürokratischen Vorgängen zu hinterlassen, die nötig sind. Die Schwierigkeiten beginnen schon damit, dass wichtige Papiere, wie z. B. der Pass, oft von den Eltern unter Verschluss gehalten werden oder bei einer schnellen Flucht nicht mitgenommen werden können. Durch Zusammenarbeit von Ämtern und flexibles Eingehen auf die Situation der Betroffenen könnten hier einige große Steine aus dem Weg geräumt werden.

Bei aller grundsätzlichen Anstrengung wird es in Einzelfällen aber auch nötig sein, sehr individuelle und kreative Lösungen zu finden, um Schutz zu gewährleisten. Wenn Mädchen aus bestimmten Berliner Großfamilien resigniert meinen, ihr Leben sei nirgends, auch nicht bei Papatya, sicher, können wir ihnen nicht widersprechen.

4.4 Aufenthaltsrechtliche Stärkung der Betroffenen

Verhandeln wir heute bei Papatya mit den Mädchen und den Eltern über die Möglichkeit einer Rückkehr in die Familie, so spielt immer auch die Frage eine Rolle, ob die Gefahr einer Verschleppung des Mädchens in das Herkunftsland der Eltern besteht. Das ist wahrscheinlicher, wenn dort Verwandte leben, die sie aufnehmen würden, oder wenn die Eltern die Möglichkeit haben, sich selbst längere Zeit außerhalb Deutschlands aufzuhalten.

Im Herkunftsland der Eltern sind die Mädchen häufig von jeder Möglichkeit, sich Hilfe zu holen, abgeschnitten. Ihr Pass wird ihnen meist abgenommen. Werden sie in Deutschland ordnungsgemäß abgemeldet, stellt sich sogar die Frage, ob ihr spurloses Verschwinden überhaupt irgendjemandem auffallen würde. Sie sind der Willkür ihrer Familie bis hin zu einem möglichen Ehrenmord schutzlos preisgegeben.

Sind sie deutsche Staatsbürgerinnen, können sie versuchen, deutsche Konsulate zu erreichen, um ihre Rückkehr durchzusetzen.

Der derzeitigen Rechtslage zufolge verfällt der Aufenthaltstitel für Nicht-Deutsche nach sechs Monaten Aufenthalt im Ausland, und die Möglichkeit einer Rückkehr ist ihnen verwehrt. So wird das Recht möglicherweise zur Komplizin der Familien, die ihre Töchter an einem selbstbestimmten Leben hindern wollen.

Beispiel: Zaara, 18 Jahre alt, pakistanischer Herkunft, in Deutschland aufgewachsen, ist von ihren Eltern unter dem Vorwand, die Großmutter liege im Sterben und wolle sie noch einmal sehen, nach Pakistan gelockt worden. Dort soll sie gegen ihren Willen verheiratet werden. Zaara wendet sich in Pakistan an die deutsche Botschaft, die sich sehr engagiert. Die Botschaft ermöglicht ihr die Rückkehr nach Deutschland und nimmt dafür erhebliche diplomatische Auseinandersetzungen mit Pakistan in Kauf, da Zaara pakistanische Staatsbürgerin ist. Nach ihrer Aufnahme versucht Papatya, das Jugendamt ihres Heimatortes für ihren Fall zu interessieren, stößt aber auf Desinteresse. Da die Eltern Zaara in Deutschland noch vor ihrer Ausreise abgemeldet haben, sei ihr Aufenthalt verfallen. Dass sie sich nicht selbst abgemeldet habe, sei egal. Man sei auf keinen Fall mehr zuständig. Glücklicherweise hat Zaara die Unterstützung einer Mitarbeiterin des Jobcenters ihres Heimatortes, mit deren Hilfe es gelingt, ihren Aufenthaltstitel wiederzuerlangen.

Fazit: Für Betroffene, die vor Zwangsverheiratung fliehen müssen, lässt sich ein besserer unmittelbarer Schutz erreichen:

- Die deutschen Konsulate sollten über ein Vorwissen in Bezug auf Zwangsverheiratungen verfügen, für Betroffene erreichbar sein und sich für sie einsetzen. Möglicherweise können zwischenstaatliche Abkommen, wie sie z. B. zwischen Großbritannien und Pakistan bestehen, Zwangsverheiratung noch wirkungsvoller verhindern.

- Auch nach Ablauf der Frist von sechs Monaten für einen Aufenthalt im Ausland sollte den Betroffenen eine Rückkehroption eingeräumt werden.

- Mädchen, die befürchten, in den Ferien im Herkunftsland der Eltern verheiratet und dort zurückgelassen zu werden, könnten diesen Verdacht schriftlich niederlegen, um damit im Ernstfall entsprechende Nachforschungen, eventuell auch Sanktionen, von Behörden gegenüber ihrer Familie auszulösen. Nach Erfahrungen von Papatya hatten in Einzelfällen z. B. Schulversäumnisanzeigen zur Folge, dass Mädchen nach Deutschland zurückkehren konnten.

- Auf keinen Fall sollte die Ehebestandsdauer von derzeit zwei Jahren als Voraussetzung für ein eigenständiges Aufenthaltsrecht für Heiratsmigrantinnen erhöht werden. In allen Bundesländern müssen Härtefallkommissionen eingerichtet werden, die im Einzelfall auch für Betroffene, deren Ehe vor Ablauf der zweijährigen Frist endete, einen Aufenthaltsstatus erreichen können.

4.5 Opferschutz durch Information: Hindernisse und Hilfen

Die Mädchen, die zu Papatya kommen, warten oft sehr lange, bis sie sich Freundinnen oder Lehrerinnen anvertrauen. Meist haben sie kaum erwachsene Vertrauenspersonen außerhalb der Familie; ihre Kontakte zu Gleichaltrigen, auch zu Mädchen, werden häufig von der Familie eingeschränkt.

Die meisten Familien ziehen eine deutliche Grenze zwischen innen und außen. Familiäre Probleme nach außen zu tragen, gilt als Nestbeschmutzung. Hinzu kommt, dass es für die Betroffenen schambesetzt ist, zwangsverheiratet zu werden. Auch den Freundinnen erzählen die Mädchen oft lieber, sie seien mit allem einverstanden. Dies gilt für Jungen vermutlich in noch stärkerem Maße, schließen sich doch Opferstatus und Männlichkeit in ihren Augen meist aus.

Zugangshürden ins Hilfesystem können an vielen Stellen auftreten. Betroffene sollten über ihre Rechte informiert sein, sie müssen erfahren, dass und wo es Unterstützung gibt, und sie müssen die Unterstützung erreichen können. Da viele Betroffene durch ihre Familien stark kontrolliert werden, ist es wichtig zu wissen, an welchen Orten sie sich aufhalten. Fernsehen, Radio und Zeitungen kommen bis in die Wohnzimmer. Plakate im Stadtbild sind auch vom Familienauto aus zu sehen. Sehr viele Mädchen, die zu Papatya kommen, schaffen diesen Weg mit Hilfe engagierter Lehrerinnen und Lehrer sowie Schulsozialarbeiterinnen und Schulsozialarbeiter. Aber auch Jobcenter, die mittlerweile allen Jugendlichen Vermittlungsangebote machen sollen, oder Praktikums- und Ausbildungsstellen werden zunehmend wichtige Partner.

Alle Neueinwanderer werden in Berlin mit einer Broschüre des Integrationsbeauftragten über das Leben und Arbeiten in Berlin („Welcome package: Willkommen in Berlin") in ihrer Muttersprache informiert. Über diesen Weg können auch Heiratsmigrantinnen von Möglichkeiten rechtlicher Beratung erfahren. Eventuell sind auch Frauenärzte/Kliniken geeignete Kooperationspartner, da die Schwiegereltern sich häufig schnell Enkel wünschen und Arztbesuche ihrer ansonsten sehr kontrollierten Schwiegertöchter ermöglichen. Über die Deutsch- und Integrationskurse entstehen ebenfalls von den Familien nicht kontrollierbare Außenkontakte und damit neue Informationswege.[13]

Papatya bietet seit drei Jahren türkisch- und deutschsprachige E-Mail-Beratung im Internet an. Als anonymer, von zuhause aus und jederzeit erreichbarer Zugangsweg bewährt sich dieses Angebot durch Niedrigschwelligkeit und Flexibilität und ist damit gut für eine ansonsten oft schwer erreichbare Zielgruppe geeignet. Wichtig ist, dass Informationsmaterial mehrsprachig angeboten wird.

4.6 Opferschutz durch Sensibilisierung und Schutz der Professionellen

Welche Herausforderung es ist, angemessen auf Fälle von Zwangsverheiratung zu reagieren, ist bis hierhin hoffentlich deutlich geworden. Obwohl das Thema mittlerweile in der öffentlichen Aufmerksamkeit steht, ist die weitere Sensibilisierung von Professionellen – Lehrerinnen/Lehrer, Schulsozialarbeiterinnen/Schulsozialarbeitern, Jugendamtsmitarbeiterinnen/Jugendamtsmitarbeitern, Polizistinnen/

13 Vgl. hierzu auch den Beitrag „Deutschförderung als Empowerment" von Mirja Silkenbeumer und İnci Dirim in diesem Band.

Polizisten, besonders aber auch von Familienrichterinnen/Familienrichtern – für das Spannungsfeld zwischen Geltung der Menschenrechte einerseits und Respekt vor kulturellen Traditionen andererseits erforderlich und sollte auch stärker in Ausbildungsgänge eingebracht werden.

Wie im Bereich der häuslichen Gewalt ist eine berufsgruppenübergreifende und, wie sich gezeigt hat, oft auch überörtliche vernetzte Zusammenarbeit nötig, um zu einer tragfähigen sicheren Perspektive für Betroffene zu kommen. Jeder Einzelfall braucht die unbürokratische Zusammenarbeit vieler verschiedener Akteure.

Welche Bedeutung dabei vor allem auch die Kooperation in (bisher kaum vorhandenen) interkulturellen Teams hat bzw. haben könnte, habe ich bereits erwähnt.

Die Institutionen, in denen Professionelle arbeiten, die mit Fällen von Zwangsverheiratung befasst sind, müssen sich angesichts einer möglichen Bedrohung und Gefährdung ihrer Beschäftigten auch Gedanken über Möglichkeiten zu deren Entlastung, Unterstützung und Absicherung machen.

5. Schlussbemerkung

Das Thema Zwangsverheiratung hat es auf die politische Agenda vieler europäischer Staaten geschafft. Das ist grundsätzlich positiv. Die Auseinandersetzung mit kultureller Differenz im Kontext der Menschenrechte – insbesondere in Bezug auf die Position von Frauen und Kindern – kommt allmählich in Gang. Anders als noch vor wenigen Jahren wird die Existenz von Zwangsverheiratungen nicht mehr geleugnet oder ignoriert. Dabei besteht allerdings auch die Gefahr, dass das Thema für sehr unterschiedliche politische Interessen instrumentalisiert wird, so etwa, wenn die Tatsache von Zwangsverheiratungen als Beleg dafür dienen soll, Integration grundsätzlich und pauschal für gescheitert zu erklären.

Die Erfahrungen im Bereich häusliche Gewalt haben gezeigt, welche positive Wirkung verbindliche Kooperationsabsprachen zwischen Polizei, Frauenschutzeinrichtungen, Jobcentern und weiteren Behörden haben.[14] Von vielen Seiten gibt es Bemühungen, den Opferschutz in diesem Bereich ständig zu verbessern. Dazu gehört auch, dem differenzierten und speziellen Schutz- und Beratungsbedarf, der entsteht, wenn Frauen und Mädchen von Zwangsverheiratung und Gewalt im Namen der Ehre betroffen sind, Rechnung zu tragen und das Eskalationspotenzial, das aus der Familienehre resultiert, nicht zu unterschätzen.

14 Vgl. hierzu auch den Beitrag von Barbara Kavemann in diesem Band.

Einige Ansatzpunkte dafür sind aus dem Vorstehenden hoffentlich deutlich geworden. Viele davon – sei es die Verbesserung von Schutzangeboten oder auch die Sensibilisierung und Fortbildung von Professionellen – sind allerdings mit Kosten verbunden. Der Anspruch, Zwangsverheiratung entschieden zu bekämpfen, wird sich auch daran messen lassen müssen, ob die deutsche Gesellschaft bereit ist, die Mittel hierfür bereitzustellen.

Literatur

Bayam, Birim (2003), Not macht erfinderisch. Krisenarbeit mit jungen Migrantinnen unter systemischen Gesichtspunkten, verfügbar unter: http://www.papatya.org (abgerufen am 25.4.2007).

Gugel, Günther (2003), Seminar Gewaltprävention, Tübingen: Institut für Friedenspädagogik.

Kvinnoforum (2005), Manual Honour Related Violence. "Prevention of Violence Against Women and Girls in Patriarchal Families", Stockholm, verfügbar unter: http://www.qweb.kvinnoforum.se/Documents/Resources/Archive/manualHRV2005.pdf (abgerufen am 20.4.2007).

Mirbach, Thomas/Müller, Simone/Triebl, Katrin (Bearbeiter/innen) (2006), Ergebnisse einer Befragung der Lawaetz-Stiftung zu dem Thema Zwangsheirat in Hamburg. Durchgeführt im Auftrag der Behörde für Soziales, Familie, Gesundheit und Verbraucherschutz in Hamburg, Hamburg, verfügbar unter: http://www.lawaetz.de/af/few/dokumente/Bericht%20Zwangsheirat.pdf (abgerufen am 20.4.2007).

Nachwort

Staatsministerin im Bundeskanzleramt und Beauftragte der Bundesregierung für Migration, Flüchtlinge und Integration
Prof. Dr. Maria Böhmer

„Zwangsverheiratungen können nicht geduldet werden." Diese Selbstverpflichtung aus dem Koalitionsvertrag war die Grundlage für die Planung des vorliegenden Bandes, mit dem das Bundesministerium für Familie, Senioren, Frauen und Jugend einen wichtigen Beitrag zur aktuellen Debatte um eine bessere Integration und die Durchsetzung der Rechte von Migrantinnen leistet.

Unter der Überschrift „Gleichstellung von Frauen und Mädchen mit Migrationshintergrund" haben sich CDU, CSU und SPD im Koalitionsvertrag darauf verständigt, dem Integrationsprozess von Frauen aus Zuwandererfamilien besondere Aufmerksamkeit zu schenken. Dort heißt es: „Wichtig sind Aufklärungen über Rechte und Pflichten sowie die Stärkung des Selbstbewusstseins und der selbstbestimmten Lebensführung von Mädchen und Jungen." Alle geeigneten Instrumente zur Verhinderung von Zwangsverheiratungen sollen geprüft werden.

Der vorliegende Band soll zu einem besseren Verständnis des Phänomens Zwangsheirat und seiner Ursachen beitragen. Er beleuchtet das Thema facettenreich aus unterschiedlichen wissenschaftlichen und praxisbezogenen Perspektiven. Sehr deutlich werden die Situationen angesprochen, in denen Frauen und Mädchen besonders gefährdet sind. Die menschenrechtliche Dimension des Problems steht dabei im Zentrum: Es geht um das Recht auf ein selbstbestimmtes Leben für Frauen und Männer, um Gleichberechtigung, körperliche Unversehrtheit und das Recht auf die freie Wahl des Ehepartners.

Die freie Wahl des Ehepartners ist als Menschenrecht in diversen Vereinbarungen der Vereinten Nationen und anderer internationaler Organisationen festgeschrieben. Die VN-Frauenrechtskonvention (CEDAW) verbietet Zwangsverheiratungen ebenso wie das Abkommen über zivile und politische Rechte und die VN-Konvention über die Erklärung des Ehewillens, des Heiratsmindestalters und die Registrierung von Eheschließung. Auch aus der Allgemeinen Erklärung der Menschenrechte der Vereinten Nationen und der Konvention zum Schutz der Menschrechte und Grundfreiheiten des Europarates ergibt sich ein Verbot von Zwangsverheiratungen. Diese internationalen Verpflichtungen und Bezüge machen deutlich: Zwangsverheiratungen sind ein Problem, zu dessen Bekämpfung sich die internationale Staatengemeinschaft vielfältig verpflichtet hat.

Das Phänomen der Zwangsverheiratung hat offensichtlich einen engen Bezug zu patriarchalen Gesellschaftsstrukturen und den dort noch immer vorherrschenden Rollenbildern. Während in Deutschland Zwangsverheiratung vor allem als ein Problem türkischer oder kurdischer Migrantinnen und Migranten wahrgenommen wird, zeichnet die aktuelle österreichische Studie „Zwangsverheiratung und arrangierte Ehen in Österreich mit besonderer Berücksichtigung Wiens" ein differenziertes Bild. Die Wissenschaftler haben verschiedene internationale Untersuchungen ausgewertet und kommen zu dem Ergebnis, dass in Frankreich vor allem Jugendliche maghrebinischer, zentralafrikanischer und asiatischer Herkunft von Zwangsheirat bedroht sind, in Großbritannien wiederum Mitglieder der südasiatischen Einwandererfamilien aus Indien, Pakistan und Bangladesch. Aus den Niederlanden berichten Mitarbeiter und Mitarbeiterinnen von Hilfsorganisationen, dass vor allem Mädchen und junge Frauen aus der Türkei und Marokko betroffen sind.

Die Beträge in diesem Band machen auch deutlich, dass in Deutschland bisher gezielte Präventions- und Hilfsangebote rar sind. Hier ist noch viel zu tun. Prävention sollte dabei möglichst frühzeitig ansetzen, Hilfs- und Unterstützungseinrichtungen müssen ohne Hürden zugänglich sein.

Gleichzeitig müssen die von Zwangsheirat betroffenen Frauen und Mädchen gestärkt werden. Dazu sollten die Betroffenen gezielt über ihre Rechte sowie Hilfs- und Unterstützungsangebote aufgeklärt werden. Ebenso wichtig ist aber eine effektive Integrationspolitik, bei der sich die Migrantinnen und Migranten von der Aufnahmegesellschaft angenommen fühlen.

Das war eines der zentralen Anliegen des ersten nationalen Integrationsgipfels, der am 14. Juli 2006 auf Einladung von Bundeskanzlerin Angela Merkel stattfand. Dort haben wir begonnen, nicht länger „über", sondern „mit" Migrantinnen und Migranten zu sprechen, um die Integrationspolitik sinnvoll weiterzuentwickeln und Gestaltungsmöglichkeiten auszuschöpfen. Integrationspolitik muss als Querschnittsaufgabe gesehen werden, die alle Lebensbereiche umfasst. Beim Gipfel wurde die Idee bekräftigt, einen Nationalen Integrationsplan zu entwickeln. Entsprechend dem Grundgedanken des Dialogs aller politischen Ebenen, der Bürgergesellschaft und der Migrantinnen und Migranten nehmen an den Arbeiten zum Nationalen Integrationsplan Bund, Länder, Kommunen, Arbeitgeberschaft und Gewerkschaften, Kirchen und Religionsgemeinschaften, Wohlfahrtsverbände und Vertreter aus allen weiteren gesellschaftlichen Bereichen sowie Migrantenorganisationen teil. Beim zweiten Integrationsgipfel am 12. Juli 2007 wird die Kanzlerin den Nationalen Integrationsplan vorlegen.

Das Thema Zwangsverheiratung spielt im Nationalen Integrationsplan eine zentrale Rolle. In der Arbeitsgruppe „Situation von Frauen und Mädchen verbessern, Gleichberechtigung verwirklichen" wurden dazu eine Bestandsaufnahme, Zielvorgaben und Empfehlungen für Maßnahmen und Selbstverpflichtungen erarbeitet. Die Ergebnisse aus der Arbeitsgruppe decken sich dabei vielfach mit den

Erkenntnissen aus diesem Band. Der Nationale Integrationsplan wird konkrete Maßnahmen zur Bekämpfung von Zwangsverheiratungen enthalten.

Dabei muss – so das Votum der Arbeitsgruppe – aber auch dafür Sorge getragen werden, dass die Diskussion um das Thema Zwangsverheiratung nicht zu einem Generalverdacht gegenüber bestimmten Gruppen, z. B. gegenüber der Gruppe der türkischen Zuwanderer, führt. Diese Befürchtung einer Stigmatisierung wird in dem vorliegenden Band ebenfalls diskutiert.

Die Beiträge in diesem Band wie auch die Arbeiten am Nationalen Integrationsplan zeigen, dass das komplexe Thema Zwangsheirat differenzierter, gesamtgesellschaftlicher Lösungsansätze bedarf. Der Band will Anregungen geben, solche zielgerichteten Maßnahmen zu entwickeln und zum Erfolg zu führen. Ich wünsche mir eine engagierte, aufgeschlossene öffentliche Diskussion ohne Scheuklappen und ohne Vorurteile. Unser gemeinsames Ziel ist es, das Zusammenleben von Frauen und Männern unterschiedlicher Herkunft in Deutschland frei von Gewalt und auf der Basis gleicher Rechte, wie sie unser Grundgesetz garantiert, zu gestalten.

Autorinnen und Autoren

Ateş, Seyran, geboren 1963 in Istanbul, lebt seit 1969 in Berlin. Sie studierte Rechtswissenschaften an der freien Universität Berlin und arbeitete von 1997 bis August 2006 als selbstständige Rechtsanwältin. Nach ständigen Bedrohungen und zuletzt einem tätlichen Angriff auf ihre Person schließt sie im August 2006 ihre Kanzlei und gibt ihre Anwaltszulassung zurück. Ihre Interessensschwerpunkte waren das Familienrecht und Strafrecht. Als Menschenrechtsaktivistin hat sie stets einen besonderen Blick für Frauenrechte. Von zahlreichen Preisen und Auszeichnungen seien genannt: Margherita-von-Brentano-Preis der Freien Universität Berlin (2007). Am 21. Juni 2007 erhält sie vom Bundespräsidenten den Bundesverdienstorden.

Bielefeldt, Heiner, Prof. Dr. phil., Jg. 1958, beschäftigt sich seit einem Vierteljahrhundert in zivilgesellschaftlichen Organisationen und in der universitären Lehre mit menschenrechtlichen Themen. Seit August 2003 ist er Direktor des Deutschen Instituts für Menschenrechte. Er hat mehrere Bücher zu Fragen der Rechtsphilosophie, der politischen Ethik, der Religionsphilosophie und insbesondere zur Begründung und Entwicklung der Menschenrechte veröffentlicht.

Bläser, Fatma Sonja, freie Publizistin und Bildungsberaterin, tritt seit fast 20 Jahren gegen häusliche Gewalt und für die Rechte von Frauen und Kindern ein. Über die Medien, durch Lesungen und Seminare in Schulen, Jugendklubs und Moscheen leistet sie Aufklärungs- und Sensibilisierungsarbeit, für die sie im letzten Jahr – gemeinsam mit Serap Çileli – den Ludwig-Beck-Preis für Zivilcourage der Stadt Wiesbaden erhielt. Autorin des Buches „Hennamond. Mein Leben zwischen zwei Welten“, worin sie ihre Geschichte erzählt und wie sie selbst vor Zwangsverheiratung und Morddrohungen ihrer Familie flüchtete.

Dirim, İnci, Prof. Dr., Jg. 1965, Übersetzerin, Deutschlehrerin, Germanistin, Sprach- und Erziehungswissenschaftlerin. Studium der Deutschen Sprach- und Literaturwissenschaft und der Linguistik in Ankara und Bremen; 1997 Promotion an der Universität Hamburg am Fachbereich Erziehungswissenschaft. Seit April 2004 Juniorprofessorin für Schulpädagogik an der Universität Hannover. Forschungsschwerpunkt: Empirische Lehr- und Lernforschung unter besonderer Berücksichtigung von Kindern mit Migrationshintergrund.

Follmar-Otto, Petra, Dr., Volljuristin, Jg. 1971. Seit 2003 wissenschaftliche Mitarbeiterin des Deutschen Instituts für Menschenrechte mit den Themen Diskriminierungsschutz, Rechte von Migranten/Migrantinnen, moderne Formen der Sklaverei und Folterprävention. Zuvor als Beraterin, Gutachterin und Trainerin für verschiedene Frauenrechtsorganisationen und Internationale Organisationen zu den Themen Frauenrechte und Migration, insbesondere Frauen- und Menschenhandel, tätig gewesen.

Freudenberg, Dagmar, Jg. 1952. Jurastudium und Referendariat in Göttingen; Staatsanwältin in Göttingen seit 1980; Schwerpunkte: Jugendstrafrecht sowie Sonderdezernentin für Sexualstrafsachen (seit 1993) und für Strafverfahren wegen Häuslicher Gewalt und Stalking (seit 2002). Vorsitzende der Kommission Gewalt gegen Frauen und Kinder des Deutschen Juristinnenbundes sowie Mitglied der Strafrechtskommmission dort selbst. Diverse Vorträge, Veröffentlichungen und Fortbildungen zu vorgenannten Themen und zum Thema Menschenhandel.

Gerhard, Swenja, Ass. jur., Jg. 1968. Studium der Rechtswissenschaft an der Justus-Liebig Universität in Gießen. Wissenschaftliche Mitarbeiterin am Lehrstuhl für Bürgerliches Recht, Internationales Recht und Rechtsvergleichung in Gießen. Ausbildung zur Paar-, Familien- und Sozialtherapeutin am Institut für Psychotherapie und Psychoanalyse in Gießen. Seit 2003 Mitarbeiterin beim Verband binationaler Familien und Partnerschaften, iaf e. V., in Frankfurt.

Hassani, Angelika, Jg. 1964. Von April 2004 bis April 2006 Frauenbeauftragte der Schura – Rat der islamischen Gemeinschaften in Hamburg; von 2003 bis 2006 Teilnehmerin an den Frauenstudien der Universität Hamburg; seit 2005 Vorsitzende des Vereins Hatun in Hamburg. Schwerpunkte: Islam und Muslime in Deutschland, Frauenrechte, Rechte von muslimischen Lesben, Schwulen und Transgender.

Joo-Schauen, Jae-Soon, Diplompädagogin und Familien- und Paartherapeutin, kam 1975 als Krankenschwester nach Deutschland. Seit 1996 ist sie bei agisra e. V. in der Beratung, Therapie und Öffentlichkeitsarbeit tätig. Sie setzt sich seit langem aktiv gegen Diskriminierung und für Menschrechte ein.

Kalthegener, Regina, Jg. 1960, Rechtsanwältin in Berlin, Nebenklagevertretung, Referentin in der Erwachsenenbildung. Sie war mehrjähriges Vorstandsmitglied von TERRE DES FEMMES e. V. sowie Sprecherin des Forums Menschenrechte und Mitglied in dessen Koordinationskreis. Trägerin des Hans-Litten-Menschenrechtspreises 2000. Zahlreiche Veröffentlichungen, u. a. über Menschenrechtsverletzungen an Mädchen und Frauen.

Karakaşoğlu, Yasemin, Prof. Dr., Jg. 1965. Studium der Turkologie, Politikwissenschaft und Germanistik an der Universität Hamburg und Hacettepe Universität Ankara. 1999 Promotion zum Thema „Muslimische Religiosität und Erziehungsvorstellungen". Für die Arbeit erhielt sie im Jahr 2000 den Augsburger Wissenschaftspreis für Interkulturelle Studien. Sie war Gutachterin für das Bundesverfassungsgerichtsurteil im Fall Ludin im Jahr 2003. Seit 2004 Inhaberin des Lehrstuhls für Interkulturelle Bildung an der Universität Bremen. Arbeitsschwerpunkte u. a.: Konzepte und Methoden Interkultureller Bildung; Lebenssituation und -orientierungen von Jugendlichen mit Migrationshintergrund (insbesondere Mädchen und junge Frauen); Islam in Deutschland, Bildungssystem Türkei.

Kavemann, Barbara, Prof. Dr., Dipl. Soziologin; Honorarprofessorin an der Katholischen Hochschule für Sozialwesen Berlin. Sie arbeitet seit 1978 zu Fragen der Gewalt im Geschlechterverhältnis und der sexualisierten Gewalt gegen Kinder und Jugendliche, vorwiegend in der Praxisevaluation und der Fortbildung. Mitarbeit u. a. in der wissenschaftlichen Begleitung des ersten Berliner Frauenhauses, von Wildwasser Berlin e. V., von PETZE – schulische Prävention von sexuellem Missbrauch e. V., Kiel, sowie CAHRV – Co-ordination Action on Human Rights Violations; im European Network on Gender, Conflict and Violence. Eines ihrer vielen aktuellen Projekt ist: Evaluation eines Modellprojekts zu schulischer Prävention von häuslicher Gewalt im Auftrag der Berliner Interventionszentrale bei häuslicher Gewalt BIG e. V. Sie ist Trägerin des Berliner Frauenpreises 2005 und des Bundesverdienstkreuzes.

Kelek, Necla, geboren 1957 in Istanbul, kam mit 10 Jahren nach Deutschland. Sie studierte Volkswirtschaft und Soziologie in Hamburg und Greifswald und promovierte über das Thema „Islam im Alltag". Sie forscht zum Thema Parallelgesellschaften, Islam und Integration und berät u. a. die Hamburger Justizbehörde zu Fragen der Behandlung türkisch-muslimischer Gefangener. Das Bundesinnenministerium berief sie als ständiges Mitglied der Deutschen Islam Konferenz. Sie lebt und arbeitet als freie Autorin in Hamburg und Berlin. 2005 wurde sie für ihr Buch „Die fremde Braut. Bericht aus dem Inneren des türkischen Lebens in Deutschland" mit dem Geschwister-Scholl-Preis der Stadt München ausgezeichnet. Für ihr jüngstes Buch „Die verlorenen Söhne. Plädoyer für die Befreiung des türkisch-muslimischen Mannes" erhielt sie den internationalen Sachbuchpreis CORINE 2006. Die Universität Duisburg-Essen verlieh ihr im November 2006 die Mercator-Professur.

Lobermeier, Olaf, Dr., Jg. 1969. 1994–2001 Dipl.-Sozialarbeiter/Sozialpädagoge im Jugendamt Braunschweig; 2001–2003 wissenschaftlicher Mitarbeiter an der FH Braunschweig/Wolfenbüttel; 2002 Promotion im Fachbereich Erziehungswissenschaften der Universität Hannover; Lehrbeauftragter an der FH Braunschweig/Wolfenbüttel und Philosophischen Fakultät der Universität Hannover. Bis Mai 2007 war er Vorstandsmitglied und Projektleiter im arpos Institut e. V., Hannover; seit 2007 ist er Gesellschafter und Projektleiter bei proVal – Gesellschaft für sozialwissenschaftliche Analyse-Beratung und Evaluation in Hannover – sowie beratender freier Mitarbeiter der Arbeitsstelle Rechtsextremismus und Gewalt (ARUG) in Braunschweig. Arbeitsschwerpunkte u. a.: Evaluationsforschung und -beratung, Methoden empirischer Sozialforschung, Jugendsoziologie, Viktimologie und Migration.

Najafi, Behshid, Politologin und Pädagogin, arbeitet seit 1993 bei agisra e. V. Ihr Arbeitsschwerpunkt liegt in der psychosozialen Beratung und Unterstützung von Migrantinnen und Flüchtlingsfrauen. Sie ist in der Bildungs-, Gremien- und Öffentlichkeitsarbeit aktiv und setzt sich für die Menschenrechte von Migrantinnen/Migranten und Flüchtlingsfrauen ein.

Schöpp-Schilling, Hanna Beate, Dr., Jg. 1940, studierte Amerikanistik/Anglistik und Germanistik an den Universitäten München, Yale und FU Berlin. 1970 Promotion; 1972–76 Assistentin und Assistenzprofessorin für amerikanische Literatur und Kultur an der FU Berlin; 1976 Gastprofessorin an der Universität von New Mexico, USA; 1977–87 wissenschaftliche Mitarbeiterin, Assistant Director und Geschäftsführung, Aspen Institute Berlin; 1987–92 Abteilungsleiterin für Frauenpolitik (im Rang einer Ministerialdirektorin) im BMFSFJ; 1992–98 Geschäftsführerin, 1999–2002 Generalbevollmächtigte des Vorstands von AFS Interkulturelle Begegnungen e. V. Sie befasst sich mit frauen-, bildungs- und arbeitsmarktpolitischen Fragen auf nationaler und internationaler Ebene seit 1973, mit Fragen der Menschenrechte u. a. von Frauen seit 1988, mit jugendpolitischen Fragen seit 1992. Sitz in zahlreichen deutschen und internationalen Gremien, u. a. seit 1989 im UN-Ausschuss zur Beseitigung jeder Form von Diskriminierung der Frau (CEDAW). Dozentur einer deutschen und Gastprofessur an einer japanischen Universität (2005) und an der Universität von Sarajevo (2007).

Schröttle, Monika, Dr. rer. soc., Politologin und Sozialwissenschaftlerin, ist seit 2002 wissenschaftliche Mitarbeiterin am Interdisziplinären Zentrum für Frauen- und Geschlechterforschung der Universität Bielefeld und Lehrbeauftragte am Soziologischen Institut der Universität München. Sie wertet derzeit sekundäranalytisch repräsentative Daten zu Gewalt, Gesundheit, Migration, Risikofaktoren und Unterstützung nach erlebter Gewalt aus. Im Rahmen der EU-Coordination Action on Human Rights Violations (CAHRV) koordiniert sie derzeit zusammen mit Prof. Dr. M. Martinez ein Subnetwork zur Prävalenzforschung in Europa. Schwerpunkte: Gewaltforschung, Frauen- und Geschlechterforschung, Gesundheitsforschung, Migration.

Silkenbeumer, Mirja, Dr. phil., Dipl. Päd., Jg. 1972, ist wissenschaftliche Mitarbeiterin im Institut für Erziehungswissenschaft, Philosophische Fakultät, der Universität Hannover. Schwerpunkte in der Forschung: Gewalt und Geschlecht, Weibliche Adoleszenz, Biografieforschung.

Straßburger, Gaby, Prof. Dr. phil., Diplom-Orientalistin, Diplom-Sozialpädagogin, ist seit 2004 Professorin an der Katholischen Hochschule für Sozialwesen Berlin (KHSB) mit dem Spezialgebiet der Sozialraumbezogenen Sozialen Arbeit und seit 2006 mit der Projektleitung „Sozialraumorientierte interkulturelle Arbeit" betraut. Unter anderem ist sie Autorin einer Expertise für den 6. Familienbericht der Bundesregierung und wurde für ihre Dissertation „Heiratsverhalten und Partnerwahl im Einwanderungskontext" mit dem Augsburger Wissenschaftspreis für interkulturelle Studien der Universität und Stadt Augsburg und des Forums Interkulturelles Leben und Lernen e.V. im Jahr 2002 ausgezeichnet.

Strobl, Rainer, PD Dr. phil., Soziologe, Jg. 1960. Studium an der Universität Bielefeld, Promotion an der Universität Bremen, Habilitation an der Universität Hildesheim. 1990–98 wissenschaftlicher Mitarbeiter am Kriminologischen Forschungsinstituts Niedersachsen e. V.; 1998–2005 wissenschaftlicher Mitarbeiter am Institut für interdisziplinäre Konflikt- und Gewaltforschung der Universität Bielefeld; 2002–07 Vorstandsmitglied und Projektleiter im arpos Institut e. V., Hannover. Seit 2007 leitet er zusammen mit Dr. Olaf Lobermeier die proVal – Gesellschaft für sozialwissenschaftliche Analyse, Beratung und Evaluation. Arbeitsschwerpunkte: Migrationssoziologie, Rechtsextremismus- und Gewaltforschung, Jugenddelinquenz, Viktimologie sowie Evaluation und Methoden der empirischen Sozialforschung.

Subaşı, Sakine, wurde 1975 in Kars, Türkei, geboren und lebt seit 1978 in Deutschland. Nach dem Abschluss ihres Studiums der Erziehungswissenschaft in Vechta, hat sie zwei Jahre Philosophie in Vechta und Paris studiert. Heute ist sie freiberufliche wissenschaftliche Mitarbeiterin und Journalistin. Sie arbeitet derzeit an ihrer Dissertation zum Thema „Kopftuch der ersten türkischen Einwanderinnen in Deutschland“ bei Prof. Dr. Karakasoğlu.

Ter-Nedden, Corinna, Dipl. Psych., ist seit 20 Jahren in der Kriseneinrichtung Papatya in Berlin tätig. Zuvor arbeitete sie mit misshandelten Kindern und verhaltensauffälligen jungen Männern. Seit 1997 ist sie an verschiedenen europäischen Projekten zu familiärer Gewalt bei jungen Migrantinnen beteiligt; zuletzt war sie verantwortlich für den deutschen Beitrag zum mehrjährigen Kooperationsprojekt „Honour-related Violence in Europe“. In diesem Zusammenhang hielt sie Vorträge und Tagungsbeiträge für Konferenzen in mehreren europäischen Ländern mit Schwerpunktthemen Zwangsverheiratung, Gewalt im Namen der Ehre, sexualisierte Gewalt, Konzeption von Schutzeinrichtungen. Mitbegründerin des Berliner Arbeitskreises gegen Zwangsverheiratung.

Thiemann, Anne, Master of Social Work, Dipl. Päd., Jg. 1964, ist seit 2004 Mitarbeiterin am Deutschen Institut für Menschenrechte im Bereich Menschenrechtsbildung, Koordination und Durchführung von Fortbildungen und Seminaren zu menschenrechtsbezogenen Themen in der schulischen und außerschulischen Bildungsarbeit. Arbeits- und Forschungsschwerpunkte: Diskriminierungsschutz, Sexuelle Identität, Kinderrechte, Soziale Rechte.

Toprak, Ahmet, Dr. phil., Dipl. Päd., ist Referent für Gewaltprävention bei der Aktion Jugendschutz Bayern e. V., Lehrbeauftragter an der Universität Eichstätt und an der Fachhochschule München. Forschungsschwerpunkte: Migration, Männer und Jungenforschung, Gewalt und Gewaltprävention im Kontext der (deutsch-türkischen) Migranten.

Westphal, Manuela, Prof. Dr. phil., Jg. 1964, war von 1991 bis 1997 wissenschaftliche Mitarbeiterin im DFG-Forschungsprojekt „Familienorientierung, Frauen- und Männerbild, Berufs- und Bildungsmotivation in interkulturell-vergleichender Perspektive". 1998–2002 Personal- und Organisationsentwicklung, Leiterin Koordinierungsstelle berufliche und betriebliche Frauenförderung. Seit 2003 ist sie Juniorprofessorin für allgemeine Pädagogik und Frauenforschung an der Universität Osnabrück. Mitglied des Instituts für Migrationsforschung und Interkulturelle Studien (IMIS). Arbeitsschwerpunkte: Migration, Bildung und Geschlecht; Bildung und soziale Arbeit in Migrations-/Integrationsfeldern; Diversity Pädagogik.